Miguel de Cervantes Saavedra
Sämtliche Erzählungen

MIGUEL DE CERVANTES SAAVEDRA

SÄMTLICHE ERZÄHLUNGEN

Aus dem Spanischen von Gerda von Uslar
und Rudolf Grossmann

Mit einem Nachwort von Fritz Rudolf Fries

Anaconda

Die vorliegende Übersetzung (Prosa: GvU, Gedichte: RG)
erschien erstmals 1948 unter dem Titel
Miguel de Cervantes Saavedra: *Die beispielhaften Novellen*
als Band 115/116 der Sammlung Dieterich
in der Dieterich'schen Verlags-Buchhandlung Wiesbaden;
Sammlung Dieterich ist eine Marke
der Aufbau Verlag GmbH & Co. KG

Die Deutsche Nationalbibliothek verzeichnet diese Publikation
in der Deutschen Nationalbibliographie; detaillierte bibliographische
Daten sind im Internet unter http://dnb.d-nb.de abrufbar.

Lizenzausgabe mit freundlicher Genehmigung
© Aufbau Verlag GmbH & Co. KG, Berlin 1959, 2008
© dieser Ausgabe 2016 Anaconda Verlag GmbH, Köln
Alle Rechte vorbehalten.
Umschlagmotiv: Augustus Edwin John (1878–1961),
»Spanish Gitana« (ca. 1921), Private Collection /
Photo © The Fine Art Society, London / Bridgeman Images
Umschlaggestaltung: www.katjaholst.de
Redigitalisierung: Andreas Paqué, www.paque.de
Printed in Czech Republic 2016
ISBN 978-3-7306-0330-7
www.anacondaverlag.de
info@anacondaverlag.de

INHALTSVERZEICHNIS

VORWORT AN DEN LESER

Wenn es irgend angängig wäre, geliebter Leser, so würde ich dieses Vorwort ungeschrieben lassen; denn mit dem, das ich meinem ›Don Quichote‹ vorausschickte, habe ich nicht so gute Erfahrungen gemacht, daß ich Lust verspürte, mit diesem hier noch einmal das gleiche zu erleben. Die Schuld daran, daß ich es nun doch schreibe, trägt einer der vielen Freunde, die ich mir im Verlaufe meines Lebens mehr durch meinen Charakter als durch mein Talent erworben habe. Dieser Freund hätte nun, wie es Sitte und Brauch ist, auf der ersten Seite dieses Buches mein Bild in Holz oder Kupfer bringen können; die Vorlage dazu hätte er von dem berühmten Don Juan de Jauregui bekommen. Damit wäre mein Ehrgeiz befriedigt gewesen und zugleich der Wunsch manches Lesers, der gern einmal erfahren hätte, wie denn eigentlich dieser Mann von Gestalt und Antlitz beschaffen sei, der es wagt, mit so vielen eigenen Erfindungen auf den Markt der Welt zu treten und sie vor den Augen der Leute auszubreiten. Unter das Bild hätte er dann schreiben können: »Da ist er, schaut ihn euch nur an: ein scharfgeschnittenes Gesicht, kastanienbraunes Haar, eine freie, offene Stirn, fröhliche Augen und eine gebogene, aber wohlproportionierte Nase, ein silbergrauer Kinnbart, der vor kaum zwanzig Jahren goldblond schimmerte, ein großer Schnurrbart und ein kleiner Mund. Die Zähne sind weder besonders zahlreich noch ansehnlich; er hat nur noch sechs davon, und auch die sind in schlechtem Zustand und stehen ihm zudem noch ungeschickt im Munde, da häßliche Lücken zwischen ihnen sind. Die Gestalt hält etwa die Mitte zwischen groß und klein, die Gesichtsfarbe ist frisch, eher weiß als bräunlich, die Schultern sind etwas hochgezogen und die Beine nicht sehr flink. Das, ich versichere es dir, ist der Verfasser der ›Galatea‹ und des ›Don Quijote von der Mancha‹, der Mann, der in Anlehnung an Cesare Caporali aus Perugia die ›Reise auf den Parnaß‹ schrieb und dazu noch eine Reihe anderer Werke, die irgendwo in der Welt umherirren und vielleicht sogar den Namen ihres Autors verloren haben, der gemeinhin MIGUEL DE CERVANTES SAAVEDRA lautet. Lange Jahre hindurch war er Soldat, und fünfundeinhalbes Jahr verbrachte er in der Gefangenschaft, wo er lernte, auch im Unglück Geduld und Fassung zu bewahren. In der Seeschlacht bei Lepanto wurde ihm durch einen Musketenschuß die linke Hand verstümmelt, und wenn diese Wunde auch häßlich aussehen mag, so gilt sie ihm doch als schön, weil er sie bei dem denkwürdigsten und großartigsten Ereignis erwarb, das die Jahrhunderte je sahen und sehen werden, im Kampf unter den siegreichen Bannern jenes Feldherrn, der ein Sohn des Schlachtenblitzes, Karls V. glücklichen Angedenkens war.« Und wenn diesem Freund, über den ich mich hier beklage, nichts weiter eingefallen wäre, was er von mir berichten könnte, so hätte ich selbst wohl ein paar Dutzend Zeugnisse zusammengestellt und sie ihm im geheimen mitgeteilt, damit er meinen Namen berühmt machen und meinen Geist preisen könnte; denn man darf doch beileibe nicht denken, daß die Verfasser solcher Lobreden sich immer streng an die Wahrheit halten müßten, da bekanntlich Lob wie Tadel nicht an feste und bestimmte Grenzen gebunden sind.

Diese gute Gelegenheit ist ja nun leider verpaßt; das Titelblatt ist weiß geblieben und trägt nicht mein Bildnis, und so muß ich mich wohl oder übel meines eigenen Mundwerks bedienen. Und wenn es auch sonst etwas damit hapern mag, so wird es doch schnell ein paar

Wahrheiten stammeln, die auch in der Umschreibung verstanden zu werden pflegen. So wende ich mich denn noch einmal direkt an dich, liebenswürdiger Leser, und versichere dir, daß du aus den Novellen, die ich dir hier darbiete, auf keinen Fall ein wildes Gemengsel, sozusagen einen Geflügelsalat, machen darfst, denn sie haben weder Kopf noch Fuß noch Eingeweide noch sonst etwas Ähnliches. Damit will ich sagen, daß die süßen Liebesworte, die du in einigen dieser Novellen finden wirst, so ehrbar und so durchaus einem christlichen Denken und Reden angemessen sind, daß sie keinen Menschen auf schlechte Gedanken bringen können, mag er sie nun flüchtig oder sorgsam lesen.

›Beispielhafte Novellen‹ habe ich mein Buch genannt, und wenn du recht hinsiehst, so wirst du keine Novelle finden, aus der sich nicht irgendeine nützliche Lehre ziehen ließe. Wenn es mir nicht gegen den Strich ginge, dieses Thema noch weiter auszuspinnen, so könnte ich dir vor Augen führen, wie sich aus allen zusammen und aus jeder einzelnen ein gar köstlicher und ehrenhafter Gewinn ziehen läßt.

Es war meine Absicht, auf dem großen Marktplatz unseres öffentlichen Lebens einen Spieltisch aufzustellen, an den jedermann herantreten und sich ergötzen kann, ohne wie beim Ringspiel mit den Eckpfeilern in Konflikt zu geraten; dies ist so zu verstehen, daß er weder an seinem Körper noch an seiner Seele dabei Schaden leiden soll, wie denn überhaupt ein wohlanständiger und angenehmer Zeitvertreib eher nützt als schadet.

Ja, so ist es: man kann nicht alle Zeit in den Kirchen zubringen, nicht immer sind die Bethäuser besetzt und nicht immer liegt man seinen Geschäften ob, so wichtig sie sein mögen. Es muß auch Stunden der Erholung geben, in denen der müde Geist ausruhen kann. Zu diesem Zweck pflanzt man die schönen Alleen, zu diesem Zweck erschließt man die Quellen, ebnet das abschüssige Gelände und legt mit aller Sorgfalt zierliche Gärten an.

Eins noch wage ich dir zu sagen: wäre es möglich, daß ein Leser meiner Novellen durch sie zu unredlichen Gelüsten oder Gedanken angeregt würde, so wollte ich mir lieber die Hand abhacken, mit der ich sie niederschrieb, als daß ich sie vor die Öffentlichkeit brächte. Mein Alter ist nicht dazu angetan, leichtfertig über das Jenseits zu spotten: denn es ist schon seine neun Jährchen her, seit ich fünfundfünfzig war.

Geist und Neigung führten mich auf diesen Weg, und so kann ich nun mit Recht behaupten, daß ich der erste bin, der in kastilischer Sprache Novellen geschrieben hat. Denn all die vielen Novellen, die bisher bei uns gedruckt wurden, sind aus fremden Sprachen übersetzt; diese hier jedoch stammen von mir selbst, sie sind nicht abgeguckt und nicht gestohlen: mein Hirn erzeugte sie, meine Feder gebar sie und unter den Fittichen der Druckerpresse sollen sie nun heranwachsen. Hernach will ich dir, sofern mein Leben mir die Zeit dazu läßt, noch die ›Leiden des Persiles‹ darbringen, ein Buch, das sich anmaßt, mit Heliodor zu wetteifern, falls es nicht um dieser Anmaßung willen ein schlechtes Ende mit ihm nimmt. Vorerst aber wirst du in Kürze einen Band sehen, in dem die Heldentaten Don Quijotes und die witzigen Einfälle Sancho Pansas ihre Fortsetzung finden, und später kommen dann noch die ›Wochen im Garten‹ hinzu. Ich verspreche viel trotz meiner schwachen Kräfte, aber wer kann wohl seinen Wünschen Zügel anlegen? Nur das eine noch bitte ich dich zu bedenken: da ich die Kühnheit gehabt habe, diese Novellen dem hochgeborenen Grafen von Lemos zu widmen, muß in ihnen schon ein Geheimnis verborgen liegen, das ihnen solch hohen Wert verleiht. Jetzt wünsche ich nur noch, daß Gott dich behüten und mir die nötige Geduld verleihen möge, um all die scharfe Kritik zu ertragen, mit der die spitzfindigen Gecken nun über mich herfallen werden. Und damit gehab dich wohl!

An Don Pedro Fernandez de Castro,

Graf von Lemos, von Andrade und von Villalba,
Marquis von Sarria,
Kammerherr Seiner Majestät,
Vizekönig, Gouverneur und Generalkapitän
des Königreichs Neapel,
Komtur der Ordenspfründe La Zarza
im Alcántara-Orden

DIEJENIGEN, DIE EINEM GROSSEN HERRN IHRE WERKE widmen, verfallen dabei gewöhnlich in zwei Fehler. Zum ersten lassen sie sich von den Tatsachen oder auch von ihrem Hang zur Schmeichelei verführen und verbreiten sich in ihrem Widmungsschreiben, das doch möglichst kurz und gedrängt sein muß, ausführlich und eingehend über die Taten nicht nur der Eltern und Voreltern, sondern auch der weiteren Verwandten, Freunde und Wohltäter ihres Gönners. Zweitens verkünden sie, daß sie ihre Werke unter den Schutz und Schirm des hohen Herrn stellen wollen, damit die spitzen Lästerzungen sich nicht an sie heranwagen, um sie zu zerstückeln und zu zersetzen. Ich will diese beiden Fehler vermeiden und übergehe daher mit Stillschweigen all die Großtaten und Ehrentitel des altehrwürdigen Fürstengeschlechtes, dem Ew. Exzellenz angehören. Ich will seine unendlichen, ihm von der Natur verliehenen oder durch eigenes Verdienst erworbenen Vorzüge hier nicht aufzählen, sondern überlasse es lieber einem neuen Phidias oder Lysipp, den Marmorblock oder die Bronzetafel zu finden, in dem er sie so verherrlichen kann, daß sie den Lauf der Zeiten überdauern. Auch bitte ich Ew. Exzellenz nicht, dieses Buch unter Dero Schutz zu nehmen; denn ich weiß wohl, wenn es nicht gut wäre, so könnte ich es getrost unter die Flügel des Musenrosses oder in den Schatten der Keule des Herkules legen, die Zoilosse, die Zyniker, die Aretine und die Bernias würden darum doch ohne Rücksicht ihre scharfen Zungen daran wetzen. Nur mögen Ew. Exzellenz gnädigst bemerken, daß ich Euch hier mir nichts dir nichts zwölf Erzählungen übersende, die, wären sie nicht in der Werkstatt meines Geistes entstanden, wohl Anspruch darauf erheben dürften, den vortrefflichsten an die Seite gestellt zu werden. So wie sie sind, mögen sie nun hinausgehen, und ich will zufrieden sein in dem Glauben, daß ich mit ihnen ein wenig bewiesen habe, wie groß mein Wunsch ist, Ew. Exzellenz als meinem wahren Herrn und Wohltäter dienstbar zu sein. Gott möge Euch schützen.

Madrid, am vierzehnten Juli eintausendsechshundertunddreizehn.

Ew. Exzellenz ergebenster Diener

MIGUEL DE CERVANTES SAAVEDRA

DIE KLEINE ZIGEUNERIN

MAN KÖNNTE FAST MEINEN, DASS DIE ZIGEUNER UND Zigeunerinnen nur auf die Welt kommen, um sich hier als Spitzbuben zu betätigen. Spitzbuben und Diebe sind ihre Eltern, unter Spitzbuben wachsen sie heran, zu Spitzbuben werden sie ausgebildet. So müssen sie unweigerlich mit allen Wassern gewaschene Halunken werden, mit deren Wesen der Drang zu stehlen und das Stehlen selbst so innig verbunden sind, daß sie diese Passion erst mit ihrem Tode aufgeben können.

Ein altes Weib vom Zigeunerstamme nun, das in der Diebskunst leicht ihre Meisterprüfung hätte ablegen können, zog ein Mädchen bei sich auf, das sie als ihre Enkelin ausgab. Sie unterrichtete die Kleine, die sie Preciosa nannte, in all ihren Zigeunerkünsten, Listen, Ränken und Diebeskniffen. Preciosa aber erwies sich mit der Zeit als die anmutigste Tänzerin im ganzen Zigeunervolke und war dazu nicht nur schöner und klüger als alle Zigeunerinnen, sondern auch als alle anderen Mädchen, die je um ihrer Schönheit und Klugheit willen gepriesen wurden. Weder Sonnenbrand noch Stürme, noch alle Unbilden der Witterung, denen die Zigeuner mehr als andere Menschen ausgesetzt sind, konnten ihrem Gesicht den Liebreiz und ihren Händen die Zartheit nehmen. Doch das war noch nicht alles: trotz der mangelhaften Erziehung, die sie genoß, wurde es immer wieder offenbar, daß sie bessere Anlagen hatte, als sie den Zigeunerinnen gemeinhin eigen sind;

denn sie legte ein ganz auffallend gesittetes und vernünftiges Wesen an den Tag. Zwar war sie ein wenig keck, doch ging das niemals so weit, daß man sie auf einer Unziemlichkeit hätte ertappen können. Bei aller Schärfe ihres Witzes war sie so sittsam, daß in ihrer Gegenwart keine Zigeunerin, mochte sie alt oder jung sein, es gewagt hätte, ein unzüchtiges Lied zu singen oder unanständige Reden zu führen.

Die Großmutter erkannte wohl, welch einen Schatz sie da an ihrer Enkelin hatte, und so beschloß sie, ihr Adlerjunges bald flügge zu machen und es den Gebrauch seiner eigenen Klauen zu lehren. Preciosa wußte schon früh eine Unzahl von Marien- und Volksliedchen, von Seguidillen und Sarabanden auswendig, vor allem aber viele Romanzen, die sie ganz besonders anmutig vorzutragen verstand. Die schlaue Alte, die sich darüber klar war, daß solche Gaben und Fähigkeiten bei der großen Jugend und Schönheit ihrer Enkelin noch einen besonderen Reiz darstellen und sich auch günstig auf ihre Kasse auswirken mußten, suchte sich auf jede Weise immer neue Lieder zu verschaffen. Es fehlte nicht an Dichtern, die ihr solche brachten; denn es gibt auch Poeten, die sich den Zigeunern verdingen und ihnen ihre Werke verkaufen, genau wie es welche gibt, die Wundergeschichten für die blinden Bettler ersinnen, wenn sie dabei nur auf ihre Kosten kommen. In dieser Welt ist alles zu finden, und gar oft zwingt der Hunger den Geist, sich mit Dingen abzugeben, die eigentlich nicht in seinen Bereich gehören.

Preciosa wuchs in verschiedenen Gegenden Kastiliens auf, und als sie fünfzehn Jahre alt war, kehrte ihre angebliche Großmutter mit ihr auf die Felder der heiligen Barbara vor den Toren der Hauptstadt zurück, wo die Zigeuner gewöhnlich ihr Lager aufgeschlagen haben. In Madrid, wo alles seinen Käufer und Verkäufer findet, gedachte sie auch ihre Ware an den Mann zu bringen. Am Tage der heiligen Anna, der Schutzpatronin der Stadt, trat Preciosa hier zum erstenmal auf, und zwar führte sie zusammen mit einem Zigeuner, der ein vortrefflicher Tänzer war, vier älteren Zigeunerinnen und noch drei jungen Mädchen von ihrem Stamme einen Tanz vor. Obgleich nun alle Tänzerinnen in sauberen, schmucken Gewändern steckten, stach Preciosa doch so unter ihnen hervor, daß die Augen aller Zuschauer wie verzückt an ihr hängenblieben. Und während das Tamburin ertönte, die Kastagnetten klapperten und die Mädchen sich im Tanze drehten, ging ein Raunen der Bewunderung in der Runde. Alles pries die Schönheit und Anmut der kleinen Zigeunerin, die jungen Leute strömten herbei, um sie anzustaunen, und die reifen Männer konnten sich kaum sattsehen. Als sie dann aber ihre Stimme erhob und das Lied sang, das zu dem Tanze gehörte, kannte die Begeisterung keine Grenzen mehr. Der Ruhm der jungen Zigeunerin verbreitete sich mit Windesschnelle, und der Festausschuß erkannte ihr einmütig den Preis für den besten Tanz zu. Als dann in der St.-Marien-Kirche vor dem Standbild der heiligen Anna der Tanz wiederholt wurde, ergriff Preciosa, nachdem alle anderen getanzt hatten, ein Paar Metallklappern, begann sich federleicht in zierlichen Windungen im Kreise zu drehen und sang dazu die folgende Romanze:

> Unfruchtbar geblieben,
> Da er so viel Jahre
>
> Wolken bang verhüllten;
> Als sein Herz des Zweifels
> Wunderbar erfüllte,
> Die des Gatten Sehnsucht
>
> Ihm die Frucht entsproßte;
> Bis aus Not und Kummer
> Dem der Schoß verschlossen,
> Baum vom reichsten Stamme,

Daß sie den Gerechten
Aus dem Tempel trieben;

Heilig Land, einst Wüste,
Deren Schoß am Ende
Uns der Erde höchste
Fruchtbarkeit gespendet;

Münze, deren Stempel
Jene Form uns prägte,
In der unter Menschen
Einst sich Gott bewegte;

Mutter einer Tochter,
Darin Gott sein Walten
Menschlichem Vermögen
Unfaßbar gestaltet:

Dein- und ihretwillen,
Anna, gib uns Gnade
Und voll Güte wende
Mißgeschick und Schaden!

Darfst gewiß als Ahne
Auch den heilgen Enkel,
Wo sich's ziemt, mit Weisheit
Und mit Milde lenken!

Als der Herr des Himmels
Dich zu sich erkoren,
Grüßten dich vieltausend
Heilige im Chore:

»O der Tochter und des
Enkels und des Eidams!«
Und es war des Lobens
Ende nicht und Preisens!

Du in deiner Demut
Bist die Schule wesen,
Wo dein Kind die Fibel
Ihres Amts gelesen;

Sitzest ihr zur Linken
Nun am höchsten Throne,

Wo, die kaum ich ahne,
Gottes Wunder wohnen.

Alle, die Preciosas Gesang gelauscht hatten, waren von
Bewunderung ergriffen. »Gott segne dich, Mädchen!«
sagten die einen. »Schade, daß die Kleine eine Zigeunerin ist!« meinten andere. »Wirklich, sie verdiente,
die Tochter eines großen Herrn zu sein!« Wieder ein
anderer, der etwas derber im Denken und Reden war,
erklärte: »Laßt sie nur erst groß werden, die Dirne,
sie wird uns noch manche Nuß zu knacken geben!
Meiner Treu, sie knüpft sich da ein nettes Schleppnetz
zurecht, um Herzen zu fischen!« Und ein gutmütiger,
aber plumper und einfältiger Kerl schließlich, der staunend zusah, wie sie so leichtfüßig im Tanze dahinwir-
belte, rief: »Immer hurtig, Kindchen, immer hurtig!
Auf, ihr Amoretten, und hüpft auf der Stell wie diese
so schnell!«
»Das laßt nur hübsch sein, ich kann es allein!« rief Preciosa zurück, ohne dabei ihren Tanz zu unterbrechen.
Als mit dem Gottesdienst auch das Fest der heiligen
Anna vorüber war, fühlte Preciosa sich etwas erschöpft, aber sie hatte doch erreicht, daß man in ganz
Madrid von ihrer Schönheit, ihrem scharfen Witz,
ihrer Klugheit und ihrer Tanzkunst sprach.
Vierzehn Tage später kam sie mit drei jungen Zigeunerinnen wieder in die Hauptstadt. Die Mädchen trugen Metallklappern und hatten einen neuen Tanz ein-
studiert. Außerdem hatte jede von ihnen einen guten
Vorrat an Romanzen und lustigen Liedchen, die sich
jedoch alle in den Grenzen der Wohlanständigkeit
hielten; denn Preciosa ließ es nicht zu, daß eines der
Mädchen, mit denen sie zusammen auftrat, zweideutige
Lieder sang. Sie selbst tat es auch nie und wurde darum
von allen hoch angesehen und geschätzt. Die alte Zigeunerin wich keinen Augenblick von ihrer Seite und
bewachte sie mit Argusaugen, voller Angst, daß sich
einer an die Kleine heranwagen und sie entführen

könnte. Sie nannte Preciosa ihre Enkelin, und diese hielt die Alte für ihre Großmutter.

Als die Zigeunerinnen an einer schattigen Stelle auf der Toledo-Straße ihren Tanz begannen, bildete sich sofort ein großer Kreis von Menschen um sie, die ihnen auf Schritt und Tritt gefolgt waren. Während die Mädchen tanzten, ging die Alte bei den Umstehenden sammeln. Die großen und kleinen Kupfermünzen regneten nur so auf sie herab; denn auch der Schönheit wohnt bekanntlich die Kraft inne, die Mildtätigkeit bei den Menschen zu erwecken.

Als der Tanz zu Ende war, sagte Preciosa: »Wenn ihr mir noch ein paar Groschen gebt, so will ich euch ganz allein noch eine allerliebste Romanze vorsingen. Sie handelt von unserer Königin Margarete und von dem ersten Kirchgang nach ihrem Wochenbett, den sie in Valladolid zur Kirche des heiligen Lorenz tat. Ich sage euch, es ist ein wunderschönes Lied, und es stammt von einem Dichter, der unter seinesgleichen hervorragt wie ein Hauptmann unter den Soldaten seines Bataillons«.

Kaum hatte sie das gesagt, als beinahe alle, die in der Runde standen, ihr zuriefen: »Sing es, Preciosa, du sollst deine Groschen haben!« Und schon hagelte es wieder Münzen, daß die Alte mit dem Einsammeln kaum nachkommen konnte. Nachdem Preciosa so eine reiche Ernte gehalten hatte, ließ sie ihre Kastagnetten wieder ertönen und begann in einem leichten, natürlichen Ton, der halb Sprechen, halb Gesang war, folgende Romanze vorzutragen:

> Ausgefahren ist zum Kirchgang
> Heut als Wöchnerin die erste
> Königin Europens, einzig
> Reich an Namen und an Werten.
>
> Gleich wie sie die Augen fesselt,
> Fesselt sie die Herzen alle,
> Die ihr Prangen, ihre Andacht
> Staunend sehn und voll Gefallen.

Und zum Zeichen, wie die Himmel
Eine Irdische erhöhten,
Sitzt sie zwischen Habsburgs Sonne
Und der zarten Morgenröte.

Hinter ihr folgt hold ein Sternlein,
Das im düstern Abendgrauen
Aufging eines Stillen Freitags,
An dem Erd und Himmel trauern.

Wenn am Himmel tausend Leuchten
In dem Bild des Wagens flimmern,
Leuchten hier lebendge Sterne
Unter ihres Wagens Himmel:

Und Saturn, der greise Jüngling,
Zupft an seinem Bart, dem weißen.
Folgt behende und vergißt fast,
Daß ihn Gicht plagt und das Reißen.

Schmeichelnd fährt der Gott im Zuge
In galanter Unterhaltung,
Amor bringt ein Band von Perlen
Und Rubinen zur Entfaltung.

Mars ist kriegerisch vertreten
In den stürmischen Debatten
Manches jugendlichen Helden,
Den sein Schatten überschattet.

Aber dicht dort bei der Sonne
Waltet Jupiter: wer klüglich
Baut sein Amt auf gute Werke
Rühmt des Königs Huld sich füglich.

Luna auch ist in den Wangen
Ird'scher Göttinnen zu schauen,
So wie keusch die Venus leuchtet
In dem Himmel schöner Frauen.

Kleine, flinke Ganymede
Eilen, kehren, tauchen unter
In dem goldbeschlagnen Tierkreis
Dieser holden Welt der Wunder.

Und damit des Schauns und Staunens
Nicht genug sei, fügt enthüllend
Pracht auf Pracht und Glanz auf Glanze
Die verschwenderische Fülle.

Mailand breitet reiches Linnen
Vor den Blicken, den verblüfften,
Indien steuert Edelsteine
Und Arabia zinst mit Düften.

Bei den ewig Unzufriednen
Sucht die Scheelsucht anzuschwärzen,
Aber siegreich pocht die Güte
An die treuen Spanierherzen.

Und ein Bacchanal der Freude
Weicht dem ängstlichen Beklemmen,
Alle Straßen, alle Plätze
Wie ein Sturzbach überschwemmend.

Tausend stummen Dankesworten
Ist der Mund nun laut erschlossen,
Und die Jugend greift den Ruf auf
Ihrer älteren Genossen.

Ruft der eine: »Blühnde Rebe,
Rank und schling im Glück der Gatten
Um den Ulmbaum dich, der tausend
Jahre lang dich mög beschatten,

Dir zu allerhöchstem Ruhme,
Spanien selbst zum Ehrenkleide,
Zum Gewinn der heilgen Kirche
Und Entsetzen aller Heiden!«

Und der andre ruft und preist sie:
»Lang noch, weiße Taube, throne,
Die als Frucht uns ihres Schoßes
Adler schenkt aus zweien Kronen,

Daß sie in den Lüften dräuend
Das ergrimmte Raubzeug schrecken
Und mit ihrem Flügelschlage
Die verhärmte Tugend decken.«

Klug bedachtsam und gewichtig,
Wohl zu höhrer Einsicht taugend
Ruft ein andrer, und die Freude
Strahlt ihm hell aus Mund und Augen:

»Diese Perle, die du schenktest,
Mutter Habsburgs, Hehre, Eine,
Wieviel List macht sie zunichte,
Wieviel Ränke unsrer Feinde!

Wieviel Hoffnung darf sie wecken!
Wieviel Wünsche müssen scheitern!
Wieviel Furcht wird an ihr wachsen,
Wieviel Trug wird sie vereiteln!«

Vor dem Tempel war sie jetzo
Jenes Phönix' angekommen,
Der, zu Rom verbrannt, voll Gnaden
Weiterlebt im Reich der Frommen.

Vor dem Gnadenbild des Lebens,
Vor der Herrscherin des Himmels,
Die als Lohn für ihre Demut
Wandelt überm Sterngewimmel,

Vor der Jungfrau und der Mutter,
Vor der Gottesbraut und Tochter
Auf den Knien liegt Margarete
Betend, und ihr Herz spricht pochend:

»Nimm zum Pfande, was du schenktest
Mit so übervollen Händen,
Denn wo deine Gnade mangelt,
Kann die Not sich nimmer wenden.

Meines Gartens Erstling bringe
Ich dir dar, du Reine, Echte:
Nimm ihn gnädig an und schütz ihn,
Leite, führe ihn zum Rechten!

Neig in Huld dich seinem Vater,
Dessen Schultern wie ein Riese
Vieler Reiche Lasten tragen
Und manch ferner Paradiese.

Weiß ich auch, das Herz des Königs
Ist in Gottes Hand gelegen,
Weiß ich doch, an deinem Fürspruch
Hängt des Himmels milder Segen.«

Als sie aufsteht vom Gebete
Hallt ein Hymnus in der Runde,
Der verkündet, daß die Gnade
Niederstieg zu dieser Stunde.

Ausgeklungen ist das Hochamt
Würdig eines Königssprosses,
Und sie kehrt vom Himmel Gottes
In den Himmel ihres Schlosses.

Kaum hatte Preciosa ihre Romanze beendet, als es aus
der würdigen Versammlung, die ihr zugehört hatte,
wie mit einer Stimme erscholl: »Sing noch einmal, Preciosa, und du sollst Groschen haben wie Sand am
Meer!«
Über zweihundert Menschen standen so beisammen,
um den Tanz der Zigeunerinnen zu sehen und ihrem
Gesang zu lauschen, als zufällig einer der Amtmänner
der Stadt vorbeikam. Als er die Ansammlung bemerkte,
fragte er, was es denn da gäbe, und erhielt die Antwort, daß hier die schöne junge Zigeunerin sänge. Neugierig trat er näher und lauschte ein wenig, doch hörte
er sich die Romanze nicht bis zu Ende an, weil sich das
nicht recht mit seiner Würde vertragen hätte. Da die
kleine Zigeunerin ihm jedoch ganz außerordentlich gefiel, schickte er einen seiner Pagen zu der Alten und
ließ ihr sagen, sie solle am Abend mit ihren Mädchen
in sein Haus kommen, damit auch Doña Clara, seine
Gattin, sie hören könne. Der Page richtete den Auftrag
aus, und die Alte versprach zu kommen.
Als Gesang und Tanz beendet waren, schickten die
Zigeunerinnen sich zum Weitergehen an. In diesem
Augenblick trat ein schmuck gekleideter Knappe zu
Preciosa, überreichte ihr ein zusammengefaltetes Pa-

pier und sagte: »Preciosa, ich bitte dich, sing die Romanze, die ich hier aufgeschrieben habe, sie ist wirklich schön. Ich werde dir auch mit der Zeit noch mehr geben, und du wirst dir damit den Ruf erwerben, die beste Romanzensängerin der Welt zu sein.«

»Ja, Herr, ich will sie gern lernen«, erwiderte Preciosa, »und vergeßt ja nicht, mir auch noch die anderen zu bringen! Nur eine Bedingung ist dabei: sie müssen wohlanständig sein. Wenn Ihr wollt, daß ich sie Euch bezahle, so können wir ja einen Preis für das Dutzend ausmachen. Für jedes Dutzend, das ich gesungen habe, zahle ich Euch; denn daß ich sie im voraus bezahle, könnt Ihr natürlich nicht verlangen.«

»Wenn mir das Fräulein Preciosa nur den Preis für das Papier zahlen will«, entgegnete der Knappe, »so bin ich's zufrieden. Und wenn Euch eine Romanze nicht gut und wohlanständig dünkt, so soll sie nicht mit auf die Rechnung kommen.«

»Schön, es soll mir überlassen bleiben, sie auszuwählen«, antwortete Preciosa.

Unter diesem Gespräch waren sie ein Stück weitergegangen, als von einem Fenstergitter her ein paar Herren nach den Zigeunerinnen riefen.

Preciosa trat an das niedrige Gitter heran und blickte in einen schön ausgestatteten, kühlen Raum, in dem sich eine Anzahl Herren befanden. Einige gingen im Gespräch auf und ab, andere unterhielten sich mit verschiedenen Spielen.

»Wollen die Herren mir ihren Spielgewinn abgeben?« fragte Preciosa mit ihrem etwas gekünstelten andalusischen Akzent, wie ihn die Zigeunerinnen an sich haben.

Als die Herren Preciosas Stimme hörten und ihr Gesicht am Gitter erblickten, ließen sie ihr Spiel und ihre Unterhaltung beiseite und eilten herbei, um sie näher anzusehen, denn sie hatten schon manches von ihr gehört.

»Kommt herein, Mädchen, kommt herein!« riefen sie.
»Hier gibt es etwas zu gewinnen!«
»Wenn wir nur nicht etwas anderes dabei verlieren!«
entgegnete Preciosa.
»Nein, bei meiner Ritterehre«, erwiderte einer, »du
kannst ruhig hereinkommen, Kind. Keiner von uns
wird auch nur deine Schuhsohle berühren, das schwöre
ich dir bei diesem Ordenszeichen, das ich auf der Brust
trage.« Und damit legte er seine Rechte auf das Cala-
trava-Kreuz an seinem Gewand.
»Wenn du willst, Preciosa«, sagte eine der drei jungen
Zigeunerinnen, die mit ihr gekommen waren, »so geh
nur hinein. Ich mag nicht dahin, wo so viele Männer
sind.«
»Höre, Christina«, erwiderte Preciosa, »hüten mußt
du dich nur, mit einem Mann allein zusammen zu sein,
nicht aber mit vielen. Gerade weil es viele sind, brauchen wir keine Angst zu haben, daß sie uns zu nahe
kommen. Und eins mußt du dir merken, Christinchen:
eine Frau, die es sich ernstlich vorgenommen hat, ihre
Ehre zu bewahren, kann sich getrost unter eine ganze
Armee von Soldaten begeben, sie wird ihrem Vorsatz
doch treu bleiben können. Natürlich ist es immer ratsam, die Gefahr zu meiden, aber wirklich gefährlich
sind nur die heimlichen Zusammenkünfte und nicht
die, die in aller Öffentlichkeit vor sich gehen.«
»Schön, Preciosa, gehen wir hinein«, meinte Christina,
»du weißt ja mehr als ein Studierter!«
Da auch die alte Zigeunerin einverstanden war, betraten die Mädchen das Haus. Kaum war jedoch Preciosa
drinnen, als der Herr mit dem Ordenskreuz das Papier bemerkte, das sie vorn in ihre Bluse gesteckt hatte.
Schnell trat er auf sie zu und nahm es ihr weg.
»Nein, Herr«, rief Preciosa, »gebt es mir wieder! Es
ist eine Romanze, die ich eben erst bekommen und
noch nicht einmal gelesen habe.«
»Was, du kannst lesen?« fragte einer.

»Lesen und schreiben!« versicherte die Alte. »Ich habe meine Enkelin so sorgfältig erzogen, wie wenn sie ein gebildetes Fräulein wäre.«

Der Herr faltete das Papier auseinander und erblickte einen Golddukaten, der darin eingewickelt war.

»Nanu!« rief er erstaunt. »Sieh her, Preciosa, dieser Brief hier enthält ja auch gleich den Botenlohn. Da, nimm den Dukaten, der mit der Romanze gekommen ist.«

»Aha«, meinte Preciosa, »der Herr Dichter hat mich für ein armes Mädchen gehalten. Aber immerhin ist es ein größeres Wunder, daß ein Dichter einen Dukaten verschenkt, als daß ich einen bekomme. Wenn alle seine Romanzen so einen hübschen Zusatz haben, dann mag er meinetwegen gern das ganze große Romanzenbuch abschreiben und mir die Lieder einzeln zuschicken. Ich will ihnen schon den Puls fühlen, und wenn er hart schlägt, will ich sie weich und liebevoll aufnehmen.«

Alle, die die kleine Zigeunerin so reden hörten, waren erstaunt über die geistreiche und schalkhafte Art, mit der sie sich auszudrücken verstand.

»Und nun lest, Herr«, sagte sie, »aber lest laut, damit wir sehen können, ob dieser Dichter ebenso mit Einfällen um sich wirft wie mit Dukaten.«

Und der Herr las:

> Hei, Zigeunerin, das Gleißen
> Deiner Schönheit, wie es blendet!
> Wer Pretiosen so verschwendet,
> Darf mit Recht Preciosa heißen!
>
> Und es lehrt mich auch das eine
> Dieses Beispiel wieder neu:
> Stets ist *Stolz* und holde Scheu
> Mit der Schönheit im Vereine.
>
> Wenn du dich von ihm berauschen
> Läßt und gibst ihm täglich Nahrung,
> Möcht ich diese Offenbarung
> Nicht um deine Jugend tauschen.

Einen Basilisken nährst du,
Mädchen, dessen Blicke töten;
Huld, die keine Fürsten böten,
Doch viel gnädiger, gewährst du.

Sag, wie wuchs solch offenbares
Wunder im Zigeunertume?
Wie erblühte solche Blume
Am bescheidnen Manzanares?

Wird der Ruhm ihn nicht umkreisen
Gleich dem Tajo jetzt, dem stillen,
Und ihn um Preciosas willen
Mehr noch als den Ganges preisen?

Meinst du aus der Hand zu lesen,
Liest in Herzen du, die brennen,
Denn gar unversehens trennen
Schönheit und Beruf ihr Wesen.

Wenn wir bitten, voll Gewähren
Unsre Blicke zu erdulden:
Dein Beruf wird dich entschulden,
Deine Schönheit uns verzehren.

Hexen wärt ihr, sagen viele,
Die sich gern an euch berücken,
Doch bei *deinen* Hexenstücken
Ist viel Ernsteres im Spiele.

Sie an dich heranzuwinken,
Die schon ganz dir hörig sind,
Läßt du deine Augen, Kind,
Wie ein Zauberspiegel blinken.

Seine Macht ist ungeheuer:
Denn dein Tanz wird uns zur Falle,
Deine Blicke *töten* alle,
Deine Lieder sind wie Feuer.

Tausendfältig ist dein Zauber,
Und je mehr dein Schweigen bald,
Bald dein Ruf im Kreise hallt,
Wird mein Ohr der Warnung tauber.

Selbst verhärtete Gesellen
Fesselst du in deinen Bann:
Willig biete ich dir an,
Mich als Beispiel darzustellen.

Der voll Demut dies geschrieben,
Allerlieblichste Pretiose,
Wird, ergeben seinem Lose,
Arm dich, doch in Demut lieben.

»Arm nennt er sich im letzten Vers«, meinte Preciosa, »ein schlechtes Zeichen! Verliebte Leute dürfen nie sagen, daß sie arm sind, denn mir scheint, die Armut ist, im Anfang wenigstens, ein eingeschworener Feind der Liebe.«

»Wer hat dich das gelehrt, Mädchen?« fragte einer.

»Wer soll mich das wohl lehren?« erwiderte Preciosa. »Glaubt Ihr vielleicht, ich hätte kein Gefühl dafür? Bin ich nicht fünfzehn Jahre alt? Ich bin weder krumm noch lahm, und auch mein Verstand ist nicht zu kurz weggekommen. Bei den Zigeunerinnen entwickelt sich der Geist nach einem anderen Maßstab als bei den übrigen Menschen: sie sind stets ihren Jahren voraus. Einen dummen Zigeuner oder eine beschränkte Zigeunerin gibt es nicht. Gerade weil sie, um ihr Leben zu fristen, schlau und gerissen sein und sich auf allerhand Kniffe verstehen müssen, schärfen und putzen sie die Klinge des Geistes bei jeder Gelegenheit, damit sich kein Rost ansetzt. Seht Euch zum Beispiel meine Gefährtinnen an: da stehen sie und tun den Mund nicht auf, so daß man sie für töricht halten könnte. Aber steckt ihnen nur einmal den Finger in den Mund und fühlt nach ihren Weisheitszähnen: Ihr werdet Euer blaues Wunder erleben! Bei uns weiß ein zwölfjähriges Mädchen so viel wie anderswo eine von fünfundzwanzig, denn unsere Lehrmeister sind der Teufel und das Leben selbst, die uns in einer Stunde mehr beibringen, als man gewöhnlich in einem Jahr lernt.«

Überrascht hatten alle den Worten der kleinen Zigeu-

nerin gelauscht, und als sie geendet hatte, gaben ihr die
Spieler ihren Spielgewinn ab, und auch die anderen
griffen in den Beutel. Mehr als dreißig Realen wanderten in die Sparbüchse der Alten, die nun strahlend vor
Freude ihre Lämmchen wieder einsammelte und mit
ihnen zum Hause des Amtmanns wanderte, nachdem
sie versprochen hatte, demnächst mit ihrer Herde wiederzukommen, um die freigebigen Herrn mit ihren
Künsten zu erfreuen.

Doña Clara, die Gattin des Amtmanns, hatte schon den
Bescheid erhalten, daß die Zigeunerinnen zu ihr kommen würden. Sie hatte daher alle ihre Zofen und Kammerfrauen um sich versammelt, und auch eine Nachbarin war mit ihren Mädchen herübergekommen, um
Preciosa zu sehen. So saßen sie und harrten sehnsüchtig auf den angekündigten Besuch. Kaum hatten die
Zigeunerinnen das Gemach betreten, als Preciosa schon
aller Augen auf sich zog wie eine hellstrahlende Fackel
zwischen kleinen, schwachen Flämmchen. Alle stürzten
auf sie zu, umarmten und streichelten sie und über-
schütteten sie mit Liebkosungen und Segensworten.

»Seht nur«, rief Doña Clara, »hier kann man doch einmal mit Recht von goldenem Haar sprechen! Und diese
Augen: wie Smaragde schimmern sie!«

Entzückt betrachtete auch die Nachbarin die Kleine
von Kopf bis Fuß und fand für alles, was sie sah, die
überschwenglichsten Lobreden. Als sie endlich auf Preciosas Kinn ein Grübchen gewahrte, rief sie: »Ach, und
das Grübchen hier! Alle Blicke werden da hineinfal-
len!«

Ein älterer Herr mit langem Bart, ein naher Freund
des Hauses, der zufällig auch anwesend war, hörte
diese Worte und sagte: »Ein Grübchen nennt Ihr das,
edle Frau? Entweder ich verstehe nichts von solchen
Dingen, oder es ist kein Grübchen, sondern eine Grube,
ein Grab, in dem die Wünsche zur ewigen Ruhe bestattet werden. Bei Gott, die kleine Zigeunerin ist so

lieblich, daß sie nicht reizender sein könnte, wenn sie aus Silber oder aus Zuckerteig gegossen wäre. Kannst du auch wahrsagen, Kindchen?«

»Oh, auf drei oder vier verschiedene Arten!« erwiderte Preciosa.

»Mehr nicht?« sagte Doña Clara. »Beim Leben des Amtmanns, meines Gatten, du mußt mir wahrsagen, Goldkindchen, Silberkindchen, Perlenkindchen, Karfunkelkindchen, Himmelskindchen oder wie ich dich sonst nennen soll!«

»Nur zu, reicht der Kleinen Eure Hand und etwas, womit sie das Kreuz darüber schlagen kann«, meinte die Alte, »Ihr werdet staunen, was sie Euch alles verkündet! Sie weiß mehr als ein Doktor der Medizin!«

Die Frau Amtmännin griff in ihre Tasche, aber sie fand keinen blanken Heller darin. Sie bat daher ihre Dienerinnen, ihr eine Kupfermünze zu leihen, doch keine konnte ihr aushelfen, und auch die Nachbarin hatte kein Geld bei sich. Als Preciosa das sah, meinte sie: »Jedes Kreuz, das man schlägt, ist gut, eben weil es ein Kreuz ist; aber die, die man mit Gold- oder Silbermünzen schlägt, sind die besten. Euer Gnaden müssen jedoch wissen, daß ein Kreuz, das ich mit einer Kupfermünze auf der Handfläche ziehe, dem Glück nicht zuträglich ist – zum mindesten nicht dem meinen. Ich habe daher den Ehrgeiz, das erste Kreuz stets mit einem Golddukaten zu ziehen oder doch wenigstens mit einem größeren oder kleineren Silberstück. Mir geht es darin wie den Sakristanen, die auch ihre Freude daran haben, wenn eine reiche Opfergabe dargebracht wird.«

»Wahrhaftig, Kindchen, du bist nicht auf den Kopf gefallen!« sagte die Nachbarin. Dann wandte sie sich an den danebenstehenden Herrn und fragte: »Und Ihr, Herr Contreras, habt Ihr nicht zufällig einen Real bei Euch? Gebt ihn mir doch bitte; sobald mein Mann, der Doktor, kommt, sollt Ihr ihn wiederhaben.«

»Ich habe schon einen«, versetzte Contreras, »aber ich
habe ihn gestern beim Abendessen gegen zweiundzwanzig Maravedi verpfändet. Gebt mir die Summe,
und ich will Euch flugs den Real holen.«

»Wir haben alle zusammen keine vier Maravedi, und
Ihr wollt gleich zweiundzwanzig haben!« rief Doña
Clara empört. »Geht mir, Contreras, Ihr seid immer
ein wenig unverschämt gewesen!«

Nun wandte sich eine der anwesenden Kammerzofen,
die bemerkte, daß im ganzen Hause Ebbe herrschte, an
Preciosa: »Sag doch, Kindchen«, meinte sie, »wird es
wohl etwas ausmachen, wenn man das Kreuz mit
einem silbernen Fingerhut zieht?«

»Im Gegenteil!« antwortete Preciosa, »mit silbernen
Fingerhüten zieht man die prächtigsten Kreuze der
Welt, vor allem, wenn es recht viele sind!«

»Ich habe hier einen«, sagte die Zofe, »wenn er genügt,
sollst du ihn bekommen; doch unter der Bedingung,
daß du mir dann auch wahrsagst.«

»So viel Weisheit für einen einzigen Fingerhut?« rief
die alte Zigeunerin. »Nun mach zu, Preciosa, daß du
damit zu Ende kommst, es wird ja schon dunkel.«

Preciosa ergriff den Fingerhut und die Hand der Frau
Amtmännin und sagte:

> Schöne Dame, schöne Dame,
> Daß dein Mann in dich vernarrt ist,
> Ärger — sagt dies Silberhändchen —
> Als der Herr der Alpujarren;
>
> Daß du sanft wie eine Taube,
> Oft indes, man sieht dir's an ja,
> Wie die Löwin von Orán bist
> Und die Tigrin von Ocaña.
>
> Lange freilich ihm zu zürnen
> Liegt dir fern, verliebtes Evchen;
> Nennt er dich sein Zuckermäulchen,
> Hältst du stille wie ein Schäfchen.

Schmollst zwar öfter, issest wenig,
Bist ein bißchen eifersüchtig,
Denn der Amtmann mag gern schäkern
Und ist nicht im Amt nur tüchtig.

Als du noch ein Fräulein warest,
Kam ein stattlicher Bewerber —
Hol der Teufel die Vermittler,
Die uns den Geschmack verderben!

Wärst du damals Nonne worden,
Hättst du jetzt das Heft in Händen,
Denn zur Domina Äbtissin
Dünkt mich, eignest du dich blendend.

Jetzt kommt etwas, was ich lieber
Dir verschwiege; doch, was tut es?
Du verwitwest — aber zweimal
Heiratst du: das ist was Gutes!

Weine nicht, du schöne Dame:
Glaubst du, wir Zigeunerinnen
Blieben immer bei der Wahrheit?
Stopf die Tränen, halte inne!

Solltest du vor dem Herrn Amtmann
Noch das Zeitliche einst segnen,
Brauchst du ob des Wittibtumes
Dich nicht weiter aufzuregen.

Doch du erbst, und zwar in Bälde,
Ein paar hunderttausend Taler,
Und dein Sohn wird Pfründner werden
Einer hübschen Kathedrale,

Wenn auch gerade nicht Toledos.
Eine Tochter, seh ich, ziere
Bald die Eh' euch, und als Nonne
Wird sie alle kommandieren.

Sollte nicht dein Eheliebster
Just im nächsten Monat sterben,
Kann er noch in Salamanca
Oder Burgos Schultheiß werden.

Und ein Schönheitsfleckchen hast du,
Himmel! wie die Sonnenflecken,
Die noch bei den Antipoden
In den Tälern Licht erwecken!

Mancher blinde Schlucker gäbe,
Es zu sehn, den letzten Kreuzer —
Ja, man macht so dumme Witze,
Und es gibt so schnurrge Käuze!

Hüte ängstlich dich, zu fallen,
Ganz besonders auf den Rücken,
Denn bei so illustren Damen
Will das Aufstehn oft nicht glücken.

Vieles könnt ich dir noch sagen:
Komme doch am Freitag wieder,
Manches wird dir da gefallen,
Manches drückt ein bißchen nieder.

Als Preciosa ihren Spruch beendet hatte, brannten alle
Anwesenden darauf; nun auch ihr Schicksal zu hören
und bestürmten das Mädchen mit Bitten; sie vertröstete
sie jedoch auf den kommenden Freitag und mahnte sie,
auch ja Silbermünzen bereitzuhalten, damit sie die
Kreuze ziehen könne. Inzwischen war auch der Herr
Amtmann gekommen, dem man wahre Wunderdinge
von der kleinen Zigeunerin berichtete. Er forderte die
Mädchen auf, ihnen noch etwas vorzutanzen und bestätigte dann, daß alles Lob, das man Preciosa gespendet hatte, durchaus berechtigt sei. Daraufhin griff er
mit der Hand in die Rocktasche, um den Zigeunerinnen
ihren Lohn zu geben; nachdem er jedoch eine ganze
Weile darin herumgesucht und -gekratzt und alles
durcheinandergeschüttelt hatte, zog er die Hand leer
wieder heraus.
»Mein Gott«, sagte er, »ich habe keinen blanken Heller! Doña Clara, gebt doch der kleinen Preciosa bitte
einen Real, ich gebe ihn Euch später wieder.«
»Nun, mein Gemahl«, erwiderte sie, »ich muß sagen,

das trifft sich gut! Einen Real! Wir alle hier haben nicht einmal eine Kupfermünze auftreiben können, um ein Kreuz zu ziehen, und Ihr verlangt gleich einen Real von uns!«

»Gut, dann gebt ihr doch eine Halskrause oder sonst eine Kleinigkeit! Preciosa kommt ja nächstens wieder, und dann wollen wir sie besser bezahlen.«

»Nein«, versetzte Doña Clara darauf, »ich will Preciosa heute nichts geben, damit sie auch bestimmt wiederkommt.«

»Aber wenn Ihr mir nichts gebt«, fiel Preciosa ein, »dann komme ich auch nicht wieder. Oder doch, ich werde wiederkommen, um so hochgeborenen Herrschaften gefällig zu sein, aber ich werde dann schon im voraus wissen, daß hier nichts zu erben ist und mir die Mühe sparen, etwas zu erwarten. Ihr müßt Euch bestechen lassen, Herr Amtmann! Laßt Euch bestechen und Ihr habt Geld. Aber wenn Ihr neue Sitten einführen wollt, werdet Ihr Hungers sterben. Schaut, edle Frau, ich habe sagen hören – und obgleich ich noch ein halbes Kind bin, so habe ich doch bemerkt, daß es eigentlich nicht recht ist – ein Mann, der ein Amt hat, müsse auch Geld daraus ziehen. Nur so könne er nach seinem Rücktritt die Strafsummen zahlen und sich in Ruhe um einen neuen Posten bewerben.«

»So reden und handeln nur gewissenlose Menschen«, entgegnete der Amtmann. »Ein Beamter, der seine Aufgaben ordentlich erfüllt hat, braucht auch keine Strafe zu zahlen, und wenn er seinen Posten gut verwaltet hat, so muß dieser Umstand schon genügen, um ihm einen neuen zu geben.«

»Ach, Herr Amtmann«, erwiderte Preciosa, »Euer Gnaden sprechen wie ein Heiliger. Wenn Ihr so weitermacht, werden wir eines Tages noch Eure Lumpen in kleine Fetzen reißen, um sie als Reliquien zu bewahren.«

»Du bist ein schlaues kleines Ding, Preciosa!« sagte

der Amtmann darauf. »Paß auf, ich werde es einrichten, daß du einmal bei Hofe auftrittst; denn an einem Mädchen wie dir haben auch Könige ihre Freude.«

»Sie werden mich als Hofnärrin anstellen wollen«, antwortete Preciosa, »aber dazu tauge ich nicht, und damit ist der Plan hinfällig. Wenn sie mich als Ratgeberin brauchen könnten, so würde ich mir's eher gefallen lassen; doch an manchen Höfen gedeihen die Narren besser als die Weisen. Ich fühle mich ganz wohl als arme Zigeunerin, und so mag mein Schicksal ruhig den Lauf nehmen, in den der Himmel es lenkt.«

»So, nun hör aber auf, Kind«, fiel hier die alte Zigeunerin ein. »Du hast schon viel zuviel geschwatzt und weißt ja mehr, als ich dich gelehrt habe! Spitz deinen Witz nicht allzusehr, sonst bricht ihm eines Tages die Spitze ab. Und rede du von Dingen, die zu deinem Alter passen, aber versteig dich nicht zu solch hochtrabenden Redensarten! Hochmut kommt vor dem Fall!«

»Diese Zigeunerinnen haben wahrhaftig den Teufel im Leib!« meinte der Amtmann erstaunt.

Nun verabschiedeten sich die Mädchen, und als sie sich schon zum Gehen wandten, rief die Zofe, die den Fingerhut gegeben hatte: »Preciosa, nun wahrsage mir aber oder gib mir den Fingerhut wieder! Denn ich habe jetzt keinen mehr, mit dem ich nähen kann.«

»Mein schönes Fräulein«, erwiderte Preciosa, »bildet Euch nur ein, ich hätte Euch schon gewahrsagt. Entweder besorgt Euch einen anderen Fingerhut oder rührt bis zum Freitag keine Nadel an. Dann will ich wiederkommen und Euch mehr Glückszufälle und Abenteuer voraussagen, als in einem Ritterroman stehen.«

Damit gingen die Zigeunerinnen hinaus und schlossen sich dem Schwarm der Bäuerinnen an, die täglich zur Stunde des Angelusläutens aus den Toren Madrids strömen, um in ihre Dörfer zurückzukehren. Es waren stets ein paar Frauen dabei, die mit den Zigeunerinnen gut bekannt waren, so daß diese sicher und ungefährdet ihres Weges ziehen konnten; denn die alte Zigeunerin lebte in ständiger Furcht, man könne ihr ihre Preciosa rauben.

Eines Morgens nun, als die Zigeunerinnen wieder nach Madrid hineingingen, um sich dort etwas zu verdienen, erblickten sie in einem kleinen Tal, etwa fünfhundert Schritte vor den Toren der Stadt, einen stattlichen jungen Mann in schmucker Reisekleidung. Degen und Dolch an seinem Gürtel glänzten wie lauteres Gold, und der Hut war mit einer kostbaren Schnalle und wallenden, bunten Federn geziert. Erstaunt blieben die Zigeunerinnen stehen und musterten ihn von oben bis unten, denn sie wunderten sich, einen so vornehmen und hübschen jungen Mann allein und zu Fuß an einem solchen Ort anzutreffen. Der Fremde trat auf sie zu und wandte sich an die alte Zigeunerin.

»Ach, meine Gute«, sagte er, »tut mir doch einen Gefallen. Ich bitte, hört Euch ein paar Worte an, die ich Euch und Preciosa insgeheim zu sagen habe, und es soll Euer Schade nicht sein.«

»Wenn wir dabei nicht zu weit vom Wege abkommen und zuviel Zeit verlieren«, meinte die Alte, »so soll es mir recht sein.«

Damit rief sie Preciosa herbei und ging mit ihr und dem jungen Mann etwa zwanzig Schritte vom Wege ab. Dann blieben sie stehen, und der Fremde begann zu sprechen.

»Ich stehe hier«, so sagte er, »weil mich die Klugheit und Schönheit Preciosas ganz und gar in ihren Bann geschlagen haben. Ich habe mir Mühe genug gegeben, dagegen anzukämpfen, aber schließlich war alles umsonst: es wurde eher noch schlimmer, und nun bin ich ihr rettungslos verfallen. Ich, meine Herrinnen — denn wenn der Himmel meinen Vorsatz begünstigt, werde ich Euch stets diesen Namen geben müssen — ich bin ein Ritter, wie dieses Gewand Euch offenbaren kann.«

Damit schlug er den Mantel zurück und wies ihnen auf seiner Brust das Kreuz eines der vornehmsten Ritterorden Spaniens. »Ich bin«, so fuhr er fort, »der Sohn des...« — hier nannte er einen Namen, den wir aus verständlichen Rücksichten verschweigen wollen — »und stehe unter dem Schutz und Schirm meines Vaters. Da ich das einzige Kind meiner Eltern bin, habe ich später einmal eine beträchtliche Erbschaft zu erwarten. Mein Vater befindet sich zur Zeit in der Hauptstadt, um sich hier um ein Amt zu bewerben, und da er bereits in einem offiziellen Bericht für den betreffenden Posten vorgeschlagen ist, kann er wohl ziemlich sicher damit rechnen. Obgleich ich von Stand und Adel bin, wie ich Euch sage und Ihr selbst wohl schon bemerkt haben werdet, so würde ich doch gern einer der Großen des Reiches sein, um Preciosa aus ihrer Armut in schwindelnde Höhen emporzuheben und sie zu meinesgleichen und zu meiner Gebieterin zu machen. Ich bewerbe mich nicht um ihre Hand, um sie späterhin zum besten zu halten — bei der aufrichtigen Liebe, die ich für sie hege, ist dies ganz ausgeschlossen. Mein einziger Wunsch ist es, ihr zu dienen und zu tun, was immer sie wünschen mag; ihr Wille ist auch der meine. In ihren Händen ist mein Herz wie Wachs, und sie kann jeden Stempel hineindrücken, der ihr beliebt. Wenn es jedoch gilt, diesen Stempel zu halten und zu bewahren, so wird mein Herz nicht mehr aus Wachs, sondern ein Marmorblock sein, der eine eingemeißelte Inschrift für die Dauer aller Zeiten trägt. Glaubt Ihr mir, daß ich die Wahrheit spreche, so kann meine Hoffnung nicht wanken; glaubt Ihr mir jedoch nicht, dann wird Euer Zweifel für mich ein Grund zu ewiger Angst und Betrübnis sein. Mein Name lautet ...«, und damit sagte er ihn, »den meines Vaters habe ich Euch bereits genannt; das Haus, in dem er zur Zeit wohnt, liegt in der und der Straße und ist an den und den Zeichen erkenntlich. Unsere Nachbarn können

Euch jederzeit Auskunft über uns geben und desgleichen andere Leute, die nicht in der Nachbarschaft wohnen; denn unser Rang und unsere Namen sind edel genug, daß man sie auf allen Höfen des Königspalastes und in der ganzen Hauptstadt kennt. Ich habe hier hundert Golddukaten mitgebracht als Aufgeld für das, was ich Euch zugedacht habe; denn wenn einer sein Herz verschenkt, so darf er auch sein Geld nicht zurückhalten.«

Während der junge Mann so sprach, hatte Preciosa ihn unverwandt betrachtet, und es schien, als hätten ihr seine Worte und sein Äußeres nicht übel gefallen. Nun wandte sie sich zu der Alten und sagte: »Verzeiht mir, Großmutter, aber ich möchte mir die Freiheit herausnehmen, diesem verliebten jungen Herrn selbst meine Antwort zu erteilen.«

»Sag du nur, was du meinst, Kindchen«, erwiderte die Alte, »ich weiß ja, du bist klug genug, um mit allem selbst fertig zu werden.«

»Ich, mein edler Herr«, sagte daraufhin Preciosa, »ich bin zwar nur eine einfache, arme Zigeunerin, aber da drin in meiner Brust pocht doch ein stolzes Herz, das meinen Sinn auf hohe Ziele lenkt. Mich bewegt man nicht durch Versprechungen, meine Grundsätze bringt niemand durch Geschenke ins Wanken, mich kann kein zärtliches Flehen rühren, und ich lasse mich auch durch die größten Aufmerksamkeiten eines verliebten Mannes nicht blenden. Wenn ich auch, wie meine Großmutter sagt, auf Michaeli erst fünfzehn werde, bin ich doch weit reifer und sehe klarer, als man meinen Jahren nach erwarten sollte. Zu dieser Einsicht haben mir zwar eher meine natürlichen Anlagen als meine Erfahrungen verholfen, auf jeden Fall aber weiß ich, daß die Liebesglut eines frisch Verliebten wie ein toller Wirbelwind daherzubrausen pflegt, der den Verstand aus den Angeln hebt und ihn über alle Hindernisse hinweg blindlings dem Wunsche des Herzens nachstürmen läßt. Glaubt er aber, die Himmelswonne seiner

Sehnsucht erlangt zu haben, so stürzt er in die Hölle seines Jammers. Sobald der heißbegehrte Gegenstand errungen ist, nimmt auch das langen nach ihm ab, und nun öffnet vielleicht auch der Verstand seine Augen und muß erkennen, daß er von Rechts wegen verabscheuen muß, was er zuvor anbetete. Die Furcht hiervor nun macht mich so vorsichtig, daß ich Worten niemals traue und auch den meisten Taten gegenüber noch Zweifel hege. Ein einziges Kleinod besitze ich, das mir mehr wert ist als selbst mein Leben: es ist meine Unschuld und Jungfräulichkeit, die ich für keine Versprechungen und Geschenke hergebe; denn damit wäre sie ja verkauft, und wenn sie käuflich ist, ist sie nichts mehr wert. Auch wird keine List und kein Betrug mir dies Kleinod entreißen können; lieber werde ich mit ihr ins Grab und so Gott will, in den Himmel eingehen, als sie der Gefahr aussetzen, daß sich auch nur erträumte Grillen und Hirngespinste an sie heranwagen. Die Jungfräulichkeit ist eine Blüte, der man, wenn möglich, nicht einmal die Gedanken zu nahe kommen lassen darf. Ist die Rose erst einmal vom Strauch gebrochen, wie leicht und schnell welkt sie dahin! Der eine berührt sie, der andere riecht daran, der dritte entblättert sie, bis sie schließlich unter den groben Händen zergangen ist. Wenn Ihr darum, mein Herr, nur um dieses Schatzes willen kommt, so sollt Ihr ihn mir nicht davontragen, es sei denn, man hätte die Bande und Schlingen der Ehe darum geknüpft. Denn nur diesem heiligen Joch kann die Jungfräulichkeit sich beugen, und hier verliert man sie auch nicht, sondern gibt sie drein bei einem Handel, der einen glücklichen Gewinn verspricht. Wollt Ihr mein Gatte sein, so bin ich die Eure; doch müssen zuvor noch viele Bedingungen erfüllt und Ermittlungen angestellt sein. Zuerst einmal muß ich wissen, ob Ihr wirklich der seid, der Ihr zu sein vorgebt. Dann, wenn sich das erwiesen hat, müßt Ihr das Haus Eurer Eltern verlassen und es mit unserem Lager vertauschen, die Kleidung eines Zigeuners anlegen und zwei Jahre lang bei uns in die Lehre gehen. In dieser Zeit werde ich Euren Charakter kennenlernen und Ihr den meinen, und wenn Ihr nach ihrem Verlauf mit mir zufrieden sein wollt und ich mit Euch, so will ich Euch als Gattin angehören. Bis dahin jedoch will ich Euch eine Schwester und ergebene Dienerin sein. Ihr müßt bedenken, daß Ihr ja während dieser Probezeit den klaren Blick wiedergewinnen könnt, der Euch jetzt verlorengegangen oder doch zum mindesten getrübt ist, und vielleicht seht Ihr dann ein, daß Ihr eigentlich fliehen solltet, was Ihr jetzt so eifrig verfolgt. Wenn Ihr dann die Freiheit wiedergewinnt, so wird Euch bei aufrichtiger Reue auch jede Schuld vergeben werden. Wollt Ihr unter diesen Bedingungen als Soldat in unsere Reihen eintreten, so soll es in Eurer Hand liegen, — aber Ihr müßt wissen, daß Ihr auch nicht einen Finger von mir berühren dürft, solange diese Bedingungen nicht erfüllt sind.«

Höchst erstaunt und wie verzückt hatte der junge Mann den Worten Preciosas gelauscht. Nun blickte er zu Boden und schien zu überlegen, wie er ihr antworten sollte. Als Preciosa das sah, sagte sie schnell: »Das ist eine schwerwiegende Sache, die sich in der kurzen Zeit, die wir hier zur Verfügung haben, nicht erledigen läßt. Geht darum jetzt in die Stadt zurück, mein Herr, und überlegt in Ruhe, was Ihr nun tun müßt und wollt. An jedem Festtag könnt Ihr mich morgens oder abends an der gleichen Stelle hier wieder treffen.«

»Preciosa«, erwiderte der junge Edelmann darauf, »als der Himmel diese Liebe zu dir in mir erweckte, entschloß ich mich, alles für dich zu tun, was du nur immer von mir verlangen würdest, wenngleich ich niemals auf den Gedanken gekommen wäre, daß du so etwas fordern könntest, wie du jetzt getan hast. Doch da du nun einmal willst, daß ich mich deinem Leben anpassen soll, so sieh von diesem Augenblick an in mir einen Zigeuner und unterwirf mich allen Prüfungen, die dir nötig erscheinen: du wirst doch stets finden, daß ich der gleiche bin wie heute. Sag mir auch, wann ich meine Umwandlung vornehmen soll, denn ich möchte, daß es recht bald geschehe. Meinen Eltern sage ich, ich ginge nach Flandern und ich werde auch genügend Geld mitnehmen, um einige Zeit davon zu leben. Es wird ungefähr acht Tage dauern, bis ich alles für meine Abfahrt gerüstet habe. Meine Begleiter werde ich schon irgendwie hinters Licht führen, damit ich meinen Vorsatz vollenden kann. Ich meinerseits möchte dich nur um eines bitten, sofern ich überhaupt wagen darf, eine Bitte oder Forderung an dich zu richten: erkundige dich schon heute nach meinem Stand und dem meiner Eltern, aber dann geh nicht mehr nach Madrid hinein. Ich möchte doch nicht, daß irgendeine der vielen Gelegenheiten, die sich dir bieten, mein Glück zuschanden macht, das ich mir so teuer erkaufen muß.«

»Nein, mein schöner Herr Liebhaber«, entgegnete Preciosa, »so haben wir nicht gewettet! Merkt Euch, daß ich mich stets frei und ungezwungen bewegen muß und keine Eifersucht mich hemmen und hindern darf. Ihr müßt aber auch wissen, daß ich mir nie zuviel herausnehmen werde; nein, jeder wird schon von weitem erkennen, daß meine Sittsamkeit ebenso groß ist wie meine Ungebundenheit. Das erste Verlangen, das ich an Euch stelle, lautet dahin, daß Ihr mir Vertrauen entgegenbringt. Denn wißt, ein Freier, der gleich im Anfang mit Eifersucht daherkommt, ist entweder ein Narr oder ein eingebildeter Mensch.«

»Du hast ja den Teufel im Herzen, Mädchen!« fiel hier die alte Zigeunerin ein. »Meiner Treu, du redest da von Dingen, über die kaum ein Gelehrter in Salamanca sich etwas zu sagen getraut! Du willst etwas von Liebe verstehen, von Eifersucht und von Vertrauen? Was soll mir das? Mir schwindelt der Kopf, und ich höre dir zu wie einem Menschen, in den der Geist gefahren ist und der plötzlich lateinisch spricht, ohne es gelernt zu haben.«

»Ruhig, Großmutter«, erwiderte Preciosa, »Ihr könnt mir glauben, alles, was Ihr mich da sagen hört, ist noch gar nichts im Vergleich zu all den vielen tieferen Wahrheiten, die ich in meinem Herzen bewahre.«

Die Worte Preciosas und die Klugheit, die aus ihnen sprach, waren nur Öl auf das Feuer, das in der Brust des verliebten jungen Mannes brannte. Schließlich kamen die drei überein, sich in acht Tagen an der gleichen Stelle wieder zu treffen. Er würde dann berichten können, wie weit seine Angelegenheiten gediehen seien, und sie würden inzwischen Zeit gehabt haben, sich zu vergewissern, ob er in allem die Wahrheit gesagt habe.

Nun zog der junge Mann eine Geldbörse aus Brokat hervor, in der, wie er sagte, die hundert Golddukaten waren, und überreichte sie der Alten. Preciosa jedoch wollte um keinen Preis zulassen, daß die Großmutter die Börse annahm.

»Nun schweig aber, Kind«, meinte die Alte ärgerlich. »Der beste Beweis seiner Liebe, den dieser Herr überhaupt geben konnte, besteht ja darin, daß er zum Zeichen seiner Unterwerfung die Waffen ausliefert. Eine offene Hand bei allen Gelegenheiten hat noch immer ein großzügiges Herz offenbart. Und denk an das Sprichwort, das da sagt: ›Hilf dir selbst, so hilft dir Gott!‹ Außerdem möchte ich auch nicht, daß um meinetwillen die Zigeunerinnen den Ruf verlieren, den sie sich im Verlaufe langer Jahrhunderte erworben haben, daß sie nämlich geldhungrig und auf ihren Vorteil bedacht sind! Hundert Dukaten soll ich zurückweisen, Preciosa? Hundert Dukaten aus purem Gold, die man so schön in den Saum eines Rockes einnähen kann, der kaum zwei Realen wert ist, und die einem dann so herrlich sicher sind wie ein Erbrecht auf die Weiden von Estremadura! Und wenn nun irgendeinem unserer Söhne, Enkel oder sonstigen Verwandten das Unglück zustieße, in die Hände der Polizei zu geraten – kannst du dir einen Milderungsgrund vorstellen, der dem Richter oder dem Schreiber lieblicher eingeht als diese Dukaten, wenn sie in seinen Beutel rollen? Dreimal schon hätte ich wegen verschiedener Vergehen beinahe auf dem Esel gesessen, um ausgepeitscht zu werden; das erstemal rettete mich ein silberner Krug, das zweitemal eine Perlenschnur und das drittemal vierzig gute Silbermünzen, die ich für Kupfergeld recht günstig eingetauscht hatte. Sieh, mein Kind, wir betreiben ein sehr gefährliches Gewerbe und müssen stets darauf gefaßt sein, zu straucheln und in eine Klemme zu geraten. Wollen wir da wieder herausfinden, so gibt es keinen besseren Nothelfer als den großen Gott Mammon, den auch unser frommer König Philipp angebetet hat. Wenn eine Dublone mit ihren beiden Gesichtern lächelt, so erhellt sich die düstere Miene des Herrn Staatsanwalts und all der Gehilfen des Todes, die wie die Harpyien auf uns arme Zigeuner lauern und mehr darauf erpicht sind, uns zu rupfen und zu schinden als einen Straßenräuber. Wir mögen noch so zerrissen und schmutzig daherkommen, nie halten sie uns für arm. Wir sind in ihren Augen wie das Wams der Bauern von Belmonte, speckig und zerschlissen, aber inwendig voller Dukaten.«

»Um Himmels willen, Großmutter, nun hört auf! Ihr werdet zum Schluß noch so viele Rechtsgründe vorbringen, um diese Dukaten zu behalten, daß Ihr selbst die römischen Kaiser damit in den Schatten stellt. Behaltet sie und seid glücklich damit, und Gott gebe, daß Ihr sie in ein Grab versenkt, aus dem sie niemals wieder ans Tageslicht emporkommen und es auch nicht nötig haben! Aber unseren Gefährtinnen da drüben werden wir wohl etwas davon abgeben müssen, sie warten schon so lange auf uns und werden ärgerlich sein.«

»Die da?« entgegnete die Alte. »Die werden meine Du-

katen ebensowenig zu Gesicht bekommen wie den
Großtürken! Der gute Herr mag schauen, ob er nicht
noch ein paar Silber- oder Kupfermünzen hat, die er
unter sie verteilen kann. Sie werden mit wenig zufrieden sein.«

»Ja doch, ich habe noch etwas«, versicherte Preciosas
Freier.

Damit zog er drei Silbermünzen aus der Tasche und
gab sie den drei Zigeunermädchen, die darob so glücklich und zufrieden waren wie ein Komödiendichter,
der im Wettstreit über einen Rivalen gesiegt hat und
den man nun an allen Straßenecken feiert.

Die drei hatten nun, wie gesagt, verabredet, in acht
Tagen wieder zusammenzutreffen. Dazu hatten sie
ausgemacht, daß der junge Herr als Zigeuner den Namen Andrés Caballero tragen solle, da dieser Zuname
auch bei den Zigeunern zuweilen vorkommt.

Andrés — den wir von jetzt ab auch so nennen wollen —, wagte nicht, Preciosa zu umarmen; aber in den
Abschiedsblick, den er ihr zuwarf, legte er sein ganzes
Herz, so daß er nun sozusagen ohne sein Herz nach
Madrid zurückkehrte. Auch die Zigeunerinnen wandten sich zur Stadt. Sie waren höchst zufrieden, und Preciosa, der das stattliche Aussehen des jungen Menschen
zwar noch keine Liebe, aber doch eine gewisse Zuneigung eingeflößt hatte, war begierig, sich zu vergewissern, ob er wirklich der sei, für den er sich ausgab.

Kaum war sie ein paar Straßen weit gegangen, als sie
auf den Knappen stieß, der ihr unlängst das Gedicht
und den Dukaten gebracht hatte. Dieser erblickte sie
ebenfalls und trat auf sie zu.

»Willkommen, Preciosa!« redete er sie an. »Hast du
die Verse gelesen, die ich dir neulich gab?«

»Bevor ich diese Frage beantworte«, sagte Preciosa
darauf, »müßt Ihr mir in einer Sache die Wahrheit
sagen: ich beschwöre Euch darum beim Leben des Menschen, der Euch am liebsten ist.«

»Das ist freilich eine Beschwörung, die ich nicht in den Wind schlagen darf«, entgegnete der Knappe. »Ich werde also die Wahrheit sagen, und wenn es mich das Leben kostet.«

»Nun«, versetzte Preciosa, »so sagt mir denn das eine: seid Ihr vielleicht zufällig ein Dichter?«

»Wenn ich das wäre«, erwiderte der Knappe, »so müßte das allerdings ein glücklicher Zufall sein. Aber du mußt wissen, Preciosa, den Namen ›Dichter‹ verdienen nur die wenigsten, und so bin ich denn auch keiner, sondern nur ein Verehrer und Liebhaber der Dichtkunst. Um ein paar Reime zu schmieden, brauche ich keine Hilfe: die ich dir neulich gab, stammen aus meiner Feder, und ebenso die, welche ich dir heute bringe. Aber deshalb bin ich noch kein Dichter, und Gott möge mich davor bewahren.«

»Ist es denn so schlimm, ein Dichter zu sein?« fragte Preciosa.

»Schlimm ist es nicht«, erwiderte der Knappe, »aber nur ein Dichter zu sein und sonst nichts halte ich auch nicht für gut. Die Dichtkunst muß man behandeln wie ein kostbares Schmuckstück, das sein Besitzer auch nicht jeden Tag trägt und es immerzu und allen Leuten zeigt, sondern nur dann, wenn es sich ziemt und bei passender Gelegenheit. Die Dichtkunst ist ein wunderschönes, keusches, sittsames, kluges, feines und ehrbares Mädchen, das sich streng in den Grenzen des Anstands hält. Sie ist die Freundin der Einsamkeit: die Quellen spenden ihr Unterhaltung, die Auen Trost, die Bäume Erquickung und die Blumen Freude. Und jeder, der mit ihr zusammenkommt, geht beglückt und belehrt von dannen.«

»Und trotzdem«, wandte Preciosa ein, »habe ich sagen hören, daß sie bitterarm sei, ja, daß sie etwas von einer Bettlerin an sich habe.«

»Ganz im Gegenteil!« widersprach der Knappe. »Ein Dichter ist immer reich, denn er ist zufrieden mit seinem Zustand – eine Lebensauffassung, zu der sich nur wenige durchgerungen haben. Aber nun sage mir, Preciosa, was hat dich bewogen, diese Frage an mich zu richten?«

»Ja«, sagte Preciosa, »das hängt so zusammen: ich hielt immer alle oder doch die meisten Dichter für arm, und deshalb war ich so verwundert über den Golddukaten, den Ihr in Eure Verse eingewickelt hattet. Jetzt aber, wo ich weiß, daß Ihr kein Dichter, sondern nur ein Liebhaber der Dichtkunst seid, halte ich es schon für möglich, daß Ihr reich seid. Allerdings zweifle ich immer noch etwas daran, denn der gleiche Zug, der Euch zum Versemachen drängt, wird Euch auch dazu bringen, all Euer Hab und Gut zu verschwenden. Es gibt angeblich keinen Dichter, der sein Vermögen zusammenhalten oder sich gar eines erwerben kann.«

»Zu der Sorte gehöre ich nicht«, versicherte der Knappe. »Ich mache Verse und bin weder reich noch arm. Immerhin kann ich es so halten wie die Genueser bei ihren Gastmählern: ich kann gern einen oder zwei Dukaten verschenken, an wen ich will, ohne den Verlust zu fühlen. Drum nimm ruhig dieses Papier hier und auch den zweiten Dukaten, der darin steckt, du köstlichste aller Pretiosen, und denk nicht mehr darüber nach, ob ich ein Dichter bin oder nicht. Du sollst nur denken und glauben, daß der Schenker am liebsten die Schätze des Königs Midas besäße, um sie dir zu Füßen zu legen.«

Damit reichte er ihr ein zusammengefaltetes Papier, und als Preciosa es befühlte, spürte sie, daß darin wirklich ein Dukaten steckte.

»Dieses Papier«, meinte sie, »wird ein langes Leben haben, denn es schlagen zwei Herzen darin: das des Dukaten und das der Verse, in denen es ja immer von Herzen und Schmerzen wimmelt. Aber ich will nicht so viele Herzen mit mir herumtragen, Herr Knappe, und wenn Ihr das eine nicht herausnehmt, so werdet

Ihr nicht erreichen, daß ich das andere behalte. Ihr sollt mein Dichter sein und nicht mein Mäzen, dann werden wir eine dauerhafte Freundschaft miteinander pflegen. Denn es könnte Euch bei aller Liebe eines Tages schwerer fallen, mir einen Dukaten zu geben als eine Romanze für mich zu dichten.«

»Schön, Preciosa«, sagte der Knappe, »wenn du mich nun einmal mit Gewalt zu einem armen Schlucker stempeln willst, dann weise wenigstens nicht das Herz zurück, das ich dir in meinen Versen überreiche. Den Dukaten gib mir meinetwegen wieder; weil deine Hand ihn berührt hat, will ich ihn mein Leben lang heilig halten wie eine Reliquie.«

Preciosa wickelte den Dukaten aus und steckte das Papier wieder zu sich, weil sie es nicht auf der Straße lesen wollte. Nun verabschiedete sich der Knappe und ging hochbefriedigt davon, denn er meinte, Preciosa schon sicher für sich gewonnen zu haben, da sie so freundlich zu ihm gesprochen hatte.

Preciosa, die nur darauf bedacht war, das Haus von Andrés Vater zu finden, wollte sich nirgends aufhalten und tanzen, und so war sie bald in der ihr wohlbekannten Straße angelangt, in der das Haus sich befinden mußte. Nachdem sie etwa die halbe Straße entlanggegangen war, blickte sie zu einem Balkon mit vergoldeten Gittern empor, der ihr als Kennzeichen genannt worden war, und sah einen würdigen und vornehmen Herrn von etwa fünfzig Jahren oben stehen, der einen Ordensmantel mit einem roten Kreuz auf der Brust trug. Als dieser die kleine Zigeunerin erblickte, rief er: »Kommt doch herauf, Mädchen, hier könnt Ihr etwas verdienen!«

Auf diesen Ruf hin traten noch drei andere Herren auf den Balkon hinaus, unter ihnen auch der verliebte Freier Andrés. Als dieser Preciosas ansichtig wurde, erbleichte er und wäre um ein Haar ohnmächtig zu Boden gesunken, so sehr hatte ihn der plötzliche Anblick des

Mädchens erschreckt. Die jungen Zigeunerinnen stiegen nun hinauf, und nur die Alte blieb zurück, weil sie sich noch bei der Dienerschaft erkundigen wollte, ob Andrés in allem die Wahrheit gesprochen habe. Als die Zigeunerinnen den Raum betraten, sagte der ältere Herr gerade zu den Umstehenden: »Das ist bestimmt die schöne junge Zigeunerin, von der man in der letzten Zeit in ganz Madrid spricht.«

»Ja, das ist sie«, versetzte Andrés, »das schönste Mädchen, das die Sonne je beschienen hat.«

»Das sind so Redensarten«, sagte Preciosa, die beim Eintreten alles mit angehört hatte, »aber damit schlagen die Leute meinen Wert doppelt so hoch an, als er in Wahrheit ist. Hübsch bin ich wohl, das glaube ich auch, aber so schön, wie man sagt, doch bei weitem nicht.«

»Beim Leben Don Juanicos, meines Söhnchens«, erklärte der alte Herr, »du bist noch viel schöner als dein Ruf, kleine Zigeunerin!«

»Und wer ist Don Juanico, Euer Söhnchen?« fragte Preciosa.

»Der junge Herr da neben dir«, erwiderte er.

»Nein, so was!« lachte Preciosa. »Und ich glaubte, Euer Gnaden sprächen von einem zweijährigen Kind! Das ist mir ein schönes Söhnchen, ein rechter Springinsfeld! Der könnte ja schon verheiratet sein, und wie mir so ein paar Linien auf seiner Stirn verraten, werden auch keine drei Jahre mehr darüber hingehen. Er wird heiraten, und zwar sehr nach seinem Geschmack, falls er seinen Geschmack bis dahin nicht verliert oder ändert.«

»Potztausend«, meinte einer der Anwesenden, »was versteht denn die kleine Zigeunerin von Stirnlinien?«

Unterdessen hatten sich die drei Zigeunerinnen, die mit Preciosa heraufgekommen waren, in einen Winkel des Gemachs gedrückt, steckten die Köpfe zusammen und tuschelten leise miteinander, um nicht gehört zu werden.

»Wißt ihr was?« sagte Christina, »das ist doch der feine junge Herr, der uns heute morgen die drei Silberstücke gegeben hat.«

»Natürlich ist er das!« versicherten auch die anderen. »Aber wenn er nichts davon erwähnt, wollen wir uns nichts anmerken lassen und ihn nicht daraufhin anreden. Wer weiß, vielleicht möchte er ja unerkannt bleiben.«

Während die drei so miteinander flüsterten, erklärte Preciosa auf die Frage, die man an sie gerichtet hatte: »Was meine Augen mir nicht sagen, verrät mir schon mein kleiner Finger. Auch ohne die Stirnlinien weiß ich, daß Don Juanico leicht verliebt, stürmisch und sogar etwas hitzig ist und daß er gern Dinge verspricht, die unmöglich erscheinen. Hoffentlich ist er nicht gar ein Lügner, denn das wäre schlimm. Er wird jetzt bald eine sehr weite Reise machen, aber, wie man sagt, der Braune denkt was anderes als der Mann, der ihn sattelt. Der Mensch denkt und Gott lenkt; vielleicht meint er, es ginge nach Norden und er landet im Süden.«

»Wirklich, kleine Zigeunerin«, antwortete Don Juan hierauf, »in manchem, was du da über meinen Charakter sagst, hast du das Richtige getroffen. Wenn du mich aber für einen Lügner hältst, dann bist du auf dem Holzwege, denn ich setze meine Ehre darein, immer die Wahrheit zu sagen. Auch mit der weiten Reise hast du recht, denn so Gott will, gedenke ich in vier oder fünf Tagen nach Flandern aufzubrechen; und wenn du mir auch drohst, ich würde einen anderen Weg einschlagen, als ich ursprünglich vorhatte, so hoffe ich doch, daß mir dabei kein Unheil zustößt, so daß aus der ganzen Reise nichts wird.«

»Nur ruhig, junger Herr«, erwiderte Preciosa, »und vertraut auf Gott; der wird schon alles zum besten führen. Ich weiß ja im Grunde gar nichts über all die Dinge, die ich sage. Wenn man so viel und so allgemein daherredet, ist es kein Wunder, wenn man in einigen Dingen das Richtige trifft. Ich möchte Euch nur gern dazu überreden, nicht abzureisen, sondern Vernunft anzunehmen und bei Euren Eltern zu bleiben, um ihnen ein glückliches Alter zu bereiten. Bei diesem Hin- und Herreisen nach Flandern kommt doch nichts heraus, vor allem für so junge Menschen wie Ihr. Werdet nur erst ein wenig kräftiger, damit Ihr die Mühen und Strapazen des Krieges besser ertragen könnt, um so mehr, als Ihr schon Krieg genug im eigenen Hause habt: es sind doch recht heftige Liebesschlachten, die sich da in Eurer Brust abspielen. Darum Ruhe, nur Ruhe, stürmischer junger Herr! Seht zu, daß Ihr die Katze nicht im Sack kauft, und gebt uns ein paar Kreuzer um Gottes und Eures vornehmen Standes willen; denn ich glaube doch, Ihr seid ein edler und hochgeborener junger Mann. Sollte sich nun auch noch herausstellen, daß Ihr wahrheitsliebend seid, dann will ich gern Euer Loblied anstimmen, wenn alles eintrifft, was ich Euch vorausgesagt habe.«

»Aber Kind«, versetzte Don Juan, der sich demnächst in Andrés Caballero verwandeln sollte, »ich habe dir doch schon gesagt, du hast in allem gut geraten, nur nicht in dem einen Punkt! Wenn du befürchten solltest, daß ich nicht immer die reine Wahrheit sage, so irrst du dich ganz bestimmt. Mein Wort, das ich draußen gebe, halte ich auch hier oder sonstwo, ohne daß mich erst einer daran mahnen müßte; denn ein Mann, der lügt, darf sich auch nicht rühmen, ein wahrer Edelmann zu sein. Mein Vater wird dir um Gottes- und meinetwillen etwas geben, denn ich habe heute morgen alles, was ich bei mir hatte, an ein paar Damen verschenkt. Sie waren sehr schön, aber wenn sie, und besonders die eine von ihnen, ebenso betrügerisch wie schön sind, dann muß ich mir wohl selbst leid tun.«

Als Christina diese Worte hörte, flüsterte sie ebenso

heimlich wie vordem den anderen Zigeunermädchen zu: »Also ich will doch gleich tot hinfallen, wenn er jetzt nicht auf die drei Silberstücke angespielt hat, die er uns heute morgen gab!«

»Nein, das glaube ich nicht«, meinte eine der beiden anderen, »denn er sagt ja, es seien Damen gewesen, und wir sind doch keine Damen. Wenn er so wahrheitsliebend ist, wie er behauptet, dann wird er soeben wohl auch nicht gelogen haben.«

»Das ist keine so große Lüge«, entgegnete Christina, »wenn man etwas sagt, wovon keiner einen Schaden und man selbst nur Ehre und Vorteil hat. Aber mir scheint, er will uns jetzt nichts geben, und die Herren wollen uns auch nicht tanzen lassen.«

In diesem Augenblick kam die alte Zigeunerin herauf und rief: »Komm jetzt, Preciosa, es ist schon spät! Wir haben noch allerhand zu tun und ich habe dir viel zu berichten!«

»Na und, Großmutter? Wie steht es nun?« fragte Preciosa. »Ist es ein Junge oder ein Mädchen?«

»Ein Junge, ein reizender Junge«, erwiderte die Alte. »Komm nur, Preciosa, du wirst wahre Wunderdinge zu hören bekommen!«

»Hoffentlich stirbt er nicht schon in den ersten Tagen!« meinte Preciosa.

»Nun, wir werden schon unser möglichstes tun«, antwortete die Alte. »Bisher ist ja alles gut gegangen, und das Kind ist wirklich zum Anbeißen.«

»Ist irgendeine vornehme Dame niedergekommen?« fragte der Vater Don Juans.

»Ja, mein Herr«, erwiderte die alte Zigeunerin. »Aber die Geburt ist so geheimgehalten worden, daß nur Preciosa, ich und noch eine andere Person etwas davon wissen, und deshalb können wir auch nicht sagen, um wen es sich handelt.«

»Und es will es auch gar niemand wissen«, fiel einer der Anwesenden ein. »Aber die Frau ist wirklich zu bedauern, die euren Zungen ein Geheimnis anvertraut und ihre Ehre von eurer Hilfe abhängig macht.«

»Wir sind durchaus nicht alle so schlecht wie man denkt«, versetzte Preciosa. »Vielleicht ist manche unter uns, die sich rühmen kann, ebenso verschwiegen und ehrlich zu sein wie der erlauchteste Herr in diesem Saal hier. Aber komm jetzt, Großmutter, wir wollen gehen, denn hier hält man nicht viel von uns. Wir haben es wahrhaftig nicht nötig, zu stehlen oder zu betteln!«

»Nun sei doch nicht böse, Preciosa«, meinte der alte Herr. »Von dir selbst wird bestimmt kein Mensch etwas Schlechtes denken: dein unschuldiges Gesicht spricht für dich; wenn man es ansieht, glaubt man schon, daß du nur tust, was gut und recht ist. Ich bitte dich, tanz uns doch noch etwas vor mit deinen Gefährtinnen! Ich habe da eine Golddublone mit zwei Gesichtern, und wenn auch keins von ihnen so schön ist wie das deine, so sind es doch die Gesichter von Königen!«

Kaum hatte die Alte das gehört, als sie schon rief: »Auf, Mädchen, schürzt die Röcke und zeigt den Herren, was ihr könnt!«

Preciosa ergriff ihre Kastagnetten, und nun begannen die Zigeunermädchen sich so leicht und zierlich zu drehen und in kunstvollen Tanzfiguren umeinanderzuwirbeln, daß aller Augen wie verzückt an ihren Füßen hingen. Vor allem Andrés' Blick folgte den Füßen seiner Preciosa so sehnsüchtig, als ob sie der Inbegriff all seiner Wünsche seien. Plötzlich jedoch trübte sich der Himmel seines Glücks und wurde ihm zur Hölle: in der Hitze des Tanzes nämlich war Preciosa das Papier, das der Knappe ihr gegeben hatte, entfallen, und kaum war dies geschehen, als schon der Herr, der sich vordem so ungünstig über die Zigeunerinnen geäußert hatte, es aufhob und auseinanderfaltete.

»Das ist ja großartig!« rief er. »Ein kleines Sonett!

Jetzt haltet ein, Mädchen und hört einmal zu! Nach dem ersten Vers zu urteilen ist es gar nicht übel!«

Da Preciosa noch nicht wußte, was darin stand, war sie sehr ungehalten und bat, man möge das Sonett doch nicht vorlesen, sondern ihr zurückgeben. Doch gerade weil sie so inständig darum bat, wurde Andrés nur um so begieriger, das Gedicht zu hören. Schließlich las der Herr, der das Papier aufgehoben hatte, mit lauter Stimme die folgenden Verse vor:

> Gleich ob ein Hauch die leichte Luft berühre,
> Wenn sich Preciosa dreht zum Tamburine,
> Entströmen ihren Händen Perlenschnüre
> Und Rosen glühn in ihrer holden Miene.
>
> Es ist, als ob das Herz zu stocken schiene
> Und staunend das Unfaßbare verspüre,
> Wie ihren Adel, daß ihn nichts verführe,
> Der Himmel deckt mit seinem Baldachine.
>
> Vieltausend Herzen hängen wie geblendet
> Am kleinsten ihrer Härchen, und zu Füßen
> Legt Amor willig ihr die Liebespfeile.
>
> Das Leuchten, das ihr Augenpaar entsendet,
> Bewahrt den Schelm, die Herrschaft einzubüßen,
> Und läßt ihn Großes ahnen, ihr zum Heile.

»Beim Himmel!« meinte der Vorleser, »der Dichter, der das geschrieben hat, versteht etwas von seiner Sache!«

»Es ist gar kein Dichter, mein Herr, sondern ein sehr vornehmer Knappe und ehrenwerter Mann«, erklärte Preciosa.

Oh, Preciosa, bedenke wohl, was du gesagt hast und sagen wirst! Denn deine Worte sind nicht Lobesworte für den Knappen, sondern scharfe Lanzen, die das Herz deines Andrés, der dir lauscht, durchbohren. Willst du ihn sehen, Kind? Dann wende deine Blicke zu ihm: da lehnt er halb ohnmächtig auf seinem Stuhl, und kalter Schweiß bedeckt seine Stirn. Glaube nicht,

Mädchen, Andrés liebte dich so wenig, daß ihn nicht die kleinste Unbedachtsamkeit von dir verletzen und aufregen müßte. Nun tritt nur wenigstens zu ihm und sag ihm ein paar Worte ins Ohr, die ihm geradewegs zu Herzen gehen und ihn aus seiner Ohnmacht wecken! Oder nein, bring noch mehr Sonette zu deinem Ruhme herbei, jeden Tag ein neues — dann wirst du schon sehen, was aus dem Armen wird!

Alles geschah, wie wir soeben sagten: als Andrés das Sonett hörte, quälte ihn die Eifersucht sofort mit tausend Bildern und Gedanken. Er wurde zwar nicht ohnmächtig, aber so bleich, daß sein Vater, der es bemerkte, erschrocken rief: »Was hast du denn, Juan? Du bist ja plötzlich so blaß! Willst du ohnmächtig werden?«

»Wartet nur, Herr«, fiel Preciosa schnell ein, »ich will ihm ein paar Worte ins Ohr sagen, und Ihr werdet sehen, daß ihm gleich wieder besser wird.«

Damit trat sie an ihn heran und sagte, beinahe ohne die Lippen zu bewegen: »Das sind ja hübsche Aussichten für Euer Zigeunerleben! Andrés, wie werdet Ihr wohl die Daumenschrauben ertragen, wenn Ihr nicht einmal die Marter aushaltet, die Euch ein Stück Papier bereitet?«

Damit schlug sie ihm etwa ein halbes Dutzend Kreuze über dem Herzen und trat wieder zurück. Im gleichen Augenblick holte Andrés tief Luft, und man merkte, daß Preciosas Worte ihm geholfen hatten. Sein Vater gab nun Preciosa die Dublone, und sie versprach ihren Gefährtinnen, sie wolle sie wechseln lassen und ehrlich mit ihnen teilen.

Andrés' Vater bat die kleine Zigeunerin nun, sie möchte ihm doch die Worte, die sie zu Juan gesagt hatte, aufschreiben, weil er sie für alle Fälle gern haben wollte. Sie erwiderte, sie wolle sie ihm gern sagen, und wenn der Spruch auch ein wenig unsinnig klinge, so könne er doch glauben, daß er gegen Übelkeit und Schwindelanfälle ganz besonders wirksam sei. Die Worte aber lauteten folgendermaßen:

Aufwärts schaue, aufwärts schaue,
und komm zu dir, lieber Junge!
Nur Geduld hält den im Schwunge,
Der verzagt und meint, ihm graue.

Aber baue
Und vertraue
Nicht ins Blaue,
Weis in Schranken
Deine tückischen Gedanken;
Mußt als Stütze,
Daß er dir zum Heile nütze,
Gott erkiesen
Und Christophorus, den Riesen.

»Wenn Ihr einem Menschen, der Schwindel oder Kopfschmerzen hat, nur den halben Spruch sagt und dabei sechs Kreuze über seinem Herzen schlagt«, sagte Preciosa, »so ist er gleich wieder so gesund und frisch wie ein Fisch im Wasser.«
Als die alte Zigeunerin den Segensspruch und die Flunkereien Preciosas hörte, war sie starr vor Staunen, und ebenso Andrés, der ja wußte, daß alles nur eine Erfindung ihres raschen Verstandes war. Die Herren behielten das Sonett, denn Preciosa mochte es nicht wieder zurückerbitten, um Andrés nicht noch einmal zu kränken. Ohne daß es sie jemand gelehrt hätte, wußte sie doch schon, was Kummer, Pein und Schrecken der Eifersucht für einen Menschen bedeuten, der wahrhaft liebt.
Die Zigeunerinnen verabschiedeten sich nun, und Preciosa sagte im Fortgehen zu Don Juan: »Merkt auf, Herr, jeder Tag dieser Woche ist günstig für eine Abreise, denn keiner enthält eine schlechte Vorbedeutung. Beeilt Euch darum, aufzubrechen, sobald Ihr irgend könnt; denn es erwartet Euch ein freies und ungebundenes Leben, das Euch vortrefflich ge-

fallen wird, sobald Ihr Euch erst einmal eingewöhnt habt.«

»Nun, das Soldatenleben ist doch meines Wissens gar nicht so ungebunden«, erwiderte Don Juan. »Mir kommt es immer vor, als wäre mehr Zwang als Freiheit dabei. Doch immerhin, ich will sehen, was ich tun kann.«

»Ihr werdet mehr sehen, als Ihr denkt«, versetzte Preciosa, »und Gott möge Euch führen und leiten, wie Ihr es mit Eurem guten Aussehen verdient.«

Andrés war durch diese letzten Worte hoch erfreut. Nun gingen die Zigeunerinnen zufrieden von dannen, wechselten die Dublone ein und verteilten den Betrag zu gleichen Teilen unter alle. Preciosas Großmutter jedoch erhielt wie immer anderthalb Anteile, einerseits ihres Alters wegen und andererseits, weil sie ja für die Mädchen die Magnetnadel war, nach der sie sich auf dem weiten Meer ihrer Tänze, Schelmereien und Abenteuer richteten.

Schließlich kam der Morgen heran, an dem Andrés Caballero an dem vereinbarten Ort des ersten Zusammentreffens erschien. Er saß auf einem Mietesel und hatte keinerlei Begleitung bei sich. Preciosa und ihre Großmutter, die bereits da waren und ihn sogleich erkannten, begrüßten ihn mit großer Herzlichkeit. Andrés bat sie, ihn doch gleich zum Lager zu führen, bevor der Tag ganz anbräche, damit man die Spuren nicht entdecke, falls man ihn schon suchte. Die beiden Frauen, die mit voller Absicht allein gekommen waren, kehrten sogleich mit ihm um, und bald war man bei den Hütten angelangt. Andrés wurde in die größte des ganzen Lagers geführt, und sofort waren auch schon zehn oder zwölf schmucke, prächtig gewachsene Zigeunerburschen zur Stelle, um ihn zu begrüßen, denn die Alte hatte ihnen bereits von dem neuen Gefährten erzählt, der sich ihnen anschließen wollte. Dabei hatte sie niemanden erst zu ermahnen brauchen, die Sache geheimzuhalten, denn die Zigeuner können, wie schon erwähnt, ein Geheimnis so sicher und zuverlässig bewahren wie kaum ein anderer. Sie warfen gleich ein Auge auf den Esel und einer meinte: »Den können wir am Donnerstag in Toledo verkaufen.«

»Nein, keinesfalls«, widersprach Andrés, »denn es gibt keinen Mietesel, der nicht sämtlichen Treiberjungen, die durch Spanien ziehen, bekannt wäre.«

»Du lieber Gott, Herr Andrés«, erwiderte einer der Zigeuner, »und wenn der Esel mehr Zeichen auf dem Leibe trüge als dem jüngsten Tage vorausgehen werden, so können wir ihn doch derart verwandeln, daß ihn weder die Mutter, die ihn gebar, noch sein erster Besitzer, der ihn aufzog, wiedererkennen würde.«

»Das mag ja sein«, entgegnete Andrés, »aber in diesem Fall muß es doch einmal nach meinem Willen gehen. Dieser Esel muß sterben, und wir müssen ihn so tief vergraben, daß nicht einmal seine Knochen wieder ans Tageslicht kommen können.«

»Eine wahre Sünde!« meinte ein anderer Zigeuner. »So ein unschuldiges Geschöpf umzubringen! Nein, mein guter Andrés, davon kann keine Rede sein! Ich habe einen anderen Vorschlag: seht Euch jetzt einmal das Tier ganz genau an, so daß Ihr alle seine Kennzeichen im Gedächtnis behaltet, und dann gebt ihn mir einmal für zwei Stunden mit. Wenn Ihr ihn danach wiedererkennt, soll man mich meinetwegen auspeitschen wie einen entlaufenen Negersklaven.«

»Auf keinen Fall«, erklärte Andrés, »werde ich zulassen, daß der Esel am Leben bleibt, und wenn ihr mir noch so hoch und heilig versichert, daß ihr ihn unkenntlich machen wollt. Wenn er nicht unter der Erde ist, werde ich stets fürchten, entdeckt zu werden. Denkt ihr aber nur an den Vorteil, den ihr von seinem Verkauf haben würdet, so wißt, daß ich nicht nackt und bloß in diese Gemeinschaft komme, sondern als Eintrittsgebühr leicht den Preis für vier Esel erlegen könnte.«

»Schön, wenn Andrés Caballero es nun einmal will«, stimmte nun ein anderer Zigeuner zu, »dann muß das unschuldige Tier eben sterben. Gott ist mein Zeuge, daß es mir in der Seele weh tut, sowohl für sein junges Leben – denn er hat noch nicht einmal sein volles Gebiß, und das ist eine Seltenheit bei einem Mietesel – wie wegen seiner offensichtlichen Tüchtigkeit. Seht nur, keine einzige Wunde ist auf seinen Flanken und kein Sporn hat ihn verletzt!«

Die Erledigung des Falles wurde auf den Abend verschoben, und der Rest des Tages verging mit allerhand Zeremonien, durch die Andrés' Aufnahme unter die Zigeuner gefeiert wurde. Zuerst räumte man eine der besten Hütten des Lagers aus und schmückte sie mit grünen Zweigen und Zyperngras. Dann mußte Andrés sich auf den Stumpf einer Korkeiche setzen und bekam einen Hammer und eine Zange in die Hand gedrückt. Beim Klang der Gitarren, die zwei Zigeuner spielten, mußte er daraufhin zwei Luftsprünge machen. Dann wurde ihm ein Arm entblößt, ein neues Seidenband darumgewickelt und dieses mit einem Stock zweimal leicht zusammengedreht. Preciosa stand dabei, und ebenso eine ganze Anzahl älterer und jüngerer Zigeunerinnen, die teils staunend, teils verliebt auf den jungen Mann blickten. Andrés war aber auch so schön und wohlgebaut, daß selbst die Zigeuner von ihm entzückt waren.

Nachdem diese Zeremonien beendet waren, ergriff ein alter Zigeuner Preciosa bei der Hand, führte sie vor Andrés und sprach: »Dieses Mädchen, die schönste und lieblichste aller Zigeunerinnen, die in Spanien leben, übergeben wir dir hiermit als Frau oder Geliebte. Du kannst es in diesem Punkte halten, wie du willst, denn unser freies und ungebundenes Leben ist keinem Zwang und keiner Förmlichkeit unterworfen. Betrachte sie dir wohl und überlege, ob sie dir zusagt oder ob du irgend etwas an ihr entdeckst, was dir mißfällt. Findest du etwas an ihr auszusetzen, so wähle dir unter den jungen Mädchen, die hier stehen, eine aus, die deine Ansprüche zufriedenstellt; welche du auch wählen magst, wir wollen sie dir geben. Eins jedoch mußt du wissen: hast du dich einmal entschieden, so darfst du deine Auserwählte nicht um einer anderen willen verlassen und auch nie mit einer anderen, mag sie verheiratet oder ledig sein, eine Liebschaft anfangen. Denn unverletzlich sind für uns die Gesetze der Freundschaft: keiner darf seine Hände nach dem Mädchen eines anderen ausstrecken, und so sind wir frei von der verheerenden Seuche der Eifersucht. Wohl gibt es viele Verwandtenehen bei uns, doch keinen Ehebruch. Müssen wir entdecken, daß die eigene Frau oder Geliebte uns betrogen hat, so laufen wir nicht erst zum Richter, um Strafe zu fordern — nein, wir selbst sind die Richter und Henker unserer Frauen und Geliebten. Wir töten und begraben sie im Gebirge oder im Ödland genau wie ein schädliches Tier; kein Verwandter wird aufstehen, um sie zu rächen, kein Vater wird uns ihren Tod zur Last legen. Und da sie stets durch diese Furcht im Zaum gehalten werden, achten sie gar wohl auf Zucht und Sitte, so daß wir, wie ich schon sagte, ruhig und sicher leben können. Wenige Dinge gibt es bei uns, die nicht allen gemeinsam gehören, zu diesen wenigen aber zählt die Frau oder Geliebte, die nur dem zu eigen sein darf, dem das Schicksal sie bescherte. Doch löst bei uns das Alter ebensogut eine Ehe auf wie der Tod: ein Mann, der selbst noch jung ist, darf seine gealterte Frau verlassen und sich eine andere wählen, die seinen Jahren mehr entspricht. Unter solchen und ähnlichen Satzungen und Regeln leben wir froh und zufrieden, als Herren der Felder und Saaten, der Wälder und Berge, der Quellen und Flüsse. Die Wälder spenden uns ihr Holz, die Bäume ihre Früchte, der Weinberg seine Reben, die Felder und Gärten ihre Kräuter, die Quellen ihr Wasser, die Flüsse ihre Fische und die Gehege ihr Wild. Die Felsen gewähren uns Schatten, die Schluchten Kühlung und die Höhlen Obdach. Alle Stürme des Himmels sind für uns nur ein sanftes Lüftchen, Schneefälle eine Erfrischung, Regengüsse ein Bad, Donnergrollen Musik und Blitze leuchtende Fackeln. Der harte Erdboden dünkt uns so weich wie ein Daunenbett und unsere von Sonne und Wind gegerbte Haut ist uns ein undurchdringlicher schützender Panzer. So flink und behende sind wir, daß kein Gitter uns hindert, keine Schlucht uns aufhält und keine Mauer uns Halt gebietet. Unser Mut läßt sich durch keinen Strick einschnüren, durch keinen Wippgalgen ducken, durch keine Daumenschrauben ersticken und auf keiner Folterbank zähmen. Einen Unterschied zwischen Ja und Nein kennen wir nur, wenn er uns zupaß kommt: stets haben wir mehr darauf gehalten, Märtyrer zu sein als Bekenner. Für uns werden auf den Weiden die Tragtiere gezüchtet, und in der Stadt die Taschen in die Röcke genäht. Kein Adler, kein Habicht kann sich schneller auf die Beute stürzen, die er erspäht, als wir uns auf eine günstige Gelegenheit, bei der wir unseren Vorteil finden. Kurzum, wir verfügen über gar manche Fähigkeit, die uns bei jeder Gelegenheit ein glückliches Ende verspricht: im Kerker singen wir, auf der Folter schweigen wir, am Tage arbeiten wir und zur Nacht stehlen wir – oder, besser gesagt, wir warnen die Menschen, nicht allzu sorglos mit ihrem Eigentum zu verfahren. Die Furcht, unsere Ehre zu verlieren, kann uns nicht quälen, und die Sorge, wie wir sie vermehren, bereitet uns keine schlaflose Nacht. Wir müssen keine Anhänger werben und erhalten, wir müssen nicht in aller Morgenfrühe aus dem Bett, um Bittschriften einzureichen, die großen Herren aufzusuchen und irgendeine lächerliche Gunst von ihnen zu erflehen. Unsere Hütten und Zelte, die wir so schnell abbrechen und wieder aufbauen können, sind uns ebenso lieb wie anderen die vergoldeten Decken ihrer Prunkpaläste, und die Bilder, die die Natur uns auf Schritt und Tritt in ihren steilen Felsen und beschneiten Gipfeln, ihren weiten Auen und dichten Wäldern vor Augen stellt, dünken uns genau so köstlich wie die Gemälde und Landschaftsbilder der großen flandrischen Maler. Wir sind Astrologen, ohne darauf studiert zu haben, denn da wir stets unter freiem Himmel schlafen, wissen wir jederzeit bei Tage und bei Nacht, welche Stunde es geschlagen hat. Wir sehen zu, wie die Morgenröte die Sterne am Himmel in eine Ecke fegt und dann mit ihrer Gefährtin, der Dämmerung, emporsteigt, um die Lüfte zu beleben, die Wasser zu erfrischen und der Erde Tau zu spenden, und wie dann nach ihr die Sonne heraufkommt, ›die Gipfel vergoldend und die Berge streifend‹, wie der Dichter sagt. Wir schlottern nicht gleich vor Kälte, wenn uns ihre Strahlen einmal nur leicht und schräge treffen, und wir fürchten nicht zu vergehen, wenn sie senkrecht auf uns herniederbrennen. Hitze und Frost, Mangel und Überfluß begegnen wir mit der gleichen Miene. Kurzum, wir sind Menschen, die sich durch ihren Fleiß und ihre Umsicht durchs Leben bringen, und ohne uns an das alte Sprichwort ›Kirche, Meer oder Königshof‹ zu halten, haben wir doch stets, was wir wollen, denn wir sind zufrieden mit dem, was wir haben. Das alles habe ich dir gesagt, mein feiner junger Herr, damit du wenigstens in großen Zügen weißt, was für ein Leben dich erwartet und mit wem du es zu tun hast. Mit der Zeit wirst du selbst noch unendlich viele andere Dinge entdecken, die nicht weniger beachtenswert und wichtig sind als die, welche ich dir jetzt berichtet habe.«

Damit beendete der Alte seine lange Rede und der neugebackene Zigeuner erklärte, daß er höchst erfreut sei, von diesen lobenswerten Satzungen vernommen zu haben. In eine Gemeinschaft, die auf solch vernünftigen und klugen Grundsätzen aufgebaut sei, wolle er gern eintreten, und es täte ihm nur leid, daß er erst jetzt dieses freie und glückliche Leben kennenlernen könne. Nun aber wolle er auf seinen Edelmannsrang und den eitlen Ruhm seines großen Namens verzichten und sich unter das Joch oder besser gesagt die Gesetze der neuen Gemeinschaft beugen – winke ihm doch ein hoher Lohn für seine Bereitwilligkeit, ihnen zu dienen: der Besitz der göttlichen Preciosa, für die er alle Kronen und Reiche dieser Welt hergeben wolle oder nur zu erringen wünsche, um sie ihr zu Füßen zu legen.

Nun ergriff Preciosa das Wort und sagte: »Die hohen Gesetzgeber unseres Stammes haben beschlossen, daß ich mit Fug und Recht die Deine sein soll und haben mich dir überantwortet. Das Gesetz meines Willens jedoch, das für mich ausschlaggebender ist als alle anderen Gesetze der Welt, bestimmt, daß ich dir nur unter den Bedingungen, die wir beide zuvor miteinander abgemacht haben, angehören kann. Zwei Jahre lang sollst du bei uns leben, bevor ich die Deine werde, denn ich möchte nicht, daß du dir Vorwürfe wegen deiner Unbesonnenheit machst, und auch ich will nicht leichtfertig und voreilig handeln. Bedingungen brechen Gesetze: die meinen kennst du. Willst du sie halten, so werden wir uns vielleicht eines Tages angehören; willst du es dir anders überlegen, so bedenke, daß dein Maulesel ja noch nicht tot ist, deine Kleider noch vorhanden sind und auch von deinem Geld noch kein Heller fehlt. Es ist auch noch keine vierundzwanzig Stunden her, seit du dich von zu Hause entfernt hast. Den Rest des heutigen Tages nun magst du dazu verwenden, zu überlegen, was du tun willst. Die Ältesten unseres Stammes können dir wohl meinen Körper schenken, nicht aber meine Seele; denn die ist frei geboren und wird frei sein, solange ich es will. Bleibst du hier, so werde ich dich hochschätzen und ehren, kehrst du zurück, so will ich es dir nicht anrechnen; denn die Leidenschaft eines Verliebten stürmt ja bekanntlich mit verhängtem Zügel dahin, bis sie mit der Vernunft oder einer Enttäuschung zusammenstößt. Ich möchte doch nicht, daß es dir mit mir ergeht wie dem Jagdhund, der hinter einem Hasen herläuft; hat er ihn aber erwischt, so läßt er ihn liegen und rennt hinter dem nächsten her. Dem verblendeten Auge erscheint auf den ersten Blick Flitter wie pures Gold. Sieht man jedoch genauer hin, so erkennt man wohl den Unterschied zwischen falsch und echt. Du sagst zwar, meine Schönheit sei herrlicher als die Sonne und köstlicher als Gold; aber wer weiß, ob sie dir nicht bei näherer Betrachtung als ein bloßes Schattenbild erscheinen wird und wenn du sie anrührst, gar als eitel Lug und Trug. Zwei Jahre gebe ich dir Zeit, um zu prüfen und zu erwägen, was du wählen und was du verwerfen sollst. Denn wenn einer ein Ding erwirbt, das er erst mit seinem Tode wieder loswerden kann, so ist es nur recht und billig, daß er es immer wieder und von allen Seiten betrachtet, um seine Fehler und Vorzüge festzustellen. Ich beuge mich nämlich nicht diesem barbarischen und ungerechten Brauch meiner Stammesbrüder, die ihre Frauen verlassen oder bestrafen, wie sie die Lust dazu ankommt. Ebenso wie ich nichts zu tun gedenke, was eine Strafe herausfordert, so will ich auch keinen Gatten haben, der mich aus einer puren Laune heraus verstoßen kann.«

»Da hast du recht, Preciosa«, meinte Andrés, »und um deine Ängste und Zweifel zu beheben, will ich dir gern hoch und heilig versichern, daß ich mich in allen Punkten deinen Wünschen fügen will. Sage mir, wobei ich schwören oder welche Sicherheit ich dir sonst dafür geben soll, daß ich zu allem bereit bin.«

»Die Schwüre und Versprechungen, die ein Gefangener abgibt, um dafür die Freiheit zu erlangen, werden selten gehalten«, erwiderte Preciosa, »und ebenso steht es, wie ich glaube, mit den Schwüren der Verliebten. Um das Ziel ihrer Wünsche zu erreichen, versprechen sie die

Flügel Merkurs und Jupiters Blitz. So habe ich es wenigstens einmal bei einem mir bekannten Dichter erlebt, der mir dazu noch beim Styx seine Liebe schwur. Ich will keine Schwüre, mein Herr Andrés, ich will keine Versprechungen. Ich will nur, daß wir alles den Erfahrungen dieser Probezeit anheimstellen. Dann will ich es schon selbst übernehmen, mich zu verteidigen, wenn es Euch einfallen sollte, mir zu nahe zu treten.«

»Gut, so wollen wir es halten«, sagte Andrés. »Nur um eins möchte ich meine neuen Gefährten jetzt noch bitten: zwingt mich doch wenigstens für die Dauer eines Monats nicht, etwas zu stehlen; denn ich glaube, ich tauge nicht zum Dieb, wenn ich nicht vorher eine Menge Lehrstunden in dieser Kunst genommen habe.«

»Da sei nur unbesorgt, mein Junge!« meinte der alte Zigeuner. »Wir wollen dich hier schon so anlernen, daß du ein wahrer Meisterdieb werden sollst. Und wenn du es erst einmal erfaßt hast, wirst du dir vor Vergnügen noch die Finger nach jeder Beute lecken. Ja, es macht schon Spaß, am Morgen mit leeren Taschen auszuziehen und am Abend den ganzen Buckel voll ins Lager zurückzuschleppen.«

»Voll Prügel, das mag wohl sein!« fiel Andrés ein. »So habe ich es wenigstens schon bei manchem Spitzbuben erlebt.«

»Man kann keine Forellen fangen, ohne sich die Hände naß zu machen!« erwiderte der Alte. »Alle Dinge in diesem Leben haben ihre gefährliche Seite, und einem Dieb drohen eben immer Galeere, Peitsche und Galgen. Aber wenn auch ein Schiff einmal in einen Sturm gerät oder untergeht, so stechen die anderen darum doch wieder in See. Das wäre ja noch schöner, wenn es plötzlich keine Soldaten mehr geben sollte, bloß weil der Krieg Männer und Pferde verschlingt! Im Gegenteil, wenn einer von uns der Polizei in die Hände gefallen ist, so gilt uns das Zeichen, das er auf seinem Rücken trägt, ehrenvoller und schöner als das vornehmste Ordenszeichen, das andere auf der Brust tragen. Es kommt nur darauf an, nicht gleich in der Blüte seiner Jugend und beim ersten Schelmenstück mit den Füßen in der Luft am Galgen zu zappeln. Die paar Fliegenstiche auf dem Rücken und das Wasserschaufeln auf den Galeeren kümmern uns einen Schmarren! So, Andrés, mein Junge, und nun ruh dich erst einmal in unserem Nest unter unseren Fittichen aus. Wir wollen dich schon noch so gut flügge machen, daß du uns nicht ohne Beute zurückkommst. Und wie gesagt, du wirst dir noch die Finger nach jedem Diebstahl lecken.«

»Schön«, meinte Andrés, »und zur Entschädigung für das, was ich in der Zeit, die ihr mir schenkt, hätte stehlen können, möchte ich jetzt zweihundert Golddukaten unter die Insassen des Lagers verteilen.«

Kaum hatte er das gesagt, als die Zigeuner begeistert auf ihn zustürzten, ihn auf ihre Schultern hoben und unter dem Ruf »Hoch, hoch, der große Andrés!« umhertrugen. Und »Hoch, Preciosa, sein Schätzchen!« fügten sie hinzu. Auch die Zigeunerinnen drängten sich um Preciosa und feierten sie, während Christina und noch ein paar andere neidisch zuschauten; denn der Neid wohnt ebenso in den Hütten und Zelten der Zigeuner und Hirten wie in den Palästen der Reichen, und es ist nun einmal nicht angenehm zu sehen, wie es dem Nachbar gut geht, obgleich er auch nicht mehr Verdienste aufzuweisen hat als man selbst.

Nach einem üppigen Mahl wurde dann die versprochene Summe gerecht und gleichmäßig unter die Mitglieder des Lagers verteilt, und nun stieg allenthalben wieder das Lob auf des Andrés' Freigebigkeit und die Schönheit seiner Preciosa zum Himmel empor. Als dann die Dunkelheit hereinbrach, töteten sie den Esel mit einem Genickstoß und begruben ihn so sorgfältig, daß Andrés nun sicher sein konnte, durch ihn nicht mehr entdeckt zu werden. Auch das Zubehör, wie Sattel, Zügel und Zaumzeug, wurde mit verscharrt, so daß es zuging wie auf dem Begräbnis eines Indianers, die sich ja auch mit ihren kostbarsten Kleinodien bestatten lassen.

Andrés war über alles, was er gesehen und gehört und von dem Leben der Zigeuner erfaßt hatte, höchst verwundert und beschloß bei sich, seine Pläne bis zu ihrem glücklichen Ende weiterzuverfolgen, ohne dabei die Sitten und Gebräuche der Zigeuner anzunehmen, soweit es sich irgend vermeiden lassen würde. Von dem Zwang, nach ihren Gesetzen etwas zu stehlen oder sonst ein Unrecht zu begehen, gedachte er sich schon mit seinem Geld loszukaufen.

Am nächsten Tag bat Andrés die Zigeuner, ob sie nicht das Lager abbrechen und ein wenig weiter von Madrid fortziehen könnten, weil er fürchtete, erkannt zu werden. Diese erklärten darauf, sie hätten ohnehin schon beschlossen, in die Berge bei Toledo zu gehen, um von hier aus ihre Raubzüge auf das ganze umliegende Gebiet auszudehnen. Sie brachen also das Lager ab und gaben Andrés eine Eselin zum Reiten; er wollte jedoch lieber zu Fuß neben Preciosas Reittier hergehen und ihr sozusagen als Stallknecht dienen. Sie war hochbefriedigt von ihrem schmucken Begleiter, und er war nicht minder glücklich, weil er der nahe sein durfte, die er zur Herrin seines Herzens gemacht hatte.

Wie ungeheuer ist doch die Macht jenes Gottes, den wir in unserer sorglosen Beschränktheit den süßen Gott der Bitternis genannt haben! Wie ganz und gar unterwirft sie uns, wie leichtfertig springt sie mit uns um! Da ist Andrés, ein vernünftiger, junger Mann aus edlem Hause, der beinahe sein ganzes bisheriges Leben in der Residenz unter der Obhut seiner reichen Eltern zugebracht hat. Und plötzlich ist er von heute auf morgen wie umgewandelt. Er hintergeht seine Freunde und Bedienten, macht die Hoffnungen zuschanden, die seine Eltern auf ihn gesetzt haben, bricht die Reise nach Flandern ab, wo er seinen eigenen Mut zu stählen und den Ruhm seines Namens zu erhöhen gedachte – und das alles, um sich einem Mädchen zu Füßen zu werfen, das zwar engelsschön, aber doch immerhin eine Zigeunerin ist. Aber das ist nun einmal das Vorrecht der Schönheit, daß sie auch den stärksten Willen beugen und sich untertan machen kann.

Vier Tage nach ihrem Aufbruch gelangten die Zigeuner in ein zwei Meilen vor Toledo gelegenes Dorf, wo sie ihr Lager aufschlugen, nachdem sie dem Schulzen einige silberne Geräte übergeben hatten, zum Pfand dafür, daß sie weder in diesem Ort noch in der näheren Umgebung etwas stehlen würden. Daraufhin verstreuten sich die älteren Zigeunerinnen, einige junge Mädchen und die männlichen Mitglieder des Stammes über alle Ortschaften, die wenigstens vier oder fünf Meilen von ihrem Standort entfernt waren. Auch Andrés ging mit ihnen, um seine ersten Lehrstunden in der Diebskunst zu nehmen. Doch soviel Mühe sie sich diesmal auch mit ihm gaben, so wollte er sich doch nicht darein schicken; bei jeder Beute, die seine Lehrmeister machten, empörte sich sein edles Blut, und das Herz wollte sich ihm im Leibe herumdrehen, und gar manches Mal bezahlte er in seiner Rührung über den Jammer der Betroffenen diesen den Schaden, den seine Gefährten ihnen zugefügt hatten, aus eigener Tasche. Die Zigeuner waren ganz entsetzt darüber und erklärten ihm, es widerspräche ihren Satzungen und Geboten, dem Mitleid Einlaß in ihr Herz zu gewähren; denn ein Mensch, der Mitleid fühle, könne kein Dieb mehr sein, und darum könnten sie sich keinesfalls mit so etwas abgeben. Andrés meinte darauf, er wolle lieber allein und auf eigene Faust auf Raub ausziehen; denn um die Gefahr zu fliehen, sei er flink genug, und um ihr zu begegnen, fehle es ihm nicht an Mut. So würden Lohn und Strafe für seine Taten auf ihn allein zurückfallen. Die Zigeuner versuchten ihm seinen Vorsatz auszureden und versicherten ihm, es würden sich oft genug Gelegenheiten bieten, in denen er im Angriff und in der Verteidigung die Hilfe seiner Kameraden nötig haben würde. Außerdem könne ein Mann allein bestimmt keine große Beute heimbringen. Doch sie konnten reden, soviel sie wollten, Andrés bestand darauf, sich selbständig zu machen. Er hatte die geheime Absicht, sich jeweils von dem Trupp zu entfernen und für sein Geld irgendwelche Gegenstände einzuhandeln, um dann später zu behaupten, er habe diese Dinge gestohlen. Auf diese Weise würde er sein Gewissen so wenig wie möglich belasten.

Durch diesen Kunstgriff nun brachte er in knapp einem Monat dem Stamm mehr ein als vier der gerissensten Diebe zusammengenommen, und Preciosa freute sich nicht wenig, als sie sah, daß sich ihr zärtlicher und hübscher Freier zu einem so prächtigen Dieb entwickelt hatte. Doch bei alledem fürchtete sie stets, es könne ihm irgendein Unheil zustoßen. Andrés hatte sie immer mit so viel Liebe und Aufmerksamkeit umgeben, daß auch sie ihm von Herzen zugetan war und ihn nicht um alle Schätze Venedigs in Gefahr hätte wissen wollen.

Mehr als einen Monat blieben sie so im Gebiet um Toledo und hielten hier reiche Ernte, obgleich der Erntemonat eigentlich schon vorbei und der September ins Land gezogen war. Von hier aus wanderten sie weiter in die reichen und warmen Auen von Estremadura. Andrés nahm sooft wie möglich Gelegenheit, sittsame, kluge und verliebte Gespräche mit seiner Preciosa zu führen, und sie wurde von dem Geist und dem feinen Anstand ihres Liebhabers ganz und gar gefangengenommen. Auch seine Liebe schlug immer höhere Flammen, soweit dies überhaupt noch möglich war: so groß waren Sittsamkeit, Klugheit und Schönheit seiner Preciosa. Überall, wo die Zigeuner hinkamen, trug Andrés bei den Wettspielen den Preis als bester Läufer und

Springer davon; Kugel und Ball warf er wie kein zweiter, und auch bei allen anderen Spielen bewies er seine Kraft und Gewandtheit. In kurzer Zeit flog sein Ruf durch ganz Estremadura, und bald gab es keine Ortschaft mehr, in der man nicht von der Anmut und Tüchtigkeit des schönen Zigeuners Andrés Caballero sprach. Aber auch die Schönheit der kleinen Zigeunerin Preciosa pries man allenthalben, so daß die beiden auf keiner Kirchweih und keinem Fest in allen Orten, Flecken und Dörfern der Umgebung fehlen durften. Auf diese Weise lebte der Stamm herrlich und in Freuden, und die beiden Liebenden waren schon glücklich, wenn sie sich nur in die Augen sehen konnten.

Eines Nachts nun, als die Zigeuner ihr Lager unter ein paar Steineichen etwas abseits von der großen Hauptstraße aufgerichtet hatten, schlugen um die zwölfte Stunde die Hunde an und bellten heftiger und wütender als gewöhnlich. Ein paar Zigeuner, und unter ihnen auch Andrés, gingen hinaus, um zu sehen, was es gäbe und erblickten einen weißgekleideten Mann, der sich verzweifelt gegen zwei der Hunde wehrte, die ihn am Bein gepackt hatten. Die Zigeuner riefen die Hunde zurück und traten näher.

»Ja, bester Mann!« rief einer. »Was zum Teufel führt Euch denn um diese Stunde in so eine entlegene Gegend? Wollt Ihr etwa hier einbrechen? Da wärt Ihr wirklich vor die richtige Schmiede gekommen!«

»Ich will nicht einbrechen«, erwiderte der Fremde, »und ich weiß auch nicht, ob ich mich auf dem rechten Wege befinde oder nicht, wenngleich mir diese ganze Sache hier recht abwegig vorkommen will. Doch sagt mir, Ihr Herren, gibt es hier in der Gegend nicht irgendein Wirtshaus oder sonst einen Ort, wo ich diese Nacht zubringen und die Wunden verbinden kann, die mir Eure Hunde zugefügt haben?«

»Nein«, erwiderte Andrés, »hier gibt es kein Wirtshaus und keine Schenke, in die wir Euch weisen könnten. Doch wenn es sich nur darum handelt, Eure Wunden zu verbinden und ein Lager für die Nacht zu finden, so sollt Ihr in unseren Hütten willkommen sein. Kommt mit uns, denn wenn wir auch Zigeuner sind, so haben wir doch ein ebenso mitleidiges Herz wie andere Christenmenschen.«

»Gott vergelt's Euch!« versetzte der Mann. »Führt mich, wohin Ihr wollt, denn mein Bein hier schmerzt mich ganz gewaltig.«

Andrés und ein anderer mitleidiger Zigeuner halfen dem Mann auf und führten ihn fort. Hier zeigte sich wieder einmal die Wahrheit, daß sich unter vielen schlechten Menschen auch immer ein paar gute finden, ebenso wie es schlimmere und bessere Teufel gibt. Im hellen Mondenschein konnten sie gut erkennen, daß der Fremde noch ein junger Mensch mit einem hübschen Gesicht und von schlanker Gestalt war. Er war ganz und gar in ein weißes Leinengewand gehüllt, und quer um seine Schultern schlang sich eine Art leinenes Hemd, das auf der Brust zusammengeknotet war. Als sie am Zelt des Andrés angelangt waren, schlugen sie schnell Licht und entfachten ein Feuer, und gleich darauf erschien auch schon Preciosas Großmutter, die von dem Vorfall gehört hatte, um den Verwundeten zu verbinden. Sie nahm ein paar Hundehaare, briet sie in Öl und nachdem sie die beiden Bißwunden am linken Bein mit Wein ausgewaschen hatte, legte sie die gebratenen Hundehaare hinein, tat ein wenig zerkauten, grünen Rosmarin darüber und verband dann alles fest mit sauberen Tüchern. Dann schlug sie ein Kreuz über die Wunden und sagte: »Nun schlaft nur, mein Freund. Mit Gottes Hilfe wird jetzt wohl die Gefahr behoben sein.«

Während sie den Verwundeten verband, stand Preciosa dabei und blickte ihn unverwandt an, und auch er konnte seine Augen nicht von ihr losreißen, so daß Andrés schon auf dieses seltsame Gebaren aufmerksam wurde. Er schrieb es jedoch Preciosas großer Schönheit zu, die ja aller Augen auf sich zog. Als der Fremde fertig verbunden war, ließen ihn die Zigeuner auf seinem Lager aus trockenem Heu allein, ohne ihn noch weiter nach seinem Reiseziel und anderen Dingen zu fragen.

Kaum hatten sie sich ein paar Schritte von der Hütte entfernt, als Preciosa Andrés beiseite rief.

»Andrés«, sagte sie, »erinnerst du dich noch an den Zettel, den ich damals verlor, als ich mit meinen Gefährtinnen im Hause deines Vaters tanzte und über den du dich so aufregtest?«

»Ja natürlich«, erwiderte Andrés, »es war ein Sonett auf dich, und es war gar nicht übel.«

»Dann muß ich dir jetzt etwas sagen«, meinte Preciosa. »Denk nur, der Dichter, der jenes Sonett geschrieben hat, ist kein anderer als dieser junge Mann, den unsere Hunde gebissen haben und der jetzt in der Hütte dort drüben liegt. Ich täusche mich da bestimmt nicht, denn ich habe zwei- oder dreimal in Madrid mit ihm gesprochen, und er hat mir auch noch eine sehr schöne Romanze gegeben. Er war dort offenbar eine Art Page oder Knappe, aber kein gewöhnlicher, sondern er schien mir eher der Vertraute eines großen Herrn zu sein. Wirklich, Andrés, er ist ein sehr kluger und vernünftiger junger Mann, und dabei so nett und anständig. Ich kann mir gar nicht vorstellen, wie er in diese Kleidung und hierhergekommen sein mag.«

»Das kannst du dir wirklich nicht vorstellen, Preciosa?« erwiderte Andrés. »Nun, die gleiche geheimnisvolle Kraft, die mich in einen Zigeuner verwandelt hat, mag wohl auch ihn dazu gebracht haben, sich als Müller zu verkleiden und auf die Suche nach dir zu gehen. Oh, Preciosa, Preciosa! Nun merke ich, daß du dich gern rühmen willst, nur immer mehr Anbeter zu deinen Füßen zu sehen. Ist es so, dann bitte ich dich nur, töte erst mich und dann den anderen, aber opfere uns nicht gemeinsam auf den Altären deiner Schönheit, um nicht zu sagen deiner Falschheit.«

»Mein Gott!« rief Preciosa, »Andrés, wie bist du doch empfindlich! All deine Hoffnungen und dein Vertrauen auf mich scheinen ja nur an einem dünnen Härchen zu hängen, wenn dir das Schwert der Eifersucht so leicht ins Herz dringen kann. Sag doch selbst, Andrés, wenn irgendeine Abmachung oder ein Betrug hierbei im Spiel wäre, hätte ich dann nicht schweigen und dir verheimlichen müssen, wer der junge Mann ist? Bin ich vielleicht so dumm, daß ich dir freiwillig Anlaß geben sollte, an mir und meiner Rechtschaffenheit zu zweifeln? Nun beruhige dich, Andrés, ich bitte dich! Morgen kannst du ja dann versuchen, ob du aus dem Fremden, dessen Auftauchen dich so in Schrecken versetzt hat, herausbekommen kannst, wohin er will und wie er hierher gekommen ist. Es könnte ja sein, daß dein Verdacht ebenso falsch ist, wie ich sicher bin, jenen Mann erkannt zu haben. Und damit du ganz zufrieden bist und siehst, daß ich dir zuliebe alles tun will, so bitte ich dich: schick den Menschen wieder fort und sieh, daß du ihn los wirst, aus welchem Grund er auch gekommen sein mag. Der ganze Stamm hört ja auf dein Wort, und keiner wird ihm gegen deinen Willen Obdach in unserem Lager gewähren. Solange er noch nicht fort ist, verspreche ich dir, nicht aus meinem Zelt hervorzukommen und mich nicht vor ihm sehen zu lassen und auch vor keinem andern, falls du es nicht willst. Sieh, Andrés, es bekümmert mich nicht, daß du eifersüchtig bist, aber es bekümmert mich sehr, wenn ich sehen muß, daß du töricht bist.«

»Solange du nicht sehen mußt, daß ich wahnsinnig geworden bin, Preciosa«, fiel Andrés ein, »wird kein Beweis hinreichen, um dir zu zeigen, bis wohin die bittere und furchtbare Qual der Eifersucht einen Menschen bringen kann. Aber ich will trotzdem tun, was du verlangst, und wenn es überhaupt möglich ist, so werde ich schon herausbekommen, was dieser dichtende Herr Page will, wohin er geht und wen oder was er sucht. Vielleicht entschlüpft ihm ja ein unbedachtes Wort, ein Fädchen sozusagen, an dem ich dieses ganze Lügengespinst hervorziehen kann, in das er mich, wie ich fürchte, einwickeln will.«

»Ach«, seufzte Preciosa, »ich glaube, die Eifersucht läßt dem Verstand niemals genügend Freiheit, um die Dinge zu sehen, wie sie sind. Ein Eifersüchtiger blickt stets durch eine Brille, die aus Groß Klein, aus Zwergen Riesen und aus Verdacht Wahrheit macht. Ich beschwöre dich, mein Andrés, verhalte dich in allem, was diese Sache und unsere Abmachung betrifft, klug und vernünftig, dann wirst du auch einsehen, daß ich das ehrsamste, zurückhaltendste und wahrheitsliebendste Mädchen der Welt bin.«

Damit ging sie, und Andrés wartete ungeduldig auf den Morgen, an dem er dem Verwundeten die Beichte abnehmen wollte. Sein Herz war bedrückt und verstört, und tausend wirre Gedanken stürmten auf ihn ein. Er glaubte mit Sicherheit, jener Page sei nur gekommen, weil Preciosas Schönheit ihn hergelockt hatte; denn der Dieb hält ja bekanntlich auch alle anderen Menschen für Spitzbuben. Andererseits schienen ihm die Versicherungen Preciosas doch so stichhaltig, daß er wieder beruhigt war und meinte, sein Geschick in ihre Hände legen zu können.

Als der Tag angebrochen war, ging er zu dem Fremden, und nachdem er ihn gefragt hatte, wie es ihm ginge und ob die Bißwunden noch schmerzten, erkundigte er sich, wie er hieße, wohin er wolle und wie er zu so später Stunde in eine so abgelegene Gegend geraten sei. Der Verwundete erwiderte hierauf, daß er sich schon besser befände und keinen Schmerz mehr verspüre, so daß er sich bald wieder auf den Weg machen könne. Auf die anderen Fragen gab er die Auskunft, er heiße Alonso Hurtado und sei unterwegs nach dem

Wallfahrtsort La Peña de Francia, wo er etwas zu erledigen habe. Um schneller vorwärtszukommen, sei er auch des Nachts gewandert, und in der vergangenen Nacht nun habe er sich verirrt und sei zufällig auf das Zeltlager der Zigeuner gestoßen, wo die Wachthunde ihn so übel zugerichtet hätten.

Andrés hatte gleich das Gefühl, daß diese Erklärungen nicht der Wahrheit entsprächen, sondern erlogen seien, und wieder bohrte sich der Stachel des Zweifels in sein Herz.

»Mein lieber Freund«, erwiderte er darum, »wenn ich ein Richter wäre und wegen irgendeines Vergehens ein Verhör mit Euch anstellen müßte und Ihr mir auf dieselbe Frage, die ich Euch stellte, dieselbe Antwort gegeben hättet, so würde ich mich dadurch nur veranlaßt fühlen, Euch noch ein wenig fester binden zu lassen. Ich will jetzt gar nicht mehr wissen, wer Ihr seid, wie Ihr heißt und wohin Ihr wollt, aber eins laßt Euch sagen: wenn Ihr meint, im Hinblick auf Eure Reise etwas verheimlichen zu müssen, so lügt wenigstens ein bißchen glaubwürdiger. Ihr behauptet, Ihr wolltet nach La Peña de Francia und entfernt Euch dabei doch immer mehr von diesem Ort, der von hier aus gut dreißig Meilen rechter Hand zurückliegt; Ihr wandert nachts, um schneller vorwärtszukommen und geht dabei vom Wege ab und lauft in Wäldern und Hainen umher, in denen es keinen Pfad, geschweige denn eine Landstraße gibt. Nun steht nur auf, mein Lieber, lernt erst einmal lügen und geht in Gottes Namen! Doch für diesen guten Rat, den ich Euch gebe, könntet Ihr mir eigentlich in einer Sache die Wahrheit sagen. Ihr werdet es wohl tun, denn lügen könnt Ihr ja doch zu schlecht. So sagt mir denn, seid Ihr nicht zufällig ein gewisser junger Mann, so eine Art Mittelding zwischen Page und Ritter, den ich schon oft in der Residenz gesehen habe und der in dem Rufe stand, ein großer Dichter zu sein? Und habt Ihr nicht einmal eine Romanze und ein Sonett auf eine junge Zigeunerin verfaßt, die seinerzeit in Madrid ein und aus ging und wegen ihrer ungewöhnlichen Schönheit überall bekannt war? Sagt es mir, ich verspreche Euch bei meiner Zigeunerehre, jedes Geheimnis zu bewahren, das Ihr bewahrt wissen wollt. Schaut, es hat wirklich wenig Zweck, zu leugnen, daß Ihr jener junge Mann seid; denn Euer Gesicht habe ich ganz bestimmt schon in Madrid gesehen. Es wurde so viel von Eurer Klugheit gesprochen, daß ich Euch oft eingehend betrachtet habe, so wie man einen bedeutenden und berühmten Mann anstaunt, und daher ist mir Euer Gesicht so gut im Gedächtnis geblieben, daß ich Euch sofort daran wiedererkannt habe, obgleich Ihr jetzt so ganz anders gekleidet seid als damals. Ihr braucht deshalb keine Angst zu haben; faßt nur Mut und glaubt nicht gleich, daß Ihr unter Diebe und Räuber geraten wäret. Ihr habt hier einen Zufluchtsort gefunden, in dem man Euch gegen alle Welt schützen und verteidigen wird. Seht Ihr, ich habe da eine Vermutung, und wenn die zutrifft, so könnt Ihr wirklich von Glück sagen, daß Ihr mit mir zusammengetroffen seid. Ich glaube, Ihr seid in Preciosa, die schöne Zigeunerin, verliebt, auf die Ihr damals jene Gedichte verfaßt habt, und wahrscheinlich seid Ihr auf der Suche nach ihr hierhergekommen. Ich verachte Euch deshalb nicht, sondern schätze Euch im Gegenteil nur um so mehr. Denn wenn ich auch ein Zigeuner bin, so hat die Erfahrung mich doch schon gelehrt, wie groß die Macht der Liebe ist und was sie aus einem Menschen, der einmal in ihre Gewalt geraten ist, alles machen kann. Wenn ich nun recht habe mit meiner Vermutung, wie ich mit Sicherheit annehmen möchte, so laßt Euch sagen: die kleine Zigeunerin ist hier.«

»Ja, sie ist hier, gestern abend habe ich sie gesehen«, erwiderte der Verwundete. Andrés blieb bei diesen Worten, die ihm als eine Rechtfertigung all seiner Ängste erscheinen mußten, beinahe das Herz stehen. »Gestern abend habe ich sie gesehen«, wiederholte der andere, »aber ich wagte nicht, mich ihr zu erkennen zu geben, denn die Umstände schienen mir nicht günstig.«

»So seid Ihr also wirklich jener Dichter, von dem ich vorhin sprach?« meinte Andrés.

»Der bin ich«, erwiderte der Fremde, »ich will und kann es nicht leugnen. Vielleicht ist mir ja nun, wo ich mich am sichersten verloren glaubte, doch die Rettung erschienen, sofern es wirklich Treue in den Wäldern und Gastlichkeit in den Bergen gibt.«

»Die gibt es, daran braucht Ihr nicht zu zweifeln«, entgegnete Andrés, »und außerdem ist ein Geheimnis bei uns besser aufgehoben als irgendwo sonst auf der Welt. Ihr könnt mir also zuversichtlich Euer Herz eröffnen, mein Herr; denn in dem meinen werdet Ihr lesen können wie in einem aufgeschlagenen Buch. Die kleine Zigeunerin ist eine Verwandte von mir, und ich kann frei über ihr Schicksal verfügen. Wollt Ihr sie zur Gemahlin, so werden ich und die ganze übrige Verwandtschaft uns herzlich darüber freuen; wollt Ihr sie zur Geliebten, so werden wir auch keine Umstände machen, sofern Ihr nur genügend Geld habt; denn die Habgier ist nun einmal eine Eigenschaft, die man den Zigeunern nicht austreiben kann.«

»Geld habe ich«, erwiderte der Fremde. »In diesen Hemdsärmeln hier, die ich um meinen Leib geschlungen habe, stecken vierhundert Golddukaten.«

Das war wieder ein neuer Schlag für Andrés, denn er war überzeugt, daß der Fremde mit seinem vielen Geld ihm nur sein Mädchen abspenstig machen wollte. Mit mühsam beherrschter Stimme erwiderte er darum: »Das ist ja eine ganze Menge. Nun erklärt Euch nur gleich der Kleinen und seid unverzagt. Das Mädchen ist nicht dumm und wird schnell einsehen, wie gut sie es bei Euch hat.«

»Ach, mein Freund«, fiel hier der Fremde ein, »ich muß

Euch sagen, daß die Macht, die mich dazu bewogen hat, diese Kleidung anzulegen, nicht die Macht der Liebe war, wie Ihr meint. Ich verlange auch nicht nach Preciosa, denn in Madrid gibt es genug schöne Mädchen, die einem ebensogut das Herz in Brand setzen und die Sinne rauben können wie die schönste Zigeunerin, obgleich ich gestehen muß, daß die Schönheit Eurer Verwandten alles übertrifft, was ich bisher gesehen habe. Daran, daß ich diese Kleider auf dem Leib habe, zu Fuß durchs Land wandere und von den Hunden gebissen wurde, ist aber nicht die Liebe schuld, sondern mein Unstern.«

Bei diesen Worten des Fremden kehrten dem Andrés allmählich die Lebensgeister wieder, denn nun begann er ja zu merken, daß sein Gesprächspartner es auf ganz etwas anderes abgesehen hatte, als er zuerst vermutete. Um endlich vollends aus dieser Ungewißheit herauszukommen, beteuerte er ihm noch einmal, daß er sich ihm ganz und gar anvertrauen dürfe, und nun fuhr der andere fort: »Ich wohnte in Madrid im Hause eines mir verwandten vornehmen Herrn, bei dem ich nicht die Stelle eines Dieners, sondern eher die eines Vertrauten einnahm. Dieser Herr hatte einen einzigen Sohn und Erben, und da wir beide im gleichen Alter standen und auch in unseren Ansichten zumeist übereinstimmten, verband uns eine innige und herzliche Freundschaft. Der junge Herr nun verliebte sich in ein vornehmes Fräulein, das er von Herzen gern als seine Gemahlin heimgeführt hätte, wenn er sich nicht als guter Sohn stets nach dem Willen seiner Eltern hätte richten müssen, die für ihn eine noch günstigere Heirat erhofften. Trotzdem hörte er nicht auf, dem jungen Mädchen den Hof zu machen und verhielt sich dabei so vorsichtig wie möglich, damit kein fremdes Auge ihn auf seinen Liebespfaden erspähte und keine fremde Zunge über ihn lästern konnte. Nur ich allein war Zeuge dieser Zusammenkünfte. In einer Nacht nun, die der Himmel wohl eigens dazu ausersehen hatte, uns ins Unglück zu stürzen, kamen wir beide durch die Straße, in der jene junge Dame wohnte, als wir zwei Männer von schlankem Wuchs bemerkten, die an der Tür ihres Hauses lehnten. Mein Vetter wollte sie etwas näher in Augenschein nehmen und trat auf sie zu, doch kaum hatte er ein paar Schritte gemacht, als die Fremden blitzschnell ihre Degen zogen und mit vorgehaltenem Schild auf uns eindrangen. Auch wir griffen sofort zu den Waffen, und so wurden wir handgemein. Der Kampf dauerte nicht lange, denn seltsamerweise brachten wir unseren Widersachern gleich im Anfang zwei so wohlgezielte Degenstiche bei, daß sie auf der Stelle ihr Leben aushauchten. Meinem Vetter hatte wohl die Eifersucht den Arm geführt, und mich hatte der Eifer, meinem Verwandten beizustehen, so kühn und sicher gemacht. Nach diesem Sieg, den wir uns gar nicht gewünscht hatten, kehrten wir nach Hause zurück, rafften heimlich so viel Geld zusammen, wie wir finden konnten und liefen ins Kloster des heiligen Hieronymus, wo wir den nächsten Tag erwarteten, an dem ja der Vorfall offenbar werden mußte und wir erfahren würden, welche Vermutungen man über die Urheber der Tat hegte. Als wir hörten, daß keine Spur auf uns hindeutete, rieten die klugen Mönche uns, nach Hause zurückzukehren, um durch unsere Abwesenheit nicht erst Verdacht zu erregen. Wir waren schon entschlossen, diesem Rat zu folgen, als man uns meldete, daß die Beamten des Hofgerichts die Eltern jenes Fräuleins und dieses selbst in ihrem Hause verhaftet hätten. Bei dem Verhör, das man mit den Dienstboten anstellte, hätte eine Zofe des Fräuleins gestanden, daß mein Vetter ihrer Herrin Tag und Nacht Fensterpromenaden mache. Auf diese Anzeige hin sei die Polizei auch in unser Haus gekommen, und da man uns nicht hatte entdecken können, sondern statt dessen allerlei Zeichen, die auf eine Flucht hindeuteten, sei man nun schon in der ganzen Residenz überzeugt, daß wir die Mörder jener Herren seien, in denen man sehr vornehme Edelleute erkannt hatte. Nachdem wir uns etwa vierzehn Tage in dem Kloster verborgen gehalten hatten, kam der Graf, mein Verwandter, mit den geistlichen Herren überein, daß sein Sohn als Mönch verkleidet zusammen mit einem der Ordensbrüder nach Aragón gehen solle, um von da nach Italien überzusetzen. Von Italien aus sollte er nach Flandern reisen und dort die Entwicklung der Dinge abwarten. Ich hielt es für richtiger, unsere Wege und Schicksale nunmehr auseinanderlaufen zu lassen und schlug daher eine andere Richtung ein. In ein Novizengewand gehüllt wanderte ich mit einem Mönch zu Fuß nach Talavera. Hier verließ mich mein Begleiter, und ich ging nun allein abseits der großen Straße weiter, bis ich schließlich gestern Nacht in jenen Eichenhain gelangte, wo ich an Eure Hunde geriet. Wenn ich mich nach dem Weg nach La Peña de Francia erkundigte, so geschah das nur, um Euch irgendeine Antwort auf Eure Frage zu geben; denn, ehrlich gesagt, habe ich keine Ahnung, wo dieser Ort ist und weiß nur, daß er irgendwo oberhalb von Salamanca liegen muß.«

»Das ist richtig«, erwiderte Andrés, »Ihr seid etwa zwanzig Meilen von hier daran vorbeigekommen und habt ihn rechter Hand liegenlassen. Da könnt Ihr also sehen, wie falsch Ihr gegangen wäret, wenn Ihr wirklich dahin wolltet.«

»Eigentlich wollte ich ja nach Sevilla«, versetzte der Fremde. »Dort lebt nämlich ein Edelmann aus Genua, der mit dem Grafen, meinem Verwandten, eng befreundet ist und regelmäßig große Mengen Silbers in seine Heimat verschickt. Den wollte ich bitten, mich in die Begleitmannschaft einer solchen Sendung einzureihen, und auf diese Weise hoffe ich, bis nach Cartagena gelangen zu können. Von da aus käme ich dann leicht nach Italien, denn es werden dort bald zwei

Galeeren eintreffen, um das Silber zu laden. Dies, mein Freund, ist meine Geschichte. Ihr werdet nun selbst zugeben, daß das reine und unverfälschte Unglück darin eine größere Rolle spielt als irgendwelche verwässerten Liebesgeschichten. Wenn jedoch die Herren Zigeuner mich bis nach Sevilla mitnehmen wollen — sofern ihr Weg sie überhaupt dahin führt — so werde ich sie gut dafür bezahlen; denn ich glaube in ihrer Gesellschaft sicherer zu reisen und brauche dann nicht mehr soviel Angst auszustehen.«

»Sie werden Euch schon mitnehmen«, erwiderte Andrés. »Ich weiß zwar noch nicht, ob wir gerade nach Andalusien wollen, aber wenn Ihr nicht bei unserer Bande bleibt, so könnt Ihr Euch sicherlich einer anderen anschließen, die wir wahrscheinlich in zwei Tagen treffen werden. Wenn Ihr ihnen etwas von dem Geld abgebt, das Ihr mit Euch führt, so machen sie für Euch das Unmögliche möglich.«

Damit verließ Andrés den Fremden und ging zu den übrigen Zigeunern, um ihnen zu berichten, was jener ihm erzählt hatte. Er erwähnte auch die weiteren Absichten des jungen Mannes und die gute Bezahlung, die er den Zigeunern für ihre Dienste versprochen hatte. Alle waren einverstanden damit, daß er bei ihnen blieb; nur Preciosa war anderer Ansicht. Die Großmutter aber erklärte, sie könne nicht nach Sevilla oder in die Umgebung dieser Stadt gehen, weil sie in früheren Jahren einmal einem dortigen Mützenmacher namens Triguillos einen üblen Streich gespielt habe. Diesen Mann, der ein angesehener Bürger der Stadt war, habe sie nämlich veranlaßt, splitternackt mit einem Zypressenkranz auf dem Kopfe in ein tönernes Gefäß zu steigen, das bis oben hin mit Wasser gefüllt war, und Schlag Mitternacht abzuwarten. Dann sollte er aus dem Kübel wieder herauskommen, um einen großen Schatz zu heben, der, wie sie ihm vorgeredet hatte, an einer bestimmten Stelle seines Hauses verborgen lag. Als der

gute Mützenmacher nun das Glöcklein zur Mitternachtsmesse läuten hörte, hatte er es so eilig, die Gelegenheit nicht zu verpassen und aus dem Faß herauszuklettern, daß er mitsamt diesem umfiel. Es gab einen furchtbaren Krach, die Scherben schnitten ihm ins Fleisch, das Wasser lief aus und er zappelte darin herum und schrie verzweifelt, er müsse ertrinken. Seine Frau und die Nachbarn kamen mit Lichtern herbeigeeilt und fanden den Mann, wie er prustend und schnaufend bäuchlings auf dem Boden lag, krampfhaft mit Armen und Beinen um sich stieß und immer wieder schrie: »Zu Hilfe, ihr Leute, zu Hilfe! Ich ertrinke!« Er war so verstört, daß er tatsächlich dachte, sein letztes Stündlein habe geschlagen. Die Nachbarn packten ihn an den Armen, zogen ihn heraus, und nun kam er wieder zu sich und erzählte von dem Streich, den die alte Zigeunerin ihm gespielt hatte. Obgleich nun alle erklärten, er habe sich einen Bären aufbinden lassen, begann er doch, an der bezeichneten Stelle mehr als ein Klafter tief zu graben, und hätte, wenn ein Nachbar, dessen Grundmauern er schon mit unterwühlte, sich nicht ins Mittel gelegt hätte, so lange weitergegraben, bis beide Häuser über ihm zusammengestürzt wären. Die ganze Stadt erfuhr von dem Ereignis, und selbst die Kinder zeigten schließlich mit den Fingern auf ihn und verspotteten ihn wegen seiner Leichtgläubigkeit.
Diese Geschichte berichtete die alte Zigeunerin, um zu erklären, warum sie nicht nach Sevilla gehen könne. Die Zigeuner, die schon durch Andrés Caballero erfahren hatten, daß der Fremde eine Menge Geld bei sich habe, versicherten nochmals, daß sie ihn gern bei sich aufnehmen wollten und erboten sich, ihn nötigenfalls zu verteidigen oder zu verbergen, solange er sich bei ihnen befände. Dann beschlossen sie, nach links hin von ihrem bisherigen Wege abzuweichen und über die Mancha zum Königreich Murcia zu ziehen. Sie riefen den Fremden herbei und sagten ihm, was sie für ihn zu

tun gedächten. Er bedankte sich sehr und übergab ihnen hundert Golddukaten, die sie untereinander verteilen sollten. Auf dieses Geschenk hin waren die Zigeuner die Freundlichkeit und Liebenswürdigkeit selbst; nur Preciosa war nicht recht einverstanden damit, daß Don Sancho, wie der Fremde sich nannte, oder Clemente, wie er von nun ab bei den Zigeunern heißen sollte, geblieben war. Auch Andrés war ein wenig unangenehm berührt und nicht ganz zufrieden mit dieser Entwicklung der Dinge; denn es wollte ihm vorkommen, als habe Clemente seine Pläne ein wenig zu schnell und ohne hinreichenden Grund geändert. Dieser jedoch schien die Gedanken Andrés' erraten zu haben, denn er versicherte ihm unter anderem, daß er sich sehr freue, nach Murcia zu kommen, weil er dort in der Nähe von Cartagena sei. Sobald die angekündigten Galeeren in jener Stadt eingetroffen seien, wolle er hingehen und könne dann von da aus mit Leichtigkeit nach Italien gelangen.

Andrés entschloß sich, den Clemente zu seinem Freund und Zeltgenossen zu erwählen, weil er ihn auf diese Weise immer in der Nähe hatte und ihn besser beobachten und seine Gedanken erforschen konnte, und Clemente nahm diese Freundschaft, die er für einen großen Gunstbeweis hielt, gern an. Von nun ab sah man die beiden immer zusammen: sie warfen mit dem Geld um sich, daß es Dukaten zu regnen schien, und taten sich im Laufen, Springen, Tanzen und Speerwerfen vor allen anderen Zigeunern hervor, so daß bald sämtliche jungen Mädchen in sie verliebt waren und die jungen Männer ihnen mit der größten Achtung entgegenkamen.

Die Zigeuner verließen nun, wie gesagt, Estremadura, wanderten durch die Mancha und kamen nach und nach zum Königreich Murcia. In allen Dörfern und Ortschaften, durch die sie zogen, gab es Wettkämpfe im Pelotaspiel, im Fechten, Laufen, Springen, Werfen und anderen Übungen, bei denen man seine Kraft, Gewandheit und Geschicklichkeit beweisen konnte. Und so wie Andrés früher immer der Sieger gewesen war, errangen jetzt Andrés und Clemente stets gemeinsam den Preis. Während dieser ganzen Reise, die über anderthalb Monate dauerte, hatte Clemente niemals Gelegenheit, Preciosa zu sprechen und schien diese Gelegenheit auch gar nicht zu suchen. Als jedoch eines Tages Andrés und die kleine Zigeunerin im Gespräch beisammenstanden und Clemente zufällig vorbeikam, riefen sie ihn heran, und Preciosa sagte: »Schon gleich am ersten Tage, an dem du in unser Lager kamst, habe ich dich erkannt, Clemente, und ich mußte sofort an die Verse denken, die du mir damals in Madrid gegeben hattest. Aber ich wollte nichts sagen, weil ich nicht wußte, mit welcher Absicht du zu uns gekommen warst. Als ich dann von deinem Unglück erfuhr, tat es mir von Herzen leid, aber ich war doch auch wieder erleichtert, denn ich hatte mich vorher etwas beunruhigt bei dem Gedanken, daß ja vielleicht auch ein Don Sancho aus dem gleichen Grunde seinen Namen wechseln könnte, aus dem ein Don Juan zu einem Andrés geworden war. Ich kann so offen zu dir sprechen, denn ich weiß durch Andrés, daß er dir gesagt hat, wer er ist und warum er Zigeuner wurde.« Dies traf auch zu: Andrés hatte dem Clemente seine ganze Geschichte anvertraut, weil er froh war, jemanden gefunden zu haben, dem er sich mitteilen konnte. »Und glaube mir«, fuhr Preciosa fort, »es war recht günstig für dich, daß wir uns schon kannten; denn um meinetwillen und weil ich so gut über dich gesprochen habe, haben die anderen dich gleich in unser Lager aufgenommen, wo dir nun Gott gewähren wolle, was du nur immer ersehnen magst. Meine guten Wünsche aber sollst du mir damit vergelten, daß du dem Andrés keine Vorwürfe wegen seiner Absichten machst und nicht versuchst, ihm auszumalen, wie übel ihm ein solches Leben ansteht. Zwar kann ich wohl sicher sein, daß mein Andrés nichts anderes will als ich, aber es würde mich doch schmerzen, wenn ich auch nur das kleinste Anzeichen von Reue bei ihm bemerken müßte.«

»Einzige Preciosa«, erwiderte Clemente hierauf, »du darfst nicht denken, Don Juan habe mir so leichthin und ohne Vorbehalt eröffnet, wer er ist. Ich hatte es ihm zwar gleich im Anfang unserer Bekanntschaft an den Augen abgelesen, wo das Ziel seiner Wünsche liegt, doch zuerst gab ich mich ihm zu erkennen, und als ich dann schon längst erraten hatte, wo sein Herz weilt, vertraute er sich mir schließlich an, wie er es auch mit vollem Recht tun durfte, und offenbarte mir im Tausche gegen mein Geheimnis das seine. Er selbst ist Zeuge, daß ich seine Entschlüsse und Bestrebungen nur lobte; denn ich bin ja nicht so beschränkt, Preciosa, daß ich nicht ermessen könnte, wie weit die Kraft der Schönheit reicht. Und gar deine Schönheit, die die Grenzen alles Dagewesenen überschreitet, ist wohl eine genügende Entschuldigung für die größten Verirrungen, sofern man bei so zwingenden Gründen überhaupt von Verirrungen reden darf. Ich danke dir für alles, was du zu meinen Gunsten gesagt hast, und ich will es dir vergelten mit dem Wunsche, daß Eure Liebesgeschichte ein glückliches Ende finden und Andrés mit dem Einverständnis und zur Freude seiner Eltern seine Preciosa heimführen möge; denn aus einer so schönen, glücklichen Verbindung gehen bekanntlich die herrlichsten Früchte hervor, die eine wohlmeinende Natur zu bilden imstande ist. Das wünsche ich dir, Preciosa, und das werde ich deinem Andrés immer wieder sagen und nicht das geringste unternehmen, was ihn von seinen wohlbegründeten Entschlüssen abbringen könnte.«

Clemente hatte seine Beteuerungen so feurig und überzeugend vorgebracht, daß Andrés schon wieder im Zweifel war, ob aus seinem Freund nur warmes Mitgefühl oder etwa Verliebtheit gesprochen habe; denn wenn einer von der teuflischen Krankheit der Eifersucht befallen ist, so wird er so empfindlich, daß er selbst auf die Sonnenstäubchen noch achtet und vor Verzweiflung vergeht, wenn sie den geliebten Gegenstand berühren. Doch Andrés konnte keine Bestätigung seiner Zweifel finden und vertraute auch auf die Treue seiner Preciosa. Auf sie glaubte er sicherer bauen zu können als auf seinen guten Stern, denn ein Verliebter hält sich ja bekanntlich immer für unglücklich, solange er nicht ans Ziel seiner Wünsche gelangt ist. Kurzum, Andrés und Clemente blieben auch weiterhin gute Kameraden und Freunde, und Clementes ehrliche Absichten sowie Preciosas Zurückhaltung und Klugheit boten die Gewähr dafür, daß Andrés niemals Anlaß zur Eifersucht finden würde.

Clemente hatte ja schon in seinen Versen an Preciosa bewiesen, daß er sich recht gut aufs Dichten verstand, und auch Andrés versuchte sich ab und zu in dieser Kunst. Außerdem hatten sie alle beide eine große Vorliebe für die Musik. Eines Abends nun, als die Zigeuner ihr Lager in einem Tal vier Meilen vor Murcia aufgeschlagen hatten, saßen die beiden zusammen. Andrés hatte sich im Schatten eines Korkbaumes niedergelassen, Clemente seinen Platz am Fuße einer Steineiche gewählt, und beide hatten eine Gitarre zur Hand genommen. Die Stille des Abends regte sie an; Andrés begann zu singen, Clemente erwiderte ihm, und so entstand der folgende Wechselgesang:

Andrés

Clemente, sieh die zarte Sternenhülle,
Mit der der kühle Abend
Den Tag zum besten habend
Am Himmel aushängt seine Lichterfülle!
Und, um das Bild zu runden:
Sag, ob dein Sinn in seinen hehrsten Stunden
Ein Antlitz je gewahrte,
Wo sich so licht die Schönheit offenbarte?

Clemente

Wo sich so licht die Schönheit offenbarte,
Von edler Zucht begleitet,
Die ihre Schritte leitet,
Und sich so hold mit ihr die Güte paarte,
Da werden Menschensinne
Anbetend nur des Gotteswunders inne,
So himmlisch ist's, an Gaben
So unbeschreibbar köstlich und erhaben.

Andrés

So unbeschreibbar köstlich und erhaben
Soll deines Namens Süße,
Zigeunerin, wie Grüße,
Die sich aus Menschenmund zu Gott begaben,
Die Seligen berücken
Zu staunend jubelndem Entzücken
Und auf des Ruhmes Schwingen
Bis in des Himmels reinste Sphäre dringen.

Clemente

Bis in des Himmels reinste Sphäre dringen
Darf deine Stimme, allen
Zu Lust und Wohlgefallen,
Wenn dort dein Name und dein Preis erklingen,
Auf Erden aber spüren
Die Menschen, wenn sie dich im Munde führen,
Musik in allen Sinnen,
Im Antlitz Frieden, Ruh im Herzen drinnen.

Andrés

Im Antlitz Frieden, Ruh im Herzen drinnen,
So huldigen wohl jene
Der lieblichen Sirene,
Der kaum die Wachsamsten mit Not entrinnen:
Und doch ist Schönheit, mein ich,
Meiner Preciosa Vorzug nicht alleinig,
Die meiner Augen Weide,
Der Anmut Krone ist, ein Trost im Leide.

Der Anmut Krone ist, ein Trost im Leide,
Die schönste aller Streuner
Und wandernden Zigeuner,
Ein Morgenwind auf sommerlicher Heide,
Ein Strahl vom Liebesgotte,
Der Berge schmilzt, dem Winterschnee zum Spotte,
So hold in der Verhüllung,
Daß sie der Tod ist und zugleich Erfüllung.

Die beiden Freunde, der eine, der in den Ketten der
Liebe lag, und der andere, der sich davon frei fühlen
durfte, hätten wohl noch immer weitergesungen, wenn
nicht plötzlich Preciosa, die ihnen gelauscht hatte, hinter ihrem Rücken ihre Stimme erhoben hätte. Überrascht hielten sie inne und horchten reglos und gespannt
auf die Worte der Sängerin. Es war nicht ersichtlich, ob
Preciosa ihre Verse aus dem Stegreif erfand oder ob
diese schon früher einmal für sie gedichtet worden
waren, auf jeden Fall schien es, als ob die Antwort, die
sie ihnen beiden mit solch vollendeter Anmut erteilte,
eigens zu diesem Zweck ersonnen wäre. Ihre Worte
lauteten:

War mir auch im Liebeswalten
Amor immer wohlgelitten,
Hab ich doch auf reine Sitten
Als auf Schönheit mehr gehalten.

Wenn dem Pflänzlein, das entschlossen
Sich zur Sonne möchte heben,
Anmut hilft und Stolz daneben,
Wird es bis zum Himmel sprossen.

Von des Lebens Gütern allen
Schmückt mich Sittsamkeit alleine,
Darum bin ich reich wie keine,
Hab daran mein Wohlgefallen.

Es beschwert und rührt mich nimmer,
Ob sie schmähn mich oder lieben,

Wenn ich mir nur treu geblieben,
Und mein Schicksal selber zimmer.

Darf ich ganz ich selber sein
Und den Pfad des Guten wandeln,
Wird der Himmel meinem Handeln
Stetig seinen Segen leihn.

Wollte Gott, der Schönheit wäre
Solch ein hoher Adel eigen,
Daß ich höher stets zu steigen,
Als ich bin, von ihr begehre.

Wenn die Seelen so sich gleichen,
Warum sollten nicht der Bauer
Und der König auf die Dauer
Sich die Hand zum Bunde reichen?

Meines Adels hohe Krone
Fühl' ich mir im Herzen blitzen;
Majestät und Liebe sitzen
Nicht vereint auf *einem* Throne.

Als Preciosa ihren Gesang beendet hatte, standen
Andrés und Clemente auf und traten zu ihr. Die drei
unterhielten sich eine Weile, und Preciosa offenbarte in
diesem Gespräch eine solche Klugheit, Sittsamkeit und
Geistesschärfe, daß Clemente den Entschluß des Andrés
jetzt entschuldbar finden mußte; bisher hatte er darin
nämlich eher eine Jugendtorheit als einen wohlüber-
legten Plan erblicken können.
Am folgenden Morgen wurde das Lager abgebrochen,
und die Zigeuner zogen in ein Dorf, das drei Meilen
von Murcia entfernt und noch innerhalb des Gerichts-
bezirkes dieser Stadt lag. Hier stieß dem Andrés ein
Mißgeschick zu, das ihn beinahe das Leben gekostet
hätte, und zwar verhielt sich die Sache folgendermaßen:
Nachdem die Zigeuner wie üblich verschiedene silberne
Gefäße und andere Gegenstände zum Pfande gegeben
hatten, nahmen Preciosa, ihre Großmutter, Christina,
zwei weitere Zigeunerinnen sowie Clemente und

Andrés in einem Gasthaus Wohnung, das einer reichen Witwe gehörte. Diese hatte eine Tochter von siebzehn oder achtzehn Jahren mit Namen Juana Carducha, die ziemlich dreist, dabei aber nicht gerade eine Schönheit war. Als das Mädchen die Zigeunerinnen und Zigeuner tanzen sah, ritt sie doch der Teufel, daß sie sich bis über beide Ohren in Andrés verliebte. Sie nahm sich auch vor, es ihm zu sagen und ihn zu heiraten, wenn er einverstanden wäre, einerlei ob die Verwandtschaft darüber empört sein würde. Nun suchte sie nach einer Gelegenheit, um ihn zu sprechen, und fand diese, als Andrés einmal in den Hof gegangen war, um zwei Esel zu holen. Schnell, damit niemand sie bemerkte, ging sie ihm nach und sagte: »Höre, Andrés«, — denn sie wußte auch schon seinen Namen — »ich bin ein vermögendes, junges Mädchen. Meine Mutter hat keine anderen Kinder außer mir, und ihr gehört dieses Haus und dazu noch eine Menge Weinberge und verschiedene andere Häuser. Du gefällst mir, und wenn du mich zur Frau nehmen willst, so brauchst du es nur zu sagen. Gib mir bald Antwort, und wenn du gescheit bist, bleib hier. Du wirst schon sehen, was für ein gutes Leben wir zusammen führen werden.«

Andrés war höchst überrascht über diese Worte Juanas und zögerte nicht, ihr mit der gewünschten Schnelligkeit die Antwort zu erteilen.

»Mein schönes Fräulein«, sagte er zu ihr, »ich habe aber schon einem Mädchen die Ehe versprochen, und außerdem heiraten wir Zigeuner nur untereinander. Gott segne Euch für die große Gunst, die Ihr mir erweisen wolltet, aber ich bin ihrer nicht würdig.«

Juana wäre bei diesen abweisenden Worten des Andrés beinahe zu Boden gesunken, und sie hätte ihm auch eine zornige Antwort erteilt, wenn sie nicht bemerkt hätte, daß zwei Zigeunerinnen in den Hof traten. So suchte sie nur schleunigst und beschämt das Weite und schwor bei sich, diese Beleidigung bei erster Gelegenheit zu rächen. Andrés, der ein kluger Bursche war, beschloß, möglichst bald ein paar Meilen Landes zwischen sich und das Mädchen zu legen, um die Suppe nicht auslöffeln zu müssen, die ihm der Teufel da angerührt hatte; denn er hatte in Juanas Augen wohl lesen können, daß das Mädchen sich ihm auch ohne den Segen des Pfarrers an den Hals werfen würde, und wollte ihr daher lieber nicht wieder allein innerhalb ihrer vier Pfähle gegenübertreten. Er bat darum die Zigeuner, doch noch am gleichen Abend von diesem Ort aufzubrechen, und da diese immer auf ihn hörten, stimmten sie sogleich zu. Sie holten noch am selben Nachmittag ihre Pfänder zurück und machten sich auf den Weg.

Als Juana sah, daß Andrés, der Geliebte ihres Herzens, weggehen wollte und ihr nicht einmal Zeit bleiben würde, ihn nochmals um die Erfüllung ihrer Wünsche anzuflehen, beschloß sie bei sich, ihn zum Hierbleiben zu zwingen, wenn er schon nicht freiwillig bleiben wollte. Zugleich mit diesem schlimmen Gedanken erwuchsen ihr auch die nötige Geschicklichkeit und Schlauheit zur Ausführung ihres Planes, und so steckte sie heimlich zwischen die Sachen des Andrés, die sie genau kannte, ein paar schöne Korallenschnüre, zwei silberne Schaumünzen und noch verschiedene andere ihrer Kleinodien. Kaum hatten die Zigeuner den Gasthof verlassen, als sie laut zu schreien begann und rief, man habe ihr ihren Schmuck gestohlen. Auf ihr Geschrei hin strömten die Leute zusammen, und auch die Polizei war sogleich zur Stelle. Die Zigeuner machten halt, und alle schworen, sie hätten nichts gestohlen und man könne gern sämtliche Säcke und Bündel des ganzen Lagers durchsuchen. Die alte Zigeunerin jedoch war höchst bestürzt, denn sie fürchtete, daß bei dieser Gelegenheit Preciosas Kinderschmuck und die Kleider des Andrés, die sie sehr sorgfältig aufbewahrt hatte, ans Tageslicht kommen würden. Die gute Juana befreite sie aber bald von dieser Sorge, denn schon beim zweiten

Bündel, das man durchstöberte, meinte sie, man solle doch einmal nach dem Gepäck des jungen Zigeuners forschen, der ein so ausgezeichneter Tänzer sei. Sie habe zweimal beobachtet, daß der Bursche in ihr Gemach gegangen sei, und es könne daher wohl sein, daß er die Sachen gestohlen habe. Andrés merkte wohl, daß Juana auf ihn abzielte, und sagte lachend: »Hier, werte Jungfer, ist mein Mantelsack, und das dort ist mein Maulesel. Wenn Ihr bei einem von beiden finden solltet, was Euch fehlt, so will ich es nicht allein siebenfach bezahlen, sondern mich dazu noch gern der Strafe unterwerfen, die das Gesetz über die Diebe verhängt hat.«

Nun traten die Diener der Gerechtigkeit an den Esel heran, um die Satteltaschen zu durchsuchen, und schon nach den ersten Griffen förderten sie die gestohlenen Sachen zutage. Andrés war von diesem Anblick so erschüttert, daß er reglos und ohne ein Wort zu sagen dastand wie eine steinerne Bildsäule.

»Na, hab' ich nicht recht vermutet?« rief Juana. »Da kann man einmal sehen, was für ein großer Spitzbube sich hinter einem so hübschen Gesicht verbergen kann.«

Der Dorfschulze, der auch anwesend war, begann nun den Andrés und alle anderen Zigeuner aufs gröblichste zu beschimpfen und nannte sie in aller Öffentlichkeit Diebe und Straßenräuber. Andrés sagte zu alledem kein Wort. Er war wie erstarrt und grübelte unaufhörlich, aber er kam nicht darauf, daß Juana eine solche Gemeinheit hatte begehen können. In diesem Augenblick trat ein stattlicher Soldat, ein Neffe des Schulzen, vor und sagte: »Na, seht ihr, wie das Zigeunerbürschchen an seiner Gaunerei zu schlucken hat? Aber ich will doch wetten, er sinnt noch auf Ausflüchte und leugnet den Diebstahl, obgleich wir ihn doch auf frischer Tat ertappt haben. Am besten wäre es, man schickte das ganze Pack auf die Galeeren! So ein Halunke sollte auch lieber Seiner Majestät dem König dienen, anstatt tanzend von Ort zu Ort zu ziehen und in jedem Wirtshaus etwas mitgehen zu heißen. Bei meiner Soldatenehre, der bekommt jetzt eine Ohrfeige von mir, daß ihm Hören und Sehen vergeht!«

Bei diesen Worten holte er aus und versetzte dem vermeintlichen Dieb eine derartige Maulschelle, daß dieser plötzlich aus seiner Versunkenheit aufschreckte und auf einmal wieder wußte, daß er nicht Andrés Caballero, sondern Don Juan und ein Edelmann war. Wütend wandte er sich blitzschnell gegen den Soldaten, riß ihm den Degen aus der Scheide und stieß ihm das Eisen in die Brust, so daß er tot zu Boden stürzte.

Nun aber begann ein wildes Durcheinander. Die Umstehenden schrien auf, der Schulze geriet völlig außer sich, Preciosa fiel in Ohnmacht, und Andrés war bei diesem Anblick der Verzweiflung nahe. Alle griffen zu den Waffen und wandten sich gegen den Mörder. Immer wilder wurde das Getümmel und immer gellender das Geschrei. Andrés kümmerte sich kaum um seine Verteidigung, weil er nur daran dachte, Preciosa beizustehen, und da das Unglück es auch noch wollte, daß Clemente mit den größeren Gepäckstücken bereits das Dorf verlassen hatte und somit bei diesem unheilvollen Ereignis gar nicht zugegen war, konnten sie schließlich alle zusammen den Andrés überwältigen und ihn mit zwei dicken eisernen Ketten binden. Der Schulze hätte ihn am liebsten auf der Stelle hängen lassen, wenn es in seiner Macht gestanden hätte, da aber der Ort zu dem Gerichtsbezirk von Murcia gehörte, mußte er den Gefangenen dorthin ausliefern. Andrés wurde erst am folgenden Tage fortgebracht und hatte in der Zwischenzeit noch allerhand Martern und Schmähungen zu erdulden, die der empörte Schulze, seine Untergebenen und alle übrigen Dorfbewohner ihm zufügten. Der Schulze ließ auch alle anderen Zigeuner und Zigeunerinnen verhaften, deren er habhaft werden konnte, während der größte Teil geflüchtet war, unter ihnen auch Clemente, der fürchtete, gefaßt und erkannt zu werden.

Am nächsten Tag setzte der Schulze also ein vorläufiges Protokoll auf und zog mit einem ganzen Schwarm von Zigeunern, seinen Gerichtsdienern und noch einer Menge bewaffneter Leute nach Murcia. Unter den Verhafteten waren auch Preciosa und der arme Andrés, der mit Ketten, Hand- und Fußschellen gefesselt war und auf einem Esel geführt wurde. Ganz Murcia strömte herbei, um die Gefangenen zu sehen, denn die Kunde von der Ermordung des Soldaten war schon bis hierher gedrungen. Preciosa aber war an diesem Tage so wunderbar schön, daß keiner sie ohne Rührung betrachten konnte. Auch die Frau des Oberrichters hörte von der Lieblichkeit der kleinen Zigeunerin, und voller Neugier, dieses Wunder zu sehen, bat sie ihren Gemahl, das Mädchen doch nicht mit ins Gefängnis stecken zu lassen, wo die anderen Zigeuner hinkamen. Den Andrés warf man in ein enges Verlies, in dem die Dunkelheit und die Sehnsucht nach seiner Preciosa dem armen Burschen so zusetzten, daß er meinte, er werde nicht mehr lebendig da herauskommen. Preciosa hingegen wurde mit ihrer Großmutter vor die Frau Oberrichterin geführt.

»Ja, sie ist wirklich wunderschön!« rief diese entzückt, als sie des Mädchens ansichtig wurde. Sie zog Preciosa an sich, schloß sie herzlich in die Arme und konnte sich gar nicht satt sehen an ihr. Dann fragte sie die Großmutter, wie alt die Kleine sei.

»Fünfzehn Jahre«, erwiderte die alte Zigeunerin, »es können auch zwei Monate mehr oder weniger sein.«

»Genauso alt müßte jetzt meine unglückliche Constanza sein! Ach, meine Lieben, der Anblick dieses Mädchens läßt mich mein ganzes Unglück noch einmal erleben!« seufzte die Frau Oberrichter.

Nun ergriff Preciosa die Hände der Dame, bedeckte sie mit Küssen und benetzte sie mit heißen Tränen.

»Edle Dame«, rief sie dabei, »der Zigeuner, den sie verhaftet haben, ist unschuldig; denn er wurde zu der Tat gereizt. Sie haben ihn einen Dieb genannt, und er ist doch keiner! Ins Gesicht haben sie ihn geschlagen, in dieses Gesicht, aus dem doch die ganze Güte seiner Seele spricht! Um Gottes und Eurer selbst willen, edle Dame, laßt ihm Gerechtigkeit werden und bittet den Herrn Oberrichter, er möge nur nicht allzu schnell die Strafe über ihn verhängen, mit der das Gesetz ihn bedroht. Wenn Euch meine Schönheit Freude gemacht hat, so erhaltet diese Schönheit, indem Ihr den Gefangenen am Leben erhaltet; denn das Ende seiner Tage ist auch mein Ende. Er soll dereinst mein Gatte sein, und nur berechtigte und ehrenhafte Gründe haben unsere Verbindung bisher verhindert. Wenn Geld nötig sein sollte, um die Familie des Getöteten versöhnlich zu stimmen, so wollen wir gern das Hab und Gut unseres ganzen Stammes öffentlich versteigern und mehr geben, als verlangt wird. Ach, edle Frau, wenn Ihr wißt, was Liebe ist, wenn Ihr sie einmal gekannt habt und noch jetzt gegen Euren Gatten empfindet, so erbarmt Euch meiner; denn ich liebe meinen Verlobten ja so sehr!« Während Preciosa so sprach, ließ sie die Hände der Frau nicht los und blickte sie fortwährend flehentlich an, während die bittersten Tränen über ihr Gesicht strömten. Auch die Frau Oberrichterin drückte ihr immer wieder die Hände, wandte kein Auge von ihr und vergoß manche Träne. Unterdessen trat der Oberrichter ins Zimmer, und als er seine Gemahlin und Preciosa so eng umschlungen und in Tränen aufgelöst vorfand, war er höchst überrascht über diesen rührenden und lieblichen Anblick. Als er nach der Ursache ihres Kummers fragte, ließ Preciosa statt aller Antwort die Hände der Dame·los, warf sich zu Füßen des Oberrichters und rief: »Erbarmen, Herr, Erbar-

nen! Wenn mein Liebster sterben muß, bin auch ich
dahin! Er hat keine Schuld, aber selbst wenn er schuldig sein sollte, so bestraft mich dafür und nicht ihn.
Kann das aber nicht sein, so zögert wenigstens die
Verhandlung so lange hinaus, bis wir Mittel und Wege
gefunden haben, um ihm zu helfen. Wenn einer nicht
aus Schlechtigkeit gesündigt hat, so kann der Himmel
ihm doch vielleicht das Heil seiner Gnade widerfahren
lassen.«
Der Oberrichter war von neuem überrascht über die
kleine Zigeunerin und ihre Beredsamkeit, und wenn
es ihm nicht als ein Zeichen unmännlicher Schwäche
erschienen wäre, so hätte auch er sich wohl zu Tränen
rühren lassen.
Während dieser ganzen Szene hatte die alte Zigeunerin viele ernste und wichtige Gedanken in ihrem Kopfe
gewälzt. Schließlich war sie mit sich ins reine gekommen und sagte: »Wenn Euer Gnaden nur ein wenig
warten wollen, so werde ich dafür sorgen, daß diese
Tränen sich in Lachen verwandeln, selbst wenn es mich
das Leben kosten sollte.«
Damit verließ sie schnell den Raum, während die Zurückbleibenden ihr verwundert nachsahen. Während
sie fort war, vergoß Preciosa wieder die heißesten Tränen und bestürmte den Oberrichter, die Sache ihres
Verlobten doch hinauszuzögern. Sie hatte nämlich insgeheim die Absicht, den Vater des Andrés zu benachrichtigen, damit dieser eingreifen könne.
Nun kam die alte Zigeunerin zurück. Sie trug ein kleines Kästchen unter dem Arm und bat den Oberrichter
und seine Gattin, doch mit ihr in ein anderes Zimmer
zu gehen, da sie ihnen im geheimen sehr wichtige Dinge
zu eröffnen habe. Der Oberrichter, der glaubte, daß die
Alte ihm irgendwelche Diebstähle der Zigeuner beichten wollte, weil sie ihn damit für den Prozeß gegen
den Gefangenen günstig zu stimmen hoffte, zog sich
sogleich mit ihr und seiner Gattin in eine Kammer zu-

rück. Dort fiel die Zigeunerin vor den beiden auf die Knie und sagte:

»Wenn ich als Botenlohn für die guten Nachrichten, die ich Euch bringen will, Eurer Meinung nach nicht die Vergebung für eine große Sünde verdiene, so bin ich bereit, die Strafe zu erdulden, die Ihr über mich verhängt. Doch bevor ich meine Beichte ablege, sollt Ihr, edle Herrschaften, mir sagen, ob Ihr diese Schmuckstücke hier kennt.«

Damit nahm sie das Kästchen, das den Kinderschmuck Preciosas enthielt, und legte es in die Hände des Oberrichters. Er öffnete es und erblickte das Kindergeschmeide, kam jedoch nicht darauf, was diese Sachen bedeuten sollten. Auch die Frau Oberrichterin betrachtete den Inhalt des Kästchens, wußte aber ebensowenig damit anzufangen und sagte nur: »Das scheinen Schmuckstücke für irgendein kleines Kind zu sein!«

»So ist es«, erwiderte die Zigeunerin, »und welchem Kind sie gehört haben, das steht auf dem zusammengefalteten Papier hier.«

Schnell öffnete der Oberrichter das Blatt und las die folgenden Worte: »Das Kind hieß Constanza de Azevedo y de Meneses; seine Mutter war Doña Guiomar de Meneses und sein Vater der Calatrava-Ritter Fernando de Azevedo. Das Kind verschwand um acht Uhr morgens am Himmelfahrtstage des Jahres eintausendfünfhundertundfünfundneunzig. Es trug die Schmuckstücke, die in diesem Kästchen verwahrt werden.«

Kaum hatte die Oberrichterin die Worte vernommen, die auf dem Papier standen, als sie auch die Schmuckstücke wiedererkannte, sie an die Lippen führte und unzählige Küsse darauf drückte. Dann sank sie ohnmächtig zu Boden. Der Oberrichter konnte die Zigeunerin gar nicht sofort nach dem Verbleib seiner Tochter fragen, sondern mußte seiner Gemahlin zu Hilfe eilen. Sobald diese die Augen wieder aufschlug, sagte sie: »Gute Frau, ein Engel bist du und keine Zigeunerin!

Sag mir, wo ist die Eigentümerin dieser Sachen? Wo ist das Kind, dem diese Schmuckstücke gehört haben?«

»Wo es ist, edle Frau?« erwiderte die Alte. »Nun, hier in Eurem eigenen Hause! Die Schmuckstücke gehören der kleinen Zigeunerin, die Euch so zu Tränen gerührt hat. Sie ist zweifellos Eure Tochter, denn ich selbst habe sie an dem Tag und zu der Stunde, die auf dem Papier angegeben sind, in Madrid aus Eurem Hause geraubt.«

Als die Dame das hörte, sprang sie in ihrer Erregung so schnell auf, daß ihr die Pantöffelchen von den Füßen glitten, und eilte in das Zimmer zurück, in dem sie Preciosa gelassen hatten. Diese saß immer noch schluchzend im Kreise der Kammerfrauen und Zofen. Die Frau Oberrichterin stürzte auf die Kleine zu und knöpfte ihr ohne ein Wort zu sagen das Kleid auf, um nachzusehen, ob sie unter der linken Brust ein kleines weißes Mal habe, mit dem ihr Kind dereinst zur Welt gekommen war. Sie fand das Mal, das im Laufe der Jahre wesentlich größer geworden war. Dann zog sie ihr ebenso geschwind den rechten Schuh aus und entblößte ein schneeweißes Füßchen, das aus Elfenbein gedrechselt zu sein schien. Und auch hier fand sie, was sie suchte: ein kleines Häutchen, das die beiden letzten Zehen des Fußes miteinander verband und das sie dem Kind nie hatte wegschneiden lassen wollen, um ihm nicht weh zu tun. Das Mal unter der Brust, das Häutchen, die Schmuckstücke, das Datum der Kindesentführung, die Beichte der Zigeunerin und nicht zuletzt der freudige Schrecken, den beide Eltern schon beim ersten Anblick des Mädchens empfunden hatten, alles wirkte zusammen, um der Frau Oberrichterin die unumstößliche Gewißheit zu geben, daß Preciosa ihre Tochter war. So hob sie die Kleine auf ihre Arme und kehrte mit ihr in das Zimmer zurück, wo der Oberrichter und die Zigeunerin warteten.

Preciosa war ganz verwirrt, denn sie wußte ja nicht,

was die Dame an ihr gesucht hatte, und noch erstaunter wurde sie, als diese sie jetzt in die Arme nahm und mit ihren Küssen fast erstickte. Mit ihrer kostbaren Last trat Doña Guiomar vor ihren Gatten, legte ihm das Mädchen in die Arme und sagte: »Hier, mein Gemahl, habt Ihr Eure Tochter Constanza. Sie ist es, es gibt keinen Zweifel mehr. Ich habe das Häutchen zwischen ihren Zehen und das Mal unter ihrer Brust gesehen; deutlicher noch als diese Zeichen jedoch sagt es mir mein Herz schon seit dem ersten Augenblick, da ich sie sah.«

»Nein, ich zweifle auch nicht daran«, erwiderte der Oberrichter, indem er Preciosa in die Arme schloß, »denn mein Herz hat mir dasselbe gesagt wie das Eure, und wie könnten denn auch sonst so viele Einzelheiten zusammentreffen? Das müßte schon ein Wunder sein.«

Die ganze Dienerschaft des Hauses war aufs höchste verwundert über diese seltsamen Geschehnisse, und einer fragte den anderen, was das wohl zu bedeuten habe; doch keiner traf das Rechte. Wie hätten sie auch darauf kommen sollen, daß die kleine Zigeunerin die Tochter ihrer Herrschaft war?

Der Oberrichter schärfte nun seiner Frau, seiner Tochter und der Zigeunerin ein, den Fall geheimzuhalten, bis er selbst die Wahrheit öffentlich verkünden werde. Der Alten sagte er außerdem noch, daß er ihr all den Kummer verzeihen wolle, den sie ihm und seiner Gattin einst mit dem Raub ihres Kindes zugefügt hatte, denn nun habe sie ihnen ja die Tochter wiedergeschenkt, und diese Tat verdiene den höchsten Lohn. Es sei ihm nur leid, daß sie Preciosa, um deren vornehme Abkunft sie doch gewußt habe, mit einem Zigeuner habe verloben können, der zudem noch ein Dieb und Mörder sei.

»Aber mein Herr und Vater!« rief Preciosa, »er ist ja gar kein Zigeuner und auch kein Dieb, wenn er auch einen Menschen getötet hat. Der andere aber hatte ihm seine Ehre angetastet, und da blieb ihm gar nichts übrig, als ihm zu beweisen, wer er in Wirklichkeit ist, und ihn zu töten.«

»Wieso ist er denn kein Zigeuner, mein Kind?« fragte Doña Guiomar.

Nun erzählte die alte Zigeunerin in kurzen Worten die Geschichte des Andrés Caballero und berichtete, daß er ein Sohn des Santiago-Ritters Francisco de Cárcamo sei, selbst Juan de Cárcamo heiße und ebenfalls jenem Orden angehöre. Seine Ordenstracht habe sie seinerzeit in Verwahrung genommen, als er sie gegen die Kleidung eines Zigeuners vertauschte. Dann erzählte sie noch, daß Preciosa und Don Juan miteinander abgemacht hätten, eine Probezeit von zwei Jahren verstreichen zu lassen, bevor sie sich entschlössen, ob sie einander fürs Leben angehören wollten, und hob dabei die Sittsamkeit der beiden jungen Leute und das liebenswürdige Wesen Don Juans besonders hervor. Der Oberrichter und seine Gattin waren über diese Erzählung beinahe ebenso erschüttert wie über das unverhoffte Wiedersehen mit ihrem Kind, und der erstere befahl der Zigeunerin die Kleidung Don Juans herbeizuschaffen.

Die Alte ging fort und kam bald darauf mit einem Zigeuner wieder, der die Sachen unter dem Arm trug. Während ihrer Abwesenheit wurde Preciosa von ihren Eltern mit tausend Fragen überhäuft, und sie gab darauf so anmutige und kluge Antworten, daß sie das Herz ihrer Eltern damit gewonnen hätte, auch wenn diese sie nicht als ihre Tochter erkannt hätten. Sie fragten sie nun auch, ob sie denn wirklich eine so große Neigung für Don Juan verspüre, und sie erwiderte, daß sie ihm selbstverständlich zugetan sei, denn sie schulde ihm ja Dank dafür, daß er sich um ihretwillen zum Zigeuner erniedrigt habe. Ihre Dankbarkeit werde sich aber nur in den Grenzen halten, die ihre Eltern für recht befinden würden.

»Nun sei nur ruhig, Preciosa, mein Kindchen«, sagte der Vater, »— denn den Namen Preciosa sollst du behalten, zur Erinnerung an die Geschichte deiner Entführung und deines glücklichen Wiederfindens — ich als dein Vater will es schon übernehmen, dich so zu verheiraten, wie es deinem Stande entspricht.«

Preciosa seufzte bei diesen Worten tief auf, und ihre Mutter, die eine kluge Frau war, merkte wohl, daß es die Liebe zu Don Juan war, die ihrem Kinde diesen Seufzer entlockt hatte.

»Mein Herr Gemahl«, sagte sie darum zu ihrem Gatten, »Don Juan de Cárcamo gehört einer sehr vornehmen Familie an, und wenn er unsere Tochter wirklich so liebt, könnten wir sie ihm doch ruhig zur Frau geben.«

»Heute haben wir sie erst gefunden«, entgegnete der Oberrichter, »und nun sollen wir sie schon wieder verlieren? Wir wollen doch auch noch ein wenig von ihr haben; wenn sie aber erst verheiratet ist, so gehört sie nicht mehr uns, sondern ihrem Gatten.«

»Da habt Ihr recht, mein Gemahl«, meinte die Frau Oberrichterin. »Aber nun gebt bitte Befehl, den Don Juan zu befreien, denn er steckt doch sicher in irgendeinem dunklen Verlies.«

»Natürlich tut er das!« versicherte Preciosa. »Einem Dieb und Mörder, der obendrein noch ein Zigeuner ist, wird man schon kein besseres Obdach zugewiesen haben.«

»Ich will zu ihm hingehen und so tun, als wollte ich ihn verhören«, meinte der Oberrichter. »Aber ich bitte Euch noch einmal, meine Gemahlin, sorgt dafür, daß niemand etwas von der Geschichte erfährt, bis ich selbst es will.«

Dann umarmte er Preciosa und ging ins Gefängnis. Dort wies er alle Begleiter zurück und betrat das Kellerverlies, in dem Juan sich befand. Dem Gefangenen hatte man die Füße in einen Block geschlossen, während seine Hände mit Handschellen aneinandergefesselt waren; auch die Fußschellen hatte man ihm noch nicht abgenommen. Da der Raum sehr dunkel war, ließ der Oberrichter oben eine kleine Luke öffnen, durch die etwas Licht hereindrang. Sobald er Juan in dieser spärlichen Beleuchtung erkennen konnte, sagte er:

»Na, wie steht es mit dem sauberen Bürschchen? Ich wollte, ich hätte alle Zigeuner von ganz Spanien so zusammengekoppelt; dann könnte ich mit allen auf einmal Schluß machen, so wie Nero, der ganz Rom mit einem einzigen Schlag vernichten wollte. Hört denn, mein empfindlicher Herr Dieb, ich bin der Oberrichter dieser Stadt und bin gekommen, um einmal unter vier Augen von Euch zu erfahren, ob Ihr wirklich mit einer kleinen Zigeunerin verlobt seid, die bei Eurer Bande ist.«

Als Andrés diese Worte hörte, meinte er gleich, der Oberrichter habe sich in Preciosa verliebt; denn die Eifersucht ist von so feiner und flüchtiger Beschaffenheit, daß sie in andere Körper eindringt, ohne sie zu zerbrechen, zu spalten oder zu zerteilen. Trotzdem aber zwang er sich zur Ruhe und antwortete:

»Wenn sie gesagt hat, ich sei ihr Verlobter, so hat sie recht, und wenn sie gesagt hat, ich sei es nicht, so spricht sie auch die Wahrheit; denn daß Preciosa lügt, ist ausgeschlossen.«

»So wahrheitsliebend ist sie?« fragte der Oberrichter.

»Das will etwas heißen bei einer Zigeunerin! Nun gut, Bursche, sie hat gesagt, sie sei Eure Verlobte, aber sie sei noch nicht mit Euch vermählt. Nun hat sie erfahren, daß Ihr um Eurer Untat willen sterben müßt und hat mich deshalb gebeten, Euch angetraut zu werden, bevor Ihr zum Galgen geht; denn sie setzt ihre Ehre darein, die Witwe eines so großen Spitzbuben wie Ihr zu sein.«

»Dann seht doch zu, Herr Oberrichter, daß ihr Wunsch

erfüllt wird! Bin ich mit ihr getraut, so will ich zufrieden ins Jenseits gehen, wenn ich nur als ihr rechtmäßiger Gatte aus dem Diesseits scheiden kann.«

»Ihr müßt sie ja wirklich sehr lieben«, meinte der Oberrichter.

»So sehr«, erwiderte der Gefangene, »daß meine Liebe ein Nichts wäre, wenn ich sie in Worten ausdrücken könnte. Doch nun, Herr Oberrichter, macht, daß mein Urteil bald gefällt wird. Ich habe einen Menschen getötet, der mir die Ehre abschneiden wollte; ich bete die kleine Zigeunerin an, und ich werde zufrieden sterben, wenn ich nur bei ihr in Gnaden bin. Die Gnade Gottes ist uns gewiß; denn beide haben wir in allen Ehren und gewissenhaft gehalten, was wir uns versprochen haben.«

»Gut, ich werde Euch also heute nacht holen lassen«, sagte der Oberrichter. »Ihr sollt in meinem Haus mit der kleinen Preciosa getraut werden, und morgen um die Mittagsstunde hängt Ihr am Galgen. Damit habe ich dann der Gerechtigkeit Genüge getan und zugleich Euer beider Wunsch erfüllt.«

Andrés dankte ihm, und der Oberrichter kehrte nach Hause zurück und berichtete seiner Frau von dem Gespräch mit Juan und von seinen weiteren Plänen.

Preciosa hatte inzwischen ihrer Mutter ihren ganzen Lebenslauf erzählt und ihr dabei versichert, daß sie zwar immer geglaubt habe, sie sei eine Zigeunerin und die Enkelin jener Alten, aber trotzdem stets viel mehr auf sich gehalten habe, als man von einer Zigeunerin sonst erwartet. Nun bat die Mutter sie, ihr doch einmal ganz ehrlich zu sagen, ob sie den Juan de Cárcamo liebe. Verschämt schlug Preciosa die Augen zu Boden und meinte, als Zigeunerin, die sie zu sein meinte, hätte sie es wohl als ein großes Glück ansehen müssen, einen Ordensritter und so vornehmen Mann wie den Don Juan de Cárcamo heiraten zu dürfen. Als sie dann aus eigener Erfahrung seine anständige Gesinnung und sein feines Auftreten kennenlernte, habe sie ihn wohl manchmal mit den Augen der Liebe betrachtet, doch alles in allem bliebe es bei dem, was sie gesagt habe sie wolle sich ganz und gar dem Willen ihrer Eltern fügen.

Der Abend kam heran, und als es etwa zehn Uhr war, wurde Andrés aus dem Gefängnis geholt. Die Hand- und Fußschellen hatte man ihm abgenommen, nicht aber eine große Kette, die sich von den Füßen aufwärts um seinen ganzen Körper schlang. Ohne daß ein Mensch, außer seinen Begleitern, ihn zu Gesicht bekommen hätte, langte er im Hause des Oberrichters an und wurde stillschweigend in ein Zimmer geführt, wo man ihn allein ließ. Kurz darauf trat ein Priester ein und erklärte, er wolle ihm die Beichte abnehmen, da er ja am nächsten Tage sterben solle.

»Ich will recht gern beichten«, meinte Andrés, »doch warum traut man mich nicht zuvor? Das Brautbett, das mich nach der Trauung erwartet, ist ja ohnehin schon schlimm genug.«

Doña Guiomar, die von allen Einzelheiten in Kenntnis gesetzt war, meinte nun zu ihrem Gatten, die Qualen, die man dem Don Juan zufüge, seien doch wohl zu schlimm. Er solle doch ein wenig milder mit ihm verfahren, denn sonst könne der Gefangene womöglich noch vor Angst umkommen. Der Oberrichter sah das ein und ging darum zu Andrés hinüber, rief den Beichtvater beiseite und erklärte ihm, er müsse nun zuerst den Zigeuner mit der Zigeunerin Preciosa trauen. Dann solle der Gefangene seine Beichte ablegen und all seine Zuversicht auf Gott setzen; denn oft pflege ja der Regen der Gnade gerade dann niederzugehen, wenn es um die Hoffnungen am dürrsten bestellt sei.

Nun wurde Andrés in einen großen Raum gebracht, in dem sich nur Doña Guiomar, der Oberrichter, Preciosa, die Alte und zwei Bediente des Hauses befanden. Als Preciosa jedoch die große Kette erblickte, mit der Don

Juan gefesselt war, sein bleiches Gesicht und seine Augen, denen man es ansah, daß sie viele Tränen vergossen hatten, schmiegte sie sich ängstlich an ihre Mutter, die neben ihr stand. Diese schlang den Arm um sie und sagte: »Nun beruhige dich nur, mein Kindchen. Alles, was du da vor dir siehst, wird sich noch in Freude und Wohlgefallen auflösen.«

Da Preciosa nicht wußte, worauf die Worte der Mutter abzielten, konnte sie keinen Trost darin finden. Auch die alte Zigeunerin war recht beunruhigt, und die anderen Anwesenden warteten gespannt, wie diese Sache noch enden würde. Nun ergriff der Oberrichter das Wort und sagte: »Herr Vikar, dies sind der Zigeuner und die Zigeunerin, die Euer Hochwürden trauen sollen.«

»Das kann ich aber nicht tun, wenn vorher nicht alle Erfordernisse erfüllt sind, die zu einem solchen Fall gehören. Wo ist das Aufgebot gemacht worden? Wo ist die Genehmigung meines geistlichen Oberherrn, daß ich die Trauung vollziehen darf?«

»Oh, daran hatte ich gar nicht gedacht«, erwiderte der Oberrichter, »aber ich werde die Erlaubnis schon noch erwirken.«

»Und bis ich diese Erlaubnis gesehen habe«, versetzte der Geistliche, »mögen die Herrschaften mich entschuldigen.«

Und ohne noch ein Wort hinzuzufügen, verließ er das Zimmer, um jedem Streit aus dem Wege zu gehen, während die anderen bestürzt und erstaunt zurückblieben.

»Der Pater hat ganz richtig gehandelt«, meinte schließlich der Oberrichter, »und vielleicht liegt sogar eine Absicht des Himmels darin. Denn nun muß die Hinrichtung des Andrés aufgeschoben werden, da er ja zuvor mit Preciosa getraut werden soll und vor der Trauung zuerst einmal ein Aufgebot stattfinden muß. Damit ist dann Zeit gewonnen, und die Zeit hat schon aus mancher Lage, die dunkel und hoffnungslos aussah, einen glücklichen Ausweg gezeigt. Nun möchte ich aber noch etwas von Andrés wissen: sagt mir, wenn das Schicksal nun alles so lenken würde, daß Ihr ohne weitere Angst und Schrecken Preciosas Gemahl werden könntet, würdet Ihr Euch immer glücklich schätzen, ganz gleich, ob Ihr Andrés Caballero oder Juan de Cárcamo wäret?«

Als Andrés seinen wahren Namen aus dem Munde des Oberrichters vernahm, sagte er: »Nun gut, wenn Preciosa das Geheimnis nicht bewahren wollte und Euch entdeckt hat, wer ich bin, so will auch ich die Wahrheit sagen. Selbst wenn mein Schicksal mich plötzlich zum Herrn der Welt machen würde, so würde ich an dieser Wendung doch nur das eine Gute finden, daß ich nun meinen Herzenswunsch erfüllen könnte. Und nichts anderes würde ich mir mehr ersehnen, es sei denn die ewige Seligkeit.«

»Schön, Herr Juan de Cárcamo«, versetzte nun der Oberrichter, »zum Lohn für die edle Gesinnung, die Ihr soeben gezeigt habt, will ich Euch versprechen, daß Preciosa zur gegebenen Zeit Eure rechtmäßige Gattin werden soll. Jetzt schon dürft Ihr die feste Hoffnung hegen, sie dereinst zu besitzen, die das edelste Kleinod meines Hauses, meines Lebens und meiner Seele ist. Haltet sie stets so hoch, wie Ihr versprochen habt; denn in ihr gebe ich Euch Doña Constanza de Meneses, meine einzige Tochter, deren Liebe ebenso groß ist wie die Eure und die Euch auch an Vornehmheit der Abkunft nicht nachsteht.«

Andrés war ganz betäubt von all der Liebe und Freundlichkeit, mit der man ihm hier begegnete, und nun erzählte Doña Guiomar in kurzen Worten die Geschichte von der Entführung ihres Kindes und dem glücklichen Wiederfinden und von den sicheren Beweisen, die die alte Zigeunerin für die Wahrheit ihrer Worte erbracht hatte. Jetzt war Don Juan vollends erschüttert, zugleich aber durchströmte ihn eine unermeßliche Freude. Er umarmte seine Schwiegereltern, nannte sie Vater und Mutter und seine Gebieter und küßte die Hände Preciosas, die unter Tränen die seinen ergriffen hatte.

Nun wurde das Geheimnis offenbar. Die Bedienten, welche bei der Szene zugegen gewesen waren, liefen hinaus und brachten die Neuigkeit unter die Leute. Als der Schulze, der Oheim des getöteten Soldaten, davon erfuhr, sah er ein, daß ihm nun jede Möglichkeit zur Rache abgeschnitten war, denn gegen den Schwiegersohn des Oberrichters konnte man ja nicht die ganze Strenge des Gesetzes in Anwendung bringen und ihn an den Galgen liefern.

Don Juan legte nun seine Reisekleidung wieder an, die die Zigeunerin herbeigeschafft hatte. So war er plötzlich aus dem Gefängnis wieder in Freiheit gekommen, und die eisernen Ketten hatten sich in goldene verwandelt. Auch die Trauer der anderen gefangenen Zigeuner ward zu eitel Freude, denn sie wurden am nächsten Tage gegen Bürgschaft in Freiheit gesetzt. Dem Oheim des getöteten Soldaten versprach man zweitausend Dukaten, wenn er von der Klage Abstand nehmen und sich mit Don Juan aussöhnen wollte. Dieser vergaß auch jetzt in seinem Glücke nicht seinen Freund Clemente, sondern ließ ihn suchen, konnte ihn jedoch nicht auffinden und auch nichts über ihn in Erfahrung bringen. Erst vier Tage später lief die sichere Nachricht ein, daß er sich auf einer der beiden genuesischen Galeeren, die im Hafen von Cartagena lagen, eingeschifft habe und bereits abgesegelt sei.

Der Oberrichter erzählte nun Don Juan, daß er aus zuverlässiger Quelle erfahren habe, sein Vater, Don Francisco de Cárcamo, sei für das Amt des Oberrichters von Cartagena ausersehen. Er meinte darum, daß es richtig sei, seine Ankunft abzuwarten, damit die Hochzeit mit seinem Einverständnis und seinem Segen gefeiert werden könne. Don Juan erwiderte darauf, daß er sich ganz nach den Wünschen seines Schwiegervaters richten wolle, vor allen Dingen aber müsse er nun mit Preciosa getraut werden.

Der Erzbischof gab seine Genehmigung dazu, daß die Trauung nach einem einmaligen Aufgebot vollzogen werde. Da der Oberrichter sehr beliebt war, wurden in der ganzen Stadt am Tage der Trauung Freudenfeuer abgebrannt und Stierkämpfe und Ringelspiele veranstaltet. Die alte Zigeunerin verblieb im Hause des Oberrichters, weil sie sich nicht von ihrer Enkelin Preciosa trennen wollte.

Die Nachricht von der Geschichte der kleinen Zigeunerin und ihrer Vermählung gelangte auch in die Residenz, und so erfuhr Don Francisco de Cárcamo, daß sein Sohn jener Zigeuner war und Preciosa die kleine Zigeunerin, die er seinerzeit gesehen hatte. Die Schönheit des Mädchens erschien ihm ein Entschuldigungsgrund für die Leichtfertigkeit seines Sohnes, den er bereits verloren geglaubt, da er erfahren hatte, daß Juan nicht nach Flandern gegangen war. Vollends zufrieden aber war er, als er sich überlegte, wie gut es für seinen Sohn war, die Tochter eines so vornehmen und reichen Edelmannes, wie Fernando de Azevedo war, zur Frau zu bekommen. Er beschleunigte seine Abreise, weil es ihn drängte, seine Kinder zu sehen, und traf schon nach zwanzig Tagen in Murcia ein. Seine Ankunft erregte die größte Freude, und nun wurde auch die Hochzeit gefeiert. Die Schicksale des Brautpaares wurden noch einmal erzählt, und die Dichter, deren es in Murcia einige recht gute gibt, übernahmen es, diesen seltsamen Fall zu besingen und die unvergleichliche Schönheit der kleinen Zigeunerin zu preisen. Bei dieser Gelegenheit entstanden auch die Verse des berühmten Lizentiaten Pozo, in denen der Ruhm Preciosas die Jahrhunderte überdauern wird.

Nachzutragen wäre noch, daß die verliebte Wirtstochter der Obrigkeit gestand, daß sie den Diebstahl des Zigeuners Andrés nur vorgetäuscht hatte. Sie bekannte ihre Liebe und Schuld, ging aber ohne Strafe aus, denn bei der allgemeinen Freude über die Rückkehr der beiden Brautleute in ihr Vaterhaus wurde jeder Gedanke an Rache begraben, und die Milde feierte eine fröhliche Auferstehung.

DER GROSSMÜTIGE FREIER

»OH, IHR BEJAMMERNSWERTEN RUINEN DES UNSELIGEN
Nikosia, an denen das Blut ihrer heldenmütigen und
unglücklichen Verteidiger noch kaum trocken geworden ist! Ihr habt kein Gefühl, doch hättet ihr es, so
könnten wir gemeinsam in dieser Einsamkeit unser Geschick beweinen, und vielleicht würde gerade der Umstand, einen Gefährten im Unglück gefunden zu haben,
unsere Qual ein wenig lindern. Euch, ihr Türme, die
des Feindes Hand zerstört hat, ist doch wenigstens die
Hoffnung geblieben, einmal wieder aufgerichtet zu
werden, auch wenn ihr nie mehr eine so gerechte Sache
verteidigen könnt wie diejenige, für die ihr gefallen
seid. Mir Unseligem jedoch — welche Hoffnung bleibt
mir in dieser furchtbaren Notlage, selbst wenn ich wieder in den Zustand der Freiheit zurückkehren könnte,
in dem ich mich vordem befand? Ach, allzu groß ist
mein Unheil: in der Freiheit war das Glück mir nicht
hold, und nun, in der Gefangenschaft, besitze ich es
nicht und darf es auch nicht erwarten.«
Diese Worte kamen aus dem Munde eines gefangenen
Christen, der auf einem Abhang saß und auf die zerstörten Mauern der Stadt Nikosia hinübersah, die den
Ungläubigen in die Hände gefallen war. Er sprach so
lebhaft und verglich so eindringlich ihr Geschick und
das seine, als wären die Steine imstande, ihn zu verstehen. So finden wir es oft bei Menschen, die das
Schicksal schwer getroffen hat: sie lassen sich von ihrer

Einbildungskraft verführen und tun und sagen Dinge, die jeder Vernunft zu entbehren scheinen.

In diesem Augenblick trat aus einem der vier Zelte, die auf dem Gelände aufgeschlagen waren, ein hübscher, prächtig gewachsener junger Mensch in türkischer Kleidung, der auf den Christen zukam.

»Nun, mein lieber Ricardo«, redete er ihn an, »ich möchte doch wetten, daß deine unablässigen trüben Gedanken dich an diesen Fleck geführt haben!«

»Ja, so ist es«, erwiderte der Christensklave, der auf den Namen Ricardo hörte. »Doch was nützt es mir, wenn ich doch an keinem Orte Ruhe und Frieden finden kann? Die Ruinen, die man von hier erblickt, haben meine düstere Stimmung eher noch verstärkt.«

»Du sprichst von den Trümmern von Nikosia?« fragte der Türke.

»Wovon soll ich wohl sonst sprechen?« entgegnete Ricardo. »Sind sie doch das einzige, was sich dem Auge hier bietet.«

»Nun«, meinte der Türke, »wenn du solche Betrachtungen anstellst, dann wundere ich mich nicht, daß du jammerst und weinst. Wer vor zwei Jahren die berühmte und reiche Insel Zypern gesehen hat, die in Ruhe und Frieden dahinlebte und deren Einwohner alle Glückseligkeit genossen, die den Menschen nur beschieden sein kann, und wer nun heute diese gleichen Menschen sieht, die aus ihrer Heimat verbannt oder darinnen geblieben sind und nun elendiglich in Gefangenschaft schmachten, den muß unweigerlich der Schmerz übermannen über diesen Jammer und dieses Unglück. Doch lassen wir die Dinge, denen nun einmal nicht abzuhelfen ist, und nehmen wir lieber einmal deine Sorgen vor, aus denen du doch hoffentlich noch erlöst werden kannst. Bei allem gutem Willen, den ich dir gezeigt habe, und bei unserer gemeinsamen Heimat, in der wir miteinander aufwuchsen, bitte ich dich daher um eines: sag mir, was dich so unendlich traurig gemacht hat! Sicherlich ist die Gefangenschaft allein schon Grund genug, um das fröhlichste Herz der Welt kummervoll zu stimmen, aber mir will es immer so vorkommen, als ob dein Unglück noch aus einer tieferen Quelle fließen müßte; denn ein edler Sinn wie der deine läßt sich durch ein gewöhnliches Unheil nicht gleich so niederdrücken, daß er eine so ungewöhnliche Betrübnis kundtut. Und ich habe auch noch mehr Grund, dies anzunehmen: ich weiß, du bist nicht so arm, daß du nicht das Lösegeld zahlen könntest, das man für dich fordert; du bist auch keiner von den Staatsgefangenen in den großen Türmen am Schwarzen Meer, die erst in ferner Zukunft oder nie die ersehnte Freiheit erlangen können. Da also dein Unglück dich nicht ganz der Hoffnung beraubt hat, dich eines Tages wieder frei zu sehen, und ich trotzdem bemerken muß, wie du völlig zusammengebrochen bist und so tust, als sei dein Jammer ohnegleichen, ist es nur natürlich, daß ich nun meine, dein Kummer müsse noch einen anderen Ursprung haben als den der verlorenen Freiheit. Ich flehe dich an, sag mir diesen Grund! Alles, was ich kann und vermag, steht dir zu Diensten. Ja, vielleicht hat das Schicksal nur zu dem seltsamen Mittel gegriffen, mich in diese Kleidung zu stecken, die ich so verabscheue, damit ich dir behilflich sein kann. Du weißt ja, Ricardo, daß mein Herr der Kadi dieser Stadt ist — das gleiche also, wie bei uns ein Bischof —, du weißt weiterhin, daß er großen Einfluß besitzt und ich wiederum vieles bei ihm durchsetzen kann, und es wird dir auch nicht unbekannt sein, daß ich den glühenden Wunsch hege, nicht in dem Glauben zu sterben, in dem ich zu leben scheine. Und wenn ich auch nicht mehr zu tun vermag, so kann ich doch noch einmal laut und vernehmlich den Glauben an Jesus Christus bekennen, dem ich nur in meinem kindischen Unverstand abtrünnig werden konnte. Ich weiß wohl, daß dieses Bekenntnis mich das Leben kosten wird, doch wenn nur meine Seele nicht verdammt ist, so will ich gern den Leib opfern. Aus all meinen Worten nun mußt du wohl folgern und erkennen, daß meine Freundschaft dir von einigem Nutzen sein kann. Soll ich aber herausfinden, welche Hilfe oder Erleichterung ich dir bringen kann, so mußt du dich mir anvertrauen wie der Kranke dem Arzt, und ich gebe dir mein Wort, daß ich über alles, was du mir sagen willst, heiligstes Stillschweigen bewahren werde.«

Ricardo hatte den Reden des anderen schweigend gelauscht. Nun bewogen ihn das Drängen des Freundes und die eigene innere Unruhe zu einer Antwort, und er sagte: »Ach, mein Freund Mahmud« — denn so nannte sich der Türke —, »was die Größe meines Unglücks betrifft, so hast du wohl recht. Hättest du ebenso recht mit deiner Hoffnung, daß du mir Heilung bringen kannst, so müßte ich es als günstige Wendung ansehen, meine Freiheit verloren zu haben und würde meinen jetzigen Zustand nicht gegen das größte Glück eintauschen, das ein Mensch sich nur ausdenken kann. Doch ich weiß wohl, mein Unglück ist so beschaffen, daß kein Mensch in der Welt sich unterfangen könnte, mir Abhilfe oder auch nur Erleichterung zu versprechen, auch wenn jedermann den Grund wüßte. Damit du dich von der Wahrheit meiner Worte überzeugst, will ich dir kurz mein Unglück schildern. Bevor ich mich jedoch in das verworrene Labyrinth meiner Leiden begebe, erkläre mir doch bitte noch eins: Warum hat Hassan Pascha, mein Herr, hier auf dem freien Feld seine Zelte aufgeschlagen und ist nicht gleich in Nikosia eingezogen? Er ist doch zum Pascha dieser Stadt ernannt worden — denn so nennen ja die Türken ihre Vizekönige.«

»Deinem Wunsch will ich gern in kurzen Worten nachkommen«, erwiderte Mahmud. »Es ist so Sitte bei den Türken, mußt du wissen, daß ein Mann, der als Vizekönig eine Provinz übernimmt, nicht in die Residenz seines Vorgängers einzieht, bevor dieser nicht die Stadt verläßt und seinem Nachfolger den Weg freigibt, eine Untersuchung über seine Amtsführung anzustellen. Während dann der neue Pascha damit beschäftigt ist, wartet der frühere auf dem Vorfeld der Stadt das Ergebnis der Untersuchung ab. Auf diese selbst hat er keinerlei Einfluß mehr, und wenn er nicht schon vorher seine Beziehungen angewandt und Bestechungsgelder verteilt hat, so kann ihm das jetzt nichts mehr nützen. Das Ergebnis der Ermittlungen wird dem scheidenden Pascha in einem verschlossenen und versiegelten Pergament übergeben, und er muß sich damit der ›Pforte des Großherrn‹, dem Staatsrat der Türken, vorstellen. Der Großwesir und vier andere Paschas, die ihm unterstehen — das wären bei uns der Präsident und die Räte des Staatsrats —, prüfen das überbrachte Schreiben und verhängen dann, je nach dem Inhalt des Berichtes, Lohn oder Strafe. Wenn irgendwelche Beschuldigungen gegen den scheidenden Vizekönig vorgebracht sind, so kann er sich durch die Zahlung von Geldsummen von der Strafe loskaufen. Liegt nichts gegen ihn vor und wird er auch nicht belohnt, wie es häufig vorkommt, so sucht er durch Geschenke und Bestechungen den Posten zu ergattern, nach dem ihn am meisten gelüstet. Denn bei den Türken erwirbt man Amt und Stellung nicht durch Verdienst, sondern nur mit Geld. Alles ist käuflich und verkäuflich. Diejenigen, die die Stellen zu vergeben haben, schröpfen die Bewerber, sosehr sie nur können, und aus einem Amt, das man sich teuer erkauft hat, muß man auch so viel herausschlagen können, daß man sich wieder ein anderes Amt kaufen kann, das einen noch höheren Gewinn verspricht. Und so wie ich sage, ist es hier in allen Dingen bestellt. Das ganze Reich der Türken ist nur auf Gewalt aufgebaut, und darum scheint mir, daß es nicht von langer Dauer sein kann. Doch es werden wohl unsere Sünden sein, die dieses Reich noch halten und stützen, die Sünden jener Menschen nämlich, die so wie ich den wahren Gott scham- und zügellos beleidigen. Er möge sich meiner erbarmen um seines hohen Namens willen. Dein Herr, Hassan Pascha, hat sich also aus dem Grunde, den ich dir genannt habe, vier Tage auf dem Vorfeld der Stadt aufgehalten. Der Pascha von Nikosia hätte eigentlich schon herauskommen müssen und tat es nur deshalb noch nicht, weil er sehr krank war. Es geht ihm jedoch schon besser, und heute oder morgen wird er zweifellos kommen und die Zelte beziehen, die hinter der Anhöhe hier liegen und die du wohl noch nicht gesehen hast. Dann aber wird dein Herr seinen Einzug in die Stadt halten. Das ist alles, was ich dir auf deine Frage erwidern kann.«

»So höre denn nun meinen Bericht«, ergriff Ricardo das Wort. »Ich weiß jedoch nicht, ob ich das Versprechen erfüllen kann, das ich dir vorhin gab. Ich wollte dir mein Unglück in kurzen Worten schildern, aber es ist so groß und maßlos, daß keine Worte es ganz zu ermessen vermögen. Doch ich will tun, was ich kann und was die Zeit mir erlaubt. Eine Frage will ich meiner Erzählung vorausschicken. Kanntest du wohl bei uns zu Hause in Trapani ein Mädchen, das in dem Rufe stand, die schönste Frau ganz Siziliens zu sein, ein Mädchen, über das die geschwätzigsten Zungen und die klügsten Köpfe nur eines aussagen konten: daß es die vollendetste Schönheit sei, die alle Zeiten je sahen, sehen und sehen werden? Die Dichter sangen von ihr, daß ihr Haar aus purem Golde sei, ihre Augen zwei leuchtende Sonnen, ihre Wangen purpurne Rosen, ihre Zähne Perlen, ihre Lippen Rubinen und ihre weiße Kehle schimmernder Alabaster; daß jeder einzelne ihrer Reize mit der ganzen Erscheinung und diese wieder mit all ihren Teilen in einer wunderbaren, ausgeglichenen Harmonie stünden und daß die Natur über alles einen so vollkommenen und ungekünstelten Schmelz ausgegossen habe, daß es auch dem Neide niemals gelungen sei, auch nur den kleinsten Fehler an ihr zu entdecken. Was, Mahmud, wie ist es möglich! Du hast mir noch nicht gesagt, wer sie ist und wie sie sich nennt? Entweder hörst du mir gar nicht zu, oder du hattest keine Augen im Kopf, solange du in Trapani weiltest.«

»Nun, Ricardo«, erwiderte Mahmud, »wenn dieses unerhört schöne Mädchen, das du mir da beschrieben hast, nicht Leonissa, die Tochter Rodolfo Florencios ist, dann weiß ich nicht, von wem du sonst sprechen könntest. Denn nur von ihr allein konnten die Menschen solche Wunderdinge berichten.«

»Ja, sie ist es, Mahmud!« rief Ricardo. »Sie ist es, Freund, sie, die all mein Glück und all mein Unglück verschuldet hat. Sie ist es und nicht die verlorene Freiheit, um die meine Augen so zahllose Tränen vergossen haben und immer wieder vergießen werden, um die meine Seufzer weit und breit die Lüfte durchhallen und um die meine Klagen so unablässig hervorbrechen, daß der Himmel und jedes Menschen Ohr, das sie vernimmt, ihrer schon überdrüssig sein müssen. Sie ist es, um derentwillen du mich als einen Narren oder doch wenigstens als einen Menschen ohne Feuer und Mut hingestellt hast, sie, Leonissa, die für mich Leona, die Löwin, heißen sollte, während sie doch anderen ein sanftes Lämmlein scheint. Sie allein hat mich in diesen unseligen Zustand versetzt. Du mußt wissen, Freund, daß ich sie von meinen frühesten Kindheitstagen an oder doch seit ich von meiner Vernunft Gebrauch machen kann, nicht nur liebe, sondern geradezu anbete und ihr mit solcher Hingebung diene, als gäbe es auf Erden und im Himmel keine andere Gottheit, der man dienen und die man anbeten müsse. Ihre Eltern und Verwandten kannten meine Wünsche, auch schienen sie nicht das geringste dagegen zu haben, da ich ja, wie sie wußten, von den besten und ehrenhaftesten Absichten bewegt wurde. Ich weiß auch, daß sie Leonissa oft zuredeten, sie solle doch ein Einsehen haben und mich zum Gatten erwählen. Doch sie hatte nur Augen für Cornelio, den Sohn des Ascanio Rotulo. Du kennst ihn sicher auch, diesen aufgeputzten und verzärtelten Jungen mit seinen weichen Händen und gekräuselten Haaren, mit seiner honigsüßen Stimme und seinen Schmeichelreden, diesen Kerl, der nur aus Ambra und Zuckerteig gemacht scheint und sich immer mit den feinsten Stoffen und Brokaten ausstaffieren muß. Auf mein Antlitz aber, das nicht so zart ist wie das des Cornelio, verschwendete sie keinen Blick. All mein unermüdliches Werben rührte sie nicht, und zum Dank für meine Ergebenheit zeigte sie mir nur Hohn und Geringschätzung. Ich aber war so hoffnungslos in meine Liebe verstrickt, daß ich es schon als ein Glück angesehen hätte, wenn sie dafür nur nicht, soweit der Anstand es zuließ, dem Cornelio offenkundig ihre Gunst erwiesen hätte. Doch da zu den Qualen, die mir das geringschätzige Betragen meiner Angebeteten bereitete, auch noch die furchtbare und grausame Marter der Eifersucht trat, so wirst du dir wohl den Zustand meines armen Herzens vorstellen können, dem zwei solch tödliche Leiden zusetzten. Leonissas Eltern begünstigten im geheimen das Entgegenkommen, das ihre Tochter dem Cornelio erwies; denn sie mußten ja glauben, daß der junge Mann von der unvergleichlichen Schönheit des Mädchens in den Bann gezogen würde und sie zu seiner Gattin erwählen werde. Damit aber wäre ihnen ein noch reicherer Schwiegersohn beschert gewesen, als ich es war. Diese Überlegungen mochten wohl richtig sein, doch kann ich ohne Überheblichkeit behaupten, daß sie keinen edleren und vornehmer denkenden Eidam hätten bekommen können als mich und auch keinen, dessen Mut so allgemein anerkannt war.

Da ich stets alles wissen wollte, was Leonissa anging, erfuhr ich auch, daß sie sich an einem Maientage des vergangenen Jahres — es ist heute genau ein Jahr, drei Tage und fünf Stunden her — mit ihren Eltern, Cornelio und dessen Angehörigen zu einem kleinen Ausflug verabredet hatte. Man hatte vor, mit der ganzen Verwandtschaft und Dienerschaft hinauszupilgern zum Garten des Ascanio, der nahe an der Küste auf dem Wege zu den Salinen liegt.«

»Den Garten kenne ich gut!« fiel Mahmud ein. »Denn dort habe ich, solange es Gott gefiel, gar manche frohe Stunde verlebt. Nun erzähl weiter, Ricardo.«

»Ich hörte es also«, fuhr Ricardo fort, »und im gleichen Augenblick verfiel ich in eine derartige Wut und Raserei, und die ganzen Höllenqualen der Eifersucht brachen mit solch hemmungslosem Ungestüm über mich herein, daß ich völlig meinen Sinn und Verstand verlor — wie sehr, das wirst du aus dem ersehen, was ich dann tat. Ich ging nämlich auch zu dem Garten, wo sie alle versammelt sein sollten, und fand da eine Menge Leute, die sich im Freien ergötzten. Unter einem Nußbaum aber saßen Cornelio und Leonissa zusammen, wenn auch in ehrbarem Abstand voneinander. Was sie sich bei meinem Anblick gedacht haben mögen, weiß ich nicht zu sagen. Von mir kann ich nur berichten, daß mir schwarz vor den Augen wurde, sobald ich sie sah. Steif und starr wie ein steinernes Bild, ohne einen Ton herauszubringen und ohne ein Glied rühren zu können, stand ich vor ihnen. Doch bald erwachte in mir die Wut, die Wut ließ mein Blut wieder fließen, das wallende Blut weckte den Zorn, und mit dem Zorn wich die Lähmung von Zunge und Hand. Die Hände zwar waren noch gebunden durch die Ehrfurcht, die ich dem schönen Antlitz vor mir schuldig zu sein meinte, die Zunge hingegen sprengte ihre Fesseln, und ich rief: ›Nun bist du wohl zufrieden, du Todfeindin meines Glücks, denn nun bietet sich ja deinen Augen in aller Muße der Anblick, der den meinen auf ewig nur schmerzliche Tränen entlocken kann!

Rück doch noch ein wenig näher an ihn heran, du Grausame, und schling deinen Efeu um diesen morschen und nutzlosen Stamm, der dich sucht! Glätte und ringele die Locken deines neuen Ganymed, der dich so lau und lässig umwirbt. So gib dich doch endlich der wankelmütigen Jugend dieses Jünglings hin, von dem du dich nicht losreißen kannst! Denn wenn ich die Hoffnung aufgeben muß, dich zu erlangen, dann mag mit ihr auch dies Leben enden, für das ich nur noch Abscheu hegen kann. Meinst du vielleicht, du hochmütiges und übelberatenes Mädchen, daß um deinetwillen die Gesetze und Bräuche zunichte werden, die für solche Fälle in der Welt bestehen? Meinst du vielleicht, daß dieser junge Geck da, der so eingebildet ist auf seinen Reichtum, so anmaßend um seiner Schönheit willen, so unerfahren ob seiner Jugend und so sicher auftrumpfend im Bewußtsein seines alten Namens, seiner Liebe Beständigkeit geben will und kann? Daß er das Unschätzbare zu schätzen weiß und versteht, was sonst nur reife und erfahrene Männer verstehen? Solltest du das wirklich annehmen, dann gib diesen Glauben nur auf; denn das eine Gute hat diese Welt, daß alles in ihr stets auf die gleiche Art und Weise geschieht, so daß ein Mensch nur durch die eigene Unwissenheit getäuscht werden kann. Junge Leute sind immer unbeständig, reiche sind hochmütig, eitle Tröpfe sind anmaßend, schöne Mädchen spröde. Junge, reiche, eitle und schöne Menschen aber sind dumm, und die Dummheit ist der Grund alles Übels. Und nun zu dir, mein Bester! Da glaubst du, ganz sicher und unbeschadet den Preis davontragen zu können, der doch mehr meinen ehrlichen und treuen Absichten gebührte als deinem spielerischen Wunsch. Nun, warum stehst du nicht auf von deinem Blumenlager, auf dem du liegst, und stürzest dich auf mich, um mir das Herz aus der Brust zu reißen, das dich so verabscheut? Ja, ich verabscheue dich; aber nicht, weil mich dein Tun empörte, sondern weil du das große Glück nicht zu würdigen weißt, das das Schicksal dir zuspielt! Man sieht ja deutlich, wie gering du es achtest; denn du läßt dich ja nicht einmal herbei, es zu verteidigen, nur, weil du den kunstvollen Faltenwurf deines Stutzergewandes nicht in Unordnung bringen willst. Hätte Achill solch sanftmütigen Charakter gehabt wie du, so wäre dem Odysseus niemals sein Plan gelungen, und wenn er ihm noch so blanke Waffen und blitzende Schwerter gezeigt hätte! Geh nur, geh und treib dein Tändelspiel mit den Kammerzofen deiner Mutter! Dort kannst du deine Locken pflegen und deine Hände, die mehr dazu geschaffen sind, ein Seidenknäuel zu entwirren, als das rauhe Schwert zu schwingen.‹ Doch ich mochte Cornelio reizen, soviel ich wollte, er rührte sich nicht von dem Platze, an dem ich ihn angetroffen hatte. Im Gegenteil, er saß stumm da und starrte mich regungslos und wie verzaubert an. Da ich aber laut und heftig gesprochen hatte, strömten die Leute herbei, die sich im Garten befanden, und mußten nun immer wüstere Beschimpfungen mit anhören, die ich gegen Cornelio schleuderte. Angesichts dieser Menge, die sich fast ausschließlich aus seinen Verwandten, Freunden und Dienern zusammensetzte, faßte er sich endlich ein Herz und machte Anstalten, sich zu erheben. Doch bevor er noch aufgestanden war, hatte ich schon mein Schwert aus der Scheide gerissen und wandte mich damit nicht nur gegen ihn, sondern gegen alle Anwesenden. Leonissa fiel beim Anblick meiner blitzenden Klinge in eine tiefe Ohnmacht, und das machte mich nur noch wütender und feuriger. Ich kann dir heute nicht sagen, ob all die vielen Leute, die mir entgegenstanden, nur darauf bedacht waren, sich zu verteidigen, so wie man sich eines Tobsüchtigen erwehrt, ob das Kampfesglück und meine Gewandtheit schuld daran waren oder ob der Himmel mich nur für schwerere Leiden aufsparen wollte — Tatsache ist jedenfalls, daß ich sieben oder acht der mir zunächst Stehenden verwundete. Dem Cornelio kam die Schnelligkeit seiner Füße zustatten; er wandte sich so eilig zur Flucht, daß er meinen Händen entrann. Wie ich so in dieser großen Gefahr schwebte und mich von Feinden umringt sah, die nun auch aufgebracht waren und sich an mir rächen wollten, verfügte der Himmel selbst eine Wendung der Lage. Doch war diese Wendung dergestalt, daß es wohl besser für mich gewesen wäre, an jenem Platz mein Leben zu lassen, als es auf so unverhoffte Weise zu retten, nur um es in Zukunft jede Stunde tausend- und abertausendmal zu verlieren. Plötzlich drang nämlich eine Schar Türken in den Garten ein. Sie stammten von zwei Korsarenschiffen aus Bizerta, die in eine nahe, versteckt gelegene Bucht eingelaufen waren, ohne von den Wachtposten der Küstentürme oder den Strandpatrouillen bemerkt zu werden. Als meine Widersacher die Türken sahen, ließen sie von mir ab und brachten sich eiligst in Sicherheit, so daß die Türken von all den Personen, die sich im Garten befanden, nur drei Männer gefangennehmen konnten. Auch Leonissa, die noch nicht aus ihrer Ohnmacht erwacht war, schleppten sie mit fort. Mich konnten sie erst überwältigen, nachdem sie mir vier schwere Wunden zugefügt hatten, doch mußten zuvor vier Türken von meiner Hand getroffen zu Boden sinken und ihr Leben lassen. Der Überfall der Türken vollzog sich mit der bei ihnen üblichen Raschheit. Obgleich der Erfolg sie nicht gerade befriedigt hatte, eilten sie auf ihre Schiffe zurück, setzten die Segel, griffen zu den Rudern und gelangten in kürzester Zeit zur Insel Favignana. Dort hielten sie eine Musterung ab, um festzustellen, welche Leute ihnen fehlten. Als sie sich überzeugt hatten, daß die vier Toten zu den ›Levantinern‹, den besten und geschätztesten ihrer Soldaten, gehörten, wollten sie sich an mir rächen, und der Kapitän des Führerschiffs befahl, die Segelstange herunterzulassen, um mich daran aufzuknüpfen. Inzwischen war Leonissa wieder zu sich gekommen, und als sie sich in der Gewalt der Seeräuber sah, vergoß sie zahllose Tränen und rang ihre zarten Hände. Sie sprach kein Wort, aber sie blickte aufmerksam um sich und bemühte sich zu verstehen, was die Türken sagten. Da wies einer der christlichen Rudersklaven auf mich und erklärte ihr in italienischer Sprache, daß der Patron mich hängen lassen wolle, weil ich im Kampfe vier von den besten Leuten der Schiffsbesatzung getötet habe. Als Leonissa das gehört und verstanden hatte, zeigte sie zum erstenmal Mitleid mit mir. Sie sagte dem Sklaven, er solle den Türken raten, mich nicht zu hängen, da sie sonst ein hohes Lösegeld verlieren würden. Sie sollten lieber nach Trapani zurückkehren, wo man mich sofort loskaufen werde. Dies war, wie ich schon sagte, die erste Wohltat, die Leonissa mir erwies, und es wird auch die letzte sein. Doch wurde durch diese Wendung mein Unheil noch größer. Als nämlich die Türken hörten, was der Sklave ihnen sagte, schenkten sie ihm Glauben, und die Habgier besänftigte bald ihren Zorn. Am nächsten Morgen schon hißten sie die Friedensflagge und kehrten nach Trapani zurück. Ich verbrachte die ganze Nacht unter den unvorstellbarsten Leiden, und zwar waren es nicht so sehr meine Wunden, die mich schmerzten, als vielmehr der Gedanke an die Gefahr, in der meine grausame Feindin inmitten jener Barbaren schwebte. Als wir nun, wie gesagt, vor der Stadt angelangt waren, fuhr die eine Galeere in den Hafen ein, während die andere draußen auf See blieb. Sofort füllten sich der ganze Hafen und das Ufer mit Menschen, und auch der schöne Cornelio fand sich ein und verfolgte von weitem die Ereignisse auf der Galeere. Bald erschien einer meiner Haushofmeister, um über das Lösegeld für mich zu verhandeln. Ich sagte ihm, er solle sich keinesfalls um meine Befreiung kümmern, sondern nur um die Leonissas und nötigenfalls mein ganzes Vermögen dafür hergeben. Außerdem befahl ich ihm, an Land zurückzugehen und Leonissas Eltern von mir auszurichten, sie sollten sich nicht um die Befreiung ihrer Tochter bemühen, sondern alle Verhandlungen ihm überlassen. Daraufhin verlangte der Führer des Hauptschiffs, ein griechischer Renegat namens Issuf, für Leonissa sechstausend Taler und für mich viertausend, wobei er hinzufügte, er würde uns nur gemeinsam freigeben. Wie ich später erfuhr, forderte er nur darum eine so große Summe, weil er in Leonissa verliebt war und sie gar nicht wieder herzugeben gedachte. Er hatte vielmehr die Absicht, mich dem Kapitän der anderen Galeere, mit dem er sich in die eingebrachte Beute teilen mußte, zum Schätzungspreis von viertausend Talern zu überlassen und noch tausend Taler in bar daraufzuzahlen, während er Leonissa mit fünftausend Talern bewerten und selbst behalten wollte. Dies war der Grund, warum er den Preis für uns beide zusammen auf zehntausend Taler festsetzte. Leonissas Eltern boten ihrerseits kein Lösegeld, da sie sich an das Versprechen hielten, das ihnen mein Haushofmeister in meinem Namen gemacht hatte, und auch Cornelio tat den Mund nicht auf, um ein Gebot für das Mädchen abzugeben. Nach vielem Hin und Her entschloß sich mein Haushofmeister endlich, für Leonissa fünftausend und für mich dreitausend Taler zu bieten. Issuf mußte wohl oder übel annehmen, da ihm sein Partner und alle seine Soldaten dringend zurieten. Da mein Haushofmeister jedoch eine so große Summe nicht vorrätig hatte, bat er um drei Tage Aufschub, um rasch so viel von meinem Hab und Gut zu veräußern, bis er das Lösegeld beisammen haben würde. Issuf freute sich darüber, denn er meinte, daß sich ihm in der Zwischenzeit wohl ein Anlaß bieten würde, die Abmachung zu brechen. So kehrte er denn zur Insel Favignana zurück, nachdem er versprochen hatte, in drei Tagen wieder dazusein, um das Lösegeld zu holen. Doch der Himmel hatte mir wohl noch nicht genug Prüfungen auferlegt, mein Geschick sollte eine neue, schlimmere Wendung erfahren. Ein türkischer Wachtposten nämlich erspähte vom höchsten Punkte der Insel aus, weit draußen im Meer, sechs lateinische Segel und folgerte richtig daraus, daß dies wohl das Geschwader von Malta oder ein Teil des sizilischen Geschwaders sein müsse. Er rannte zum Strande hinab, um den Türken die Kunde zu überbringen, und im Nu war die ganze Besatzung, die an Land gegangen war, um hier ihr Essen zu kochen oder ihre Wäsche auszuwaschen, wieder an Bord. Mit Windeseile wurden die Anker gelichtet, die Ruder flogen herab und die Segel an den Masten hinauf. Die Fahrt ging nach Süden zur Berberei hin, und in weniger als zwei Stunden hatte man die feindlichen Galeeren aus den Augen verloren. Im Schutze der Insel und der nun hereinbrechenden Dunkelheit konnten die Türken sich von dem ausgestandenen Schrecken erholen. Du kannst dir nun wohl selbst ausmalen, mein Freund Mahmud, wie mir zumute war bei dieser Reise, die so ganz anders verlief, als ich erhofft hatte! Als am nächsten Tage die beiden Schiffe an der Südküste der Insel Pantelleria angelangt waren, sprangen die Türken an Land, um Holz und Fleisch zu beschaffen. Ich bemerkte, daß auch die beiden Kapitäne an Land gingen und sich nun daran machten, die Teilung ihrer ganzen Beute vorzunehmen. Jede ihrer Handlungen kam mir vor wie eine verlängerte Todesqual. Als bei der Teilung die Reihe an mich und Leonissa kam, gab Issuf dem Feth-Ala — denn so hieß der Kapitän der anderen Galeere — sechs Christen, nämlich vier Rudersklaven und zwei bildschöne Knaben korsischer Herkunft und dazu noch mich, nur um selbst Leonissa behalten zu können, und Feth-Ala war hiermit zufrieden. Obgleich ich dabeistand und sehen konnte, was sie taten, verstand ich doch kein Wort ihrer Unterhaltung und hätte den ganzen Zusammenhang auch gar nicht begriffen, wenn

Feth-Ala nicht gleich darauf zu mir getreten wäre und mich in italienischer Sprache angeredet hätte: ›So, Christ‹, sagte er, ›jetzt gehörst du mir! Für zweitausend Golddukaten habe ich dich bekommen. Willst du frei sein, so mußt du mir viertausend zahlen; andernfalls ist dir der Tod gewiß!‹ Ich fragte ihn, ob ihm bei der Teilung auch das schöne Christenmädchen zugefallen sei, und er verneinte es und erklärte mir, Issuf habe sie behalten, weil er die Absicht habe, sie zu seinem Glauben zu bekehren und dann zu heiraten. Dies traf zu, denn einer der Rudersklaven, der die türkische Sprache verstand und die Unterhaltung zwischen Issuf und Feth-Ala mit angehört hatte, berichtete mir dasselbe. Nun riet ich meinem Herrn, er solle doch zusehen, daß er die Christin bekommen könne; denn ich würde für sie allein zehntausend Dukaten in purem Gold als Lösegeld zahlen. Er meinte, das würde wohl nicht möglich sein, aber er wolle doch veranlassen, daß Issuf von der großen Summe erführe, die ich für die Christin böte. Vielleicht würde ja dann die Habgier in ihm erwachen, so daß er seinen Entschluß änderte und das Mädchen freigäbe. Feth-Ala ließ seinem Gefährten auch die Botschaft zukommen und schickte dann die ganze Besatzung rasch an Bord seiner Galeere, da er nach seinem Heimatort Tripolis in der Berberei aufbrechen wollte. Issuf seinerseits beschloß, nach Bizerta zu segeln, und die Einschiffung ging mit jener Schnelligkeit vor sich, wie sie bei den Türken üblich ist, wenn sie feindliche Galeeren erspähen oder Fahrzeuge, die ihnen als Beute zu winken scheinen. Der Grund für ihre Eile lag jedoch diesmal darin, daß das Wetter umzuschlagen schien und ein Sturm heraufzukommen drohte. Leonissa befand sich auch an Land, jedoch an einer Stelle, wo ich sie nicht sehen konnte, so daß ich sie erst erblickte, als wir beide zum Strande gebracht wurden, um die Schiffe zu besteigen. Ihr neuer Herr und neuester Freier führte sie an der Hand, und als sie über den Laufsteg schritt, der vom Ufer zum Bord der Galeere gelegt war, wandte sie ihr Gesicht zu mir und blickte mich an. Ich konnte meine Augen nicht von ihr losreißen, und eine schmerzvolle Zärtlichkeit wallte so heftig in mir auf, daß ich plötzlich das Gefühl hatte, als ob sich eine dichte Wolke um mich lege, und ich besinnungslos zu Boden sank. Wie ich später erfuhr, war es Leonissa ebenso ergangen: sie war vom Laufsteg ins Meer gestürzt, und Issuf war hinter ihr her gesprungen und hatte sie wieder aus den Fluten gezogen. So wenigstens erzählten mir die Leute an Bord der Galeere meines neuen Herrn, wohin man mich gebracht hatte, ohne daß ich etwas davon gemerkt hätte. Als ich aus meiner Ohnmacht erwachte und entdecken mußte, daß ich mich allein auf der Galeere befand, während die zweite einen anderen Kurs steuerte und sich immer weiter von uns entfernte, da spürte ich, wie jenes Schiff die Hälfte meines Herzens, oder noch richtiger gesagt, mein ganzes Herz mit sich davonführte. Von neuem übermannte mich der Schmerz, und ich verfluchte mein Schicksal und wünschte mir mit lauten Klagen den Tod herbei. Mein Jammer war so groß und heftig, daß mein Herr empört mit einem dicken Stock herbeieilte und mir drohte, er werde mich verprügeln, wenn ich jetzt nicht still sei. So schluckte ich denn meine Tränen hinunter, unterdrückte meine Seufzer und hoffte nur, daß der Kummer, den ich so gewaltsam in mich zurückdrängen mußte, mein Innerstes zerreißen und die Seele, die sich so sehr danach sehnte, diesen elenden Körper zu verlassen, mit sich entführen werde.

Allein dem Schicksal schien es wohl noch nicht genug, mich in solches Herzeleid zu stürzen; ich sollte ganz und gar zu Boden geschmettert, und auch die letzten Hoffnungen sollten mir geraubt werden. Plötzlich nämlich war das gefürchtete Unwetter heraufgekommen, und der Wind, der uns von Süden her entgegenwehte, nahm eine solche Gewalt an, daß wir gezwungen waren, zu wenden und unser Schiff treiben zu lassen, wohin der Sturm es entführen wollte.

Der Kapitän hatte die Absicht, die Insel zu umsegeln und hinter ihrer Nordküste Schutz zu suchen. Doch dieser Plan sollte ihm nicht gelingen, denn der Sturm raste so gewaltig daher, daß wir die ganze Strecke, die wir in zwei Tagen gesegelt waren, mit Blitzesschnelle zurücktrieben und uns nach knapp vierzehn Stunden nur noch sechs oder sieben Meilen vor der Insel befanden, die der Ausgangspunkt unserer Fahrt gewesen war. Wir liefen jedoch jetzt nicht auf einen flachen Strand zu, sondern auf hohe Felsen, die vor unseren Augen aus dem Wasser emporragten und uns mit dem sicheren Tode bedrohten. Nicht weit von uns entfernt gewahrten wir unser Begleitschiff, in dem sich auch Leonissa befand und auf dem die Türken gemeinsam mit den Rudersklaven alle Kräfte anspannten, um sich auf offener See zu halten und nicht gegen die Felsen geschleudert zu werden. Auch unsere Leute taten ihr möglichstes und verstanden es offenbar, sich geschickter und kräftiger gegen die Elemente zu verteidigen als die Besatzung des anderen Schiffes, die plötzlich erschöpft von der Anstrengung und besiegt von der Hartnäckigkeit des Unwetters ihre Bemühungen aufgab, die Ruder hinwarf und sich vor unseren Augen gegen die Klippen treiben ließ. Mit einem ungeheuren Krach prallte das Schiff auf und zerbarst in tausend Stücke. Durch das Dunkel der hereinbrechenden Nacht gellten die Schreie der verzweifelten Menschen herüber, und der Schrecken unserer Leute, die jeden Augenblick das gleiche Schicksal erwarten mußten, war so groß, daß keiner der Befehle unseres Schiffshauptmanns mehr gehört und ausgeführt wurde. Alle achteten nur noch darauf, die Ruder nicht aus den Händen zu lassen. Als letztes Hilfsmittel verfiel man darauf, den Bug des Schiffes gegen den Wind zu kehren und die beiden Anker zu werfen, um so den sicheren Tod noch ein wenig hinauszuzögern. Während aber die ganze Besatzung von Todesfurcht ergriffen war, hatte ich gerade die entgegengesetzten Empfindungen. In mir brannte die trügerische Hoffnung, ins Jenseits zu gelangen und dort meine Leonissa wiederzusehen, die diese Welt vor wenigen Minuten verlassen haben mußte, so daß jeder Augenblick, den unser Schiff sich noch auf dem Wasser hielt, ohne auf die Felsen geschleudert zu werden, mir zu einem Jahrhundert der Todesqual wurde. Verzweifelt spähte ich in die hohen Wogen, die über mich und das Schiff hinwegbrausten, um zu sehen, ob ich nicht irgendwo den Leichnam der unglücklichen Leonissa entdecken könnte. — Ach, Mahmud, ich will mich jetzt nicht damit aufhalten, dir im einzelnen all die Schrecken und Ängste, all das Grauen und Entsetzen zu schildern, das ich in jener furchtbaren und unendlich langen Nacht durchmachen mußte, denn ich habe mir ja vorgenommen, dir mein Unglück so kurz wie möglich zu berichten. Nur eins kann ich dir sagen, mein Jammer war so groß und ungeheuer, daß der Tod, wäre er in jener Nacht an mich herangetreten, wenig Mühe gehabt hätte, mir das Leben zu rauben. Als der Tag schließlich anbrach, nahm der Sturm noch immer zu, doch war unser Schiff ein großes Stück von den Felsen abgetrieben worden und befand sich nun kurz vor einer Landspitze, die wir leicht umsegeln konnten. Nun zog neue Hoffnung in die Herzen der Türken und Christen: jeder einzelne spannte seine Kräfte an, und nach sechs Stunden hatten wir die Landspitze hinter uns und fanden hier die See so viel glatter und ruhiger, daß wir mit Hilfe der Ruder bedeutend leichter vorwärts kamen. Im Schutze der Insel konnte wir auflaufen, und die Türken gingen an Land, um zu sehen, ob sie irgendwelche Überreste von der Galeere finden könnten, die nachts gegen die Felsen geschleudert worden war. Doch auch jetzt wollte der Himmel meinem Schmerz noch keine Linderung gewähren, sosehr ich auch hoffte, den Körper meiner Leonissa in den Armen halten zu können. Selbst wenn sie tot und zerschmettert gewesen wäre, so hätte es für mich doch noch immer ein Glück bedeutet, sie bei mir zu haben und damit den harten Urteilsspruch des Geschicks zu brechen, das mir verwehrte, bei ihr zu sein, wie ich es dank meinen ehrenhaften Absichten verdient hätte. So bat ich denn einen Renegaten, der mit an Land gehen wollte, er solle doch nachsuchen, ob das Meer ihren Leichnam wohl an den Strand gespült habe. Doch, wie ich schon sagte, auch dieses Glück verweigerte mir der Himmel, denn gerade in diesem Augenblick begann der Wind wieder so aufzufrischen, daß auch die Insel uns keinen Schutz mehr bieten konnte. Als Feth-Ala dies bemerkte, beschloß er, das Focksegel aufzuziehen und auch das gereffte Großsegel zu setzen, wendete das Schiff zum Meer, während der Wind vom Lande her blies, übernahm selbst das Steuer und, in der Gewißheit, daß sich ihm nun kein Hindernis mehr in den Weg stellen würde, segelte er auf die offene See hinaus. Die Ruder wurden nebeneinander in den Mittelgang gelegt, die Besatzung hockte gebückt auf den Bänken, und auf dem ganzen Schiff war kein Mensch zu sehen, außer dem Rudervogt, der sich sicherheitshalber in der Mitte des Schiffes hatte festbinden lassen. Unser Schiff flog mit solch atemraubender Schnelligkeit vor dem Winde her, daß wir nach drei Tagen und drei Nächten bereits an Trapani, Palermo und Milazzo vorbeigesegelt waren und den Leuchtturm von Messina passierten. Alle, die uns von Land aus dahinrasen sahen, erfaßte wohl das gleiche Staunen und Entsetzen, das auch die Insassen des Schiffes gepackt hatte. Doch mein Bericht soll nicht so lang und anhaltend sein wie die Wut jenes Sturmes, und so will ich dir nur noch erzählen, daß wir schließlich müde, hungrig und erschöpft von dieser langen Fahrt, die uns fast an der ganzen Küste Siziliens entlanggeführt hatte, in Tripolis ankamen. Noch bevor mein Herr dort unter seine Mannschaft den ihr zustehenden Teil der Beute verteilen und, wie es Brauch und Sitte ist, dem König ein Fünftel davon schicken konnte, wurde er von so heftigen Schmerzen befallen, daß er binnen drei Tagen zur Hölle fuhr. Der Vizekönig von Tripolis und der Totenvogt, den der Sultan sich dort hält und der, wie du weißt, alle diejenigen beerbt, die ohne Leibeserben sterben, ergriffen Besitz von dem ganzen Hab und Gut meines Herrn Feth-Ala und teilten es untereinander auf. Ich fiel bei dieser Teilung dem Vizekönig zu. Vierzehn Tage später erhielt dieser den Ernennungsbrief zum Vizekönig von Zypern, und so kommt es denn, daß ich in seiner Begleitung hier angelangt bin. Ich habe nicht die Absicht, mich loskaufen zu lassen. Mein Herr hat es mir zwar oft angeboten, da er von den Soldaten Feth-Alas erfahren hat, daß ich von vornehmer Herkunft bin, doch bin ich niemals darauf eingegangen, sondern habe ihm gesagt, daß die Leute lögen, die ihm Wunderdinge von meinem Reichtum berichteten. Wenn ich dir sagen soll, Mahmud, was ich in meinem innersten Herzen denke, so magst du wissen, daß ich nicht wieder dorthin zurückkehren möchte, wo ich doch keinen Trost mehr finden kann. Lieber will ich mein Leben in der Gefangenschaft noch verbittern durch die ständigen Gedanken und Erinnerungen an den Tod meiner Leonissa, von denen ich niemals loskommen werde. Wenn es wirklich wahr ist, daß ein immerwährender Schmerz zwangsläufig entweder eines Tages aufhören oder den, der ihn fühlt, umbringen muß, so werden meine Schmerzen mir wohl bald ein Ende bereiten; denn ich will mich ihnen so rückhaltlos hingeben, daß ich in wenigen Tagen das Ziel dieses elenden Lebens erreicht haben werde, das ich so widerwillig ertrage. Dies, mein Freund Mahmud, ist meine traurige Geschichte. Nun kennst du den Grund meiner Seufzer und Tränen, und du wirst zugeben, daß ich genügend Anlaß habe, sie aus der Tiefe meines Herzens und aus meiner vom Kummer zusammengepreßten Brust hervorzuholen. Leonissa ist dahin, und mit ihr all meine Hoffnung. Und wenn diese Hoffnung auch zu ihren Lebzeiten nur an einem dünnen Härchen hing...«

Bei diesem Wort versagte ihm die Stimme; er konnte keinen Ton mehr hervorbringen und ließ seinen Tränen freien Lauf, die in solchen Strömen über sein Gesicht flossen, daß sogar der Erdboden, auf dem er saß, davon benetzt wurde. Auch Mahmud weinte mit ihm. Als jedoch der erste wilde Schmerz vorüber war, der die beiden bei der Heraufbeschwörung all der traurigen Ereignisse übermannt hatte, versuchte Mahmud seinen Freund Ricardo zu trösten, so gut er konnte. Allein dieser schnitt ihm das Wort ab und sagte: »Du kannst mir nur einen Trost spenden, mein Freund. Rate mir, wie ich es anstellen soll, damit ich bei meinem Herrn und allen, mit denen ich zusammenkomme, in Ungnade falle, damit sie mich verabscheuen und so hart verfolgen und mißhandeln, daß ich durch diese Häufung von Pein und Qual sobald wie möglich das Ziel meiner Wünsche erreiche und aus diesem Leben scheide.«

»Jetzt weiß ich«, fiel Mahmud ein, »daß es richtig ist, wenn man immer sagt, das, was man fühle, könne man auch aussprechen, wenn auch zuweilen ein allzu starkes Gefühl die Zunge lähmt. Doch ob dein Schmerz nun so groß ist, wie deine Worte ihn schildern, oder ob du zuviel gesagt hast, du kannst sicher sein, einen wahren Freund in mir zu besitzen, der dir stets mit Rat und Tat zur Seite stehen wird. Wenn auch meine Jugend und die Torheit, die ich beging, als ich diese Kleidung anlegte, deutlich genug darauf hinzuweisen scheinen, daß du weder von meinem Rat noch von meiner Hilfe etwas erhoffen und erwarten kannst, so will ich doch dafür sorgen, daß dieser Schein sich als trügerisch erweist und du eine bessere Meinung von mir bekommst. Und obgleich du nicht willst, daß ich dir rate und helfe, so werde ich trotzdem immer um dein Wohlergehen bemüht sein und dich behandeln wie einen Kranken, der nach Dingen verlangt, die ihm nicht frommen und dem man deshalb doch die heilsame Medizin einflößt. Es gibt in der ganzen Stadt hier keinen Menschen, der so viel kann und vermag wie der Kadi, mein Herr, und selbst der deine, der doch als Vizekönig hierherkommt, hat nicht solche Macht. Da die Dinge sich aber so verhalten, kann ich wohl mit Recht behaupten, daß im Grunde genommen ich der mächtigste Mann dieser Stadt bin, denn ich kann bei meinem Herrn alles durchsetzen. Ich sage dir das, weil ich hoffe, mit ihm zusammen Mittel und Wege zu finden, wie du in seinen Dienst übergehen kannst. Sind wir beide aber erst einmal beisammen, so wird die Zeit uns schon lehren, was zu tun ist. Dir wird Trost werden, sofern du überhaupt getröstet werden willst und kannst, und für mich wird sich Rat finden, wie ich von diesem in ein besseres Leben hinübergelangen kann oder doch wenigstens in einen Zustand, in dem mir jenes bessere Leben nach meinem Tode gewiß ist.«

»Ach, Mahmud«, erwiderte Ricardo, »ich danke dir für die Freundschaft, die du mir anbietest, obgleich ich sicher bin, daß du mir doch keine Linderung verschaffen kannst, sosehr du dich auch darum bemühst. Doch lassen wir jetzt diese Dinge und gehen wir lieber zu den Zelten hinüber, denn, wie ich sehe, strömen dort eine Menge Menschen aus den Toren der Stadt. Wahrscheinlich ist unter ihnen der frühere Vizekönig, der jetzt auf das Vorfeld hinauszieht, damit mein Herr die Stadt betreten und mit seiner Untersuchung beginnen kann.«

»Du hast recht«, sagte Mahmud. »Komm, Ricardo,

und sieh dir die feierliche Begrüßung zwischen den beiden an; du wirst deine Freude daran haben.«

»Ja, wir wollen gehen«, sagte Ricardo. »Vielleicht werde ich dich auch noch nötig brauchen, falls der Sklavenaufseher meines Herrn mich schon vermißt haben sollte. Er ist ein Renegat aus Korsika und geht nicht gerade rücksichtsvoll mit uns um.«

Damit brachen sie ihre Unterhaltung ab und gingen zu den Zelten hinüber, bei denen sie gerade in dem Augenblick anlangten, als der frühere Pascha dort angekommen war und sein Nachfolger heraustrat, um ihn zu empfangen.

Ali-Pascha, der frühere Vizekönig, kam in Begleitung der fünfhundert Janitscharen, die nach der Eroberung Nikosias durch die Türken die Besatzung dieser Stadt bildeten. Sie marschierten in zwei Reihen daher, teils mit Büchsen, teils mit blanken Schwertern bewaffnet. Als sie vor dem Zelt angelangt waren, in dem Hassan, der neue Pascha, sich befand, stellten die Janitscharen sich rund um den Eingang auf, und Ali-Pascha neigte sich tief und ehrfurchtsvoll vor Hassan, der seinen Gruß mit einer etwas weniger tiefen Verbeugung erwiderte. Dann trat Ali in Hassans Zelt, und die Türken hoben den letzteren auf ein prächtiges, reichgeschmücktes Pferd, führten ihn um die Zelte herum und noch eine ganze Strecke über das freie Feld, während sie laut durcheinanderriefen und den Sultan Soliman sowie seinen Pascha Hassan in ihrer Sprache hochleben ließen. Nach vielem Rufen und Geschrei kehrten sie dann zu dem Zelt zurück, in dem Ali-Pascha geblieben war, und nun zog dieser sich mit dem Kadi und Hassan für eine Stunde in das Zelt zurück. Mahmud erklärte Ricardo, daß die drei jetzt darüber verhandelten, was aus den Arbeiten und Einrichtungen werden sollte, die Ali-Pascha in der Stadt begonnen und begründet hatte. Kurz darauf trat der Kadi vor die Tür des Zeltes und verkündete laut in türkischer, arabischer und griechischer Sprache, daß jeder, der sich in seinem Recht benachteiligt fühle oder sonst etwas gegen Ali-Pascha vorzubringen habe, jetzt frei und ungehindert eintreten könne, denn nun sei Hassan-Pascha gekommen, den der Großherr als Vizekönig von Zypern gesandt habe und der ihnen allen Recht und Gerechtigkeit zukommen lassen werde. Auf diese Aufforderung hin gaben die Janitscharen die Tür des Zeltes frei und ließen alle hinein, die einzutreten begehrten. Mahmud nahm Ricardo mit sich hinein, und da dieser ein Sklave Hassans war, wurde ihm der Zutritt auch nicht verwehrt. Verschiedene griechische Christen und auch einige Türken waren gekommen, um einen Richterspruch zu erbitten. Da sie jedoch nur ganz unbedeutende Dinge vorzubringen hatten, erledigte der Kadi alles, ohne erst ein Protokoll aufzunehmen oder noch ein längeres Verhör anzustellen; denn sämtliche Streitigkeiten, abgesehen von den Ehesachen, werden bei den Türken sofort und ohne Aufschub erledigt, und zwar nimmt man hier mehr den gesunden Menschenverstand als das Gesetz zum Maßstab. Bei diesen Barbaren, falls man sie in dieser Hinsicht überhaupt als solche bezeichnen darf, ist der Kadi der zuständige Richter für alle Streitfälle. Im Handumdrehen verhört und entscheidet er, und gegen seinen Urteilsspruch gibt es keine Berufung bei einem höheren Tribunal.

Nun betrat ein türkischer Gerichtsdiener das Zelt und meldete, draußen an der Pforte stünde ein Jude, der eine wunderbar schöne Christin zu verkaufen habe. Der Kadi befahl, ihn eintreten zu lassen, und der Gerichtsdiener ging hinaus und erschien gleich darauf wieder mit einem ehrwürdigen alten Juden, der ein Mädchen an der Hand führte. Die Fremde trug berberische Kleidung und war so sorgfältig geputzt und geschmückt, daß selbst die reichste Maurin von Fez oder Marokko nicht prunkvoller hätte auftreten können, obgleich die Marokkanerinnen sich von allen Weibern Afrikas am besten auf prächtige Aufmachung verstehen und selbst die algerischen Frauen mit ihrem kostbaren Perlenschmuck mit ihnen nicht wetteifern können. Das Gesicht des Mädchens war mit einem scharlachroten Taftschleier verhüllt, und an den bloßen Fußknöcheln sah man zwei Karkachen, arabische Schmuckreifen, die offenbar aus purem Gold bestanden. Auch die Arme, die durch ein Hemd aus dünnem Zindeltaft hindurchschimmerten, waren von goldenen, mit Perlen übersäten Reifen bedeckt; kurzum, die ganze Kleidung war auffallend reich und geschmackvoll. Der Kadi und die beiden anderen Würdenträger waren von dieser Erscheinung so überrascht, daß sie zunächst gar nichts weiter sagten oder fragten, sondern nur dem Juden befahlen, den Gesichtsschleier der Christin zu heben. Er tat es und enthüllte ein Antlitz, das die Augen der Umstehenden so blendete und ihre Herzen erfreute, wie die Sonne, wenn sie nach langer Dunkelheit aus dichten Wolken hervorbricht und sich den sehnsuchtsvollen Augen darbietet; so groß war die Schönheit, die Anmut und der Liebreiz der Christensklavin. Den tiefsten Eindruck jedoch, der von diesem wunderbaren Licht ausging, empfing der unglückliche Ricardo; denn er kannte das Mädchen ja besser als irgendein anderer: es war seine geliebte, grausame Leonissa, die er schon tot geglaubt und mit so vielen heißen Tränen beweint hatte. Das Herz Ali-Paschas war von dem unverhofften Anblick der einzigartig schönen Christin zutiefst getroffen und völlig überwältigt, und auch Hassan-Pascha war von den gleichen Empfindungen übermannt. Den Kadi aber hatte es am heftigsten gepackt: er brannte in Liebesglut und konnte seine Blicke gar nicht wieder von den schönen Augen Leonissas losreißen. So groß war die Gewalt der Liebe, von der die drei ergriffen waren, daß im ersten Augenblick schon im Herzen jedes einzelnen die Hoffnung aufflammte, das Mädchen zu erringen und zu besitzen, und jeder meinte, diese Hoffnung erfüllen zu können. Ohne sich darum zu kümmern, wie, wo und wann sie in den Besitz des Juden gelangt sei, fragten sie, welchen Preis er für sie fordere. Der habgierige Alte verlangte viertausend Dublonen, also zweitausend Golddukaten, und kaum hatte er den Preis genannt, als Ali-Pascha erklärte, er wolle ihn zahlen und der Jude solle gleich mit in sein Zelt hinüberkommen, um die Summe in Empfang zu nehmen. Hassan-Pascha jedoch, der sich seine Beute nicht entgehen lassen wollte, und wenn er dabei sein Leben aufs Spiel setzte, mischte sich ein und sagte: »Nein, ich will die viertausend Dublonen zahlen, die der Jude verlangt. Ich würde dieses Gebot nicht abgeben und als Rivale Ali-Paschas auftreten, wenn ich nicht einen zwingenden Grund hätte, dessen Berechtigung er selbst einsehen wird. Ich bin nämlich der Ansicht, daß diese schöne Sklavin keinem von uns gebührt, sondern nur unserem Großherrn, dem Sultan. Und so erkläre ich, daß ich sie in seinem Namen kaufen will. Nun möchte ich doch sehen, wer es noch wagt, mir diesen Kauf streitig zu machen!«

»Das werde ich tun«, versetzte Ali, »denn ich kaufe sie ja zu demselben Zweck. Mir aber steht es viel eher zu, dem Großherrn dieses Geschenk zu machen, denn ich komme ja sowieso nach Konstantinopel und kann mir dadurch die Gunst des Großherrn erringen. Du weißt ja, Hassan, daß ich zur Zeit kein Amt verwalte und daher versuchen muß, ein neues zu bekommen, während du auf drei Jahre hinaus gesichert bist; denn du trittst ja heute die Herrschaft über diese reiche Insel Zypern an. Aus diesen Gründen und auch, weil ich als erster den Preis für die Gefangene geboten habe, ist es nur gerecht und billig, daß du sie mir überläßt, Hassan.«

»Es ist aber noch viel dankenswerter«, entgegnete Hassan, »wenn ich die Christin kaufe und sie dem Groß-

herrn schicke, denn ich verfolge dabei ja keinerlei per-
sönliches Interesse. Und was die Möglichkeit betrifft,
das Mädchen hinzuschaffen, so werde ich selbst eine
Galeere ausrüsten und mit eigenen Leuten bemannen,
um sie nach Konstantinopel zu bringen.«
Auf diese Worte hin sprang Ali-Pascha wütend auf,
packte sein Schwert und rief:
»Nein, Hassan! Da ich den Entschluß gefaßt habe,
diese Christin dem Großherrn zum Geschenk zu machen
und ihm selbst zu überbringen und ich zudem noch
als erster Käufer aufgetreten bin, so bist du nach Gesetz und Recht verpflichtet, sie mir zu überlassen.
Denkst du anders hierüber, so wird dieses Schwert in
meiner Hand mein Recht verteidigen und deine Anmaßung strafen!«
Der Kadi, der dem Zwiegespräch aufmerksam gefolgt
war und dabei nicht weniger auf den Besitz der Christin brannte als die beiden, mußte nun fürchten, leer
auszugehen, und überlegte, wie er den heftigen Zwist
schlichten könne, der hier ausgebrochen war und gleichzeitig die Sklavin für sich gewinnen, ohne daß seine
hinterhältigen Absichten dabei zutage kämen. So stand
er denn auf, trat zwischen die beiden Widersacher und
sagte: »Nun beruhige dich, Hassan, und auch du, Ali,
sei still! Ich bin ja auch noch da und werde es schon
fertigbringen, euren Streit so beizulegen, daß ihr alle
beide eure Absichten erreicht und dem Großherrn so
gedient ist, wie ihr es wünscht.«
Die beiden gehorchten augenblicklich den Worten des
Kadi, und sie hätten es auch getan, wenn er etwas noch
viel Schwierigeres von ihnen verlangt hätte; denn die
Ehrfurcht, die jene verruchten Heiden dem weißen
Haar zollen, ist beinahe unbegrenzt. Der Kadi fuhr
nun folgendermaßen fort: »Du, Ali, erklärst, daß du
diese Christin für den Großherrn kaufen willst, und
Hassan behauptet das gleiche. Du führst an, daß du
als erster den Preis für sie geboten hast und sie dem-

nach dir zusteht. Hassan widerspricht dir, und wenn er auch sein Recht nicht so gut begründen kann, so bin ich doch der Ansicht, daß er ebensoviel Anspruch auf das Mädchen hat wie du; denn er faßte den Entschluß, sie zu kaufen, bestimmt in derselben Sekunde, und er will sie ja auch zu dem gleichen Zweck haben. Es ist zwar richtig, daß du zuerst als Käufer aufgetreten bist; aber dieser Grund darf noch nicht genügen, um seinen guten Vorsatz ganz und gar zuschanden zu machen. Meiner Meinung nach solltet ihr euch daher auf folgende Weise einigen: die Sklavin soll euch beiden gehören, und da sie für den Großherrn gekauft ist und zu seiner Verfügung steht, so kommt es auch ihm allein zu, über sie zu bestimmen. Du, Hassan, wirst also zweitausend Dublonen zahlen, und Ali ebenfalls. Das Mädchen aber nehme ich in meine Obhut und schicke es in euer beider Namen selbst nach Konstantinopel, damit auch ich bei den Belohnungen nicht leer ausgehe, und sei es auch nur, weil ich diese Sache mit entschieden habe. Ich erbiete mich, sie auf meine Kosten hinzusenden, und zwar mit all dem Aufwand, der dem hohen Empfänger gebührt, und ich werde dem Großherrn alles schreiben, was hier vorgegangen ist und ihm den Diensteifer schildern, den ihr zwei bewiesen habt.«

Die beiden verliebten Türken wußten hiergegen nichts einzuwenden und mochten es auch nicht tun, und obgleich sie sahen, daß sie auf diesem Wege nicht ans Ziel ihrer Wünsche gelangen konnten, mußten sie sich doch der Meinung des Kadi fügen. Im geheimen jedoch hegte und nährte jeder von ihnen die allerdings recht ungewisse Hoffnung, doch noch in den Besitz des heiß ersehnten Mädchens zu gelangen. Hassan, der ja als Vizekönig von Zypern hierblieb, nahm sich vor, dem Kadi so viele Geschenke zu schicken, bis dieser schließlich umgestimmt wäre und ihm die Gefangene auslieferte. Ali hingegen entwarf einen anderen Plan, der ihm einen sicheren Erfolg zu versprechen schien. Da sie also beide der Überzeugung waren, daß sie ihre Absichten doch noch durchsetzen würden, willigten sie gern in den Vorschlag des Kadi ein, übergaben ihm freiwillig die Christin und bezahlten jeder zweitausend Dublonen an den Juden. Dieser erklärte jedoch nun, er könne das Mädchen nicht mitsamt der Kleidung und dem Schmuck, den es trüge, so hergeben, denn diese kosteten weitere zweitausend Dublonen. Die Forderung war auch berechtigt, da sich durch das Haar der Christin, das über den Rücken offen herniederwallte, während es über der Stirn hochgesteckt war, mehrere Perlenschnüre von auserlesener Schönheit zogen. Auch an den Spangen, die die Hand- und Fußknöchel zierten, schimmerten große Perlen. Das Gewand war ein reichbestickter maurischer Oberrock aus grünem Atlas, der ganz und gar mit goldenen Tressen verziert war. Kurzum, alle waren der Ansicht, daß der Jude bei dem Preis, den er für das Gewand forderte, kaum auf seine Kosten kommen konnte, und der Kadi, der sich nicht weniger freigebig zeigen wollte als die beiden anderen, erklärte, er wolle die Summe zahlen, damit die Christin dem Großherrn in dieser Aufmachung vorgeführt werden könne. Die beiden Rivalen waren damit einverstanden, und jeder glaubte im stillen, daß ihm die ganze Beute doch noch zufallen werde.

Es bleibt uns noch zu berichten, was Ricardo empfand, als er zusehen mußte, wie der Gegenstand seiner Liebe so verschachert wurde. Tausend Gedanken stürmten auf ihn ein, und immer mehr wuchs sein Schrecken, als er einsah, daß er das geliebte Mädchen nur gefunden hatte, um es um so sicherer zu verlieren. Er wußte nicht mehr, ob er wachte oder träumte und wollte seinen Augen nicht trauen; denn es dünkte ihn wie ein Wunder, so unverhofft diejenige vor sich zu erblicken, von der er gemeint hatte, sie habe ihre Augen für immer geschlossen. So trat er zu Mahmud und fragte ihn: »Kennst du sie denn nicht, mein Freund?«

»Nein, ich kenne sie nicht«, erwiderte Mahmud.

»So denk dir nur«, sagte Ricardo, »es ist Leonissa!«

»Was sagst du da, Ricardo?«

»Was du gehört hast.«

»Dann sei jetzt nur ruhig und verrate sie nicht«, meinte Mahmud, »offenbar ist dir das Glück ja jetzt hold, denn sie geht in den Besitz meines Herrn über.«

»Was meinst du«, fragte Ricardo, »ob ich wohl einmal etwas vortrete, damit sie mich sieht?«

»Nein«, erwiderte Mahmud, »sie soll nicht erschrecken, und auch du darfst dich nicht so aufregen. Du mußt überhaupt nicht merken lassen, daß du sie kennst und daß du sie gesehen hast, denn dadurch könnte mein Plan fehlschlagen.«

»Gut«, entgegnete Ricardo, »ich werde tun, was du sagst.«

Damit trat er beiseite und vermied es von nun ab, den Blicken Leonissas zu begegnen. Diese hatte während der ganzen Unterhaltung den Kopf tief gesenkt gehalten, während bittere Tränen aus ihren Augen quollen. Nun trat der Kadi zu ihr, ergriff sie bei der Hand und führte sie zu Mahmud, dem er befahl, sie in die Stadt zu bringen und seiner Gemahlin Halima zu übergeben. Diese solle das Mädchen in ihre Obhut nehmen und so behandeln, wie es einer Sklavin des Groß-herrn zukäme. Mahmud tat nach den Worten seines Herrn. Er ließ Ricardo allein, und dieser verfolgte mit seinen Blicken den Stern seiner Hoffnungen, bis er hinter den Mauern von Nikosia wie hinter dichten Wolken verschwand. Dann ging er zu dem Juden hinüber und fragte ihn, wo er denn diese Christensklavin gekauft habe oder auf welche Weise sie sonst in seinen Besitz gelangt sei. Der Jude erzählte ihm, er habe sie auf der Insel Pantelleria einigen Türken abgekauft, die dort Schiffbruch erlitten hatten. Er wollte noch Näheres berichten, doch in diesem Augenblick wurde er von den beiden Vizekönigen abgerufen, die von ihm dasselbe erfahren wollten wie Ricardo, und mußte sich daher von diesem verabschieden.

Auf dem Wege von den Zelten zur Stadt fand Mahmud Gelegenheit, Leonissa in italienischer Sprache zu fragen, woher sie sei. Sie erwiderte, sie stamme aus der Stadt Trapani, und nun fragte Mahmud weiter, ob sie vielleicht in jener Stadt einen reichen und angesehenen Edelmann namens Ricardo gekannt habe. Als Leonissa diesen Namen hörte, seufzte sie tief auf und sagte: »Ach ja, leider kenne ich ihn.«

»Warum leider?« fragte Mahmud.

»Weil es für ihn ein Unglück war, daß er mich kannte, und daraus wieder mein Unheil entsprang«, entgegnete Leonissa.

»Und«, so setzte Mahmud sein Verhör fort, »kanntet Ihr vielleicht in der gleichen Stadt noch einen anderen Edelmann namens Cornelio, einen bildschönen, tapferen, vornehm denkenden und gescheiten jungen Menschen und reicher Eltern Sohn?«

»Ja, auch den kannte ich«, sagte Leonissa. »Und diese Bekanntschaft hat mir noch mehr Unglück gebracht als die mit Ricardo. Doch wer seid Ihr, mein Herr, und wie kommt es, daß Ihr jene Männer kennt und mich nach ihnen fragt?«

»Ich«, versetzte Mahmud, »stamme aus Palermo und bin durch verschiedene Wechselfälle des Geschicks dazu gekommen, diese Kleidung anzulegen, die so ganz anders ist als jene, die ich früher trug. Die Männer aber, von denen wir sprachen, kenne ich, weil beide sich noch vor wenigen Tagen in meiner Obhut befanden. Den Cornelio nahmen maurische Seeräuber aus Tripolis gefangen und verkauften ihn dann an einen türkischen Kaufmann aus Rhodos, der ihn mit hierher brachte. Der Türke hatte viele Waren bei sich, die er alle dem Cornelio anvertraute.«

»Sie sind bei ihm in sicherer Obhut«, meinte Leonissa, »denn er versteht es ja auch so prächtig, sein eigenes

Hab und Gut zusammenzuhalten. Doch nun sagt mir, mein Herr, wie und mit wem kam Ricardo auf diese Insel?«

»Er kam mit einem Korsarenschiff«, erwiderte Mahmud, »auf das er aus einem Garten am Strande von Trapani verschleppt worden war. Wie er mir erzählte, wurde zugleich mit ihm auch ein junges Mädchen geraubt, doch wollte er mir nie ihren Namen sagen. Er hielt sich hier einige Tage mit seinem Herrn auf, der sich auf einer Pilgerfahrt nach Medina zum Grabe Mohammeds befand. Als die beiden gerade abreisen wollten, wurde Ricardo so krank und elend, daß sein Herr ihn mir hier lassen mußte. Ich sollte meinen Landsmann pflegen und ihn bei mir behalten, bis der Besitzer zurückkehrte. Sollte sein Rückweg ihn jedoch nicht über Zypern führen, so hatte ich den Auftrag, Ricardo nach Konstantinopel zu schicken, von wo aus sein Herr mir zuvor Nachricht zukommen lassen wollte. Der Himmel jedoch fügte es anders, denn der unglückliche Ricardo verschied nach wenigen Tagen, ohne daß eine sichtbare Verschlimmerung seiner Krankheit eingetreten wäre. Während seiner letzten Stunden flüsterte er immer wieder den Namen einer gewissen Leonissa vor sich hin, von der er mir gesagt hatte, daß er sie inniger liebe als sein eigenes Leben. Auch hatte er mir erzählt, daß jene Leonissa in einer Galeere vor der Insel Pantelleria Schiffbruch erlitten habe und ertrunken sei. Ihr Tod, den er immer wieder beweinte und bejammerte, war ihm wohl so sehr zu Herzen gegangen, daß allein der Schmerz darüber seinem Leben ein Ende bereitet hat; denn ich konnte an seinem Körper kein Krankheitszeichen feststellen.«

»Sagt mir doch, Herr«, forschte Leonissa, »hat jener junge Mann, von dem Ihr vorhin spracht, im Verlauf der vielen Unterhaltungen, die Ihr als Landsleute sicherlich miteinander gepflogen habt, auch einmal den Namen jener Leonissa erwähnt und Euch genauer berichtet, auf welche Weise sie und Ricardo gefangengenommen wurden?«

»Ja, den Namen nannte er«, versicherte Mahmud, »und er fragte mich auch, ob vielleicht eine Christin dieses Namens, die er mir noch näher beschrieb, hierher auf unsere Insel gekommen sei. Er fügte hinzu, er würde sich freuen, sie zu finden und sie auslösen zu können; denn ihr Herr habe sich wahrscheinlich schon davon überzeugt, daß sie nicht so reich sei, wie er ursprünglich annahm, und möglicherweise werde jetzt, nachdem sie ihm angehört habe, der Preis auch nicht mehr so hoch sein. Falls der Besitzer nicht mehr verlangen sollte als dreihundert oder vierhundert Taler, so wolle er sie gern loskaufen; denn er habe vorzeiten einmal eine gewisse Neigung für sie empfunden.«

»Die Neigung wird nicht so heftig gewesen sein«, meinte Leonissa, »wenn er nicht mehr als vierhundert Taler dafür ausgeben wollte. Da hat sich Ricardo schon als freigebiger, tapferer und edler bewiesen. Gott möge mir Unseligen verzeihen! Denn wißt, ich bin es, die seinen Tod verursacht hat, ich bin jenes unglückliche Mädchen, deren Verlust er so beklagte. Der Himmel weiß, wie sehr ich mich freuen würde, wenn er noch lebte; das Mitleid mit seinem Unglück, das ich ihm dann beweisen würde, könnte ihn vielleicht ein wenig entschädigen für das Erbarmen, das er mir gezeigt hat. Ja, mein Herr, es ist so, wie ich Euch eben sagte: ich bin die Frau, für die Cornelio so wenig Liebe empfand und die Ricardo so bitter beweinte. Durch viele und mannigfache Zufälle ist es so weit mit mir gekommen, daß ich heute eine elende Sklavin bin. Allein so viele Gefahren dieser Stand auch in sich bergen mag, so hat es mir der Himmel doch gestattet, in ihm die Reinheit meiner Ehre zu bewahren, und so bin ich denn in all meinem Unglück noch zufrieden. Jetzt aber weiß ich nicht mehr, wo ich mich befinde und wer mein Herr ist, und ich ahne auch nicht, wohin mein trauriges Geschick mich nun verschlagen wird. Darum flehe ich Euch bei dem Christenblut, das durch Eure Adern fließen muß, an, mir in dieser Drangsal ein wenig zu raten und zu helfen. Wenn auch meine vielen Leiden mich schon selbständiger und umsichtiger gemacht haben, so dringt doch jeden Augenblick so viel Neues auf mich ein, daß ich nicht mehr weiß, wie ich damit fertig werden soll.«

Mahmud versicherte ihr, er werde sein möglichstes tun, um ihr behilflich zu sein, und ihr mit Rat und Tat und all seinem Wissen und Können zur Verfügung stehen. Dann erzählte er ihr von dem Streit, der um ihretwillen zwischen den beiden Paschas entbrannt war und berichtete, daß sie sich nunmehr in der Obhut seines Herrn, des Kadi, befinde und demnächst als Geschenk für den Großtürken Soliman nach Konstantinopel geschickt werden solle. Doch bevor dies geschehe, werde der Himmel schon einen Ausweg zeigen; so hoffe er bei dem wahrhaftigen Gott, an den er glaube, obgleich er ein schlechter Christ sei. Dann riet er ihr, sie solle sich mit Halima, der Gattin des Kadi, möglichst gut stellen, da sie ja unter deren Aufsicht stehe, bis man sie nach Konstantinopel schicke. Auch machte er sie auf bestimmte Eigenheiten Halimas aufmerksam, gab ihr noch andere nützliche Winke und lieferte sie schließlich bei Halima ab, der er den Auftrag seines Herrn ausrichtete. Die Maurin fühlte sich sofort von der Schönheit und der kostbaren Kleidung des Mädchens eingenommen und hieß sie freundlich willkommen.

Mahmud kehrte nun zu den Zelten zurück und suchte Ricardo auf, um ihm Bericht zu erstatten. Als er ihn gefunden hatte, gab er ihm das Gespräch Wort für Wort wieder, und als er ihm von dem Mitleid erzählte, das Leonissa gezeigt hatte, als sie von Ricardos Tod hörte, kamen diesem beinahe die Tränen in die Augen. Er sagte ihm auch, daß er die Geschichte von der Gefangennahme Cornelios erfunden habe, um herauszubekommen, wie Leonissa jenem gegenüber fühlte, und berichtete ihm dann, wie gleichgültig und bitter das Mädchen über ihn gesprochen habe. All dies war Balsam auf Ricardos wunde Seele.

»Weißt du, Mahmud«, sagte er, »dabei kommt mir eine Geschichte in den Sinn, die mir mein Vater einmal erzählt hat. Er war ja bekanntlich ein Mann, der für alles Interesse zeigte und unserem Kaiser Karl V., der ihm manche Ehre erwies, im Kriege auf vielen verantwortungsvollen Posten diente. Als sich nun der Kaiser seinerzeit in dem Feldlager vor Tunis befand, kurz bevor er die Stadt mitsamt der Festung La Goletta einnahm, brachte man ihm eines Tages eine wunderbar schöne Maurin ins Zelt. Gerade in dem Augenblick, als das Mädchen dem Kaiser vorgestellt wurde, stahlen sich ein paar Sonnenstrahlen durch eine Ritze des Zeltes und fielen auf das Haar der Gefangenen, das mit der Sonne an lichtem Glanz wetteifern konnte. Es war dies ein besonderer Reiz der Maurin und eine große Seltenheit, da die Frauen ihrer Nation sich sonst ihres tiefschwarzen Haares zu rühmen pflegen. Unter dem Gefolge des Kaisers befanden sich damals zwei spanische Ritter, ein Andalusier und ein Katalane, beides kluge Männer und begabte Dichter. Als der Andalusier das Mädchen erblickte, begann er voller Bewunderung aus dem Stegreif eine sogenannte Copla, ein Gedicht mit recht schwierigen Reimverschlingungen, vorzutragen. Nach fünf Zeilen aber stockte er und konnte die Copla nicht zu Ende bringen, weil ihm im Augenblick die nötigen Reime fehlten. Als der andere Ritter, der neben ihm stand und die Verse gehört hatte, die Verlegenheit des Andalusiers bemerkte, stahl er ihm sozusagen die halbe Copla vom Munde weg und beendete sie glücklich mit den gleichen Reimen. An diese Geschichte mußte ich mich plötzlich erinnern, als ich die bezaubernde Leonissa ins Zelt des Paschas treten sah; denn nicht nur die Strahlen der Sonne, wenn sie sie träfen, müßten vor ihr verblassen, sondern der ganze Himmel mit allen seinen Gestirnen.«

»Nun hör aber auf, mein Freund Ricardo«, fiel Mahmud ein, »und sprich nicht weiter; denn ich muß ja befürchten, daß du in deinen Lobsprüchen über die schöne Leonissa die den Menschen gezogene Grenze überschreitest und kein Christ mehr bleibst, sondern geradezu ein Heide wirst! Wenn du magst, so sag mir diese Verse, die Copla oder wie du es sonst nennst, meinetwegen auf, und dann laß uns von anderen besseren Dingen sprechen, die dir vielleicht auch nützlicher sein dürften.«

»Das will ich gern tun«, versicherte Ricardo, »und ich mache dich noch einmal darauf aufmerksam, daß die ersten fünf Zeilen von dem andalusischen Ritter und die letzten von dem Katalanen stammen. Die ganze Copla ist also aus dem Stegreif gedichtet und lautet so:

> Wie der Tag im Strahlenkranze
> Plötzlich überm Berge glutet
> Und in Feuer uns das ganze
> Antlitz taucht, das seinem Glanze
> Standzuhalten kaum sich sputet;

> Wie Rubinrot, das im Tanze
> Tausend reinster Lichter flutet,
> Hat mich dein Gesicht gemutet,
> Des Propheten harte Lanze,
> Aja, drob das Herz mir blutet.

»Ja«, meinte Mahmud, »diese Verse gehen dem Ohr recht lieblich ein; noch erfreulicher aber scheint es mir, daß du überhaupt dazu aufgelegt bist, Verse zu sprechen, Ricardo; denn wenn man Verse aufsagt oder dichtet, muß die Seele ruhig und von allen wilden Leidenschaften befreit sein.«

»Nun«, entgegnete Ricardo, »man singt zwar Hymnen,

aber auch Klagelieder, und beides sind Verse. Doch lassen wir jetzt diese Dinge einmal beiseite! Sag mir lieber, was du nun in unserer Angelegenheit beginnen willst. Ich habe zwar nicht verstanden, was die Paschas in dem Zelt miteinander verhandelt haben, doch während du Leonissa fortbrachtest, hat mir ein venezianischer Renegat aus dem Gefolge meines Herrn, der dabei war und die türkische Sprache versteht, alles berichtet. Meiner Ansicht nach müssen wir vor allen Dingen einmal zu verhindern suchen, daß Leonissa dem Großherrn zugeschickt wird.«

»Nein«, widersprach Mahmud, »zu allererst müssen wir es bewerkstelligen, daß du in den Besitz meines Herrn übergehst. Haben wir das erreicht, dann werden wir schon gemeinsam Rat finden, wie wir am besten weiterkommen.«

In diesem Augenblick trat der Aufseher über die Christensklaven des neuen Vizekönigs auf die beiden zu und holte Ricardo fort. Der Kadi kehrte mit Hassan in die Stadt zurück, und dieser erledigte in wenigen Tagen seine Untersuchungen über die Amtsführung Alis und übergab ihm den verschlossenen und versiegelten Bericht, den er mit nach Konstantinopel nehmen sollte. Ali reiste bald darauf ab, nicht ohne dem Kadi zuvor ans Herz gelegt zu haben, die Christin doch ja bald nachzuschicken und den Bericht an den Großherrn so abzufassen, daß Alis Wünsche dadurch gefördert werden müßten. Der Kadi versprach es, doch in seinem Herzen, das lichterloh für die Christin brannte, war es anders beschlossen. So zog also Ali von dannen, die Brust mit falschen Hoffnungen erfüllt, und auch Hassan, der zurückblieb, schwelgte in den schönsten Erwartungen.

Mahmud hatte es unterdessen so einzurichten gewußt, daß Ricardo in den Besitz seines Herrn überging. Die Tage flogen dahin, und das Verlangen, Leonissa wiederzusehen, setzte dem armen Ricardo so zu, daß er

nirgends mehr Ruhe fand. Er hatte seinen Namen abgelegt und nannte sich jetzt Mario, weil er vermeiden wollte, daß Leonissa von ihm hörte, bevor sie ihn zu Gesicht bekam. Es stellte sich jedoch als sehr schwierig heraus, eine Zusammenkunft mit Leonissa herbeizuführen, da die Mauren ganz außerordentlich eifersüchtig und ängstlich darauf bedacht sind, daß kein Mann ihre Frauen unverschleiert zu sehen bekommt. Wenn diese sich allerdings einem Christen zeigen, ist es nicht ganz so schlimm, vielleicht, weil sie die Christensklaven nicht für vollwertige Männer halten. So trug es sich denn eines Tages zu, daß Frau Halima ihren Sklaven Mario erblickte und ihn so lange und eindringlich musterte, daß sein Bild ihr fest in Herz und Gedächtnis haften blieb. Sie mochte wohl der lauen Umarmungen ihres alternden Gatten ein wenig überdrüssig sein, auf jeden Fall setzte sie den bösen Wünschen, die sich in ihrem Herzen regten, keinen Widerstand entgegen. Kurz entschlossen ging sie zu Leonissa, die sie um ihrer Schönheit und Klugheit willen schon liebgewonnen hatte und der sie als Sklavin des Großherrn mit größter Achtung begegnete. Ihr vertraute sie sich an und berichtete, daß der Kadi einen Christensklaven ins Haus gebracht habe, der so schön und anmutig sei, wie sie in ihrem ganzen Leben noch keinen Mann gesehen habe. Wie sie gehört habe, sei er ein »Tschilibi«, ein Edelmann, und stamme aus derselben Gegend wie der Renegat Mahmud. Sie wisse nun nicht, wie sie es anstellen solle, ihn ihre Wünsche wissen zu lassen, ohne daß der Christ um ihrer Offenheit willen schlecht von ihr denke. Leonissa fragte darauf nach dem Namen des Gefangenen, und Halima erwiderte, er hieße Mario.
»Wenn er ein Edelmann wäre und wirklich aus jenem Ort stammte, so müßte ich ihn kennen«, meinte Leonissa, »aber es gibt in Trapani keinen Edelmann namens Mario. Doch du könntest es ja einmal einrichten, daß ich ihn sehe und spreche, Herrin; dann werde ich

dir schon sagen, wer er ist und was sich von ihm erwarten läßt.«

»Gut, das will ich tun«, sagte Halima. »Am Freitag, wenn der Kadi zum Gottesdienst in der Moschee ist, werde ich den Mario hierherkommen lassen, damit du allein mit ihm sprechen kannst. Wenn du es dann für angebracht hältst, ihm meine Wünsche anzudeuten, so tue es nur, so geschickt du kannst.«

Es waren noch keine zwei Stunden seit dem Gespräch zwischen Halima und Leonissa verflossen, als der Kadi Mahmud und Mario zu sich rief. Mit der gleichen Offenheit, mit der Halima der Leonissa ihr Herz entdeckt hatte, eröffnete der verliebte Alte seinen beiden Sklaven, was ihn bedrückte, und bat sie um Rat, wie er es anstellen könne, die Christin für sich zu gewinnen und gleichzeitig seinen Pflichten gegen den Großherrn, dessen Eigentum sie ja war, nachzukommen. Lieber wolle er tausendmal sterben, versicherte er, als das Mädchen auch nur ein einziges Mal dem Großtürken zu überlassen. So feurig schilderte der fromme Maure seine Leidenschaft, daß er auch die Herzen seiner beiden Sklaven in Flammen setzte, obgleich ihre Absichten den seinen genau zuwiderliefen. Es wurde nun abgemacht, daß Mario, der ja ein Landsmann des Mädchens war, obgleich er sie nicht zu kennen vorgab, die Sache in die Hand nehmen und Leonissa die Wünsche seines Herrn eröffnen solle. Wenn der Kadi auf diese Weise nicht zum Ziele käme, so solle er nötigenfalls Gewalt anwenden, da sie sich ja doch in seiner Macht befände. Nach Konstantinopel wollte man berichten, die Sklavin sei verstorben, und damit allen weiteren Schwierigkeiten aus dem Wege gehen. Der Kadi war höchst befriedigt von dem Plan seiner beiden Sklaven. Er schwamm schon im voraus in Seligkeit, bot Mahmud sofort die Freiheit an und versprach ihm nach seinem Tode die Hälfte seines Vermögens. Auch dem Mario verhieß er für den Fall, daß er seinen Vorsatz glücklich ausführte, die Freiheit und genügend Gold, damit er reich und in Ehren in seine Heimat zurückkehren könne. Ebenso freigebig wie er mit seinen Versprechungen waren die beiden Sklaven mit den Versicherungen ihrer Dienstwilligkeit. Sie wollten ihm den Mond vom Himmel herunterholen und ihm mit aller Sicherheit seine Leonissa verschaffen, wenn er ihnen nur eine Gelegenheit böte, sie zu sprechen.

»Diese Gelegenheit soll Mario haben, sobald er will«, erwiderte der Kadi. »Ich werde Halima für ein paar Tage zu ihren Eltern schicken, die griechische Christen sind, und sobald sie fort ist, gebe ich dem Pförtner den Befehl, Mario ins Haus zu lassen, sooft er hinein will. Leonissa aber werde ich sagen lassen, sie könne sich gern mit ihrem Landsmann unterhalten, soviel sie Lust habe.«

Auf diese Weise begann Ricardos Schicksalswind sich zu drehen und günstig für ihn zu wehen. Die Urheber dieser erfreulichen Wendung aber waren seine eigenen Gebieter, ohne daß sie es wußten.

Nachdem sie so alle ihre Verabredungen getroffen hatten, war Halima die erste, die an die Ausführung ihres Planes ging; denn es liegt nun einmal in der Natur der Frauen, daß sie rasch und kühn handeln, wenn es gilt, den Gegenstand ihrer Leidenschaft zu erringen. Am gleichen Tage noch sagte der Kadi zu Halima, sie könne gern einmal ihre Eltern besuchen, wenn sie wolle, und so lange dortbleiben, wie es ihr beliebe. Sie brannte jedoch so auf die Erfüllung der Hoffnungen, die Leonissa ihr gemacht hatte, daß sie im Augenblick nicht einmal in das sagenhafte Paradies Mohammeds, geschweige denn in das Haus ihrer Eltern gegangen wäre. So gab sie ihrem Gemahl zur Antwort, fürs erste habe sie nicht die Absicht, ihre Eltern zu besuchen; später, wenn sie einmal Lust verspüren sollte, würde sie schon Bescheid sagen. Auf jeden Fall aber würde sie die Christensklavin mitnehmen müssen.

»Nein, das geht nicht!« widersprach der Kadi. »Kein Mensch darf das Mädchen sehen, denn sie ist ja Eigentum des Großherrn, und vor allem müssen wir sie davor bewahren, mit Christen zusammenzukommen. Du weißt ja, sobald sie beim Großherrn ist, wird sie in den Serail eingeschlossen und muß Türkin werden, ob sie will oder nicht.«

»Wenn sie nur bei mir ist«, entgegnete Halima, »so wird ihr der Aufenthalt im Hause meiner Eltern und der Umgang mit ihnen auch nicht schaden; denn ich komme ja schließlich noch öfter mit ihnen zusammen und bin deshalb doch eine gute Türkin. Im übrigen gedenke ich sowieso nicht länger als vier oder fünf Tage fortzubleiben; denn meine Liebe zu Euch, mein Gemahl, ist so groß, daß ich es gar nicht länger aushalten würde, ohne Euch zu sehen.«

Der Kadi wollte ihr im Augenblick nicht widersprechen, denn er mochte ihr keinen Anlaß geben, hinsichtlich seiner wahren Absichten Verdacht zu schöpfen.

Als der Freitag herankam, ging der Kadi in die Moschee zum Gottesdienst, der gewöhnlich etwa vier Stunden dauerte. Kaum war Halima sicher, daß ihr Gemahl die Schwelle des Hauses überschritten hatte, als sie auch schon den Mario rufen ließ. Der korsische Christensklave, der als Türhüter am Eingang des Innenhofes stand, hätte ihn beinahe nicht hereingelassen, wenn Halima ihm nicht schnell noch den ausdrücklichen Befehl gegeben hätte. So betrat Mario das Haus, verwirrt und ängstlich, als ginge es zum Kampf gegen ein ganzes Heer von Feinden.

Leonissa saß am Fuß einer großen Marmortreppe, die zu den oberen Gängen hinaufführte. Sie trug dasselbe Gewand und dieselben Schmuckstücke, mit denen sie seinerzeit ins Zelt des Paschas gekommen war. Der gesenkte Kopf des Mädchens ruhte auf der rechten Hand, der Arm war auf das Knie gestützt, und ihre Blicke waren in die der Eingangstür entgegengesetzte Richtung gewendet, so daß sie Ricardo nicht bemerkte, obgleich er auf sie zuschritt. Ricardo hatte gleich nach dem Eintritt seine Blicke durch das ganze Haus schweifen lassen und nichts entdecken können, was die tiefe, feierliche Stille unterbrochen hätte. Plötzlich aber fiel sein Auge auf Leonissa, und im selben Augenblick stürmten so viele Gedanken auf den verliebten jungen Menschen ein, daß er nicht hätte entscheiden können, ob es Schrecken oder Freude war, was er empfand. Kaum zwanzig Schritte war er von der Frau entfernt, die für ihn den Inbegriff aller Glückseligkeit bedeutete, und doch war er ein Gefangener und sein Mädchen die Sklavin eines fremden Mannes. Während diese Gedanken sein Hirn durchzuckten und Freude und Trauer sich zugleich seines Herzens bemächtigten, bewegte er sich angstvoll und doch auch wieder entschlossen auf den Mittelpunkt der Vorhalle zu, wo seine geliebte Leonissa saß. Auf einmal wandte diese ihr Gesicht, und ihre Augen trafen auf die des Mario, welche unverwandt auf sie gerichtet waren. Die Wirkung, die dieser Blick auf die Seelen der beiden Menschen ausübte, machte sich gleich darauf auf ganz verschiedene Weise bemerkbar. Ricardo blieb wie angewurzelt stehen und konnte kein Glied mehr rühren. Leonissa hingegen, die ja nach der Erzählung Mahmuds Ricardo für tot gehalten hatte und ihn nun plötzlich so unerwartet vor sich sah, sprang entsetzt auf, und ohne die Augen von ihm zu wenden, wich sie zurück und tastete sich vier oder fünf Stufen rückwärts die Treppe hinauf. Dabei holte sie ein kleines Kreuz aus ihrem Gewand, küßte es und bekreuzigte sich immer wieder, als ob sie ein Gespenst oder eine Erscheinung aus dem Jenseits vor sich hätte. Nun erwachte Ricardo aus seiner Verzückung, und als er verstanden hatte, warum Leonissa solches Entsetzen zeigte, sagte er: »Es tut mir leid, schöne Leonissa, daß die Nachricht von meinem Tode, die Mahmud dir gab, nicht zutraf; denn dann brauchte ich jetzt nicht so in ängstlicher Erwartung zu beben, ob du noch immer so hart und unduldsam gegen mich sein wirst wie früher. Beruhige dich, schönste Herrin, und komm herunter, und wenn du dich entschließen kannst, etwas zu tun, was du nie zuvor tatest, so tritt her zu mir und überzeuge dich davon, daß ich kein Gespenst bin. Nein, Leonissa, ich bin Ricardo, dein Ricardo, dessen Glück und Unglück allein von deinem Willen abhängt.«

In diesem Augenblick legte Leonissa den Finger auf den Mund, und Ricardo verstand, daß er schweigen oder leiser sprechen solle. Er faßte sich ein Herz und trat noch näher auf sie zu, so daß er ihre geflüsterten Worte verstehen konnte.

»Sprich leise, Mario«, hauchte sie, »denn so heißt du ja jetzt offenbar –, und rede von nichts anderem, als ich dir jetzt andeute. Glaub mir, wenn man uns soeben gehört hat, können wir uns möglicherweise nie wiedersehen; denn ich bin sicher, daß Halima, unsere Herrin, uns belauscht. Sie hat mir gesagt, daß sie dich anbetet, und hat mich zur Übermittlerin ihrer Wünsche gemacht. Willst du ihr Gehör schenken, so wird es deinem leiblichen Heil wohl mehr zugute kommen als deiner Seele; willst du es jedoch nicht, so mußt du es wenigstens vortäuschen, und sei es auch nur, weil ich dich darum bitte und weil man sich niemals taub stellen darf, wenn eine Frau eine Liebeserklärung macht.«

»Das hätte ich nicht für möglich gehalten, schöne Leonissa«, erwiderte Ricardo, »daß du mich jemals um etwas bitten würdest, was ich dir nicht erfüllen kann. Die Bitte jedoch, die du soeben vorgebracht hast, hat mich eines Besseren belehrt. Oder meinst du vielleicht, der Wille sei eine so leicht bewegliche Sache, daß man ihn in die Richtung lenken kann, die einem gerade beliebt? Und ziemt es wohl einem ehrenhaften und aufrichtigen Mann, in solch schwerwiegenden Fällen zu lügen? Wenn du der Ansicht bist, daß dies möglich und erlaubt sei, so verfüge du nur, du bist die Herrin meines Willens. Doch leider weiß ich schon, daß ich so nicht auf meine Kosten komme; denn du hast mein Herz und meine Seele nie gekannt und wirst darum nicht wissen, was du damit anfangen sollst. Aber damit du nicht sagst, ich hätte die erste Bitte, die du an mich gerichtet hast, nicht erfüllt, will ich einmal beiseite lassen, was ich mir selbst schuldig bin und dir willfahren. Wenn ich damit das Glück erkaufen kann, dich wiederzusehen, will ich mich stellen, als schenkte ich den Wünschen Halimas Gehör. Erfinde du nur eine Antwort, wie sie dir richtig dünkt, ich bin von vornherein damit zufrieden. Das ist wohl das äußerste, was ich überhaupt für dich tun kann, und auch wenn ich dir noch einmal mein Herz auslieferte, das ich dir schon so oft geschenkt habe, würde das nicht mehr bedeuten. Zum Dank dafür erfülle auch du mir eine Bitte: berichte mir kurz, wie du den Händen der Seeräuber entrinnen konntest und in die Gewalt jenes Juden gelangtest, der dich verkaufte.«

»Mit kurzen Worten ist die Geschichte meines Leidens allerdings nicht erzählt«, meinte Leonissa, »doch ich will dich zufriedenstellen, so gut ich kann. So höre denn: Einen Tag, nachdem man uns getrennt hatte, wurde Issufs Fahrzeug durch einen heftigen Sturm zur Insel Pantelleria zurückgetrieben, wo wir auch eure Galeere sahen. Unsere Leute konnten das Fahrzeug jedoch nicht mehr halten, und so wurden wir rettungslos gegen die Felsen geschleudert. Als mein Herr den Tod so nahe vor Augen sah, leerte er in großer Eile zwei Wasserfässer, nagelte sie fest zu und band sie mit Stricken aneinander; dann band er mich zwischen die Fässer, entledigte sich seiner Kleider, schlang sich selbst einen Strick um den Leib und machte das Ende dieses Strickes an meinen Fässern fest. Daraufhin nahm er ein leeres Faß in die Arme, sprang beherzt

ins Meer und zog mich hinter sich her. Ich hatte nicht
den Mut, mich ins Wasser zu stürzen, doch ein anderer Türke gab mir einen Stoß und warf mich dem Issuf
nach. Besinnungslos kam ich unten an, und als ich wieder aus meiner Ohnmacht erwachte, befand ich mich
schon wieder an Land in den Armen zweier Türken,
die meinen Kopf nach unten hielten, damit ich das
Wasser, das ich geschluckt hatte, wieder von mir gäbe.
Entsetzt blickte ich um mich und bemerkte nun neben
mir Issuf, der mit zertrümmertem Schädel dalag. Wie
ich später erfuhr, war er beim Landen mit dem Kopf
auf einen Felsen aufgeschlagen und hatte so sein Leben
lassen müssen. Die Türken berichteten mir auch, daß
sie mich halb ertrunken an dem Strick an Land gezogen hätten. Von dem ganzen Unglücksschiff hatten
sich nur acht Insassen retten können. Acht Tage verbrachten wir auf der Insel, und die ganze Zeit über be-
handelten mich die Türken mit solcher Hochachtung,
wie wenn ich ihre Schwester oder Gebieterin gewesen
wäre. Wir hielten uns in einer Höhle verborgen, da
meine Begleiter befürchteten, die christliche Besatzung
einer auf der Insel gelegenen Festung könne herunter-
kommen und uns gefangennehmen. Unsere Nahrung
bestand aus aufgeweichtem Schiffszwieback von unserer Galeere, den das Meer ans Ufer spülte und den
wir nachts einsammelten. Zum Unglück für mich fügte
der Himmel es, daß in der Festung gerade der Befehlshaber fehlte, da der frühere vor wenigen Tagen verstorben war. Die ganze Besatzung bestand zur Zeit
nur aus zwanzig Soldaten. Wir erfuhren dies durch
einen Knaben, den die Türken gefangennahmen, als
er von der Festung herunterkam, um am Strande Mu-
scheln zu suchen. Acht Tage später sahen wir ein mau-
risches Kauffahrteischiff nahe an der Küste vorüber-
segeln. Die Türken bemerkten es, stürzten aus unserem
Versteck hervor und machten dem Schiff allerlei Zeichen, an denen die drüben bemerken mußten, daß es

sich um Landsleute handelte, die um Hilfe baten. Die Mauren nahmen uns auf, und meine Begleiter erzählten ihnen die Geschichte unseres Unglücks. Auf dem Schiff befand sich auch ein steinreicher jüdischer Kaufmann, dem die ganze Ladung oder doch der größte Teil derselben gehörte. Diese bestand aus Barkanstoffen, maurischen Mänteln und anderen Dingen, die man gewöhnlich aus Afrika nach der Levante ausführt. Meine türkischen Begleiter, die bis Tripolis mitfuhren, verkauften mich unterwegs an den Juden, der ihnen zweitausend Dublonen für mich zahlte. Es war dies ein ungeheurer Preis, und nur die Leidenschaft, die der Jude für mich empfand, wie er mir bald darauf gestand, hatte ihn so freigebig gemacht. Nachdem wir die Türken also in Tripolis an Land gebracht hatten, setzte das Schiff seine Reise fort. Jetzt forderte der Jude ganz offen meine Gunst, und ich gab ihm die Antwort, die seine plumpe Gier verdiente. Als er sah, daß er alle Hoffnung aufgeben mußte, beschloß er, sich meiner bei der ersten besten Gelegenheit wieder zu entledigen, und als er hörte, daß die beiden Paschas Ali und Hassan sich hier auf der Insel befanden, überlegte er, daß er hier seine Ware ja ebensogut loswerden konnte wie in Chios, wo er sie eigentlich absetzen wollte. So kam er hierher mit der Absicht, mich an einen der Paschas zu verkaufen, und er kleidete mich in diese kostbaren Gewänder, um die Kauflust der beiden noch anzuspornen. Nun habe ich erfahren, daß der Kadi mich gekauft hat, um mich dem Großtürken als Geschenk zu übersenden, und diese Aussicht erfüllt mich mit Schrecken. Ich hörte hier auch, du seiest gestorben, und wenn du mir glauben willst, so wisse, daß diese Nachricht mein Herz bedrückt hat. Allerdings fühlte ich mehr Neid als Mitleid mit dir, und zwar nicht, weil du mir verhaßt wärest — denn wenn ich auch keine Liebe gegen dich empfinden kann, so bin ich doch nicht undankbar —, sondern weil du, wie ich glaubte, das Trauerspiel deines Lebens endlich zu Ende geführt hattest.«

»Du würdest recht haben, Leonissa«, erwiderte Ricardo, »wenn der Tod mir nicht das Glück geraubt haben würde, dich wiederzusehen, denn dieser Augenblick, in dem ich die Seligkeit deines Anblicks genieße, ist mir wertvoller, als jedes andere Glück außer der ewigen Seligkeit, das ich mir im Leben oder im Tode wünschen könnte. Mein Herr, der Kadi, in dessen Gewalt ich auf ebenso abenteuerliche Weise gelangte wie du, hegt in bezug auf dich den gleichen Wunsch wie Halima in Hinsicht meiner Person. Er hat mich zum Dolmetsch seiner Gedanken ernannt, und ich nahm diesen Auftrag nicht an, um ihm eine Freude zu machen, sondern weil ich mir dadurch die Freude verschaffen konnte, dich zu sprechen. Da siehst du nun, Leonissa, wohin unser Unglück uns gebracht hat: du bist dazu ausersehen, etwas Unmögliches zu versuchen — denn du weißt ja, die Bitte, die du mir überbrachtest, ist unerfüllbar —, und ich soll das in die Wege leiten, was meinen Gedanken am fernsten lag. Mein Leben, das mir durch das große Glück, dich sehen zu dürfen, so kostbar geworden ist, würde ich dafür hergeben, um die Erfüllung meines Auftrags zu verhindern.«

»Ich weiß nicht, was ich dazu sagen soll, Ricardo«, erwiderte Leonissa, »und ich ahne auch nicht, wie wir aus diesem Labyrinth hier wieder herausfinden sollen, in das unser unglücklicher Stern, wie du sagst, uns geführt hat. Ich weiß nur eins: wir müssen jetzt etwas tun, was unserer Wesensart völlig fremd ist, wir müssen Betrug und Verstellung üben. Ich werde also Halima von dir irgendeine Bestellung ausrichten, die ihr die Hoffnung nicht nimmt, sondern sie nur etwas vertröstet. Du kannst dem Kadi vorspiegeln, was du für richtig hältst, sofern nur meine Ehre bewahrt bleibt. Nun, wo ich diese meine Ehre in deine Hände lege, wirst du mir wohl glauben, daß ich sie mir trotz all der schlimmen Wege, die ich gehen mußte, und trotz all der harten Kämpfe, die ich führte, rein und voll erhalten habe. Wir werden leicht Gelegenheit finden, wieder miteinander zu sprechen, und es wird für mich eine Freude sein, dich zu sehen, unter der Bedingung, daß du niemals versuchst, wieder um mich zu werben. Sobald du das tust, werde ich mich augenblicklich zurückziehen; denn du darfst nicht denken, meine Tugend sei so wenig widerstandsfähig, daß sie sich in der Gefangenschaft einem Zwange beugte, dem sie sich in der Freiheit widersetzt hat. So Gott will, werde ich wie das Gold sein, das nur immer reiner und klarer wird, je mehr man es läutert. Sei du zufrieden damit, wenn ich dir sage, daß dein Anblick mir nicht mehr wie früher Widerwillen einflößen wird; denn du mußt wissen, Ricardo, daß ich dich immer für einen rohen, anmaßenden Menschen hielt, der allzusehr von sich selbst überzeugt war. Ich gestehe auch, daß ich mich getäuscht habe, und es kann sein, daß mir nun, wo ich dich näher kennenlerne, die Augen noch mehr aufgehen und ich mich dir noch freundlicher erweisen kann, soweit dies meine Tugend zuläßt. So geh nun mit Gott, und ich hoffe nur, Halima hat uns nicht belauscht, denn sie versteht die Christensprache ein bißchen, oder doch wenigstens jenes Sprachengemisch, das hier üblich ist und in dem wir alle uns untereinander verständigen.«

»Alles, was du sagst, ist recht und gut, meine Gebieterin«, sagte Ricardo, »und ich danke dir unendlich für deine offenen Worte, die ich ebenso hoch zu schätzen weiß wie die Gnade, die du mir durch deinen Anblick gewährst. Auch ich hoffe, daß die Erfahrung dich noch lehren wird, wie ehrlich und bescheiden ich bin, vor allem in meiner Verehrung für dich. Auch wenn du meinem Benehmen keine so strenge Grenzlinie gesetzt hättest, würde ich mich dir gegenüber so achtungsvoll verhalten, wie du es nicht besser wünschen könntest.

Was nun den Kadi betrifft, so sei nur unbesorgt; ich werde ihn schon vertrösten. Besorge du das gleiche bei Halima und wisse, meine Gebieterin: jetzt, nach unserem Wiedersehen, habe ich so viel neue Hoffnung geschöpft, daß ich sicher glaube, wir werden bald die ersehnte Freiheit erlangen. Und nun behüt dich Gott, ein andermal erzähle ich dir, auf welchen Wegen das Schicksal mich hierherführte, nachdem ich mich von dir trennte oder, besser gesagt, von dir getrennt wurde.«

Damit ging er; Leonissa war hochbefriedigt und erfreut über Ricardos zurückhaltende Art, und er war überglücklich, denn endlich hatte er einmal aus dem Mund seiner Leonissa ein freundliches Wort gehört.

Halima hatte sich in ihr Gemach eingeschlossen und betete zu Mohammed, daß Leonissa ihr eine gute Nachricht über die Sache bringen möge, die sie ihr anvertraut hatte. Der Kadi befand sich indessen in der Moschee und vergalt die treulosen Gedanken seiner Frau damit, daß auch er in ängstlicher Spannung auf die Nachricht harrte, die er von seinem Sklaven zu hören erhoffte, den er beauftragt hatte, mit Leonissa zu sprechen. Obgleich Halima sich im Hause aufhielt, war er doch überzeugt, daß Mahmud den beiden eine Möglichkeit verschaffen würde, ungestört miteinander zu sprechen.

Leonissa schürte nun die frevlerischen Wünsche Halimas noch mehr, indem sie ihr Hoffnung machte, daß Mario alles tun würde, was sie von ihm ersehnte. Er ließe ihr jedoch sagen, so bestellte sie, daß sie noch zwei Monate verstreichen lassen müsse, bevor das, was er noch inniger herbeiwünsche als sie, Wirklichkeit werden könne. Diese Frist erbäte er, weil er zuvor noch bestimmte Gebete sprechen müsse, damit Gott ihm die Freiheit gewähre. Halima gab sich mit dieser Ausrede zufrieden und glaubte alles, was Leonissa ihr über ihren geliebten Mario erzählte. Sie hätte ihm gern noch vor Ablauf seines frommen Gelübdes die Freiheit verschafft, sofern er nur ihren Wunsch erfüllte. Und so trug sie Leonissa auf, sie solle ihm sagen, er möge doch die Frist etwas abkürzen und die Sache beschleunigen, denn sie stelle ihm gern die Summe zur Verfügung, die der Kadi für ihn verlange.

Ricardo hatte sich, bevor er seinem Herrn die Antwort brachte, zunächst einmal mit Mahmud beraten, was er sagen solle. Sie vereinbarten, daß Ricardo dem Kadi alle Hoffnung nehmen und ihm raten solle, die Gefangene so schnell wie möglich nach Konstantinopel zu bringen. Unterwegs werde er dann schon im Guten oder mit Gewalt ans Ziel seiner Wünsche gelangen. Was nun die Schwierigkeit beträfe, die Pflicht gegen den Großherrn wenigstens scheinbar zu erfüllen, so würde es ratsam sein, noch eine andere Sklavin zu kaufen und während der Reise eine Erkrankung Leonissas vorzutäuschen. Dann müsse man zur Nachtzeit die neugekaufte Christensklavin ins Meer werfen und behaupten, es sei der Leichnam Leonissas, der Sklavin des Großherrn, gewesen. Das alles würde sehr leicht auszuführen sein, und kein Mensch würde jemals die wahren Zusammenhänge aufdecken können. Der Kadi würde ohne Schuld vor dem Großherrn dastehen und gleichzeitig das Ziel seiner Wünsche erlangt haben. Auch würde man später schon Mittel und Wege finden, um ihm den dauernden Besitz des schönen Mädchens zu sichern.

Der arme alte Kadi war so verblendet, daß er noch auf tausend viel verrücktere Ratschläge gehört hätte, wenn sie ihm nur irgendwie eine Aussicht auf die Erfüllung seiner Hoffnungen eröffneten. Es war daher nur erklärlich, daß er begeistert auf die Vorschläge seiner beiden Sklaven einging, zumal sie ihm sehr vernünftig vorkamen und einen glücklichen Erfolg zu versprechen schienen. Diese Überlegung wäre auch nicht falsch gewesen, wenn nicht die beiden Ratgeber im geheimen dabei die Absicht gehabt hätten, sich des Schiffes zu bemächtigen und den Alten zur Strafe für seine Vermessenheit zu töten. Dem Kadi fiel jedoch ein Hindernis ein, und zwar das größte, das sich ihm seiner Meinung nach überhaupt bieten konnte; es wurde ihm nämlich klar, daß seine Frau Halima ihn bestimmt nicht nach Konstantinopel fahren lassen würde, wenn er sie nicht mitnähme. Doch auch für diese Schwierigkeit fand sich schnell ein Rat. Man könne ja, so meinte der Kadi, an Stelle der Christensklavin, die gekauft werden und für Leonissa sterben solle, auch Halima nehmen, von der er sich für sein Leben gern befreien wollte. Ebenso schnell, wie er diesen Plan ausheckte, stimmten Mahmud und Ricardo zu.

Am selben Tage, an dem dies beschlossen war, erzählte der Kadi seiner Frau, daß er nach Konstantinopel zu fahren gedenke, um die Christensklavin an den Groß-herrn abzuliefern, von dessen Freigebigkeit er sich die Ernennung zum Großkadi von Kairo oder von Konstantinopel erhoffte. Halima glaubte, er werde Ricardo zu Hause lassen, und erklärte sich daher sehr einverstanden mit seinem Entschluß. Als ihr der Kadi jedoch mitteilte, er müsse ihn und auch den Mahmud mitnehmen, änderte sie ihre Meinung und riet ihm nun von der gleichen Sache ab, zu der sie vorher zugeredet hatte. Zum Schluß erklärte sie rund heraus, wenn er sie nicht mitnähme, dächte sie gar nicht daran, ihn abreisen zu lassen. Der Kadi willigte in alle ihre Wünsche ein und dachte bei sich, daß er dieses schwere Joch ja doch bald abschütteln würde.

Unterdessen war auch Hassan Pascha nicht müßig gewesen. Immer wieder hatte er den Kadi mit Bitten bestürmt, er solle ihm doch die Sklavin überlassen. Er hatte ihm Berge von Gold für sie versprochen und ihm sogar den Ricardo, dessen Lösegeld auf zweitausend Dukaten geschätzt wurde, umsonst gegeben. Um die Auslieferung des Mädchens zu erleichtern, schlug er dem Kadi die gleiche List vor, die dieser selbst schon ersonnen hatte, und meinte, man solle erklären, die Sklavin sei gestorben, falls der Großherr nach ihr fragen würde. All diese Geschenke und Versprechungen hatten jedoch nur den einen Erfolg, daß der Kadi um so mehr darauf bedacht war, seine Abreise zu beschleunigen. Alles trieb ihn zur Eile: seine eigene Sehnsucht, Hassan Pascha mit seinen dauernden Belästigungen und sogar Halima, die ebenfalls schon Pläne schmiedete und Luftschlösser baute. Binnen zwanzig Tagen war eine Brigg mit fünfzehn Bänken ausgerüstet und mit guten maurischen Rudersklaven bemannt, zu denen auch noch ein paar griechische Christen kamen. Der Kadi packte all seine Reichtümer hinein, und auch Halima ließ nichts im Hause zurück, was irgendwie von Wert war; ja, sie bat sogar ihren Gatten, er möge ihr doch erlauben, auch ihre Eltern mitzunehmen, damit diese einmal Konstantinopel zu sehen bekämen. Halima hatte nämlich die gleiche Absicht wie Mahmud: sie wollte sich mit ihm und Ricardo verbünden und dann unterwegs das Schiff in ihre Gewalt bringen. Ihre Pläne wollte sie den beiden jedoch erst an Bord entdecken und sie weiterhin bestimmen, mit ihr in ein christliches Land zu gehen, wo sie wieder die Religion annehmen könnte, in der sie geboren war. Dann hoffte sie, sich auch mit Ricardo verheiraten zu können; denn da sie ja so viele Reichtümer mit sich führte, glaubte sie mit Sicherheit, Ricardo würde sie zur Frau nehmen, wenn sie nur erst wieder Christin geworden wäre.

Ricardo hatte in der Zwischenzeit noch einmal mit Leonissa gesprochen und sie über seine Absichten aufgeklärt, während Leonissa ihm von Halimas Plänen erzählte, die diese ihr mitgeteilt hatte. So vertrauten die beiden sich ihre Geheimnisse an, hofften auf Gott und erwarteten den Tag der Abfahrt.

Als dieser gekommen war, begleitete Hassan die ganze Gesellschaft mit allen seinen Soldaten bis zum Meeresufer, blieb dort, bis die Segel gesetzt waren und ließ die Brigg nicht aus den Augen, bis sie sich in der Ferne verlor. Es war, als hätten die Seufzer des verliebten Mauren die Segel jenes Schiffes, das ihm den Inhalt seiner Seele raubte und davontrug, noch mehr geschwellt. Doch nicht umsonst hatte die Liebe ihm so lange Zeit hindurch keine Ruhe und keinen Schlaf gegönnt; er hatte sich genau überlegt, was er tun könne, um nicht rettungslos seiner Sehnsucht zu erliegen, und ging nun schleunigst daran, seinen sorgsam gesponnenen Plan mit aller Entschlossenheit durchzuführen. In einer anderen Bucht lag schon ein Fahrzeug mit siebzehn Bänken bereit, das er jetzt mit fünfzig Soldaten bemannte. Er hatte zu dieser Unternehmung nur ihm bekannte und ergebene Leute ausgesucht, die er sich zudem noch mit Geschenken und Versprechungen verpflichtet hatte. Denen gab er den Befehl, unverzüglich aufzubrechen, das Schiff des Kadi zu überfallen, alle Kostbarkeiten zu rauben und die gesamte Besatzung außer der Sklavin Leonissa niederzumetzeln. Das Mädchen war die einzige Beute, die er unter all den Reichtümern, die die Brigg barg, für sich begehrte. Er ordnete auch an, das Fahrzeug in den Grund zu bohren, damit keinerlei Überreste mehr auf das gewaltsame Ende hindeuten könnten. Die Aussicht auf die reiche Beute beflügelte den Eifer der Soldaten und stählte ihren Mut, obgleich dies kaum nötig war, denn es war vorauszusehen, daß sie bei der Besatzung der Brigg, die ja waffenlos war und einen solchen Überfall in keiner Weise erwartete, wenig Widerstand finden würden.

Zwei Tage erst war die Brigg unterwegs, doch dem Kadi kam es vor, als seien es schon zwei Jahrhunderte. Bereits am ersten Tag hatte er den Wunsch geäußert, seinen Entschluß in die Tat umzusetzen, allein seine Sklaven erklärten, er müsse zuerst einmal eine Krankheit Leonissas vortäuschen, um ihren Tod glaubhaft zu machen, und zwar müsse die Krankheit mindestens einige Tage dauern. Ihm wäre es zwar am liebsten gewesen, einen plötzlichen Tod Leonissas vorzutäuschen, um möglichst schnell alles zu erledigen, seine Frau loszuwerden und die Glut zu löschen, die sein Herz schon zu verzehren drohte, doch mußte er sich der Klugheit halber den Ratschlägen der beiden fügen.

Halima hatte inzwischen Mahmud und Ricardo ihren Plan eröffnet, und die drei kamen überein, ihn ins Werk zu setzen, sobald man die Höhe von Alexandrien passiert hatte oder an den anatolischen Burgen vorbeisegelte. Der Kadi drängte jedoch so sehr, daß man beschloß, die erste beste Gelegenheit zu ergreifen, die sich bieten würde. Als der sechste Reisetag verstrichen war, meinte der Kadi, daß man nun wohl Leonissas Erkrankung lange genug vorgetäuscht habe, und bestürmte seine Sklaven, sie sollten doch am nächsten Tage Halima in ein Leichentuch wickeln und ins Meer werfen. Der übrigen Besatzung sollten sie sagen, die Tote sei die Sklavin des Großherrn gewesen. Als nun die Sonne jenes Tages heraufstieg, der nach Mahmuds und Ricardos Absicht entweder die Erfüllung ihrer Wünsche oder das Ende ihres Lebens bringen sollte, entdeckten sie ein Fahrzeug, das unter Einsatz aller verfügbaren Ruder und mit vollen Segeln hinter ihnen herjagte. Man fürchtete sogleich, es könne sich um christliche Seeräuber handeln, von denen keiner auf dem Schiff etwas Gutes zu erwarten hatte; denn die Mauren würden in diesem Fall zu Gefangenen gemacht und die Christen zwar in Freiheit bleiben, jedoch bis aufs Hemd ausgeraubt werden. Mahmud und Ricardo hätten sich zwar damit begnügt, Leonissa und sich selbst in Freiheit zu sehen, doch bei alledem mußten sie die Roheit und Unverschämtheit des Seeräubervolks fürchten; denn ein Mensch, der sich zu einem solchen Handwerk hergibt, wird, welcher Religion oder Nation er auch angehören mag, stets ein grausames Herz und ein wildes, anmaßendes Auftreten haben. Sie bereiteten sich also auf die Verteidigung vor, ohne dabei die Ruder aus den Händen zu lassen, und mühten sich nach Leibeskräften ab. Doch nach wenigen Stunden schon mußten sie einsehen, daß alles nichts nützte und die Verfolger binnen zwei Stunden auf Schußweite herangekommen sein würden. Sie strichen daher die Segel, ließen die Ruder fahren, griffen zu den Waffen und erwarteten den Feind, obgleich der Kadi meinte, sie brauchten sich nicht zu fürchten, da das Fahrzeug ein türkisches Schiff sei, von dessen Besatzung ihnen kein Leid geschehen würde. Er befahl, sofort am Heck die weiße Friedensflagge aufzuziehen, um den Verfolgern, die bereits blind und gierig mit wildem Ungestüm gegen die schwach verteidigte Brigg heranstürmten, ein Zeichen zu geben. In diesem Augenblick wendete Mahmud den Kopf und bemerkte, daß von Westen her eine Galeere von etwa zwanzig Bänken auf sie zukam. Er sagte es dem Kadi, und einige der christlichen Rudersklaven meinten, das neu entdeckte Fahrzeug müsse ein Christenschiff sein. All diese Ereignisse ließen die Verwirrung und die Angst nur noch höher steigen. Die gesamte Besatzung war aufs äußerste gespannt und erwartete, zwischen Furcht und Hoffnung schwebend, den Ausgang, den Gott dieser Sache bescheren würde. Der Kadi hätte in diesem Augenblick wohl gern jeden Anspruch auf die Erfüllung seiner Wünsche aufgegeben, wenn er sich dafür nur wieder in Nikosia befunden hätte, so groß war die Angst, die er ausstand. Die Ungewißheit wurde schon sehr bald behoben durch das Verhalten des ersten Schiffes, das, ohne die Friedensflagge zu respektieren und die Gemeinsamkeit der Religion zu achten, mit solcher Wucht die Brigg des Kadi rammte, daß es sie beinahe in den Grund gebohrt hätte. Als der Kadi die Angreifer näher in Augenschein nahm, erkannte er, daß es Soldaten aus Nikosia waren. Und es wäre wohl auch keiner auf dem Schiff mit dem Leben davongekommen, wenn die Soldaten sich nicht vor Beginn des Blutbads gleich ans Plündern gemacht hätten. Doch gerade als sie am gierigsten in den Schätzen des Kadi wühlten, erscholl die Stimme eines Türken, der rief: »Auf, an die Waffen! Ein christliches Schiff greift uns an!« Und dies traf auch zu, denn das Fahrzeug mit den christlichen Zeichen und Bannern, das man von der Brigg des Kadi aus erspäht hatte, raste in wilder Fahrt auf Hassans Schiff zu. Bevor es jedoch ganz nahe herangekommen war, fragte vom Vorderschiff aus einer in türkischer Sprache, wem dies Fahrzeug denn gehöre. Man erwiderte ihm, der Besitzer sei Hassan Pascha, der Vizekönig von Zypern. »Was?« versetzte der Türke, »Ihr seid Muselmänner und rammt und beraubt ein Schiff, von dem wir doch wissen, daß es den Kadi von Nikosia an Bord hat?« Sie entgegneten hierauf, daß ihnen nichts darüber bekannt sei; sie hätten nur den Auftrag gehabt, das Schiff zu überfallen, und seien als gehorsame Soldaten dem Befehl nachgekommen. Nachdem der Kapitän jenes zweiten Schiffes, das als Christenfahrzeug kenntlich gemacht war, erfahren hatte, was er wissen wollte, ließ er von Hassans Schiff ab und stürzte sich auf die Brigg des Kadi. Schon beim ersten Zusammenstoß wurden zehn von den Leuten des Kadi getötet, und gleich darauf sprangen die Angreifer beherzt und flink an Deck der Brigg. Kaum hatten sie jedoch hier Fuß gefaßt, als der Kadi erkannte, daß sein neuer Feind kein Christ war, sondern Ali Pascha, der dritte Bewerber um Leonissa, der mit der gleichen Absicht wie Hassan das Kommen des Schiffes erwartet hatte. Um nicht erkannt zu werden, hatte er sich und seine Soldaten in christliche Kleidung gesteckt und gehofft, durch diese List unentdeckt seinen Raub ausführen zu können. Der Kadi, der die Absichten seiner verräterischen Freunde wohl durchschaute, begann sich mit lauter Stimme über ihre Schlechtigkeit zu empören und rief: »Was soll das, Ali-Pascha, du Verräter! Wie kannst du es wagen, mich in Christenkleidung zu überfallen, wo du doch ein Muselmann und Türke bist? Und ihr, Soldaten des Hassan, welcher Teufel ist in euch gefahren, daß ihr einen solchen Frevel zu begehen wagt? Wie könnt ihr euch unterstehen, euch gegen euren wahren Herrn zu erheben, nur um den widerlichen Gelüsten dieses Mannes Vorschub zu leisten, der euch gesandt hat?«

Bei diesen Worten ließen alle die Waffen sinken, sahen einander an und erkannten sich gegenseitig, da sie ja alle unter einem Feldherrn gedient und unter der gleichen Fahne gefochten hatten. Die Wort des Kadi hatten sie ganz aus der Fassung gebracht, und nun wurden sie sich ihrer Verblendung bewußt. Ihr Mut erlahmte, und es kam ihnen vor, als seien die Klingen ihrer Schwerter plötzlich stumpf geworden. Nur Ali verschloß Auge und Ohr vor allem, was um ihn her vorging, stürzte sich auf den Kadi und versetzte ihm einen derartigen Hieb auf den Kopf, daß er ihm bestimmt den Schädel mittendurch gespalten hätte, wenn nicht die hundert Ellen Stoff seines Turbans den Kadi etwas geschützt hätten. Trotzdem stürzte dieser zwischen den Bänken zu Boden nieder und rief noch im Fallen: »O du grausamer Renegat, Feind meines göttlichen Propheten! Ist es denn möglich, daß keiner aufsteht, um dich für deine Roheit und Unverschämtheit zu strafen? Verfluchter, wie kannst du es wagen, Hand und Schwert gegen deinen Kadi, den Stellvertreter Mohammeds, zu erheben?«

Diese Worte waren zwar noch deutlicher und eindringlicher als die ersten, doch jetzt fürchteten die Soldaten Hassans, daß Alis Leute ihnen die sichere Beute wieder aus den Händen reißen könnten, und beschlossen, alles aufs Spiel zu setzen. Einer stürmte voran, die anderen folgten, und bald hieben sie so wütend und feurig auf die Soldaten Alis ein, daß von der großen Überzahl binnen kurzem nur noch ein kleiner Rest am

Leben war. Nun aber kamen diejenigen, die dem Gemetzel entronnen waren, wieder zur Besinnung und rächten ihre Kameraden so blutig, daß von Hassans Leuten kaum vier davonkamen und auch diese wenigen noch schwer verwundet wurden.

Ricardo und Mahmud, die sich in eine Kajüte des Hinterschiffes geflüchtet hatten, steckten von Zeit zu Zeit den Kopf durch die Luke, um zu sehen, wohin das Kampfgetöse, das zu ihnen herüberschallte, noch führen würde. Als sie bemerkten, daß beinahe sämtliche Türken getötet und die Überlebenden schwer verletzt waren, wurde ihnen klar, daß es nun ein leichtes sein würde, eine endgültige Entscheidung herbeizuführen. Ricardo rief Mahmud und zwei Neffen Halimas herbei, die diese mitgenommen hatte, damit sie helfen sollten, sich des Schiffes zu bemächtigen. Die vier Männer und dazu noch Halimas Vater ergriffen jeder das Schwert eines gefallenen Türken und stürmten unter dem Schlachtruf »Freiheit! Freiheit!« auf den Mittelgang hinaus. Mit Hilfe der christlichen Rudersklaven machten sie allen Türken an Bord den Garaus, ohne selbst eine einzige Verwundung davonzutragen. Dann sprangen sie auf das Deck von Alis Galeere hinüber, bemächtigten sich des wehrlosen Schiffes und raubten es aus. Unter den ersten, die bei diesem Kampfe fielen, war Ali-Pascha, den ein Türke, um seinen Kadi zu rächen, mit einigen Hieben zu Boden streckte. Dann machten sich auf Ricardos Rat hin alle daran, sämtliche Dinge von Wert, die sich auf der Brigg des Kadi und auf Hassans Schiff befanden, auf die Galeere hinüberzuschaffen, da diese das größte Schiff und für jede Fracht und jedes Gewässer tauglich war. Außerdem bestand die Rudermannschaft hier nur aus Christensklaven, die in ihrer Freude über die wiedergewonnene Freiheit und die reichen Geschenke, die Ricardo unter alle verteilte, sich erboten, ihn nach Trapani und, wenn es sein müsse, sogar bis ans

Ende der Welt zu bringen. Voller Glück über ihren guten Erfolg gingen Mahmud und Ricardo nun zu der Maurin Halima und boten ihr an, das Fahrzeug ihres Gemahls mit guten Rudersklaven zu bemannen, falls sie die Absicht habe, nach Zypern zurückzukehren. Dazu versprachen sie ihr die Hälfte all der Reichtümer, die der Kadi mitgenommen hatte. Sie jedoch hatte selbst in diesen Schreckensstunden ihre Liebe zu Ricardo bewahrt und erklärte zur größten Freude ihrer Eltern, sie wolle mit ihnen in ein christliches Land gehen.

Nun erwachte auch der Kadi wieder aus seiner Ohnmacht. Man verband ihn, so gut es möglich war, und stellte auch ihn vor die Wahl, ob er sich in ein christliches Land mitnehmen lassen oder auf seinem eigenen Schiff nach Nikosia zurückkehren wolle. Er erwiderte, da das Schicksal ihn nun einmal so hart getroffen habe, müsse er ihnen für die Freiheit, die sie ihm gewährten, danken. Er habe die Absicht, demnächst nach Konstantinopel zu gehen, um sich beim Großherrn über den Frevel zu beklagen, den Hassan und Ali ihm angetan hätten. Als er jedoch erfuhr, daß Halima ihn verlassen und wieder Christin werden wollte, war er nahe daran, den Verstand zu verlieren. Schließlich bemannte man ihm sein Fahrzeug, versah ihn mit allem Nötigen für die Reise und gab ihm sogar noch ein paar Zechinen von dem Geld, das ihm einst gehört hatte. Nachdem er sich von allen verabschiedet hatte, um die Rückfahrt nach Nikosia anzutreten, bat er, Leonissa möge ihn doch, bevor er an Bord seines Schiffes ginge, ein einziges Mal umarmen; diese Gunst und Gnade würde genügen, um ihn sein ganzes Unglück vergessen zu machen. Alle redeten Leonissa zu, sie solle dem alten Mann, der sie so sehr liebte, diesen einen Gefallen tun, denn damit werde ihre Ehre ja in keiner Weise verletzt. Leonissa erfüllte den Wunsch, und der Kadi bat sie noch, ihm die Hände auf den Kopf zu legen, damit er

Hoffnung hegen könne, von seiner Wunde zu genesen. Auch dieser Bitte kam Leonissa nach.

Als man nun noch Hassans Fahrzeug angebohrt hatte, erhob sich ein frischer West, der die Segel geradezu aufzufordern schien, sich ihm anheimzugeben. Man brach auf, und in wenigen Stunden hatten Ricardo und die Seinen das Schiff aus den Augen verloren, von dem aus der Kadi mit feuchten Blicken zusehen mußte, wie die Winde ihm sein Hab und Gut, seine Kostbarkeiten, sein Weib und den Inbegriff seiner Sehnsucht entführten.

Für Ricardo und Mahmud hingegen war es eine weit fröhlichere Fahrt als für den Kadi. Sie dachten gar nicht daran, irgendwo anzulegen, und so segelten, sie in dem langgestreckten Golf von Alexandrien in Sichtweite der Stadt ein Stück die Küste entlang und kamen von hier aus, ohne die Segel reffen und von den Rudern Gebrauch machen zu müssen, zu der befestigten Insel Korfu, wo sie Wasser einnahmen. Dann ging es ohne Aufenthalt durch die berüchtigten Akrokeraunischen Klippen, und am zweiten Tage schon entdeckte man von weitem Pachino, ein Vorgebirge des fruchtbaren Sizilien. Zwischen Sizilien und der berühmten Insel Malta flogen sie so schnell dahin, daß auch das Glückhafte Schiff nicht geschwinder hätte segeln können. Auf ihrer Fahrt entlang der sizilianischen Küste erspähten sie nach vier Tagen Lampedusa und bald darauf Pantelleria, jene Insel, bei der sie seinerzeit Schiffbruch erlitten hatten. Leonissa schauderte beim Anblick dieser Klippen zusammen, und die furchtbare Gefahr, in der sie damals geschwebt hatte, stand wieder vor ihren Augen. Am nächsten Tage schließlich sahen sie die ersehnte und geliebte Heimat vor sich. Ihre Herzen jubelten und eine ungekannte Seligkeit durchströmte sie, denn eine der größten Freuden, die uns im Leben werden können, ist die, nach langer Gefangenschaft gesund und wohlbehalten ins Vaterland zurückzukehren. Sie ist ebenso groß wie das Glück, das der Mensch empfindet, wenn er einen Sieg über seine Feinde errungen hat.

Man hatte auf der Galeere einen Kasten voll bunter, seidener Fähnchen und Wimpel gefunden, mit denen Ricardo das Schiff jetzt schmücken ließ. Es mochte kurz nach Sonnenaufgang sein, als sie sich nur noch knapp eine Meile vor der Stadt befanden. Die Mannschaft löste sich im Rudern ab, um schneller voranzukommen, und stieß von Zeit zu Zeit fröhliche Rufe und Schreie aus. So gelangte man in den Hafen, der wie mit einem Schlag von einer riesigen Menschenmenge erfüllt war; den sobald man vom Lande aus dieses prächtig geschmückte Fahrzeug erblickt hatte, das langsam näher kam, gab es kein Halten mehr, und aus der ganzen Stadt strömte das Volk ans Ufer.

Ricardo hatte unterdessen Leonissa inständig gebeten, doch dieselbe Kleidung und denselben Schmuck anzulegen, mit denen sie damals in das Zelt der Paschas gekommen war, denn er hatte vor, ihren Eltern eine Überraschung zu bereiten. Leonissa fügte sich seinem Wunsch. Sie legte eins der prächtigen Kleidungsstücke nach dem andern an, behängte sich mit all ihren Perlenschnüren, und da die Freude bekanntlich die natürliche Schönheit eines Menschen noch zu steigern vermag, war das Mädchen zum Schluß so lieblich anzusehen, daß alle Umstehenden mit Staunen und Bewunderung erfüllt waren. Auch Ricardo legte türkische Kleidung an, und ebenso Mahmud und die christlichen Ruderslaven, für die ja genügend Gewänder von den erschlagenen Türken vorhanden waren. Als sie in den Hafen einfuhren, mochte es etwa acht Uhr morgens sein, und der Himmel strahlte so klar und heiter auf sie herab, daß es schien, als freue auch er sich über diese glückliche Heimkehr. Noch vor der Einfahrt ließ Ricardo die Geschütze der Galeere, eine auf dem Mittelgang angebrachte Kanone und zwei Feldschlangen, abfeuern, und sofort erschollen auch von der Stadt her die Begrüßungssalven. Die ganze Bevölkerung erwartete voller Unruhe die Ankunft des prächtigen Schiffes. Als sie dann aber die weißen Turbane der als Mauren verkleideten Männer sahen, glaubten sie, es handele sich um ein Türkenschiff. Sie wurden von Schrecken gepackt und argwöhnten einen Überfall; alles griff zu den Waffen, die gesamte Bürgerwehr der Stadt rückte zum Hafen vor, und die Reiterei verteilte sich über die ganze Länge des Strandes. All diese Anstalten erregten das größte Vergnügen der Leute auf dem Schiff, die nun immer näher herankamen, bis sie schließlich im Hafenbecken angelangt waren. Hart am Ufer ließen sie den Anker fallen, legten den Laufsteg aus, zogen die Ruder ein, und dann kamen sie einer nach dem anderen, wie in einer Prozession, aufs Land hinüber, wo sie sich zu Boden warfen und mit Freudentränen in den Augen die Erde wieder und wieder küßten. Dadurch aber wurde allen klar, daß es sich um Christen handeln müsse, die sich eines türkischen Fahrzeugs bemächtigt hatten. Als letzte erschienen die Eltern Halimas und ihre beiden Neffen, die, wie berichtet, alle in türkische Gewänder gehüllt waren. Den Beschluß und die Krönung des Zuges aber bildete die schöne Leonissa, deren Gesicht mit einem scharlachroten Taftschleier verhüllt war. Ricardo und Mahmud führten sie zwischen sich, und das prächtige Schauspiel zog die Augen all der unendlich vielen am Ufer stehenden Menschen auf sich. Als sie an Land gelangt waren, machten sie es den anderen nach, warfen sich nieder und küßten den Erdboden.

Nun näherte sich ihnen auch der Gouverneur und Befehlshaber der Stadt, der wohl bemerkt hatte, daß die drei die vornehmsten der Ankömmlinge waren. Kaum war er herangekommen, als er Ricardo erkannte, mit ausgebreiteten Armen auf ihn zulief und ihn voller Freude ans Herz drückte. Mit dem Gouverneur kamen

auch Cornelio und sein Vater, die Eltern Leonissas sowie ihre weitere Verwandtschaft und ebenso Ricardos
Angehörige, die alle zu den angesehensten Bürgern der
Stadt zählten. Ricardo umarmte den Gouverneur und
dankte allen für das Willkommen, das sie ihm boten.
Dann ergriff er mit der einen Hand die Hand Leonissas, mit der anderen die Cornelios, der bei Ricardos
Anblick und bei dieser Berührung erbleichte und
vor Furcht beinahe zu zittern begann und sagte:
»Meine Herren, bevor wir in die Stadt einziehen und
in der Kirche Gott dem Herrn für die große Gnade
unseren schuldigen Dank abstatten, die er uns in unserem Unglück erwiesen hat, bitte ich Euch geziemend,
ein paar Worte anzuhören, die ich Euch zu sagen
habe.«
Der Gouverneur erwiderte hierauf, er solle nur sagen,
was er auf dem Herzen habe, denn jedermann würde
ihm gern zuhören. Die vornehmsten Bürger der Stadt
scharten sich um Ricardo, und dieser erhob nun ein
wenig die Stimme und sagte: »Ihr werdet Euch sicherlich noch an das Unglück erinnern, meine Herren, das
mir vor einigen Monaten in einem Garten bei den Salinen zustieß und bei dem auch Leonissa geraubt
wurde. Und auch der Eifer, mit dem ich mich um ihre
Befreiung bemühte, wird Euch nicht aus dem Gedächtnis entschwunden sein. Ich setzte damals meine eigene
Person vollkommen zurück und bot als Lösegeld für sie
mein gesamtes Vermögen. Dieses Verhalten mag wohl
freigebig und großmütig erscheinen, aber ich kann und
darf dafür kein Lob beanspruchen, denn es galt ja,
mein eigenes Herz und meine Seele loszukaufen. Um
zu erzählen, was uns beiden hernach noch zugestoßen
ist, bedarf es mehr Zeit, einer besseren Gelegenheit und
vor allem einer gewandteren Zunge, als die meine es
ist. Für heute mag es genügen, wenn ich Euch sage, daß
der Himmel sich unserer erbarmte, nachdem wir die
verschiedensten und seltsamsten Abenteuer bestanden

und schon tausendmal jede Hoffnung aufgegeben hatten, aus unserem Unglück erlöst zu werden. Ohne unser Verdienst hat er uns glücklich und mit Reichtümern überhäuft in die ersehnte Heimat zurückgeführt. Wenn ich jedoch heute so über alle Maßen glücklich und zufrieden bin, so ist nicht die wiedergewonnene Freiheit der Grund, und auch die reichen Schätze sind es nicht, die mir zugefallen sind. Nein, mich freut allein das Glück, das diese Frau hier empfinden muß, die in Krieg und Frieden stets meine süße Feindin war, und die sich nun in Freiheit sieht und den Geliebten ihres Herzens vor sich erblicken darf. Natürlich nehme ich auch an der allgemeinen Freude teil, die meine Gefährten im Unglück jetzt erfüllt. Obgleich nun Not und Schicksalsschläge gewöhnlich das Wesen der Menschen verändern und auch das tapferste Herz beugen, kann man dies doch von der Vernichterin meiner Hoffnungen nicht behaupten; denn sie hat mit mehr Mut und Standhaftigkeit, als man überhaupt sagen kann, Unheil über Unheil ertragen und dem Ansturm meiner glühenden, aber ehrenhaften Bewerbungen die Stirn geboten. Hier bewahrheitet sich wieder einmal der Satz, daß ein Mensch mit einem starken Charakter wohl den Himmel über sich, nicht aber sein Wesen wechseln kann. Aus allem Gesagten aber will ich nur eins folgern: Ich habe mein Vermögen als Lösegeld für sie geboten, ich habe ihr mein ganzes Herz in meinem Wünschen und Werben geschenkt, ich habe mich um ihre Befreiung gemüht und für sie mehr als für mich selbst mein Leben eingesetzt. Das alles sind Dinge, die bei einem dankbaren Menschen ins Gewicht fallen dürften, doch ich will sie nicht angerechnet haben, sondern nur das eine Opfer, das ich ihr jetzt bringen will.«

Bei diesen Worten hob er die Hand und schlug in ehrerbietiger Scheu den Schleier von Leonissas Antlitz zurück, so daß es war, als habe sich eine Wolke verzogen, die den strahlenden Glanz der Sonne verdeckt hatte.

»Hier, Cornelio«, fuhr er dann fort, »übergebe ich dir ein Kleinod, das dir wertvoller sein muß als aller Reichtum dieser Welt. Und dir, schöne, Leonissa, führe ich hiermit den Mann zu, dessen Bild du stets in deinem Herzen bewahrt hast. Das aber muß in Euren Augen ein Zeichen der Großmut sein, das unendlich viel überzeugender ist, als wenn ich Vermögen, Ehre und Leben dahingegeben hätte. Nimm sie, du Glücklicher, nimm sie, und wenn es dir beschieden ist, den Wert eines solchen Geschenkes zu erfassen, so schätze dich als den glücklichsten Menschen dieser Erde. Zugleich mit dem Mädchen übergebe ich dir meinen ganzen Anteil an den Reichtümern, die der Himmel uns beschert hat; ich glaube, der Wert dieser Mitgift dürfte dreißigtausend Dukaten übersteigen. All das kannst du in Freiheit und Muße genießen, und der Himmel möge geben, daß dir noch viele glückliche Jahre gewährt seien. Ich Unglücklicher aber, der ich meine Leonissa verliere, will arm bleiben; denn wem Leonissa fehlt, dem ist schon das Leben allein zuviel.«

Bei diesen Worten aber stockte er plötzlich, als ob ihm die Zunge am Gaumen haftengeblieben sei. Nach einigen Augenblicken, und noch bevor ein anderer etwas sagen konnte, fuhr er fort: »Gott steh mir bei! Wie können doch Sorgen und Unheil unseren Verstand umnebeln! Glaubt mir, Ihr Herren, ich hatte den ehrlichen Wunsch, das Beste zu tun und habe dabei gar nicht bedacht, was ich sagte. Aber es ist ja gar nicht möglich, daß ein Mensch seine Feigebigkeit an Dingen beweist, die ihm nicht gehören. Welches Recht habe ich über Leonissa, um sie einem anderen zu schenken? Und wie kann ich etwas anbieten, das auch nicht im entferntesten mein eigen ist? Leonissa gehört sich selbst, so sehr sich selbst, daß, wenn ihre Eltern nicht wären — denen Gott noch ein langes Leben schenken möge — keine Macht ihrem Willen entgegenstände. Als klug und vornehm empfindender Mensch mag sie nun wohl denken, sie habe gewisse Verpflichtungen mir gegenüber, doch ich streiche und tilge hiermit all diese Verpflichtungen und mache sie zunichte. Und ebenso ungültig muß sein, was ich soeben gesagt habe: ich gebe Cornelio nichts, denn ich kann ihm nichts geben. Die Übertragung meines Besitztums auf Leonissa jedoch möchte ich hiermit noch einmal bestätigen, und ich will keinen Lohn dafür, sondern hoffe allein, daß sie an die Ehrenhaftigkeit meiner Absichten glaubt und davon überzeugt ist, daß ich niemals ein Ziel ersehnt und erstrebt habe, das sich mit ihrer unvergleichlichen Tugend, ihrem hohen Wert und ihrer unendlichen Schönheit nicht vertragen hätte.«

Damit schwieg Ricardo, und nun ergriff Leonissa das Wort und sagte: »Wenn du meinst, Ricardo, ich hätte dem Cornelio damals, als du noch ein so eifersüchtiger Liebhaber warst, manche Gunst erwiesen, so bedenke, daß ich dabei doch immer die Grenzen des Anstands gewahrt habe. Ich handelte ja auch nach dem Willen und auf Anordnung meiner Eltern, die mir erlaubten, den Cornelio zu begünstigen, weil sie ihn gern als meinen Gatten gesehen hätten. Ich hoffe, diese Worte genügen dir, und das, was du aus eigener Anschauung von meiner Tugend und Zurückhaltung gesehen hast, wird dir ein weiterer Beweis sein. Daraus aber sollst du entnehmen, Ricardo, daß ich immer nur mir selbst gehört habe und niemandem untertan war als allein meinen Eltern, die ich jetzt in aller Demut und wie es sich geziemt bitte, sie möchten mir die Erlaubnis geben, über die Freiheit, die du mir mit solch edler Großmut verschafftest, selbst zu verfügen.«

Die Eltern versicherten, daß sie ihr gern diesen Wunsch erfüllen wollten, denn sie vertrauten auf ihre Klugheit und seien überzeugt, daß alles, was sie täte, ihr nur zu Ehre und Vorteil gereichen würde.

»Nun wohlan«, fuhr die kluge Leonissa fort, »so wird man es mir hoffentlich nicht übelnehmen, wenn ich jetzt einmal meine mädchenhafte Scheu ablege, sofern ich nur nicht undankbar bin. Und so erkläre ich dir denn, mein tapferer Ricardo, daß mein Herz, das bisher von Zweifeln und Skrupeln erfüllt war, sich jetzt offen für dich erklärt. Die Männer sollen nicht glauben, alle Frauen seien undankbar; ich wenigstens will mich als dankbar erweisen. Dein bin ich, Ricardo, und dein bleibe ich bis zum Tode, falls nicht eine bessere Einsicht dich treiben sollte, mir die Hand zu verweigern, die ich von dir als meinem Gatten erbitte!«

Ricardo war von Leonissas Worten wie betäubt. Er konnte kein Wort hervorbringen, sondern fiel stumm vor ihr auf die Knie, riß ihre Hände an sich, die er mit Küssen bedeckte und mit den zärtlichsten Tränen benetzte. Cornelio vergoß Tränen der Enttäuschung, während Leonissas Eltern vor Freude schluchzten und den Umstehenden vor Bewunderung und Begeisterung die Augen feucht wurden. Der Bischof oder Erzbischof der Stadt, der ebenfalls anwesend war, gab dem jungen Paar seinen Segen, führte sie zur Kirche und nahm die Trauung noch zur selben Stunde vor, indem er von der gesetzlichen Frist Abstand nahm. Der Jubel verbreitete sich durch die ganze Stadt: am Abend flammten an allen Orten Freudenfeuer empor, und noch tagelang fanden überall Spiele und Volksbelustigungen statt, die Ricardos und Leonissas Eltern veranstalteten.

Mahmud und Halima kehrten zum christlichen Glauben zurück, und die letztere, deren Wunsch, sich als Gemahlin Ricardos zu sehen, nun nicht mehr in Erfüllung gehen konnte, war zufrieden, nunmehr an der Seite Mahmuds als dessen Gattin leben zu dürfen. Halimas Eltern und ihre Neffen beschenkte der freigebige Ricardo so großzügig aus seinem Anteil an der Beute, daß sie reichlich davon zu leben hatten. Kurzum, alle waren glücklich und zufrieden, und der Name Ricardos drang über die Grenzen Siziliens hinaus und ver-

breitete sich durch ganz Italien und viele andere Länder. Überall nannte man ihn den großmütigen Freier,
und sein Gedächtnis lebt noch heute fort in den vielen
Kindern, die seine kluge, keusche, züchtige und schöne
Leonissa ihm schenkte.

RINCONETE UND CORTADILLO

AN EINEM HEISSEN SOMMERTAGE TRAFEN ZWEI JUNGE Burschen zufällig in der Schenke ›Zur kleinen Mühle‹ zusammen, die auf dem Wege von Kastilien nach Andalusien an der Grenze der berühmten Felder von Alcudia liegt. Sie mochten etwa vierzehn bis fünfzehn Jahre zählen, auf jeden Fall war keiner von ihnen älter als siebzehn. Sie waren gut gewachsen, machten jedoch beide einen recht abgerissenen, zerlumpten und heruntergekommenen Eindruck. Einen Mantel oder Umhang hatten sie nicht, die Hosen waren aus Leinwand, und die Strümpfe bestanden aus ihrer eigenen Haut. Der letztere Mangel wurde allerdings durch die Fußbekleidung ausgeglichen, denn der eine Bursche trug ein Paar Hanfschuhe, denen man ihren langen Gebrauch ansah, und der andere ein Paar durchlöcherte Lederschuhe ohne Sohlen, die eher wie Fußfesseln aussahen denn wie Schuhe. Auf dem Kopf hatte der eine eine grüne Jägermütze und der andere einen niedrigen, breitkrempigen Hut, dem die Hutschnur fehlte. Auf dem Rücken des einen erblickte man ein gelblichbraunes, fettig glänzendes Hemd, das über der Brust zusammengeknotet und ganz in den einen Ärmel gestopft und eingewickelt war. Der andere trug überhaupt keinen Reisesack, dafür aber auf der Brust ein unförmiges Etwas, das sich beim näheren Hinsehen als eine sogenannte wallonische Halskrause entpuppte, die von Fett und Schmutz ganz steif und so ausgefasert und zerfranst war, daß sie nur noch aus einem Gitterwerk von Fäden zu bestehen schien. In diese Krause war sehr sorgfältig ein Spiel eiförmiger Karten eingewickelt; vom vielen Gebrauch waren die Ecken der Karten ganz abgenutzt, und man hatte sie offenbar beschnitten, um sie länger benutzen zu können, und ihnen dabei diese Gestalt verliehen. Beide Burschen waren von der Sonne gebräunt und hatten an den nicht sehr sauberen Händen schwarze, schmutzige Nägel. Der eine trug einen kleinen Degen, der andere ein Messer mit gelbem Heft, von der Art, die man auf dem Lande als »Ochsentreiber« zu bezeichnen pflegt.

Die beiden waren in den überdachten Gang vor der Schenke hinausgetreten, um hier ihre Mittagsruhe zu halten, und hatten sich einander gegenübergesetzt. Nach kurzer Zeit begann derjenige, der etwas älter wirkte, das Gespräch und sagte zu dem Jüngeren: »Wo ist denn die Heimat Eurer Gnaden, mein edler Herr, und wohin soll die Reise gehen?«

»Eine Heimat kenne ich nicht, Herr Edelmann«, erwiderte der Gefragte, »und ebensowenig kann ich Euch das Ziel meiner Reise nennen.«

»Nun«, meinte der Ältere, »Euer Gnaden scheinen ja nicht gerade vom Himmel gefallen zu sein, und dies hier ist schließlich auch kein Ort, um für immer seinen Wohnsitz aufzuschlagen. So werdet Ihr wohl zwangsläufig weiterziehen müssen.«

»Das ist richtig«, entgegnete der Kleine, »aber deshalb habe ich doch die Wahrheit gesagt; denn die Gegend, aus der ich stamme, ist keine Heimat für mich. Ich habe dort nur noch einen Vater, der mich nicht für seinen Sohn hält, und eine Stiefmutter, die mich wahrhaft stiefmütterlich behandelt. Meine Reise geht ins Blaue und wird dort ihr Ende finden, wo ich einen Menschen treffe, der mir genug gibt, um dieses elende Leben zu fristen.«

»Und haben Euer Gnaden irgendein Handwerk gelernt?« fragte der Große.

»Viel kann ich nicht«, versetzte der Kleine. »Ich laufe
wie ein Hase, springe wie eine Gemse und kann vortrefflich mit der Schere schneiden.«

»Das ist alles sehr gut, nützlich und vorteilhaft«, meinte
der Größere, »denn da findet sich doch gewiß mancher Küster, der Euer Gnaden die Opferspende vom
Allerheiligen-Tage gibt, damit Ihr ihm zum Donnerstag in der Karwoche die Papiergirlanden für das Heilige Grab ausschneidet.«

»Von der Art ist meine Schneidekunst nicht«, erwiderte
der Kleinere. »Mein Vater, der durch Gottes Gnade
ein Schneider und Strumpfmacher ist, hat mich gelehrt, Überstrümpfe zuzuschneiden, solche kurzen
Strumpfhosen mit einem Vorderblatt, die, wie Euer
Gnaden vielleicht wissen, auch Gamaschen genannt
werden. Die kann ich so gut zuschneiden, daß ich in
dieser Kunst wirklich die Meisterprüfung hätte bestehen können, wenn mein unseliges Geschick mich
nicht so aus der Bahn geworfen hätte.«

»Ja, dergleichen Mißgeschick widerfährt immer gerade
den Besten«, versetzte der Große, »und ich habe oft
sagen hören, daß die trefflichsten Fertigkeiten gerade
am wenigsten anerkannt werden; allein Euer Gnaden
sind jung genug, um Euer Glück noch zu verbessern.
Aber wenn ich mich nicht täusche und mein Auge mich
nicht trügt, so verstehen sich Euer Gnaden noch auf
andere geheime Fertigkeiten, die Ihr mir nur nicht
offenbaren wollt.«

»Das ist richtig«, stimmte der Kleine zu. »Doch diese
Künste sind nicht für die Öffentlichkeit bestimmt, wie
Euer Gnaden ganz recht bemerkt haben.«

»Dann will ich Euch einmal etwas sagen«, versetzte
der Große darauf. »Ich bin einer der verschwiegensten
Burschen, die man weit und breit finden kann. Damit
nun Euer Gnaden sehen, daß Ihr Euch in dieser Hinsicht beruhigen und mir getrost Euer Herz öffnen
könnt, will ich Euch zuvor meine eigene Geschichte er-

zählen. Denn es kommt mir so vor, als ob das Schicksal uns nicht ohne geheime Absicht hier zusammengeführt hätte, und ich habe das Gefühl, daß wir von heute ab bis zum letzten Tage unseres Lebens aufrichtige Freunde sein werden. Ich, mein edler Herr, stamme also aus Fuenfrida, einem Ort, der bekannt und berühmt ist durch die vornehmen Reisenden, die dort ständig durchkommen. Mein Name ist Pedro del Rincón und mein Vater ein Mann von Rang, denn er ist ein Beamter der Heiligen Kreuzbulle, also ein Bullen- oder Ablaßkrämer, wie das Volk zu sagen pflegt. Ich bin ihm manchmal bei seinem Geschäft zur Hand gegangen und habe es so gut gelernt, daß auch der geschickteste Ablaßkrämer vor mir nichts mehr voraus hat. Eines schönen Tages aber begeisterte ich mich mehr für das Geld, das bei dem Ablaßverkauf hereinkam, als für die Ablaßzettel selbst, ergriff einen wohlgespickten Beutel und wanderte damit nach Madrid. Die vielen guten Gelegenheiten, die sich einem Menschen dort bieten, verführten mich dann, meinem Beutel die Eingeweide auszunehmen, so daß er nach wenigen Tagen mehr Falten aufwies als das Taschentuch eines Hochzeiters. Der Mann, der die Gelder der Heiligen Kreuzbulle zu verwalten hatte, war jedoch hinter mir her. Man faßte mich, und nun gab es keine Gnade, wenn die hohen Herren auch meine Jugend in Anschlag brachten und sich damit begnügten, mich an die Türe zu stellen, mir die Fliegen ein wenig vom Rücken zu verscheuchen und mich für vier Jahre aus der Residenz zu verbannen. Ich trug die Strafe mit Geduld, zog die Schultern hoch, nahm meine Tracht Prügel in Empfang und beeilte mich so sehr, dem Verbannungsurteil nachzukommen, daß ich nicht einmal die Zeit fand, mich nach einem Reittier umzusehen. Von meinem Hab und Gut raffte ich zusammen, was ich konnte und was mir am notwendigsten erschien, darunter diese Karten für das Einundzwanzig-Spiel« — und damit zog er das schon erwähnte Kartenspiel hervor, das er in der Halskrause trug —. »Mit denen da habe ich mir in allen Schenken und Wirtshäusern, die auf dem Wege von Madrid bis hierher liegen, meinen Lebensunterhalt verdient. Wenn sie Euer Gnaden auch schmutzig und abgenutzt vorkommen, so haben sie doch eine wunderbare Eigenschaft für den, der sich darauf versteht: jedesmal, wenn man sie abhebt, hat man als unterste Karte ein As. Falls Euer Gnaden in diesem Spiel erfahren sind, werdet Ihr verstehen, wie günstig es ist, wenn man weiß, daß man mit dem ersten Griff ein As abheben kann, das ja je nach Bedarf einen oder elf Punkte wert ist. Mit diesem Vorteil kann man stets einundzwanzig bieten, und schon fließt das Geld in die Kasse. Außerdem erlernte ich bei dem Koch eines Botschafters verschiedene Kniffe im Quinola-Spiel und im Parierspiel, das auch ›Fallstrick‹ genannt wird, und ebenso wie Euer Gnaden die Meisterprüfung im Gamaschenschneiden ablegen könnten, kann ich als Meister in der Gaunerkunst auftreten. So bin ich wenigstens sicher, niemals Hungers zu sterben; denn auf jedem Bauernhof, auf den ich komme, findet sich jemand, der sich mit einem Spielchen die Zeit vertreiben möchte. Wir beide wollen gleich nachher einmal die Probe aufs Exempel machen; wir wollen unser Netz ausspannen und sehen, ob nicht unter den Maultiertreibern hier in der Schenke ein Vogel ist, der uns hineingeht. Ich meine damit, daß wir zwei so tun wollen, als spielten wir ›Einundzwanzig‹. Wenn dann einer als Dritter mithalten will, so soll er der erste sein, der seinen Beutel leeren muß.«

»Es soll mir recht sein«, erwiderte der andere, »und ich rechne es Euer Gnaden hoch an, daß Ihr mir Eure Lebensgeschichte erzählt habt. Nun fühle ich mich verpflichtet, auch mit der meinen nicht mehr hinter dem Berge zu halten, und will Euch also in kurzen Worten das Nötige berichten. Geboren bin ich in El Pedroso, einem Ort, der zwischen Salamanca und Medina del Campo liegt. Mein Vater ist Schneider und lehrte mich sein Handwerk, und bei meinem hellen Kopf ging ich bald vom einfachen Zuschneiden auf das Beutelschneiden über. Das beengte Leben auf dem Lande und die lieblose Behandlung, die meine Stiefmutter mir angedeihen ließ, waren mir bald zuwider. So verließ ich meinen Heimatort und ging nach Toledo, um dort mein Gewerbe auszuüben. Ich kann Euch sagen, ich habe wahre Wunderdinge darin vollbracht: kein Reliquienkäpselchen an einer Haube, keine Rocktasche sitzt so verborgen, daß meine Finger sie nicht fänden und meine Schere sie nicht abschneiden könnte, selbst wenn sie mit Argusaugen bewacht wären. Und in den ganzen vier Monaten, die ich in Toledo verbrachte, wurde ich nie auf frischer Tat ertappt, nie von den Häschern überrascht und verfolgt und nie von einem Angeber verpfiffen. Vor acht Tagen aber berichtete ein heimtückischer Spion dem Oberrichter von meiner Geschicklichkeit, und der war ganz begeistert von meinen Talenten und wollte mich gleich kennenlernen. Doch ich bin ein einfacher Mensch, dem der Umgang mit so gewichtigen Persönlichkeiten nicht liegt, und so zog ich es vor, ihm nicht zu Gesicht zu kommen, und verließ die Stadt so eilig, daß ich gar keine Zeit mehr fand, mir Geld und Reittiere zu beschaffen und auch keine Kutsche, ja nicht einmal einen Bauernkarren auftreiben konnte.«

»So was vergißt sich mit der Zeit«, meinte Rincón. »Aber jetzt, wo wir uns näher kennengelernt haben, brauchen wir auch nicht mehr den Mund so voll zu nehmen, sondern können offen und ehrlich bekennen, daß wir keinen blanken Heller und nicht einmal ein Paar Schuhe besitzen.«

»So ist es recht!« erwiderte der Kleinere, der sich Diego Cortado nannte. »Und da unsere Freundschaft ewig dauern soll, wie Ihr, Herr Rincón, gesagt habt, wollen wir sie mit heiligen und wohllöblichen Zeremonien besiegeln.«

Damit stand Diego Cortado auf und umarmte Rincón aufs zärtlichste, und auch Rincón drückte seinen neuen Freund fest an die Brust. Daraufhin setzten die beiden sich nieder, reinigten die besagten Karten von Staub und Stroh — das Fett und all die Gaunerei, die ihnen anhaftete, konnten sie allerdings nicht abwischen — und dann begannen sie, miteinander ›Einundzwanzig‹ zu spielen. Schon nach wenigen Versuchen konnte Cortado ebensogut ein As abheben wie sein Lehrmeister Rincón.

Bald darauf trat ein Maultiertreiber in die Vorhalle hinaus, um ein wenig frische Luft zu schöpfen und bat die beiden, bei ihrem Spiel als Dritter mithalten zu dürfen. Sie erfüllten gern seine Bitte und nahmen ihm in weniger als einer halben Stunde zwölf Realen und zweiundzwanzig Maravedi ab. Für den Maultiertreiber war das genauso schmerzlich, als ob man ihm zwölf Lanzenstiche und zweiundzwanzigtausend Beleidigungen zugefügt hätte, und da er glaubte, daß die Burschen zu schwach seien, um sich gegen ihn zu verteidigen, versuchte er, ihnen das Geld wieder wegzunehmen. Sofort aber hatte der eine seinen kleinen Degen gezückt und der andere sein Messer gezogen, und nun machten ihm die beiden so viel zu schaffen, daß es ihm sicherlich übel ergangen wäre, wenn seine Gefährten nicht herbeigeeilt wären und sich ins Mittel gelegt hätten.

In diesem Augenblicke kam auf der Straße zufällig eine Reisegesellschaft zu Pferde vorüber, die in den etwa eine halbe Meile weiter gelegenen Gasthof ›Zum Bürgermeister‹ wollte, um dort Mittagsruhe zu halten. Als sie bemerkten, wie der Maultiertreiber und die beiden Burschen aneinandergeraten waren, griffen sie ein und schlichteten den Streit. Dann forderten sie die beiden Burschen auf, sich ihnen anzuschließen, falls sie zufällig nach Sevilla wollten.

»Natürlich wollen wir dorthin«, meinte Rincón, »und wir werden Euer Gnaden in allem, was Ihr uns befehlt, zu Diensten sein.«

Und ohne sich noch einmal umzusehen, sprangen sie flugs vor den Pferden her und zogen mit der Gesellschaft von dannen. Der Maultiertreiber blieb wütend und verärgert zurück, während die Schenkwirtin sich über das gewandte Benehmen der beiden jungen Spitzbuben nicht genug verwundern konnte. Sie hatte nämlich ihre Unterhaltung mit angehört, ohne daß die beiden es bemerkt hatten. Als sie dem Maultiertreiber erzählte, sie habe die Burschen davon reden hören, daß ihre Karten gefälscht seien, raufte dieser sich den Bart und wollte spornstreichs hinter ihnen her in die andere Schenke ziehen, um ihnen sein Geld wieder abzujagen; denn er empfand es als einen ungeheuren Schimpf und einen Flecken auf seiner Ehre, daß zwei so junge Kerle einen großen und erwachsenen Mann wie ihn übers Ohr gehauen hatten. Seine Gefährten jedoch hielten ihn zurück und rieten ihm, er solle den Burschen nicht nachlaufen, denn damit würde er ja nur alle Leute auf seine Ungeschicklichkeit und Dummheit aufmerksam machen; kurzum, sie redeten ihm so gut zu, daß sie ihn zwar nicht trösteten, aber doch zum Bleiben bestimmten.

Cortado und Rincón waren unterdessen so beflissen, den Reisenden gefällig zu sein, daß sie zum Lohn für ihre Anstelligkeit den größten Teil des Weges hinten aufsitzen durften. Obgleich sie sich oft genug versucht fühlten, die Reisesäcke ihrer neuen Herren ein wenig genauer zu prüfen, gaben sie dieser Versuchung doch nie nach, denn es verlangte sie sehr, nach Sevilla zu kommen, und sie wollten sich nicht gern diese gute Reisegelegenheit verscherzen. Als man jedoch eines Tages zur Stunde des Gebetläutens vor Sevilla angelangt war und dort am Zolltor alle Gepäckstücke vorweisen und den Einfuhrzoll erlegen mußte, konnte Cortado sich nicht enthalten, einen Mantelsack anzuschneiden, den ein zu der Reisegesellschaft gehöriger Franzose hinten auf seinem Tier verstaut hatte. Mit seinem gelben Messer brachte er dem Sack eine so lange und tiefe Wunde bei, daß seine Eingeweide zutage traten und er bequem zwei gute Hemden, eine Sonnenuhr und eine kleine Schreibtafel herausholen konnte. Als die beiden Freunde diese Sachen näher in Augenschein nahmen, waren wie wenig erfreut. Sie meinten aber, der Franzose werde in seinen Mantelsack, den er so sorgfältig hinten aufgeschnallt hatte, sicherlich nicht nur so wertlose Sachen getan haben, wie diese Beutestücke waren, und verspürten daher Lust zu einem zweiten Versuch. Dann ließen sie aber doch wieder davon ab, da sie sich überlegten, daß der Eigentümer wahrscheinlich die entwendeten Sachen schon vermißt und das Restliche in Sicherheit gebracht haben werde. Von ihren bisherigen Herren hatten die beiden sich bereits verabschiedet, bevor sie diesen Streich ausführten. Am nächsten Tage verkauften sie die Hemden auf dem Trödelmarkt, der außerhalb des Sandtores abgehalten wird, und erzielten bei diesem Verkauf zwanzig Realen. Dann zogen sie aus, um sich die Stadt anzusehen, und bestaunten die Größe und Pracht der Kathedrale und das Gewimmel der Leute am Flußufer. Es sollte gerade eine Flotte ausgerüstet werden, und sechs Galeeren lagen vor Anker. Dieser Anblick entlockte den beiden einen tiefen Seufzer und ließ sie voller Bangen an den Tag denken, an dem ihre schlimmen Streiche ihnen noch einmal eine Wohnstatt auf Lebensdauer in einem dieser Schiffe einbringen würden.

Es fielen ihnen hier eine Menge junger Burschen auf, die mit Tragkörben hin und her gingen, und sie hielten daher einen dieser Burschen an, um sich zu erkundigen, was für ein Gewerbe er denn betreibe, ob es viel Mühe erfordere und was es einbringe. Der kleine Asturier, dem sie diese Frage gestellt hatten, erwiderte, die Arbeit sei recht bequem, man brauche keine Gewerbesteuer dabei zu zahlen, und er nähme an manchen Tagen fünf bis sechs Realen damit ein. Bei diesem Verdienst könne er essen und trinken und sich's wohl sein lassen wie der König selbst. Er brauche sich keinen Herrn zu suchen, dem er Bürgschaft leisten müsse, und könne sicher sein, zu jeder Stunde, wenn ihn der Hunger ankomme, auch in der kleinsten Garküche der Stadt ein Essen bereit zu finden.

Die beiden Freunde hörten mit Vergnügen den Bericht des Asturiers. Das Gewerbe sagte ihnen zu, denn da es Gelegenheit bot, in allen Häusern aus und ein zu gehen, schien es ihnen bestens geeignet, um daneben ihr eigenes Handwerk sicher und heimlich auszuüben. So beschlossen sie denn, sich die nötigen Gerätschaften zu besorgen und dann in diesen Beruf hinüberzuwechseln, in den man ja ohne vorherige Prüfung aufgenommen wurde. Auf ihre Frage, was sie sich denn dazu kaufen müßten, erwiderte der Asturier, daß sie jeder einen kleinen, neuen und sauberen Sack benötigten und dazu drei Bastkörbe, zwei große und einen kleinen. In die Körbe käme das Fleisch, der Fisch und das Obst und in den Sack das Brot. Er führte sie auch dorthin, wo solche Geräte verkauft wurden, und sie besorgten sich von dem Geld, das ihnen die Beute aus dem Reisesack des Franzosen eingebracht hate, alles Nötige. Zwei Stunden später hätte man sie schon für Meister in ihrem neuen Fach halten können, mit solcher Selbstverständlichkeit trugen sie ihre Körbe und warfen sich den Sack über die Schulter. Ihr Führer machte sie auch noch darauf aufmerksam, welche Plätze sie aufzusuchen hätten: morgens die Fleischbank und den San-Salvador-Platz, an den Fasttagen den Fischmarkt und die Costanilla-Straße, nachmittags das Flußufer und donnerstags den Hauptmarkt.

Die beiden lernten diese Lektion gut auswendig und

faßten frühzeitig am nächsten Morgen auf dem San-Salvador-Platz Posten. Kaum waren sie da, als sie sich schon von einem ganzen Schwarm ihrer Berufsgenossen umringt sahen, die an den nagelneuen Säcken und Körben wohl gemerkt hatten, daß deren Träger auch Neulinge auf dem Platze waren. Tausend Fragen regnete es auf sie herab, und auf jede wußten sie eine kluge und höfliche Antwort. Unterdessen kamen ein Soldat und ein junger Mann daher, der eine Art Theologiestudent schien. Die sauberen Körbe der beiden Freunde lockten sie an, und der Student winkte dem Cortado, ihm zu folgen, während der Soldat Rincón herbeirief.

»In Gottes Namen denn!« antworteten beide.

»Hoffentlich fängt mein neues Gewerbe gut an«, sagte Rincón, »denn Euer Gnaden sind der erste, der meine Dienste in Anspruch nimmt.«

»Der Anfang wird nicht schlecht sein«, erwiderte der Soldat. »Ich bin gut bei Kasse und obendrein verliebt und will heute einigen Freundinnen meiner Dame ein kleines Fest geben.«

»Dann packen mir Euer Gnaden nur immer auf, soviel Ihr wollt, denn ich habe Lust und Kräfte genug, um den ganzen Platz fortzuschleppen. Wenn ich Euch vielleicht auch noch beim Kochen behilflich sein soll, so bin ich gern bereit.«

Dem Soldaten gefiel die frische Art des Burschen, und er sagte ihm, wenn er in seinen Dienst treten wolle, so werde er ihn gern von diesem widrigen Gewerbe erlösen. Rincón erwiderte hierauf, er fange ja an diesem Tage erst an, seinen neuen Beruf auszuüben, und wolle ihn nicht so schnell wieder aufgeben, sondern wenigstens erst einmal sehen, was er wohl an Gutem und Schlimmem mit sich brächte. Wenn es ihm nicht mehr dabei behagen sollte, so gäbe er sein Wort darauf, daß er dem Soldaten lieber dienen wolle als einem Domherrn.

Der Soldat lachte über diese Worte, lud ihm die Körbe

voll und zeigte ihm das Haus seiner Dame, damit der Bursche nun Bescheid wisse und er ihn beim nächsten Auftrag nicht mehr begleiten müsse. Rincón versprach, ihm treu zu dienen und sich stets gut aufzuführen, und der Soldat gab ihm drei Kupfermünzen. Im Nu war Rincón wieder auf dem Platz, um keine Gelegenheit zu verpassen; denn der kleine Asturier hatte ihnen noch eingeschärft, daß es in diesem Gewerbe darauf ankäme, immer flink zu sein. Außerdem hatte er ihnen noch gesagt, wenn sie kleinere Fische zu tragen hätten, wie Lauken, Sardinen oder Schollen, so könnten sie sich ruhig für ihren eigenen Bedarf ein paar davon nehmen, wenigstens so viel, um einen Tag damit auszukommen. Doch müßten sie schlau und behutsam dabei vorgehen, um nicht ihren guten Ruf zu verlieren, der bei diesem Gewerbe das wichtigste sei.

Sosehr sich Rincón auch mit der Rückkehr beeilte, fand er doch Cortado schon an der alten Stelle vor. Dieser ging ihm ein paar Schritte entgegen und fragte ihn, wie es ihm ergangen sei. Rincón öffnete die Hand und zeigte ihm die drei Kupfermünzen, worauf Cortado vorn in sein Hemd griff und einen Beutel hervorzog, der offenbar in früheren Zeiten einmal bernsteingelb gewesen war. Der Beutel schien ganz gut gefüllt, und Cortado sagte: »Damit hat mich seine Ehrwürden, der Herr Student, bezahlt, und dazu gab er mir noch zwei Kupfermünzen. Doch nehmt Ihr lieber für jeden Fall den Beutel an Euch, Rincón.«

Kaum hatte er seinem Gefährten den Beutel heimlich zugesteckt, als auch schon der junge Geistliche auftauchte. Schweißbedeckt und in höchster Aufregung kam er angerannt, und als er Cortado erblickte, stürzte er auf ihn zu und fragte ihn, ob er nicht vielleicht einen Beutel mit den und den Kennzeichen gesehen habe, der fünfzehn Taler in purem Gold, drei Doppelrealen und soundsoviele große und kleine Kupfermünzen enthielt. Der Beutel sei ihm abhanden gekommen, und er möge ihm doch sagen, ob er ihn vielleicht beim Einkaufen in die Hand genommen habe.

Ohne eine Miene zu verziehen oder mit der Wimper zu zucken, erwiderte Cortado hierauf mit einem erstaunlich unschuldigen Gesicht: »Das einzige, was ich über diesen Beutel zu sagen wüßte, ist, daß er sicherlich nicht verloren sein kann, falls Euer Gnaden nicht schlecht auf ihn achtgegeben haben.«

»Das ist es ja gerade!« erwiderte der Student. »Ich unglückseliger Mensch muß ihn wohl schlecht verwahrt haben, daß er mir gestohlen werden konnte.«

»Ja, das meine ich auch«, stimmte Cortado zu, »aber für alles gibt es ein Mittel, außer für den Tod, und für Euer Gnaden ist jetzt einmal das erste und wichtigste Mittel die Geduld. Gott hat die Welt aus Nichts erschaffen, ein Tag folgt auf den anderen, und heute mir, morgen dir, sagt das Sprichwort. Vielleicht verspürt der Dieb ja eines Tages Reue, schwenkt den Beutel in heiligem Weihrauch und bringt ihn Euch zurück.«

»Das Beweihräuchern kann er sich schenken«, versetzte der Student.

»Und außerdem«, fuhr Cortado fort, »gibt es ja auch noch Exkommunikationsbriefe und Bannbullen für solche Fälle. Wenn Ihr Euch eifrig bemüht und sucht, werdet Ihr schon Glück haben. Die Wahrheit zu sagen, ich möchte so eine Börse nicht stehlen; denn sofern Euer Gnaden schon eine heilige Weihe empfangen haben, hat der Täter ja sicher einen furchtbaren Inzest und einen großen Frevel gegen die Kirche begangen.«

»Und ob er einen Frevel gegen die Kirche begangen hat!« rief der verzweifelte Student. »Ich bin zwar noch kein geweihter Priester, aber ich bin Sakristan in einem Nonnenkloster, und das Geld in dem Beutel war ein Teil der Einkünfte einer Kaplanpfründe, die ich im Auftrage eines mir befreundeten Priesters eingezogen hatte; es war also heiliges und geweihtes Geld.«

»Wohl bekomm's dem Dieb!« fiel Rincón hier ein. »Ich möchte nicht in seiner Haut stecken! Es gibt noch ein Jüngstes Gericht, wo alles an den Tag kommen wird. Und dann wird sich schon herausstellen, was das für ein Halunke ist, der sich untersteht, einfach zu rauben und zu stehlen und die Einkünfte einer Kaplanpfründe zu schmälern. Was bringt sie denn so jährlich ein? Sagt es mir doch, Herr Sakristan, ich bitte Euch!«

»Einen Dreck bringt sie ein! Bin ich vielleicht hergekommen, um Euch darüber Rechenschaft zu geben?« entgegnete der Sakristan, der jetzt vor Wut beinahe zu bersten schien. »Jetzt sag mir klipp und klar, ob du etwas weißt, mein Junge, und wenn du nichts weißt, Gott befohlen; dann werde ich den Beutel eben ausrufen lassen.«

»Das ist kein schlechtes Mittel«, meinte Cortado, »aber Euer Gnaden dürfen dann auch ja nicht die einzelnen Kennzeichen des Beutels vergessen und müssen genau angeben, wieviel Geld darin war. Wenn Ihr Euch nur um einen Heller irrt, so kommt der Beutel Euer Lebtag nicht wieder zum Vorschein, das kann ich Euch jetzt schon prophezeien.«

»Keine Angst!« erwiderte der Sakristan. »Den Inhalt des Beutels habe ich besser im Kopf als das Glockenläuten und werde mich dabei nicht um einen Deut irren.«

Bei diesen Worten zog er ein mit groben Spitzen besetztes Taschentuch aus der Rocktasche, um sich den Schweiß abzuwischen, der ihm nur so vom Gesicht tropfte. Kaum hatte Cortado das Tuch erblickt, als er es schon im stillen mit Beschlag belegte. Als der Sakristan gegangen war, lief Cortado ihm nach und erreichte ihn bei der großen Treppe am Dom, wo er ihn zurückrief und in eine Ecke zog. Dort begann er, ihm eine Fülle der ungereimtesten und unsinnigsten Dinge über den Diebstahl seiner Börse vorzuschwatzen, machte ihm Hoffnungen, sie wiederzubekommen, und redete so wirr durcheinander, ohne dabei einen einzigen Satz zu beenden, daß dem armen Sakristan beim Zuhören ganz schwindlig wurde und er den Burschen zwei- oder dreimal seine Worte wiederholen ließ, um herauszubekommen, was er denn eigentlich wollte. Cortado blickte ihm beim Reden fest ins Gesicht und verwandte die Augen keinen Augenblick von den seinen, und auch der Sakristan, der gierig auf jedes Wort lauschte, starrte sein Gegenüber wie gebannt an und war so berauscht von diesem Redeschwall, daß Cortado seine Absicht ausführen und ihm heimlich das Tuch aus der Rocktasche ziehen konnte. Dann verabschiedete er sich von dem Sakristan und sagte ihm, er solle sich doch am Nachmittag an derselben Stelle wieder einfinden, denn er habe da einen Burschen aufs Korn genommen, der das gleiche Gewerbe betreibe wie er und etwa von der gleichen Statur sei. Der mache gern lange Finger und könnte vielleicht den Beutel entwendet haben. Er aber mache sich anheischig, das über kurz oder lang herauszubekommen.

Der Sakristan war schon wieder etwas getröstet durch diese Aussichten und verabschiedete sich von Cortado, der nun zu Rincón zurückkehrte, welcher von weitem alles mitangesehen hatte. Ein paar Schritte weiter hatte die ganze Zeit über noch ein anderer junger Korbträger gestanden, der den Vorfall beobachtet hatte und nun auch sah, wie Cortado dem Rincón das Taschentuch zusteckte. Der trat jetzt auf die beiden zu und fragte: »Sagt mir doch, ihr verehrten Herren, sind Euer Gnaden wohl Jünger der Schwarzen Kunst?«

»Die Redensart verstehen wir nicht, mein Verehrter«, erwiderte Rincón.

»Wie könnt Ihr das nicht verstehen, ihr Herren Murcianer!« versetzte der andere.

»Wir sind nicht aus Murcia«, entgegnete Cortado.

»Wenn ihr irgend etwas von uns wollt, so sagt es klar heraus; wenn nicht, so geht mit Gott!«

»Ja, versteht ihr denn wirklich nicht?« meinte der Bursche. »Dann will ich mich schon verständlich machen und es euch mit einem silbernen Löffel eintränken. Ich wollte nämlich nur wissen, ob Euer Gnaden wohl Diebe und Spitzbuben sind. Das heißt, eigentlich brauche ich ja gar nicht mehr zu fragen, ich weiß ohnehin genug. Aber sagt mir nur eins: wie kommt es, daß ihr euch noch nicht auf dem Zollamt des Herrn Monipodio vorgestellt habt?«

»Ja, müssen denn hierzulande auch die Diebe einen Einfuhrzoll zahlen, mein werter Herr?« fragte Rincón.

»Wenn man auch nichts bezahlt, so muß man sich doch wenigstens in die Listen des Herrn Monipodio eintragen lassen, der hier der Vater, Lehrmeister und Schutzherr aller Diebe ist. Ich rate euch daher, kommt mit mir und macht ihm eure Aufwartung. Auf keinen Fall aber wagt es, ohne seine ausdrückliche Genehmigung etwas zu stehlen, es könnte euch teuer zu stehen kommen.«

»Und ich hatte immer gedacht, das Diebesgewerbe sei ein freier Beruf«, versetzte Cortado, »in dem man keine Steuern und Abgaben zu zahlen braucht, oder doch nur gelegentlich jene ganz große Steuer, bei der man seinen Kopf und seinen Rücken als Bürgschaft hingeben muß. Doch andere Länder, andere Sitten! Wir wollen uns gern an die Gebräuche dieser Stadt halten; denn hier, am wichtigsten Platz der Welt, wird auch alles am besten eingerichtet sein. So führt uns denn zu dem besagten Herrn; nach allem, was ich gehört habe, muß das ja ein ganz besonders vornehmer und feiner Mann sein, der sich vortrefflich auf seine Sache versteht.«

»Das will ich meinen! Der ist und kann was!« versetzte der Bursche. »Das könnt ihr schon daraus ersehen, daß in den ganzen vier Jahren, die er unser Lehrmeister und Schutzherr ist, nur vier von uns mit des Seilers

Tochter getanzt haben, etwa dreißig ausgebürstet wurden und zweiundsechzig das Wasserschaufeln erlernten.«

»Ja, mein Herr«, meinte Rincón, »von diesen Sachen verstehen wir ebensoviel wie vom Fliegen.«

»Kommt nur mit, unterwegs will ich euch schon alles erklären«, meinte der Bursche. »Ich werde euch auch noch ein paar andere Ausdrücke beibringen, die euch so nötig sein werden wie das tägliche Brot.«

Damit machten sie sich auf den Weg, und ihr Führer erklärte den beiden im Verlaufe des Gesprächs eine ganze Reihe von Ausdrücken aus der Gaunersprache, dem sogenannten Rotwelsch. Da der Weg ziemlich lang war, kam allerhand dabei zutage.

»Und sind Euer Gnaden vielleicht auch ein Dieb?« fragte Rincón.

»Jawohl, das bin ich«, erwiderte er, »Gott und allen braven Leuten zu dienen, wenn ich auch noch nicht zu den erfahrensten Männern meines Fachs gehöre. Vorerst mache ich noch mein Novizenjahr durch.«

»Das habe ich auch noch nicht gewußt«, versetzte Cortado, »daß es Spitzbuben in der Welt gibt, die Gott und allen braven Leuten dienen.«

»Mein Herr«, erwiderte der Bursche, »auf solche theologischen Spitzfindigkeiten lasse ich mich nicht ein. Ich weiß nur, daß jeder in seinem Beruf Gott, unsern Herrn, preisen kann, und erst recht bei solch guten Satzungen und Regeln, wie Monipodio sie all seinen Schützlingen gegeben hat.«

»Das scheint wirklich eine gute und heilige Ordnung zu sein«, meinte Rincón, »wenn sie es fertigbringt, daß auch die Diebe Gott dienen.«

»Sie ist so gut und heilig«, erwiderte der Bursche, »daß ich mir nicht vorstellen kann, wie man in unserer Kunst bessere Einrichtungen treffen könnte. Monipodio hat nämlich verfügt, daß wir einen gewissen kleinen Anteil von allem, was wir stehlen, für das Öl der Ewigen

Lampe stiften, die vor einem wundertätigen Gnaden-
denbild hier in der Stadt brennt. Und dieses gute Werk
ist uns schon von allergrößtem Nutzen gewesen. Vor
kurzem erst bekam ein Vierfuß, der zwei Janer ge-
klemmt hatte, drei Ängstlichkeiten, und obgleich er ein
schwächlicher Kerl war und das Wechselfieber hatte,
ertrug er doch alles, ohne zu singen, als ob es nichts
wäre. Wir Leute vom Fach schreiben das einzig und
allein seiner Frömmigkeit zu; denn seine Kräfte reichten bestimmt nicht aus, um den ersten Durchfall des
Henkers zu ertragen. Ich weiß schon, ihr werdet mich
jetzt gleich nach einzelnen Ausdrücken fragen, die ich
gebraucht habe, und ich will daher vorbeugen und sie
euch erklären, bevor ihr mich fragt. So mögen denn
Euer Gnaden wissen, daß ein ›Vierfuß‹ ein Viehdieb
ist, die ›Ängstlichkeit‹ ist die Folter, ›Janer‹ sind
Esel, mit Verlaub gesagt, und der ›erste Durchfall‹
sind die ersten Umdrehungen an den Schrauben und
Stricken der Folterwerkzeuge, die der Henkersknecht
ausführt. Damit ist unsere Frömmigkeit aber noch nicht
erschöpft: wir beten unseren Rosenkranz die ganze
Woche hindurch, und viele von uns lassen sich's
nicht einfallen, am Freitag etwas zu stehlen oder
sich am Samstag mit einer Frau, die Maria heißt, ein-
zulassen.«
»Das finde ich alles ganz großartig«, meinte Cortado,
»aber sagt mir doch, Euer Gnaden, seid Ihr außer der
genannten Abgabe und Bußübung wohl auch noch zu
anderen verpflichtet?«
»Von weiteren Abgaben kann gar nicht die Rede sein«,
erwiderte der Bursche. »Das ist auch ganz unmöglich,
denn die Diebesbeute geht so schon in viele Teile. Jeder
Helfershelfer und Bundesgenosse bekommt etwas davon, so daß der ursprüngliche Dieb wirklich nichts
mehr abgeben kann. Außerdem hält uns auch keiner
dazu an, denn wir gehen nie zur Beichte, und wenn
etwa ein Exkommunikationsbrief gegen uns erlassen

wird, so bekommen wir doch nie etwas davon zu hören, weil wir nie in der Kirche sind, wenn diese Briefe verlesen werden, und uns dort überhaupt nur an den hohen Festtagen sehen lassen, wo die große Menschenmenge, die da versammelt ist, uns einen guten Gewinn verspricht.«

»Dann behaupten die Herren also nur um dieser einen kleinen Abgabe willen, daß sie ein heiliges und Gott wohlgefälliges Leben führen?« fragte Cortado.

»Und was ist denn auch Schlechtes dabei?« meinte der Bursche. »Ist es nicht viel schlimmer, wenn einer ein Ketzer ist oder seinen Glauben abschwört oder seinen Vater und seine Mutter umbringt oder ein Solomike ist?«

»Ein Sodomit, wollen Euer Gnaden wohl sagen«, fiel Rincón ein.

»Ja natürlich, das meine ich«, versicherte der Bursche.

»Das alles hört sich ja recht schlimm an«, versetzte Cortado, »doch da unser Schicksal es nun einmal gewollt hat, daß wir in diese Bruderschaft eintreten, so legt doch bitte einen Schritt zu, denn ich vergehe schon vor Neugier, diesen Herrn Monipodio zu sehen, von dem solche Wunderdinge erzählt werden.«

»Der Wunsch wird euch bald in Erfüllung gehen«, sagte der Bursche, »denn von hier aus sieht man schon sein Haus. Euer Gnaden müssen nun einmal an der Tür warten, und ich gehe hinein, um zu sehen, ob er Zeit hat; denn um diese Stunde pflegt er gewöhnlich Audienz zu geben.«

»Schön, es soll uns recht sein«, meinte Rincón.

Der Bursche eilte nun ein wenig voraus und betrat ein Haus, das keinen sehr guten, sondern im Gegenteil einen recht üblen Eindruck machte. Die beiden Freunde warteten vor der Tür. Nach kurzer Zeit erschien der Bursche wieder, winkte sie herbei, und sie traten ein. Ihr Führer hieß sie nun in einem kleinen, mit Backsteinen gepflasterten Hof warten, der so sauber gescheuert war, daß er im reinsten Karminglanz zu erstrahlen schien. Auf der einen Seite stand eine dreibeinige Bank, und auf der anderen sah man einen großen Krug mit abgeschlagenem Rand und darauf einen kleinen Topf, der in einem ähnlichen Zustand war. In einer Ecke lag eine Matte aus Pfeilkraut, und in ihrer Mitte prangte ein Blumentopf mit Basilienkraut, wie man sie in Sevilla so häufig sieht.

Die beiden Burschen betrachteten aufmerksam die kostbare Einrichtung des Hauses, während sie auf das Erscheinen des Herrn Monipodio warteten. Allmählich wurde ihnen die Zeit etwas zu lang, und Rincón wagte es, in eins der beiden niedrigen Gemächer einzutreten, die nach dem Hofe zu offenstanden. Hier erblickte er zwei Raufdegen und zwei Korkschilde, die an vier Nägeln hingen, eine große, deckellose Truhe und drei weitere Pfeilkrautmatten, die auf den Boden gebreitet waren. An der dem Eingang gegenüberliegenden Wand klebte ein schlechter Kupferstich mit dem Bild der Heiligen Jungfrau, darunter hing ein Henkelkorb, und in einer Nische daneben stand ein weißes Waschbecken. Rincón folgerte aus dieser Anordnung, daß der Korb wohl als Almosenkasten zu dienen habe und die Waschschüssel als Weihwasserbecken, und diese Vermutung traf auch zu.

Während sie sich noch in dem Raum umschauten, betraten zwei Burschen von etwa zwanzig Jahren, die wie Studenten gekleidet waren, das Haus. Kurz nach ihnen kamen zwei Korbträger und ein Blinder. Ohne ein Wort miteinander zu wechseln, begannen die Ankömmlinge im Hofe auf und ab zu gehen. Es dauerte nicht lange, bis zwei alte Männer in Flanellanzügen erschienen; sie trugen Brillen auf der Nase, die ihnen ein würdiges und ehrfurchtgebietendes Aussehen verliehen, und hielten Rosenkränze mit laut klappernden Kugeln in den Händen. Nach ihnen kam eine Alte in einem langen, nachschleppenden Rock, die ohne ein

Wort in den Nebenraum ging, sich mit Weihwasser besprengte und in tiefer Andacht vor dem Muttergottesbild in die Knie sank. Nach einer ganzen Weile richtete sie sich wieder auf, küßte dreimal den Fußboden, hob dreimal ihre Arme und Augen zum Himmel empor, stand auf, warf ihr Almosen in den Henkelkorb und trat wieder zu den anderen in den Hof hinaus. Dort hatten sich inzwischen etwa vierzehn Menschen eingefunden, die ganz verschieden gekleidet waren und offenbar den verschiedensten Berufen angehörten. Unter den zuletzt Erschienenen waren zwei stattliche, stolze Burschen mit langen Schnurrbärten, breitkrempigen Hüten, wallonischen Halskrausen, farbigen Strümpfen, protzigen Kniegürteln, übergroßen Degen, zwei langen Pistolen an Stelle des Dolches und kleinen Schilden, die ihnen am Hosengurt hingen. Kaum hatten sie den Raum betreten, als sie Rincón und Cortado einen durchbohrenden Blick zuwarfen und damit ihr Befremden über die Anwesenheit dieser unbekannten Gestalten zum Ausdruck brachten. Dann traten sie auf die beiden zu und fragten sie, ob sie denn auch zur Bruderschaft gehörten.

»Jawohl«, erwiderte Rincón, »und obendrein sind wir Euer Gnaden ganz ergebene Diener.«

In diesem Augenblick kam endlich Herr Monipodio herunter, der von der ganzen ehrsamen Gesellschaft schon sehnlichst erwartet wurde. Er war ein Mann von etwa fünfundvierzig oder sechsundvierzig Jahren, hochgewachsen, mit bräunlicher Gesichtsfarbe, zusammengewachsenen Augenbrauen, einem dichten schwarzen Bart und tiefliegenden Augen. Aus dem Hemd, das vorn offenstand, schaute die Brust heraus, die mit einem ganzen Wald von Haaren bedeckt war. Über dem Hemd trug er einen Umhang aus Flanell, der fast bis auf die Füße hinabreichte, die in niedergetretenen Schuhen steckten. Die Beine waren bis zu den Knöcheln mit weiten, leinenen, seitwärts aufgeschlitzten Pluderhosen bedeckt. Der Hut war so, wie ihn die Raufbolde zu tragen pflegen, mit glockenförmigem Kopf und breiter Krempe. Über Rücken und Brust spannte sich ein Schulterriemen, an dem ein breiter kurzer Stoßdegen hing. Die Hände waren kurz und dicht behaart, die Finger fett und die Nägel platt und an den Spitzen gekrümmt. Von den Beinen war nichts zu sehen, die Füße jedoch waren ungeheuer lang und breit, und an den großen Zehen standen die Knöchel weit heraus. Alles in allem war er der gröbste und ungeschlachtste Kerl, den man sich denken konnte.

Der Führer der beiden Burschen, der mit heruntergekommen war, ging auf sie zu, faßte sie an der Hand und führte sie vor Monipodio.

»Das hier sind die zwei braven jungen Leute, von denen ich Euer Gnaden schon erzählt habe, Herr Monipodio«, sagte er dabei. »Ihr könnt sie nun prüfen und examinieren und werdet sehen, daß sie würdig sind, unserer Gemeinschaft beizutreten.«

»Das werde ich mit größtem Vergnügen tun«, erwiderte Monipodio.

Wir vergaßen zu sagen, daß in dem Augenblick, als Monipodio erschien, alle, die im Hofe auf ihn gewartet hatten, eine tiefe, ehrfurchtsvolle Verbeugung machten, mit Ausnahme der beiden kriegerisch aussehenden Burschen, die nur nachlässig ihre Hüte lüfteten, um dann gleich wieder ihren Rundgang um den einen Teil des Hofes aufzunehmen. In dem anderen Teil wanderte Monipodio auf und ab und befragte die beiden Neulinge nach ihrem Beruf, ihrer Heimat und ihren Eltern.

»Unser Beruf versteht sich wohl von selbst«, erwiderte Rincón, »da wir ja hierher zu Euer Gnaden gekommen sind. Unsere Heimat zu nennen, scheint mir nicht von so großer Wichtigkeit, und ebenso tut der Name unserer Eltern nichts zur Sache, denn es handelt sich ja für Euch schließlich nicht darum, Erkundigungen einzuziehen, wie sie für die Aufnahme in einen vornehmen Ritterorden nötig sind.«

»Du hast ganz recht, mein Junge«, entgegnete Monipodio hierauf. »Es ist sehr vernünftig, diese Dinge zu verschweigen, denn falls das Schicksal einmal nicht so läuft, wie es soll, ist es immer verdrießlich, wenn auf der Urkunde unter dem Namenszug des Schreibers oder im amtlichen Register geschrieben steht: ›Der und der, Sohn des Soundso, gebürtig da und da her, wurde an dem und dem Tage gehängt oder ausgepeitscht‹ oder etwas Ähnliches, das für empfindliche Ohren gar übel klingt. Und so betone ich noch einmal, daß es immer ganz vorteilhaft ist, sein Vaterland zu verschweigen, den Namen seiner Eltern zu verheimlichen und den eigenen abzuändern. Obgleich es bei uns hier keine Geheimnisse gibt, will ich daher jetzt nur euern eigenen Namen wissen.«

Rincón und Cortado kamen nun der Aufforderung nach und nannten ihre Namen.

»Und von jetzt ab«, fuhr Monipodio fort, »gebiete und verlange ich, daß Ihr, Rincón, Euch Rinconete nennt, und Ihr, Cortado, Cortadillo. Diese Namen sind wie geschaffen für euer jugendliches Alter. Es gehört nun aber zu unseren Satzungen, daß wir die Namen der Eltern unserer Mitbrüder erfahren; denn wir haben die Sitte, jährlich eine bestimmte Anzahl von Messen für die Seelen unserer verstorbenen Wohltäter lesen zu lassen. Das Stupendum für den Priester, der die Messen liest, müssen wir aus einem Teil unseres Einkommens nehmen, und diese so verlesenen und bezahlten Messen sollen jenen Seelen auf dem Wege des Naufragiums zugute kommen. Zu unseren Wohltätern gehören der Rechtsanwalt, der uns verteidigt, der Polizeidiener, der uns einen Wink gibt, und der Folterknecht, der Mitleid mit uns hat. Dann fällt ferner der Mann darunter, der, wenn einer der Unseren durch die Straßen flieht und die anderen mit dem Rufe ›Hal-

tet den Dieb! Haltet den Dieb!‹ hinter ihm her sind,
sich plötzlich dem Schwarm der Verfolger mitten in
den Weg stellt und sagt: ›Laßt doch den armen Kerl,
dem geht es so schon schlecht genug! Mag er doch entkommen, er hat schon eine Strafe an seiner eigenen
Sünde.‹ Weiterhin zählen zu unseren Wohltätern auch
noch die barmherzigen Schwestern, die uns im Schweiße
ihres Angesichts selbst im Kasten, wenn wir schon in
den Klauen der Obrigkeit sind, noch beispringen. Und
Wohltäter sind schließlich auch unsere Eltern, die uns
auf diese Welt gebracht haben, und der Schreiber; denn
wenn der mit sich reden läßt, so gibt es kein strafwür-
diges Verbrechen und keine Schuld, die nach einer
schweren Sühne verlangt. Um all dieser Personen willen feiert unsere Bruderschaft alljährlich ihr Affensarium mit der größten Pumpe und Solität.«
»Ich bin überzeugt«, erwiderte Rinconete (der diesen
Namen von nun ab auch für uns führen soll), »dies ist
eine Einrichtung, die eines so tiefen und durchdringen-
den Verstandes, wie ihn nach allgemeinem Urteil Euer
Gnaden haben, würdig ist. Doch unsere Eltern sind
noch am Leben; sollten sie das Zeitliche segnen, so werden wir diese wohllöbliche und würdige Bruderschaft
davon in Kenntnis setzen, damit für ihre Seelen jener
besagte Seesturm oder das Naufragium oder auch das
Affensarium, von dem Euer Gnaden gesprochen haben,
mit dem üblichen Pomp und der gebührenden Solem-
nität abgehalten werde, sofern es nicht besser mit Pumpe
und Solität geschieht, wie Euer Gnaden richtig bemerkt haben.«
»So soll es sein, oder es soll kein Stück von mir übrig-
bleiben«, erwiderte Monipodio. Dann rief er den Burschen, der die beiden hergeführt hatte, zu sich und
sagte: »Komm her, Ganchuelo! Sind die Posten ausgestellt?«
»Jawohl«, erwiderte der Bursche, dessen Namen Ganchuelo lautete. »Drei Wachen stehen auf Ausguck, so

daß wir keine Überraschungen zu befürchten brauchen.«

»Schön«, meinte Monipodio. »Um nun also auf unseren Gegenstand zurückzukommen, möchte ich jetzt noch wissen, was ihr versteht, meine Söhne, damit ich euch nach eurer Neigung und Geschicklichkeit Amt und Aufgaben zuweisen kann.«

»Ich«, erwiderte Rinconete, »verstehe mich ein wenig darauf, die Bauern zu beschwatzen, ich kenne mich in den Vorratskammern aus und habe einen guten Blick für die Dinge, die im Rauch hängen. Ich spiele mit einer, mit vier oder mit acht Karten, und keine List und kein Kniff ist mir zu fein. In der dunkelsten Nacht bewege ich mich so sicher wie in meinem eigenen Hause; ich mache mich anheischig, einen Gaunerstreich besser durchzuführen als ein ganzes neapolitanisches Regiment und den Geriebensten eher übers Ohr zu hauen, als ihm zwei Realen zu leihen.«

»Das ist schon etwas«, meinte Monipodio, »aber es sind alles alte Kamellen, die so abgenutzt sind, daß jeder Neuling sie kennt. Damit kann man nur einem beikommen, der so einfältig ist, daß er am hellichten Tage den Kopf hinhält. Doch kommt Zeit, kommt Rat. Wenn wir auf dieser Grundlage ein halbes Dutzend Lehrstunden aufbauen, so hoffe ich zu Gott, daß aus Euch noch ein tüchtiger Geselle und vielleicht sogar ein Meister wird.«

»Ich will gern alles Nötige erlernen, um Euer Gnaden und dieser werten Bruderschaft recht zu dienen«, erwiderte Rinconete.

»Und Ihr, Cortadillo, was könnt Ihr?« fragte Monipodio nun.

»Ich weiß den Kniff, den man ›Zwei hinein und fünf heraus‹ nennt«, antwortete Cortadillo, »und ich verstehe mich darauf, eine Rocktasche genau und geschickt abzutasten.«

»Könnt Ihr sonst noch etwas?« fragte Monipodio.

»Nein, leider Gottes nicht«, versetzte Cortadillo.

»Macht Euch deshalb nur keine Sorgen«, tröstete ihn Monipodio. »Ihr seid jetzt in einen Hafen gelangt, in dem Ihr nicht ertrinken sollt, und in eine Schule, die Ihr wohlausgerüstet mit allen nötigen Kenntnissen verlassen werdet. Und wie steht es nun mit eurem Mut, ihr Burschen?«

»Wie soll es damit stehen?« erwiderte Rinconete. »Gut, natürlich! Wir haben Mut genug für jede Aufgabe, die uns bei der Ausübung unseres Gewerbes gestellt werden kann.«

»Recht so!« versetzte Monipodio. »Aber ich wünschte auch, daß ihr Mut genug habt, um nötigenfalls ein halbes Dutzend Ängstlichkeiten zu ertragen, ohne die Lippen zu verziehen und einen Mucks zu tun.«

»Wir wissen schon, was ›Ängstlichkeiten‹ sind, und haben auch davor keine Bange. Schließlich sind wir ja keine solchen Dummköpfe, daß wir nicht wüßten, daß die Kehle zu bezahlen hat, was die Zunge ausschwatzt. Einem unerschrockenen Kerl — wenn ich ihn nicht anders bezeichnen soll — gewährt der Himmel wenigstens die eine Gnade, daß er die Entscheidung über Leben oder Tod seiner Zunge anvertraut. Und ein Nein ist ja schließlich auch nicht schwerer auszusprechen als ein Ja.«

»Halt! Mehr brauche ich gar nicht zu hören«, fiel Monipodio hier ein, »schon diese Worte allein haben mich überzeugt. Jetzt fühle ich mich verpflichtet, überredet, ja direkt gezwungen, euch sofort als vollgültige Mitglieder in unsere Bruderschaft aufzunehmen und euch das Novizenjahr zu schenken.«

»Ja, der Meinung bin ich auch«, stimmte einer der beiden Eisenfresser zu.

Alle Anwesenden, die das Gespräch angehört hatten, waren der gleichen Meinung und baten Monipodio, er möge den beiden sofort alle Freiheiten und Vorrechte der Bruderschaft zubilligen, da ihr ansprechendes

Äußere und ihre wohlgesetzen Reden solch eine Belohnung verdienten. Er erwiderte, daß er ihrem Wunsch willfahren und den Burschen von diesem Tage an die Vorrechte einräumen wolle. Dann wandte er sich wieder an die beiden und versicherte ihnen, daß sie diese Vergünstigung hoch anschlagen müßten. Die besagten Vorrechte beständen nämlich darin, daß sie nicht das geringste von ihrer ersten Diebesbeute abzugeben brauchten und das ganze Jahr hindurch keine niedrigen Dienste zu leisten hätten: sie brauchten keinem der Mitglieder eine Botschaft von einem Spießgesellen ins Gefängnis oder ins Haus zu bringen, sie dürften den Wein ungemischt trinken und ein Gelage veranstalten, wann, wie und wo es ihnen beliebe, ohne von ihrem Vorgesetzten die Erlaubnis dazu einholen zu müssen, sie hätten von diesem Tage an das Recht, ihren Anteil an allem, was die vollgültigen Mitglieder der Bruderschaft einbrächten, zu verlangen und dazu noch verschiedene andere Rechte. Die beiden sahen diese Begünstigungen als eine hohe Gnade an und bedankten sich herzlich und mit wohlgesetzten Worten dafür.

Als sie noch so beisammenstanden, kam ganz außer Atem ein Knabe hereingestürzt und rief: »Der Strolchenvogt kommt auf das Haus zu, aber er hat keine Häscher bei sich!«

»Keine Angst«, sagte Monipodio, »er ist unser Freund und hat uns noch nie etwas getan. Beruhigt euch nur, ich gehe hinaus, um mit ihm zu reden.«

Die anderen, die schon ein wenig ängstlich geworden waren, beruhigten sich bei diesen Worten, und Monipodio trat vor die Tür, wo er den Strolchenvogt bereits vorfand. Er unterhielt sich eine Weile mit ihm, kam dann zurück und fragte: »Wer hatte heute Dienst auf dem San-Salvador-Platz?«

»Ich!« sagte Ganchuelo, der Führer der beiden.

»Und wie kommt es dann«, fragte Monipodio weiter,

»daß man mir noch nicht die bernsteinfarbene Börse angezeigt hat, die heute morgen dort verschwunden ist? Es waren fünfzehn Golddukaten, zwei Doppelrealen und eine ganze Menge Kupfermünzen darin.«

»Allerdings«, erwiderte Ganchuelo, »die Börse ist heute verschwunden, aber ich habe sie nicht genommen und kann mir auch nicht vorstellen, wer es getan haben mag.«

»Mir macht man kein X für ein U vor«, versetzte Monipodio. »Die Börse hat zum Vorschein zu kommen; denn der Strolchenvogt verlangt sie, und er ist unser Freund, der uns tausend Gefälligkeiten im Jahre erweist.«

Ganchuelo begann wieder zu beteuern, daß er nichts von der Sache wisse. Nun wurde Monipodio so wütend, daß er Feuer aus den Augen zu sprühen schien.

»Keiner soll sich einfallen lassen, auch nur gegen die geringste unserer Satzungen zu verstoßen!« schrie er. »Es wird ihn sein Leben kosten! Der Geldbeutel muß wiederkommen, und wenn einer ihn vielleicht nur zurückhält, weil er die Gebühren nicht zahlen mag, so will ich ihm seinen Anteil geben und alles aus meinem eigenen Vermögen bezahlen. Auf jeden Fall aber muß der Strolchenvogt zufriedengestellt werden!«

Wieder versicherte der Bursche mit den heiligsten Schwüren, daß er die Börse nicht genommen und sie überhaupt nicht gesehen habe; doch damit entfachte er die Wut Monipodios nur noch mehr. Die ganze Gesellschaft war außer sich, daß die Satzungen und Regeln ihrer Bruderschaft so verletzt werden konnten.

Als Rinconete diesen Aufruhr sah, hielt er es doch für richtig, ihn zu beschwichtigen und seinen neuen Oberherrn, der vor Wut schier bersten wollte, zufriedenzustellen. Er besprach sich daher kurz mit seinem Freund Cortadillo, und da auch dieser der gleichen Ansicht war, zog er die Börse des Sakristans hervor und sagte: »Der Fall ist erledigt, meine Herren! Da ist die Börse, und es fehlt kein Kreuzer an der Summe, die der Strolchenvogt genannt hat. Mein Freund Cortadillo hat sie heute morgen erwischt und dazu noch ein Taschentuch, das er dem gleichen Herrn abgenommen hat.«

Nun zog Cortadillo auch das Taschentuch heraus und zeigte es vor. Als Monipodio dies sah, sagte er: »Cortadillo der Gute, diesen Ehrennamen soll der Bursche von heute ab tragen! Das Taschentuch darf er behalten, und ich will es übernehmen, ihn für seinen Dienst zu belohnen. Die Börse muß der Strolchenvogt mitnehmen, denn der Sakristan, dem sie gehört, ist ein Verwandter von ihm. Wir müssen hier einmal nach dem Sprichwort handeln, das da sagt: ›Wenn dir einer ein ganzes Huhn gibt, so mußt du ihm wenigstens ein Beinchen davon geben.‹ Der gute Vogt vertuscht für uns an einem Tage mehr, als wir ihm an hundert Tagen zustecken können.«

Alle waren des Lobes voll über das gute Betragen der beiden Neulinge und stimmten dem Urteilsspruch ihres Vorgesetzten zu. Der ging hinaus, um dem Vogt die Börse auszuhändigen, und Cortadillo war höchst zufrieden über seinen Beinamen ›der Gute‹, der ihn mit solchem Stolz erfüllte, als wäre er Don Alonso Pérez de Guzmán der Gute, der einst die Stadt Tarifa nicht auslieferte, sondern lieber ein Messer von den Mauern herunterwarf, damit die Feinde seinen einzigen Sohn abschlachten konnten.

Monipodio trat nun wieder ein und mit ihm zwei Mädchen mit geschminkten Gesichtern, blutroten Lippen und weißgepudertem Busenausschnitt. Sie trugen kurze Mäntelchen aus französischem Seidenstoff und waren Ausbünde an Frechheit und Schamlosigkeit. Rinconete und Cortadillo erkannten an allen diesen Zeichen, daß die Mädchen wohl aus einem öffentlichen Hause sein mußten, und sie täuschten sich auch nicht in dieser Vermutung. Kaum waren sie durch die Tür getreten, so flogen sie auch schon mit ausgebreiteten Armen auf Chiquiznaque und Maniferro zu. Das waren nämlich die Namen der beiden Eisenfresser, und Maniferro hieß so, weil er an Stelle seiner einen Hand, die ihm von Gerichts wegen abgehauen worden war, eine eiserne Hand trug. Die Burschen umarmten die beiden Schönen voller Freude und fragten sie, ob sie etwas mitgebracht hätten, um den Schlund zu befeuchten.

»Daran wird es nicht fehlen, mein Schatz«, erwiderte die eine, die sich Gananciosa nannte. »Gleich wird dein Diener Silbatillo hier sein und einen ganzen Waschkorb voll der köstlichsten Dinge mitbringen.«

Kaum hatte sie das gesagt, da trat schon ein junger Bursche mit einem Waschkorb ein, der mit einem Betttuch überdeckt war.

Alle waren über Silbatillos Erscheinen hoch erfreut, und Monipodio ließ sofort eine der Pfeilkrautmatten aus dem Nebenraum herbeischaffen und in der Mitte des Hofes ausbreiten. Dann forderte er alle auf, sich im Kreise niederzusetzen, um nun, wo die allgemeine Aufregung sich gelegt hatte, in Ruhe über andere Dinge zu beraten.

»Ach, Monipodio, mein Sohn«, seufzte nun die Alte, die vor dem Bilde der Jungfrau gebetet hatte, »ich bin gar nicht zum Festefeiern aufgelegt, denn seit zwei Tagen ist mir so schwindlig im Kopfe, daß ich fast von Sinnen komme. Außerdem muß ich auch vor Mittag noch meine Andachten verrichten und meine Wachskerzlein auf dem Altar Unserer Lieben Frau von den Wassern und vor dem Kruzifix des hl. Augustin aufstellen; davon lasse ich mich nicht abhalten, selbst wenn es einen Schneesturm gäbe. Ich bin heute nur hierhergekommen, weil der Renegat und der Hundertfuß gestern abend einen Wäschekorb voll weißer Wäsche zu mir gebracht haben. Der Korb war etwas größer als dieser dort, und bei Gott und meiner Seele, es war noch die ganze Laugenasche an dem Zeug, weil die armen Kerle wohl gar nicht die Zeit hatten, die Stücke auszuwringen. Die dicken Schweißtropfen standen ihnen auf der Stirn, und es konnte einem in der Seele leid tun, wenn man sah, wie sie so keuchend und erhitzt hereinkamen; wie Erscheinungen aus dem Jenseits sahen sie aus. Sie erzählten mir, daß sie sich gleich wieder hinter einem Viehhändler hermachen müßten, der auf dem Schlachthof ein paar Hammel hatte abwiegen lassen. Sie wollten versuchen, einen Griff in die mächtige Geldkatze zu tun, die er bei sich trug. Die Wäsche ließen sie ungezählt im Korb und vertrauten ganz auf meine Ehrlichkeit. Und so wahr Gott meine Wünsche erfüllen und uns alle vor der Obrigkeit schützen möge, ich habe den Korb nicht angerührt, er ist noch genauso, wie ich ihn bekommen habe.«

»Das glauben wir Euch gern, Mütterchen«, erwiderte Monipodio. »Der Korb mag nur vorerst bei Euch stehenbleiben. Gegen Abend, wenn die größte Hitze vorbei ist, werde ich dann kommen und seinen Inhalt untersuchen. Jeder bekommt gerecht und treu das Seine zugeteilt, so wie ihr es bei mir gewöhnt seid.«

»Schön, ganz wie Ihr befehlt, mein Sohn«, versetzte die Alte. »Aber es wird schon spät für mich. Gebt mir doch ein Schlückchen, wenn Ihr was dahabt, um meinen armen Magen ein bißchen zu stärken. Es geht ihm jeden Tag schlechter.«

»Natürlich sollt Ihr etwas haben, Mutter!« rief Escalanta, die Gefährtin Gananciosas.

Damit deckte sie den Waschkorb auf und enthüllte einen ledernen Weinschlauch, der eine ganze Menge Wein zu enthalten schien und einen Korkbecher, der gut und gern eine Maß faßte. Escalanta füllte das Trinkgefäß und reichte es der frommen Alten, die es mit beiden Händen ergriff, den Schaum ein wenig wegblies und sagte: Du hast mir tüchtig eingeschenkt, Escalanta, mein Töchterchen; aber Gott verleiht uns Kraft zu jedem Werk.«

Darauf setzte sie den Becher an die Lippen und schüttete sich seinen Inhalt mit einem einzigen Zug, ohne abzusetzen, in die Kehle.

»Der ist aus Guadalcanal«, sagte sie, als sie fertig war, »und der Kerl schmeckt beinahe ein bißchen nach Kreide. Gott tröste dich, Töchterchen, so wie du mich getröstet hast! Ich habe nur Angst, er wird mir schlecht bekommen, weil ich noch nicht gefrühstückt habe.«

»Er wird Euch nichts tun, Mütterchen«, versetzte Monipodio, »der Wein ist gut gelagert.«

»Das hoffe ich zu Gott und der Heiligen Jungfrau«, erwiderte die Alte. Dann wandte sie sich an die Mädchen und sagte: »Seht doch mal zu, Kinderchen, ob ihr nicht eine Kupfermünze bei euch habt, damit ich die Wachskerzchen für meine Andacht kaufen kann. Ich hatte es vorhin so eilig, hierherzukommen und euch die Sache mit dem Wäschekorb zu erzählen, daß ich mein Geldtäschchen zu Hause habe liegenlassen.«

»Ja, ja, ich habe was, Frau Pipota«, fiel Gananciosa der guten Alten ins Wort. »Da, nehmt diese beiden Kupferstücke. Für das eine kauft doch bitte auch eine Kerze für mich und stellt sie auf den Altar des heiligen Michael. Wenn Ihr noch ein Licht dafür bekommt, so zündet es dem heiligen Blasius an, denn die beiden sind meine Schutzpatrone. Am liebsten würde ich ja auch der heiligen Lucia noch eine Kerze stiften, denn für die habe ich immer besonders viel übrig — Ihr wißt schon, der Augen wegen. Aber ich habe heute kein Kleingeld bei mir, nächstens wird es dann schon einmal passen, daß ich allen meinen Heiligen die gebührende Ehre erweise.«

»Da wirst du gut daran tun, mein Töchterchen«, erwiderte die Alte. »Sei nur nicht knauserig in diesen Dingen, denn es ist sehr wichtig, daß man seine Kerzen selbst darbringt, bevor man stirbt, und nicht erst wartet, bis die Erben oder die Testamentsvollstrecker es tun.«

»Da habt Ihr recht, Mutter Pipota«, sagte Escalanta, griff in ihre Börse und gab ihr auch eine Kupfermünze, damit die Alte zwei Kerzen vor den Bildern derjenigen Heiligen aufstelle, die dem Mädchen als die nützlichsten und dankbarsten erschienen.

»Laßt's euch wohl sein, meine Kinder«, sagte Pipota im Fortgehen, »und genießt das Leben, solange noch Zeit ist. Das Alter kommt bald genug, und dann werdet ihr noch um jede Gelegenheit trauern, die ihr in der Jugend versäumt habt, so wie ich es jetzt tue. Und empfehlt mich Gott in euren Gebeten; denn auch ich werde jetzt für mich und für euch beten, daß ER uns auf unseren gefahrvollen Wegen behüte und vor den Überfällen der Polizei bewahre.« Damit ging sie.

Als die Alte fort war, setzten sich alle rund um die Matte, und Gananciosa breitete das Bettlaken an Stelle einer Tischdecke darüber. Das erste, was sie aus dem Korb hervorholte, war ein großes Bündel Rettiche und etwa zwei Dutzend Orangen und Zitronen. Dann kam eine große Schüssel voll gebackener Kabeljauschnitten und darauf ein halber holländischer Käse, ein Topf mit köstlichen Oliven, eine Schüssel Garnelen, eine große Menge Krebse in einer stark gepfefferten Kaperntunke und drei Laibe vom feinsten Weißbrot.

Es waren etwa vierzehn Personen zu diesem Frühstück versammelt, und alle zogen sie sofort ihr festes gelbes Messer hervor, außer Rinconete, der seinen kleinen Degen zückte. Die beiden Alten mit den Flanellanzügen und Ganchuelo übernahmen es, den Wein in den großen Korkbecher auszuschenken. Kaum hatten sie sich jedoch über die Orangen hergemacht, als sie durch heftige Schläge gegen die Haustür aufgeschreckt wurden. Monipodio hieß sie Ruhe bewahren, ging in den Nebenraum, langte einen Schild von der Wand, ergriff einen der Degen, stellte sich dann an die Tür und rief mit dumpfer, furchterregender Stimme: »Wer klopft da?«

»Ich bin es!« erscholl eine Stimme von draußen. »Nur ich, Herr Monipodio, Tagarete, der Wächter, den Ihr für heute morgen ausgestellt habt. Ich wollte nur sagen, daß Juliana Cariharta auf dem Wege hierher ist. Sie ist ganz zerzaust und verweint, und es sieht aus, als sei ihr irgendein Unglück zugestoßen.«

Währenddem war die Genannte schon vor der Haustür angelangt, und als Monipodio ihr Schluchzen hörte, öffnete er und befahl Tagarete, auf seinen Posten zurückzukehren; dabei ermahnte er ihn, in Zukunft etwas weniger Lärm zu machen, wenn er jemanden anmelde, und der Knabe versprach es. Inzwischen war die Cariharta hereingekommen. Sie war ähnlich gekleidet wie die beiden anderen Mädchen und schien dem gleichen Gewerbe nachzugehen. Ihr Haar war aufgelöst und das ganze Gesicht über und über mit Beulen und Schwielen bedeckt. Kaum war sie in den Hof getreten, als sie ohnmächtig zu Boden sank. Gananciosa und Escalanta eilten ihr zu Hilfe, und als sie ihr die Bluse aufknöpften, sahen sie, daß die ganze Brust blau und grün und wie zerquetscht war. Sie sprengten ihr Wasser ins Gesicht, und das Mädchen kam wieder zu sich und fing sofort laut zu schreien an: »Gottes und des Königs Zorn soll über diesen unverschämten Spitzbuben kommen«, kreischte sie, »über diesen feigen Ladendieb, diesen lausigen Schurken, den ich öfter vor dem Galgen gerettet habe, als er Haare im Bart hat! O ich unglückseliges Weib! Für wen habe ich nun meine Jugend und die Blüte meiner Jahre geopfert und vertan? Für einen herzlosen, verruchten, unverbesserlichen Halunken!«

»So beruhige dich doch, Cariharta«, fiel Monipodio ein. »Ich bin auch noch da und werde schon für dein Recht eintreten. Erzähle uns, was dir widerfahren ist; du wirst mehr Zeit dazu brauchen als ich zu meiner Rache. Sag mir, ob du etwas mit deinem Schatz gehabt hast, und wenn es so ist und du Rache verlangst, brauchst du nur den Mund aufzutun.«

»Mein Schatz?« rief Juliana. »Lieber soll der Teufel in der Hölle mein Schatz sein, als dieser Wolf unter den Schafen, dieses feige Lamm unter den Männern. Mit dem soll ich noch einmal an einem Tisch sitzen oder unter einer Decke liegen? Eher sollen die Schakale mein Fleisch hier fressen, das er mir so übel zugerichtet hat!«

Bei diesen Worten hob sie die Röcke bis zu den Knien und noch ein wenig höher und wies ihre Beine vor, die ganz mit blauen Flecken bedeckt waren.

»Ja, so hat er mich zugerichtet, der Repolido, dieser gemeine Kerl«, fuhr sie fort, »wo er mir doch mehr Dank schuldig ist als der Mutter, die ihn geboren hat. Und warum, meint ihr, hat er das getan? Hab' ich ihm vielleicht Anlaß gegeben? Bestimmt nicht! Er hat wieder einmal beim Spiel gesessen, und als er am Verlieren war, hat er seinen Burschen, den Cabrillas, zu mir geschickt, um dreißig Realen von mir zu fordern. Ich habe ihm nur vierundzwanzig schicken können, und die Mühe und Arbeit, mit der ich dieses Geld erworben habe, wird mir der Himmel hoffentlich gegen meine Sünden aufwiegen. Er aber hat natürlich geglaubt, daß ich ihm etwas von der Summe, die ich seiner Berechnung nach zusammengespart haben mußte, unterschlagen hätte, und deshalb ist er heute morgen angekommen und hat mich zum Lohn für alle meine Aufopferung und das gute Werk, das ich an ihm getan habe, aus dem Hause gezerrt, hat mir unter den Olivenbäumen hinter dem Garten des Königs die Kleider heruntergerissen und mich mit seinem Gürtel, von dem er nicht einmal die eisernen Schnallen abgehakt hat — wenn der Kerl doch nur bald selbst im Eisen steckte! —, so verprügelt, daß ich wie tot liegenblieb. Der beste Beweis für die Wahrheit meiner Geschichte sind die blauen Flecken, die ihr da an mir seht.«

Und damit begann sie wieder zu schreien und den Himmel um Rache anzuflehen, und Monipodio und all die wackeren Leute, die hier versammelt waren, versprachen, ihr zu helfen.

Gananciosa faßte ihre Hand, um sie zu trösten, und sagte ihr, sie wolle gern eines ihrer schönsten Schmuckstücke dafür geben, wenn ihr mit ihrem Schatz auch einmal so etwas begegnen würde.

»Denn«, fuhr sie fort, »eins mußt du wissen, falls du es noch nicht weißt, meine liebe Cariharta: das was man liebt, züchtigt man, und wenn diese Schurken uns prügeln, schlagen und treten, dann kann man sicher sein, daß sie uns anbeten. Glaubst du das nicht, so sag mir einmal ganz ehrlich: hat Repolido dich nicht einmal gestreichelt, nachdem er dir eine solche Tracht Prügel verabfolgt hat?«

»Einmal?« rief das schluchzende Mädchen, »tausendmal hat er mich gestreichelt und geküßt, und er hätte einen Finger seiner Hand dafür hergegeben, wenn ich gleich mit ihm gegangen wäre. Ich glaube, ihm kamen sogar die Tränen in die Augen, nachdem er mich so durchgewalkt hatte.«

»Ja, sicher, das will ich glauben!« versetzte Gananciosa. »Er wird vor lauter Kummer geweint haben, als er sah, wie er dich zugerichtet hatte; denn bei dieser Art Männer folgt die Reue in solchen Fällen der Tat auf dem Fuße. Paß auf, meine Liebe, noch bevor wir von hier weggehen, ist er da, um dich zu holen und dich wegen dieser Geschichte um Verzeihung zu bitten, und er wird so sanft sein wie ein Lamm.«

»Nein!« fiel Monipodio ein, »dieser feige Kerl kommt mir hier nicht zur Türe herein, wenn er nicht zuvor öffentlich Buße getan hat für die begangene Untat. Wie kann er es wagen, die Cariharta anzurühren, sie zu ohrfeigen und zu schlagen, wo sie doch eine so saubere Person ist, die es an Ordentlichkeit und Geschäftstüchtigkeit sogar mit unserer Gananciosa hier aufnimmt! Mehr kann ich wohl zu ihrem Lobe nicht sagen.«

»Ach, Herr Monipodio«, sagte Juliana jetzt, »Euer Gnaden dürfen nicht so schlecht sprechen von dem armen Teufel. So schlimm er auch ist, hab' ich ihn doch von Herzen lieb. Die guten Worte, die Gananciosa zu seinen Gunsten vorgebracht hat, haben mich im Innersten gerührt. Wirklich, ich will jetzt gleich gehen und ihn suchen.«

»Das läßt du schön bleiben, wenn du auf mich hören willst«, widersprach Gananciosa, »denn dann wird er sich nur aufblähen und dick tun und meinen, er könne dich herumstoßen wie einen toten Hund. Beruhige dich, Beste, er wird bald genug hier ankommen, so reumütig, wie du ihn dir nur wünschen kannst. Und wenn er nicht kommen sollte, schreiben wir ihm einen Brief in Versen, an dem er hart zu kauen haben wird!«

»Ach ja«, sagte Cariharta, »ich hätte ihm tausenderlei zu schreiben.«

»Und ich will den Sekretär spielen, wenn es nötig ist«, sagte Monipodio. »Ich bin zwar bestimmt kein Dichter, aber wenn der Mensch sich einmal richtig ins Zeug wirft, so kann er sich wohl unterfangen, im Handumdrehen zweitausend Verse zu schmieden. Und wenn meine Verse nicht ganz so werden, wie sie sollen, ist immer noch ein guter Freund von mir da, der ein Bader und gleichzeitig ein großer Poet ist und uns jederzeit die Versfüße richtig einrenken wird. Jetzt aber wollen wir erst einmal unser angefangenes Frühstück beenden, alles übrige wird sich dann schon ergeben.«

Juliana kam gefügig der Weisung Monipodios nach, und alle kehrten zu ihrem Schmause zurück. Binnen kurzem hatten sie es so weit geschafft, daß sie den Grund des Korbes und den Bodensatz des Weines erblickten. Die Alten tranken ohne Unterlaß, die Jungen pumpten sich die Bäuche voll, und auch die Mädchen ließen sich immer wieder einschenken. Schließlich baten die beiden Alten um die Erlaubnis, sich zu entfernen; Monipodio gewährte sie ihnen und schärfte ihnen noch einmal ein, nur ja recht pünktlich alles zu melden, was ihnen für die Bruderschaft nützlich und vorteilhaft erschiene. Sie erwiderten, daß sie stets daran denken wollten, und gingen.

Rinconete, der von Natur ein wenig neugierig war, ging zu Monipodio, bat um Verzeihung für die Freiheit, die er sich herausnehme, und fragte ihn dann, inwiefern denn zwei so ernste und würdige Graubärte der Bruderschaft nützlich sein könnten. Monipodio erwiderte hierauf, diese Art Leute nenne man in der Gaunersprache »Schnüffler«, und ihr Amt sei es, den ganzen Tag durch die Stadt zu gehen und auszuspionieren, in welche Häuser man wohl zur Nacht am besten einbrechen könne. Außerdem müßten sie sich an die Fersen der Leute heften, die aus der Handelsbörse oder vom Münzhause Geld holten, um zu sehen, wohin dieses Geld geschafft und wo es untergebracht würde. Hätten sie das herausgefunden, so müßten sie die Dicke der Mauern in einem solchen Haus untersuchen und diejenige Stelle kennzeichnen, an der man am besten ein Loch bohren könne, um hineinzukommen. Alles in allem seien diese Alten beinahe die nützlichsten Mitglieder der ganzen Gesellschaft und erhielten, so wie der König von allen in seinem Land aufgefundenen Schätzen, ein Fünftel von all den Einkünften, die die Bruderschaft durch ihre Hilfe habe. Dabei seien es sehr ehrenhafte, wohlbeleumdete und gottesfürchtige Menschen, die ein solides Leben führten und jeden Tag voller Andacht die Messe hörten.

»Und einige von diesen Leuten sind so bescheiden«, schloß Monipodio seine Erklärungen, »daß sie sich mit viel weniger zufriedengeben, als ihnen nach unserem Gebührensatz zukommt. Vor allem die beiden, die da eben weggegangen sind, kann man nicht genug loben. Zwei andere arbeiten als Lastträger und kennen, da sie jeden Augenblick in ein anderes Haus kommen, sämtliche Türen in der ganzen Stadt, so daß sie uns immer sagen können, wo etwas zu machen ist und wo nicht.«

»Ich finde das alles ganz großartig«, versetzte Rinconete, »und wäre glücklich, wenn ich mich in einer so ruhmreichen Bruderschaft auch irgendwie nützlich machen könnte.«

»So fromme Wünsche wird der Himmel stets erhören«, erwiderte Monipodio.

In diesem Augenblick klopfte es wieder an die Haustür, und als Monipodio hinging und fragte, wer da sei, rief es von außen: »Macht auf, Herr Monipodio! Ich bin es, Repolido.« Kaum hatte die Cariharta diese Stimme vernommen, als sie wieder zu schreien begann.

»Macht ihm nicht auf, Herr Monipodio!« rief sie. »Macht ihm nicht auf, diesem tarpejischen Felsblock, diesem orkanischen Tiger!«

Monipodio jedoch ließ sich dadurch nicht abhalten, dem Repolido die Tür zu öffnen, und als Cariharta das sah, sprang sie auf, rannte in das Zimmer, wo die Schilde hingen, und schlug die Tür hinter sich zu.

»Schafft mir diese Teufelsfratze weg!« schrie sie von drinnen. »Diesen Henker der Unschuld, diesen Mörder zahmer Tauben!«

Maniferro und Chiquiznaque hielten Repolido fest, der um jeden Preis zu Cariharta hinein wollte. Als er sah, daß er nicht in das Zimmer gelangen konnte, rief er von draußen: »Nun sei doch nicht mehr böse, du kleine Katze! Ich bitte dich, beruhige dich doch, du sollst auch bestimmt noch heiraten!«

»Ich und heiraten, du Ungetüm?« schrie Cariharta von drinnen. »Da seht mal, was für Saiten er jetzt aufzieht! Das möchtest du wohl, daß ich dich heirate! Aber ich will lieber mit einem Totengeripppe verkuppelt sein als mit dir!«

»So, nun aber Schluß damit, du Närrin!« versetzte Repolido, »es ist höchste Zeit! Und bläh dich nicht auf, weil ich auf einmal so zahm und demütig bin; denn beim Leben unseres Schöpfers, wenn mich die Wut erst einmal gepackt hat, kommst du vom Regen in die Traufe. Laß du nun deinen Stolz fahren, so wie ich's getan habe, und gib dem Teufel nichts zu verdienen.«

»Ein Trinkgeld will ich ihm obendrein noch geben«, rief Cariharta, »wenn er dich nur dorthin bringt, wo meine Augen dich nie wieder erblicken müssen!«

»Sagt ich's Euch nicht?« erwiderte Repolido. »Bei Gott, du unverschämtes Weibsbild, ich merke schon, daß ich erst mal wieder mit der Faust auf den Tisch schlagen muß.«

»In meiner Gegenwart wird nicht geprügelt!« mischte sich hier Monipodio ein. »Cariharta wird herauskommen, aber nicht, weil du ihr drohst, sondern mir zuliebe, und dann wird auch alles gut werden. Ein Streit zwischen einem verliebten Paar ist ja nur da, damit der Frieden nachher um so süßer schmeckt. Juliana, Kindchen, kleine Cariharta, komm heraus! Tu es mir zuliebe, und ich werde schon dafür sorgen, daß Repolido dich auf den Knien um Verzeihung bittet.«

»Ja, wenn er das tut«, stimmte Escalanta zu, »sind wir alle auf seiner Seite und wollen Juliana bitten, daß sie herauskommt.«

»Wenn das eine Demütigung sein soll, die auf eine Geringschätzung meiner Person hinausläuft«, versetzte Repolido, »so werde ich nicht um Verzeihung bitten, und wenn eine ganze Armee von Schweizer Soldaten mich dazu zwingen wollte! Sollte es jedoch nur sein, damit Cariharta ihre Freude daran hat, so will ich nicht nur auf die Knie fallen, sondern mir um ihretwillen sogar einen Nagel durch den Kopf schlagen.«

Chiquiznaque und Maniferro mußten über diese Worte lachen, und Repolido, der meinte, sie machten sich über ihn lustig, war darüber so empört, daß er mit vor Wut entstellter Stimme rief: »Wenn hier etwa einer lacht oder lachen will über die Dinge, die Cariharta und ich gegeneinander gesagt haben und noch sagen werden, so ist er ein Schuft und Lügner, und er wird es immer sein, sooft er lacht oder auch nur den Mund dazu verzieht.«

Chiquiznaque und Maniferro wechselten einen raschen Blick und nahmen dabei eine so drohende Haltung ein, daß Monipodio das Schlimmste befürchten mußte, wenn er sich nicht ins Mittel legte. Er trat darum zwischen die feindlichen Parteien und sagte: »Hört auf, ihr Herren, beschimpft euch nicht weiter, sondern schluckt eure bösen Worte hinunter! Was bis jetzt gesagt wurde, hat ja noch keinen ernstlich getroffen, und keiner darf es dem anderen übelnehmen.«

»Das wissen wir schon«, versetzte Chiquiznaque, »daß solche Reden nicht gegen uns gerichtet sein konnten. So weit ist es noch nicht gekommen! Wenn sich einer einbildet, er könne uns drohen, so muß er auch wissen, daß wir ein Instrument haben, das wir meisterlich zu spielen verstehen.«

»Ich habe auch solch ein Instrument, Herr Chiquiznaque«, erwiderte Repolido, »und wenn es nötig sein sollte, verstehe ich mich auch noch auf andere. Es bleibt bei dem, was ich gesagt habe: wer sich über uns lustig machen will, ist ein Schuft und Lügner! Wenn einer anders denkt, so soll er nur mit mir kommen. Ein rechter Mann kann seinen Gegner auch mit einem Degen, der einen Zoll kürzer ist, von der Wahrheit seiner Worte überzeugen.«

Damit wandte er sich zur Tür und wollte hinaus.

Cariharta hatte von drinnen zugehört, und als sie merkte, daß er in seiner Wut weggehen wollte, kam sie heraus und rief: »Haltet ihn fest! Er darf nicht fortgehen, sonst macht er nur wieder eine Dummheit! Seht ihr denn nicht, daß er wütend ist? Und in seinem Zorn kann er ein wahrer Judas Makabeller sein. Komm her zu mir, du tapferer Held, mein Augapfel du!«

Damit stürzte sie auf ihn zu und zog nach Leibeskräften an seinem Mantel, und als auch Monipodio ihr noch beistand, gelang es den beiden, den Wütenden zurückzuhalten. Chiquiznaque und Maniferro wußten nicht, ob sie böse werden sollten oder nicht, und warteten darauf, was Repolido nun tun würde. Der aber fühlte sich geschmeichelt durch die Bitten Carihartas und Monipodios, kehrte um und sagte: »Ein Freund soll seinen Freund nie ärgern oder sich über ihn lustig machen, vor allem wenn er sieht, daß es den Freund kränkt.«

»Hier ist keiner«, erwiderte Maniferro, »der seinen Freund ärgern oder sich über ihn lustig machen wollte. Wir sind alle gute Freunde und wollen uns als solche die Hand reichen.«

»Jetzt habt ihr alle wie brave Kerle gesprochen«, meinte Monipodio, »und nun reicht euch freundschaftlich die Hand.«

Sie taten es, und jetzt zog Escalanta einen Pantoffel aus und begann darauf zu spielen wie auf einem Tamburin, während Gananciosa einen neuen Palmbesen ergriff, der zufällig zur Hand war. Darauf kratzte sie herum und brachte einen Ton heraus, der zwar etwas heiser und rauh war, aber doch mit dem des Pantoffels harmonierte. Monipodio brach einen Teller in zwei Stücke, nahm die Scherben zwischen die Finger und schlug sie so gewandt und schnell gegeneinander, daß er damit eine Art Begleitmusik zu den Tönen des Besens und des Pantoffels hervorbrachte.

Rinconete und Cortadillo waren sprachlos über diese neue Verwendung des Besens, die sie bisher noch nie gesehen hatten. Maniferro bemerkte das und sagte zu ihnen: »Ihr wundert euch wohl über den Besen? Da tut ihr recht daran, denn auf der ganzen Welt gibt es kein Musikinstrument, das leichter zu beschaffen, einfacher zu handhaben und billiger wäre. Wirklich, vor kurzem erst hörte ich einen Studenten sagen, daß weder der Ohrenfeust, der die dicke Euri aus der Hölle geholt hat, noch der Marion, der auf einem Delphin aus dem Meer herausgeritten ist so wie ein Edelmann auf einem Mietesel, noch der andere große Musiker, der eine Stadt mit hundert Toren und ebenso vielen Pförtchen erbaute, jemals ein Musikinstrument erfunden hätten, das so leicht zu erlernen und so flink zu spielen ist wie dieses. Da gibt es keine Griffe, keine Wirbel und keine Saiten, und nichts braucht gestimmt zu werden. Und auf mein Wort, man sagt sogar, ein Bursche aus unserer Stadt habe das Ding erfunden, ein Kerl, der ein wahrer Hektor in der Musik ist.«

»Das glaube ich gern«, versetzte Rinconete, »aber jetzt wollen wir erst einmal hören, was unsere Musikanten uns vorsingen wollen; die Gananciosa hat schon ausgespuckt, ein Zeichen, daß sie singen will.«

Und das stimmte auch, denn Monipodio hatte das Mädchen gebeten, doch ein paar von den Seguidillen vorzutragen, die zur Zeit überall gesungen wurden. Den Anfang machte jedoch Escalanta, die mit dünner, zitternder Stimme sang:

> Für den Sevillaner mit dem roten Schopf
> Stell ich, wenn's drauf ankommt, alles auf den Kopf.

Dann folgte Gananciosa mit dem Vers:

> Von dem kleinen Schwarzen mit den grünen Tressen
> Sind die Weiber alle reineweg besessen.

Nun ließ Monipodio seine Scherben klappern und sang:

> Zankt sich mal ein Pärchen, liebt sich's hinterdrein,
> Größer als der Ärger wird die Freude sein.

Cariharta mochte in ihrer Freude auch nicht still bleiben, sondern zog sich ebenfalls einen Pantoffel aus, fing an zu tanzen und steuerte nun auch einen Vers bei. Er lautete:

> Sei doch nicht so böse, schlag mich nicht so sehr,
> Denn bedenk, dich selber schmerzt es noch viel mehr.

»Halt, nicht so anzüglich sein!« fiel Repolido hier ein.

»Von alten Geschichten wollen wir nichts mehr wissen! Wozu auch? Was gewesen ist, ist gewesen, jetzt kommt was Neues dran, und damit basta.«

Die Gesellschaft hätte mit ihrem Rundgesang wohl nicht so bald ein Ende gefunden, wenn nicht plötzlich ein paar hastige Schläge gegen die Haustür gedonnert hätten. Als Monipodio nachsah, wer da Einlaß begehrte, stand die Schildwache vor ihm und berichtete, hinten am Ende der Straße sei plötzlich der Polizeiamtmann aufgetaucht und vor ihm marschierten zwei Büttel, der Tordillo und Cernicalo. Diese Nachricht versetzte alle Anwesenden in eine derartige Aufregung, daß Cariharta und Escalanta in der Eile ihre Pantoffeln vertauschten, Gananciosa ihren Besen fahrenließ und Monipodio die Scherben aus den Händen fielen. Die ganze Musik war mit einem Male verstummt. Chiquiznaque brachte kein Wort hervor, Repolido war wie versteinert, und Maniferro verlor alle Fassung. Im Nu waren die Mitglieder der Bruderschaft nach allen Seiten verschwunden und kletterten auf die Dächer und Firste, um darüber hinweg in eine Nebenstraße zu gelangen. Nie hat ein zur Unzeit abgefeuerter Schuß oder ein plötzlicher Donnerschlag einen Schwarm argloser Tauben so aufgescheucht und erschreckt, wie die Nachricht von dem Auftauchen des Polizeiamtmanns all die wackeren Leute, die hier so fröhlich beisammensaßen. Rinconete und Cortadillo, die beiden Neulinge, wußten nicht, was sie tun sollten, sondern blieben im Hofe stehen und warteten ab, wie der so unversehens heraufbeschworene Sturm verlaufen würde. Nach kurzer Zeit aber kam die Schildwache zurück und meldete, der Polizeiamtmann sei vorbeigegangen und habe auf keine Weise erkennen lassen, daß er etwa einen schlimmen Verdacht hegte.

Noch während die Schildwache mit Monipodio sprach, erschien ein junger Edelmann vor der Tür, der ein einfaches, unauffälliges Hausgewand trug. Monipodio

führte ihn herein und ließ dann Chiquiznaque, Maniferro und Repolido rufen, während er ausdrücklich
anordnete, daß von den anderen keiner herunterkom-
men solle. Da Rinconete und Cortadillo im Hofe geblieben waren, konnten sie das ganze Gespräch zwischen Monipodio und dem soeben gekommenen Edelmann mit anhören. Der letztere fragte Monipodio,
warum man seinen Auftrag so schlecht ausgeführt habe,
worauf Monipodio erwiderte, daß er hierüber noch
nicht Bescheid wisse. Es sei aber gerade der Mann anwesend, der die Ausführung des Geschäfts übernom-
men habe und Auskunft darüber geben könne. In diesem Augenblick kam Chiquiznaque herunter und Monipodio fragte ihn, ob er den übernommenen Auftrag
mit dem Messerstich zu vierzehn Linien ausgeführt
habe.

»Welche Sache war das?« fragte Chiquiznaque zurück.

»Die mit dem Kaufmann, der am Kreuzweg wohnt?«

»Jawohl, ganz recht«, erwiderte der junge Edelmann.

»Ja, die Sache ist also folgendermaßen«, begann Chiquiznaque, »gestern abend habe ich ihm vor seiner
Haustür aufgelauert, und er kam auch noch vor dem
Gebetsläuten. Ich bin dann ganz nahe an ihn herangetreten und habe mir sein Gesicht angesehen, aber ich
mußte feststellen, daß er ein so kleines Gesicht hat,
daß es eine vollkommene Unmöglichkeit ist, da drin
einen Messerstich von vierzehn Linien anzubringen. Da
ich nun nicht in der Lage war, mein Versprechen zu
erfüllen und das zu tun, was meine Destruktion mir
vorschrieb ...«

»Instruktion wollen Euer Gnaden wohl sagen, nicht
Destruktion«, bemerkte der junge Edelmann.

»Ja natürlich, das wollte ich«, stimmte Chiquiznaque
zu. »Also wie gesagt, als ich festgestellt hatte, daß das
Gesicht so eng und schmal war, daß der aufgetragene
Stich nicht darin Platz hatte, wollte ich doch auch nicht
umsonst meinen Gang gemacht haben, und deshalb

versetzte ich den Messerstich einem Diener des Kaufmanns, in dessen Gesicht sogar noch ein größerer Stich gepaßt hätte.«

»Mir wäre es aber lieber gewesen«, meinte der Edelmann, »wenn Ihr dem Herrn einen Stich zu sieben Linien gegeben hättet, als dem Diener einen zu vierzehn. Nein, wirklich, mein Auftrag ist nicht ausgeführt worden, wie sich's gehört; aber das macht schließlich auch nichts. Die dreißig Dukaten, die ich dafür angezahlt habe, werden mich nicht arm machen. Und somit: gehorsamster Diener.«

Bei diesen Worten lüftete er den Hut und wandte sich zum Gehen. Monipodio jedoch hielt ihn an seinem bunten Mantel fest und sagte: »Einen Augenblick, Euer Gnaden! Erst müßt Ihr Euer Wort einlösen, so wie wir unser Versprechen ehrlich und genau erfüllt haben. Es fehlen noch zwanzig Dukaten, und Euer Gnaden werden nicht von hier fortgehen, ohne uns die Summe oder ein Pfandstück, das soviel wert ist, dazulassen.«

»So«, erwiderte der Edelmann, »das nennt ihr also ein Versprechen erfüllen, wenn ihr dem Diener einen Messerstich versetzt, der eigentlich seinem Herrn zukommen sollte?«

»Damit kann sich der Herr doch auch getroffen fühlen«, erwiderte Chiquiznaque. »Euer Gnaden scheinen gar nicht das Sprichwort zu kennen, das da sagt: ›Liebst du den Herrn Spund, liebst du auch seinen Hund‹. «

»Und was hat dieses Sprichwort mit unserer Sache zu schaffen?« fragte der Edelmann.

»Nun«, versetzte Chiquiznaque, »man könnte ja auch sagen: ›Haßt du den Herrn Spund, haßt du auch seinen Hund‹; Herr Spund ist unser Kaufmann, ihr haßt ihn, sein Diener ist der Hund, und wenn ich also den Hund schlage, schlage ich damit Herrn Spund. So ist unsere Rechnung ausgeglichen und der Auftrag erfüllt. Deshalb bleibt Euch gar nichts anderes übrig, als zu zahlen, ohne Euch noch einmal mahnen zu lassen.«

»So ist es recht, Freund Chiquiznaque!« fügte Monipodio hinzu. »Mit allem, was du da gesagt hast, hast du mir die Worte vom Mund genommen. Darum, mein junger Herr, fangt nicht erst an, die Leistungen Eurer Freunde und ergebenen Diener zu bekritteln, sondern folgt meinem Rat und zahlt, was zu zahlen ist. Falls Ihr wünschen solltet, daß der Herr vielleicht auch noch einen Messerstich bekommt, so groß wie sein Gesicht ihn eben vertragen kann, so sagt es nur. Ihr könnt so sicher mit dem Stich rechnen, als ob der Mann schon beim Wundarzt wäre.«

»Wenn die Sache sich so verhält«, versetzte der junge Mann, »will ich mit größtem Vergnügen die beiden Stiche voll bezahlen.«

»Der Auftrag wird erfüllt«, versetzte Monipodio, »daran braucht Ihr ebensowenig zu zweifeln wie an Eurer christlichen Taufe. Chiquiznaque wird ihm den Stich so sauber einzeichnen, als wäre er damit auf die Welt gekommen.«

»Nun, auf diese Versicherung und Zusage hin«, erwiderte der junge Edelmann, »nehmt diese Kette hier zum Pfand für die zwanzig Dukaten, die ich euch noch schulde, und die vierzig, die ich euch für den zweiten Stich biete. Die Kette ist tausend Realen wert, und möglicherweise bleibt sie sogar ganz euer Eigentum, denn ich habe so das Gefühl, daß binnen kurzem noch einmal woanders vierzehn Linien fällig sein werden.«

Damit ergriff er eine fein gearbeitete Kette und überreichte sie Monipodio. Dieser merkte an der Farbe und dem Gewicht des Schmuckstücks, daß dies kein Flitterkram war, und nahm es höchst zufrieden und mit auserlesener Höflichkeit in Empfang, denn er war ein sehr wohlerzogener Mensch. Zur Ausführung des Auftrags wurde wiederum Chiquiznaque bestimmt, der sich noch den gleichen Abend zum Termin setzte.

Der junge Edelmann ging befriedigt fort, und nun rief Monipodio die anderen wieder herbei, die vorhin in ihrem Schrecken geflohen waren. Als sie alle wieder unten waren, stellte sich Monipodio in ihre Mitte, zog ein Notizbuch aus der Kapuze seines Umhangs und reichte es Rinconete, der des Lesens kundig war, damit dieser es vorlesen solle. Rinconete öffnete das Buch und fand auf der ersten Seite folgende Eintragung:

Verzeichnis der Messerstiche,
die in dieser Woche verabfolgt werden sollen.
Erstens: dem Kaufmann am Kreuzweg.
Preis: 50 Dukaten. Anzahlung: 30 Dukaten.
Ausführender: Chiquiznaque.

»Ich glaube, das ist für heute alles in dieser Rubrik, mein Sohn«, sagte Monipodio. »Blättert weiter und seht nach unter dem Prügelverzeichnis.«
Rinconete wandte das Blatt um und bemerkte auf der nächsten Seite die Überschrift ›Prügelverzeichnis‹. Weiter unten stand: »Dem Wirt von der Garküche ›Zur Luzerne‹ zwölf Hiebe von der kräftigsten Sorte, das Stück zu einem Taler. Anzahlung: 8 Taler. Termin: 6 Tage. Ausführender: Maniferro.«
»Den Auftrag könnt ihr ruhig streichen«, warf Maniferro ein, »denn heute abend werde ich fertig damit.«
»Steht da noch etwas, mein Sohn?« fragte Monipodio.
»Ja«, erwiderte Rinconete, »da ist noch eine Eintragung, und zwar folgende: Dem buckligen Schneider mit dem Beinamen ›der Stieglitz‹ sechs Hiebe von der kräftigsten Sorte auf Bitten der Dame, die die Halskette hinterlegt hat. Ausführender: der ›Stummel‹.«
»Ich wundere mich«, meinte Monipodio, »daß dieser Auftrag noch nicht ausgeführt ist. Der Stummel scheint nicht auf dem Posten zu sein, denn es sind schon zwei Tage über den Termin verstrichen, und er hat noch keine Hand in der Sache gerührt.«
»Ich habe ihn gestern getroffen«, erzählte Maniferro, »und er sagte mir, er habe den Auftrag noch nicht aus-

führen können, weil der bucklige Schneider krank ist und das Haus hütet.«

»Das ist etwas anderes«, sagte Monipodio, »denn ich habe doch den Stummel immer für einen tüchtigen Kerl gehalten, der noch ganz andere Sachen fertigbringt. Aber das ist natürlich ein Hinderungsgrund. Steht da noch was, mein Junge?«

»Nein, Herr Monipodio«, erwiderte Rinconete.

»Dann blättert noch einmal weiter«, befahl Monipodio, »und seht nach unter dem ›Verzeichnis der gewöhnlichen Belästigungen‹.«

Rinconete schaute nach und fand auf einem anderen Blatt die Überschrift: »Verzeichnis der gewöhnlichen Belästigungen als da sind: Bewerfen mit Tintenflaschen, Beschmieren mit Kot, Anstecken von Teufelsfratzen und Hörnern, öffentliche Sticheleien, Erschrecken, Ängstigen, Androhung von Messerstichen, Verbreitung von Spottnamen usw.«

»Und was steht darunter?« fragte Monipodio.

»Da steht«, las Rinconete, »Mit Kot beschmieren das Haus von...«

»Ihr braucht gar nicht weiterzulesen, ich weiß schon, wo das Haus steht«, fiel Monipodio ein. »Ich bin die Hauptperson und der Ausführende bei dieser Kinderei. Vier Dukaten sind angezahlt, und die Gesamtsumme beträgt acht Dukaten.«

»Ja, das stimmt«, versetzte Rinconete, »das steht alles hier. Und weiter unten steht dann auch noch: ›Anstekken von Hörnern‹.«

»Da braucht das Haus und die Person auch nicht verlesen zu werden«, versetzte Monipodio wieder. »Es genügt schon, wenn man einem Menschen solch eine Unbill zufügt, man muß es nicht auch noch ausposaunen; das belastet nur das Gewissen. Was mich betrifft, so möchte ich jedenfalls lieber hundert Hörner und hundert Teufelsfratzen anstecken, sofern man mich für diese Arbeit bezahlt, als es ein einziges Mal weitererzählen, und sei es der Mutter, die mich geboren hat.«

»Der Ausführende dieses Auftrags ist die ›Plattnase‹«, sagte Rinconete.

»Das ist schon erledigt und bezahlt«, fiel Monipodio ein. »Schaut nach, ob noch mehr verzeichnet ist; denn wenn ich mich recht erinnere, muß da noch ein ›Schrekken‹ für 20 Dukaten sein. Die Hälfte ist bereits angezahlt. Ausführen wird den Auftrag unsere ganze Gemeinschaft, und als Termin ist der laufende Monat gesetzt. Die Sache wird genauestens erledigt, und es darf kein Tüpfelchen auf dem i dabei fehlen. Das wird einer der prächtigsten Späße, die seit langem hier in Sevilla vorgekommen sind. Gebt mir das Buch wieder, ich weiß schon, es steht weiter nichts drin, es ist jetzt eben eine flaue Zeit in unserem Geschäft; aber das wird sich schon wieder ändern, und wir werden noch mehr zu tun bekommen, als uns lieb ist. Ohne Gottes Willen fällt kein Blatt zu Boden, und wir können die Leute nicht zwingen, sich gewaltsam aneinander zu rächen. Schließlich glaubt ja auch jeder, seine eigene Sache am besten führen zu können und hat keine Lust, etwas zu bezahlen, was er eigenhändig verrichten könnte.«

»So ist es«, stimmte Repolido zu, »doch jetzt, Herr Monipodio, schaut zu, was Ihr uns sonst noch zu befehlen und anzuordnen habt; denn es ist schon spät, und die Hitze wird immer drückender.«

»Für heute gibt es nichts Besonderes«, erwiderte Monipodio, »jeder geht auf seinen Posten und bleibt dort bis zum Sonntag. Dann wollen wir wieder hier zusammentreffen und gerecht verteilen, was inzwischen eingekommen ist, ohne daß einer benachteiligt wird. Cortadillo dem Guten und Rinconete wird bis zum Sonntag als Bezirk das Gebiet vom Goldenen Turm draußen vor der Stadt bis zur hinteren Pforte des Alcazars zugeteilt. Da können sie ganz behaglich ihre Talente spielen lassen. Andere, die längst nicht so geschickt sind, haben dort täglich mehr als zwanzig Realen an Kleingeld eingenommen, ganz abgesehen von dem Silbergeld; und dabei hatten sie nur ein einziges Kartenspiel, dem dazu noch vier Karten fehlten. Ganchoso wird euch den Bezirk zeigen, und es macht auch nichts, wenn ihr euch etwa noch bis zur San-Sebastians-Kirche ausdehnen solltet, obgleich nach den Grundsätzen unseres Rechtes eigentlich keiner auf den Bezirk des anderen übergreifen darf.«

Die beiden küßten Monipodio die Hand zum Dank für die ihnen erwiesene Vergünstigung und versprachen, ihr Amt treu, eifrig und umsichtig zu verwalten.

Nun zog Monipodio ein zusammengefaltetes Papier aus der Kapuze seines Umhangs, auf dem das Verzeichnis der Mitglieder stand, und forderte Rinconete auf, auch seinen Namen und den Cortadillos daraufzusetzen. Da jedoch kein Tintenfaß zur Hand war, gab er ihm das Papier mit, damit er in der nächsten Apotheke die Eintragung mache, und zwar sollte er schreiben: ›Rinconete und Cortadillo, vollgültige Mitglieder; kein Lehrjahr; Rinconete: Präludium; Cortadillo: Fagott.‹ Darunter sollte dann Tag, Monat und Jahr stehen, jedoch nicht der Name der Eltern und die Heimat.

Als Monipodio noch beim Erklären war, trat einer der alten Schnüffler ein und sagte: »Ich bin gekommen, um Euer Gnaden mitzuteilen, daß ich eben bei der Domtreppe den Lobillo aus Malaga getroffen habe. Er sagt mir, er habe sich in seiner Kunst derart vervollkommnet, daß er jetzt mit einer neuen Karte selbst dem Teufel sein Geld abnehmen könne. Da er offenbar einen Raufhandel gehabt hat und übel zugerichtet ist, kann er nicht sofort kommen, um sich einschreiben zu lassen und die übliche Aufwartung zu machen.«

»Ich habe doch immer darauf geschworen«, sagte Monipodio, »daß dieser Lobillo noch einmal einzig in seiner Kunst dastehen wird; denn er hat die besten und geeignetsten Hände dafür, die man sich nur wünschen kann. Um in seinem Fach etwas Tüchtiges zu leisten, braucht man nämlich ebenso notwendig gute Instrumente zur Ausübung des Handwerks wie einen hellen Kopf, um es zu erlernen.«

»Dann«, fuhr der Alte fort, »habe ich in einer Schankwirtschaft in der Färberstraße auch noch den ›Juden‹ getroffen, der heute in Pfarrerskleidung steckte. Er hat sich dort festgesetzt, weil er gehört hat, daß in dem gleichen Haus zwei reiche Leute wohnen, die kürzlich aus Peru zurückgekommen sind. Nun will er versuchen, ob er mit ihnen ein Spielchen in Gang bringen kann; wenn es zuerst auch nur um kleine Beträge geht, so werden die Einsätze schon allmählich größer werden. Er hat mir auch gesagt, daß er am Sonntag bestimmt zur Versammlung kommen wird, um über seine Geschäfte Rechenschaft abzulegen.«

»Ja, der ›Jude‹«, meinte Monipodio, »das ist auch ein geriebener Bursche, der sich auf seine Sache versteht. Es ist schon lange her, seit ich ihn zuletzt gesehen habe, und das ist nicht recht von ihm. Wenn das nicht besser wird, muß ich ihm nächstens mal den Kopf waschen. Dieser Spitzbube hat ebensowenig eine Priesterweihe empfangen wie der Großtürke, und vom Lateinischen versteht er auch nicht mehr als meine Mutter. Gibt es sonst noch etwas Neues?«

»Nein«, erwiderte der Alte, »wenigstens nichts, das ich wüßte.«

»Nun, dann in Gottes Namen«, sagte Monipodio, »nehmt diesen Bettel!« — und damit verteilte er etwa vierzig Realen unter die Anwesenden — »und am nächsten Sonntag darf mir keiner fehlen, dann wird auch wieder genug Geld beisammen sein.«

Alle dankten ihm, und Repolido und die Cariharta, Escalanta und Maniferro sowie Gananciosa und Chiquiznaque umarmten und küßten sich gegenseitig und verabredeten sich auf den Abend, wo sie sich bei der Pipota treffen wollten, sobald sie ihre eigenen Geschäfte erledigt hätten. Auch Monipodio versprach hinzukommen, um den Waschkorb zu überprüfen. Hinterher wollte er dann noch seinen Auftrag ausführen und das Haus, das man ihm bezeichnet hatte, mit Kot beschmieren. Er umarmte Rinconete und Cortadillo, gab ihnen seinen Segen und verabschiedete sie, wobei er ihnen noch einschärfte, daß sie niemals einen festen Wohnsitz oder eine bestimmte Herberge haben dürften, da dies die Sicherheit der Bruderschaft gefährden würde.

Ganchoso begleitete die beiden und wies ihnen ihren Bezirk zu. Beim Abschied ermahnte er sie noch einmal, am Sonntag keinesfalls zu fehlen, da Monipodio dann, soviel er wüßte, eine besondere Lektion über die Angelegenheiten abhalten werde, die ihre Kunst beträfen. Damit verließ er die beiden Freunde, die sich vor Staunen über alles, was sie an diesem Tage erlebt hatten, kaum zu fassen wußten.

Rinconete war zwar noch ein junger Bursche, aber er hatte einen hellen Kopf und eine natürliche Auffassungsgabe. Da er seinem Vater öfters beim Ablaßverkauf geholfen hatte, verstand er sich ein wenig auf die Sprache der Gebildeten und mußte nun herzlich lachen, als er an die seltsamen Worte dachte, die er von Monipodio und den übrigen Mitgliedern der Gemeinschaft gehört hatte. Am komischsten war es ihm vorgekommen, daß jener anstatt ›per modum suffragii‹ ›auf dem Wege des Naufragiums‹ gesagt und erklärt hatte, man bezahle ein ›Stupendum‹ und nicht ein ›Stipendium‹ aus dem allgemeinen Einkommen. Auch Cariharta fand er lustig, vor allem, weil sie den Repolido einen ›orkanischen‹ anstatt einen ›hyrkanischen Tiger‹ genannt und dazu noch eine ganze Menge ähnlicher und schlimmerer Ungereimtheiten hervorgebracht hatte. Ganz besonderen Spaß machte es ihm, daß sie versichert hatte, die Arbeit, die sie gehabt habe, um die vierundzwanzig Realen zu verdienen, werde ihr der Himmel gegen ihre Sünden aufwiegen. Vor allem aber verblüffte ihn die ruhige Zuversicht, mit der sie alle glaubten, trotz ihrer Diebstähle, Mordtaten und anderen Übertretungen der göttlichen Gebote dereinst in den Himmel zu gelangen, sofern sie nur ihre Gebete regelmäßig verrichteten. Und lachen mußte er schließlich auch über die gute alte Pipota, die einen gestohlenen Wäschekorb in ihrem Hause aufbewahrte und dann Wachskerzchen vor den Heiligenbildern anzündete, um auf diese Weise gespornt und gestiefelt in den Himmel zu kommen. Daß aber alle einem so rohen, plumpen und gewissenlosen Menschen wie Monipodio mit soviel Gehorsam und Respekt entgegenkamen, überraschte den Burschen wohl am allermeisten. Er überdachte noch einmal alles, was er in dem Notizbuch gelesen hatte, und machte seine Betrachtungen über die Gewerbe, denen die Mitglieder der Bruderschaft angehörten. Aus alledem glaubte er zu ersehen, daß es in der berühmten Stadt Sevilla doch recht schlecht um die Justiz bestellt sein müsse, da solch schädliches Gesindel hier so ungehindert sein Wesen treiben und gegen die Gebote Gottes und der Natur verstoßen konnte. Er nahm sich daher vor, auch seinem Freund zu raten, möglichst bald dieses verworfene, schlechte, ruhelose, freche und ausschweifende Leben aufzugeben. Doch da er sehr jung war und wenig Erfahrung hatte, verblieb er noch eine ganze Reihe von Monaten dabei. In dieser Zeit erlebte er allerhand Dinge, die eine ausführliche Schilderung verdienten. Wir wollen es deshalb einer anderen Gelegenheit vorbehalten, sein Leben und seine Taten zu schildern und ebenso die seines Meisters Monipodio sowie verschiedene andere Ereignisse, die sich in jener Akademie der Gottlosigkeit zutrugen; denn sie alle sind recht beachtlich und können dem Leser als warnendes Beispiel dienen.

DIE SPANIERIN IN ENGLAND

Unter der Beute, welche die Engländer aus der Stadt Cádiz wegschleppten, befand sich ein Mädchen von etwa sieben Jahren, das Clotald, ein englischer Edelmann und Befehlshaber eines Schiffsgeschwaders, nach London mitnahm. Die Entführung geschah ohne Wissen und Willen des Grafen von Essex, der das Kind überall suchen ließ, um es seinen Eltern zurückzugeben. Diese hatten bei ihm wegen des Verschwindens ihrer Tochter Klage geführt und ihn gebeten, doch nicht sie allein so unglücklich zu machen, während er sich sonst damit begnüge, das Vermögen der Einwohner einzuziehen und sie selbst in Freiheit lasse. Sie seien ja arme Leute geworden, sagten sie, aber er möge ihnen doch wenigstens ihre Tochter lassen, die das Licht ihrer Augen und das schönste Kind in der ganzen Stadt sei.

Der Graf ließ auf allen Schiffen seiner Flotte verkünden, daß derjenige, der das Mädchen geraubt habe, es herausgeben müsse, sofern ihm sein Leben lieb sei. Doch keine Drohung, keine Furcht vor Strafe konnte Clotald bewegen, dem Befehl nachzukommen. Er hielt die kleine Isabel in seinem Schiff verborgen und war wie ein Vater verliebt in die unvergleichliche Schönheit des Kindes. So mußten denn die unglücklichen und trostlosen Eltern darauf verzichten, ihr Kind wiederzusehen, während Clotald damit nach London gelangte und voller Freude seiner Gattin das schöne Mädchen als sein wertvollstes Beutestück übergab.

Ein glücklicher Zufall wollte es, daß alle Mitglieder von Clotalds Familie insgeheim Katholiken waren, obgleich sie in der Öffentlichkeit vorgaben, der Religion ihrer Königin anzugehören. Clotald hatte einen zwölfjährigen Sohn namens Richard, den seine Eltern dazu angehalten hatten, Gott zu lieben und zu fürchten und die Lehren des katholischen Glaubens getreu zu befolgen. Catherine, die Gattin Clotalds, war eine vornehme, christlich denkende und kluge Frau, die Isabel bald so liebgewann, daß sie sie wie ein eigenes Kind aufzog, verhätschelte und unterrichtete. Das Mädchen hatte so gute Anlagen, daß sie mit Leichtigkeit alles auffaßte, was man sie lehrte. Bei dieser liebevollen Behandlung entbehrte sie mit der Zeit auch nicht mehr die Zärtlichkeiten, die ihre eigenen Eltern ihr erwiesen hatten; doch schwand ihr die Heimat nie so ganz aus dem Gedächtnis, daß sie sich nicht ab und zu danach gesehnt hätte. Obgleich sie die englische Sprache erlernte, blieb ihr die spanische doch vertraut, denn Clotald trug Sorge dafür, heimlich Spanier ins Haus zu bringen, die mit dem Kinde sprachen. Auf diese Weise verlernte sie, wie gesagt, ihre Muttersprache nicht und verstand sich doch bald so gewandt auf englisch auszudrücken, als ob sie in London geboren wäre. Nach dem sie alle die Fertigkeiten erworben hatte, die ein junges Mädchen aus gutem Hause beherrschen soll, lernte sie noch recht gut schreiben und lesen. Eine ganz besondere Begabung jedoch legte sie beim Spielen all der Instrumente an den Tag, die für eine Frau schicklich sind. Sie erzielte hierbei die vollendetste muskalische Wirkung und begleitete sich dazu mit einer wunderbaren Stimme, die der Himmel ihr geschenkt hatte, so daß alle wie verzückt lauschten, wenn sie sang.

All diese neuerworbenen Reize, die sich zu ihren natürlichen gesellten, entflammten nach und nach das Herz Richards, dem sie als dem Sohn ihres Herrn in achtungsvoller Neigung zugetan war. Im Anfang liebte Richard Isabel nur wie eine Schwester; es machte ihm Freude, die beispiellose Schönheit des Mädchens zu betrachten und ihre unzähligen Vorzüge und Reize zu bestaunen, ohne daß seine Wünsche indes die Grenzen des Anstands und der Sittsamkeit überschritten hätten. Da aber Isabel, die zwölf Jahre zählte, als Richard begann, eine stärkere Zuneigung für sie zu empfinden, vollends heranwuchs, verwandelte sich bei ihm jenes erste Wohlwollen und die wunschlose Freude an ihrem Anblick in das glühende Begehren, diese Schönheit ganz zu besitzen und zu genießen. Allerdings hatte er nie die Absicht, das Ziel seiner Sehnsucht anders denn als ihr Gatte zu erreichen; bei der unvergleichlichen Sittsamkeit Elizabeths, wie das Mädchen in England genannt wurde, konnte ein anderer Gedanke gar nicht aufkommen. Aber selbst wenn es in seiner Macht gestanden hätte, würde Richard nichts anderes erstrebt haben, denn seine edle Denkungsart und die hohe Achtung, die er für Elizabeth empfand, machten es ganz unmöglich, daß ein schlechter Gedanke in seinem Herzen Wurzel faßte. Tausendmal beschloß er bei sich, mit seinen Eltern zu reden, und ebensooft verwarf er diesen Entschluß wieder, weil er wußte, daß die Eltern ihm ein sehr reiches und vornehmes schottisches Fräulein zur Gattin bestimmt hatten, das ebenso wie sie selbst im geheimen dem katholischen Glauben anhing. Selbstverständlich, so sagte er sich, würden Vater und Mutter das, was sie einem Edelfräulein zugedacht hatten, nicht einer Sklavin geben wollen — sofern diese Bezeichnung überhaupt auf Elizabeth anwendbar war. So war er schließlich ganz verzweifelt und versank immer mehr in Grübeleien, weil er nicht wußte, wie er es anstellen sollte, um ans Ziel seiner Wünsche zu gelangen. Der Kummer setzte ihm so zu, daß er bald dem Tode nahe war. Doch da es ihm feige erschien, sich einfach der Verzweiflung anheimzugeben und nicht einmal einen Versuch zu unternehmen, seinem Leiden beizukomemn, ermannte er sich endlich und beschloß, Elizabeth seine Sehnsucht zu offenbaren.

Das ganze Haus befand sich in Trauer und Aufregung über Richards Krankheit. Alle liebten sie ihn, vor allem aber seine Eltern, die mit größter Zärtlichkeit an ihm hingen. Sie hatten ja keinen anderen Sohn, und Richards männliche Vorzüge sowie sein klarer Verstand rechtfertigten diese Liebe auch durchaus. Die Ärzte konnten die Ursache der Krankheit nicht herausfinden, und er wagte nicht, ihnen sein Geheimnis zu entdecken. Endlich entschloß er sich, den Kampf gegen die Schwierigkeiten, die er sich einbildete, aufzunehmen, und als Elizabeth eines Tages in sein Gemach trat, um ihm etwas zu bringen, und er sich mit ihr allein sah, wandte er sich an das Mädchen und sagte mit schwacher, bebender Stimme: »Schöne Elizabeth, all deine liebenswerten Eigenschaften und deine große Schönheit haben mich so elend gemacht. Wenn du nicht willst, daß ich unter den furchtbarsten Qualen, die man sich denken kann, mein Leben lasse, dann erfülle mir meinen heiligsten Wunsch: ich möchte mich dir ohne Wissen meiner Eltern anverloben, denn ich fürchte, sie werden mir das Gut verweigern, an dessen Besitz mir so viel gelegen ist, weil sie deinen ganzen Wert nicht so kennen wie ich. Gibst du mir dein Wort, die Meine zu sein, so verspreche ich dir bei meinem wahren katholischen Glauben, mich von dieser Stunde an als dein Gatte zu betrachten. Ich weiß, ich werde dich erst besitzen können, wenn die Kirche und meine Eltern ihren Segen zu unserem Bund gegeben haben; aber selbst wenn ich noch nicht so schnell dahin gelange, so wird doch der Gedanke, daß du mir sicher bist, genügen, um mich wieder gesund zu machen und mich froh und zufrieden auf den Tag warten lassen, der mir das ersehnte Glück bringt.«

Elizabeth hatte, als Richard so sprach, die Augen zu

Boden geschlagen. Nun aber bewies sie, daß ihre Sittsamkeit ebenso groß war wie ihre Schönheit und ihr Feingefühl; denn als Richard schwieg, ergriff das tugendsame, schöne und kluge Mädchen das Wort und sagte: »Herr Richard, ich weiß nicht, ob der Zorn oder die Gnade des Himmels mich von meinen Eltern getrennt hat, doch seit jenem Augenblick, wo ich Euren Eltern geschenkt wurde, denen ich für die unendlichen Wohltaten, die sie mir erwiesen haben, stets dankbar sein werde, bin ich entschlossen, ihren Willen stets zu dem meinen zu machen. Wenn wir daher nicht die Zustimmung Eurer Eltern erlangen können, muß ich die unschätzbare Gnade, die Ihr mir erzeigen wollt, nicht für ein Glück, sondern für ein Unglück ansehen. Sollten sie mich aber für würdig befinden, Euch anzugehören, so will ich noch im gleichen Augenblick, in dem sie mir die Freiheit schenken, Euch diese Freiheit darbringen. Solange dies jedoch nicht erfolgt ist oder sofern es überhaupt nicht erfolgen sollte, stellt Eure Wünsche zurück und begnügt Euch mit der Gewißheit, daß ich immer und von ganzem Herzen alles Glück für Euch erflehen werde, das der Himmel Euch gewähren kann.«

Damit beendete Elizabeth ihre wohlüberlegte Rede, und der Erfolg ihrer Worte sollte sich bald zeigen: Richard begann zu genesen, und die Eltern, die durch die Angst um ihren Sohn schon mehr tot als lebendig gewesen waren, schöpften neue Hoffnung.

Als Elizabeth mit einem freundlichen Blick das Zimmer verließ, hatte Richard Tränen in den Augen, und ihr schwoll das Herz in Bewunderung für die große Liebe, die Richard ihr gezeigt hatte. Den Eltern kam es wie ein Wunder vor, daß Richard so plötzlich von seinem Krankenlager wieder aufgestanden war, und er wollte sein Geheimnis nun auch nicht mehr länger verbergen. So schüttete er eines Tages seiner Mutter sein Herz aus und erklärte ihr am Ende seiner langen Beichte, wenn sie und der Vater sich weigern sollten, ihm Elizabeth zur Frau zu geben, würde das sein Tod sein. Er hob die Vorzüge des Mädchens so eindringlich hervor und pries sie mit so glühenden Worten, daß die Mutter schon fast den Eindruck gewann, Elizabeth müsse die Benachteiligte sein, wenn sie Richard zum Gemahl nahm. Sie machte ihrem Sohn Hoffnung und versprach ihm, mit dem Vater zu reden, damit auch er in das einwilligte, was sie bereits als richtig erkannt hatte. Schon bald setzte sie ihre Absicht in die Tat um: sie unterbreitete ihrem Gatten die Gründe, die Richard bei ihr geltend gemacht hatte und konnte ihn mit Leichtigkeit dazu bewegen, daß er Richards sehnlichste Wünsche guthieß und einen Vorwand erfand, um die Hochzeit mit der Schottin, die schon beinahe festgesetzt war, zu verhindern. Elizabeth war zu diesem Zeitpunkt vierzehn Jahre alt und Richard zwanzig, doch schon in diesem zarten Alter zeigten beide so viel Klugheit und Besonnenheit, daß man sie allgemein wie Erwachsene behandelte.

Vier Tage fehlten noch bis zu dem Morgen, an dem Richard nach dem Willen seiner Eltern seinen Nacken unter das heilige Joch der Ehe beugen sollte. Auch sie hielten diese Wahl jetzt für klug und waren überglücklich, daß Richard ihnen die Gefangene als Tochter zuführen wollte; denn die Vorzüge der jungen Spanierin waren in ihren Augen eine bessere Mitgift als all die Reichtümer, welche die Schottin ihnen ins Haus gebracht hätte. Die Hochzeitsgewänder lagen bereit, die Verwandten und Freunde waren eingeladen, und man brauchte nun nur noch die Königin von der beabsichtigten Vermählung in Kenntnis zu setzen, da die Mitglieder des hohen Adels ohne Einwilligung ihrer Regentin keine Ehe schließen durften. Da man jedoch nicht daran zweifelte, daß die Königin ihre Genehmigung geben würde, hatte man den formellen Antrag noch immer aufgeschoben. Als nun, wie gesagt, alles bereit war und nur noch vier Tage bis zur Hochzeit fehlten, erschien zur allgemeinen Bestürzung am Abend plötzlich ein Bote der Königin, der Clotald die Nachricht brachte, daß Ihre Majestät am Morgen des nächsten Tages seine Gefangene, die Spanierin aus Cádiz, vorgeführt zu bekommen wünschte. Clotald erwiderte, er werde dem Befehl Ihrer Majestät mit Freuden nachkommen. Der Bote ging und ließ die ganze Familie in Aufregung und Angst zurück.

»O Gott«, seufzte Frau Catherine, »wenn die Königin nun erfährt, daß ich das Kind im katholischen Glauben erzogen habe, und daraus folgert, daß wir hier im Hause alle Katholiken sind! Aber wenn die Königin nun fragt, was sie in den acht Jahren, die sie bei uns verbrachte, gelernt hat, was soll die Ärmste nur antworten, ohne uns in Gefahr zu bringen, und wenn sie es noch so klug anstellt?«

Als Elizabeth dies hörte, sagte sie: »Quält Euch doch nicht mit dieser Sorge, liebe Herrin. Ich bin sicher, der Himmel wird mir in seiner göttlichen Barmherzigkeit im entscheidenden Augenblick schon die richtigen Worte in den Mund legen, damit Ihr nicht in Ungnade fallt, sondern im Gegenteil sogar noch einen Vorteil von dieser Begegnung habt.«

Richard zitterte, als ob er ein Unglück vorausahnte, während Clotald versuchte, sich selbst Mut zuzusprechen. Der einzige Trost jedoch, den er fand, war sein unbedingtes Vertrauen auf Gott und auf die Klugheit Elizabeths. Immer wieder schärfte er dem Mädchen ein, sie solle um jeden Preis zu vermeiden suchen, daß sie alle um ihres katholischen Bekenntnisses willen verurteilt würden; denn im Geiste seien sie zwar stark und darauf gefaßt, jede Marter zu erdulden, das schwache Fleisch jedoch schrecke noch vor solch bitteren Prüfungen zurück. Elizabeth beteuerte einmal ums andere, sie könnten sicher sein, durch ihre Schuld werde ihnen bestimmt nicht jenes Unheil widerfahren, das sie so sehr fürchteten. Zwar wisse sie noch nicht, was sie auf die Fragen erwidern solle, die man ihr vielleicht stellte, doch habe sie die feste Hoffnung, ihre Antworten würden so ausfallen, daß sich alles für sie noch zum Guten wenden würde.

Noch lange unterhielten sich Clotald und seine Familie an diesem Abend. Vor allem erwogen sie, daß die Königin ihre Botschaft ja sicherlich nicht so freundlich abgefaßt hätte, wenn sie gewußt hätte, daß sie Katholiken waren. Offenbar wollte sie nur Elizabeth sehen; da man in der ganzen Stadt von ihrer unvergleichlichen Schönheit und ihrer vielseitigen Begabung sprach, mochte die Kunde davon auch der Königin zu Ohren gekommen sein. Clotald und seine Gemahlin traf zwar eine gewisse Schuld, da sie der Königin das Mädchen bisher noch nicht vorgestellt hatten, doch hofften sie, hierfür leicht die Verzeihung ihrer Regentin zu erlangen, wenn sie erklärten, sie hätten Elizabeth schon seit dem Tage, an dem sie in ihr Haus kam, zur künftigen Gemahlin ihres Sohnes Richard ausersehen. Es war ihnen allerdings auch nicht erlaubt, diese Heirat ohne Genehmigung der Königin vorzubereiten, aber diese Schuld erschien ihnen keiner strengen Bestrafung würdig. Mit diesen Überlegungen trösteten sie sich und beschlossen, Elizabeth nicht in die einfachen Gewänder einer Gefangenen zu kleiden, sondern so auszustatten, wie es der Braut eines so vornehmen jungen Edelmannes zukam.

Gemäß diesem Entschluß wurde Elizabeth am nächsten Tage in spanische Hoftracht gekleidet. Sie trug ein Überkleid aus geschlitztem grünen Atlas, das mit einem reichen Goldstoff unterlegt war. Die im Zickzack geführten Schlitze waren mit Perlen eingefaßt und das ganze Obergewand mit breiten Perlenborten benäht. Halsschmuck und Gürtel waren von Diamanten, und in der Hand hielt sie einen Fächer nach Art der spanischen Damen. Als Kopfschmuck diente ihr

ihr langes, blondes Haar, das mit Diamanten und Perlen durchflochten und übersät war. In diesem reichen Putz, der ihre stolze Haltung und wunderbare Schönheit noch mehr hervorhob, zeigte sie sich an diesem Tage in einer prächtigen Karosse den Einwohnern von London. Alle Blicke folgten ihr, und die Herzen schlugen höher bei ihrem Anblick. Mit ihr im Wagen fuhren Clotald, seine Gattin und Richard, und viele vornehme Verwandte begleiteten den Zug zu Pferde. Clotald wollte seiner Gefangenen diese Ehre erweisen, damit die Königin sich verpflichtet fühlte, sie als die künftige Gattin seines Sohnes zu betrachten.

Als sie am Palast angekommen waren, wurde sie in einen großen Saal geführt, in dem die Königin sich befand. Als Elizabeth als erste die weite Halle betrat, bot sie den Augen der Anwesenden das lieblichste Bild, das man sich vorstellen kann. Ihre Begleitung blieb zwei Schritte von der Türe entfernt stehen, und sie ging allein weiter nach vorn, so daß man einen Eindruck empfing wie von einem leuchtenden Stern oder einem strahlenden Schimmer, der in einer stillen, heiteren Nacht aus der Region des Feuers emportaucht. Auch mit den Sonnenstrahlen hätte man sie vergleichen können, die in der Morgenfrühe hinter den Bergen aufblitzen oder mit einem Kometen, dessen Erscheinen ein Vorzeichen ist, daß im Herzen manches Menschen, der ihn erblickt, ein flammender Brand auflodern soll; denn Amor entfachte mit der Glut der Blicke aus Elizabeths schönen Augen die Liebe in der Brust der Anwesenden. Das Mädchen aber beugte demütig und mit edlem Anstand die Knie vor der Königin und sagte in englischer Sprache: »Die Hand Eurer Majestät zu küssen, ist der ergebene Wunsch Eurer Sklavin, die sich von diesem Tage an stolz und glücklich fühlen wird, da ihr die Freude zuteil wurde, Eure Hoheit mit eigenen Augen sehen zu dürfen.«

Die Königin betrachtete das Mädchen eine geraume

Zeit, ohne ein Wort zu ihr zu sprechen. Wie sie später zu ihrer Kammerfrau bemerkte, kam es ihr vor, als habe sie einen gestirnten Himmel vor sich: die Sterne waren die vielen Perlen und Diamanten, mit denen Elizabeth geschmückt war, ihr schönes Antlitz und ihre Augen waren Sonne und Mond, ihre ganze Erscheinung aber ein neues Weltwunder an Lieblichkeit. Die Damen im Gefolge der Königin wären am liebsten ganz und gar Auge geworden, um nur ja nichts an Elizabeth zu übersehen. Die eine lobte den sprechenden Blick, die andere die zarten Farben des Gesichts, diese die stolze, anmutige Haltung und jene den Wohllaut ihrer Stimme. Eine letzte schließlich fühlte sich von Neid gepackt und sagte: »Die Spanierin mag ja recht hübsch sein, aber ihre Aufmachung gefällt mir nicht.«

Nachdem die Königin das Mädchen noch eine Weile stumm angeblickt hatte, machte sie ihr ein Zeichen, sich zu erheben und sagte: »Sprecht doch spanisch zu mir, mein Fräulein, ich verstehe die Sprache gut und habe Freude daran.« Dann wandte sie sich an Clotald und fuhr fort: »Clotald, es ist sehr unrecht von Euch, daß Ihr diesen Schatz so lange Jahre vor mir verborgen habt. Ich muß allerdings zugeben, er ist so köstlich, daß Ihr ihn mit vollem Recht so eifersüchtig behütet. Nun aber seid Ihr verpflichtet, ihn mir zurückzugeben, denn mir kommt er zu.«

»Hohe Herrin«, erwiderte Clotald, »es ist nur zu wahr, was Eure Majestät da gesagt haben. Ich bekenne meine Schuld, sofern es eine Schuld zu nennen ist, daß ich diesen Schatz so lange gehütet habe, bis er die Vollkommenheit erreichte, deren er bedurfte, um vor den Augen Eurer Majestät zu erscheinen. Jetzt aber, wo es an der Zeit ist, wollte ich Euch die schöne Elizabeth zuführen und Eure Majestät um die Genehmigung bitten, sie mit meinem Sohn Richard vermählen zu dürfen. In diesen beiden jungen Menschen bringe ich Eurer Majestät alles dar, was ich zu geben vermag.«

»Sogar ihr Name macht mir Freude«, erwiderte die Königin. »Damit die kleine Spanierin so vollkommen sei, daß nichts an ihr zu wünschen übrigbleibt, mußte sie Elizabeth heißen. Doch was ist das, Clotald, Ihr habt sie ohne meine Genehmigung Eurem Sohne anverlobt?«

»Das tat ich, Herrin«, erwiderte Clotald, »doch es geschah im Vertrauen darauf, daß die vielen wichtigen Dienste, die ich und meine Vorfahren Eurem Hause geleistet haben, bei Eurer Majestät noch ganz andere Gnadenbeweise erwirken dürften, als diese Genehmigung zur Heirat. Außerdem ist mein Sohn ja noch gar nicht mit ihr vermählt.«

»Und er wird auch nicht mit Elizabeth vermählt sein«, fiel die Königin ein, »bis er sich dieses Kleinod selbst verdient hat. Ich werde nicht zulassen, daß Ihr Euch zur Erlangung dieser Gnade auf die Vorrechte beruft, die Ihr und Eure Vorfahren sich erworben haben. Richard selbst soll in meine Dienste treten, und er mag zusehen, wie er aus eigener Kraft dieses Mädchen erringt, das mir schon jetzt so lieb ist wie eine eigene Tochter.«

Kaum hatte Elizabeth diese letzten Worte vernommen, als sie sich der Königin wiederum zu Füßen warf und in kastilischer Sprache sagte: »Durchlauchtigste Herrin, die Ungnade, die solch eine Sühne heischt, muß wohl eher als ein Glück, denn als ein Unglück angesehen werden. Eure Majestät haben mich Ihre Tochter genannt. Welches Unheil kann ich nach solch einem Ausspruch noch fürchten und wieviel Segen darf ich nach ihm noch erhoffen!«

Elizabeth brachte diese Worte mit so viel natürlicher Anmut vor, daß die Königin ganz bezaubert von ihr war und bestimmte, daß das Mädchen von nun ab in ihrer Nähe bleiben müsse. Sie übergab sie der Obhut einer vornehmen Dame, ihrer Oberstkämmerin, damit diese Elizabeth in die Hofsitten einführen solle.

Als Richard so mit ansehen mußte, wie man ihm Elizabeth, den Inhalt seines Lebens, entriß, hätte er beinahe den Verstand verloren. Zitternd und voller Angst warf er sich der Königin zu Füßen und sagte: »Damit ich Eurer Majestät diene, bedarf es keiner anderen Belohnungen als derer, die mein Vater und meine Vorfahren für ihre Dienste vom königlichen Hause erlangten. Da es jedoch der Wunsch Eurer Majestät ist, daß ich unter diesen neuen Bedingungen in Eure Dienste trete, würde ich gern erfahren, auf welche Weise und in welchem Amte ich den Beweis liefern kann, daß ich die Verpflichtungen erfülle, die Eure Majestät mir auferlegt.«
»Es liegen zur Zeit zwei Schiffe im Hafen«, entgegnete die Königin, »die auf Kaperfahrt auslaufen sollen. Zum Oberbefehlshaber dieser Schiffe habe ich den Baron von Lansac ernannt. Ihr sollt Kapitän auf dem anderen Schiff sein, denn das edle Blut, das in Euren Adern fließt, ist mir Gewähr, daß Ihr durch Eure natürlichen Anlagen ersetzen werdet, was Euch an Alter und Erfahrung mangelt. Es ist eine große Gnade, die ich Euch damit erweise, denn ich gebe Euch bei dieser Aufgabe Gelegenheit, Eurer Königin zu dienen, wie es Eurem Namen zukommt, die Kräfte Eures Geistes und Euren persönlichen Mut unter Beweis zu stellen und den höchsten Lohn dafür zu ernten, den Ihr meines Erachtens erstreben könnt. Ich selbst werde Elizabeths Hüterin sein, obgleich mir scheinen will, daß ihre eigene Sittsamkeit ihr allerbester Schutz ist. Geht mit Gott, und da Euer Herz voll Liebe ist, glaube ich, mir Großes von Euren Taten versprechen zu dürfen. Glücklich der König, der im Kriege zehntausend verliebte Soldaten in seinem Heer hat, die als Lohn für den errungenen Sieg den Besitz der Geliebten erhoffen dürfen. Nun steht auf, Richard, und überlegt, ob Ihr Elizabeth noch etwas zu sagen habt, denn morgen wird Euer Schiff absegeln.«
Richard küßte der Königin die Hände und dankte Ihr

bewegt für die große Gnade, die sie ihm erwiesen hatte. Dann beugte er seine Knie vor Elizabeth. Er hätte ihr gern etwas gesagt, allein er konnte nicht: die Kehle schnürte sich ihm zusammen, so daß er kein Wort hervorzubringen vermochte, und seine Augen füllten sich mit Tränen, sosehr er auch versuchte, sich zu beherrschen. Der Königin war der Sturm, der in ihm tobte, nicht entgangen, denn sie sagte: »Ihr braucht Euch Eurer Tränen nicht zu schämen, Richard, und keiner wird es Euch zur Schande anrechnen, daß Ihr in dieser Minute Euer weiches und zärtliches Herz gezeigt habt. Es ist nicht leicht, sich im Kampfe mit dem Feind herumzuschlagen, aber es ist wohl ebenso schwer, von einem Menschen, den man liebt, Abschied zu nehmen. Umarmt Euren Richard, Elizabeth, und gebt ihm Euren Segen, denn das hat er durch seine Liebe zu Euch verdient.«

Elizabeth war zutiefst erschrocken und wie betäubt, als sie sah, daß Richard, den sie wie einen Gatten liebte, solche Demut und solchen Schmerz bezeugte. Die Worte der Königin hatte sie gar nicht gehört. Ohne zu wissen, was sie tat, stand sie starr und bewegungslos da, während die Tränen aus ihren Augen strömten, so daß es aussah, als weine eine Alabasterstatue. Der Anblick dieser beiden jungen Menschen, die einander so zärtlich liebten, rührte viele der Umstehenden zu Tränen. Ohne daß Richard und Elizabeth noch ein Wort miteinander gewechselt hätten, verließen Clotald und die Seinen bedrückt und voller Mitleid den Saal, nachdem sie sich mit einer tiefen Verbeugung von der Königin verabschiedet hatten.

Elizabeth hatte das Gefühl, als sei sie plötzlich verwaist und habe ihre Eltern zu Grabe tragen müssen. Oberdrein war ihr Herz voller Bangen, weil sie fürchtete, ihre neue Herrin werde verlangen, daß sie viele von den Sitten und Gewohnheiten ablegte, in denen sie erzogen war. Doch all dies half nichts; sie blieb in dem Palast, und Richard mußte zwei Tage später unter Segel gehen.

Zwei Gedanken waren es vor allem, die den jungen Mann bei seiner Ausreise quälten und bedrückten. Er wußte, daß er nun verpflichtet war, Taten zu vollbringen, die ihm ein Anrecht auf den Besitz Elizabeths verliehen. Doch andererseits war er sich klar darüber, daß er ein guter Katholik bleiben mußte und sich in kein Abenteuer einlassen durfte, bei dem er gezwungen wäre, sein Schwert gegen katholische Christen zu zükken. Wich er aber dem Kampf aus, so würde man entweder erkennen, daß er ein Katholik war, oder ihn als Feigling brandmarken, und damit würde er nicht nur seine Hoffnung auf Elizabeth, sondern sogar sein Leben in Gefahr bringen. Nach langen Überlegungen entschied er sich endlich, die Wünsche seines Herzens seinen Pflichten als katholischer Christ unterzuordnen. Er flehte den Himmel an, ihm eine Aufgabe zu bieten, bei deren Bewältigung es ihm möglich sein würde, tapfer zu sein, ohne gegen die Gesetze seiner Religion zu verstoßen, auf daß er die Königin zufriedenstellen und Elizabeth erringen könnte.

Sechs Tage segelten die beiden Schiffe mit günstigem Wind. Sie hatten Kurs auf die Insel Terceira genommen, wo man stets portugiesische Schiffe treffen konnte, die aus Ostindien kamen oder von Westindien hierher verschlagen wurden. Nach Verlauf dieser sechs Tage erhob sich von der Seite her plötzlich ein kräftiger Wind, der im Ozean einen anderen Namen trägt als im Mittelländischen Meer, wo er Südwind heißt. Dieser Wind blies so hartnäckig und stark, daß sie sich gezwungen sahen, von ihrem Kurs auf die Insel abzuweichen und auf Spanien zuzusteuern. Nahe der spanischen Küste am Eingang der Meerenge von Gibraltar entdeckten sie drei Schiffe, ein großes, mächtiges und zwei kleinere. Richard näherte sich daraufhin mit seinem Fahrzeug dem Befehlshaberschiff, um zu erfahren, ob der

Admiral beabsichtigte, die drei gesichteten Schiffe anzugreifen. Bevor er jedoch dorthin gelangte, bemerkte er, daß am Hauptmast eine schwarze Flagge gesetzt wurde, und als er auf Hörweite herangekommen war, vernahm er von dem Schiffe her den Klang gedämpfter Hörner und Trompeten, ein unzweideutiges Zeichen, daß entweder der Befehlshaber oder sonst eine wichtige Persönlichkeit an Bord gestorben war. Erschreckt befahl Richard, ganz nahe an das andere Schiff heranzusteuern, so daß, wie anfangs bei der Ausfahrt aus dem englischen Hafen, eine mündliche Unterhaltung möglich war. Vom Befehlshaberschiff rief man nun herüber, Kapitän Richard möge doch an Bord kommen, da der Admiral in der Nacht zuvor an einem Schlagfluß verschieden sei. Alle waren sehr betrübt über diese Nachricht, mit Ausnahme von Richard, der sich zwar nicht über das Unglück freute, das seinem Vorgesetzten zugestoßen war, wohl aber darüber, daß er jetzt unumschränkte Befehlsgewalt über die beiden Schiffe hatte; denn die Weisung der Königin lautete dahin, daß Richard, falls der Admiral ausfallen sollte, an dessen Stelle zu treten habe. Schnell begab er sich an Bord des Hauptschiffes, wo die einen um ihren toten Kapitän jammerten, während die anderen sich über die Ankunft ihres neuen Befehlshabers freuten. Alle jedoch unterstellten sich ihm sofort und riefen ihn zu ihrem Admiral aus. Die hierbei üblichen Feierlichkeiten mußten fast sämtlich unterbleiben, da es hierzu an Zeit fehlte. Die zwei kleineren der drei kurz zuvor gesichteten Schiffe hatten sich nämlich von dem großen abgesondert und steuerten jetzt auf die englischen Fahrzeuge zu.

An dem Halbmond, der auf den Flaggen zu sehen war, erkannte man sofort, daß es sich um türkische Galeeren handelte. Richard war darüber hoch erfreut; denn hier bot ihm ja vielleicht der Himmel eine Gelegenheit, eine stattliche Beute zu machen, ohne dabei einem Katholiken etwas zuleide zu tun. Die beiden türkischen Galeeren kamen heran, um die fremden Schiffe zu rekognoszieren, die nicht unter englischer, sondern unter spanischer Flagge fuhren, um begegnende Fahrzeuge zu täuschen und nicht als Kaperschiffe erkannt zu werden. Die Türken glaubten nun, sie hätten Schiffe vor sich, die von Indien hierher verschlagen worden seien und sich leicht ergeben würden. Langsam näherten sie sich, und Richard ließ sie absichtlich immer weiter herankommen, bis er sie im Bereich seiner Geschütze hatte. Dann befahl er Feuer und wählte den Augenblick hierzu so gut, daß die eine Galeere mit fünf Kugeln mittschiffs getroffen wurde. Das Schiff barst auseinander, legte sich auf die Seite und begann rettungslos zu sinken. Die Besatzung der anderen Galeere, die das Unglück mit angesehen hatte, nahm das getroffene Fahrzeug schleunigst ins Schlepptau und versuchte, es in den Schutz des großen Schiffes zu bringen. Richard aber, dessen schnelle, leichte Segler sich so sicher auf dem Wasser bewegten, als würden sie von Rudern gelenkt, gab Befehl, alle Geschütze von neuem zu laden. Er verfolgte die türkischen Galeeren bis zu dem großen Schiff hin und überschüttete sie mit einem wahren Kugelregen. Sowie das beschädigte Fahrzeug bei dem Schiff angekommen war, versuchte die Besatzung, sich schnellstens auf dieses hinüberzuretten. Richard bemerkte dies und sah auch, daß die zweite Galeere sich um die sinkende bemühte. Sofort drang er mit seinen beiden Schiffen so heftig auf die unbeschädigte Galeere ein, daß ihre Besatzung in größte Schwierigkeiten kam und gar nicht mehr Zeit fand, auszuweichen oder zu den Rudern zu greifen. Sie flüchtete ebenfalls auf das große Schiff, und zwar nicht mit der Absicht, die Verteidigung von hier aus aufzunehmen, sondern nur, um ihr Leben in Sicherheit zu bringen. Auch die Christensklaven, mit denen die Galeeren bemannt waren, rissen sich von ihren Ketten los und versuchten, zusammen mit den Türken das Deck des großen Fahrzeugs zu gewinnen. Während sie an der Schiffswand emporklommen, wurden sie von den englischen Schiffen aus abgeschossen wie bei einem Scheibenschießen, doch befahl Richard seinen Leuten, nur auf die Türken, nicht aber auf die Christen zu zielen. Auf diese Weise wurden die meisten Türken getötet, und diejenigen, welche das Deck des Schiffes erreichten, wurden von den Christen, die mit hinaufgeklettert waren, mit ihren eigenen Waffen in Stücke gehauen. Man konnte hier wieder einmal sehen, daß die Kraft der Tapferen, wenn sie fallen, auf die Schwachen übergeht, die sich gegen sie erheben. Da die Christen zudem glaubten, die englischen Schiffe seien spanische Fahrzeuge, wuchs ihr Mut ins Grenzenlose, so daß sie wie die Löwen um ihre Freiheit kämpften.

Als schließlich beinahe alle Türken zu Boden gestreckt waren, traten einige von den Spaniern an die Reling des Schiffes und riefen laut zu ihren vermeintlichen Landsleuten herüber, sie sollten doch kommen und mit ihnen den Preis ihres Sieges genießen. Richard fragte sie auf Spanisch, was dies denn für ein Schiff sei, und sie erwiderten, es sei ein Kauffahrteischiff, das aus dem portugiesischen Indien komme und solche Mengen an Spezereien, Perlen und Diamanten geladen habe, daß der Wert der Fracht weit über eine Million in Gold betrüge. In diese Gegend seien sie durch einen Sturm verschlagen worden, der das Schiff übel zugerichtet habe. Ihr Geschütz besäßen sie nicht mehr, da sie es ins Meer hätten werfen müssen und die Besatzung sei krank und halbtot vor Hunger und Durst. Die beiden Galeeren aber gehörten dem Seeräuber Arnaute Mami, der sich tags zuvor ihres Schiffes bemächtigt hätte, ohne daß sie Widerstand hätten leisten können. Soviel ihnen bekannt sei, habe er die Fracht nicht auf seine Fahrzeuge umladen können und ihr Schiff daher ins Schlepptau genommen, um es in die nahegelegene Larache-Mündung zu bugsieren.

Richard erwiderte ihnen, wenn sie glaubten, seine beiden Schiffe seien spanische, so befänden sie sich in einem Irrtum; es seien vielmehr Fahrzeuge der Königin von England. Diese Neuigkeit gab den Spaniern zu denken und versetzte sie in Furcht, denn sie meinten nun natürlich, da seien sie aus dem Regen in die Traufe gekommen. Richard sagte ihnen jedoch, sie brauchten sich nicht zu beunruhigen; sie würden ihre Freiheit behalten, sofern sie sich nur nicht zur Wehr setzten.

»Das können wir ja auch gar nicht«, entgegneten sie, »denn unser Schiff hat, wie gesagt, kein Geschütz mehr, und wir haben keine Waffen. So bleibt uns gar nichts übrig, als uns notgedrungen der Großmut und Güte Eures Befehlshabers anheimzugeben. Es ist ja auch nur recht und billig, wenn der, der uns aus der schmachvollen Gefangenschaft der Türken befreit hat, sich weiterhin als unser Wohltäter erweist. Überall in der Welt, wohin die Nachricht von diesem denkwürdigen Sieg und seiner Großmut gelangt, wird sein Name berühmt werden. Darum wollen wir Hoffnung schöpfen und uns nicht mehr fürchten.«

Richard kamen die Worte des Spaniers recht vernünftig vor. Er rief seine Offiziere zusammen und fragte sie um Rat, wie er es anstellen solle, alle Christen nach Spanien zu schicken, ohne dabei selbst Gefahr zu laufen; denn es könnte ja sein, daß sie Mut schöpften, wenn sie sähen, daß ihrer so viele waren, und daß sie einen Aufstand versuchten. Einige der Engländer waren der Meinung, man solle die Spanier einzeln auf das Schiff übernehmen und sie, sobald sie unter Deck wären, niedermachen. Auf diese Weise könne man sie alle erledigen und dann das große Fahrzeug unbesorgt nach London bringen.

»Nein«, entgegnete Richard, »jetzt, wo Gott uns die Gnade erwiesen hat, uns solch eine große Beute zu schenken, will ich nicht mit Grausamkeit und Undank darauf antworten. Außerdem ist es falsch, eine Sache mit dem Schwert zu erledigen, wenn man auch mit Klugheit und Umsicht zum Ziele kommen kann. Darum will ich nicht, daß ein katholischer Christ durch uns den Tod erleide, und zwar nicht etwa, weil ich diese Menschen liebte, sondern weil ich mir selbst am nächsten bin. Ich möchte nicht, daß die heutige Tat mir oder euch, die ihr meine Kameraden dabei gewesen seid, den Ruf einbringt, zwar tapfer, aber grausam zu sein; denn die Grausamkeit hat sich noch nie gut mit der Tapferkeit vertragen. Wir müssen vielmehr alle Geschütze von einem unserer Schiffe auf das große portugiesische Schiff hinüberschaffen, und keinerlei sonstige Waffen und andere Dinge außer dem nötigen Proviant auf dem ersteren lassen. Dann bemannen wir das große Schiff mit unseren Leuten, während die Spanier mit dem kleinen nach Spanien segeln.«

Keiner wagte, Richards Vorschlag zu widersprechen, und manch einer hielt ihn um seiner Worte willen für einen tapferen, großmütigen und verständigen Mann. Andere jedoch dachten bei sich, er sei vielleicht doch ein größerer Freund der Katholiken, als er eigentlich dürfte. Nachdem also der Entschluß gefaßt war, begab sich Richard auf das portugiesische Schiff hinüber. Er hatte fünfzig Büchsenschützen bei sich, die ihre Waffe feuerbereit hielten und wachsam nach allen Seiten ausschauten. Sie fanden auf dem Schiff gegen dreihundert Menschen, die sich von den Galeeren dahin gerettet hatten. Richard fragte sogleich nach dem Schiffsregister, und derselbe Mann, der vorhin von der Reling aus mit ihm gesprochen hatte, erwiderte, der türkische Seeräuber habe das Schiffsregister an sich genommen und sei damit ertrunken. Nun ließ Richard die Winde in Ordnung bringen, sein zweites Schiff an das große anlegen, und in erstaunlich kurzer Zeit waren die Geschütze mit Hilfe starker Taue von dem kleineren Fahrzeug auf das große hinübergeschafft. Dann hielt Richard eine kurze Ansprache an die Spanier und befahl ihnen, sich auf das geräumte Schiff zu begeben, wo sie so viel Proviant vorfinden würden, daß noch mehr Leute als sie über einen Monat davon zu leben hätten. Jedem Mann, der von Bord ging, gab er vier spanische Golddukaten, die er von seinem Schiff hatte holen lassen, damit die Spanier nach ihrer Landung ihrer ersten Not abhelfen konnten. Die Küste war gar nicht sehr weit entfernt, denn man konnte vom Schiffe aus schon die hohen Berge bei Avila und Calpe erblicken. Alle Spanier sagten ihm mit bewegten Worten ihren Dank für die große Gnade, die er ihnen erwies. Zuletzt war nur noch der Mann übrig, der vorhin für die anderen gesprochen hatte; jetzt wandte er sich wieder an Richard und sagte: »Für mich, mein tapferer Ritter, wäre es ein noch größeres Glück, wenn Ihr mich mit nach England nehmen wolltet, anstatt mich nach Spanien zu schicken; denn wenn Spanien auch mein Vaterland ist und ich es erst vor sechs Tagen verlassen habe, so kann ich dort doch nichts finden, was mich nicht traurig stimmte und mir meine Verlassenheit vor Augen führte. Ihr müßt wissen, Herr, daß ich vor fünfzehn Jahren bei der Einnahme von Cádiz eine Tochter verloren habe, die von den Engländern vermutlich nach Britannien entführt wurde. Mit ihr aber verlor ich das Glück meines Alters und das Licht meiner Augen, die nach diesem traurigen Ereignis nie wieder etwas erblickt haben, was ihnen Freude gemacht hätte. Die tiefe Verzweiflung, in die mich der Verlust meiner Tochter und meines Vermögens damals gestürzt hatte, nahm mir alle Kraft und Energie, mich weiter meinen Geschäften zu widmen. Ich stand zuvor in dem Rufe, der reichste Kaufmann der Stadt zu sein, und dies traf auch zu, denn abgesehen von meinem Vermögen, das viele Hunderttausende von Talern betrug, besaß ich ein herrlich eingerichtetes Haus, das über fünfzigtausend Dukaten wert war. All das verlor ich; aber ich hätte den Verlust nicht empfunden, wenn mir meine

Tochter geblieben wäre. Nach diesem schweren Unglück, das uns alle und mich so ganz besonders heimgesucht hatte, trat auch noch die bittere Not an uns heran, so daß ich und meine Frau, die ihr dort drüben so traurig sitzen seht, uns schließlich nicht mehr zu helfen wußten und beschlossen, nach Westindien, dem Zufluchtsort aller Verarmten, auszuwandern. Vor sechs Tagen schifften wir uns auf einem Postsegler ein, doch kaum hatten wir den Hafen von Cádiz verlassen, als wir auf die beiden Galeeren der Seeräuber stießen. Wir wurden gefangengenommen, und damit begann unser Unglück von neuem. Alles wäre noch schlimmer ausgelaufen, wenn die Seeräuber nicht auch das große portugiesische Schiff gekapert hätten und dadurch so lange aufgehalten worden wären, bis sie von Euch überrascht wurden.«

Richard fragte den Mann nach dem Namen seiner Tochter, und dieser erwiderte, sie habe Isabel geheißen. Damit bestätigte sich für Richard die Vermutung, die er schon seit einiger Zeit hegte: daß nämlich der Mann, der ihm da seine Lebensgeschichte erzählt hatte, der Vater seiner geliebten Elizabeth war. Er sagte ihm jedoch kein Wort davon, sondern erklärte nur, er werde ihn und seine Gattin sehr gern nach London mitnehmen, wo sie vielleicht gute Nachrichten vorfinden würden. Dann nahm er die beiden mit auf sein Befehlshaberschiff hinüber, nachdem er das portugiesische Schiff mit genügend Matrosen und Wachen bemannt hatte. Am gleichen Abend noch setzten sie die Segel und beeilten sich, von der spanischen Küste fortzukommen, da sie wegen des Schiffs mit den freigelassenen Gefangenen doch etwas in Sorge waren. Unter den letzteren befanden sich auch etwa zwanzig Türken, denen Richard gleichfalls das Leben geschenkt hatte, um zu beweisen, daß er aus angeborener Großmut und Menschenliebe so gnädig mit seinen Gefangenen verfuhr und nicht etwa, weil er eine besondere Vorliebe für die

Katholiken gehegt hätte. Er hatte die Spanier gebeten, die Türken bei der ersten sich bietenden Gelegenheit ganz in Freiheit zu setzen, und diese hatten sich ebenfalls von Herzen dankbar gezeigt.

Der Wind, der bisher so günstig und anhaltend geweht hatte, begann jetzt plötzlich abzuflauen, und dieser Umstand versetzte die Engländer in großen Schrecken. Sie warfen Richard seine großmütige Handlungsweise vor und meinten, die Freigelassenen könnten nun in Spanien von ihrem Erlebnis Bericht erstatten, und falls sich gerade bewaffnete Schiffe im Hafen befänden, könnten diese sofort auslaufen, um die Engländer zu suchen, so daß sie vielleicht in höchste Bedrängnis und sogar in Lebensgefahr geraten würden. Richard sah wohl ein, daß sie recht hatten, aber er redete ihnen gut zu und beruhigte sie wieder. Eine größere Beruhigung für sie war jedoch der Wind, der plötzlich so stark auffrischte, daß man alle Segel setzen konnte, und, ohne auch nur einmal reffen oder wenden zu müssen, binnen neun Tagen nach London gelangte.

Dreißig Tage waren die Schiffe im ganzen unterwegs gewesen, bevor sie mit der siegreichen Mannschaft in die Heimat zurückkehrten. Aus Rücksicht auf den Tod des Oberbefehlshabers wollte Richard nicht mit vollen Freudenzeichen in den Hafen einlaufen. Daher mischte er leise Trauerklänge in die Siegesfanfaren. Einmal erklangen fröhliche Hörner, dann wieder dumpfe Trompetenstöße, die Trommler schlugen heitere und rauschende Märsche, denen die Querpfeifer mit klagenden, traurigen Weisen antworteten. An dem einen Mast hing umgekehrt eine mit Halbmonden übersäte Flagge, am anderen ein langer Wimpel aus schwarzem Taft, dessen Spitzen bis ins Wasser reichten. Unter diesen widerspruchsvollen Zeichen lief er endlich mit seinem Schiff in den Fluß bei London ein, während das große portugiesische Schiff zuviel Tiefgang hatte und deshalb auf See bleiben mußte. Eine unübersehbare Volksmenge schaute vom Ufer aus der Einfahrt des Schiffes zu, und alle wunderten sich über die seltsamen und einander widersprechenden Wimpel und Fanfaren. Sie erkannten an verschiedenen Merkmalen, daß das kleinere Schiff auf dem Fluß das Befehlshaberschiff des Barons von Lansac war, doch konnten sie sich nicht erklären, wieso das andere Schiff gegen jenes mächtige Fahrzeug vertauscht worden war, das draußen vor der Mündung lag. Die Verwunderung löste sich endlich, als der tapfere Richard, angetan mit seiner reichen und glänzenden Rüstung, in das Beiboot sprang, sich an Land setzen ließ und, ohne seine Begleitung abzuwarten, von einer riesigen Menschenmenge gefolgt zum Palast schritt.

Die Königin war bereits in eine Galerie hinausgeeilt und wartete darauf, daß man ihr Neuigkeiten von dem eingelaufenen Schiff brächte. Unter den Damen ihrer Begleitung befand sich auch Elizabeth, die jetzt englische Hoftracht trug und darin ebenso lieblich anzusehen war wie in der spanischen. Noch bevor Richard im Palast angekommen war, erschien ein Bote, um der Königin Meldung darüber zu erstatten. Als Elizabeth Richards Namen hörte, schlug ihr Herz höher; Hoffnung und Furcht stürmten gleichzeitig auf sie ein, da sie nicht wußte, ob sie sich von seiner Ankunft Gutes oder Schlimmes erwarten durfte.

Richard war ein hochgewachsener, hübscher und stattlicher Mann. Brust, Rücken, Hals und Glieder waren mit einer kostbaren mailändischen Rüstung bedeckt, die mit elf getriebenen und vergoldeten Bildwerken geschmückt war, so daß alle, die ihn erblickten, ganz hingerissen waren von dieser Erscheinung. Auf dem Kopf trug er keine Sturmhaube, sondern einen breitkrempigen gelblichen Hut mit einer Menge bunter Federn, die nach wallonischer Sitte in drei Büsche geteilt waren. Ein breites Schwert hing ihm von der Hüfte herab, die Wehrgehänge waren reich geschmückt und die Beinkleider nach schweizerischer Art geschlitzt. Wie er so feurigen Schrittes in dieser prachtvollen Aufmachung daherkam, gab es wohl manchen, der ihn mit Mars, dem Gott der Schlachten, verglich, während andere sich mehr an die Schönheit seines Gesichtes hielten und behaupteten, er sähe aus wie Venus, die, um den Mars zu necken, sich auf diese Art verkleidet hätte. Schließlich gelangte er vor die Königin, beugte die Knie und sprach: »Hohe Majestät, Euer Glück hat sich wieder einmal bestätigt, und meine Wünsche durften sich erfüllen. Nachdem mein Oberbefehlshaber, der Baron von Lansac, an einem Schlagfluß verschieden und ich gemäß Eurer großmütigen Bestimmung an seine Stelle getreten war, schickte mir der Zufall zwei türkische Galeeren in den Weg, die das große Schiff, das draußen vor Anker liegt, hinter sich herschleppten. Ich griff die Türken an, Eure Soldaten schlugen sich so tapfer wie stets und sandten die Fahrzeuge der Seeräuber auf den Grund des Meeres hinab. Auf das eine unserer Schiffe ließ ich die Christen steigen, die ich aus der Gewalt der Türken befreit hatte und denen ich nun im Namen Eurer Majestät die Freiheit schenkte. Nur einen Mann und eine Frau habe ich mit hierher gebracht, und zwar sind es Spanier, die ausdrücklich den Wunsch äußerten, mitzukommen, um Eure Hoheit sehen zu dürfen. Das Schiff draußen auf der Reede gehört zu der portugiesischen Indienflotte und wurde durch einen Sturm abgetrieben, so daß es den Türken in die Hände fiel, die sich seiner fast mühelos bemächtigten. Wie uns einige Leute von der Besatzung mitgeteilt haben, ist es mit Gewürzen, Perlen und Diamanten im Werte von mehr als einer Million Goldtaler beladen. Wir haben nichts von diesen Dingen angerührt, und auch die Türken hatten noch keine Zeit dazu gefunden. Diesen ganzen Reichtum, den ich eine kurze Zeit verwalten durfte, hat der Himmel Eurer Majestät zugedacht. Wenn aber Eure Hoheit mir jetzt nur ein einziges Kleinod schenken wollen, so will ich mich dadurch verpflichtet fühlen, Euch zehn weitere Schiffe zu kapern. Das Kleinod aber, das ich meine und das Eure Majestät mir versprochen haben, ist meine gute Elizabeth. Darf ich sie besitzen, so bin ich reich und fühle mich verschwenderisch belohnt, nicht nur für diesen einen Dienst, den ich Eurer Majestät heute vielleicht erweisen durfte, sondern für viele andere Dienste dazu, die ich Euch noch erweisen möchte, um wenigstens einen kleinen Teil dieses unermeßlich großen Geschenks zurückzuerstatten, das Eure Majestät mir mit Elizabeth gewährt.«

»Erhebt Euch, Richard«, erwiderte die Königin, »und glaubt mir: Müßte ich Euch Elizabeth als Belohnung geben, so könntet Ihr sie, wie ich sie einschätze, niemals verdienen, weder mit dem Schiff, das Ihr mir eingebracht habt, noch mit all dem Reichtum, den Indien birgt. Ich gebe Euch das Mädchen, weil ich sie Euch versprochen habe und weil Ihr einander würdig seid. Eure männliche Tapferkeit gibt Euch Anspruch auf sie, und wenn Ihr die Kleinodien des Schiffes so wohl für mich bewahrt habt, so habe ich Euer Kleinod nicht minder gut behütet. Mag es Euch auch vielleicht vorkommen, als sei es keine große Tat von mir, wenn ich Euch das zurückgebe, was Euch gehört, so weiß ich doch, daß ich Euch eine große Gnade damit erweise; denn den Wert eines Dinges, das man kauft, weil man sein ganzes Herz daran gehängt hat, kann nur der Käufer selbst abschätzen. Es ist so viel wert wie das Herz selbst, für das kein Preis auf dieser Erde zu hoch ist. Elizabeth ist die Eure; hier steht sie, und sobald Ihr wollt, könnt Ihr sie ganz in Besitz nehmen. Ich glaube, sie wird einverstanden sein, denn sie ist ein kluges Mädchen und wird die Freundschaft, die Ihr ihr erweist, zu schätzen wissen. Ich sage ausdrücklich Freundschaft und nicht Gnade, denn ich möchte mich rühmen, der einzige Mensch zu sein, der ihr Gnade und Huld erweisen kann. Nun geht und ruht Euch aus und kommt morgen wieder her, denn ich will noch etwas ausführlicher von Euren Taten hören. Bringt mir auch jene beiden Spanier mit, von denen Ihr mir sagtet, daß sie freiwillig hergekommen seien, um mich zu sehen; denn ich will ihnen für diese Absicht danken.«

Richard küßte seiner Königin die Hände zum Dank für die große Huld, die sie ihm erwies. Die Königin ging nun in einen Saal zurück, während ihre Damen sich um Richard drängten. Eine von ihnen, namens Fräulein Tansi, die sich eng an Elizabeth angeschlossen hatte und am ganzen Hof als eine kluge, geistreiche und anmutige Frau galt, sagte zu Richard: »Was ist das, Herr Richard, was für Waffen tragt Ihr da? Dachtet Ihr vielleicht, Ihr müßtet hier gegen Eure Feinde zum Kampf antreten? Und dabei sind wir doch alle Eure Freundinnen, außer Elizabeth, die als Spanierin verpflichtet ist, Euch zu hassen.«

»Wenn sie sich überhaupt nur an mich erinnert, Fräulein Tansi«, erwiderte Richard, »wenn ich nur überhaupt noch einen Platz in ihrem Gedächtnis einnehme, dann bin ich schon sicher, daß dies kein schlechter Platz sein wird; denn eine so edle, kluge und schöne Frau wie Elizabeth kann unmöglich eine so schlechte Eigenschaft besitzen, wie es die Undankbarkeit ist.«

»Herr Richard«, versetzte Elizabeth darauf, »da ich nun die Eure sein soll, so steht Euch auch zu, jede beliebige Belohnung von mir zu verlangen zum Dank für die rühmenden Worte, die Ihr mir gespendet habt, und die Gnade, die Ihr mir noch zu erweisen gedenkt.«

Solche und ähnliche Reden führte Richard mit Elizabeth und den anderen Damen. Unter den letzteren befand sich auch ein noch ganz junges Mädchen, das Richard die ganze Zeit über unverwandt anblickte. Sie hob seine Beinschienen hoch, um zu sehen, was er dar-

unter trug, faßte sein Schwert an und trat mit kind-
licher Unbefangenheit ganz nahe an ihn heran, um sich
in seiner Rüstung zu spiegeln. Als Richard wieder gegangen war, wandte sie sich an die anderen Damen
und sagte: »Jetzt kann ich mir wohl vorstellen, daß
der Krieg eine wunderschöne Sache sein muß, wenn
ein gewappneter Mann sich sogar unter einer Schar
von Frauen so gut ausnimmt.«
»Und ob er sich gut ausnimmt!« erwiderte Fräulein
Tansi. »Wirkte Richard nicht genau wie die Sonne,
die zur Erde herabgestiegen ist und nun in all ihrem
Schimmer und Glanz durch die Straßen wandelt?«
Alle lachten über den Ausspruch des jungen Mädchens
und den lustigen Vergleich, den Fräulein Tansi gebraucht hatte. Einige der Anwesenden meinten zwar,
es sei ja eine ziemliche Anmaßung, so in voller Rüstung
in den Palast zu kommen, während andere wieder eine
Entschuldigung dafür hatten und sagten, als Soldat
habe Richard schon das Recht, seine Tapferkeit auf
diese Weise herauszustreichen.
Richard wurde von seinen Eltern, seinen Freunden,
Verwandten und Bekannten mit herzlicher Liebe empfangen. Am Abend schwamm ganz London in einem
Freudentaumel über den glücklichen Ausgang des Unternehmens. Elizabeths Eltern befanden sich bereits in
Clotalds Haus, und Richard hatte seinem Vater berichtet, wer sie waren. Doch hatte er ihn zugleich gebeten, ihnen nichts über Elizabeth zu erzählen, bis er
selbst es tun würde. Die gleiche Weisung erhielten seine
Mutter, Frau Catherine, und die gesamte Dienerschaft.
Am selben Abend noch begann man unter den Augen
einer riesigen Menschenmenge mit vielen Kähnen und
kleineren Fahrzeugen das große Schiff zu entladen;
doch dauerte es volle acht Tage, bis alle die Gewürze
und die anderen kostbaren Dinge aus seinen Lager-
räumen zutage gefördert waren.
Am Tage nach dem Abend seiner Ankunft ging Richard

wieder in den Palast und nahm auch Elizabeths Eltern mit, die nunmehr nach englischer Mode gekleidet waren und denen er gesagt hatte, daß die Königin sie zu sehen wünsche. Als sie ankamen, fanden sie die Königin, die Richard bereits erwartete, im Kreise ihrer Hofdamen. Um Richard eine Freude zu machen und ihm ihre Gunst zu zeigen, hatte sie den Platz an ihrer Seite Elizabeth angewiesen, die an diesem Tage das gleiche Gewand trug, mit dem sie damals bei Hofe erschienen war. Das Mädchen war so schön und lieblich anzusehen wie nur je. Elizabeths Eltern waren aufs höchste erstaunt und überrascht von so viel Pracht und Großartigkeit. Sie konnten ihre Augen kaum von Elizabeth losreißen, aber sie erkannten ihr Kind nicht, obgleich ihre Herzen wie in Vorahnung des großen Glücks, das ihnen so nahe bevorstand, heftig zu pochen begannen. Es kam eine innere Aufregung über die beiden, die sie jedoch nicht bedrückte, sondern eine Freude in ihnen auslöste, die sie sich nicht zu erklären vermochten. Die Königin ließ nicht zu, daß Richard vor ihr niederkniete, sondern gebot ihm sofort, sich zu erheben und auf einem Damastsessel Platz zu nehmen, der eigens zu diesem Zweck aufgestellt war. Dies war ein Gnadenbeweis, den man bei der stolzen Königin noch nie erlebt hatte, und es entstand darob sofort ein Geflüster unter der Hofgesellschaft.

»Richard sitzt nicht auf dem Sessel, den man ihm angeboten, sondern auf den Pfeffersäcken, die er mitgebracht hat«, meinte einer.

»Ja, ja«, fiel ein anderer ein, »da sieht man einmal, daß es wahr ist, wenn man immer sagt, daß Geschenke auch Felsen erweichen können; denn die Geschenke, die Richard darbrachte, haben das harte Herz unserer Königin weich gemacht.«

»Nun, wo er so gut im Sattel sitzt«, versetzte ein Dritter, »wird sich wohl manch einer finden, der den Gang mit ihm wagt.«

Und damit hatte er recht, denn die einzigartige Ehrung, die die Königin Richard erwies, gab dem Neid Anlaß, sich in der Brust vieler Anwesender einzunisten. Aber so ist es immer: jeder Gnadenbeweis, den ein Fürst seinem Günstling schenkt, ist eine Lanze, die das Herz des Neiders durchbohrt. Die Königin forderte nun von Richard einen genauen Bericht über den Verlauf des Kampfes gegen die Schiffe der Seeräuber. Er erzählte ausführlich und schrieb das Verdienst für diesen Sieg Gott und den tapferen englischen Soldaten zu. Er lobte alle und hob besonders den Heldenmut einiger seiner Männer hervor, die sich vor den anderen ausgezeichnet hatten. Dadurch veranlaßte er die Königin, daß sie der ganzen Mannschaft ihren Dank erwies und einzelnen darunter noch besondere Gnadenbeweise zugehen ließ. Dann erzählte Richard weiter, wie er im Namen Ihrer Majestät den Türken und Christen die Freiheit geschenkt hatte. Zum Schluß wies er auf Elizabeths Eltern und sagte: »Dies hier sind der Mann und die Frau, von denen ich gestern Eurer Majestät berichtet habe, daß sie den Wunsch hegten, Eure Hoheit zu sehen und mich deshalb inständig gebeten haben, sie mit hierher zu nehmen. Sie stammen aus Cádiz und sind, wie sie mir erzählt haben und wie ich auch an ihnen bestätigt fand, Leute aus vornehmem Stand.«
Die Königin hieß die beiden nähertreten, und auch Elizabeth hob ihre Augen, um die Leute zu betrachten, von denen es hieß, sie seien Spanier aus Cádiz; denn sie war begierig zu erfahren, ob sie vielleicht zufällig ihre Eltern kannten. Im gleichen Augenblick, als Elizabeth ihre Augen auf ihre Mutter richtete, schaute auch diese sie an und blieb plötzlich stehen, um sie noch eingehender zu betrachten. In Elizabeths Herzen regte sich eine undeutliche Stimme, die ihr zuzuflüstern schien, daß sie die Frau, die da vor ihr stand, in früheren Zeiten schon einmal gesehen haben müsse. Auch den Vater überkam ein ähnliches Gefühl, aber er wagte

nicht, der Wahrheit, die seine Augen ihm zeigten, Glauben zu schenken. Richard stand daneben und verfolgte aufmerksam den Gesichtsausdruck dieser drei Menschen, die so verwirrt und voller Zweifel waren und sich nicht klarwerden konnten, ob sie einander kannten oder nicht. Auch die Königin bemerkte die Aufregung der Eltern und die Unruhe, die über Elizabeth gekommen war. Leichte Schweißperlen traten auf die Stirn des Mädchens, und immer wieder strich sie sich mit der Hand über das Haar.

Elizabeth hatte jetzt den sehnlichsten Wunsch, ein paar Worte aus dem Mund der Frau zu hören, von der sie ahnte, daß es ihre Mutter sein könne. Vielleicht, so dachte sie, würden ihre Ohren den Zweifel lösen, in den ihre Augen sie gestürzt hatten. Die Königin bat Elizabeth, die beiden Fremden auf spanisch zu fragen, welcher Grund sie dazu bewogen habe, die Freiheit, die Richard ihnen angeboten hatte, nicht anzunehmen, da doch die Freiheit das Gut sei, das der vernunftbegabte Mensch und sogar das vernunftlose Tier am höchsten schätzen. Elizabeth richtete diese Frage auch an ihre Mutter, doch diese erwiderte kein Wort, sondern bewegte sich fassungslos und beinahe strauchelnd auf Elizabeth zu. Ohne Rücksicht auf die höfischen Sitten und die Ehrfurcht, welche die Anwesenheit der Königin verlangte, hob sie ihre Hand zu Elizabeths Ohr und entdeckte dort ein kleines, dunkles Muttermal. Nun hatte sie den klaren Beweis für ihre Vermutung, daß sie ihr Kind vor sich hatte. Mit einem Schrei riß sie Elizabeth in ihre Arme und rief: »Kind meines Herzens, du teuerstes Kleinod meiner Seele!«

Dann aber übermannte sie die Bewegung, und sie sank ohnmächtig in die Arme ihrer Tochter.

Auch der Vater konnte bei all seiner Besonnenheit sein zärtliches Gefühl nicht mehr verbergen. Zwar äußerte er kein Wort, aber die Tränen liefen ihm über sein ehrwürdiges Gesicht in den Bart hinab. Elizabeth preßte

ihre Wange gegen die ihrer Mutter und wandte ihre Augen dem Vater zu. In dem Blick, mit dem sie ihn betrachtete, lag die ganze schmerzliche Seligkeit, die ihr Herz bei diesem plötzlichen Wiedersehen erfüllte. Die Königin, die über diesen Auftritt höchst verwundert war, wandte sich an Richard und sagte: »Richard, es scheint mir, Ihr habt dieses Zusammentreffen mit voller Absicht so gestaltet. Aber ich bin nicht überzeugt, daß Ihr recht gehandelt habt, denn bekanntlich kann eine plötzliche Freude einen Menschen ebenso leicht töten wie ein unvorhergesehener Schmerz.« Dann wandte sie sich an Elizabeth und führte sie von ihrer Mutter fort, die, nachdem man ihr Wasser ins Gesicht gesprengt hatte, wieder zu sich gekommen war. Nachdem sie sich ein wenig gesammelt hatte, warf sie sich der Königin zu Füßen und sagte: »Eure Majestät mögen mir meine Kühnheit verzeihen, aber die Freude, ein heißgeliebtes Kind plötzlich wiederzufinden, ist so groß, daß sie einem die Sinne rauben kann.«
Die Königin erwiderte, daß sie vollkommen recht habe und bediente sich bei ihrer Antwort Elizabeths als Dolmetscherin.
Nachdem nun Elizabeth und ihre Eltern sich auf diese Weise wiedergefunden hatten, forderte die Königin die beiden auf, im Palast zu bleiben, damit sie sich noch ausführlich mit ihrer Tochter unterhalten und an ihrem Anblick erfreuen konnten. Richard war darüber sehr beglückt und bat die Königin noch einmal, doch jetzt ihr Versprechen zu erfüllen und ihm Elizabeth zur Gemahlin zu geben, sofern er sie nunmehr verdient habe. Falls er aber dieser Belohnung noch nicht würdig sei, so bitte er sie, ihm doch sofort eine neue Aufgabe zu stellen, die ihn befähigte, den ersehnten Preis zu erlangen. Die Königin war der Ansicht, daß Richard mit sich und seinen Taten zufrieden sein könne, so daß es keiner weiteren Beweise bedürfe, um seinen Wert darzutun. Daher sagte sie ihm, sie wolle ihm Elizabeth

in vier Tagen übergeben und den beiden alle Ehre erweisen, die in ihrer Macht stünde. Überglücklich verabschiedete Richard sich, denn nun konnte er ja hoffen, daß der höchste Wunsch seines liebenden Herzens in Erfüllung gehen und er Elizabeth sein eigen nennen würde, ohne fürchten zu müssen, daß er sie wieder verlöre. Viel zu langsam verstrichen die nächsten Tage für Richards Ungeduld, denn wer von der Hoffnung auf die Zukunft lebt, dem scheint es immer, daß die Zeit keine Flügel habe, sondern auf den schweren Füßen der Trägheit dahinschleicht. Endlich jedoch war der Tag gekommen, in dem Richard nicht den Endpunkt seiner Sehnsucht und Erwartung erblicken wollte, sondern den Beginn einer Zeit, in der Elizabeth ihm immer neue Reize offenbaren würde, die ihm Anlaß geben sollten, sie nur noch inniger zu lieben, sofern das überhaupt möglich war. Doch in dieser Zeitspanne, während der, wie er meinte, das Schiff seines Glückes mit günstigem Wind auf den ersehnten Hafen zusteuerte, beschwor sein Unstern einen solchen Sturm herauf, daß er tausendmal dem Untergang nahe war.

Die Oberstkämmerin der Königin nämlich, der Elizabeth anvertraut war, hatte einen Sohn von zweiundzwanzig Jahren namens Graf Ernest. Sein hoher Rang, seine vornehme Abkunft und die Vertrauensstellung, die seine Mutter bei der Königin einnahm, hatten den jungen Mann überaus anmaßend, stolz und selbstbewußt gemacht. Dieser Ernest nun hatte sich so heftig in Elizabeth verliebt, daß es ihm vorkam, als sei sein Herz von einem Brand verzehrt, den das Feuer aus Elizabeths Augen entzündet hatte. Obgleich er dem Mädchen während der Zeit von Richards Abwesenheit durch verschiedene Andeutungen seine Wünsche zu verstehen gegeben hatte, war ihm doch von Elizabeths Seite kein Entgegenkommen geworden. Während jedoch ein Mensch, den die Liebe soeben erst erfaßt hat, gewöhnlich bald wieder seine Hoffnung fahren läßt, wenn er auf unbedingten Widerstand und Abweisung stößt, bewirkte die deutlich ablehnende Haltung Elizabeths bei Ernest gerade das Gegenteil. Er glühte vor Eifersucht, und die Sittsamkeit des Mädchens brachte ihn zur Raserei. Als er vollends hörte, daß Richard nach dem Beschluß der Königin Anrecht darauf hatte, Elizabeths Gatte zu werden und in so kurzer Zeit schon in den Besitz des Mädchens gelangen sollte, hätte er sich in seiner Verzweiflung beinahe das Leben genommen. Bevor er jedoch zu diesem schmählichen und feigen Ausweg seine Zuflucht nahm, ging er zu seiner Mutter und flehte sie an, sie solle die Königin bitten, ihm Elizabeth zur Gemahlin zu geben. Brächte sie das nicht zustande, so müsse sie mit seinem sicheren Tode rechnen. Die Oberstkämmerin war entsetzt über die Worte ihres Sohnes, und da sie sein schroffes, unnachgiebiges Wesen kannte und wußte, mit welcher Zähigkeit er ein einmal gefaßtes Ziel verfolgte, fürchtete sie, daß diese Liebesleidenschaft noch einen unheilvollen Ausgang nehmen würde. Darum und weil sie als Mutter natürlicherweise stets alles Glück für ihren Sohn wünschte und erstrebte, versprach sie ihm, mit der Königin zu reden. Sie hatte zwar keine Hoffnung, daß sie die Königin bestimmen könnte, ihr gegebenes Wort zu brechen, aber sie wollte doch wenigstens nichts unversucht lassen und auch zu den äußersten Mitteln greifen, bevor sie die Sache aufgab.

Elizabeth war am Morgen ihres Vermählungstages auf Befehl der Königin so reich geschmückt worden, daß keine Feder es wagen kann, ihr Aussehen zu schildern. Die Königin selbst hatte ihr eine von den schönsten Perlenschnüren aus dem erbeuteten Schiff um den Hals gelegt. Die Kette mochte ihre zwanzigtausend Dukaten wert sein, und auf sechstausend Taler schätzte man einen Diamantring, den die Königin dem Mädchen an den Finger gesteckt hatte. Alle Hofdamen waren freudig erregt in Erwartung der Festlichkeiten bei der bevorstehenden Vermählung. Da trat plötzlich die Oberstkämmerin ein, warf sich der Königin zu Füßen und flehte sie an, Elizabeths Hochzeit doch noch um zwei Tage zu verschieben. Wenn die Königin ihr nur diese eine Gnade gewähren wollte, so sagte sie, würde sie sich glücklich schätzen und darin den höchsten Lohn erblicken, den sie zum Dank für ihre treuen Dienste erwarten dürfe. Die Königin verlangte zunächst einmal zu erfahren, warum sie so flehentlich diesen Aufschub von ihr erbitte, der ja dem Versprechen, das sie Richard gegeben hatte, zuwiderlief. Die Oberstkämmerin jedoch weigerte sich, den Grund einzugestehen, bis schließlich die Königin, die unbedingt die Ursache dieses seltsamen Wunsches erfahren wollte, ihr Gewährung versprach. Nachdem nun die Oberstkämmerin für den Augenblick ihren Zweck erreicht hatte, berichtete sie der Königin von der Liebesleidenschaft ihres Sohnes und von ihrer Befürchtung, daß er entweder Hand an sich legen oder sonst irgend etwas Furchtbares unternehmen würde, falls man ihm Elizabeth nicht zur Frau gäbe. Den Aufschub von zwei Tagen habe sie, wie sie sagte, nur erbeten, damit Ihre Majestät die Möglichkeit habe, darüber nachzudenken, welches Mittel am geeignetsten und wirksamsten sein würde, um ihrem Sohn zu helfen.

Die Königin erwiderte, wenn ihr königliches Wort nicht im Wege wäre, so hätte sich wohl ein Ausweg aus diesem verschlungenen Labyrinth finden lassen; aber auch um aller Vorteile der Welt willen könne sie ihr Wort nicht brechen und die Hoffnungen Richards zuschanden machen.

Die Oberstkämmerin überbrachte ihrem Sohn diese Antwort, und dieser warf sich sogleich in volle Rüstung und bestieg, glühend vor Liebe und Eifersucht, ein stolzes und schönes Schlachtroß. In diesem Aufzug erschien er vor Clotalds Haus und rief mit lauter Stimme hinauf, Richard solle ans Fenster kommen. Dieser hatte gerade sein Hochzeitsgewand angelegt und war im Begriff, sich mit der für diesen Fall erforderlichen Begleitung zum Palast zu begeben. Als er jedoch das Rufen vernahm und man ihm sagte, daß Graf Ernest in kriegerischer Aufmachung nach ihm verlangte, trat er erstaunt ans Fenster. Sobald Ernest ihn erblickte, rief er herauf: »Hör zu, Richard, was ich dir sagen will! Die Königin, meine Gebieterin, befahl dir, in ihre Dienste zu treten und Taten zu vollbringen, die dir ein Anrecht auf die unvergleichliche Elizabeth geben würden. Du bist ausgezogen und mit goldbeladenen Schiffen zurückgekehrt, und nun glaubst du wohl, Elizabeth um diesen Preis erkauft und verdient zu haben. Wenn dir jedoch die Königin das Mädchen versprach, so geschah dies, weil sie glaubte, an ihrem Hof sei keiner, der ihr besser dienen könne als du, und keiner dürfe mit mehr Recht Anspruch auf den Besitz Elizabeths erheben. Doch es kann auch sein, daß die Königin sich darin getäuscht hat. So wenigstens glaube ich, und ich halte es für eine ausgemachte Wahrheit, daß du keinerlei Taten vollbracht hast, die dich würdig machten, der Gatte Elizabeths zu heißen. Du wirst auch niemals eine Tat vollbringen, mit der du dir solch hohes Recht erwerben könntest. Ich behaupte also, daß du sie nicht verdienst, und willst du mir widersprechen, so fordere ich dich hiermit auf Tod und Leben heraus.«

Damit schwieg der Graf, und Richard erwiderte: »Ich bin in keiner Weise verpflichtet, Eure Herausforderung anzunehmen, Herr Graf; denn ich bekenne gern, daß ich Elizabeth nicht verdiene und daß es auf der ganzen Welt keinen Mann gibt, der ihrer würdig wäre. Da ich also in dieser Hinsicht ganz Eurer Meinung bin, muß ich noch einmal betonen, daß Eure Herausforderung mich nicht berühren kann. Ich will sie aber trotzdem annehmen, und zwar um Euch für die Dreistigkeit zu bestrafen, die Ihr damit bewiesen habt.«

Nach diesen Worten trat er vom Fenster zurück und

verlangte, man möge ihm eiligst seine Waffen bringen. Seine Verwandten und alle, die gekommen waren, um ihn zum Palast zu begleiten, waren in größter Aufregung. Da eine Menge Menschen auf der Straße versammelt waren, die Ernest in seiner Rüstung gesehen und seine Herausforderung mit angehört hatten, gelangte der Vorfall auch bald zu den Ohren der Königin. Diese befahl dem Hauptmann ihrer Leibwache, den Grafen sofort zu verhaften. Der Hauptmann beeilte sich, sosehr er konnte, und kam gerade in dem Augenblick an, als Richard, angetan mit der glänzenden Rüstung, die er beim Verlassen des Schiffes getragen hatte, auf einem prächtigen Pferd aus dem Haustor hervorritt. Als der Graf den Hauptmann erblickte, wußte er sofort, warum dieser kam. Er wollte sich um keinen Preis gefangennehmen lassen und rief daher Richard zu: »Da siehst du, Richard, nun will man uns an der Ausführung unseres Vorhabens hindern. Wenn du noch immer Lust haben solltest, das Schwert gegen mich zu ziehen, so wirst du mich schon zu finden wissen; mich jedenfalls gelüstet es danach, und ich werde dich suchen, und da zwei, die sich suchen, sich auch leicht finden, wollen wir die Erfüllung unserer Wünsche für den Augenblick noch einmal aufschieben.«

»Mir soll es recht sein«, erwiderte Richard.

In diesem Augenblick kam der Hauptmann mit seiner ganzen Wachmannschaft heran und sagte zu dem Grafen, daß er ihn im Namen Ihrer Majestät verhaften müsse. Der Graf erklärte sich damit einverstanden, doch verlangte er, daß man ihn unverzüglich vor die Königin führen möge. Der Hauptmann war es zufrieden, ließ ihn von seiner Wache in die Mitte nehmen und führte ihn in den Palast. Inzwischen war die Oberstkämmerin, die der Königin bereits von der leidenschaftlichen Liebe ihres Sohnes zu Elizabeth berichtet hatte, zu ihrer Herrscherin geeilt und hatte sie mit Tränen in den Augen gebeten, dem Grafen zu verzeihen, da ja nur seine Jugend und seine Verliebtheit an dem tollen Streiche schuld seien. Als Ernest jedoch vor die Königin geführt wurde, ließ diese sich gar nicht erst in ein Gespräch mit ihm ein, sondern befahl, ihm seinen Degen abzunehmen und ihn in ein Turmverlies zu schaffen.

Elizabeth und ihre Eltern, die durch diese Vorgänge plötzlich aus ihrem ruhigen Glück aufgeschreckt wurden, waren aufs höchste bestürzt. Die Oberstkämmerin erklärte der Königin, es gäbe nur ein Mittel, um den Zwist, der zwischen ihrer Familie und der Richards auszubrechen drohte, zu beschwichtigen: man müsse die Ursache des Streites beseitigen und Elizabeth nach Spanien schicken; denn nur so könne ein Unheil vermieden werden. Außerdem sei Elizabeth auch Katholikin, fügte sie hinzu, und zwar eine so überzeugte Katholikin, daß es ihr, der Oberstkämmerin, trotz all ihrer Bemühungen und Reden nicht möglich gewesen sei, das Mädchen von den Grundsätzen seines Glaubens abzubringen. Die Königin erwiderte darauf, daß sie Elizabeth darum nur um so höher schätzen müsse, wenn sie den Glauben, den ihre Eltern sie gelehrt, so wohl zu bewahren wisse. Sie dächte gar nicht daran, sie nach Spanien zu schicken, da ihr die Anwesenheit des lieblichen, vielseitig begabten Mädchens die größte Freude bereite. Wenn Elizabeth auch heute noch nicht Richards Gemahlin werde, so wolle sie diesem doch bald ihrem Versprechen gemäß seine Braut zuführen. Die Oberstkämmerin war über diesen Bescheid der Königin so verzweifelt, daß sie kein Wort der Erwiderung hervorzubringen vermochte. Sie überlegte hin und her und kam doch immer wieder zu dem gleichen Ergebnis: ihr hitziger Sohn, das wußte sie, würde sich niemals umstimmen oder dazu bewegen lassen, mit Richard Frieden zu schließen, wenn man nicht Elizabeth aus dem Wege schaffte. So schmiedete sie denn einen der grausamsten Pläne, die jemals einer so vornehmen und hochstehenden Frau, wie sie es war, in den Sinn gekommen sind: sie beschloß, Elizabeth zu vergiften. Da es nun im Wesen der Frauen liegt, schnell und entschlossen zu handeln, brachte sie Elizabeth noch am gleichen Nachmittag das Gift in einem Fruchtmus bei, das sie ihr unter dem Vorwand aufdrängte, es sei dies ein ausgezeichnetes Mittel gegen die Herzbeklemmungen, unter denen Elizabeth litt.

Schon kurz nachdem Elizabeth die Speise zu sich genommen hatte, begannen ihr Zunge und Kehle anzuschwellen. Die Lippen wurden schwarz, die Stimme heiser, die Augen trübe, und ihre Brust preßte sich wie unter einem schweren Druck zusammen. All dies waren deutliche Zeichen dafür, daß man ihr Gift beigebracht hatte. Die Hofdamen stürzten zur Königin, um ihr von dem Vorfall zu berichten, und alle erklärten einstimmig, daß die Oberstkämmerin jene unheilvolle Speise zubereitet habe. Es bedurfte nicht vieler Worte, um die Königin zu überzeugen. Sie begab sich sofort zu Elizabeth, die bereits mit dem Tode rang. Die Königin ließ unverzüglich ihre Ärzte rufen, und noch bevor diese erschienen waren, ließ sie der Kranken ein großes Quantum Einhornpulver und noch verschiedene andere Gegengifte reichen, wie sie die Fürsten stets für derartige Vorkommnisse zur Hand haben. Die Ärzte trafen ein und versuchten es mit noch stärkeren Gegenmitteln. Sie baten die Königin, sie solle von der Oberstkämmerin zu erfahren suchen, welche Art Gift sie dem Mädchen gegeben habe; denn man zweifelte nicht mehr daran, daß sie und keine andere Elizabeth vergiftet hatte. Die Oberstkämmerin gestand die Wahrheit, und auf Grund ihrer Mitteilungen konnten die Ärzte nun so viele und so wirksame Mittel anwenden, daß sie mit ihrer und Gottes Hilfe Elizabeth am Leben erhielten oder doch wenigstens eine Hoffnung aufkommen ließen, daß sie am Leben bleiben werde. Die Königin ließ die Oberstkämmerin verhaften und in ein enges Verlies sperren. Sie hatte die Absicht, sie so zu bestrafen, wie ihr Verbrechen es verdiente, obgleich die Oberstkämmerin sich zu entschuldigen versuchte und behauptete, mit der Ermordung Elizabeths habe sie ein gottgefälliges Opfer bringen wollen, da sie auf diese Weise das Land von einer Katholikin befreit und zudem noch die Streitigkeiten, in die ihr Sohn verwickelt war, geschlichtet hätte.

Als Richard diese traurigen Nachrichten zu Ohren kamen, geriet er vor Entsetzen außer sich. So verzweifelt beklagte er sein Geschick, und so fassungslos gebärdete er sich, daß man glauben konnte, er habe den Verstand verloren. Schließlich blieb Elizabeth doch am Leben, allein die schwere Krankheit hatte sie völlig verändert. Wimpern, Augenbrauen und Haare waren ausgefallen und das Gesicht angeschwollen; die Haut hatte ihre frische Farbe verloren und war grau und mit Schuppen bedeckt, und die glanzlosen Augen tränten unaufhörlich. Kurzum, sie war gänzlich entstellt, und wenn sie früher ein Wunder an Schönheit gewesen war, so erschien sie jetzt geradezu als der Inbegriff aller Häßlichkeit. Alle, die sie gekannt hatten, sahen in dieser Veränderung ein schlimmeres Unglück, als wenn sie dem Gifte erlegen wäre. Trotzdem bat Richard die Königin, sie möge ihm seine Braut übergeben und ihm gestatten, sie in sein Haus zu führen; denn die Liebe, die er für das Mädchen empfände, habe sich vom Körper auf die Seele übertragen, und wenn Elizabeth auch ihre Schönheit verloren habe, so seien ihr doch unzählige Vorzüge geblieben.

»Ihr habt recht, Richard«, meinte die Königin, »nehmt sie mit Euch und bedenkt, daß Ihr einen köstlichen Edelstein empfangt, der in ein Kästchen aus grobem Holz eingeschlossen ist. Gott allein weiß, wie gern ich Euch Elizabeth genau so zurückgeben würde, wie ich sie von Euch erhielt; doch da es nun einmal nicht möglich ist, verzeiht mir! Vielleicht wird die Strafe, die ich der Urheberin eines solchen Verbrechens erteilen werde, Euren Wunsch nach Rache ein wenig befriedigen.«

Richard versuchte auf jede Weise, die Oberstkämmerin bei der Königin zu entschuldigen und flehte seine Herrscherin an, sie möge ihr doch verzeihen, da die Gründe, die sie vorgebracht hatte, wohl ausreichten, noch schlimmere Vergehen entschuldbar zu machen. Schließlich ließ die Königin Elizabeth und ihre Eltern herbeirufen und übergab sie Richard, welcher sie in sein Haus oder vielmehr in das Haus seiner Eltern führte. Zum Abschied schenkte die Königin dem Mädchen zu der kostbaren Perlenschnur und dem Diamantring noch verschiedene andere Kleinodien und herrliche Kleider, so daß man wohl erkennen konnte, wie nahe Elizabeth ihrem Herzen stand.

Zwei Monate blieb Elizabeth häßlich und abstoßend, und kein Zeichen deutete darauf hin, daß sie jemals ihre frühere Schönheit wieder erlangen könnte. Nach Verlauf dieser Zeit jedoch begannen die Schuppen von ihrer Haut abzufallen, und diese gewann ihre einstige Zartheit und Frische zurück. Richards Eltern, denen es unmöglich erschien, daß Elizabeth jemals wieder so werden könnte, wie sie früher gewesen, hatten inzwischen beschlossen, ohne Richards Wissen eine Botschaft an das schottische Fräulein zu senden, das sie seinerzeit zur Gemahlin ihres Sohnes auserkoren hatten, bevor sie ihn mit Elizabeth verlobten. Sie zweifelten nicht daran, daß Richard beim Anblick seiner schönen neuen Braut Elizabeths entschwundene Reize allmählich vergessen werde. Diese letztere aber wollten sie mitsamt ihren Eltern nach Spanien schicken und ihnen so viel Geld und Reichtümer mitgeben, daß sie damit ihre einstigen Verluste ausgleichen könnten.

Es waren noch keine anderthalb Monate verstrichen, als die neue Braut, von deren Kommen Richard nichts geahnt hatte, zum Tore hereinritt. Sie brachte ein Gefolge mit, wie es ihr geziemte, und war so schön, daß man in ganz London kein schöneres Mädchen finden konnte — nur Elizabeths frühere Schönheit übertraf die ihre noch. Richard war über das unverhoffte Auftauchen der Schottin äußerst bestürzt und fürchtete, daß der Schrecken über ihre Ankunft seiner Elizabeth das Leben kosten könne. Um dieser Gefahr entgegenzuwirken, trat er daher schnell in Elizabeths Gemach, wo sie auf einem Ruhebett lag, während ihre Eltern an ihrer Seite saßen.

»Meine geliebte Elizabeth«, sagte er, »du weißt, meine Eltern lieben mich wohl innig, aber sie wissen doch nicht, wie sehr du mir ans Herz gewachsen bist. Sie haben daher ein schottisches Fräulein ins Haus geholt, das sie mir früher einmal zur Ehe bestimmt hatten, bevor ich dich und deinen ganzen Wert erkannte. Mir scheint, es war ihre Absicht dabei, daß die Schönheit des schottischen Mädchens in meinem Herzen das Bild deiner Schönheit auslöschen solle, das darin eingegraben ist. Doch das kann nicht sein, Elizabeth, denn meine Liebe zu dir war schon vom ersten Augenblick an, in dem sie in meiner Brust erwachte, nicht so geartet, daß sie ihr einziges Ziel in der Erfüllung der sinnlichen Begierden erblickte. Wenn auch die Schönheit deiner Glieder meine Sinne in Bann schlug, so waren es doch deine zahllosen seelischen und geistigen Vorzüge, die meine Seele gefangennahmen. Als du noch schön warst, liebte ich dich, jetzt, wo du häßlich bist, bete ich dich an. Und nun gib mir zur Bekräftigung dieser Wahrheit deine Hand.«

Sie reichte ihm ihre Rechte, die er ergriff.

»Ich schwöre bei dem katholischen Glauben, den meine Eltern mich lehrten«, fuhr er fort, »und für den Fall, daß mein Glaube nicht so unantastbar wäre, wie ein solcher Schwur es verlangt, schwöre ich bei dem Glauben des Papstes in Rom, denn dies ist der wahre Glaube, den ich in meinem Herzen bekenne und hochhalte. Bei diesem Glauben also und bei dem wahren Gott, der meine Worte hört, verspreche ich dir, Elizabeth, geliebtes Mädchen meines Herzens, daß ich dein Gatte sein will. Ja, ich bin es schon von diesem Augenblick an, sofern du mich für würdig befindest, mich an deine Seite zu erheben.«

Elizabeth war tief bewegt von Richards Worten, und ihre Eltern waren außer sich vor Staunen. Als einzige Antwort küßte sie immer wieder die Hand des jungen Mannes und sagte ihm mit tränenerstickter Stimme, daß sie ihn mit Freuden zum Gemahl nehmen wolle und sich ihm als seine demütige Magd überantworte. Richard küßte das häßliche Gesicht, dem er seine Lippen niemals zu nähern gewagt hatte, solange es noch schön war, und Elizabeths Eltern gaben unter vielen zärtlichen Tränen ihren Segen zu dieser Verlobung. Richard sagte ihnen, er habe bereits einen Plan, wie er die Heirat mit der Schottin, die sich ja schon im Hause befände, hinauszögern könne. Wenn sein Vater sie alle drei nach Spanien schicken wolle, so sollten sie sich nicht weigern, sondern dorthin gehen und ihn in Cádiz oder Sevilla erwarten. Er gäbe ihnen sein Wort, daß er binnen zwei Jahren bei ihnen sein werde, sofern der Himmel ihn so lange am Leben ließe. Sollte diese Frist verstreichen, ohne daß er käme, so könnten sie sicher sein, daß irgendein unüberbrückbares Hindernis sich seiner Reise in den Weg gestellt habe oder, was noch wahrscheinlicher wäre, daß er verstorben sei. Elizabeth erwiderte, sie wolle nicht nur zwei Jahre auf ihn warten, sondern ihr ganzes Leben lang; sie wolle warten bis zu dem Tage, an dem sie sichere Nachricht von seinem Tod erhielte. Dieser Tag aber würde auch ihr letzter Tag sein. Dem jungen Paar und den Eltern kamen die Tränen in die Augen, als Elizabeth diese zärtlichen Worte sprach.

Richard ging nun zu seinen Eltern und teilte ihnen mit,

daß er sich keinesfalls verheiraten und niemals der Schottin seine Hand zum Verlöbnis reichen werde, wenn er nicht zuvor eine Pilgerfahrt nach Rom machen könne, um dort sein Gewissen zu erleichtern. Er legte seine Gründe so einleuchtend dar, daß seine Eltern und alle Verwandten, die mit Clisterna, der jungen Schottin, gekommen waren, sich als gute Katholiken davon überzeugen ließen. Clisterna war damit einverstanden, im Hause ihrer zukünftigen Schwiegereltern zu bleiben, bis Richard, der sich für seine Reise die Frist von einem Jahr gesetzt hatte, zurückgekehrt wäre.

Nachdem dies alles geklärt und verabredet war, eröffnete Clotald seinem Sohn, daß er sich entschlossen habe, Elizabeth und ihre Eltern nach Spanien zurückzuschicken, falls die Königin ihre Einwilligung dazu gäbe. Vielleicht, so meinte er, würde ja das Klima ihres Vaterlandes dazu beitragen, die beginnende Genesung zu beschleunigen und zu erleichtern. Richard, der seine Pläne nicht verraten wollte, sagte mit gespielter Gleichgültigkeit, daß er tun solle, was ihn am besten dünke. Er bat ihn nur, Elizabeth keines der Schmuckstücke und Geschenke fortzunehmen, die sie von der Königin erhalten hatte. Clotald versprach es und begab sich noch am gleichen Tag zur Königin, um von ihr die Erlaubnis zu erbitten, seinen Sohn mit Clisterna zu vermählen und Elizabeth samt ihren Eltern nach Spanien zu schicken. Die Königin war mit allem zufrieden und hielt Clotalds Entschluß für sehr vernünftig. Am selben Tag noch sprach sie das Urteil über ihre Oberstkämmerin aus, ohne ihre Rechtsgelehrten dabei zu Rate zu ziehen oder diese selbst noch einmal zu verhören. Sie wurde auf Lebenszeit vom Hofdienst ausgeschlossen und mußte zehntausend Goldtaler an Elisabeth zahlen, während Graf Ernest wegen seiner Herausforderung an Richard für sechs Jahre aus England verbannt wurde.

Vier Tage später, als Ernest bereits im Begriff stand,

gemäß dem Befehl der Königin außer Landes zu gehen, war die Summe schon beisammen. Die Königin ließ einen reichen französischen Kaufmann rufen, der in London ansässig war und rege Geschäftsverbindungen mit Frankreich, Italien und Spanien unterhielt. Diesem übergab sie die zehntausend Taler und bat ihn um Wechsel, auf die Elizabeths Vater in Sevilla oder einer anderen spanischen Stadt das Geld ausbezahlt bekommen könnte. Der Kaufmann zog seine Zinsen und Unkosten ab und versprach der Königin einwandfrei sichere Wechsel auf einen seiner Geschäftsfreunde, einen französischen Kaufmann in Sevilla. Das Geschäft sollte sich auf folgende Weise abwickeln: er wollte an einen anderen seiner Geschäftsfreunde nach Paris schreiben, damit dieser dort die Wechsel ausstellte. Auf diese Weise würden sie auf Frankreich lauten und nicht auf England, und dies war nötig, da ja zur Zeit die Handelsbeziehungen zwischen England und Spanien unterbrochen waren. Es würde genügen, so meinte er, wenn Elizabeths Vater einen von ihm unterschriebenen, aber nicht datierten Avisbrief mitnähme, der Kaufmann in Sevilla würde ihm darauf sofort die Summe, die ihm ja bereits von Paris aus angezeigt wäre, auszahlen. Nach manchem Hin und Her ließ sich die Königin von dem Kaufmann so ausreichende Sicherheiten geben, daß sie nun keinen Zweifel mehr daran hegen konnte, daß das Geschäft in Ordnung kam. Doch damit hatten sich ihre Bemühungen noch nicht erschöpft. Sie ließ nun auch noch den Kapitän eines flämischen Schiffes kommen, das am folgenden Tag nach Frankreich absegeln wollte, nur um sich in einem französischen Hafen ein Beglaubigungsschreiben für Spanien zu verschaffen, so daß es aussah, als käme das Schiff aus Frankreich und nicht aus England. Diesen Kapitän nun bat die Königin angelegentlich, er solle doch Elizabeth und ihre Eltern in seinem Schiff mitnehmen, ihnen während der Reise die beste Behandlung und Pflege angedeihen lassen und sie dann im ersten spanischen Hafen, den er anliefe, an Land setzen. Der Kapitän, der der Königin gern gefällig sein wollte, versprach, ihr diesen Wunsch zu erfüllen und die drei in Lissabon, in Cádiz oder in Sevilla auszuschiffen.

Nachdem die Königin auch die Angelegenheit mit dem Kapitän in Ordnung gebracht hatte, schickte sie zu Clotald und ließ ihm sagen, daß er Elizabeth alle Juwelen und Kleider, die sie ihr geschenkt hatte, belassen müsse.

Am nächsten Tage kam Elizabeth mit ihren Eltern, um sich von der Königin zu verabschieden, die sie sehr liebevoll empfing. Die Königin übergab ihnen den Brief des Kaufmanns sowie eine Reihe anderer Geschenke und Geld für die Reise. Elizabeth dankte ihr mit so bewegten Worten, daß die Königin ganz gerührt war und sich vornahm, dem Mädchen auch weiterhin alles Gute zu erweisen, was in ihrer Macht stand. Dann nahm Elizabeth Abschied von den Hofdamen, die jetzt, da sie häßlich war, ihre Abreise gar nicht mehr wünschten; denn nun brauchten sie sie ja nicht mehr um ihre Schönheit zu beneiden und wären froh gewesen, wenn sie das freundliche und kluge Mädchen noch länger bei sich gehabt hätten. Die Königin umarmte die drei und wünschte ihnen alles Gute. Dann vertraute sie sie dem Kapitän des Schiffes an und bat Elizabeth, sie sofort in Kenntnis zu setzen, sobald sie gut in Spanien angekommen seien und sie überhaupt durch Vermittlung des französischen Kaufmanns stets über ihr Befinden auf dem laufenden zu halten.

Nachdem sich Elizabeth und ihre Eltern so von der Königin verabschiedet hatten, schifften sie sich noch am gleichen Nachmittag ein. Clotald und seine Gattin vergossen viele Tränen, als sie das Mädchen zum letzten Mal in die Arme schlossen, und auch alle Hausgenossen, denen sie so sehr ans Herz gewachsen war, waren tief betrübt. Richard war bei diesem Abschied nicht zugegen; er wollte sein zärtliches Gefühl nicht so in aller Öffentlichkeit zeigen und hatte sich daher für diesen Tag mit einigen Freunden zur Jagd verabredet. Frau Catherine übergab Elizabeth noch eine Menge Geschenke für die Reise, umarmte sie immer wieder unter Tränen und legte ihr ein ums andere Mal ans Herz, daß sie ihr unbedingt schreiben müsse. Elizabeth und ihre Eltern dankten herzlich für alles, so daß man zwar mit Tränen in den Augen, aber doch recht zufrieden voneinander schied. In der gleichen Nacht noch ging das Schiff unter Segel, und mit günstigem Wind gelangte man nach Frankreich, wo man die nötigen Maßnahmen traf, um die spanischen Häfen anlaufen zu können. Dreißig Tage später legte das Schiff auf der Reede von Cádiz an, wo Elizabeth und ihre Eltern an Land gingen. Ihre alten Freunde in der Stadt eilten auf die Nachricht von ihrer Ankunft sofort herbei und hießen sie voller Freude willkommen. Alle beglückwünschten sie zu Elizabeths Wiederfinden und zu ihrer Befreiung aus der türkischen und englischen Gefangenschaft; denn man hatte hier bereits den ganzen Vorfall aus dem Munde jener Gefangenen vernommen, denen Richard damals in seiner Großmut die Freiheit geschenkt hatte. Schon jetzt schien es, als ob man hoffen dürfe, daß Elizabeth ihre frühere Schönheit wiedergewinnen werde. Die drei hielten sich etwas über einen Monat in Cádiz auf, wo sie sich von den Anstrengungen der Seereise erholten, und begaben sich dann nach Sevilla, weil sie sehen wollten, wie es mit der Auszahlung der zehntausend Goldtaler stünde, auf die sie eine Anweisung für den französischen Kaufmann hatten. Zwei Tage nach ihrer Ankunft in Sevilla suchten sie ihn auf und überreichten ihm den Brief des französischen Kaufmannes aus London. Er erkannte ihn an, sagte ihnen jedoch, er könne ihnen das Geld noch nicht auszahlen, bevor die Wechsel und der Avisbrief aus Paris eingetroffen seien, jedoch erwarte er diese Sendung jeden Tag.

Elizabeths Eltern mieteten ein großes Haus gegenüber dem Kloster der heiligen Paula. Hierzu wurden sie durch den Umstand veranlaßt, daß eine Nichte von ihnen, die sich durch eine besonders schöne Stimme auszeichnete, in diesem Kloster Nonne war. Sie wollten ihre Verwandte gern in der Nähe haben, und außerdem hatte Elizabeth auch Richard gesagt, wenn er sie holen käme, würde er sie in Sevilla finden und ihren näheren Aufenthaltsort von ihrer Base, der Nonne im Kloster der heiligen Paula, erfahren können. Er brauche dort nur nach der Nonne zu fragen, die die schönste Stimme im Kloster habe; das sei ein sicheres Kennzeichen, das er auch nicht so leicht vergessen werde. Nach vierzig Tagen trafen die Wechsel aus Paris ein, und schon drei Tage darauf zahlte der französische Kaufmann die zehntausend Taler an Elizabeth aus, die das Geld ihren Eltern gab. Mit dieser Summe und dem Erlös, den sie durch den Verkauf einiger der vielen Schmuckstücke Elizabeths erzielten, konnte der Vater seine Tätigkeit als Kaufmann wieder aufnehmen, worüber sich alle, die um seine früheren großen Verluste wußten, sehr verwunderten. Kurzum, nach wenigen Monaten schon hatte der Vater seinen verlorenen Kredit und Elizabeth ihre verlorene Schönheit wiedererlangt. So lieblich war sie, daß überall, wo von schönen Mädchen die Rede war, einstimmig der ›Spanierin aus England‹ der Preis zuerkannt wurde — unter diesem Namen nämlich war sie, ebenso wie durch ihre große Schönheit, in der ganzen Stadt bekannt.

Durch Vermittlung des französischen Kaufmanns in Sevilla sandten Elizabeth und ihre Eltern nun einen Brief an die Königin von England, in welchem sie von ihrer guten Ankunft berichteten und noch einmal ihren ergebensten Dank zum Ausdruck brachten, wie es angesichts der vielen erhaltenen Gunstbeweise wohl schicklich war. Auch an Clotald und seine Gemahlin Catherine schrieben sie einen Brief, in dem Elizabeth die beiden ›Vater und Mutter‹ nannte, während ihre Eltern ihnen den Titel ›Herren und Gebieter‹ gaben. Von der Königin kam keine Antwort, wohl aber von Clotald und seiner Gattin. Sie beglückwünschten die drei darin zu ihrer guten Ankunft und berichteten, daß Richard, ihr Sohn, bereits einen Tag, nachdem sie sich eingeschifft hätten, nach Frankreich abgereist sei. Von dort aus wolle er sich, wie es ihm sein Gewissen vorschreibe, noch in andere Länder begeben. Sie fügten noch einiges andere hinzu und bezeugten ihnen ihre Liebe und Freundschaft mit herzlichen Worten. Elizabeth und ihre Eltern antworteten darauf wieder mit einem Brief, der ebenso höflich und liebevoll wie dankbar gehalten war.

Elizabeth dachte sich sofort, daß Richard sicherlich England verlassen habe, um nach Spanien zu kommen und sie aufzusuchen. Diese Hoffnung gab ihr neuen Mut; sie war glücklich und zufrieden und bemühte sich, einen solchen Lebenswandel zu führen, daß Richard, wenn er nach Sevilla käme, gleich als erstes und noch bevor er erfahren hätte, wo sie wohnte, der Ruf ihrer Tugend zu Ohren dringen mußte. Kaum einmal verließ sie das Haus, und auch dann nur, um zum Kloster hinüberzugehen, wo sie alle vorgeschriebenen Andachtsübungen verrichtete. Von ihrem Hause und ihrem Betstüblein aus wanderte sie an jedem Freitag der Fastenzeit den Heiligen Kreuzweg und an den folgenden Freitagen den Weg des Heiligen Geistes. Niemals ging sie an den Fluß hinunter, niemals nach Triana hinüber, niemals sah sie sich den fröhlichen Trubel auf dem Tabladafeld oder am Jereztor an, wo am St.-Sebastians-Tag bei schönem Wetter so viele Menschen zusammenströmen, daß man sie kaum zu zählen vermag. Kein Volksfest und kein anderes Fest in Sevilla besuchte sie, sondern verbrachte all ihre Zeit in stiller Andacht mit frommen Gebeten und in Gedanken an Richard, dessen Kommen sie herbeisehnte und für den sie allen Segen des Himmels herabflehte. Diese strenge Zurückhaltung brachte nicht nur die jungen Gecken des Stadtviertels, sondern alle, die sie je einmal erblickt hatten, dazu, in heißem, verzehrendem Begehren zu Elizabeth zu entbrennen. Des Nachts ertönte Musik vor ihrem Fenster, und tagsüber veranstalteten die jungen Herren Wettrennen vor dem Hause. Und weil das Mädchen sich niemals sehen ließ, während doch so viele nach ihrem Anblick schmachteten, zogen die Heiratsvermittlerinnen ihren Vorteil aus der Sache: ihre Schätze häuften sich, denn gar manche versprach, daß sie allein imstande sei, eine Werbung bei Elizabeth anzubringen. Es fehlte auch nicht an jungen Leuten, die es mit einem sogenannten Zaubermittel versuchen wollten, obgleich das alles ja nur Schwindel und Unsinn ist. Elizabeth aber stand inmitten dieser Leidenschaften wie ein Fels im Meer, den Wind und Wellen zwar berühren, doch nicht erschüttern können.

So verstrichen anderthalb Jahre, und da Richard versprochen hatte, binnen zwei Jahren zur Stelle zu sein, begann die Hoffnung auf ein baldiges Wiedersehen Elizabeths Herz immer mehr in freudige Aufregung zu versetzen. Jeden Augenblick erwartete sie seine Ankunft; schon meinte sie, ihn vor sich zu sehen, schon fragte sie ihn in Gedanken, welche Hindernisse ihn denn so lange aufgehalten hätten, schon glaubte sie die Entschuldigungen zu hören, die ihr Verlobter vorbrachte, schon hatte sie ihm verziehen und die Arme ausgebreitet, um ihn, der ihr wie ein Teil ihres eigenen Wesens war, ans Herz zu ziehen, als ein Brief Frau Catherines eintraf, der fünfzig Tage zuvor aus London abgegangen war. Er war in englischer Sprache abgefaßt und hatte folgenden Inhalt:

»Meine geliebte Tochter! Auch Du kanntest ja Guillarte, Richards Pagen. Er war sein Begleiter auf der

Reise nach Frankreich und in andere Länder, die Richard, wie ich Dir seinerzeit mitteilte, einen Tag nach Deiner Abfahrt antrat. Nachdem wir nun sechzehn lange Monate nichts von unserem Sohn gehört hatten, trat eben dieser Guillarte gestern durch unsere Tür und brachte uns die Nachricht, daß Graf Ernest unsern Richard in Frankreich hinterrücks umgebracht habe. Du kannst Dir wohl denken, mein Töchterchen, wie diese Kunde auf uns drei, den Vater, mich und Richards Braut, wirken mußte! Und dabei war die Botschaft so klar und eindeutig, daß sie nicht den geringsten Zweifel an unserem Unglück aufkommen ließ. Darum bitten Clotald und ich Dich heute, meine geliebte Tochter, daß Du recht innige Gebete für Richards Seele zu Gott richten mögest. Du weißt ja, wie er Dich geliebt hat und wie sehr er Deine Fürsprache verdient. Bitte Du auch unseren Herrn, daß Er uns Geduld und einen sanften Tod schenken möge, so wie wir Ihn bitten und anflehen, Er wolle Dir und den Deinen ein langes Leben bescheren.«

Inhalt und Unterschrift des Briefes ließen keinen Zweifel zu: Elizabeth mußte an den Tod ihres Verlobten glauben. Sie kannte den Pagen Guillarte gut und wußte, daß er ein zuverlässiger Mensch war, der diese Todesnachricht nicht erfunden haben konnte. Er hätte auch gar keinen Grund hierzu gehabt und noch viel weniger Richards Mutter, Frau Catherine, die niemals leichtfertig eine so erschütternde Botschaft weitergegeben hätte. Soviel Elizabeth auch hin und her dachte und überlegte, sie konnte an der Wahrheit der Nachricht und ihres Unglücks nicht mehr zweifeln. Doch keine Träne floß aus ihrem Auge, nachdem sie den Brief gelesen hatte, kein Zeichen des Schmerzes war an ihr zu entdecken. Anscheinend ganz gefaßt, mit unbewegtem Gesicht, erhob sie sich von dem Ruhebett, auf dem sie gesessen hatte, trat in ihr Betzimmer, warf sich vor dem heiligen Bild des Gekreuzigten auf die Knie nieder und legte hier das Gelübde ab, in ein Kloster einzutreten, da sie ja jetzt Witwe war und dies ohne Bedenken tun konnte. Ihre Eltern unterdrückten in kluger Besonnenheit den Kummer, den sie bei der traurigen Nachricht verspürten, um Elizabeth in ihrem Schmerz trösten zu können; doch es schien, als sei diese ganz zufrieden. Ihre Trauer wurde gelindert durch den frommen, christlichen Entschluß, den sie gefaßt hatte, so daß sie ihrerseits ihren Eltern Trost zusprach. Sie offenbarte ihnen ihre Absicht, und diese beschworen sie, doch mit der Ausführung zu warten, bis die zwei Jahre verstrichen wären, die Richard selbst als Frist für seine Ankunft gesetzt hatte. Dann erst, so meinten sie, könne man die Nachricht von Richards Tod als bestätigt ansehen, und dann erst könne sie mit ruhigem Gewissen in den geistlichen Stand treten. Elizabeth fügte sich und verbrachte die sechseinhalb Monate, die noch bis zur Vollendung der zwei Jahre fehlten, mit frommen Andachtsübungen und damit, ihren Eintritt ins Kloster vorzubereiten. Sie hatte das Kloster der heiligen Paula gewählt, in dem auch ihre Base Nonne war.

Die zwei Jahre waren um, und es kam der Tag, an dem Elizabeth den Schleier nehmen sollte. Die Nachricht von diesem Ereignis hatte sich in der ganzen Stadt verbreitet, und alle, die Elizabeth von Ansehen kannten, sowie viele andere, zu denen der Ruf ihrer Schönheit gedrungen war, füllten die Räume des Klosters und säumten den kurzen Weg, der von ihrem Elternhaus zur Klosterpforte führte. Elizabeths Vater hatte seine Freunde eingeladen und diese wieder ihre Bekannten, so daß sie wohl das prächtigste Geleit erhielt, das man bei einer solchen Gelegenheit je in Sevilla gesehen hatte. Der Bischof und der Generalvikar des Klosters waren anwesend, desgleichen der Vikar des Erzbischofs und alle Herren und Damen von Rang, die es in Sevilla gab; so groß war das allgemeine Verlangen, diese Sonne der Schönheit, die sich so viele Monate lang wie hinter Wolken verborgen hatte, noch einmal leuchten zu sehen. Da es nun Sitte ist, daß eine Jungfrau, die den Schleier nimmt, auf ihrem Gang ins Kloster so prächtig und reich gekleidet ist wie nur irgend möglich, um dann für immer allen Putz und Tand von sich abzutun, wollte Elizabeth noch einmal alles, was sie nur vermochte, an ihre Kleidung wenden. So legte sie denn das gleiche Gewand an, das sie getragen hatte, als sie der Königin von England vorgestellt wurde, und dessen Pracht und Reichtum wir schon beschrieben haben. Auch die Perlen, der berühmte Diamantring, die Kette und der kostbare Gürtel wurden wieder hervorgeholt. So angetan trat sie in stolzer, anmutiger Haltung aus dem Hause, und alle, die sie erblickten, priesen und lobten Gott um ihrer Schönheit willen. Da der Weg zum Kloster so kurz war, wollte man ihn zu Fuß zurücklegen und hatte auf Wagen und Kutschen verzichtet; das Gedränge war jedoch so heftig, daß Elizabeth und ihre Eltern bedauerten, nicht doch einen Wagen genommen zu haben, denn es war ihnen fast unmöglich, zum Kloster hinzukommen. Die einen segneten die Eltern des Mädchens, andere den Himmel, der sie mit solcher Schönheit begabt hatte. Die Leute reckten sich auf die Zehenspitzen, um sie zu erblicken, und einige, die sie einmal gesehen hatten, liefen voraus, um ihren Anblick noch einmal genießen zu können. Am aufgeregtesten jedoch betrug sich ein Mann, der so heftig nach vorn drängte, daß die Menschen sich umwandten, um ihn näher zu betrachten. Er trug ein Gewand, wie es die Leute zu tragen pflegen, die man aus der Gefangenschaft losgekauft hat. Vorn auf der Brust sah man das Wappen des Trinitarierordens, ein Zeichen, daß er durch die Almosen der Redemptoristenmönche losgekauft worden war. Als Elizabeth bereits einen Fuß auf die Schwelle des Klosters gesetzt hatte, aus dem, wie es üblich ist, die Priorin und die Nonnen mit dem Kreuz herausgetreten waren, um sie zu empfangen, erhob der Fremde seine Stimme und rief: »Halt ein, Elizabeth, halt ein! Solange ich lebe, kannst du nicht Nonne werden.«

Auf diesen Ruf hin wandten Elizabeth und ihre Eltern sich um und erblickten den Mann, der sich durch die Menge drängte und auf sie zueilte. Die runde, blaue Mütze, die er auf dem Kopf trug, war ihm herunter-gefallen, so daß ein Gewirr goldener Locken zum Vor-schein kam und darunter ein Gesicht, so weiß und rot wie Schnee und Purpur. Alle erkannten daran, daß der Mann ein Ausländer sein müsse. Bei seinem Vorwärts-drängen stürzte er hin, erhob sich wieder und gelangte schließlich zu der Stelle, wo Elizabeth stand. Nun er-griff er die Hand des Mädchens und rief: »Erkennst du mich nicht, Elizabeth? Sieh mich an, ich bin Richard, dein Verlobter.«

»Ja, ich erkenne dich«, erwiderte Elizabeth, »sofern du nicht ein Gespenst bist, das meine Ruhe stören will.«

Die Eltern traten nun herzu, musterten den Fremden, prüften ihn aufmerksam und erkannten schließlich auch, daß der Gefangene, der vor ihnen stand, Richard war. Mit Tränen in den Augen warf er sich vor Eliza-beth auf die Knie und beschwor sie, sie solle sich doch nicht durch die seltsame Tracht daran hindern lassen, ihren Augen zu trauen, und sich durch seine gegenwär-tige armselige Lage davon abbringen lassen, das Ver-sprechen einzulösen, das sie sich gegenseitig gegeben hätten. Obgleich nun Elizabeths Gemüt noch immer von dem Eindruck erfüllt war, den der Brief von Ri-chards Mutter mit der Todesnachricht auf sie gemacht hatte, wollte sie doch ihren Augen und der greifbaren Wirklichkeit, die sie da vor sich hatte, mehr trauen. Sie umarmte daher den Gefangenen und sagte: »Ja, mein Herr, Ihr seid der einzige Mensch, der imstande ist, mich von meinem frommen Entschluß abzubringen. Ihr seid es, dem mein Herz gehört, mein wahrer Bräu-tigam! Unauslöschlich trage ich Euer Bild in meinem

Gedächtnis und in meiner Seele. Ihr müßt wissen, daß meine Gebieterin, Eure Mutter, mir einen Brief sandte, in dem sie mir Euren Tod anzeigte, und wenn diese Nachricht mir auch nicht das Leben raubte, so bestimmte sie mich doch, mein ferneres Dasein Gott zu weihen. Gerade in diesem Augenblick wollte ich diese Klosterschwelle für immer überschreiten; doch nun, wo Gott selbst mir solch ein Hindernis entgegenstellt und damit anzeigt, daß sein Wille andere Wege geht, kann und darf ich meinerseits diesem Willen nicht zuwiderhandeln. So kommt denn, mein Herr, in das Haus meiner Eltern, das auch das Eure ist. Dort will ich Euch dann gehören, sobald wir einander angetraut sind.«

Die Umstehenden, der Bischof, der Generalvikar des Klosters und der Vikar des Erzbischofs hatten alle diese Worte mit angehört und waren nun höchst erstaunt und verwundert darüber. Sie wollten sogleich wissen, um was es sich hier handele, wer der Fremde sei und von welcher Hochzeit man denn gesprochen habe. Elizabeths Vater antwortete ihnen und sagte, hier sei wohl nicht der rechte Ort, diese weitläufige Geschichte zu erzählen; er bäte daher alle, die sie zu erfahren wünschten, mit ihm in sein Haus zurückzukehren, das ja ganz nahe gelegen sei. Dort werde man ihnen alles so genau berichten, daß ihre Wißbegierde befriedigt werden solle; er sei sicher, die Größe und Seltsamkeit dieser Schicksalswendung werde alle in Erstaunen setzen. In diesem Augenblick erhob einer der Anwesenden seine Stimme und rief: »Ihr Herren, dieser junge Mann ist ein großer englischer Korsar! Ich kenne ihn, es ist derselbe, der vor etwa zwei Jahren den Seeräubern aus Algier das portugiesische Schiff wegkaperte, das von Indien kam. Es ist gar kein Zweifel möglich, er ist es; ich kenne ihn bestimmt, denn er hat mir damals die Freiheit geschenkt und mir Geld gegeben, damit ich nach Spanien gelangen konnte; und nicht nur an mir hat er so gehandelt, sondern noch dazu an dreihundert anderen Gefangenen.«

Diese Worte brachten die Menge in Aufruhr, und alle wünschten nun noch viel dringlicher, die Zusammenhänge dieser verwickelten Angelegenheit zu erfahren. Schließlich begleiteten die Vornehmsten unter den Anwesenden sowie der Bischof und die beiden anderen geistlichen Herren Elizabeth in ihr Vaterhaus, während die Nonnen traurig und verwirrt zurückblieben und bittere Tränen vergossen, weil ihnen nun die Gesellschaft der schönen Elizabeth verlorenging.

Im Hause von Elizabeths Eltern führte man die Besucher in einen großen Saal und bat sie, dort Platz zu nehmen. Richard wollte anfangs selbst das Wort ergreifen und seine Geschichte erzählen, doch dann erschien es ihm besser, in dieser Hinsicht auf Elizabeths Klugheit und Erzählkunst zu vertrauen, da ihm die kastilische Sprache nicht so geläufig war. Bald herrschte tiefe Stille, und alle Anwesenden hingen gespannt an Elizabeths Lippen, die nun mit dem ausführlichen Bericht begann, von dem wir hier nur kurz sagen wollen, daß er alles enthielt, was sich von dem Tage an, da Clotald sie aus Cádiz entführte, bis zu jenem, an dem sie wieder dahin zurückkehrte, zugetragen hatte. Sie erzählte auch von Richards Kampf gegen die Türken, von seiner Großmut den Christen gegenüber, von dem Eheversprechen, das sie beide sich gegenseitig gegeben hatten, von Richards Gelöbnis, binnen zwei Jahren bei ihr zu sein, und schließlich von der Nachricht über seinen Tod, die so überzeugend schien, daß sie, wie ja alle gesehen hätten, sich daraufhin entschlossen habe, ins Kloster einzutreten. Sie pries die Freigebigkeit und Großzügigkeit der Königin, die Frömmigkeit Richards und seiner Eltern und bat zum Schluß ihren Verlobten, doch nun seinerseits zu berichten, was ihm alles zugestoßen sei seit dem Tage, da er London verlassen habe, bis zu dem heutigen, wo er in Sklaventracht vor ihnen stände und offensichtlich durch Almosenspenden losgekauft worden sei.

»Ja, so ist es auch«, sagte Richard, »und ich will nun in kurzen Worten all die unendlichen Wechselfälle zusammenfassen, die ich erlebte. Ich reiste also von London ab, weil es mir nicht möglich war, mich mit Clisterna, jenem schottischen, katholischen Edelfräulein zu vermählen, von dem euch Elizabeth erzählt hat, daß meine Eltern sie zu meiner Gattin bestimmt hatten. Mit mir nahm ich meinen Pagen Guillarte, der, wie aus dem Brief meiner Mutter hervorgeht, später die Nachricht von meinem Tode nach London brachte. So zogen wir durch Frankreich und gelangten nach Rom, wo meiner Seele große Freude zuteil wurde und mein Glaube sich stärkte. Ich küßte die Füße des Heiligen Vaters, beichtete meine Sünden dem Großpönitentiar und erhielt Absolution. Er gab mir die erforderliche Bescheinigung darüber, daß ich gebeichtet, Buße getan und unser aller Mutter, der heiligen Kirche, meine Unterwerfung bezeigt hatte. Darauf besuchte ich noch all die unzähligen heiligen Orte in der Ewigen Stadt und gab dann von den zweitausend Goldtalern, die ich in meinem Besitz hatte, sechzehnhundert für einen Wechselbrief hin, der mir auf einen florentinischen Kaufmann in Sevilla, namens Rocchi, ausgestellt wurde. Mit den restlichen vierhundert Talern wollte ich mich nach Spanien begeben und machte mich daher auf den Weg nach Genua, wo, wie ich gehört hatte, zwei Staatsgaleeren zur Abfahrt nach Spanien bereitlagen. So gelangte ich mit meinem Diener Guillarte in einen Ort mit Namen Aquapendente, dem letzten, der auf dem Weg von Rom nach Florenz noch im Gebiet des Papstes liegt. In einem Wirtshaus oder einer Herberge, in der ich abstieg, sah ich meinen Todfeind, den Grafen Ernest, der sich heimlich mit vier verkleideten Dienern auf den Weg nach Rom gemacht hatte, und zwar nicht etwa, weil er ein katholischer Christ gewesen wäre, sondern weil ihn die Neugier plagte. Ich glaubte zwar, er habe mich nicht erkannt, schloß mich aber sogleich mit meinem Diener in mein Gemach ein und nahm mir fürsorglich vor, bei Anbruch der Nacht eine neue Unterkunft zu suchen. Da ich jedoch aus der großen Unbefangenheit, die ich bei dem Grafen und seinen Dienern bemerkte, noch bestimmter zu ersehen glaubte, daß ich unerkannt geblieben sei, ließ ich wieder von meinem Entschluß ab. Ich nahm das Nachtmahl in meinem Gemach ein, verschloß dann die Tür, legte meinen Degen griffbereit und befahl mich Gott. Niederlegen wollte ich mich nicht; meinen Diener übermannte bald der Schlummer, und ich blieb auf einem Stuhl sitzen und versank in einen Halbschlaf. Kurz nach Mitternacht jedoch wurde ich durch vier Pistolenschüsse aufgeschreckt. Wie ich später erfuhr, hatten der Graf und seine Diener sie gegen mich abgefeuert, um mich damit in ewigen Schlummer zu versenken. Sie hielten mich für tot, sprangen auf ihre Pferde, die schon gesattelt bereitstanden, und sprengten davon, nachdem sie dem Wirt gesagt hatten, er solle mich beerdigen lassen, da ich ein Mann von Rang sei.

Mein Diener war, wie der Wirt mir später erzählte, von dem Lärm erwacht und in seiner Angst durch das Fenster gesprungen, das auf den Hof ging. Mit dem Rufe: »O ich Unglücklicher, sie haben meinen Herrn ermordet!« stürzte er sodann aus dem Hause. Sein Schrekken scheint so groß gewesen zu sein, daß er unverzüglich und ohne Aufenthalt nach London reiste und dort erzählte, ich sei tot.

Als die Wirtsleute in mein Zimmer heraufkamen, fanden sie mich von vier Pistolenkugeln und vielen Schrotkügelchen durchbohrt vor, doch glücklicherweise war keine der Verletzungen tödlich. Als guter katholischer Christ bat ich, mir einen Beichtvater und die heiligen Sakramente holen zu lassen. Meine Bitte wurde erfüllt, und dann wurde ich verbunden. Es dauerte jedoch

zwei Monate, bevor ich mich wieder auf den Weg
machen konnte und endlich nach Genua gelangte. Dort
fand ich keine andere Überfahrtsmöglichkeit als zwei
Feluken, die ich zusammen mit zwei vornehmen spanischen Herren mietete. Die eine sollte zur Erkundung
der Gewässer vorausfahren, auf der anderen schifften
wir uns ein. Nachdem wir diese Sicherheitsmaßnahme
getroffen hatten, fuhren wir ab und segelten immer an
der Küste entlang, ohne uns auf das offene Meer hin-
auszuwagen. Als wir jedoch an einem Ort mit Namen
›Die drei Marien‹ vorbeikamen, der an der französischen Küste liegt, schossen, während die erste Feluke
zur Erkundung vorausgesegelt war, plötzlich aus einer
kleinen Bucht zwei türkische Galioten hervor. Die eine
bedrängte uns von der Seeseite, die andere von der
Landseite her, und als wir einen Versuch machten, den
Strand zu gewinnen, schnitten sie uns den Weg ab und
kaperten uns. Wir wurden auf die eine Galiote hinübergeschafft und bis auf die Haut ausgeplündert;
dann raubten die Türken noch alles aus unseren Feluken, was nicht niet- und nagelfest war, und ließen sie
stranden. Versenken wollten sie sie nicht, denn sie meinten, daß diese Fahrzeuge ihnen noch einmal dazu dienen könnten, eine neue ›Galima‹ zu machen — so nennen nämlich die Türken die Raubzüge, die sie gegen
die Christenschiffe unternehmen. Ihr werdet mir wohl
glauben, wenn ich euch sage, daß meine Gefangennahme mich in tiefster Seele bedrückte, vor allem auch,
weil ich bei dieser Gelegenheit meine Beichtzettel aus
Rom einbüßte, die ich zusammen mit dem Wechsel auf
die sechzehnhundert Taler in einem Blechkasten bei
mir geführt hatte. Das Glück wollte es, daß dieser
Kasten in die Hände eines spanischen Christensklaven
geriet, der ihn aufbewahrte; — hätten die Türken ihn
erwischt, so hätte ich wenigstens die Summe, auf die
der Wechselbrief lautete, als Lösegeld zahlen müssen;
sie hätten schon herausgebracht, wem er gehörte.

Wir wurden nun nach Algier gebracht, wo ich hörte, daß die Väter vom heiligen Trinitarierorden da seien, um Gefangene loszukaufen. Ich sprach mit ihnen und erzählte, wer ich sei, worauf sie, obgleich ich ein Ausländer bin, zu Mitleid bewegt wurden und mich auf folgende Art loskauften: sie wollten dreihundert Dukaten für mich bezahlen, und zwar hundert sofort und zweihundert, sobald das Almosenschiff zurückkehren würde, um den Redemptoristenpater auszulösen, der als Geisel für viertausend Dukaten, die er über seinen Geldvorrat hinaus ausgegeben hatte, in Algier zurückgeblieben war; denn diese heiligen Väter sind in ihrer christlichen Nächstenliebe so mildtätig und großzügig, daß sie sogar ihre eigene Freiheit für die Freiheit anderer hingeben und selbst in Gefangenschaft gehen, um andere Gefangene loszukaufen. Und um das Glück, das mir mit der Befreiung zuteil wurde, voll zu machen, bekam ich auch noch den verlorenen Kasten mit den Beichtzetteln und dem Wechsel wieder. Ich zeigte ihn dem frommen Vater, der mich losgekauft hatte, und versprach ihm zur Unterstützung seiner Bestrebungen fünfhundert Dukaten mehr, als mein Lösegeld betrug. Es dauerte fast ein ganzes Jahr, bis das Almosenschiff zurück war, und wenn ich jetzt noch erzählen sollte, was mir alles in diesem Jahr zustieß, so wäre das wieder eine neue lange Geschichte. Nur einen Umstand will ich erwähnen: ich wurde von einem der zwanzig Türken erkannt, denen ich seinerzeit zusammen mit den Christensklaven die Freiheit geschenkt hatte. Er war aber ein so dankbarer und rechtschaffener Mann, daß er mich nicht verriet; — wenn nämlich die Türken durch ihn erfahren hätten, daß ich jener Engländer war, der ihre beiden Galeeren versenkt und ihnen das große Schiff aus Indien weggenommen hatte, so hätten sie mich entweder zum Großtürken geschickt oder mich sofort umgebracht. Wäre ich aber zum Großtürken gekommen, so hätte das lebenslängliche Gefangenschaft für mich bedeutet.

Der Redemptoristenpater gelangte schießlich mit mir und fünfzig anderen losgekauften Christen nach Spanien. In Valencia veranstalteten wir eine gemeinsame Prozession, und dann wanderte jeder in diesem Gewand, dem Zeichen seiner Befreiung, seines Weges. Heute erst bin ich hier angekommen, und die Sehnsucht, Elizabeth zu sehen, war so groß in mir, daß ich mich unverzüglich nach dem Kloster durchfragte, wo ich Näheres über meine Braut zu erfahren hoffte. Was mir auf diesem Wege zugestoßen ist, habt ihr ja selbst miterlebt. Jetzt will ich Euch nur noch diese Bescheinigungen vorlegen, die Euch überzeugen werden, daß die Geschichte, die ich Euch soeben erzählt habe, ebenso wahr ist, wie sie wunderbar erscheint.«

Bei den letzten Worten holte er aus einem Blechkästchen die Papiere hervor und legte sie in die Hände des Bischofs, der sie mit dem Generalvikar des Klosters durchsah. Sie entdeckten nichts darin, was sie veranlaßt hätte, Richards Erzählung in Zweifel zu ziehen. Und es fand sich sogar noch eine weitere Bestätigung: der Himmel fügte es nämlich, daß sich zufällig auch der florentinische Kaufmann, auf dessen Namen Richards Wechsel lautete, unter den Anwesenden befand. Er trat hinzu und bat, daß man ihm den Wechsel vorlege, und als er einen Blick darauf geworfen hatte, erkannte er ihn sofort an und erklärte sich bereit, das Geld auszuzahlen, da ihm dieser Posten schon seit vielen Monaten avisiert sei. Diese Begebenheit erhöhte das Staunen und die Verwunderung aller Anwesenden nur noch mehr, und Richard erneuerte jetzt sein Versprechen, dem Orden fünfhundert Dukaten zu spenden.

Der Bischof umarmte nun Richard, Elizabeths Eltern und diese selbst und beglückwünschte sie mit herzlichen Worten zu dieser Schicksalswende. Die beiden anderen geistlichen Herren folgten seinem Beispiel und baten Elizabeth, doch diese ganze Geschichte aufzuschreiben, damit auch der Herr Erzbischof sie lesen könne. Sie versprach, diesen Wunsch zu erfüllen. Nun löste sich auch das andachtsvolle Schweigen, mit dem alle der Erzählung dieser seltsamen Begebenheiten gelauscht hatten. Jeder pries Gott um seiner großen Wunder willen, und groß und klein drängte sich herzu, um Elizabeth, Richard und die Eltern zum Abschied zu beglückwünschen. Diese baten den Bischof, er möge ihnen doch die Ehre erweisen, bei ihrer Hochzeit, die sie binnen acht Tagen feiern wollten, zu erscheinen. Der Bischof sagte freudig zu und fand sich eine Woche später in Begleitung der vornehmsten Bürger der Stadt zur Hochzeitsfeier ein.

Auf diesen Umwegen und unter solch seltsamen Umständen also fanden Elizabeths Eltern ihre Tochter wieder und gelangten von neuem in den Besitz eines Vermögens, während Elizabeth mit Hilfe des Himmels und ihrer vielen vortrefflichen Anlagen trotz aller Schicksalsschläge einen so vornehmen und tüchtigen Gatten fand wie Richard. An seiner Seite lebt sie wohl noch heute gegenüber dem Kloster der heiligen Paula in jenem Hause, das Elizabeths Eltern zunächst mieteten und später von den Erben eines Edelmannes aus Burgos, namens Hernando de Cifuentes, kauften.

Diese Novelle aber kann uns lehren, wieviel die Tugend und die Schönheit vermögen. Vereint oder auch jede für sich sind sie imstande, selbst unseren Feinden Liebe einzuflößen. Und weiter erfahren wir aus der Erzählung, wie der Himmel selbst unser größtes Unglück noch in unser größtes Glück zu verkehren weiß.

DER GLÄSERNE LIZENTIAT

Als an einem schönen Tage zwei Studenten am Ufer des Tormesflusses lustwandelten, fanden sie dort unter einem Baume einen schlafenden Knaben von etwa elf Jahren, der in einen einfachen Bauernkittel gehüllt war. Sie ließen den Jungen durch ihren Diener wecken und fragten ihn, woher er stamme und wie es komme, daß er hier so allein liege und schlafe. Er erwiderte hierauf, den Namen seines Heimatortes habe er vergessen. Er sei unterwegs nach Salamanca, um sich einen Herrn zu suchen, dem er dienen wolle, wenn dieser ihn zum Entgelt dafür etwas lernen ließe. Die Frage, ob er denn lesen könne, bejahte er und fügte hinzu, er sei auch des Schreibens kundig.

»Nun«, versetzte der eine der jungen Herren, »dann liegt es wohl also nicht an deinem schlechten Gedächtnis, wenn du den Namen deines Heimatortes vergessen hast.«

»Das wollen wir dahingestellt sein lassen«, antwortete der Knabe. »Jedenfalls wird niemand den Namen meiner Heimat und den meiner Eltern erfahren, bevor ich nicht beiden zur Ehre gereiche.«

»Und wie willst du das fertigbringen?« fragte der andere Student.

»Durch mein Wissen!« versetzte der Knabe. »Das soll mich berühmt machen; denn ich habe sagen hören, daß aus studierten Männern Bischöfe werden können.«

Diese Antwort bewog die beiden Herren, den Knaben

mit sich zu nehmen und ihm Unterricht erteilen zu lassen, so wie es auf jener Universität bei den Dienern der Studenten Brauch ist.

Der Knabe sagte, er heiße Tomas Rodaja, und seine Herren schlossen aus diesem Namen und seinem Gewand, daß er der Sohn eines armen Bauern sein müsse. Sie ließen ihm sogleich einen schwarzen Rock machen, und nach wenigen Wochen schon bewies Tomas eine erstaunliche Auffassungsgabe und diente seinen Herren mit so viel Treue, Gewissenhaftigkeit und Eifer, daß es schien, als lebe er nur für seinen Dienst, während er doch daneben seine Studien keineswegs vernachlässigte. Und da bekanntlich ein dienstbeflissener Knecht stets eine gute Behandlung von seinem Herrn erwarten kann, wurde Tomas Rodaja schon bald von den beiden Studenten nicht mehr wie ein Diener gehalten, sondern eher wie ein Gefährte. Kurzum, in den acht Jahren, die er mit ihnen in der Universitätsstadt verbrachte, wurde er durch seine Klugheit und seine vielseitige Geschicklichkeit so bekannt, daß er von Leuten jeden Standes geschätzt und geliebt wurde. Sein Hauptstudium galt der Rechtswissenschaft, doch erwarb er sich daneben auch besondere Kenntnisse in den humanistischen Fächern. Er hatte ein erstaunlich gutes Gedächtnis, und dank seiner raschen Auffassung eignete er sich einen so großen Wissensstoff an, daß er allenthalben darob berühmt wurde.

Als nun die Zeit gekommen war, in der seine Herren ihre Studien beendet hatten und in ihre Heimat, eine der schönsten Städte Andalusiens, zurückkehrten, nahmen sie Tomas mit sich. Er blieb dort einige Tage bei ihnen, doch dann peinigte ihn die Sehnsucht nach seinen Studien und nach Salamanca, dieser Stadt, die alle Menschen bezaubert, die einmal die Beschaulichkeit ihres Lebens gekostet haben. So bat er denn seine Herren um die Erlaubnis, dorthin zurückkehren zu dürfen. Sie willigten freundlich ein und statteten ihn so freigebig aus, daß er genug hatte, um drei Jahre lang seinen Lebensunterhalt bestreiten zu können.

Tomas sprach ihnen seinen Dank aus, verabschiedete sich von ihnen und verließ Malaga — denn dies war die Heimatstadt seiner Herren. Als er auf der Straße von Antequera den Abhang der Zambra hinunterritt, traf er einen vornehmen Herrn zu Pferde, der ein prächtiges Reisekleid trug und zwei gleichfalls berittene Diener mit sich führte. Tomas schloß sich ihm an und erfuhr, daß der Fremde den gleichen Weg habe. Sie plauderten freundschaftlich über dies und das, und schon nach wenigen Worten hatte Tomas Proben seiner außergewöhnlichen Klugheit abgelegt, während der Fremde erkennen ließ, daß er ein tapferer und weltgewandter Mann war. Er berichtete, er sei ein Infanteriehauptmann Seiner Majestät, und sein Fähnrich sei gerade dabei, in der Gegend von Salamanca Rekruten für die Kompanie zu werben. Er pries das Soldatenleben, schilderte die Schönheit der Stadt Neapel, die Freuden Palermos, den Reichtum Mailands, die festlichen Gelage in der Lombardei, das gute Essen in den italienischen Wirtshäusern und machte ihm vor, wie weich und lieblich die italienische Sprache klingt. »Acconcia, padrone!« rief er, »hierher, Manigoldo; venga la macarela, li pollastri e li macarroni!« Bis in den Himmel hob er das freie Leben des Soldaten und die Ungebundenheit, die er in Italien genießt; aber er sagte nichts von der grimmigen Kälte, die den Soldaten peinigt, wenn er auf Posten stehen muß, nichts von den Gefahren eines Sturmangriffs, vom Schrecken der Schlachten, vom Hunger, der unter der eingeschlossenen Besatzung wütet, von den furchtbaren Wirkungen der Pulverminen und derlei Dingen, die manche nur als eine nebensächliche Zugabe zum Soldatenleben hinstellen, während sie doch in Wahrheit die Hauptsache bilden. Er sagte schließlich so vielerlei und setzte seine Worte so geschickt, daß der Verstand unseres guten Tomas Rodaja förmlich umnebelt wurde und ihm dieses Leben, dem doch der Tod so eng verschwistert ist, verlockend erschien.

Dem Hauptmann, der sich Don Diego de Valdivia nannte, gefielen die hübsche Erscheinung, die Klugheit und das ungezwungene Benehmen seines jungen Reisegefährten gar wohl, und so forderte er ihn auf, doch mit ihm nach Italien zu kommen, falls er Lust habe, dieses Land einmal zu sehen. Er bot ihm einen Platz an seinem Tisch und nötigenfalls auch einen Posten als Fahnenträger an, da sein Fähnrich ihn ohnehin bald verlassen werde. Es bedurfte nicht vieler Mühe, um Tomas zu bewegen, daß er die Einladung annahm. Er bedachte sich kurz und meinte bei sich, daß es recht gut für ihn sein würde, Italien, Flandern und noch andere Gegenden und Länder einmal kennenzulernen, da ja weite Reisen den Menschen bekanntlich bilden. Wenn er die drei oder vier Jahre, die er längstens dabei zubringen würde, zu der geringen Zahl seiner Lebensjahre schlug, so würde er immer noch jung genug sein, um ungehindert seine Studien fortsetzen zu können. Und als ob er alles nur eben nach Maßgabe seiner Wünsche einrichten könne, sagte er zu dem Hauptmann, er sei es zufrieden, mit ihm nach Italien zu gehen, doch stelle er die Bedingung, daß er keinen Fahneneid leisten müsse und auch nicht in die Liste der Soldaten aufgenommen werde, weil er sich nicht verpflichten wolle, der Fahne zu folgen. Obgleich nun der Hauptmann sagte, er könne sich ruhig in die Liste einschreiben lassen, da er auf diese Weise aller Zuschüsse und Zahlungen teilhaftig werde, die unter die Kompanie verteilt würden, und er auch stets Urlaub bekommen werde, wenn er darum bitte, wollte Tomas sich doch nicht damit einverstanden erklären.

»Nein«, meinte er, »das würde gegen mein Gewissen und gegen das des Herrn Hauptmanns verstoßen, und darum möchte ich mich lieber zu nichts verpflichten.«

»Ein so empfindliches Gewissen«, versetzte der Hauptmann, »steht mehr einem Mönch als einem Krieger an. Doch haltet es nur, wie Ihr wollt; wir sind jetzt Kameraden.«

Am Abend gelangten sie nach Antequera, und da sie täglich eine tüchtige Wegstrecke zurücklegten, stießen sie bald auf die Kompanie, die bereits vollzählig war und sich nun in Richtung auf Cartagena in Marsch setzte. Zusammen mit vier anderen Kameraden nahmen sie jeweils in den Ortschaften, die gerade auf dem Wege lagen, Quartier. Hier lernte Tomas das rechthaberische Auftreten der Kriegskommissare kennen, das anspruchsvolle Benehmen einiger Hauptleute, die Geschäftstüchtigkeit der Quartiermeister und die Durchtriebenheit der Zahlmeister bei ihrer Rechnungsführung. Er hörte die Klagen der Dorfbewohner, sah, wie es bei der Auslösung der Quartierzettel zuging, vernahm die frechen Redensarten der Rekruten, wohnte den Streitereien mit den Wirtsleuten bei und bemerkte, wie so häufig mehr Transportmittel angefordert wurden, als nötig waren. Er sah aber auch ein, daß alles das, was ihm so übel vorkam, sich wie mit selbstverständlicher Notwendigkeit ergab.

Tomas hatte seinen Gelehrtenrock ausgezogen, kleidete sich bunt wie ein Papagei und lebte frisch in den Tag hinein. Von all seinen vielen Büchern behielt er nur ein Bändchen mit Gebeten an die Heilige Jungfrau und einen Garcilaso ohne Kommentar, die er in seinen Rocktaschen bei sich trug. Recht bald war man in Cartagena — früher, als Tomas wünschte, denn das ungebundene und wechselvolle Leben in den Quartieren, bei dem jeder Tag neue Annehmlichkeiten brachte, sagte ihm wohl zu. In Cartagena schiffte man sich auf vier neapolitanischen Galeeren ein, und jetzt lernte Tomas Rodaja auch das eigenartige Leben in diesen schwimmenden Häusern kennen. Tag für Tag wird man hier von den Wanzen geplagt, von den Galeerensträflingen bestohlen und muß sich das Fluchen und Schimpfen der Seeleute gefallen lassen. Die Ratten zernagen einem die Kleider, und die wilde See verursacht manches Ungemach. In größten Schrecken versetzten Tomas die heftigen Böen und Stürme, von denen sie besonders im Golfe du Lion zwei erlebten. Der erste trieb sie nach Korsika ab, während der zweite sie nach Toulon in Frankreich zurücktrieb. Endlich gelangten sie übernächtig, durchnäßt und mit tiefen Schatten unter den Augen zu der wunderschönen Stadt Genua. Nachdem der Hauptmann mit seinen Kameraden in dem geschützt liegenden Hafen an Land gegangen war, besuchten sie zunächst eine Kirche, und dann wanderten sie alle ins Wirtshaus, wo sie sich's wohl sein ließen und über der schönen Gegenwart alle durchlebten Stürme vergaßen.

Hier kosteten sie die Süße des Trevianers, den feurigen Montefiascone, den kräftigen Asperino, die Fülle und Schwere der beiden Griechenweine von Kreta und Samos, den edlen Geschmack des Weins von Cinq Vignes, die Milde und Lieblichkeit der Frau Guarnacha, die herbe Derbheit der Jungfer Centola und all der vornehmen Herren, unter denen der einfache römische Landwein gar nicht wagte, sich blicken zu lassen. Und nachdem der Wirt eine Heerschau unter diesen vielen verschiedenen Weinen abgehalten hatte, erbot er sich, noch andere aufmarschieren zu lassen — und zwar ohne allen Schwindel und nicht nur auf der Karte. Wahr und wahrhaftig wollte er sie ihnen vorsetzen, den Madrigal, den Coca, den Alaejos und den Saft der Trauben von Ciudad Real, jener königlichen Stadt, die eher kaiserliche Stadt heißen sollte und eine Vorratskammer des fröhlichen Weingottes ist; er bot ihnen schließlich einen Esquivias an, einen Alanis, einen Cazalla, einen Guadalcanal und einen Membrilla und vergaß auch den Ribadavia und den Descargamaria nicht. Kurzum, der Wirt nannte mehr Weine und setzte mehr Flaschen auf den Tisch, als Bacchus in seinen Kellern haben konnte.

Unser guter Tomas kam aus dem Staunen nicht heraus, als er die blonden Locken der Genueserinnen gewahrte, das anmutige und zugleich stolze Auftreten ihrer Männer und die wunderbare Schönheit der Stadt, deren Häuser in die Felsen eingelassen scheinen wie Diamanten in Gold.

Am folgenden Tage wurden alle die Kompanien ausgeschifft, die für Piemont bestimmt waren; Tomas jedoch wollte sich ihnen nicht anschließen, sondern von hier aus auf dem Landwege nach Rom und Neapel reisen. Er verabredete aber mit Don Diego de Valdivia, daß er auf dem Rückweg über Venedig, Loretto und Mailand nach Piemont kommen und dort zu ihnen stoßen würde, falls sie, wie das Gerücht ging, nicht dann schon nach Flandern abkommandiert wären. Zwei Tage darauf verabschiedete sich Tomas von dem Hauptmann, und nach fünf weiteren Tagen langte er in Florenz an, nachdem er unterwegs noch Lucca besichtigt hatte, eine kleine, aber sehr hübsche Stadt, in der die Spanier in höherem Ansehen stehen und zuvorkommender behandelt werden als irgendwo sonst in Italien. Florenz gefiel ihm ganz außerordentlich; er bewunderte die schöne Lage, die Sauberkeit, die hier herrschte, die prächtigen Gebäude, das klare Wasser des Flusses und die heiteren Straßen. Vier Tage blieb er hier, und dann wanderte er nach Rom, der Königin aller Städte und Herrin der Welt. Er besuchte die Kirchen, verrichtete seine Andacht vor den Heiligtümern und staunte über die Größe dieser Stadt. Wie man an den Klauen des Löwen seine Stärke und Wildheit erkennt, so wurde ihm die Macht des alten Rom offenbar an seinen zerborstenen Marmorsäulen, seinen verstümmelten und seinen unversehrten Denkmälern, seinen zerstörten Triumphbögen, seinen eingestürzten Thermen, seinen prächtigen Säulenhallen und großartigen Amphitheatern und an seinem berühmten heiligen Fluß, dessen Wasser das Bett stets bis zum Rande füllt und die Ufer segnet, in deren Boden die heiligen Reliquien unzähliger Märtyrer ruhen. Er konnte sich nicht satt sehen an den Brücken, die so nahe nebeneinander stehen, daß sie sich gegenseitig anzublicken scheinen, und an den Straßen, deren Namen allein schon ihnen vor den Straßen aller anderen Städte der Welt Ruhm und Geltung verleihen: der Via Appia, der Via Flaminia, der Via Julia und wie sie alle heißen. Nicht weniger begeisterte ihn die Einteilung der Hügel innerhalb der Stadt: er sah den Mons Caelius, den Quirinal, den Vatikan und die anderen vier, deren Namen die Größe und Majestät Roms kundtun. Tiefen Eindruck machten ihm das erlauchte Kollegium der Kardinäle, die Erhabenheit des Heiligen Vaters und das Durcheinander so vieler Menschen und Nationen. Alles betrachtete und begriff er mit wachen Sinnen. Nachdem er die Wallfahrt zu den sieben Kirchen gemacht, seine Sünden gebeichtet, den Fuß des Heiligen Vaters geküßt und eine Anzahl von Agnus Dei und Rosenkränzen erworben hatte, beschloß er, nach Neapel weiterzuziehen. Da es jedoch gerade die Zeit des Witterungswechsels war, die für alle, die auf dem Landwege Rom besuchen oder verlassen, ungesund und gefährlich zu sein pflegt, reiste er zu Schiff weiter. Und das Staunen, das ihn beim Anblick Roms erfüllt hatte, wuchs noch, als er Neapel sah. Wie alle, die diese Stadt je besuchten, meinte auch er, daß es die schönste Europas, ja, der ganzen Welt sei.

Von hier aus fuhr er nach Sizilien und besuchte Palermo und Messina. An Palermo gefiel ihm vor allem die Lage und Schönheit der Stadt, an Messina der Hafen und an der ganzen Insel die Fruchtbarkeit, die ihr mit Fug und Recht den Anspruch verleiht, die Kornkammer Italiens genannt zu werden. Dann kehrte er über Neapel nach Rom zurück und begab sich von hier aus zum Heiligtum der Jungfrau in Loretto. In der dortigen Kirche erblickte er weder Wände noch Mauern, denn diese waren über und über bedeckt mit Krücken, Bahrtüchern, Ketten, Hand- und Fußschellen, Haarflechten, Wachsbüsten, Gemälden und Schnitzwerken, die alle Zeugnis ablegten von den unendlichen Gnadenbeweisen Gottes, welche den Menschen hier durch Vermittlung seiner heiligen Mutter zuteil geworden waren. Man konnte daraus ersehen, wie die Jungfrau ihrem heiligen Bildnis Ruhm und Ehre verleihen wollte durch die Fülle ihrer Wunder und wie sie sich dankbar erzeigte für die Andacht der Gläubigen, welche die Wände ihres Hauses mit all diesen Gehängen und Zieraten geschmückt hatten. Tomas besichtigte auch jenes Gemach, in dem einst die höchste und wichtigste Botschaft verkündet worden war, die alle Himmel, alle Engel und alle Bewohner der ewigen Wohnstätten je vernahmen und die sie doch nicht hatten verstehen können.

Darauf schiffte er sich in Ancona ein und begab sich nach Venedig, jener Stadt, die ihresgleichen auf Erden nicht besäße, hätte Kolumbus nicht das Licht der Welt erblickt. Danken wir darum dem Himmel und dem großen Hernando Cortés, der uns Mexiko eroberte, auf daß es eine Stadt gäbe, die sich Venedig an die Seite stellen kann. In diesen beiden berühmten Städten nämlich bestehen die Straßen ganz und gar aus Wasser: das Venedig Europas erweckt die Bewunderung der Alten Welt; Mexiko, das Venedig Amerikas, setzt die Neue Welt in Erstaunen. Tomas hatte den Eindruck, daß der Reichtum dieser Stadt unermeßlich sei, ihre Regierung weise und vernünftig und ihre Lage uneinnehmbar. An allem schien hier Überfluß zu herrschen, die Gegend war lieblich, kurzum, in ihrer Gesamtheit wie in ihren einzelnen Teilen dünkte die Stadt ihn würdig ihres Ruhms, der sich über den ganzen Erdball verbreitet hat. Als eine weitere Bestätigung dieser

Wahrheit galten ihm die Einrichtungen des berühmten dortigen Schiffsarsenals, in denen unzählige Galeeren und andere Fahrzeuge gebaut werden.

Fast wäre es ihm hier wie dem Odysseus bei der Nymphe Kalypso ergangen: die vielen Freuden und Vergnügungen, die er in Venedig fand, hätten ihn beinahe seine Vorsätze und Absichten vergessen lassen. Als er jedoch einen Monat hier verweilt hatte, machte er sich auf und zog über Parma und Piacenza nach Mailand, der Waffenschmiede Vulkans, dem Dorn im Auge Frankreichs, kurz, jener Stadt, von der man sagt, sie verstehe es, zu sprechen und zu handeln. Ihr Ruhm beruht auf ihrer Größe, der Pracht ihres Doms und der wahrhaft wunderbaren Fülle all der für das menschliche Leben notwendigen Gegenstände, die sie in ihren Mauern birgt. Von hier begab Tomas sich nach Este und langte gerade rechtzeitig dort an, denn am folgenden Tage sollte das Regiment nach Flandern abmarschieren. Er wurde von seinem Freund, dem Hauptmann, freudig empfangen und zog nun mit ihm zusammen nach Flandern. Dort kam er nach Antwerpen, einer Stadt, in welcher er ebensoviel zu bewundern fand wie in den Städten Italiens, die er zuvor besucht hatte. Dann sah er noch Gent und Brüssel und bemerkte, daß das ganze Land sich bereit machte, zu den Waffen zu greifen, um im kommenden Frühjahr den Krieg zu beginnen.

Nachdem er so seine Sehnsucht, etwas von der Welt zu sehen, gestillt hatte, beschloß er, in sein Vaterland und nach Salamanca zurückzukehren und dort seine Studien zu beenden. Unverzüglich setzte er seine Gedanken in die Tat um, zum größten Leidwesen seines Freundes, der ihn beim Abschied noch bat, er möge ihm doch über seine Ankunft in der Heimat und sein ferneres Wohlergehen Bericht zukommen lassen. Tomas versprach es und kehrte dann über Frankreich nach Spanien zurück. Paris konnte er nicht besuchen, da dort Kriegszustand herrschte. Er gelangte schließlich nach Salamanca, wo er von seinen Freunden wohl aufgenommen wurde; mit all der Muße und Bequemlichkeit, die sie ihm ermöglichten, setzte er seine Studien fort und erwarb endlich den Titel eines Lizentiaten beider Rechte.

In dieser Zeit geschah es, daß eine Dame in die Stadt zog, die ein großes Haus machte und eine vollendete Kokotte war. Alle Vögel der Stadt flatterten auf die Lockspeise herzu, und in ganz Salamanca gab es keine Studentenmappe, deren Besitzer nicht in jenem Hause verkehrt hätte. Als man Tomas berichtete, jene Dame habe gesagt, sie sei auch in Italien und Flandern gewesen, ging er hin, um sie zu besuchen, denn er wollte sehen, ob sie vielleicht eine frühere Bekannte von ihm sei. Das Ergebnis dieses Besuches aber war, daß die Dame in Liebe zu Tomas entbrannte, während er nichts davon bemerkte und nur auf dringendes Zureden seiner Freunde und fast mit Gewalt wieder in jenes Haus gebracht werden konnte. Schließlich gestand die Dame ihm ihre Liebe und bot ihm ihr gesamtes Vermögen an; doch da ihm der Sinn viel mehr nach seinen Büchern stand als nach anderem Zeitvertreib, konnte er sich nicht entschließen, ihre Neigung zu erwidern. Als die Dame sich so verschmäht und ihrer Meinung nach verabscheut sah und merkte, daß der felsenharte Wille des jungen Tomas sich mit den gewöhnlichen und üblichen Mitteln nicht bezwingen lassen würde, verfiel sie auf einen anderen Weg, der, wie sie meinte, wirksamer sein und sie sicherer ans Ziel ihrer Wünsche bringen würde. Auf den Rat einer Maurin hin verabreichte sie Tomas in einer toledanischen Quitte ein sogenanntes Zaubermittel. Sie war überzeugt, ihm damit etwas gegeben zu haben, was ihn unweigerlich dazu bringen müsse, sie zu lieben; — als ob es in der ganzen Welt ein Kraut, einen Zauber oder eine Beschwörungsformel gäbe, die imstande wäre, den freien Willen eines Menschen zu zwingen! Daher nennt man ja auch Personen, die derartige Liebesträncke oder -speisen bereiten, Giftmischer; denn wie die Erfahrung schon so häufig bewiesen hat, ist es nichts als Gift, was sie anderen damit einflößen.

Zu seinem Unglück verspeiste Tomas die Quitte, und kaum hatte er das getan, als er mit Händen und Füßen um sich zu schlagen begann, als hätte er die Fallsucht. Viele Stunden hindurch war er ohne Bewußtsein, und als er endlich wieder zu sich kam, schien er immer noch wie betäubt und brachte stammelnd, mit schwerer Zunge hervor, daß er an einer Quitte, die er gegessen habe, gestorben sei. Auch den Namen der Dame, die sie ihm gegeben hatte, nannte er. Als der Polizei dieser Fall zu Ohren kam, begann sie gleich nach der Übeltäterin zu fahnden; allein diese hatte inzwischen auch gemerkt, wie übel die Sache ausgegangen war, so daß sie sich schleunigst aus dem Staube machte und nie wieder in der Stadt auftauchte.

Sechs Monate lang lag Tomas zu Bett, und in dieser Zeit trocknete er förmlich aus, so daß er zuletzt, wie man zu sagen pflegt, nur noch Haut und Knochen war. Dabei waren seine Sinne völlig verwirrt, und obgleich man alle erdenklichen Mittel anwandte, konnte man nur die Krankheit des Körpers heilen, nicht aber die des Geistes. Er wurde gesund, war aber dabei von dem seltsamsten Wahn besessen, den man an einem Geistesverwirrten jemals gesehen hat: der Unglückliche bildete sich nämlich ein, er bestünde ganz und gar aus Glas. Wenn jemand auf ihn zukam, so begann er in seinem Wahn ganz entsetzlich zu schreien und bat und flehte mit herzbewegenden Worten, man möge ihm doch nicht zu nahe kommen, weil er sonst zerbrechen müsse; denn er sei wirklich und wahrhaftig nicht wie die anderen Menschen, sondern bestünde von Kopf bis Fuß aus Glas.

Manche versuchten, ihm diese seltsame Wahnidee zu

nehmen, indem sie, ohne auf sein Rufen und Bitten zu achten, plötzlich auf ihm zustürzten, ihn kräftig umarmten und dann meinten, nun könne er ja selbst sehen, daß er nicht zerbrochen sei. Doch sie erreichten damit nur, daß der Unglückliche laut schreiend zu Boden stürzte und in eine tiefe Ohnmacht fiel, aus der er erst nach vier Stunden wieder erwachte. Kam er dann wieder zu sich, so begann er von neuem mit seinen flehentlichen Bitten, man möge ihm doch nicht wieder so nahe kommen. Er sagte auch, man solle von weitem mit ihm sprechen, dann könne man ihn alles fragen, was man nur wolle, denn er wisse auf alles die richtigsten Antworten, da er ja aus Glas und nicht aus Fleisch sei. Das Glas aber sei eine so zarte und feine Materie, daß Geist und Seele es schneller und wirksamer durchdringen könnten als den schweren Körper aus irdischem Stoff. Manche wollten daraufhin versuchen, ob er die Wahrheit spreche, und stellten eine Menge schwierige Fragen an ihn, die er sofort mit der größten Geistesschärfe beantwortete. Dieser Umstand setzte die Gelehrten der Universität und alle Professoren der Medizin und der Philosophie in höchstes Erstaunen. Sie konnten sich nicht erklären, wie in einem Menschen, der von solch seltsamem Wahn besessen war, daß er glaubte, er bestünde aus Glas, zugleich ein so großer Verstand wohnen könne, der ihn befähigte, jede Frage richtig und scharfsinnig zu beantworten.

Tomas bat nun, man solle ihm doch ein Futteral geben, in das er das zerbrechliche Gefäß seines Körpers hüllen könne, denn er fürchte zu zersplittern, wenn er ein knapp sitzendes Gewand anlegen müsse. Man gab ihm daher einen graubraunen Rock und ein weites Hemd, die er vorsichtig überzog und mit einer baumwollenen Schnur gürtete. Auch war er um keinen Preis zu bewegen, festes Schuhzeug zu tragen. Wollte er etwas zu essen haben, so verfuhr er auf die folgende Art: er hängte den Behälter eines Uringlases an die Spitze eines Stockes, und da hinein mußten die Leute, ohne ihm zu nahe zu kommen, etwas Obst legen, wie es die Jahreszeit gerade bot. Fleisch oder Fisch mochte er nicht, und wenn er trinken wollte, schöpfte er sich mit den Händen Wasser aus einer Quelle oder aus dem Fluß. Auf der Straße ging er stets in der Mitte und schaute dabei beständig zu den Dächern hinauf, weil er Angst hatte, es könne ein Ziegel herunterfallen und ihn zerbrechen. Im Sommer schlief er auf dem Felde unter freiem Himmel, und im Winter ging er in ein Wirtshaus und vergrub sich dort bis zum Hals im Strohschober. Das, so sagte er, sei die geeignetste und sicherste Lagerstatt für einen Menschen aus Glas. Wenn es donnerte, begann er zu zittern wie Espenlaub, lief aufs Feld hinaus und kehrte erst in die Stadt zurück, wenn das Unwetter vorüber war.

Seine Freunde hielten ihn lange Zeit eingesperrt, doch als sie sahen, daß sein Jammer immer größer wurde, entschlossen sie sich, seinen Bitten nachzugeben und ihn freizulassen. Sie taten es, und von nun an ging er ungehindert in der Stadt umher und erregte bei allen, die ihn kannten, Erstaunen und Mitleid.

Stets war er von einem Schwarm von Kindern um-lagert; doch er hielt sie sich mit einem Stock vom Leibe und bat sie, sie sollten doch aus der Ferne mit ihm sprechen, damit er nicht zerbräche: er sei ein Glas-mensch und als solcher sehr zart und empfindlich. Trotz seiner Bitten und Rufe aber begannen die Kin-der, die nun einmal das mutwilligste Gesindel auf der ganzen Welt sind, ihn mit alten Lumpen und sogar mit Steinen zu bewerfen, um zu sehen, ob er wirklich aus Glas sei, wie er behauptete. Daraufhin begann er so zu schreien und gebärdete sich so verzweifelt, daß die Vorüberkommenden sich seiner erbarmten, die Kinder ausschalten und ihnen Strafe androhten, wenn sie ihn nicht in Ruhe ließen. Als die Kinder ihn eines

Tages allzusehr plagten, wandte er sich gegen sie und sagte: »Was wollt ihr nur von mir, ihr Kinder? Ihr seid so zudringlich wie die Fliegen, so schmutzig wie die Wanzen und frech wie die Flöhe. Glaubt ihr vielleicht, ich sei der Scherbenberg in Rom, daß ihr so viele Scherben und Ziegel auf mich werft?«

Da es höchst ergötzlich war, seinen Schimpfereien und Antworten zu lauschen, waren immer eine Menge Menschen um ihn herum, und auch die Kinder fanden es schließlich unterhaltsamer, ihm zuzuhören als ihn mit Steinen zu bewerfen. Als er so eines Tages über den Trödelmarkt von Salamanca kam, sagte eine Trödelhändlerin zu ihm: »Bei meiner Seele, Herr Lizentiat, Euer Unglück geht mir zu Herzen! Aber was soll ich tun? Ich kann doch darob nicht weinen.«

Er wandte sich zu ihr und sagte in gemessenem Ton: »Filiae Hierosolymorum, plorate super vos et super filios vestros.«

Der Mann der Trödlerin spürte wohl die Bosheit, die hinter dieser Antwort steckte, und sagte zu ihm: »Mein lieber Lizentiat Glasmann« — denn so ließ er sich nennen — »Ihr seid mir eher ein Schelm als ein Narr.«

»Das kümmert mich keinen Pfifferling«, erwiderte er, »wenn ihr mich nur für nicht einen Dummkopf haltet.«

Als er einmal beim öffentlichen Freudenhaus vorüberkam und einige seiner Bewohnerinnen erblickte, die in der Tür standen, sagte er, sie seien der Troß im Heere Satans und wohnten im Gasthaus zur Hölle.

Ein Mann befragte ihn einst, welchen Rat oder Trost er einem seiner Freunde spenden solle, der sich in Kummer verzehre, weil ihm seine Frau mit einem anderen davongelaufen sei.

»Sagt ihm«, erwiderte er, »er solle Gott danken, weil er es zuließ, daß man ihm seinen Feind aus dem Hause entführt hat.«

»So soll er sie also nicht zurückholen?« fragte der andere.

»Kein Gedanke«, versetzte Glasmann, »da hätte er ja nur einen ewigen Kronzeugen seiner Schande.«

»Das mag wohl sein«, meinte der Mann, »doch sagt mir nun, wie soll ich es anfangen, mit meiner Frau in Frieden zu leben?«

»Gebt ihr, was ihr zukommt«, antwortete er. »Überlaßt ihr den Befehl über alle Leute im Hause, doch duldet es nie, daß sie auch über Euch befiehlt.«

»Herr Lizentiat Glasmann«, sagte einst ein Knabe zu ihm, »ich möchte meinem Vater davonlaufen, denn er schlägt mich zu oft.«

»Merk dir eins, mein Junge«, erwiderte er, »die Schläge, die ein Vater seinem Kind verabreicht, bringen dem Geschlagenen Ehre ein, nur die Schläge des Büttels bringen Schande.«

Als er einst an der Pforte einer Kirche stand, bemerkte er, wie ein Bauersmann namens Domingo – das heißt Sonntag – hier eintrat, einer von jenen, die sich stets ihrer reinblütigen christlichen Abstammung rühmen. Hinter diesem kam ein anderer, der wohl nicht ganz so stolz auf seine Vorfahren sein konnte wie der erste. Da erhob der Lizentiat laut seine Stimme und rief: »Wartet doch, Herr Sonntag, und laßt erst den Sabbat vorüber!«

Von den Schulmeistern sagte er, sie müßten glückselig sein, da sie immer mit Engeln zu tun hätten, ganz glückselig aber wären sie erst, wenn die Engelchen keine Rotznasen hätten.

Ein anderer fragte ihn, was er von den Kupplerinnen halte. Er meinte, in der Ferne seien sie nicht gefährlich, nur in der Nähe.

Die Kunde von seinem seltsamen Wahn und von seinen Antworten und Aussprüchen verbreitete sich durch ganz Kastilien und gelangte auch zu Ohren einer hochstehenden Persönlichkeit am Hofe. Dieser Hofmann nun wollte ihn zu sich holen und bat einen ihm befreundeten Edelmann in Salamanca, ihm den Lizentiaten zu schicken. Als dieser ihn eines Tages auf der Straße traf, sagte er zu ihm: »Hört, Herr Lizentiat Glasmann, ein großer Herr am Hofe will Euch kennenlernen und hat nach Euch geschickt.«

»Euer Gnaden wollen mich bei dem Herrn entschuldigen«, antwortete er, »aber ich tauge nicht für den Hof, denn ich habe noch Scham im Leibe und verstehe nicht zu schmeicheln.«

Trotzdem sandte der Edelmann ihn an den Hof. Um ihn dorthin zu bringen, wurde folgendes Verfahren angewandt: man setzte ihn in einen jener Tragkörbe aus Stroh, in denen man gewöhnlich Glas befördert, und füllte, um das Gewicht auszugleichen, den Tragkorb auf der anderen Seite des Lastesels mit Steinen. Zwischen das Stroh steckte man noch einige Gläser, um kundzutun, daß der Lizentiat genau so behandelt werden müsse wie ein gläsernes Gerät. Am späten Abend gelangte er so nach Valladolid, wo man ihn im Hause des Herrn, der nach ihm geschickt hatte, aus dem Korbe holte. Der Edelmann empfing ihn sehr freundlich und sagte: »Seid mir willkommen, Herr Lizentiat Glasmann! Wie war der Weg? Und wie steht es mit Eurer Gesundheit?«

»Jeder Weg hat einmal ein Ende«, erwiderte er, »und darum ist keiner schlecht außer dem, der zum Galgen führt. Meine Gesundheit ist neutral, denn mein Puls und mein Hirn stehen in einem guten Verhältnis miteinander.«

Eines Tages, als er auf den Falkenstangen eine große Anzahl von Taubenfalken, Edelfalken und anderen Vögeln gesehen hatte, die man bei der Falkenbeize gebraucht, meinte er, die Falkenjagd sei eine Beschäftigung, die Fürsten und großen Herren wohl anstehe. Sie sollten aber bedenken, daß hierbei das Vergnügen vom Nutzen eine Steuer von etwa zweitausend Prozent erhebe. Über die Hasenjagd sagte er, sie sei recht ergötzlich, vor allem, wenn man mit geborgten Windhunden jage.

Der Edelmann fand Gefallen an der Narrheit des Lizentiaten und ließ ihn frei in der Stadt herumspazieren; doch gab er ihm einen Mann als Begleiter und Wächter mit, der darauf achten mußte, daß die Kinder ihm nichts antaten. Binnen sechs Tagen war er in der ganzen Stadt bekannt, und auf Schritt und Tritt, auf jeder Straße und an jeder Ecke mußte er all die Fragen beantworten, die man an ihn richtete. So fragte ein Student ihn eines Tages, ob er wohl ein Dichter sei, da er doch anscheinend Geist und Klugheit genug besitze für jeden Beruf.

»Bisher bin ich weder so töricht gewesen noch so glücklich«, erwiderte er.

»Das mit dem ›töricht‹ und ›glücklich‹ verstehe ich nicht«, versetzte der Student.

»Ich bin nicht so töricht gewesen«, antwortete Glasmann, »daß ich es mir hätte einfallen lassen, ein schlechter Dichter zu werden, und auch nicht so glücklich, daß ich verdient hätte, ein guter zu heißen.«

Ein anderer Student fragte ihn, ob er die Dichter schätze. Er entgegnete, die Dichtkunst schätze er sehr hoch, die Dichter hingegen gar nicht. Als man wissen wollte, warum er dies sage, meinte er, unter der unermeßlich großen Schar der Dichter gäbe es so wenige gute, daß sie fast gar nicht zählten, und daher scheine es ihm so, als gäbe es überhaupt keine Dichter, und er könne sie infolgedessen auch nicht schätzen. Die Wissenschaft der Dichtkunst hingegen bewundere und verehre er, denn sie schlösse alle anderen Wissenschaften in sich ein: sie bediene sich ihrer, schmücke sie aus und bringe so ihre Wunderwerke hervor, von denen die ganze Welt Nutzen habe und über die sie Entzükken und Staunen verspüre.

»Ich weiß sehr wohl«, fuhr er fort, »wie hoch man

einen wirklich guten Dichter schätzen muß, denn ich kenne die Verse Ovids, der da sagt:

Cura ducum fuerunt olim regumque poetae:
Praemiaque antiqui magna tulere chori.
Sanctaque majestas, et erat venerabile nomen
Vatibus, et largae saepe dabantur opes.

Ich habe auch nicht vergessen, welch hohes Amt den Dichtern zugewiesen ist. Nennt Platon sie doch die Interpreten der Götter, und Ovid sagt von ihnen:

Est Deus in nobis, agitante calescimus illo

und

At sacri vates, et Divum cura vocamur.

So mag man wohl von den guten Dichtern sprechen. Was jedoch die schlechten Dichter, diese elenden Reimeschmiede, anbetrifft, was läßt sich von ihnen wohl anderes sagen, als daß sie der Inbegriff aller Dummheit und Aufgeblasenheit sind, die es in dieser Welt gibt?

Man soll sich nur einmal einen dieser Dichterlinge ansehen«, fuhr er fort, »wenn er in einem Kreise, in den er zufällig geraten ist, ein Sonett vortragen will. Zuerst hält er eine feierliche Vorrede und sagt: ›Belieben Euer Gnaden wohl, ein Sonettchen anzuhören, das mir gestern abend zufällig in die Feder kam? Natürlich taugt es nicht viel, aber mir scheint doch, es hat etwas ungemein Liebliches an sich.‹ Und nun spitzt er die Lippen, zieht die Augenbrauen hoch, sucht in seiner Rocktasche herum und befördert endlich unter tausend fettigen und halb zerrissenen Papieren, auf denen ebenso viele Sonette stehen, dasjenige ans Tageslicht, das er vorzutragen wünscht, und zum Schluß rezitiert er es mit honigsüßer, gezierter Stimme. Wenn nun vielleicht die Zuhörer nicht in Lobesworte ausbrechen, weil sie boshafte Leute oder Dummköpfe sind, so sagt er: ›Oh, Euer Gnaden haben das Sonett wohl nicht verstanden, oder ich habe es nicht richtig vorgetragen! Ich rezitiere es am besten noch einmal, aber bitte, schenken Euer Gnaden mir diesmal etwas mehr Aufmerksamkeit, denn wirklich und wahrhaftig, das Sonett verdient es.‹ Und schon trägt er es wieder vor, mit neuen Gesten und mit neuen Kunstpausen. Nun, und habt Ihr ihnen vielleicht einmal zugehört, wenn sie sich gegenseitig kritisieren? Wie soll ich das Gekläff beschreiben, mit dem die jungen Welpen den alten und erfahrenen Rüden an die Beine fahren? Und was soll man von diesen jämmerlichen Kerlen sagen, die manchem erhabenen und vortrefflichen Manne etwas am Zeuge flicken wollen, bei dem das Licht der Poesie erst seine wahre Leuchtkraft erhält? Gerade jene Männer, welche die Dichtkunst als Erholung und Ablenkung von ihren vielseitigen und wichtigen Geschäften betrachten, beweisen darin die göttliche Erhabenheit ihres Geistes und die umfassende Weite ihrer Anschauung, ungeachtet aller überklugen Dummköpfe, die von Dingen reden, die sie nicht kennen und alles verabscheuen, was sie nicht verstehen. Ja, diese erbärmlichen Wichte möchten wohl, daß man die Dummheit preise und ehre, die sich unter dem Thronhimmel verkriecht, und die Unwissenheit, die sich an den Betstuhl klammert!«

Als man ihn ein andermal fragte, warum denn die Dichter zumeist so arm seien, erwiderte er, das läge ganz bei ihnen. Es wäre ihnen wohl ein leichtes, reich zu sein, wenn sie nur einmal die Gelegenheit ausnutzen wollten, die sich ihnen so häufig bei ihren Damen böte. Diese nämlich müßten ganz ungewöhnlich reich sein, denn ihr Haar sei aus Gold, ihre Stirn aus poliertem Silber, die Augen grüne Smaragden, die Zähne aus Elfenbein, die Lippen Korallen, die Kehle durchsichtiger Kristall, und wenn sie weinten, so seien ihre Tränen flüssige Perlen. So hart und unfruchtbar auch die Erde sei, sobald ihr Fuß sie berühre, sproßten

Jasmin und Rosen daraus hervor; ihr Atem aber dufte nach Ambra, Moschus und Bisam. All dies aber seien wohl deutliche Zeichen ihres Reichtums. Solche und ähnliche Dinge sagte Glasmann von den schlechten Dichtern; von den guten jedoch sprach er stets anerkennend und hob sie bis in den Himmel.

Eines Tages sah er in der Gasse des heiligen Franziskus einige figürliche Bilder, die von ungeschickter Hand gemalt waren. Da erklärte er, die guten Maler bildeten die Natur nach, die schlechten aber verbildeten sie.

Ein andermal lehnte er sich mit größter Vorsicht, um nicht zu zerbrechen, über den Ladentisch eines Buchhändlers und sagte: »Dies Gewerbe würde mich wohl befriedigen, wenn es nicht einen Fehler hätte.«

Der Buchhändler bat ihn, er möge ihm diesen Fehler nennen, und er sagte: »Ich meine die schönen Redensarten, die ihr einem Schriftsteller vormacht, wenn ihr ihm ein Verlagsrecht abkaufen wollt, und den Schabernack, den ihr ihm nachher spielt, wenn ihr es auf seine Kosten druckt. Anstatt fünfzehnhundert werden dreitausend Bände gedruckt, und wenn der Verfasser meint, seine Bücher würden verkauft, setzt ihr die euren ab.«

Am gleichen Tag begab es sich, daß sechs Verbrecher, die ausgepeitscht worden waren, über den Marktplatz geführt wurden. Als der Ausrufer verkündete: »Der erste wegen Diebstahls«, erhob Glasmann seine Stimme und rief den vor ihm Stehenden zu: »Macht, daß ihr fortkommt, Brüder, sonst beginnt er seine Aufzählung mit einem von euch!«

Als der Ausrufer schließlich beim letzten in der Reihe angekommen war und rief: »Der Hinterste...« fiel Glasmann wieder ein und sagte: »Der muß bestimmt für die Unarten der Gassenbuben herhalten.«

Ein Knabe sagte zu ihm: »Bruder Glasmann, morgen soll eine Kupplerin gestäupt werden.«

»Hättest du gesagt, ein Kuppler«, versetzte er, »so würde ich meinen, man wolle einen Kutschwagen auspeitschen, denn das sind die größten Kuppler und Hehler.«

Ein Sänftenträger, der dabeistand, sagte: »Und wie steht es mit uns, Herr Lizentiat? Wißt Ihr von uns gar nichts zu sagen?«

»Nein«, erwiderte Glasmann, »es sei denn, daß jeder von euch mehr Sünden kennt als ein Beichtvater. Doch ein Unterschied ist dabei: der Beichtvater nämlich hört die Sünden, um sie geheimzuhalten, ihr aber hört sie, um sie in den Schenken auszuposaunen.«

Unter den Leuten aller Stände, die sich stets um Glasmann drängten, um ihm zu lauschen, war auch ein Eseltreiber, der diese Worte mit anhörte.

»Über uns, Herr Glasflasche«, meinte dieser, »ist wenig oder nichts zu sagen. Wir sind rechtschaffene Leute und dem Staate sehr nützlich.«

Glasmann erwiderte hierauf: »Die Ehre des Herrn ist auch die des Dieners; darum sieh zu, wem du dienst, und du weißt, wie hoch du in Ehren stehst. Ihr Eseltreiber aber dient der niederträchtigsten Kreatur auf Gottes Erdboden. Als ich noch nicht aus Glas bestand, machte ich einst eine Reise mit einem Mietesel. Ich sage Euch, hunderteinundzwanzig Fehler habe ich an ihm gezählt, und zwar waren es alle recht schwerwiegende Fehler, die dem menschlichen Geschlechte viel Schaden tun können. Alle Eseltreiber haben ein wenig von einem Raufbold, etwas von einem Dieb und etwas von einem Narren an sich. Wenn ihre Herren — so nennen sie alle Leute, die auf ihren Eseln reiten — recht leichtgläubig sind, so spielen sie ihnen mehr Streiche, als in den vergangenen Jahren hier in der Stadt insgesamt vorgekommen sind. Sind es Ausländer, so bestehlen sie sie, sind es Studenten, so beschimpfen sie sie, sind es Geistliche, so fluchen sie ganz gotteslästerlich, und selbst einen Soldaten können sie in Schrecken set-

zen. Die Leute von dieser Zunft, die Seeleute, die Fuhr-
leute und die Viehtreiber führen ein Leben, das ganz
verschieden ist von dem aller anderen Christenmenschen. Der Fuhrmann verbringt die meiste Zeit auf
einem Raum von anderthalb Ellen Länge, denn die
Spanne vom Joch seiner Maultiere bis zum Vorderteil
des Wagens wird kaum größer sein. Den halben Tag
singt er, die andere Hälfte flucht er und ruft: ›Fort!
Aus dem Wege!‹ Gilt es vielleicht einmal, den Karren,
der steckengeblieben ist, aus dem Schmutz zu ziehen,
so nimmt er lieber zwei Flüche zu Hilfe als drei Maultiere. Die Seeleute sind ein heidnisches, unmanierliches
Volk, das keine andere Sprache versteht, als sie auf
den Schiffen gebräuchlich ist. Bei gutem Wetter sind
sie flink, bei Sturm jedoch träge. Ist ein Unwetter ausgebrochen, so wollen viele befehlen und wenige gehorchen. Ihr Kasten und ihre Koje sind ihr Gott, und
ihr bester Zeitvertreib besteht darin, den Passagieren
zuzusehen, wenn sie seekrank sind. Die Viehtreiber
endlich sind Leute, die mit den Bettüchern in Scheidung
leben und sich dafür mit dem Saumsattel vermählt
haben. So fleißig und eifrig sind sie, daß sie ihre Seele
hergeben würden, um nur keinen Tagelohn zu verlieren. Ihre Musik ist das Stampfen der Keule im Mörser,
ihre Suppe der Hunger, ihre Frühmette das Futter-
schütten, und eine sonstige Messe hören sie überhaupt
nicht.«

Als er so sprach, befand er sich gerade vor der Tür
eines Apothekers. Nun wandte er sich an diesen und
sagte: »Euer Gnaden betreiben ein heilsames Gewerbe,
und alles wäre gut, wenn Ihr nicht ein so erbitterter
Feind Eurer Lampen wäret.«

»Wieso bin ich denn ein Feind meiner Lampen?« fragte
der Apotheker.

»Ja«, antwortete Glasmann, »wenn Euch einmal Öl
fehlt, so nehmt Ihr es aus der nächstbesten Lampe, die
Ihr gerade zur Hand habt. Und noch eine andere

Eigenschaft hat dies Gewerbe, und die reicht hin, um den besten Arzt der Welt um Ehre und Ruf zu bringen.«

Als man ihn nach dieser Eigenschaft fragte, versetzte er, es gäbe Apotheker, die nie sagen wollten, daß in ihrer Apotheke irgendein Mittel nicht vorhanden sei, das der Arzt auf seinem Rezept verordnet hat. An Stelle der Stoffe, die ihnen fehlten, nähmen sie dann andere, die ihrer Ansicht nach die gleichen Eigenschaften und Wirkungen hätten, obgleich dies gar nicht der Fall ist. Eine so falsch zusammengestellte Medizin aber bewirke oft gerade das Gegenteil von dem, was man mit dem rechten Mittel beabsichtigt habe.

Nun fragte einer, was er denn von den Ärzten dächte, und er sagte: »Honora medicum propter necessitatem, etenim creavit eum Altissimus. A Deo enim est omnis medela, et a rege accipiet donationem. Disciplina medici exaltabit caput illius, et in conspectu magnatum collaudabitur. Altissimus de terra creavit medicinam, et vir prudens non abhorrebit illam. So«, fuhr er fort, »spricht der Ecclesiasticus von der Medizin und den guten Ärzten. Von den schlechten aber läßt sich genau das Gegenteil sagen, denn niemand kann dem Staate mehr Schaden zufügen als sie. Der Richter kann wohl das Recht beugen oder verdrehen, der Anwalt kann sich um des Gewinns willen für eine unrechtmäßig vorgebrachte Klage einsetzen; der Kaufmann kann uns das Geld aus dem Beutel locken; kurzum, jeder Mensch, mit dem wir notwendigerweise zu tun haben, kann uns auf irgendeine Art schaden; keiner aber kann uns das Leben rauben, ohne dabei vor der Strafe zittern zu müssen. Nur der Arzt allein kann uns töten, und er tut es furchtlos und in aller Ruhe. Er braucht keinen Degen zu zücken, sondern nur ein Rezept zu schreiben, und keiner ist da, sein Verbrechen aufzudecken, denn das Opfer seiner Untat wird sogleich zur ewigen Ruhe bestattet. Ich erinnere mich, als ich noch ein Mensch aus Fleisch und Blut war und nicht aus Glas wie jetzt, war einmal ein Kranker, der von einem Arzt dieser zweiten Sorte fortging und einen anderen um Rat fragte. Vier Tage später kam der erste Arzt zufällig in die Apotheke, in welche der zweite seine Rezepte gab, und fragte den Apotheker, wie es denn dem Kranken ginge, der von ihm fortgegangen sei, und ob der andere Arzt ihm ein Abführmittel verordnet habe. Der Apotheker erwiderte, er habe hier gerade das Rezept für ein Abführmittel, das der betreffende Kranke am nächsten Tage nehmen sollte. Der Arzt bat ihn, ihm das Rezept einmal zu zeigen, und las am Schluß desselben die Worte ›Sumat diluculo‹, das heißt, ›Frühmorgens zu nehmen‹. ›Alles, was dieses Mittel enthält‹, sagte er, ›finde ich recht vernünftig, nur das ‚diluculo' nicht, denn das ist allzu feucht.‹«

Um dieser und anderer Dinge willen, welche er über alle Gewerbe äußerte, liefen ihm die Leute nach und ließen ihn nicht zur Ruhe kommen, obgleich sie ihm auch nichts zuleide taten. Trotz alledem hätte er sich der Gassenbuben nicht erwehren können, wenn sein Wächter ihn nicht verteidigt hätte.

Ein Mann fragte ihn eines Tages, was er tun könne, um keinen Menschen beneiden zu müssen.

»Schlafe«, erwiderte Glasmann. »Solange du schläfst, bist du dem gleich, den du beneidest.«

Ein anderer wollte wissen, wie er es anstellen könne, ein Amt zu erjagen, um das er sich seit zwei Jahren bewarb. Der Lizentiat sagte: »Steig zu Pferde, und sobald du den erblickst, der das Amt jetzt innehat, sprengst du hinter ihm her, bis du ihn einholst; so erjagst du das Amt.«

Einst kam an der Stelle, wo er gerade stand, ein Untersuchungsrichter vorbei, der sich zu einer Strafverhandlung begab. Zwei Polizeidiener und ein ganzer Schwarm von Leuten begleiteten ihn. Glasmann fragte, wer das denn sei, und als er es erfuhr, meinte er: »Ich möchte doch wetten, daß dieser Richter Nattern im Busen trägt, Pistolen im Tintenfaß und Blitze in der Hand, um alles zu vernichten, was in den Bereich seiner Macht gerät. Ich erinnere mich da eines Freundes, der in einem Strafprozeß, den er zu führen hatte, ein ganz unerhörtes Urteil fällte, weit strenger, als die Delinquenten es verdient hatten. Als ich ihn aber fragte, warum er so ein grausames Urteil ausgesprochen und eine so offensichtliche Ungerechtigkeit begangen habe, erwiderte er, er gedenke eine Berufung zuzulassen und gäbe damit den Herren von der höheren Instanz den Weg frei, ihre Milde zu beweisen, indem sie sein hartes Urteil abänderten und auf sein richtiges Maß zurückführten. Ich meinte damals, daß er besser daran getan hätte, gleich ein Urteil zu sprechen, das jenen die Arbeit ersparte, denn dann hätten sie ihn für einen gerechten Richter gehalten.«

In dem Kreis der Menschen, die, wie wir berichteten, stets um ihn herumstanden, um ihm zu lauschen, bemerkte er einmal einen Bekannten in der Kleidung eines Gelehrten und hörte, wie ein anderer diesen immer »Herr Lizentiat« anredete. Glasmann wußte jedoch, daß der, den man da Lizentiat nannte, nicht ein einziges Examen gemacht hatte, und sagte daher zu ihm: »Hütet Euch, Gevatter, daß Euer Titel nicht den Ordensbrüdern begegnet, die die Gefangenen loskaufen. Sie werden ihn für herrenloses Gut halten und mitnehmen.«

Jener erwiderte darauf: »Wir wollen glimpflich miteinander umgehen, Herr Glasmann; denn Ihr wißt ja doch, daß ich ein Mann von hohem und tiefem Wissen bin.«

»Allerdings«, entgegnete Glasmann, »Ihr seid ein wahrer Tantalus in dieser Hinsicht. Das Wissen ist so hoch, daß Ihr nicht hinauflangen, und so tief, daß Ihr es nicht ergründen könnt.«

Einst lehnte er an der Ladentür eines Schneiders und bemerkte, daß dieser dasaß und die Hände ruhen ließ.

»Fürwahr, Meister«, rief er, »Ihr seid auf dem Wege zum ewigen Heil!«

»Woran seht Ihr das?« fragte der Schneider.

»Woran ich das sehe?« erwiderte Glasmann. »Nun daran, daß Ihr nichts zu tun habt. So habt Ihr auch keine Gelegenheit, zu betrügen.«

Und er fügte hinzu: »Das ist mir kein rechter Schneider, der nicht betrügt und nicht am Feiertag arbeitet. Es ist seltsam: unter allen Leuten dieses Gewerbes gibt es kaum einen, der ein bestelltes Gewand passend macht, aber viele, die es zu eng machen.«

Von den Schustern sagte er, daß sie ihrer Ansicht nach niemals einen schlechten Schuh anfertigten; denn wenn dem Kunden der Schuh zu eng sei und ihn drücke, erklärten sie, so sei es richtig, ein Mann, der nach der Mode gekleidet sein wolle, müsse enge Schuhe haben, und außerdem brauche er sie nur zwei Stunden zu tragen, dann seien sie ihm bequem wie Hausschuhe. Gerieten die Schuhe aber zu weit, dann müsse es so sein wegen der Gicht.

Ein aufgeweckter Bursche, der als Schreiber auf einem Provinzialgericht diente, verfolgte ihn oft mit seinen Fragen und Bitten und trug ihm alle Neuigkeiten zu, die sich in der Stadt ereigneten, weil Glasmann über alles seine Bemerkungen zu machen wußte und auf alle Fragen Antwort gab. Dieser Bursche nun sagte ihm eines Tages: »Glasmann, heute nacht ist im Gefängnis eine Bank« — so nannte man damals die Galeerensklaven — »gestorben, die zum Galgen verurteilt war.«

Der Lizentiat erwiderte: »Da hat sie recht daran getan, daß sie schnell gestorben ist, bevor der Henker sich auf sie gesetzt hat.«

Auf der San-Francisco-Straße stand einst eine Gruppe

Genueser beisammen. Als Glasmann vorüberkam, rief ihn einer der Männer herbei und sagte: »Kommt her, Herr Glasmann, und erzählt uns eine Geschichte.«

»Nein«, versetzte er, »das tue ich nicht, sonst führt ihr meine Ware nach Genua aus.«

Einmal traf er eine Krämersfrau mit einer ihrer Töchter. Das Mädchen war sehr häßlich, dafür aber ganz überladen mit Schmucksachen, Zierat und Perlen. Glasmann wandte sich an die Mutter und sagte: »Ihr habt sehr recht daran getan, sie zu pflastern; so ist sie wenigstens gangbar.«

Von den Pastetenbäckern sagte er, daß sie schon seit vielen Jahren das bekannte verbotene Kartenspiel spielten, bei dem der Einsatz immer verdoppelt wird, und doch nicht dafür bestraft würden, denn aus einem Kuchen zu zwei Maravedi machten sie einen zu vier, aus einem zu vier einen zu acht, aus einem zu acht einen zu einem halben Real, und das alles aus purer Willkür und freiem Belieben.

Über die Puppenspieler machte er unzählige bissige Bemerkungen. Er erklärte, sie seien ein Vagabundenvolk, das keine Ehrfurcht vor den höchsten und heiligsten Dingen habe, denn durch die Figuren, die sie auf ihren Brettern zeigten, verkehrten sie die Andacht in Gelächter. Zuweilen fiele es ihnen gar ein, alle Personen des Alten und Neuen Testamentes zusammen in einen Mehlsack zu stopfen und in Schenken und Tavernen zu Trunk und Schmaus darauf niederzusitzen. Es wundere ihn nur, so meinte er, daß der, der die Macht dazu habe, ihnen nicht ewiges Stillschweigen auferlege oder sie aus seinem Reich verbanne.

Als einst ein Schauspieler an ihm vorbeikam, der wie ein Fürst gekleidet war, sagte er: »Ach, den habe ich schon einmal gesehen. Da kam er mit mehlbestäubtem Gesicht auf die Bühne und trug einen umgekehrten Schafspelz. Und dabei schwört er außerhalb des Theaters auf Schritt und Tritt bei seiner Ritterehre.«

»Dann wird er wohl auch ein Edelmann sein«, meinte ein anderer, »denn es gibt eine Menge Schauspieler, die aus adligen Familien stammen.«

»Das mag schon sein«, bestätigte Glasmann, »aber beim Theater braucht man keine Edelleute, sondern vor allem hübsche, zungengewandte Männer, die sich gut zu kleiden wissen. Sie verdienen wahrhaftig ihr Brot im Schweiße ihres Angesichts und mit unsäglicher Mühe. Immerzu müssen sie neue Rollen lernen und dabei ein Zigeunerleben führen, von Ort zu Ort und von Schenke zu Schenke ziehen und sich abrackern, um die anderen zufriedenzustellen; denn ihr eigenes Wohlbefinden hängt von der guten Laune ihrer Mitmenschen ab. Zu loben ist an diesem Gewerbe auch, daß keiner dabei betrogen wird, da die Schauspieler ständig ihre Ware offen ausbreiten müssen, damit jedermann sie betrachten und begutachten kann. Und gar die Theaterdirektoren haben eine geradezu unglaubliche Arbeit zu leisten und werden von den Sorgen fast aufgefressen. Sie müssen schon sehr viel verdienen, wenn sie am Ende des Jahres nicht so verschuldet sein wollen, daß sie Konkurs erklären müssen. Und doch sind sie für die Öffentlichkeit ebenso notwendig wie die schattigen Haine, die schönen Alleen, die Aussichtspunkte und alle die Dinge, die dem Menschen eine geziemende Unterhaltung und Erholung gewähren.«

Er erzählte auch, einer seiner Freunde habe einmal die Meinung geäußert, daß ein Mann, der einer Komödiantin den Hof mache, in ihr zugleich eine ganze Reihe von Damen verehre: eine Königin, eine Nymphe, eine Göttin, eine Küchenmagd, eine Hirtin und häufig sogar noch einen Pagen oder einen Lakaien, denn alle diese Personen und noch andere mehr pflege eine Schauspielerin darzustellen.

Ein Mann fragte ihn, wer wohl der glücklichste Mensch auf der Welt sei. »Nemo«, erwiderte Glasmann, »denn

›Nemo novit patrem‹ heißt es, ›Nemo sine crimine vivit‹, ›Nemo sua sorte contentus‹ und ›Nemo ascendit in coelum‹!«

Von den Fechtmeistern sagte er einmal, sie seien Meister in einer Wissenschaft oder Kunst, die sie nicht verstünden, wenn sie ihrer einmal bedürften, und dazu seien sie ein wenig anmaßend, denn sie machten sich anheischig, die Bewegungen und Gedanken, die sich ihren Gegnern in der Wut aufdrängten, auf unfehlbare mathematische Regeln zurückzuführen.

Einen ganz besonderen Groll hegte er gegen die Leute, die sich den Bart färbten. Als nun eines Tages in seiner Gegenwart zwei Männer in Streit gerieten, faßte sich der eine, der ein Portugiese war, an seinen stark gefärbten Bart und sagte zu seinem Widersacher, einem Kastilier: »Bei diesem Barte, ›que tenho no rostro‹ — den ich im Gesicht habe!«

»Halt, mein Herr«, fiel Glasmann hier ein, »Ihr dürft nicht sagen: ›tenho‹, sondern ›tünche‹!«

Von einem, der ein schlechtes Färbemittel gebraucht hatte und nun mit einem ganz buntgesprenkelten Bart herumlief, erklärte Glasmann, sein Bart sähe aus wie ein Misthaufen. Und einem dritten endlich, der die Pflege seines Bartes vernachlässigt hatte, so daß die Haare nachgewachsen waren und der Bart nun halb schwarz, halb weiß war, riet er, sich doch ja in acht zu nehmen und mit niemandem in Zank und Streit zu geraten, denn sonst könne es ihm leicht passieren, daß man ihm sagte, er löge in seinen halben Bart hinein.

Einmal erzählte er von einem klugen, verständigen Mädchen, das ihren Eltern zu Gefallen einem Weißkopf ihr Jawort gegeben hatte. Am Abend vor der Hochzeit nun war der Alte nicht etwa an den Jordanfluß gegangen, wie die alten Weiber sagen, sondern an ein Fläschchen mit Scheidewasser und Silberlösung und hatte seinen Bart derart verjüngt, daß dieser, der zuvor noch schneeweiß war, am nächsten Morgen pechschwarz erschien. Als nun die Stunde gekommen war, wo das Paar sich vor dem Altar die Hände reichen sollte, erkannte das Mädchen das Gesicht ihres Verlobten gar wohl und merkte, was da vorgefallen war, doch sagte sie zu ihren Eltern, sie sollten ihr den Mann geben, den sie ihr vorher gezeigt hätten, einen anderen wolle sie nicht. Die Eltern erklärten, der Mann, der da vor ihr stünde, sei doch der nämliche, den sie ihr damals gezeigt und zum Gatten erwählt hätten, aber sie erwiderte, nein, das sei er nicht, und brachte Zeugen herbei, die beschworen, daß ihre Eltern ihr einen ehrwürdigen Graubart als Bräutigam vorgestellt hätten; dieser Mann aber habe kein weißes Haar, und daher sei sicherlich Betrug im Spiele. Dabei blieb das Mädchen, bis der Gefärbte zornig wurde und die Heirat sich zerschlug.

Gegen die Anstandsdamen der jungen Mädchen hatte er den gleichen Widerwillen wie gegen gesalzene Heringe. Immer wieder machte er sich lustig über ihre gezierten französischen Redensarten, ihre großen Hauben, die wie Leichentücher aussahen, ihre süßliche Schöntuerei, ihre Kleinlichkeit und ihre Erbärmlichkeit. Er konnte direkt wütend werden über ihre ständigen Magenbeschwerden und Schwindelanfälle, über ihre Art zu reden, die, wie er sagte, noch steifer sei als die Rüschen ihrer Hauben, und schließlich über ihre Nutzlosigkeit und all ihren Firlefanz.

»Wie kommt das, Herr Lizentiat?« sagte eines Tages ein Mann zu ihm. »Ihr habt doch schon über so viele Gewerbe Euren Spott ergossen, niemals aber habt Ihr etwas über die Schreiber gesagt, obgleich doch gerade von ihnen so viel zu sagen wäre.«

»Wenn ich auch aus Glas bin«, erwiderte er, »so bin ich doch nicht so leicht, daß ich mich von dem Strom der Massen treiben ließe, der ja meist in der verkehrten Richtung geht. Das ABC der Lästerzungen und die Tonleitern derer aber, die Schmählieder anstimmen, scheinen mir die Schreiber zu sein. So wie man nicht zu den anderen Wissenschaften gelangen kann, wenn man nicht zuvor durch das Tor des ABC gegangen ist, und wie ein Musiker zuerst die Tonleitern übt, bevor er zu spielen beginnt, so erproben auch die Lästerer die Schärfe ihrer Zungen daran, daß sie zuallererst von den Schreibern, Bütteln und anderen Dienern der Gerechtigkeit Übles reden. Dabei übt aber gerade der Schreiber ein Amt aus, ohne das die Wahrheit in der Welt stets im Schatten stehen, verfolgt und mißhandelt werden würde. ›In manu Dei potestas hominis est, et superscriba ei imponet honorem‹, sagt der Ecclesiasticus. Der Schreiber ist eine öffentliche Persönlichkeit, und ohne ihn kann der Richter seinen Obliegenheiten nicht zuverlässig nachkommen. Die Schreiber müssen frei sein, keine Sklaven oder Söhne von Sklaven; auch müssen sie ehelich geboren und keine Bastarde sein und dürfen außerdem nicht von einer übelbeleumdeten Rasse abstammen. Sie legen einen geheimen Schwur ab, daß sie ihr Amt treu verwalten und es nicht zu Wucherzwecken mißbrauchen werden und daß sie sich weder durch Freundschaft noch durch Feindschaft, weder durch Vorteile noch durch Schaden dazu bringen lassen werden, bei der Ausübung ihres Gewerbes gegen ihr gutes, christliches Gewissen zu handeln. Wenn nun dieser Beruf so viele gute Eigenschaften erfordert, warum soll man dann auf den Gedanken kommen, daß gerade unter den mehr als zwanzigtausend Schreibern, die es in Spanien gibt, der Teufel seine Ernte hielte, als wären sie die Reben in seinem Weinberg? Das will ich nicht glauben, und keiner darf es glauben; denn sie sind schließlich die Leute, deren ein wohlgeordnetes Staatswesen am allernotwendigsten bedarf. Wenn sie wirklich zu viele Gebühren erheben, so wird ihnen doch andererseits auch zuviel Unrecht getan, so daß sich aus diesen beiden Extremen gar wohl ein Mittelweg ergibt, auf dem sie wandeln können, wenn sie sorgfältig und auf ihrer Hut sind.«

Von den Gerichtsdienern sagte er, es sei nicht zu verwundern, daß sie so viele Feinde hätten, denn es gehöre nun einmal zu ihrem Beruf, die Menschen zu verhaften, ihnen ihr Hab und Gut aus dem Hause zu holen, sie im Gefängnis zu bewachen und auf Kosten anderer zu leben. Die Gleichgültigkeit der Anwälte und Advokaten hingegen tadelte Glasmann. Er verglich sie mit den Ärzten, die stets ihr Schäfchen ins trockene bringen, ob der Kranke nun gesund wird oder nicht. »Genauso«, sagte er, »halten es die Rechtsanwälte, ganz gleich, wie die Sache ausgeht, die sie führen.«

Einst fragte ein Mann ihn, welches wohl das beste Land sei. »Dasjenige, das dankbar ist und frühzeitig Früchte hervorbringt«, sagte er.

»Nein«, versetzte der andere, »so meinte ich das nicht. Ich wollte wissen, welches die beste Provinz oder Stadt ist: Valladolid oder Madrid.«

»Von Madrid sind es die Endpunkte, von Valladolid aber die Mitte«, erwiderte er.

»Das verstehe ich nicht«, meinte der Frager.

»Nun«, versetzte Glasmann, »in Madrid sind Himmel und Erdboden gut, in Valladolid aber das, was dazwischen liegt, nämlich die Häuser mit ihren Stockwerken.«

Einst hörte der Lizentiat, wie ein Mann zu einem anderen sagte, sobald er nach Valladolid gekommen sei und sein Weib diesen Boden gekostet habe, sei sie schwer krank geworden. Er mischte sich ins Gespräch und sagte: »Falls sie etwa eifersüchtig sein sollte, wäre es wohl noch besser gewesen, sie hätte den Boden wirklich gegessen und ins Gras gebissen.«

Von den Musikern und den Boten zu Fuß meinte er, ihre Hoffnungen und ihr Geschick seien doch recht begrenzt; denn für die einen vollende sich's, sobald sie reitende Boten würden, für die anderen aber, wenn sie eine Anstellung als Hofmusiker erhielten.

Über die Damen, die man als Kurtisanen oder ›cortesanas‹ zu bezeichnen pflegt, sagte Glasmann, die meisten von ihnen seien wohl ›cortés‹, das heißt höflich — aber nicht ›sanas‹ — das heißt gesund.

Als er eines Tages in einer Kirche war, sah er, wie gleichzeitig die Leiche eines alten Mannes eingesegnet, ein Kind getauft und eine Frau zur Trauung geführt wurde. Da meinte er, die Kirchen seien Schlachtfelder, auf denen die Alten fallen, die Kinder siegen und die Weiber triumphieren.

Einst stach ihn eine Wespe am Halse, und er wagte nicht, sie wegzujagen, aus Angst, er könne zerbrechen, beklagte sich aber über den Schmerz. Da fragte ihn einer, wie es denn komme, daß er den Wespenstich fühle, wo sein Körper doch aus Glas sei. Er erwiderte, die Wespe habe sicherlich zur Zunft der Lästerer gehört, denn die Zungen und die Stiche der Lästerer seien scharf genug, um in einen Bronzekörper einzudringen, wieviel leichter erst in einen aus Glas.

Als er einmal auf der Straße stand, ging zufällig ein sehr wohlbeleibter Geistlicher vorüber. Da sagte einer der Umstehenden: »Seht nur, der Pater hat wohl die Auszehrung, er kann kaum vorwärtskommen!«

Glasmann wurde ärgerlich und sagte: »Vergeßt mir nie, was der Heilige Geist spricht: ›Noli tangere Christos mos!‹«

Dann redete er sich immer mehr in Wut und sagte, man solle doch nur einmal nachdenken, dann werde man sehen, daß unter allen, welche die Kirche in den letzten Jahren heilig oder selig gesprochen habe, kein einziger Hauptmann Soundso, kein Herr Sekretär von X, kein Graf, kein Marquis und kein Herzog gewesen sei, wohl aber ein Bruder Diego, ein Bruder Jacinto, ein Bruder Raimund, kurz, lauter Mönche und Geistliche. Die Klöster aber seien die Pflanzgärten des Himmels, deren Früchte gewöhnlich auf Gottes Tafel gelangten.

Von den Zungen der Verleumder sagte er, sie seien wie die Adlerfedern, welche die Federn aller anderen Vögel, mit denen sie in Berührung kommen, zersetzen und verderben.

Auch über die Besitzer der Spielhäuser und die Spieler wußte er allerhand zu sagen. Die ersteren nannte er öffentliche Betrüger: wenn einer die Bank hielte, so zögen sie seinen ersten Spielgewinn ein und wünschten dabei, daß er nun verlöre und die Karten weitergeben müßte, damit sein Partner die Bank eröffne und sie wiederum den Gewinn einheimsen könnten. Einst lobte er die Geduld eines Spielers, der von Natur aus hitzig und cholerisch veranlagt war und doch, als er eine ganze Nacht hindurch im Spiel verlor, den Mund nicht auftat und wahre Folterqualen ausstand, nur damit sein Partner das Spiel nicht abbrach. Auch pries er die Gewissenhaftigkeit einiger ehrsamer Spielhausbesitzer, die beileibe nicht zuließen, daß in ihrem Hause etwas anderes gespielt werde als L'Hombre und Picket, und die dabei in aller Gemächlichkeit und ohne Furcht, als Bösewichter verschrieen zu werden, am Ende des Monats einen größeren Gewinn in der Kasse haben, als die, welche Paroli und andere wilde Glücksspiele bei sich dulden.

Kurz und gut, er tat solch scharfsinnige Aussprüche, daß jedermann ihn für einen der klügsten Männer in der Welt gehalten hätte, wenn er nicht, wie wir berichteten, so geschrieen hätte, sobald jemand ihn berühren oder sich ihm nähern wollte, wenn nicht seine Kleidung und seine Essensweise so seltsam und dürftig gewesen wäre, wenn er nicht auf solch ungewöhnliche Art getrunken und nicht verlangt hätte, im Sommer unter freiem Himmel und im Winter im Strohschober zu schlafen und mit alledem so unzweideutige Beweise seiner Narrheit abgelegt hätte.

Zwei Jahre oder noch etwas darüber blieb er so krank. Dann aber erbarmte sich seiner ein Bruder vom Hieronymiterorden, der ein großer Arzt war und ein besonderes Geschick darin besaß, Taubstumme dahin zu bringen, daß sie ihre Mitmenschen verstanden und sich auch selbst einigermaßen verständlich machen konnten. Auch Verrückte hatte er schon geheilt, und so setzte er sich nun die Aufgabe, Glasmann in seine Behandlung zu nehmen. Er heilte ihn wirklich und gab ihm seinen früheren Verstand und die Klarheit aller seiner Sinne wieder. Als er sah, daß der Lizentiat nun gesund war, verschaffte er ihm einen Gelehrtenrock und schickte ihn in die Residenz zurück, damit er dort seine Klugheit ebenso beweisen könne, wie er ehedem seine Narrheit kundgetan hatte. Jetzt würde er, wie der Bruder meinte, seinem Beruf nachgehen und darin berühmt werden können.

Glasmann folgte seinem Rat, nannte sich jetzt nicht mehr Rodaja, sondern Lizentiat Rueda und ging wieder nach Valladolid. Kaum war er dort angekommen, als ihn auch schon die Gassenbuben erkannten. Doch da er jetzt so ganz anders gekleidet war als früher, wagten sie nicht, mit ihrem Geschrei über ihn herzufallen und Fragen an ihn zu stellen. Sie liefen jedoch hinter ihm her und sagten untereinander: »Ist das nicht der närrische Glasmann? Natürlich, das ist er! Und jetzt scheint er ganz vernünftig zu sein. Aber warum? Er kann ja schließlich in einem anständigen Gewand ebensogut närrisch sein wie in seinem früheren. Wir wollen ihn etwas fragen, dann werden wir wissen, wie wir daran sind.«

Der Lizentiat hörte das alles, aber er schwieg dazu und war nun viel verwirrter und bekümmerter als früher, da er seinen klaren Verstand nicht hatte.

So wie die Kinder erkannten ihn auch bald die Erwachsenen, und noch bevor der Lizentiat das Gerichtsgebäude erreicht hatte, folgte ihm ein Schwarm von mehr als zweihundert Menschen jeden Standes. Mit diesem Geleit, das zahlreicher und größer war als das eines Universitätsprofessors, gelangte er schließlich in den Hof des Gerichtsgebäudes, wo sich alle, die hier anwesend waren, um ihn scharten. Als er diese Menschenmenge um sich versammelt sah, erhob er seine Stimme und sprach: »Ihr Herren, ich bin zwar der Lizentiat Glasmann, aber nicht der, den ihr früher kanntet; denn heute nenne ich mich Lizentiat Rueda. Mißgeschicke und Wechselfälle, wie sie durch die Fügung des Himmels so häufig vorkommen, hatten mich meines Verstandes beraubt, nun aber habe ich ihn durch Gottes Barmherzigkeit wiedererlangt. Aus den Dingen, die ich gesagt haben soll, als ich noch ein Narr war, könnt ihr wohl schließen, wie ich nun, wo ich vernünftig bin, reden und handeln werde. Ich habe in Salamanca die Rechtswissenschaft studiert, und obgleich ich bettelarm war, habe ich doch im Lizentiatenexamen den zweiten Platz erlangt — ein Zeichen, daß ich den Titel, den ich trage, mehr meiner Tüchtigkeit als der Gunst der Professoren zu verdanken habe. Ich bin hierher in das wildbewegte Meer des Hoflebens gekommen, um als Advokat mein Brot zu verdienen; wenn ihr aber nicht von mir ablaßt, werde ich mich in diesem Meere nicht über Wasser halten können und muß elendiglich ertrinken. Um Gottes Barmherzigkeit willen bitte ich euch daher, laßt eure Nachfolge nicht zu einer Verfolgung werden, damit ich das, was ich als Narr hier erwarb, nämlich meinen Lebensunterhalt, nicht als vernünftiger Mensch einbüßen muß. Die Fragen, die ihr früher auf den Straßen und Plätzen an mich stelltet, stellt jetzt in meinem Hause an mich! Ihr werdet sehen, daß der, der euch aus dem Stegreif gut zu antworten verstand, jetzt mit voller Überlegung noch viel bessere Antworten finden wird.«

Alle hatten ihm aufmerksam zugehört, doch nur wenige verließen die Runde, so daß der Schwarm, der Rueda auf seinem Rückweg in die Herberge folgte, fast ebenso groß war wie zuvor.

Am nächsten Tage ging er wieder aus, und wieder geschah dasselbe. Er hielt eine neue Ansprache, die ebensowenig Erfolg hatte wie die am Vortage. So gab er mit der Zeit fast sein ganzes Geld aus und nahm keinen Pfennig ein. Als er sah, daß er hier würde Hungers sterben müssen, entschloß er sich, die Residenz zu verlassen und nach Flandern zurückzukehren, wo er sich der Kraft seines Arms zu bedienen gedachte, da ihm die Kraft seines Verstandes ja nichts nützte. Er führte seinen Vorsatz aus und sagte beim Verlassen der Stadt: »Leb wohl, o Hof, der du die Hoffnungen der dreisten Bewerber begünstigst und die der tüchtigen, aber schüchternen Menschen zuschanden machst. Die schamlosen Glücksspieler finden bei dir ihr reichliches Auskommen, ein kluger Mann aber, der Scham im Leibe hat, muß hier Hungers sterben.«

Dann begab er sich nach Flandern, wo er mit seinem guten Freund, dem Hauptmann Valdivia, zusammentraf und in Gemeinschaft mit ihm den Ruhm, den er durch sein Wissen begründet hatte, durch seine Waffentaten steigerte und erhöhte, so daß er bei seinem Tode den Ruf eines ungewöhnlich klugen und tapferen Soldaten hinterließ.

DIE MACHT DES BLUTES

AM ABEND EINES HEISSEN SOMMERTAGES HATTE EIN BE-
jahrter Edelmann aus Toledo mit seiner Gattin, seinem kleinen Söhnchen, seiner sechzehnjährigen Tochter und einer Dienerin einen Spaziergang an den Fluß
gemacht. Gegen elf Uhr kehrten sie durch die helle
Mondnacht zurück. Gemächlich wanderten sie den einsamen Weg, denn sie waren darauf bedacht, sich nicht
zu ermüden und sich die Erquickung zu bewahren,
die der Aufenthalt am Flußufer und in den Auen vor
Toledo den Menschen gewährt. Mit jener ruhigen
Sicherheit, zu der die wohlgeordnete Polizeiverwal-
tung jener Stadt und die redliche Gesinnung ihrer Einwohner berechtigt, kam unser guter Edelmann mit seiner ehrsamen Familie daher und dachte nicht im entferntesten daran, daß ihm irgendein Unheil widerfahren
könne. Doch wie denn ein Unglück zumeist dann eintritt, wenn man am wenigsten darauf gefaßt ist, so
sollte auch diesen Menschen gegen alle Erwartung etwas zustoßen, was ihnen alle Freude raubte und ihnen
lange Jahre hindurch Anlaß zu bitteren Tränen gab.
Es lebte nämlich in jener Stadt ein junger Edelmann
von etwa zweiundzwanzig Jahren, den sein Reichtum,
seine vornehme Herkunft, irregeleitete Neigungen, die
Freiheit, die ihm allzu reichlich gewährt wurde und
leichtfertige Gefährten zuweilen dazu brachten, Dinge
zu tun und sich Kühnheiten herauszunehmen, die seinem Stande wenig Ehre machten und ihm den Ruf

eines anmaßenden Frechlings eintrugen. Dieser junge Edelmann nun, dessen Namen wir verständlicherweise verschweigen und den wir kurzweg Rodolfo nennen wollen, kam an jenem Abend mit vieren seiner Freunde, die ebenso jung, leichtsinnig und verwegen waren wie er selbst, den Abhang hinunter, den der alte Herr mit den Seinen gerade hinanstieg. Wie ein Rudel Wölfe und eine Herde Schafe trafen die beiden Gruppen aufeinander, und Rodolfo und seine Kameraden, die ihre Gesichter verhüllt hatten, blickten mit unziemlicher Keckheit der Mutter, der Tochter und der Dienerin tief in die Augen. Der Alte war darob empört und verwies ihnen mit scharfen Worten ihre Zudringlichkeit; doch sie antworteten ihm nur mit spöttischen Gesten und Gelächter und setzten ihren Weg fort, ohne sich noch mehr herauszunehmen. Jetzt aber kam es Rodolfo zum Bewußtsein, daß er soeben ein Antlitz von ungewöhnlicher Schönheit gesehen hatte, das Antlitz Leocadias nämlich — denn so wollen wir die Tochter des Alten nennen. Ihr Bild hatte sich ihm so tief eingeprägt, daß sein ganzes Innere aufgerührt wurde und der Wunsch in ihm erwachte, das Mädchen, koste es, was es wolle, in seinen Armen zu halten. Sofort teilte er seinen Kameraden diesen Gedanken mit, und flugs faßten sie den Entschluß, umzukehren und das Mädchen zu entführen, um Rodolfo einen Gefallen zu tun; denn ein Reicher, der sich freigebig zeigt, findet stets Menschen, die seine Untaten gutheißen und seinen bösen Gelüsten Vorschub leisten. So war denn das Auftauchen dieses Planes, seine Mitteilung, seine Billigung, der Entschluß, Leocadia zu rauben, und die Ausführung des Raubes das Werk weniger Minuten.
Sie zogen sich ihr Halstuch über das Gesicht, zückten die Degen, wandten sich um und hatten schon nach wenigen Schritten die Gruppe erreicht, die gerade ein Dankgebet zum Himmel gesandt hatte für ihre Befreiung aus der Nähe dieser jungen Übeltäter. Rodolfo

stürzte sich auf Leocadia, riß sie in seine Arme und wandte sich zur Flucht. Sie hatte nicht die Kraft, sich seiner zu erwehren, vor Schreck versagte ihr die Stimme, so daß sie keinen einzigen Ton hervorbrachte, und es wurde ihr schwarz vor den Augen. Wie leblos und ihrer Sinne nicht mächtig lag sie in seinen Armen und gewahrte gar nicht, wer sie hielt und wohin man sie schleppte. Der Vater brach in lautes Rufen aus, die Mutter schrie gellend auf, das Brüderchen begann jämmerlich zu weinen, und die Magd zerkratzte sich vor Entsetzen das Gesicht. Doch die Rufe verhallten ungehört, keiner achtete der Schreie, keiner erbarmte sich der Tränen des Kindes, und keiner nahm die Verzweiflung der Dienerin wahr. Die grausamen Herzen der jungen Räuber kannten kein Mitleid, die Einsamkeit des Ortes und die Stille ringsumher begünstigten die Untat, und die dunkle Nacht bedeckte alles mit ihrem Mantel des Schweigens.

So zogen die einen übermütig von dannen, während die anderen in ratlosem Jammer zurückblieben. Rodolfo gelangte ungehindert nach Hause, und auch Leocadias Eltern kehrten schließlich tiefbetrübt und ganz verzweifelt in ihr Heim zurück. Sie kamen sich vor wie blind, denn sie konnten nicht mehr die Augen ihrer Tochter erblicken, aus denen ihnen alles Licht gekommen war; sie fühlten sich einsam und verlassen, denn Leocadia war ihres Lebens liebste Gefährtin gewesen; sie waren verwirrt und ratlos, denn sie wußten nicht, ob es wohl angebracht sei, der Obrigkeit Meldung von ihrem Unglück zu erstatten — fürchteten sie doch, ihre Schande damit erst recht unter die Leute zu bringen. Da sie arme Edelleute waren, konnten sie auf die Gunst der Großen nicht rechnen, und zudem wußten sie ja gar nicht, über wen sie Klage führen sollten, es sei denn, über ihr unseliges Geschick.

Rodolfo hatte sich inzwischen schlau und gewandt nach Hause gestohlen und Leocadia bereits in sein Gemach gebracht. Obgleich er wohl merkte, daß sie ohnmächtig in seinen Armen lag, hatte er ihr doch ein Tuch über die Augen gedeckt, damit sie die Straßen, durch die er sie trug, das Haus und das Gemach nicht sehen könne. Ohne daß ein Mensch ihn bemerkt hätte, war er hineingelangt, denn er bewohnte einen abgesonderten Flügel in dem Hause seines Vaters, der noch lebte, und besaß sowohl zu seinem Gemach wie zu dem ganzen Flügel die Schlüssel — es ist dies eine große Nachlässigkeit der Eltern, wenn sie wünschen, daß ihre Söhne in ehrbarer Sitte und Zucht leben! Noch bevor Leocadia aus ihrer Ohnmacht erwachte, hatte Rodolfo bereits seine Gelüste befriedigt; denn die unkeuschen Begierden der Jugend benötigen selten oder nie besondere Umstände oder Bequemlichkeiten, um bis aufs äußerste erhitzt zu werden. In seiner Gier war er keines klaren Gedankens mehr fähig, und so raubte er denn in der Dunkelheit dem Mädchen sein kostbarstes Gut. Und da bekanntlich ein sinnliches Gelüste zumeist nicht länger anhält, als bis es einmal Befriedigung gefunden hat, wünschte Rodolfo auch gleich darauf, Leocadia möchte wieder verschwinden. Schon überlegte er, ob er sie nicht, ohnmächtig wie sie war, auf die Straße schaffen sollte, ja, er schickte sich schon an, diesen Gedanken in die Tat umzusetzen, als er merkte, wie sie wieder zu sich kam und zu sprechen begann.

»Wo bin ich, ich Unglückliche?« rief sie. »Welche Dunkelheit umgibt mich, welche Nebel wogen um mich her? Bin ich noch in dem Vorhof meiner Unschuld oder schon in der Hölle meiner Schuld? Jesus, wer faßt mich da an? Auf einem Bett liege ich? Hat man mir etwas angetan? Hörst du mich, meine Mutter und Herrin? Vernimmst du meinen Ruf, geliebter Vater? Ach, ich Unselige, ich fühle es wohl, daß meine Eltern mich nicht hören können und daß es meine Feinde sind, die ihre Hände nach mir ausstrecken. Wie glücklich würde ich mich schätzen, wenn diese Dunkelheit ewig dauern wollte und meine Augen nie wieder das Licht der Welt erblickten! Ich weiß nicht, wo ich mich befinde, und doch wünschte ich, daß dieser Ort hier das Grab meiner Ehre werden möge; denn besser ist immer noch die Schande, von der kein Mensch etwas weiß, als die Ehre, die allen verdächtig wurde. Ja, jetzt kommt mir die Erinnerung wieder — oh, wäre sie doch nie gekommen! — Vor kurzem war ich noch mit meinen Eltern beisammen... ich weiß es nun, man hat mich entführt, und ich fühle wohl, es ist besser, wenn die Menschen mich nicht mehr sehen. Wer du auch sein magst, du Fremder, der du hier bei mir sitzest« — und damit ergriff sie Rodolfos Hände —, »laß dich erweichen, sofern ein menschliches Flehen dein Herz überhaupt zu rühren vermag! Meine Ehre hast du mir genommen, so sei barmherzig und nimm mir auch mein Leben! Ja, nimm es mir, denn was soll mir das Leben ohne Ehre? Nur wenn du Mitleid mit mir hast und mich tötest, kannst du die furchtbare Grausamkeit lindern, die du mir mit jenem Schimpf antatest. So erhöre meine Bitte und sei grausam und barmherzig zugleich!«

Rodolfo, der im Grunde doch noch ein unerfahrener Jüngling war, fühlte sich bei Leocadias Worten so verwirrt und bedrückt, daß er nicht wußte, was er sagen und tun sollte. Leocadia aber war verwundert über sein Schweigen und tastete nun mit den Händen nach ihm, um sich zu überzeugen, ob es auch nicht ein Geist oder Gespenst sei, das da mit ihr zusammensaß. Doch als sie seinen Körper berührte und sich der Kraft erinnerte, mit der er sie von ihren Eltern weg in seine Arme gerissen hatte, wußte sie wieder recht wohl, daß ihr Unglück nur allzu wirklich war. Und so begann sie denn wieder mit ihrem Flehen, das Schluchzen und Seufzer zuvor erstickt hatten, und sagte: »Vermessener Jüngling — denn deine Tat beweist mir, daß du noch sehr jung sein mußt —, ich will dir den Schimpf vergeben, den du mir antatest, wenn du mir mit einem heiligen Eid versprichst, ihn so mit deinem Schweigen zu bedecken, wie du ihn mit dem Dunkel der Nacht bedeckt hast, und niemals einem Menschen etwas davon zu sagen. Das ist eine geringe Buße für solch eine ungeheure Beleidigung, und doch ist es die höchste, die ich von dir fordern kann und die du mir zu geben vermagst. Bedenke, daß ich dein Gesicht nie gesehen habe und es auch nicht sehen will; denn wenn auch die Beleidigung ewig in meinem Gedächtnis haften wird, so will ich doch nicht des Beleidigers gedenken und wünsche nicht, das Bild des Mannes, der mich unglücklich gemacht hat, in meiner Erinnerung zu bewahren. Nur der Himmel allein wird meine Klagen hören, nicht aber die Welt, welche die Dinge nicht nach den Umständen beurteilt, aus denen sie entstehen, sondern nur nach ihrer vorgefaßten Meinung. Ich weiß nicht, wie ich dazu komme, dir solche Wahrheiten zu sagen, zu deren Erkenntnis man sonst erst durch reife Erfahrung und im Verlaufe langer Jahre gelangt, während ich noch keine siebzehn Lenze zähle. Doch ich begreife nun, daß der Schmerz die Zunge des Unglücklichen gleichzeitig zu binden und zu lösen vermag, so daß er einmal seinen Jammer in grellen Farben malt, damit die Menschen ihm Glauben schenken, und dann wieder darüber schweigt, weil sie ihm doch nicht helfen können. Doch ob ich nun rede oder schweige, ich klammere mich an die Hoffnung, daß ich dich dazu bewegen kann, mir zu glauben oder mir zu helfen. Du kannst nicht so töricht sein, mir nicht zu glauben, und wenn du mir nicht helfen willst, so gibt es keine Rettung für mich. Aber ich will nicht verzweifeln, denn es kostet dich ja so wenig, meinem Schmerz diese Linderung zu verschaffen. Schau, du darfst nicht erwarten oder darauf vertrauen, daß der Lauf der Zeit den gerechten Zorn dämpfen wird, den ich gegen dich hege. So füge wenigstens nicht zu dem einen Schimpf, den du mir antatest, einen neuen hinzu. Du hast mich schon besessen; doch je kürzer du mich genießest, um so weniger werden deine bösen Gelüste entflammt. Bilde du dir darum ein, du habest mich nur zufällig gekränkt und nicht Zeit gehabt, einer klaren Überlegung Raum zu geben. Ich will mir meinerseits einbilden, ich sei nie geboren oder habe das Licht der Welt nur erblickt, um unglücklich zu werden. Und nun bring mich auf die Straße oder wenigstens in die Nähe der Hauptkirche, denn von dort werde ich wohl den Weg nach Hause finden. Aber du mußt mir schwören, mir nicht zu folgen, meine Wohnung nicht zu erkunden und nicht nach meinem Namen oder dem meiner Eltern oder Verwandten zu forschen, die wohl durch mich nicht in solch ein Unglück gestürzt würden, wenn ihr Reichtum ihrem alten Namen gleichkäme. So antworte mir doch! Und wenn du etwa fürchten solltest, ich könnte deine Stimme erkennen, so wisse, daß ich außer mit meinem Vater und dem Beichtiger noch mit keinem Mann gesprochen habe und nur wenige Männer so aus der Nähe habe reden hören, daß ich sie am Ton ihrer Stimme unterscheiden könnte.«

Als einzige Antwort auf diese klugen und überlegten Worte des unglücklichen Mädchens riß Rodolfo Leocadia wieder in seine Arme und schien seine Begierden und ihre Schande noch einmal besiegeln zu wollen. Doch wie Leocadia dies merkte, begann sie sich kräftiger, als man ihrer zarten Jugend zugetraut hätte, mit Händen, Füßen und Zähnen seiner zu erwehren.

»Verräter!« rief sie dabei. »Schändlicher Mensch du! Wer du auch sein magst, eins merke dir! Den Sieg, den du über mich davongetragen hast, hättest du ebensogut über einen Baumstamm oder eine leblose Säule erringen können, und du hast dich damit nur erbärmlich und verächtlich gemacht. Den Triumph jedoch, den du jetzt erstrebst, wirst du nur mit meinem Tode erlangen. Als ich ohnmächtig war, konntest du mich mit Füßen treten und zugrunde richten; jetzt aber, wo ich bei vollem Bewußtsein bin, wirst du mich eher töten als besiegen. Denn wenn ich mich jetzt, in wachem Zustande, deinen schamlosen Begierden widerstandslos ergeben wollte, so könntest du wohl denken, ich hätte mich vorhin, als du dich erfrechtest, mich zu entehren, nur ohnmächtig gestellt.«

So feurig und hartnäckig leistete Leocadia Widerstand, daß Rodolfos Kräfte und Begierden schließlich erlahmten. Und da der Bubenstreich, den er Leocadia gespielt hatte, einzig und allein einer lüsternen Regung entsprungen war, aus der niemals wahre Liebe entstehen kann, ging es auch hier, wie es stets in solchen Fällen zu gehen pflegt: die Lüsternheit verfliegt, und an ihre Stelle tritt nur eine schwache Neigung, das einmal Begonnene weiterzuverfolgen, oder gar ein Bedauern. Ernüchtert und ermattet also wandte Rodolfo sich ohne ein Wort von Leocadia ab, ließ sie auf seinem Bett und in seinem Gemach zurück, eilte aus dem Zimmer, verschloß die Tür und ging, sich mit seinen Freunden zu beraten, was er nun tun solle.

Als Leocadia merkte, daß sie allein in dem verschlossenen Gemach zurückgeblieben war, erhob sie sich von dem Bett und wanderte im Zimmer umher. Mit den Händen tastete sie sich an den Wänden entlang, auf der Suche nach einer Tür, durch die sie hinausgelangen oder einem Fenster, aus dem sie sich hinabstürzen könne. Die Tür, die sie schließlich fand, war jedoch gut verschlossen. Sie gelangte nun an ein Fenster, das sich öffnen ließ. Der Mondschein drang ins Zimmer, so hell, daß Leocadia die Farben der Damastvorhänge erkennen konnte, mit denen das Zimmer geschmückt war. Sie erblickte das Bett, das vergoldet und so reich geschnitzt war, daß es eher das Prunkbett eines Fürsten zu sein schien als die Lagerstatt eines gewöhnlichen Edelmannes. Sie zählte die Stühle und Tische und merkte sich die Stelle, wo sich die Tür befand. Obgleich sie einige Bilder an den Wänden hängen sah, konnte sie doch nicht erkennen, was diese darstellten. Das Fenster war groß, hatte eine schöne Umrahmung und ein festes Eisengitter. Der Blick fiel von hier in einen Garten, der gleichfalls mit hohen Mauern fest umschlossen war. So mußte sie denn einsehen, daß es ihr unmöglich war, ihren Entschluß auszuführen und durch das Fenster auf die Straße zu entkommen. Aus allem, was sie von der Einrichtung und der kostbaren Ausschmückung des Zimmers sehen konnte, entnahm sie, daß der Eigentümer ein vornehmer Herr sein und zu einer der reichsten Familien der Stadt gehören mußte. Auf einem Schreibtisch nahe beim Fenster erblickte sie ein kleines Kruzifix aus purem Silber, das sie — nicht etwa aus einer andächtigen Regung heraus oder weil sie gar stehlen wollte, sondern einer plötzlichen klugen Eingebung folgend — an sich nahm und in einem Ärmel ihres Gewandes verbarg. Daraufhin schloß sie das Fenster wieder, wie sie es gefunden, kehrte zum Bett zurück und ließ sich dort nieder, um abzuwarten, was für ein Ende dieses Abenteuer wohl nehmen würde, das so schlimm begonnen hatte.

Ihrer Schätzung nach mochte noch nicht eine halbe Stunde vergangen sein, als sie hörte, wie die Tür des Gemachs geöffnet wurde und jemand auf sie zukam. Ohne ein Wort zu sprechen, verband ihr der Fremde die Augen mit einem Tuch, faßte sie an der Hand und führte sie aus dem Zimmer. Dann spürte sie, wie er sich umwandte, um die Tür wieder zu verschließen. Es war Rodolfo, der zwar zuerst vorgehabt hatte, seine Freunde aufzusuchen, dann aber wieder von diesem Entschluß abgekommen war, weil er meinte, es sei doch besser, für das, was zwischen ihm und dem Fräulein vorgefallen war, keine Zeugen zu haben. Er nahm sich sogar vor, ihnen zu sagen, die Tränen des Mädchens hätten sein Herz erweicht, so daß er sie, beschämt über sein schlimmes Vorhaben, auf halbem Wege wieder freigelassen habe. Mit diesem Entschluß kehrte er nach Hause zurück, um Leocadia schleunigst ihrer Bitte entsprechend in die Nähe der Hauptkirche zu bringen. Er beeilte sich, seinen Vorsatz vor Anbruch des Morgens auszuführen, denn bei Tage hätte er sich mit dem Mädchen nicht mehr auf der Straße zeigen können und wäre gezwungen gewesen, sie bis zum nächsten Abend in seinem Gemach zu lassen. Dies aber wäre ihm höchst ungelegen gekommen, da er nicht die Absicht hatte, seine Kräfte noch einmal an ihr zu erproben, und auch nicht erkannt werden wollte.

So führte er sie denn bis zum sogenannten Rathausplatz und sagte ihr dort mit verstellter Stimme und in einer Sprache, die halb portugiesisch, halb kastilisch war, sie könne nun unbesorgt nach Hause gehen, es würde ihr niemand folgen. Und bevor sie noch Zeit hatte, die Augenbinde zu lüften, hatte er sich an einer Stelle verborgen, wo sie ihn nicht entdecken konnte. Als Leocadia merkte, daß sie allein war, nahm sie das Tuch ab und erkannte den Ort, an den man sie geführt hatte. Sie schaute sich nach allen Seiten um, konnte aber niemanden erblicken. Da sie jedoch fürchtete, man könne ihr von weitem folgen, hielt sie auf dem Wege nach ihrem Elternhause, das ganz nahe lag, bei jedem Schritt inne. Um die Späher, die ihr vielleicht folgten, auf eine falsche Spur zu locken, trat sie zunächst in ein Haus, dessen Tür sie offen fand, und kam erst nach einiger Zeit wieder hervor, um nach Hause zu eilen.

Ihre Eltern waren immer noch wie versteinert vor Schmerz. Sie hatten ihre Kleider nicht abgelegt und noch gar nicht daran gedacht, sich zur Ruhe zu begeben. Als sie ihre Tochter erblickten, stürzten sie mit ausgebreiteten Armen auf sie zu und drückten sie weinend ans Herz. Leocadia, die vor Aufregung zitterte, bat ihre Eltern, mit ihr in ein abgelegenes Zimmer zu gehen. Die Eltern kamen ihrer Bitte nach, und nun berichtete sie ihnen in kurzen Worten das ganze schreckliche Geschehnis mit allen seinen Einzelheiten und sagte auch, daß sie keine Ahnung habe, wer ihr Entführer und der Räuber ihrer Ehre sei. Sie beschrieb alles, was sie von der Bühne hatte wahrnehmen können, auf der sich die Tragödie ihres Unglücks abgespielt hatte: das Fenster, den Garten, das Gitter, die Tische, das Bett und die Damastvorhänge, und zum Schluß holte sie das Kruzifix hervor, das sie mitgenommen hatte. Bei seinem Anblick brach sie von neuem in Tränen aus, verfluchte ihren Verführer und beschwor die Rache und alle Strafen des Himmels auf ihn herab. Sie selbst wünschte zwar ihren Beleidiger nicht kennenzulernen, so sagte sie, doch falls ihre Eltern es für ratsam halten sollten, seinen Namen zu erforschen, so würde es ihnen wohl mit Hilfe des Kruzifixes gelingen. Sie brauchten ja nur den Sakristanen zu sagen, sie sollten von den Kanzeln aller Kirchen der Stadt verkünden, daß derjenige, der ein solches Kruzifix verloren habe, es von einem Geistlichen zurückerhalten könne, den sie ihm bezeichneten. Auf diese Weise könne man den Besitzer des Kruzifixes ermitteln und damit auch das Haus und die Person ihres Feindes.

»Das wäre alles schön und gut, mein Kind«, erwiderte der Vater darauf, »wenn nicht die Schlechtigkeit der Menschen deiner vernünftigen Überlegung widerspräche. Der Besitzer dieses Kruzifixes wird es sicherlich noch heute in jenem Gemach, das du uns beschrieben hast, vermissen und wird mit Bestimmtheit annehmen, daß die Person, die heute nacht mit ihm zusammen war, es mitgenommen hat. Wenn er nun hört, daß es sich jetzt im Besitz eines Priesters befindet, so wird ihm diese Nachricht wohl dazu dienen, zu ermitteln, wer es dem Geistlichen gegeben hat, doch wir werden den Eigentümer, der es verlor, schwerlich kennenlernen. Er braucht ja nur einem anderen das Kreuzlein genau zu beschreiben und ihn dann zu dem Priester zu schicken, um es abzuholen. Nein, so werden wir eher noch mehr irregeführt, anstatt klarer zu sehen — obgleich andererseits auch wir den gleichen Kunstgriff anwenden und das Kruzifix dem Priester durch eine dritte Person aushändigen lassen könnten. Doch scheint mir richtiger, mein Kind, wenn du das Kreuzlein behältst. Vertraue ihm und dem heiligen Bilde darauf; es war der Zeuge deines Unglücks, und es wird auch einen Richter erstehen lassen, der dir zu deinem Recht verhilft. Merke dir eins, mein Kind: ein Lot öffentlicher Schande drückt schwerer als ein Scheffel geheimer Ehrlosigkeit. Du kannst vor Gott und der Welt in Ehren leben, darum gräme dich nicht zu sehr darüber, daß du im geheimen um deine Schande weißt. Die wahre Schande liegt in der Sünde, die wahre Ehre aber in der Tugend. Man kann den Höchsten beleidigen mit Worten, Wünschen und Werken, und da du ihn weder mit Worten, noch mit Gedanken, noch mit Taten beleidigt hast, so sei getrost und meine, du habest deine Ehre noch. In meinen Augen hast du sie, und ich werde dir darum stets ein zärtlicher Vater bleiben.« Mit diesen klugen Worten sprach der Vater Leocadia Trost zu, und auch die Mutter schloß sie von neuem in ihre Arme und versuchte, sie zu trösten. Das Mädchen brach wieder in Schluchzen und Weinen aus und beschloß endlich, sein Haupt zu verhüllen, wie man so sagt, und sein weiteres Leben arm und ehrsam in aller Zurückgezogenheit unter dem Schutz ihrer Eltern zu verbringen.

Rodolfo war inzwischen nach Hause zurückgekehrt und hatte gleich das Kruzifix vermißt. Er konnte sich wohl denken, wer es mitgenommen hatte, aber er regte sich nicht weiter darüber auf, da er ja reich genug war, und kümmerte sich nicht mehr um die Sache. Und als er drei Tage später nach Italien abreiste und einer Kammerfrau seiner Mutter all die Dinge zur Aufbewahrung übergab, die er in seinem Gemach zurückließ, fragten auch seine Eltern nicht nach dem Kreuzlein. Rodolfo hatte schon seit langem beschlossen, nach

Italien zu gehen, und sein Vater, der auch dort gewesen war, hatte ihm zugeredet und gesagt, der sei kein rechter Kavalier und Edelmann, der nur sein Vaterland kenne — er müsse sich auch in anderen Ländern bewährt haben. Aus diesen und anderen Gründen war Rodolfo gewillt, dem Wunsch seines Vaters nachzukommen. Dieser stattete ihn reichlich mit Kreditbriefen für Barcelona, Genua, Rom und Neapel aus, und daraufhin machte er sich mit zweien seiner Kameraden auf die Reise. Er war begierig, auch selbst einmal die üppigen Gelage in den Gasthäusern Italiens und Frankreichs mitzumachen, die er von. manchem Soldaten hatte rühmen hören, und das ungebundene Leben in den Herbergen zu kosten, das den Spaniern dort beschieden ist. Gar lieblich klang es ihm im Ohr, wenn die Soldaten italienisch parlierten. »Ecco li buoni pollastri«, riefen sie, »i piccioni, il presciuto e le salcicie!« und dergleichen Dinge mehr, deren sie sich wehmütig erinnerten, wenn sie aus jenen Ländern zu der Dürftigkeit und der Unbequemlichkeit der spanischen Gasthäuser und Herbergen zurückkehrten. Kurzum, als Rodolfo abreiste, war der Vorfall mit Leocadia so ganz seinem Gedächtnis entschwunden, als sei er nie gewesen.

Diese lebte unterdessen im Hause ihrer Eltern in größter Zurückgezogenheit und ließ sich vor keinem Menschen sehen, denn sie fürchtete, man könne ihr ihr Unglück von der Stirn ablesen. Nach ein paar Monaten aber merkte sie, daß sie nun wohl gezwungenermaßen dieses Leben führen mußte, das sie freiwillig auf sich genommen hatte, und vor den Augen der Menschen verborgen bleiben mußte: sie fühlte sich schwanger. Bei dieser Entdeckung begannen die Tränen wieder zu fließen, die schon beinahe versiegt waren, und wieder entrangen sich Seufzer und Klagen ihrer Brust. Auch die liebevollsten Worte ihrer guten Mutter vermochten sie nicht zu trösten. Die Zeit verflog, und bald war Leocadias schwere Stunde da. Die Eltern waren so ängstlich auf die Wahrung des Geheimnisses bedacht, daß sie nicht einmal wagten, eine Hebamme hinzuzuziehen. Die Mutter selbst übernahm dieses Amt, und mit ihrer Hilfe brachte Leocadia den schönsten Knaben zur Welt, den man sich nur denken kann. Mit der gleichen Vorsicht und Heimlichkeit, die man bei der Geburt beobachtet hatte, brachte man das Kind in ein Dorf, wo es während der ersten vier Jahre seines Lebens aufgezogen wurde. Dann holte ihn der Großvater in sein Haus zurück. Man gab vor, er sei ein Neffe von Leocadias Eltern und erzog ihn, wenn auch nicht im Überfluß, so doch mit aller Sorgfalt. Der Knabe, den man nach seinem Großvater Luis genannt hatte, hatte ein sehr schön gebildetes Gesicht, ein sanftes Wesen und einen aufgeweckten Geist und bewies, soweit dies bei seinem zarten Alter möglich war, in allem, daß er von einem edlen Vater abstammte. Seine Anmut, Schönheit und Klugheit machte den Großeltern so viel Freude, daß sie das Unglück ihrer Tochter schließlich beinahe als ein Glück ansahen, da ihnen dadurch ein solcher Enkel beschert worden war. Wenn sie mit ihm über die Straße gingen, regnete es von allen Seiten Glückwünsche und Segensworte auf ihn herab: die einen priesen seine Schönheit, die anderen die Mutter, die ihn geboren hatte, dieser den Vater, der ihn gezeugt, und jener die Pflegeeltern, die ihn so wohl erzogen. So wuchs der Knabe zum Wohlgefallen aller, die ihn kannten und nicht kannten, heran. Als er sieben Jahre alt war, konnte er bereits lateinisch und spanisch lesen und schrieb eine schöne, wohlgeformte Handschrift; denn es war die Absicht seiner Großeltern, ihn zu einem tüchtigen und gebildeten Menschen zu erziehen, da sie ihm ja keine Reichtümer mitzugeben hatten; — als ob Wissen und Tüchtigkeit nicht die einzigen Reichtümer wären, über welche die Diebe und die launische Fortuna keine Gewalt haben.

Als nun der Knabe eines Tages mit einem Auftrag seiner Großmutter zu einer Verwandten geschickt worden war, kam er auf dem Wege dorthin durch eine Straße, auf der ein Pferdewettrennen veranstaltet wurde. Er blieb stehen, um zuzuschauen, und weil er gern einen besseren Platz finden wollte, lief er auf die andere Seite der Straße hinüber. In diesem Augenblick aber kam ein Pferd im vollen Galopp herangestürmt, so daß der Knabe nicht mehr ausweichen und auch der Reiter sein Tier nicht mehr zurückhalten konnte. Das Kind wurde umgeworfen, das Pferd galoppierte darüber hinweg, und der Kleine blieb wie tot auf der Erde liegen, während das Blut aus einer tiefen Kopfwunde strömte. Kaum war dies geschehen, als ein älterer Edelmann, der dem Wettrennen zugeschaut hatte, mit Blitzesschnelle vom Pferde sprang, auf das Kind zulief und es einem Mann, der es bereits aufgehoben hatte, aus den Armen nahm. Ohne Rücksicht auf sein graues Haar und seinen hohen Rang schickte er seine Diener fort, damit sie einen Arzt holten, der den Kleinen verbinden könne, und eilte mit langen Schritten nach Hause.

Viele Herren folgten ihm dorthin, von Mitleid bewegt über das Unglück, das dem schönen Kinde zugestoßen war. Man hatte bald herausgefunden, daß es sich um den kleinen Luis handelte, den man allgemein für den Neffen jenes ehrenwerten Mannes hielt, der in Wirklichkeit sein Großvater war. Die Kunde lief von Mund zu Mund und kam auch zu Ohren der Großeltern und der jungen Mutter. Nachdem sie sich vergewissert hatten, daß wirklich Luis der Verunglückte war, stürzten sie wie wild und toll vor Angst davon, um ihr Kleinod zu suchen. Da nun der Edelmann, der den Kleinen mitgenommen hatte, ein so vornehmer und weithin bekannter Herr war, konnten ihnen viele, denen sie auf der Straße begegneten, sein Haus bezeichnen. Sie langten dort an, als der Wundarzt gerade dabei war, das Kind zu verbinden. Der fremde Edelmann und seine Gattin, welche die Großeltern des kleinen Luis für seine Eltern hielten, baten diese, doch nur ja nicht in lautes Klagen und Weinen auszubrechen, weil das dem Kinde nur schaden könne. Als der Wundarzt, der ein berühmter Meister seines Fachs war, das Kind mit größter Vorsicht und Geschicklichkeit verbunden hatte, erklärte er, die Wunde sei doch nicht so gefährlich, wie er anfangs befürchtet habe. Noch während des Verbindens war Luis, der bis dahin besinnungslos dagelegen hatte, wieder zu sich gekommen und hatte freudig gelächelt, als er seine Verwandten erblickte. Mit Tränen in den Augen fragten sie ihn, wie er sich fühle, und er erwiderte, es ginge ihm gut, nur habe er starke Schmerzen am Leib und am Kopf. Der Arzt gab die Weisung, nicht mit ihm zu sprechen, sondern ihn jetzt in Ruhe zu lassen, und alle folgten dieser Anordnung. Der Großvater begann nun, dem Hausherrn seinen Dank für die große Güte und Barmherzigkeit auszusprechen, die er seinem Neffen erwiesen habe. Der Edelmann erwiderte hierauf, man schulde ihm keinerlei Dank: als er nämlich das verunglückte Kind habe am Boden liegen sehen, sei es ihm vorgekommen, als erblicke er das Angesicht seines eigenen zärtlich geliebten Sohnes, und durch dieses Gefühl sei er veranlaßt worden, den Knaben aufzuheben und in sein Haus zu tragen. Er wünsche auch, daß der Kleine, solange die Behandlung daure, hier bleibe, es werde ihm an nichts fehlen, was irgend gut und notwendig sei. Seine Gattin, eine sehr vornehme Dame, sagte das gleiche und bot ihre Hilfe und Unterstützung mit herzlichen Worten an. Die Großeltern des kleinen Luis waren erstaunt über soviel christliche Nächstenliebe; noch erstaunter aber war die Mutter. Nachdem sich ihre Aufregung infolge der Auskunft des Arztes ein wenig gelegt hatte, begann sie nämlich, aufmerksam das Zimmer zu betrachten, in dem ihr Kind lag, und erkannte deutlich an vielen Einzelheiten, daß es das nämliche Gemach war, in dem ihr einst die Ehre geraubt worden war und ihr Unglück seinen Anfang genommen hatte. Obgleich der Raum jetzt nicht mehr mit den Damastvorhängen von damals geschmückt war, erkannte sie doch seine ganze Einrichtung wieder und sah auch das vergitterte Fenster, das auf den Garten führte. Da es des Kranken wegen verhängt war, fragte sie, ob dieses Fenster wohl auf einen Garten ginge, und erhielt eine bejahende Antwort. Am deutlichsten aber bestätigte sich ihre Vermutung, als sie das Bett in Augenschein nahm: es war zweifellos die nämliche Lagerstatt, das Grab ihrer Ehre. Und auch der Schreibtisch, von dem sie damals das Kruzifix genommen hatte, stand noch auf derselben Stelle.

Die letzten Zweifel aber wurden schließlich behoben durch die Stufen, über die man sie damals mit verbundenen Augen aus dem Gemach geführt hatte – die Stufen nämlich, die von hier auf die Straße gingen, und die sie seinerzeit mit kluger Absicht gezählt hatte. Als sie nun vom Lager ihres Kindes nach Hause zurückkehrte, zählte sie die Stufen wieder und kam auf die gleiche Zahl. Nun rief sie sich sämtliche Merkmale noch einmal ins Gedächtnis und mußte aus allem erkennen, daß ihre Vermutung zu Recht bestand.

Leocadia teilte der Mutter nun ihre Beobachtungen in aller Ausführlichkeit mit, und diese, die eine kluge Frau war, forschte nach, ob der Edelmann, in dessen Hause ihr Enkel lag, wohl einen Sohn habe oder gehabt habe. Man erzählte ihr von dem jungen Mann, den wir Rodolfo genannt haben, und fügte hinzu, daß er sich zur Zeit in Italien aufhalte. Nun suchte sie herauszubekommen, wie lange er schon von Spanien abwesend sei, und erhielt die Auskunft, daß es sich um sieben Jahre handele, um etwas mehr als die Zeit also, die seit der Geburt ihres Enkelsohnes verstrichen war. Daraufhin teilte sie alles auch ihrem Gatten mit, und die Eltern kamen mit ihrer Tochter überein, erst einmal abzuwarten, wie Gott es mit dem kleinen Verletzten vorhabe. Nach vierzehn Tagen war Luis außer Gefahr, und nach einem Monat konnte er aufstehen. Seine Mutter und seine Großmutter besuchten ihn die ganze Zeit über täglich, und der Edelmann und seine Gattin verhätschelten ihn, als sei er ihr eigenes Kind. Doña Estefania, die Gemahlin des Hausherrn, erwähnte einige Male im Gespräch mit Leocadia, der Knabe gliche ihrem Sohn in Italien so aufs Haar, daß sie jedesmal, wenn sie ihn anblicke, das Gefühl hätte, ihr eigenes Kind vor Augen zu haben. An eine solche Bemerkung nun knüpfte Leocadia an, als sie sich einmal mit der Dame allein befand, um ihr das mitzuteilen, was sie ihr im Einverständnis mit ihren Eltern zu sagen beschlossen hatte.

»Gnädigste Frau«, so sprach sie, »an jenem Tage, an dem meine Eltern hörten, daß ihr Neffe so schwer verunglückt sei, war ihnen, als habe der Himmel sich plötzlich verfinstert und die ganze Welt sei in sich zusammengestürzt. Sie meinten schon, ihr Neffe sei ihnen entrissen, das Licht ihrer Augen und die Stütze ihres Alters, dieses Kind, das sie so innig liebten wie selten Eltern ihre Kinder. Doch man sagt ja, die Wunden, die Gott schlägt, heilt er auch. Das Kind fand Aufnahme und Pflege in diesem Hause, und ich fand hier gewisse Dinge, die mich an ein Erlebnis mahnten, das mir zeit meines Lebens nie aus dem Gedächtnis schwinden kann. Ich bin von Adel, gnädigste Herrin, denn auch meine Eltern und Voreltern waren es und haben, wenngleich sie mit Glücksgütern nicht allzu reichlich gesegnet waren, ihr Leben lang verstanden, ihre Ehre unbefleckt zu erhalten.«

Überrascht und verwundert lauschte Doña Estefania Leocadias Worten. Obgleich das Mädchen vor ihr saß, konnte sie doch kaum fassen, daß ein so junger Mensch schon so klug und besonnen sein konnte; denn ihrem

Aussehen nach schätzte sie Leocadia auf etwa zwanzig Jahre. Ohne ein Wort der Erwiderung einzuwerfen, wartete sie ab, bis das Mädchen ihr alles gesagt hatte, was sie auf dem Herzen hatte, und so hörte sie denn von dem schlimmen Streich ihres Sohnes und der Schande, die Leocadia widerfahren war. Sie vernahm die Geschichte jener Entführung und ließ sich erzählen, wie Leocadia mit verbundenen Augen in das Gemach gebracht worden war und an welchen Merkmalen sie es später wiedererkannt hatte. Als letzten Beweis für die Wahrheit ihrer Worte zog das Mädchen das kleine Kruzifix, das sie seinerzeit mitgenommen hatte, aus ihrem Busen hervor und sagte: »Herr, Du warst der Zeuge jener Gewalt, die man mir antat; nun sei auch Richter über die Sühne, die man mir schuldet. Als ich Dich von jenem Schreibtisch nahm, war es meine Absicht, Dich stets an den mir zugefügten Schimpf zu erinnern. Nicht um Rache wollte ich Dich bitten, denn ich will nicht gerächt sein, aber ich wollte Dich anflehen, mir einen Trost zu spenden, der mich mein Unglück mit Geduld ertragen ließe. Dieses Kind, meine gnädigste Herrin, dem Ihr so unendlich viel Liebe erzeigt, ist Euer rechtmäßiger Enkel. Es war wohl eine Fügung des Himmels, daß er verunglückte, damit er in Euer Haus gebracht würde, und ich hier, wie ich hoffe, eine Möglichkeit fände, mein Unglück zu ertragen — wenn ich schon nicht erwarten darf, das einzige Heilmittel zu erhalten, das es mich vergessen ließe.«

Bei diesen Worten drückte sie das Kreuz an ihre Brust und sank ohnmächtig in die Arme Doña Estefanias. Die vornehme Frau, bei der Mitleid und Erbarmen so natürliche Regungen waren wie bei manchen Männern der Hang zu Härte und Grausamkeit, legte die Wange an die Leocadias und vergoß so viele Tränen über ihr Antlitz, daß sie es gar nicht mehr mit Wasser zu benetzen brauchte, um das Mädchen wieder zu sich zu bringen.

Wie die beiden Frauen so zusammensaßen, trat zufällig der Gatte Estefanias, der den kleinen Luis an der Hand führte, ins Zimmer. Als er die Tränen seiner Gemahlin und die Ohnmacht Leocadias bemerkte, kam er schnell auf sie zu und fragte, was ihnen denn zugestoßen sei. Das Kind schlang seine Ärmchen um die Mutter, die es ja für seine Base hielt, und um seine Wohltäterin, die seine Großmutter war, und fragte, warum sie so weinen müsse.

»Wichtige Dinge habe ich Euch zu berichten, mein Herr Gemahl«, erwiderte Estefania, »und um das Ende gleich vorwegzunehmen, laßt Euch sagen, daß dieses Mädchen, das hier ohnmächtig in meinen Armen liegt, Eure Tochter ist und dieses Kind da Euer Enkel. Leocadia hat es mir berichtet, und daß sie die Wahrheit gesprochen hat, bestätigt mir außer den Beweisen, die sie erbracht hat, das Gesicht dieses Knaben, in dem wir ja beide das unseres Sohnes wiedererkannt haben.«

»Wenn Ihr Euch nicht deutlicher erklärt, meine Gattin, kann ich Euch nicht verstehen«, entgegnete der Edelmann.

In diesem Augenblick kam Leocadia wieder zu sich, umklammerte von neuem das Kreuz mit beiden Händen und brach in einen Strom von Tränen aus. Der Edelmann wußte gar nicht, was er denken sollte, bis ihm seine Gattin alles erzählte, was Leocadia ihr berichtet hatte. Gott erhellte das Herz und den Verstand des Mannes, so daß er alles aufs Wort glaubte, genau als ob es durch eine ganze Reihe vertrauenswürdiger Zeugen bestätigt wäre. Er schloß Leocadia in seine Arme, sprach ihr Trost zu und küßte seinen Enkel.

Am gleichen Tage noch sandten die Eltern einen Eilboten nach Neapel, der ihrem Sohn die schriftliche Aufforderung überbringen sollte, sofort nach Hause zu kommen, da sie ihn mit einer wunderbar schönen

Frau zu verheiraten gedächten, die wohl zu ihm passen würde. Sie litten es nicht, daß Leocadia mit dem Kleinen zu ihren Eltern zurückkehrte, die ihrerseits über die glückliche Schicksalswendung im Leben ihrer Tochter hocherfreut waren und die heißesten Dankgebete dafür zum Himmel sandten. Der Bote kam nach Neapel, und Rodolfo war auf den Brief seines Vaters hin nur zu begierig, jene schöne Frau, von der man ihm darin schrieb, in seine Arme zu schließen. Als er daher zwei Tage nach Erhalt des Briefes hörte, daß vier Galeeren zur Abfahrt nach Spanien bereitständen, schiffte er sich unverzüglich mit seinen beiden Kameraden, die sich immer noch in seiner Gesellschaft befanden, ein. Mit günstigem Wind gelangte man in zwölf Tagen nach Barcelona, und schon sieben Tage später traf Rodolfo mit der Schnellpost in Toledo ein und trat in das Haus seiner Eltern, so schmuck und stattlich, daß alle Schönheit und Kraft der Jugend in ihm vereinigt zu sein schienen.

Die Eltern freuten sich sehr, ihren Sohn so gesund und wohlbehalten wiederzusehen; Leocadia aber, die auf Weisung Doña Estefanias, welche einen bestimmten Plan verfolgte, den Ankömmling nur von einer verborgenen Stelle aus betrachten durfte, geriet bei seinem Anblick in höchste Bestürzung. Rodolfos Kameraden wollten sich sogleich zu ihren Eltern begeben, aber Estefania ließ das nicht zu, weil sie die beiden zur Ausführung ihres Planes benötigte. Rodolfo war am späten Nachmittag gekommen, und während man die Abendmahlzeit zurichtete, rief Estefania die Kameraden ihres Sohnes beiseite. Sie war fest überzeugt, daß sie zu den jungen Leuten gehörten, die nach Leocadias Aussage am Abend der Entführung Rodolfos Begleiter gewesen waren, und bat sie daher inständig, sie sollten ihr doch sagen, ob sie sich erinnerten, daß ihr Sohn in der und der Nacht, vor soundsoviel Jahren, einmal ein Mädchen geraubt habe. Von der Enthüllung dieser

Wahrheit, so sagte sie, hinge die Ehre und die Seelenruhe aller Verwandten jenes Mädchens ab. Sie setzte den beiden so sehr mit ihren Bitten zu und versprach ihnen obendrein, daß ihnen aus der Entdeckung dieser Tat keinerlei Schaden erwachsen würde, bis die jungen Leute es für richtig hielten, alles zu gestehen. So gaben sie denn zu, daß sie und noch einer ihrer Kameraden in einer Sommernacht, und zwar in der nämlichen, die Estefania ihnen bezeichnete, mit Rodolfo ein junges Mädchen geraubt hätten. Rodolfo sei mit ihr entflohen, während sie zurückgeblieben seien, um die Familie des Mädchens aufzuhalten, die sich mit viel Geschrei zur Wehr setzen wollte. Am folgenden Tage habe Rodolfo ihnen gesagt, er habe das Mädchen in seine Wohnung gebracht, und das sei alles, was sie auf diese Fragen auszusagen hätten.

Die Beichte der beiden behob alle Zweifel, die Estefania vielleicht noch hatte hegen können, und so beschloß sie denn, nunmehr an die Ausführung ihres edlen Planes zu gehen.

Noch bevor man sich zur Abendmahlzeit versammelte, rief die Mutter Rodolfo zu sich in ihr Gemach. Dort legte sie ihm ein Bild in die Hände und sagte: »Rodolfo, mein lieber Sohn, ich möchte dir noch vor dem Essen eine große Freude bereiten, indem ich dir deine künftige Gemahlin zeige. Dies hier ist ihr wohlgelungenes Bildnis; doch ich will dazu bemerken, daß sie das, was ihr vielleicht an Schönheit mangelt, durch ihre Tugend reichlich ausgleicht. Sie ist ein vornehmes, kluges und recht begütertes Mädchen, und da dein Vater und ich sie dir erwählt haben, kannst du versichert sein, daß sie die passende Gattin für dich sein wird.«

Rodolfo betrachtete aufmerksam das Bild und sagte: »Die Maler pflegen im allgemeinen die Schönheit der Gesichter, die sie abkonterfeien, nach Kräften zu heben und zu vergrößern. Wenn das bei dem Maler dieses

Bildes auch der Fall war, dann muß ich wohl annehmen, daß das Original die Häßlichkeit selbst ist. Wirklich, meine liebe Mutter und Herrin, es ist zwar recht und gut, wenn die Kinder den Befehlen der Eltern gehorchen, aber es ist auch durchaus empfehlenswert, daß die Eltern ihre Kinder so verheiraten, daß diese sich glücklich fühlen können. Da nun die Ehe ein Knoten ist, den erst der Tod wieder löst, so sollen die Bänder, welche diesen Knoten bilden, einander ähnlich sein und aus gleichen Fäden bestehen. Tugend, Vornehmheit und Reichtum können wohl den Verstand des Mannes erfreuen, dem das Schicksal sie in Gestalt seiner Gattin bescherte; daß aber die Häßlichkeit die Augen eines Gatten erfreuen könne, scheint mir unmöglich. Ich bin zwar noch jung, aber ich weiß doch, daß mit dem Sakrament der Ehe sich auch jene wohlberechtigten Freuden verknüpfen, die die Eheleute miteinander genießen. Fehlen sie, so hinkt die Ehe, und ihr zweiter Zweck ist verfehlt. Zu denken aber, daß ein häßliches Gesicht, das man zu jeder Stunde des Tages vor Augen hat, im Zimmer, am Tisch und im Bett, einen Mann erfreuen könne, nein, Mutter, ich muß es wiederholen, das scheint mir einfach unmöglich. Bei Eurem Leben bitte ich Euch darum, liebste Mutter, gebt mir eine Lebensgefährtin, deren Anblick mich erheitert und nicht erbittert, damit wir im gleichen Schritt und auf geradem Wege, ohne nach rechts oder links abzuirren, zu zweit unser Joch tragen, das der Himmel uns auferlegt. Wenn jenes Fräulein so vornehm, klug und reich ist, wie Ihr sagt, dann wird sie auch leicht einen Gatten bekommen, der anders denkt als ich. Die einen suchen Vornehmheit, andere Klugheit, andere Geld und wieder andere Schönheit. Ich gehöre zu den letzteren, denn Adel und Vornehmheit habe ich dank dem Himmel und meinen Eltern und Voreltern schon als Erbteil mitbekommen; was die Klugheit anbetrifft, so genügt es, wenn eine Frau nur nicht zu einfältig, töricht und beschränkt ist. Sie kann zufrieden sein, wenn ihre Scharfsinnigkeit nicht so scharf ist, daß sie sticht, und ihre Einfalt nicht so groß, daß sie davon Schaden hat. Was schließlich den Reichtum anbelangt, so ist der meiner Eltern wohl ausreichend, so daß ich nicht zu befürchten brauche, einmal in Armut zu geraten. Schönheit und Lieblichkeit ist es, was ich suche und begehre, und keine andere Mitgift braucht dabei zu sein als Ehrbarkeit und gute Sitten. Bringt meine Gemahlin diese Eigenschaften mit, so will ich Gott mit Freuden dienen und meinen Eltern ein glückliches Alter bereiten.«

Die Mutter war hochbefriedigt von Rodolfos Worten, denn sie entnahm daraus, daß ihr Plan wohl glücken werde. Sie erwiderte ihm daher, er solle sich nur keine Sorge machen, sie werde schon versuchen, ihn so zu verheiraten, wie er es wünsche. Die Abmachungen, die man betreffs der Heirat mit jenem Fräulein getroffen habe, ließen sich wohl leicht wieder rückgängig machen. Rodolfo dankte ihr, und da inzwischen die Stunde der Abendmahlzeit herangerückt war, begaben die beiden sich zu Tisch. Nachdem der Vater und die Mutter sowie Rodolfo und seine beiden Kameraden ihre Plätze eingenommen hatten, sagte Doña Estefania plötzlich, als sei es ihr in diesem Augenblick eingefallen: »Du lieber Gott, wie schlecht behandle ich doch meinen Gast! Geht«, wandte sie sich an einen Diener, »und sagt dem Fräulein Leocadia, sie möge uns die Ehre schenken, an unseren Tisch zu kommen. Für ihre Sittsamkeit braucht sie nicht zu fürchten, denn alle hier in der Runde sind meine Söhne und ihre ergebenen Diener.«

Das war eine List Estefanias, und Leocadia war von ihr genau über alles unterrichtet worden, was sie zu tun hatte. Bald darauf kam das Mädchen in den Saal und bot den Blicken aller, vor denen sie so unverhofft auftauchte, das lieblichste Beispiel natürlicher Schönheit, die durch die Kunst des Menschen noch erhöht wird. Da es Winter war, trug sie ein Gewand aus schwerem schwarzem Samt, das mit Goldknöpfen und Perlen übersät war, und dazu einen Gürtel aus Diamanten und eine Diamantkette. Ihr langes, dunkelblondes Haar dienten ihr zugleich als Schmuck und Kopfbedeckung, und die Bänder, Schleifen und flimmernden Diamanten, die kunstvoll hineingeflochten waren, blendeten das Auge jedes Beschauers. Stolz und anmutig kam Leocadia daher; an der Hand führte sie ihr Söhnchen, und vor ihr her schritten zwei junge Mädchen mit silbernen Leuchtern, deren Kerzen ihren Schein auf sie warfen. Bei ihrem Anblick erhoben sich alle von ihren Stühlen, um sie ehrfurchtsvoll zu begrüßen, gleichsam als sei eine Erscheinung des Himmels durch ein Wunder unter sie getreten. Wie verzückt hingen die Augen der erstarrten Menschen an ihr, und keiner wagte ein Wort zu sagen. Nachdem Leocadia sich mit würdevollem Anstand und edler Anmut vor den Anwesenden verneigt hatte, nahm Estefania sie bei der Hand und führte sie zu dem Platz neben ihr, der dem Rodolfos gegenüberlag. Den Knaben setzte man neben seinen Großvater. Rodolfo, der nun die unvergleichliche Schönheit Leocadias aus der Nähe betrachten durfte, sagte bei sich: »Wenn die Frau, die meine Mutter mir zur Gattin erwählt hat, auch nur halb so schön wäre wie dieses Mädchen, so wäre ich der glücklichste Mensch der Welt. Bei Gott, was sehe ich da! Ist es ein Engel in Menschengestalt, den meine Augen erblicken?« Und bald schon war ihm das schöne Bild, das sich seinen Blicken darbot, tief ins Herz gedrungen.

Auch Leocadia sah sich nun plötzlich in nächster Nähe des Mannes, den sie bereits mehr liebte als das Licht ihrer Augen. Während nun das Essen aufgetragen wurde, spähte sie ein paarmal verstohlen zu ihm hin, und in ihrer Erinnerung begann all das, was sie mit

Rodolfo erlebt hatte, wieder Gestalt anzunehmen. Zwar hatte die Mutter ihr Hoffnung gemacht, daß sie die Gattin ihres Sohnes werden solle, doch jetzt sank ihr der Mut, und sie fürchtete, die Versprechungen der Mutter würden sich als ebenso eitel erweisen wie alles, was sie bisher vom Schicksal hatte erwarten können. »So nahe bin ich nun der Entscheidung«, dachte sie, »ob ich für immer glücklich oder unglücklich sein werde.« Diese Vorstellung machte solch tiefen Eindruck auf sie, daß all ihre Gedanken sich verwirrten und ihr Herz sich zusammenkrampfte. Schweißtropfen traten auf ihre Stirn, alle Farbe wich aus ihrem Gesicht, und eine Ohnmacht wandelte sie an, so daß sie ihren Kopf auf die Schulter Doña Estefanias lehnen mußte. Diese sah erschrocken, wie es um das Mädchen stand, und nahm sie in ihre Arme. Bestürzt sprangen alle von ihren Stühlen auf und eilten herzu, um Leocadia beizustehen; am eifrigsten aber war Rodolfo. Er drängte so heftig nach vorne, daß er stolperte und zweimal zu Boden stürzte. Man knöpfte Leocadia das Kleid auf und sprengte ihr Wasser ins Gesicht, allein sie erwachte nicht aus ihrer Ohnmacht; im Gegenteil, die eingesunkene Brust und der Puls, der so schwach war, daß man ihn nicht mehr finden konnte, deuteten darauf hin, daß das Leben bereits aus ihr gewichen war. Die Diener und Dienerinnen begannen in ihrem Unverstand zu schreien und sprengten überall aus, Leocadia sei gestorben.

Die schlimme Kunde gelangte auch zu den Ohren der Eltern Leocadias, die auf Doña Estefanias Geheiß in einem verborgenen Gemach warteten, bis man sie holen würde. Nun aber vergaßen sie alle Anweisungen und stürzten mit dem Geistlichen der Pfarrkirche, der sich ebenfalls bei ihnen befand, in den Saal hinaus.

Der Geistliche eilte schnell auf Leocadia zu, um zu sehen, ob das Mädchen durch irgendein Zeichen zu erkennen gäbe, daß sie ihre Sünden bereue, damit er ihr die Absolution erteilen könne; doch an Stelle einer ohnmächtig daliegenden Person fand er deren zwei: auch Rodolfo war besinnungslos hingeschlagen, und sein Kopf ruhte auf Leocadias Brust. Die Mutter hatte es gern zugelassen, daß er dem Mädchen nahe kam, da es ja doch für ihn bestimmt war; doch als sie sah, daß er das Bewußtsein verlor, wurde sie bleich vor Entsetzen und wäre wohl selbst zu Boden gesunken, wenn sie nicht gesehen hätte, daß Rodolfo schon wieder zu sich kam. Als er die Augen aufschlug, schämte er sich, daß er sich vor den Leuten so wenig hatte beherrschen können, doch die Mutter, die die Gefühle ihres Sohnes zu erraten schien, sagte: »Nein, Rodolfo, du brauchst dich des tiefen Gefühls nicht zu schämen, das du uns gezeigt hast. Schämen mußt du dich, wenn du kein Gefühl zeigst, sobald du erfahren hast, was ich dir jetzt nicht mehr verbergen will, obgleich ich diesen Bericht für eine fröhlichere Gelegenheit aufsparen wollte. So laß dir denn sagen, mein geliebter Sohn, daß dies Mädchen, das hier ohnmächtig in meinen Armen liegt, deine wahre Gattin ist. Deine wahre Gattin, sage ich, denn dein Vater und ich haben sie dir ausgesucht, und die auf dem Bild war nicht die rechte.«

Als Rodolfo das hörte, schlug seine glühende Liebe und Sehnsucht noch höhere Flammen. Der Gedanke, daß das Mädchen seine zukünftige Gattin war, räumte für ihn alle Schranken hinweg, die Anstand und Würde des Ortes ihm sonst entgegengestellt hätten, und so stürzte er sich auf Leocadias Antlitz und preßte seine Lippen auf die ihren, als erwarte er, daß die Seele daraus hervorschweben werde, damit er sie in die seine aufnehmen könne.

Doch als beim Anblick dieses rührenden Bildes die Tränen aller Anwesenden immer heißer strömten, als der ganze Saal widerhallte von Schmerzensrufen, als die Eltern Leocadias verzweifelt ihre Haare rauften und das klägliche Weinen des kleinen Luis zum Himmel empordrang, kam Leocadia wieder zu sich, und damit kehrten Freude und Zufriedenheit in die Brust der Menschen zurück. Als das Mädchen sich in Rodolfos Armen sah, versuchte sie in ehrsamer Scheu, sich davon frei zu machen, allein er faßte sie noch fester und rief: »Nein, liebste Herrin, das darf nicht sein! Wie könnt Ihr danach streben, aus den Armen des Mannes freizukommen, der Euch tief in seinem Herzen hält!«

Bei diesen Worten kam Leocadia vollends wieder zu Sinnen, und Doña Estefania beschloß nun, ihren vorgefaßten Plan nicht weiter zu verfolgen, und sagte dem Priester, er möge doch sogleich den Segen über ihren Sohn und Leocadia sprechen. Da nun die Ereignisse, von denen wir berichten, zu einer Zeit spielten, in der es zur Vollziehung einer Trauung nur des Einverständnisses der Ehepartner bedurfte und all die behördlichen und kirchlichen Vorbedingungen und Förmlichkeiten, die wir heute kennen, noch nicht üblich waren, stand der feierlichen Einsegnung nichts im Wege, und der Priester erfüllte daher ohne Zögern den Wunsch Doña Estefanias. Es möge einer anderen Feder und einem gewandteren Geist, als der meine ist, überlassen bleiben, die überströmende Freude zu schildern, die nun die Herzen aller Anwesenden erfüllte, die Innigkeit, mit der Leocadias Eltern Rodolfo an ihr Herz drückten, die heißen Dankesworte, die das junge Paar dem Himmel und seinen Eltern spendete, die Glück- und Segenswünsche, die ihnen von allen Seiten zuteil wurden, und die staunende Verwunderung der Kameraden Rodolfos, die so unverhofft schon am Abend seiner Rückkehr ins Elternhaus der feierlichen Trauung beiwohnten. Keine Grenzen aber kannte ihre Verwunderung, als sie aus Doña Estefanias Munde hörten, daß Leocadia jenes Mädchen sei, das sie einst zusammen mit ihrem Sohn entführt hatten. Auch Rodolfo war aufs höchste überrascht bei dem Bericht, den die Mutter vor allen Anwesenden gab, und um sich vollends zu vergewissern, ob sie die Wahrheit sprach, bat er Leocadia, ihm doch irgendein Zeichen zu nennen, das ihm jeden Zweifel nehmen werde — obgleich er im Grunde schon überzeugt war, daß seine Eltern diese Zusammenhänge genügend aufgeklärt hatten.

»Als ich einst aus einer anderen Ohnmacht erwachte«, erwiderte Leocadia, »fand ich mich in Euren Armen, mein Herr, und meine Ehre war dahin. Heute aber brauche ich ihr nicht nachzutrauern; denn als ich beim Erwachen aus der Ohnmacht, die mich vorhin anwandelte, die Augen aufschlug, fand ich mich wiederum in Euren Armen, und siehe da, meine Ehre war wiederhergestellt. Sollten diese Worte nicht genügen, so überzeugt Euch vielleicht der Anblick eines silbernen Kreuzleins, das niemand als ich Euch nehmen konnte. Wenn Ihr es wirklich am Morgen nach jener Nacht vermißtet und wenn es das nämliche ist, das Eure Mutter, meine verehrte Herrin, dort in der Hand hält...«

»Liebste«, unterbrach Rodolfo sie, »Ihr seid die Herrin meines Herzens und werdet es sein, solange mich Gott am Leben läßt.«

Damit schloß er sie von neuem in seine Arme, und wieder ertönten von allen Lippen Glück- und Segenswünsche für das junge Paar.

Nun begab man sich endlich auch zur Tafel, und die Musikanten, die für den Abend eigens bestellt waren, spielten auf. Wie in einem Spiegel erkannte Rodolfo in dem Antlitz seines Sohnes sein eigenes wieder, die vier Großeltern vergossen Tränen der Freude, und jeder Winkel im ganzen Hause war erfüllt von Jubel, Glück und Seligkeit. Und obgleich die Nacht bereits auf ihren leichten Schwingen dahinflog, schien es Rodolfo doch, als habe sie keine Flügel, sondern bewege sich mühsam auf Krücken voran, so groß war seine Sehnsucht, endlich mit seiner geliebten Gemahlin allein zu sein. Doch alles nimmt einmal ein Ende, und so kam denn schließlich auch die ersehnte Stunde heran. Alles begab sich zur Ruhe, und bald senkte sich tiefes Schweigen über das ganze Haus.

Wir jedoch wollen über diese wahre Geschichte nicht den Mantel des Schweigens decken. Das würden auch all die vielen Kinder und trefflichen Nachkommen des glücklichen Paares nicht zulassen, die noch heute in Toledo leben. Viele schöne Jahre noch konnten Rodolfo und Leocadia ihr gemeinsames Schicksal genießen und sich ihrer Kinder und Enkel erfreuen. All ihr Glück aber verdankten sie der Fügung des Himmels und der Macht jenes Blutes, das der tapfere, edle und christliche Großvater des kleinen Luis einst unter den Hufen eines Pferdes fließen sah.

DER EIFERSÜCHTIGE
EXTREMADURER

VOR GAR NICHT ALLZULANGER ZEIT VERLIESS EINMAL ein junger Edelmann, vornehmer Eltern Kind, seinen Heimatort in Extremadura. Er bereiste verschiedene Gegenden Spaniens, Italiens und Flanderns und vergeudete dabei wie der verlorene Sohn seine Jahre und sein Vermögen. Nach vielen Fahrten, als seine Eltern bereits gestorben waren und das Vermögen verbraucht, gelangte er schließlich in die große Stadt Sevilla, wo sich ihm reichlich Gelegenheit bot, das wenige, das ihm noch geblieben war, vollends durchzubringen. Als er sich nun aller Gelder entblößt sah und auch die Freunde sich verlaufen hatten, griff er zu dem Rettungsmittel, zu dem schon so viele gescheiterte Existenzen in jener Stadt gegriffen hatten: er beschloß, nach Amerika auszuwandern, dem Schutz- und Zufluchtsort der Verzweifelten in Spanien, jenem Land, in dem die Aufrührer eine Freistatt erhoffen, die Mörder Sicherheit vor den Gesetzen, die Falschspieler, die bei manchen Leuten die »Kunstverständigen« heißen, eine Decke, unter der sie sich verstecken können, und die leichtfertigen Weiber alles, was ihr Herz begehrt — nach jenem Land, in dem doch fast alle eine Enttäuschung finden und nur die wenigsten ihr Glück neu schmieden können.
Als nun der Zeitpunkt gekommen war, an dem eine Flotte nach dem amerikanischen Festland auslaufen sollte, verständigte sich unser Edelmann mit dem Be-

fehlshaber derselben, besorgte sich eine Ausrüstung und eine Binsenmatte, sagte Spanien Lebewohl und schiffte sich in Cádiz ein. Die Flotte stach in See, und unter dem Jubel der ganzen Besatzung wurden die Segel gesetzt. Der Wind blies sanft und günstig, so daß sie schon in wenigen Stunden das Land aus den Augen verloren und sich vor ihnen die unübersehbare Weite des Ozeans, des Vaters aller Gewässer, ausbreitete.

Unser Reisender war recht nachdenklich gestimmt; er ließ in seiner Erinnerung noch einmal all die zahlreichen und vielfältigen Gefahren vorüberziehen, die er in den Jahren seiner Wanderschaft bestanden, und bedachte noch einmal, wie falsch er es doch sein Leben lang angefangen hatte. Das Ergebnis dieser Überlegungen war schließlich der feste Entschluß, seine Lebensweise von Grund auf zu ändern, das Vermögen, das Gott ihm vielleicht noch einmal bescheren würde, besser zu hüten und den Weibern in Zukunft etwas vorsichtiger entgegenzukommen. Als dieser Sturm im Herzen des Felipe de Carrizales — denn so hieß der Held unserer Erzählung — tobte, herrschte ringsum auf dem Meere völlige Stille. Gleich darauf aber begann der Wind aufzufrischen und trieb die Schiffe mit solcher Gewalt vor sich her, daß niemand sich auf seinem Platz halten konnte. Auch Carrizales wurde so aus seinen Träumen gerissen und sah sich gezwungen, nur noch an die Sorgen und Pflichten zu denken, welche die Reise ihm auferlegte. Diese ging in der Folge so glücklich vonstatten, daß man ohne weiteren Zwischenfall den Hafen von Cartagena erreichte.

Um nun mit allem, was nicht unmittelbar zu unserer Erzählung gehört, kurz abzuschließen, sei noch berichtet, daß Felipe, als er nach Amerika ging, achtundvierzig Jahre zählte und in den zwanzig Jahren, die er dort verbrachte, sich mit Hilfe seines Fleißes und seiner Klugheit ein Vermögen von mehr als einhundertfünfzigtausend vollwichtigen Goldpesos erwarb.

Als er so reich geworden war und alle seine Unternehmungen in schönster Blüte standen, überfiel ihn die wohlverständliche Sehnsucht, seine Heimat wiederzusehen. Sofort schlug er alle Geschäfte aus, die sich ihm boten, verließ Peru und kehrte nach Spanien zurück. Das große Vermögen, das er sich erworben hatte, führte er in Gold- und Silberbarren mit sich und ließ es beim Zoll genau registrieren, um sich alle Unannehmlichkeiten zu ersparen. Er erhielt es denn auch in Spanien anstandslos ausbezahlt. In San Lúcar ging er an Land und begab sich von da nach Sevilla, so reich an Jahren wie an Geld. Er wollte seine Freunde aufsuchen, mußte jedoch erfahren, daß sie alle gestorben waren. Dann dachte er daran, in seine Heimat zurückzugehen, obgleich er schon Nachricht hatte, daß keiner seiner Verwandten noch am Leben sei. Als er seinerzeit arm und mittellos nach Amerika gegangen war, hatten die Sorgen ihn so bedrängt, daß er selbst auf den Wogen des Meeres keine Ruhe hatte finden können. Jetzt, auf dem sicheren Lande, setzten sie ihm jedoch nicht weniger zu, wenngleich aus einem anderen Grunde: hatte ihn damals seine Armut nicht schlafen lassen, so war es nun sein Reichtum, der ihn nicht zur Ruhe kommen ließ. Denn für einen Menschen, der nicht daran gewöhnt ist und keinen Gebrauch davon zu machen weiß, ist der Reichtum eine ebenso schwere Last wie die Armut für denjenigen, der ständig darunter zu leiden hat. Gold bringt immer Sorgen, ganz gleich, ob wir es haben oder ob es uns fehlt. Die Sorgen des Armen jedoch verschwinden, wenn er sich ein wenig Gold verschaffen kann, die des Reichen hingegen werden immer größer, je mehr sein Vermögen anwächst.

Auch dem Carrizales machten seine Gold- und Silberbarren nicht wenig zu schaffen. Er war zwar keineswegs ein Geizhals, denn er hatte in den Jahren seines Soldatenlebens gelernt, großzügig und freigebig zu sein, aber er wußte nicht recht, wie er sein Vermögen anlegen sollte. Es so zu belassen, erschien ihm doch zu wenig nutzbringend, und außerdem wollte er derartige Werte nicht im Hause aufbewahren, da die Habgier der lieben Nächsten damit wohl zu sehr gereizt und die Diebe allzuleicht angelockt würden. Die Lust, sich noch einmal in das unruhige Auf und Ab der Geschäfte zu wagen, war in ihm erstorben. Er war der Ansicht, daß er im Hinblick auf seine Jahre genug besaß, um sein Leben recht gut zu fristen. Er wollte den Rest seiner Tage in seiner Heimat verbringen, sein Vermögen auf Zins legen und die Jahre seines Alters in Ruhe und Frieden verleben, indem er sich Gott widmete, soviel er konnte — denn der Welt hatte er sich ja schon mehr gewidmet, als nötig war. Andererseits bedachte er wieder, wie dürftig seine Heimat war und wie arm ihre Bewohner. Wenn er dorthin zog, würde er bald all den Belästigungen ausgesetzt sein, mit denen die Armen einen reichen Mitbürger überhäufen — vor allem, wenn er der einzige im Ort ist, der ihnen aus ihrem Elend heraushelfen kann. Er hätte gern einen Menschen gehabt, dem er sein Vermögen nach seinem Tode vermachen konnte, und als er im Hinblick darauf seine Kräfte noch einmal überprüfte, schien es ihm, daß er wohl noch imstande sein würde, die Last der Ehe zu ertragen. Kaum jedoch hatte er diesen Gedanken gefaßt, als ihn eine lähmende Furcht überfiel, die wie der Wind den Nebel all seine Pläne auflöste und zunichte machte. Er war nämlich seiner Veranlagung nach der eifersüchtigste Mensch der Welt, und obgleich er ja gar nicht verheiratet war, begannen ihn schon bei der bloßen Vorstellung einer Ehe Zweifel, Verdächte und alle möglichen Einbildungen so heftig und stark zu bestürmen, zu plagen und zu ängstigen, daß er jeden Gedanken an eine Heirat wieder von sich wies.

Als er soweit gekommen war und doch noch nicht recht

wußte, was er mit seinem Leben anfangen sollte, fügte es der Zufall, daß er eines Tages, als er durch eine Straße ging, die Blicke hob und an einem Fenster ein Mädchen gewahrte. Sie mochte wohl dreizehn oder vierzehn Jahre alt sein und war so schön und lieblich, daß der gute Carrizales diesem Anblick nicht widerstehen konnte. Ihm wurde ganz weich ums Herz, und sein Alter neigte sich vor der Jugend Leonoras — denn dies war der Name des schönen Mädchens. Unverzüglich stürmten allerhand Gedanken auf ihn ein, und er sagte zu sich selbst: »Dieses Mädchen ist schön, und nach dem äußeren Anblick ihres Hauses zu schließen, scheint sie nicht reich zu sein. Sie ist noch ein Kind; ihre zarte Jugend enthebt mich aller Zweifel und Verdächte. Ich muß sie heiraten: wenn ich sie sorgfältig von aller Welt abschließe und sie an mich gewöhne, wird sie nichts anderes kennen, als was ich sie lehre. Noch bin ich nicht so alt, als daß ich die Hoffnung aufgeben müßte, Kinder und Erben zu haben. Ob sie eine Mitgift hat oder nicht, braucht mich wenig zu kümmern; der Himmel hat mir für uns beide genug gegeben, und ein reicher Mann sieht bei der Heirat nicht aufs Geld, sondern nur darauf, wie er seinem Herzen eine Freude macht. Die Freude verlängert das Leben, Zank unter den Ehegatten aber verkürzt es. Wohlan denn, die Würfel sind gefallen: dies ist die Frau, die der Himmel mir bestimmt hat.«

Nicht einmal, sondern wohl hundertmal hielt er dieses Selbstgespräch, und nach ein paar Tagen begab er sich zu den Eltern Leonoras, um mit ihnen zu reden. Dort erfuhr er, daß es sich um eine verarmte Familie von altem Adel handelte. Er eröffnete ihnen seine Absicht, legte ihnen alles Nähere über seine Person und seine äußeren Umstände dar und bat sie schließlich, ihm ihre Tochter zur Gemahlin zu geben. Die Eltern ersuchten ihn um eine Frist, damit sie sich nach ihm erkundigen könnten und auch er unterdessen erfahren könne, ob sie hinsichtlich der Vornehmheit ihrer Abstammung die Wahrheit gesagt hatten. Carrizales verabschiedete sich daraufhin, und nun zogen beide Teile ihre Erkundigungen ein, auf die sie befriedigende Auskünfte erhielten. Das Ergebnis von alledem war, daß Leonora dem Carrizales in aller Form anverlobt wurde, nachdem dieser ihr ein Geschenk von zwanzigtausend Dukaten überreicht hatte. Der eifersüchtige Alte war so verliebt, daß ihm nichts zuviel erschien.

Kaum hatte er jedoch sein Jawort gegeben, als er schon von einem ganzen Haufen eifersüchtiger Zweifel überfallen wurde. Ohne jeden Grund begann er um sein Glück zu zittern und war sorgenvoller als je zuvor in seinem Leben. Das erste Zeichen seiner eifersüchtigen Veranlagung, das er gab, bestand darin, daß er nicht litt, daß ein Schneider seiner Verlobten Maß nahm für all die vielen Kleider, die er ihr machen lassen wollte. Er sah sich daher nach einer anderen Frau um, die ungefähr den Wuchs und die Größe Leonoras hatte, und fand auch ein armes Mädchen, nach deren Maßen er ein Kleid anfertigen ließ. Dieses Kleid mußte seine Braut anprobieren, und als sich herausstellte, daß es ihr paßte, ließ er nach diesem Kleid alle anderen machen. Es waren so viele und so kostbare Gewänder, daß die Eltern der Braut sich für die glücklichsten Menschen der Welt hielten, weil sie einen solchen Schwiegersohn gefunden hatten, der ihnen und ihrer Tochter aus ihren bedrängten Verhältnissen heraushalf. Die Kleine selbst wußte sich vor Staunen nicht zu fassen über diese Pracht, denn alles, was sie bisher in ihrem Leben auf dem Leibe gehabt hatte, ging nicht über ein Kleid von einfachem Wollstoff und ein Taffetjäckchen hinaus.

Den zweiten Beweis seiner Eifersucht gab Felipe dadurch, daß er nicht mit seiner jungen Frau zusammenziehen wollte, als bis er die Wohnung völlig für sie eingerichtet hätte. Dies aber geschah auf folgende Art:

er kaufte in einem vornehmen Teil der Stadt für zwölftausend Dukaten ein Anwesen, das gutes Quellwasser und einen Garten voller Orangenbäume hatte. Alle Fenster des Hauses, die nach der Straße gingen, ließ er zumauern und dafür Oberlichtfenster einsetzen, und ebenso verfuhr er mit den anderen Fenstern. In dem großen Torweg zur Straße richtete er einen Stall für eine Mauleselin ein und darüber einen Heuboden und eine Kammer für den Mann, der das Tier zu versorgen hatte, einen alten Negersklaven, der ein Eunuche war. Die Wände der Terrasse ließ er so hoch aufführen, daß jeder, der ins Haus trat und die Augen nach oben richtete, geradewegs in den Himmel sah und nichts anderes erblickte. Dann ließ er zwischen dem Torweg und dem Innenhof eine Tür mit einem hölzernen Drehfenster anbringen. Er kaufte den kostbarsten Hausrat, so daß die Zimmer mit all ihren schönen Teppichen, Ruhesofas und Portieren aussahen wie die Wohnung eines großen Herrn. Außerdem erwarb er noch vier weiße Sklavinnen, denen er die Kennmarke ins Gesicht brennen ließ, und dazu zwei kürzlich herübergekommene Negersklavinnen. Dann verpflichtete er einen Speisemeister, der das Essen zu besorgen und zu bringen hatte, aber nicht im Hause wohnen durfte und alles, was er brachte, durch das Drehfenster der Zwischentür hereinschieben mußte. Als dies alles besorgt war, brachte er einen Teil seines Vermögens in guten, sicheren Unternehmungen unter, so daß es sich verzinste; einen weiteren Teil legte er auf die Bank, und den Rest behielt er im Hause, damit er für jeden Fall etwas zur Hand hatte. Auch ließ er sich einen Hauptschlüssel für alle Räume des Hauses anfertigen und versah dieses mit allen Vorräten, die man je nach den Jahreszeiten in großen Mengen einkaufen kann, so daß er für ein ganzes Jahr versorgt war.
Erst als er alles das eingerichtet und zusammengestellt hatte, begab er sich zu seinen Schwiegereltern,

um seine Gemahlin zu holen. Unter vielen Tränen gaben diese ihm das Mädchen heraus — kam es ihnen doch vor, als ob sie zu Grabe geführt werden sollte. Die kleine Leonora verstand noch kaum etwas von allem, was da vorgegangen war. Da sie ihre Eltern weinen sah, bat sie sie mit Tränen in den Augen um ihren Segen, verabschiedete sich von ihnen und schritt, umgeben von ihren Sklavinnen und Dienerinnen, an der Hand ihres Gatten zu ihrem Hause. Als sie dort angekommen waren, hielt Carrizales eine Ansprache an alle und legte ihnen ans Herz, gut auf Leonora aufzupassen und unter keiner Bedingung jemals einen Mann durch die Zwischentür hereinzulassen, selbst nicht den alten schwarzen Eunuchen. Am eindringlichsten aber empfahl er die Pflege und Hut Leonoras einer sehr erfahrenen, gesetzten Kammerfrau, die er gleichsam als Wärterin seiner Frau ins Haus genommen hatte und die die Oberaufsicht über den ganzen Haushalt und die Sklavinnen führen sollte. Ihrer Obhut wurden auch die beiden jungen Mädchen anvertraut, die Carrizales aufgenommen hatte, damit Leonora Altersgenossinnen habe, mit denen sie sich unterhalten könne. Er versprach ihnen, sie gut zu behandeln und ihnen alles zu gönnen, so daß sie unter ihrer Abgeschlossenheit nicht zu leiden hätten. Auch sollten sie alle an jedem Feiertag die Messe hören dürfen, doch müßten sie so früh am Morgen zur Kirche gehen, daß kaum das Tageslicht Gelegenheit fände, sie zu erblicken. Die Dienerinnen und Sklavinnen versprachen gern und freudig und ohne eine Regung des Bedauerns, alles zu tun, was er von ihnen verlangte. Die junge Ehefrau zog die Schultern hoch, senkte den Kopf und erklärte, sie habe keinen anderen Willen als den ihres Herrn und Gemahls, dem sie stets gehorsam sein wolle.

Nachdem unser guter Carrizales so alle Vorkehrungen getroffen und sich in seinem Hause eingerichtet hatte, begann er, so gut er konnte, die Früchte seines Ehestandes zu genießen, welche Leonora, die noch keine anderen gekostet, weder angenehm noch abstoßend vorkamen. Sie brachte alle Stunden des Tages mit ihrer Kammerfrau, ihren Gespielinnen und ihren Sklavinnen zu, die, um sich das Leben recht angenehm zu machen, zu wahren Leckermäulchen wurden, so daß kaum ein Tag verging, an dem sie sich nicht tausenderlei Naschwerk bereiteten, das sie reichlich mit Zucker und Honig würzten. Die nötigen Zutaten hatten sie in Hülle und Fülle, denn ihr Herr und Gebieter gab ihnen freudig alles, was sie brauchten, weil er meinte, sie auf diese Weise so gut zu unterhalten und zu beschäftigen, daß sie gar keine Zeit finden würden, ihre Abgeschlossenheit zu bedauern. Leonora stand auf vertrautestem Fuß mit ihren Dienerinnen; sie unterhielt sich ebenso wie diese und verfiel in ihrer kindlichen Einfalt sogar darauf, sich Puppen und anderes Spielzeug anzufertigen, so daß man wohl erkennen konnte, welch unschuldige Gemütsart die Kleine noch besaß. All dies erfüllte den eifersüchtigen Gatten mit höchster Befriedigung, und er war überzeugt, daß er für seine junge Frau die denkbar beste Lebensweise ausgewählt hatte und keine List oder Bosheit der Menschen seine Ruhe mehr stören konnte. So war es denn sein einziges Bestreben, seine Gattin mit Geschenken zu überhäufen und sie immer wieder zu ermahnen, daß sie ihm doch ja sagen solle, wenn ihr irgendein Wunsch einfiele, denn er wolle ihr gern jeden erfüllen.

An den Tagen, wo Leonora in den frühesten Morgenstunden — wie wir bereits sagten — zur Messe ging, kamen auch ihre Eltern dorthin und konnten so in der Kirche und im Beisein des Gemahls mit ihrer Tochter sprechen. Dieser beschenkte auch seine Schwiegereltern so reichlich, daß sie ihre Tochter zwar um ihres abgeschlossenen Lebens willen bedauerten, diese Regung jedoch angesichts der vielen Gaben ihres freigebigen Eidams immer wieder zurückdrängten.

Wenn Carrizales des Morgens aufgestanden war, wartete er auf den Speisemeister, dem man abends zuvor einen Zettel ins Drehfenster gelegt hatte, auf dem alles verzeichnet war, was er zu bringen hatte. War der Speisemeister dann wieder gegangen, so verließ auch Carrizales, meist zu Fuß, das Haus und verschloß beim Weggehen sorgfältig die beiden Türen, diejenige, die nach der Straße führte, und die Zwischentür. In dem Raum zwischen diesen Türen aber blieb der Neger eingeschlossen. Der Alte ging seinen wenigen Geschäften nach und war bald wieder zurück, schloß sich in sein Haus ein und vertrieb sich die Zeit damit, seine junge Frau zu liebkosen und die Dienerinnen zu verhätscheln, die ihn alle wohl leiden mochten, weil er immer so freundlich und liebenswürdig war und vor allem, weil er sich ihnen gegenüber stets so freigebig zeigte. Auf diese Weise also verbrachten die Hausgenossen sozusagen ein Novizenjahr und legten dann die Gelübde ab, indem sie bei sich beschlossen, dieses Leben bis an ihr Ende fortzusetzen. Und es wäre wohl auch so gekommen, wenn nicht Amor, der schlaue Plagegeist des menschlichen Geschlechts, in diesen Frieden eingebrochen wäre. Wie, das werdet ihr gleich erfahren.

Doch zunächst soll mir jeder, der sich für klug und vorsichtig hält, einmal sagen, welche Sicherheitsmaßnahmen der alte Felipe wohl noch hätte treffen können. Er duldete ja nicht einmal ein männliches Tier in seinem Hause. Niemals ging hier ein Kater auf die Mäusejagd, niemals bellte in diesen Räumen ein Rüde; alle Haustiere waren weiblichen Geschlechts. Tagsüber achtete Carrizales auf alles, nachts fand er kaum Schlaf: er selbst spielte die Schildwache und ging die Runde in seinem Hause, wie ein Argus, der einen wertvollen Schatz behütet. Niemals gelangte ein Mann durch die

Zwischentür in den Hof; denn mit seinen Freunden verhandelte er nur auf der Straße. Die Bilder auf den Teppichen, welche die Gemächer und Säle seines Hauses schmückten, bestanden aus weiblichen Gestalten, Blumen und Landschaften. Das ganze Gebäude roch förmlich nach Sittsamkeit, Zurückgezogenheit und Anstand, und selbst in den Märchen, welche die Mägde an den langen Winterabenden vorm Kamin einander erzählten, durfte, da der Herr ja zugegen war, kein unziemliches Wort enthalten sein.

In den Augen Leonoras aber erschien das Silberhaar des Alten wie goldene Lockenpracht, denn die erste Liebe eines jungen Mädchens prägt sich ihr so tief ins Herz wie ein Siegel ins Wachs. Ihre übermäßig strenge Bewachung hielt sie für wohlbegründete Vorsicht, und sie glaubte nicht anders, als daß es allen neuvermählten Frauen so erginge. Ihre Gedanken schwärmten nicht umher und versuchten nicht, durch die Wände des Hauses hinauszudringen, und nie hatte sie einen Wunsch, der den Wünschen ihres Gatten zuwidergelaufen wäre. Die Straßen erblickte sie nur auf ihrem Weg zur Messe, und sie begab sich so früh am Morgen dorthin, daß es höchstens beim Heimweg hell genug war, um etwas davon zu sehen. Nie gab es ein besser verschlossenes Kloster, nie eine Nonne, die in größerer Zurückgezogenheit lebte, und selbst die goldenen Äpfel der Hesperiden wurden nicht so wohl behütet — und doch konnte Carrizales bei alledem nicht verhindern, daß ihm jenes Unheil zustieß, das er so sehr fürchtete, oder vielmehr, daß er die Überzeugung gewann, es sei ihm zugestoßen.

Es lebt nämlich in Sevilla eine ganz bestimmte Gattung von Müßiggängern und Faulpelzen, die man dort als die sogenannten »Vorstadtherrchen« zu bezeichnen pflegt. Es sind dies die Söhne der reichsten Bürger jedes Kirchenbezirks: ein geputztes, gelecktes Volk, das den lieben langen Tag nichts tut und von dessen Kleidung,

Lebensweise, Wesensart, Gesetzen und Regeln wohl gar manches zu sagen wäre, was wir hier aus gutem Grund verschweigen. Einem dieser jungen Gecken nun, einem unverheirateten Burschen, stach eines Tages das Haus des wohllöblichen Carrizales in die Augen. Da er es immer verschlossen sah, kam ihn die Lust an, zu erfahren, wer denn darinnen wohne. Er betrieb seine Nachforschungen mit so viel Eifer und Neugier, daß er bald alles wußte, was er zu wissen wünschte. Er erfuhr von der Sonderlichkeit des Alten, von der Schönheit seiner Gemahlin und der Strenge, mit der er sie bewachte. All diese Umstände entzündeten in ihm das Verlangen, doch einmal zu versuchen, ob die so wohl verwahrte Festung denn nicht mit List oder Gewalt zu erobern sei. Er besprach sich daher mit zweien seiner Kumpane und einem jungverheirateten Freund, und die vier kamen überein, daß man den Versuch unternehmen solle; denn wenn es um einen solchen Streich geht, fehlt es bekanntlich nie an Ratgebern und Helfern.

Sie überlegten nun, wie das schwierige Unternehmen wohl zu beginnen sei, und nachdem sie alle möglichen Pläne gefaßt und wieder verworfen hatten, einigten sie sich auf den folgenden: Loaysa, so hieß der junge Mann, von dem hier die Rede ist, sollte zunächst für einige Tage die Stadt verlassen und so aus dem Gesichtskreis seiner Freunde verschwinden. Das tat er denn auch, und als die Zeit verstrichen war, legte er ein Paar Beinkleider aus Linnen an und dazu ein sauberes Hemd. Darüber aber zog er zerschlissene und geflickte Gewänder, so erbärmlich, wie sie kaum ein Bettler in der ganzen Stadt trug. Den kurzen Bart, den er hatte, schor er ab, klebte sich ein Pflaster über ein Auge, umwickelte ein Bein fest mit Binden, nahm zwei Krücken unter die Arme und verwandelte sich auf diese Weise in einen armen Lahmen. Seine Verkleidung war so täuschend, daß auch der echteste Krüppel kaum so elend aussah wie er.

In diesem Aufzug erschien er nun jeden Abend zur Stunde des Gebetläutens vor dem Haustor des Carrizales. Das war um diese Zeit stets verschlossen, und zwischen ihm und der Zwischentür hauste der Neger, der auf den Namen Luis hörte. Sobald Loaysa hier angelangt war, holte er eine kleine schmutzige Gitarre hervor, der ein paar Saiten fehlten, und begann, da er ein recht guter Musiker war, die anmutigsten und fröhlichsten Weisen darauf zu klimpern. Er sang auch die Texte dazu, verstellte aber dabei seine Stimme, um nicht erkannt zu werden. Vor allem trug er Romanzen vor, die von Mauren und Maurinnen handeln, und zwar verstand er sie so lustig und anmutig zu singen, daß jeder, der durch die Straße kam, stehenblieb, um ihm zuzuhören. So war er stets, wenn er sang, von einem Schwarm von Kindern und jungen Leuten umgeben. Von drinnen her aber lauschte Luis, der Neger, wie verzückt der Musik und preßte sein Ohr an die Tür. Er hätte sich gern einen Arm abhacken lassen, wenn er dafür die Tür hätte öffnen dürfen, um die Lieder noch besser zu hören; denn er kannte, wie alle Neger, nichts Schöneres als die Musik. Wenn Loaysa dann seine Zuhörer los sein wollte, hörte er auf zu singen, packte seine Gitarre wieder ein, ergriff seine Krücken und humpelte davon.

Vier- oder fünfmal hatte er so schon für den Neger gesungen und gespielt — denn diesem allein galt natürlich die Musik, da Loaysa der Ansicht war, daß er bei dem Neger den Anfang machen müsse, um das Gebäude zu unterwühlen. Und er hatte sich nicht verrechnet. Als er eines Abends wie gewöhnlich an die Haustür trat und seine Gitarre zu stimmen begann, merkte er, daß der Neger bereits gespannt hinter der Tür seiner harrte. Sogleich näherte er sein Gesicht dem Türspalt und flüsterte: »Ach, Luis, kannst du mir nicht ein wenig Wasser geben? Ich vergehe vor Durst und kann keinen Ton herausbringen.«

»Nein, das geht nicht«, erwiderte der Neger. »Ich habe ja keinen Schlüssel für diese Tür, und es ist auch kein Loch da, durch das ich das Wasser herausreichen könnte.«

»Und wer hat denn den Schlüssel?« fragte Loaysa.

»Mein Herr«, sagte der Neger, »der eifersüchtigste Mensch der Welt. Wenn er wüßte, daß ich jetzt hier mit jemandem spreche, so wäre ich meines Lebens nicht mehr sicher. Aber wer seid Ihr denn, der da Wasser von mir verlangt?«

»Ich«, entgegnete Loaysa, »bin ein armer, lahmer Krüppel, der sich sein Brot damit erwirbt, daß er die Menschen für Gotteslohn um ein Almosen bittet. Daneben unterrichte ich noch ein paar Neger und andere arme Leute im Gitarrespielen. Ich habe zur Zeit drei Negerschüler, die alle drei Sklaven bei Stadtschöppen sind. Die haben schon so viel bei mir gelernt, daß sie imstande wären, auf jedem Fest und in jeder Schenke zum Tanze aufzuspielen und zu singen. Sie haben mich auch großartig dafür bezahlt.«

»Ich würde Euch noch viel besser bezahlen«, meinte Luis, »wenn ich nur die Möglichkeit hätte, solchen Unterricht zu nehmen. Aber es geht eben nicht, denn wenn mein Herr morgens ausgeht, schließt er die Haustür zu, und wenn er heimkommt, tut er es wieder und sperrt mich hier zwischen den beiden Türen ein.«

»Wirklich, Luis«, versetzte Loaysa, der den Namen des Negers schon kannte, »wenn Ihr Mittel und Wege fändet, daß ich ein paarmal des Nachts hier hereingelangte, so wäret Ihr in kaum vierzehn Tagen ein so geschickter Gitarrespieler, daß Ihr Euch ohne Scheu an jeder Straßenecke hören lassen könntet. Denn wißt, ich habe ein ganz außerordentliches Lehrtalent, und zudem habe ich sagen hören, daß Ihr eine sehr gute Auffassungsgabe besitzt. Nach Eurer hellen Diskantstimme zu urteilen, kann ich Euch auch jetzt schon sagen, daß Ihr ein vorzüglicher Sänger sein müßt.«

»Nein, ich singe gar nicht schlecht«, meinte der Neger, »aber was nützt das alles, wenn ich doch kein einziges Liedchen kann, höchstens das vom Venusstern und

›Auf der grünen Wiese‹

und dann noch das andere, das jetzt so viel gesungen wird:

›An die Stäbe eines Gitters
zitternd ist die Hand geheftet...‹«

»Das ist alles noch gar nichts«, meinte Loaysa, »im Vergleich zu den Weisen, die ich Euch lehren könnte. Ich kenne alle Romanzen vom Mauren Abindarráez und seiner Dame Jarifa, und dann auch noch alle die, welche man über die Geschichte des großen Schahs Tomumbeyo singt, und dazu die himmlischen Sarabanden, die so wunderbar sind, daß sogar ein Portugiese außer sich gerät, wenn er sie hört. Und dabei ist meine Lehrmethode so leicht und einfach, daß Ihr Euch gar nicht besonders mit dem Lernen anzustrengen braucht. Ich verbürge mich dafür, noch ehe Ihr drei oder vier Scheffel Salz gegessen habt, seid Ihr ein Musiker, der mit jeder Gitarre umzugehen weiß.«
Der Neger seufzte bei diesen Worten tief auf und sagte: »Aber was habe ich davon, wenn ich doch nicht weiß, wie ich Euch ins Haus bringen soll?«
»Da wüßte ich ein gutes Mittel«, versicherte Loaysa. »Seht zu, daß Ihr Euch einmal die Schlüssel von Eurem Herrn verschafft. Ich will Euch ein Stück Wachs geben, in das Ihr sie so fest eindrücken müßt, daß sich der Bart genau im Wachs abzeichnet. Ich habe nun einmal etwas für Euch übrig und werde deshalb einen mir befreundeten Schlosser bitten, daß er die Schlüssel nach dem Abdruck anfertigt. Dann aber kann ich des Nachts bequem hier hereinschlüpfen und Euch noch besser unterrichten als den Priester Johann von Indien; denn ich sehe ein, es wäre wirklich jammerschade, wenn eine Stimme wie die Eure verlorenginge, nur weil ihr die

Unterstützung durch die Gitarrebegleitung fehlt. Ihr müßt nämlich wissen, mein lieber Luis, daß auch die beste Stimme der Welt nicht recht zur Geltung kommt, wenn sie nicht von einem Instrument begleitet wird, mag es nun eine Gitarre, ein Klavier, eine Orgel oder eine Harfe sein; zu Eurer Stimme aber paßt am besten eine Gitarre, denn sie ist das handlichste und zugleich das wohlfeilste aller Instrumente.«

»Das ist ganz gut und schön«, meinte der Neger, »aber es läßt sich leider nicht machen. Ich kann die Schlüssel niemals an mich bringen, denn tagsüber läßt mein Herr sie nicht aus der Hand, und nachts liegen sie unter seinem Kopfkissen.«

»Ja, dann ersinnt eben etwas anderes, Luis«, sagte Loaysa, »sofern Ihr Lust habt, ein vollendeter Musikant zu werden. Wenn Euch aber nichts daran liegt, kann ich mir meine Ratschläge ja sparen.«

»Ob ich Lust habe!« rief der Neger, »so riesengroße Lust habe ich, daß ich nichts unversucht lassen würde, was einigermaßen Erfolg verspricht, wenn ich dadurch nur ein Musikant werden kann.«

»Na schön, wenn es wirklich so ist«, meinte der junge Geck, »dann will ich Euch durch die Tür etwas zustecken; ihr müßt nur dort bei der Türangel die Erde etwas aushöhlen. Und zwar werde ich Euch eine Zange und einen Hammer zustecken, mit deren Hilfe Ihr des Nachts im Handumdrehen die Nägel aus dem großen Türschloß herausziehen könnt. Es wird uns ein leichtes sein, hinterher das Schlüsselblech wieder so daraufzusetzen, daß kein Mensch sehen kann, daß es einmal abgenommen war. Wenn ich dann erst drinnen bin, komme ich mit auf Euren Heuboden oder wo Ihr sonst schlaft, und dann werde ich mich mit solchem Eifer an die Arbeit machen, daß Ihr es mir zur Ehre und Euch zur Freude noch weiter bringen sollt, als ich versprochen habe. Was das Essen anbetrifft, so braucht Ihr Euch keine Sorge machen, ich bringe Proviant für uns beide mit, daß wir für mehr als acht Tage genug haben, denn ich habe gute Freunde und Schüler, die schon dafür sorgen, daß es mir nicht schlecht geht.«

»Ach, ums Essen habt nur keine Angst«, erwiderte der Neger, »mit der Ration, die mein Herr mir gibt, und den Speiseresten, die mir die Sklavinnen zustecken, haben wir reichlich für uns und könnten noch zwei Leute obendrein ernähren. Jetzt schafft mir nur den Hammer und die Zange herbei, von denen Ihr gesprochen habt. Ich will hier bei der Türangel die Erde ein wenig ausheben, daß Ihr die Geräte hineinschieben könnt, und dann fülle ich das Loch wieder mit Erde aus. Wenn ich auch ein wenig klopfen muß, um das Schloß loszubekommen, so macht das nichts. Das Schlafzimmer meines Herrn liegt so weit von dieser Tür entfernt, daß es schon ein Wunder wäre und wir ganz besonderes Pech haben müßten, wenn er es hören würde.«

»Nun, dann in Gottes Namen«, versetzte Loaysa. »Binnen zwei Tagen sollt Ihr alles Nötige haben, um unseren prächtigen Plan durchzuführen. Gebt nur acht, daß Ihr bis dahin nichts Schleimiges eßt; denn das ist nicht gut für die Stimme, sondern schadet ihr im Gegenteil ganz erheblich.«

»Nichts macht mich so leicht heiser wie der Wein«, meinte der Neger. »Aber das Weintrinken gebe ich auch für alle Stimmen der Welt nicht auf.«

»Wer spricht denn davon«, sagte Loaysa. »Gott behüte! Trinkt nur, mein Sohn Luis, trinkt und wohl bekomm's Euch! Wenn man den Wein mit Maßen trinkt, ist er niemals schädlich.«

»Ja, ich trinke ihn schon maßweise«, versicherte der Neger. »Ich habe hier einen Krug, der genau ein Maß faßt. Den füllen mir die Sklavinnen immer, ohne daß mein Herr es weiß, und der Speisemeister bringt mir heimlich noch eine Flasche mit zwei Maß, damit ich den Krug immer nachfüllen kann.«

»Na«, versetzte Loaysa, »so ein Leben möchte ich auch einmal haben! Denn mit einer trockenen Kehle kann man weder grunzen noch singen.«

»Nun geht mit Gott«, sagte der Neger. »Doch vergeßt nicht, jeden Abend wieder hierherzukommen und mir etwas vorzusingen, solange die Werkzeuge noch nicht da sind, die Ihr mir bringen müßt, um hereinzugelangen. Mir zuckt es schon in den Fingern nach einer Gitarre!«

»Natürlich komme ich«, versprach Loaysa, »und ich bringe sogar neue Liedchen mit.«

»Ach ja, tut das!« bat Luis. Und jetzt singt mir noch rasch eins, damit ich fröhlich zu Bett gehen kann. Was die Bezahlung anbetrifft, so glaubt mir, Herr Gevatter, ich werde Euch besser zahlen als ein Reicher.«

»Darauf kommt es mir gar nicht so an«, erklärte Loaysa. »So wie ich Euch lehre, bezahlt Ihr mich. Jetzt hört noch ein Liedchen; und wenn ich erst drinnen bei Euch bin, sollt Ihr Euer Wunder erleben.«

»Das gebe Gott!« versetzte der Neger.

Als diese lange Unterredung beendet war, sang Loaysa noch eine kecke Romanze, die den Neger so begeisterte, daß er kaum die Stunde erwarten konnte, in der er seinem Lehrmeister die Tür öffnen würde.

Kaum hatte sich Loaysa von der Haustür weggewandt, als er so leichtfüßig, als man nach seinen Krücken nicht erwartet hätte, davoneilte, um seinen Kumpanen von dem guten Beginn seiner Sache zu berichten, der ihm ein ebenso gutes Ende zu verheißen schien. Er fand sie versammelt und erzählte ihnen, was er mit dem Neger vereinbart hatte. Am nächsten Tag schon hatten sie ihm so vortreffliche Werkzeuge besorgt, daß man mit ihnen einen Nagel abzwicken konnte, als wäre er aus Holz.

Der junge Geck erfüllte sein Versprechen und brachte dem Neger wieder ein Ständchen, und auch dieser war nicht müßig gewesen und hatte ein Loch in die Erde gegraben, in das sein Lehrmeister die Werkzeuge hineinlegen konnte. Das Loch hatte er wieder mit lockerer Erde ausgefüllt, so daß es nur einem besonders mißtrauischen und argwöhnischen Auge gelungen wäre, zu entdecken, was hier vorgefallen war. Am zweiten Abend brachte Loaysa die Werkzeuge. Luis versuchte sich damit, und fast ohne jede Gewaltanwendung hatte er die Nägel zerbrochen und hielt das Schloß in der Hand. Flugs öffnete er die Tür, um seinen Orpheus und Meister hereinzulassen. Als er aber die Krücken, die zerlumpte Kleidung und das umwickelte Bein sah, war er sprachlos vor Staunen. Loaysa hatte an diesem Abend kein Pflaster über dem Auge, weil er es nicht mehr für nötig hielt, und sobald er drinnen war, umarmte er seinen guten Schüler, küßte ihn auf die Backe und überreichte ihm eine große Flasche Wein, eine Büchse mit Eingemachtem und verschiedene andere Leckereien, die er aus einem wohlgefüllten Beutel hervorholte. Dann warf er seine Krücken weg, als hätte ihm nie etwas gefehlt und begann die tollsten Luftsprünge zu machen, so daß der Neger sich kaum zu fassen wußte.

»Wißt, Bruder Luis«, erklärte Loaysa dann, »mein lahmes Bein ist kein Geburtsfehler, sondern nur das Ergebnis einer besonderen List, durch die ich mir mein Brot mit Betteln verdiene. Mit Hilfe dieser List und meiner Musik lebe ich herrlich und in Freuden in dieser Welt, in der alle diejenigen, die nicht schlau und gerissen sind, Hungers sterben können. Das werdet Ihr im Verlauf unserer Freundschaft schon selbst noch merken.«

»Das wird sich zeigen«, meinte der Neger. »Aber jetzt seht zu, daß wir das Schloß wieder an seinen richtigen Platz bringen, damit niemand merkt, was wir getan haben.«

»Recht so«, stimmte Loaysa zu.

Damit holte er aus seinem Beutel ein paar Nägel hervor, und sie setzten das Schloß so kunstgerecht wieder ein, daß alles genau so aussah wie vorher. Der Neger war höchst befriedigt von dem Erfolg und nahm Loaysa nun mit hinauf in sein Gemach auf dem Heuboden, wo dieser sich einrichtete, so gut es ging. Luis steckte ein kleines Wachskerzchen an, und sofort holte Loaysa seine Gitarre hervor und begann so leise und sanft zu spielen, daß der arme Neger sich beim Zuhören vor Entzücken kaum zu fassen wußte. Als Loaysa ein wenig gespielt hatte, holte er Naschwerk aus seinem Beutel und gab es seinem Schüler. Der Neger aß und sprach dabei der Flasche so kräftig zu, daß der Wein seine Sinne noch mehr umnebelte als die Musik. Daraufhin verlangte Loaysa, Luis solle nun die erste Stunde nehmen, und da bei dem armen Neger der Weindunst wohl vier Finger breit auf dem Gehirn lagerte, brachte er keinen einzigen Griff richtig zustande. Trotzdem redete Loaysa ihm ein, er könne nun schon mindestens zwei Lieder. Das schönste daran war, daß der Neger es glaubte und die ganze Nacht hindurch nicht aufhörte, auf der verstimmten Gitarre herumzuklimpern, der zudem noch ein paar Saiten fehlten.

Die wenigen Stunden der Nacht, die ihnen noch geblieben waren, brachten sie im Schlummer zu; um sechs Uhr morgens kam Carrizales herunter, öffnete die Zwischentür und auch die nach der Straße und wartete auf den Speisemeister, der bald darauf erschien, die Eßwaren zum Drehfenster hereinreichte und wieder fortging. Nun rief Carrizales den Neger herunter, damit er das Futter für die Mauleselin und seine eigenen Ration in Empfang nähme. Als dies geschehen war, ging der Alte fort. Zuvor hatte er beide Türen wieder verschlossen, ohne zu bemerken, was mit der Haustür geschehen war, worüber sich der Lehrer und sein Schüler nicht wenig freuten.

Der Herr hatte kaum das Haus verlassen, als der Neger

schon wieder zur Gitarre griff und so laut darauf zu spielen begann, daß alle Dienerinnen ihn hören konnten. Sie kamen an das Drehfenster und fragten: »Was ist das, Luis? Seit wann hast du eine Gitarre, und wer hat sie dir gegeben?«

»Wer sie mir gegeben hat?« meinte Luis. »Der beste Musikant der Welt, und er wird mich in knapp sechs Tagen sechstausend Melodien lehren.«

»Und wo ist denn der Musikant?« fragte Leonoras Kammerfrau.

»Der ist gar nicht weit von hier«, versicherte der Neger. »Wenn ich nicht so viel Angst vor dem Herrn hätte, würde ich ihn Euch vielleicht zeigen. Ihr könnt mir glauben, Ihr würdet Eure Freude an ihm haben.«

»Aber wo mag er denn bloß stecken, daß wir ihn sehen könnten?« meinte die Kammerfrau wieder. »In dieses Haus kommt doch niemals ein Mann außer unserem Herrn.«

»Nein, nein«, versetzte der Neger, »ich verrate Euch nichts, bis Ihr erst selbst hört, was ich kann und was er mich in dieser kurzen Zeit gelehrt haben wird.«

»Na«, meinte die Kammerfrau, »wenn dein Lehrer nicht etwa der Teufel selbst ist, so wüßte ich wirklich nicht, wer dich so schnell zu einem Musiker machen könnte.«

»Wartet nur ab«, tröstete sie Luis, »eines Tages werdet Ihr es schon selbst hören und sehen.«

»Daraus wird doch nichts«, fiel eine Dienerin ein. »Wir haben ja gar kein Fenster zur Straße hin und können also auch niemanden hören oder sehen.«

»Ganz recht«, meinte der Neger, »aber gegen jedes Übel ist ein Kraut gewachsen, nur nicht gegen den Tod. Es kommt nur darauf an, ob Ihr schweigen könnt und wollt.«

»Und ob wir schweigen wollen, Bruder Luis«, versicherte eine der Sklavinnen. »Wie ein Grab wollen wir schweigen! Denn wirklich, ich versichere dir, ich höre für mein Leben gern eine schöne Stimme. Aber seit man uns hier eingemauert hat, haben wir nicht einmal einen Vogel singen hören.«

Loaysa hatte diese ganze Unterhaltung mit angehört und war sehr befriedigt davon, denn es schien alles darauf angelegt zu sein, daß er das Ziel seiner Wünsche erreichte, ja, es kam ihm vor, als habe das Schicksal selbst die Hand im Spiele, um alles nach seinem Willen zu lenken. Die Dienerinnen verabschiedeten sich nun, nachdem der Neger ihnen versprochen hatte, sie würden eine schöne Stimme zu hören bekommen, wenn sie es am wenigsten erwarteten. Dann aber bekam er es mit der Angst, sein Herr könne zurückkommen und ihn im Gespräch mit den Mädchen überraschen, und so verließ er sie und zog sich wieder in sein Zimmer oder vielmehr seine Zelle zurück. Er hätte gern eine neue Unterrichtsstunde genommen, aber er wagte nicht, tagsüber zu spielen, weil er fürchtete, sein Herr könne ihn hören. Dieser kehrte bald wieder zurück, verschloß nach seiner Gewohnheit beide Türen und begab sich ins Haus.

Als Luis an diesem Tage sein Essen zum Drehfenster hinausgereicht bekam, sagte er zu der Negerin, die es ihm brachte, sie sollten in der nächsten Nacht, wenn der Herr schlafen gegangen sei, alle zum Drehfenster hinunterkommen, da würden sie die Stimme hören können, die er ihnen versprochen habe. Bevor er diesen Bescheid erteilte, hatte er seinen Lehrmeister inständig gebeten, er möge sich doch bereit finden, in der kommenden Nacht am Drehfenster zu spielen und zu singen; denn er habe den Mädchen versprochen, daß sie eine wunderbar schöne Stimme zu hören bekommen würden, und wolle nun sein Versprechen gern halten. Auch hatte er Loaysa versichert, daß er sich von allen Dank und Belohnung erwarten dürfe. Der Lehrmeister ließ sich erst ein wenig bitten um das, was ihm selbst am meisten am Herzen lag. Schließlich aber sagte er, er wolle tun, was sein guter Schüler wünsche, und zwar nur ihm zu Gefallen — einen anderen Vorteil habe er dabei nicht im Auge. Der Neger war über dieses Versprechen so glücklich, daß er seinen Lehrer umarmte und auf die Backen küßte und ihm an diesem Tage ein so köstliches Essen auftischte, daß Loaysa mindestens ebensogut speiste wie in seinem eigenen Hause — vielleicht sogar noch etwas besser, denn wir wissen ja nicht, wie es dort herging.

Die Nacht kam heran, und etwa um die zwölfte Stunde erhob sich ein Tuscheln hinter dem Drehfenster, woraus Luis entnahm, daß der Schwarm der Mädchen gekommen war. Er rief seinen Lehrer, und die beiden stiegen vom Strohboden herab, die wohlgestimmte Gitarre in der Hand, die Loaysa vorher mit neuen Saiten bespannt hatte. Luis fragte die Mädchen, wer denn alles gekommen sei, um der Musik zu lauschen, und erhielt die Antwort, sie seien sämtlich zur Stelle, außer ihrer Herrin, die bei ihrem Gatten schlafe. Loaysa bedauerte das sehr, doch wollte er gleichwohl seine Absicht ausführen und seinen Schüler zufriedenstellen. So begann er denn die Saiten seiner Gitarre leicht zu zupfen und brachte so süße Töne hervor, daß der Neger vor Staunen den Mund aufriß und die Mädchen ganz begeistert waren. Völlig außer sich gerieten sie jedoch, als sie das schöne Lied: »Wie weh ist mir im Herzen« spielen hörten und er als Abschluß seiner Vorführungen eine feurige Sarabande erklingen ließ, die damals in Spanien ganz neu war. Selbst die Alten rührten ihre Glieder im Tanze, und die Jungen sprangen umher, daß sie ganz außer Atem kamen. Alles das jedoch geschah ohne einen Laut, in der größten Stille, und sie hatten sogar Wachen und Späher ausgestellt, die sie sofort benachrichtigen sollten, wenn der Alte etwa erwachte. Loaysa trug auch eine Reihe von volkstümlichen Liedchen vor, die dem Entzücken seiner Zuhörerinnen die Krone aufsetzten. Alle bestürmten den Neger mit Fragen, wer denn dieser wunderbare Musikant sei, und der Neger erwiderte, er sei ein armer Bettler, dabei aber der stattlichste und hübscheste Mensch, den es unter dem niederen Volk Sevillas gäbe. Nun baten sie ihn, er möge es doch in die Wege leiten, daß sie ihn auch einmal zu sehen bekämen. Er dürfe ihn keinesfalls vor vierzehn Tagen wieder aus dem Hause lassen, sie alle wollten ihn schon reichlich belohnen und ihm alles geben, was er brauche. Sie fragten ihn auch, wie er es angestellt habe, ihn ins Haus zu schmuggeln. Auf diese Frage erwiderte der Neger kein Wort, und auf ihre übrigen Bitten meinte er, wenn sie ihn sehen wollten, so sollten sie doch ein kleines Loch in das Drehfenster bohren und es dann mit Wachs verstopfen. Was aber ihre Bitte beträfe, den Sänger möglichst lange im Hause zu behalten, so wolle er schon dafür sorgen.

Auch Loaysa sprach mit den Mädchen, sagte ihnen tausend Höflichkeiten und wußte seine Worte so geschickt zu setzen, daß sie sich wohl dachten, solche Reden könnten nicht aus dem Hirn eines armen Bettlers entspringen. Die Mädchen baten ihn, doch in der nächsten Nacht wieder ans Drehfenster zu kommen, sie wollten dann ihre Herrin gleichfalls mit herunterbringen, damit auch sie ihn hören könne. Es würde sich schon machen lassen trotz des leichten Schlafes ihres Gatten, der wohl weniger von seinem hohen Alter als von seiner großen Eifersucht herrühre. Loaysa meinte hierauf, wenn sie ihn gern einmal hören wollten ohne Furcht, von dem Alten überrascht zu werden, so könne er ihnen ein Pulver besorgen, das sie ihm nur in den Wein zu schütten brauchten, dann werde er viel länger und tiefer schlafen als gewöhnlich.

»Du lieber Herr Jesus!« rief eines der Mädchen, »wenn das wahr wäre, dann wäre ja das Glück selbst ohne all unser Zutun und Verdienst mit Euch zur Türe hereingekommen. So ein Pulver wäre nicht nur ein Schlaftrank für den Alten, sondern ein Lebenselixier für uns alle und vor allem für meine arme Herrin Leonora, seine Gattin, die nirgends einen Schritt hintun darf und die er keine Sekunde aus den Augen läßt. Ach, mein bester, schönster Herr, bringt uns das Pulver, und Gott möge Euch all Eure Wünsche dafür erfüllen! Und laßt es nicht zu lange anstehen, bringt es bald, mein Herr! Ich will mich gern erbieten, es in den Wein zu mischen und ihm zu kredenzen. Gäbe Gott doch, daß er darauf drei Tage und drei Nächte schläft, denn so lange leben wir dann wie im Paradiese.«

»Schön, ich werde so ein Pulver besorgen«, versprach Loaysa, »und es wird so beschaffen sein, daß der, der es nimmt, keinen Schaden davon hat, sondern nur in tiefen Schlaf verfällt.«

Alle baten ihn, das Mittel doch recht bald zu bringen, und nachdem sie noch abgemacht hatten, daß sie am nächsten Abend mit einem Bohrer ein Loch in das Drehfenster machen und auch ihre Herrin mit herunterbringen würden, damit auch sie ihn sehen und hören könne, verabschiedeten sie sich. Obgleich der Morgen schon nahe war, wollte der Neger doch gern noch eine Unterrichtsstunde haben, und Loaysa gab sie ihm auch und redete ihm ein, er habe noch nie einen Schüler mit solch feinem Gehör gehabt. Dabei brachte der arme Neger nicht einen einzigen rechten Griff zustande und sollte es auch sein Lebtag nicht lernen.

Loaysas Freunde versäumten nicht, in der Nacht an die Haustür zu kommen, um zu hören, ob er ihnen etwas zu sagen habe oder ob er etwas brauche. Sie gaben ein verabredetes Zeichen, an welchem Loaysa erkannte, daß sie es waren. Durch das Loch bei der Türangel gab er ihnen einen kurzen Bericht über den Stand seines Unternehmens und bat sie inständig, ihm doch ein Schlafmittel für Carrizales zu beschaffen; er habe gehört, daß es irgendwelche Pulver gäbe, die diese

Wirkung hätten. Sie sagten ihm, sie seien mit einem Arzt befreundet, der ihnen bestimmt das allerbeste Schlafmittel geben würde, wenn er eins hätte. Dann redeten sie ihm zu, seine Sache nur immer weiter zu betreiben, versprachen ihm noch, sich in der nächsten Nacht mit allem Erforderlichen wieder einzufinden, und machten sich eilig davon.

Es kam die Nacht, und auf den Lockruf der Gitarre flatterte die Taubenschar wieder herbei. Mit ihren Dienerinnen erschien auch die kleine Leonora, zitternd und voller Angst, ihr Gemahl könne erwachen. Sie hatte in ihrer Furcht gar nicht mitkommen wollen, doch alle ihre Dienerinnen und vor allem die Kammerfrau hatten ihr so viel von der herrlichen Musik und der Liebenswürdigkeit des armen Musikanten vorerzählt — den sie, ohne ihn gesehen zu haben, über Absalom und Orpheus selbst erhoben —, daß die arme junge Frau sich beschwatzen und überreden ließ, etwas zu tun, was ihr von selber nie und nimmer in den Sinn gekommen wäre.

Als erstes machten sie sich daran, ein Loch in das Drehfenster zu bohren, damit sie den Sänger erblicken könnten. Der trug jetzt nicht mehr sein Bettlergewand, sondern hatte ein Paar Hosen aus gelbbraunem Taffet angelegt, weit geschnitten, wie die Matrosen sie tragen, und dazu ein mit Goldschnüren verziertes Wams aus dem gleichen Stoff, eine Atlasmütze von derselben Farbe und einen gestärkten Kragen mit breitem Saum und Spitzen. All das hatte er in seinem Quersack mitgenommen, da er schon vorausgesehen hatte, daß sich einmal eine Gelegenheit bieten würde, wo es ratsam wäre, die Kleidung zu wechseln.

Er war jung, stattlich und hübsch, und da alle die Mädchen seit so langer Zeit nur an den Anblick ihres alten Herrn gewöhnt waren, kam es ihnen vor, als sähen sie einen Engel. Eine nach der anderen stellte sich an das Guckloch, und damit sie ihn besser sehen

konnten, beleuchtete ihn der Neger mit seinem Wachskerzlein immer wieder von Kopf bis Fuß. Als ihn nun
alle, auch die Negersklavinnen, genügend bestaunt
hatten, ergriff Loaysa seine Gitarre und spielte und
sang in dieser Nacht so wunderbar schön, daß die
Kammerfrau und die Mädchen atemlos und wie verzückt lauschten und alle den Neger bestürmten, er
solle es doch ermöglichen, daß sein Lehrmeister einmal
zu ihnen hereinkomme, damit sie ihn einmal aus der
Nähe sehen und hören könnten, und nicht nur durch
ein so kleines Guckloch. Dann, so meinten sie, brauchten sie auch nicht immer Angst zu haben, daß ihr Herr,
der da hinten im Hause schliefe, sie überraschen und
auf frischer Tat ertappen könne; denn, wenn der Herr
Musikant erst drinnen wäre, könnten sie ihn schon
sicher verstecken.

Leonora jedoch widersetzte sich diesen Wünschen mit
allem Nachdruck und sagte, sie dürften keinesfalls versuchen, den Fremden hereinzubringen, es würde ihr
zu schwer auf dem Gewissen lasten. Sie könnten ihn ja
auch so recht gut sehen und hören, ohne ihre Ehre dabei in Gefahr zu bringen.

»Was, Ehre!« meinte verächtlich die Kammerfrau, »der
König hat Ehre genug für uns alle! So bleibt doch
drinnen bei Eurem Methusalem, gnädigste Herrin, und
laßt uns unser Vergnügen! Was ist denn dabei? Wo
der Herr doch solch einen anständigen Eindruck macht
und sicherlich nichts anderes von uns will, als wir von
ihm.«

»Ich, meine Damen«, fiel Loaysa ein, »bin allein mit
der Absicht hierhergekommen, Euer Gnaden mit Leib
und Seele zu Diensten zu sein; denn diese unerhörte
Abgeschlossenheit, in der man Euch hält, hat mein Erbarmen erregt, und es war mir leid um all die schönen
Stunden, die Euch bei solch beengter Lebensweise ver-
lorengehen. Beim Leben meines Vaters schwöre ich
Euch, ich bin so ein sanfter, gesitteter, friedfertiger

und bescheidener Mensch, daß ich nie wagen würde, etwas anderes zu tun, als Ihr mir befehlt. Wenn eine von Euch sagt: ›Meister, setzt Euch hierher! Meister, geht dorthin! Laßt Euch da nieder! Kommt hier herüber!‹ so werde ich ihre Weisungen ausführen wie das wohlerzogenste und gelehrigste Hündchen, das für den König von Frankreich seine Kunststücke macht.«

»Ja, wenn es wirklich so ist«, meinte die unerfahrene Leonora, »dann wollen wir doch überlegen, wie es wohl anzustellen wäre, um den Herrn Musiklehrer hier hereinzulassen.«

»Nichts leichter als das«, sagte Loaysa. »Euer Gnaden brauchen mir nur einen Wachsabdruck von dem Schlüssel dieser Zwischentür hier zu verschaffen, und ich verbürge mich dafür, daß morgen nacht ein Schlüssel zur Stelle ist, der uns zu unserem Vorhaben dienen kann.«

»Wenn Ihr erst diesen Schlüssel habt«, fiel ein Mädchen ein, »dann habt Ihr alle Schlüssel zum ganzen Hause; denn es ist der Hauptschlüssel.«

»Nun, um so besser«, versetzte Loaysa.

»Ja, sie hat recht«, meinte Leonora. »Aber zuvor muß der Herr uns schwören, daß er hier drinnen nichts anderes tun wird als nur singen und spielen, wenn wir es ihn heißen, und daß er sich dort, wo wir ihn einschließen, mäuschenstill verhalten wird.«

»Das schwöre ich«, sagte Loaysa.

»Nein, so ein Schwur gilt mir nichts!« widersprach Leonora. »Ihr müßt beim Leben Eures Vaters schwören, und Ihr müßt das Kreuzeszeichen machen und es küssen, so daß wir alle es sehen können.«

»So schwöre ich denn beim Leben meines Vaters«, sagte Loaysa, »und bei diesem Kreuzeszeichen, das ich mit meinen sündigen Lippen küsse.«

Dabei machte er mit den Fingern das Zeichen des Kreuzes und drückte dreimal seine Lippen darauf.

Als dies geschehen war, meinte eines der Mädchen:

»Aber seht nur zu, Herr, daß Ihr die Pulver nicht vergeßt, denn das ist die Hauptsache.«

Damit war die Unterhaltung für diesen Abend zu Ende, und alle waren hochbefriedigt von der getroffenen Verabredung. Loaysas Glücksstern, der seine Unternehmung so auffallend begünstigte, führte noch zur gleichen Stunde — es mochte etwa zwei Uhr nachts sein — seine Freunde herbei, die das übliche Zeichen gaben, indem sie ein Brummeisen schnarren ließen. Loaysa sprach mit ihnen, berichtete über den Fortgang seiner Sache und fragte, ob sie das bewußte Pulver oder ein anderes Mittel mitgebracht hätten, durch das Carrizales in festen Schlaf versenkt werden könne. Außerdem erzählte er ihnen von der Sache mit dem Hauptschlüssel. Sie sagten, das Pulver oder wahrscheinlich eine Salbe werde in der folgenden Nacht zur Stelle sein. Mit der Salbe müsse man dem Alten den Puls und die Schläfen bestreichen, und er werde darauf in einen tiefen Schlaf verfallen und erst zwei Tage später daraus erwachen, sofern man ihm nicht vorher alle bestrichenen Stellen mit Essig abwasche. Den Schlüsselabdruck solle er ihnen nur bringen, sie würden im Handumdrehen einen Schlüssel danach anfertigen lassen. Damit gingen sie, und Loaysa und sein Schüler begaben sich für den kurzen Rest der Nacht zur Ruhe. Loaysa konnte den nächsten Abend kaum erwarten, so begierig war er, zu sehen, ob Leonora wohl ihr Wort halten und den Schlüsselabdruck bringen werde. Obgleich aber die Zeit für den ungeduldig Wartenden langsam und träge dahinzuschleichen scheint, läuft sie in Wirklichkeit doch mit Gedankenschnelle, und da sie niemals rastet noch ruht, kommt stets einmal der ersehnte Augenblick.

So kam denn auch die Nacht heran, und zur gewohnten Stunde waren alle Dienerinnen des Hauses, große und kleine, schwarze und weiße, vor dem Drehfenster versammelt; denn alle brannten darauf, den Herrn

Musikus in ihrem Serail zu empfangen. Leonora jedoch erschien nicht, und als Loaysa nach ihr fragte, hieß es, sie läge bei ihrem Gemahl und dieser habe die Tür des Schlafgemachs verschlossen. Den Schlüssel pflege er unter sein Kopfkissen zu legen und die Herrin habe gesagt, sobald der Alte eingeschlafen sei, wolle sie den Hauptschlüssel hervorholen und einen Wachsabdruck davon anfertigen. Das Wachs dafür habe sie schon geschmeidig gemacht und geknetet, und binnen kurzem könnten sie es durch das Katzenloch in der Tür herausholen.

Loaysa war recht verwundert über diese Vorsicht des Alten, doch ließ er deshalb den Mut nicht sinken. In diesem Augenblick vernahm er draußen das Brummeisen, und als er zur Tür eilte, fand er dort seine Freunde, die ihm ein Büchschen mit der bewußten Salbe hereinschoben, welche die erwünschte Wirkung haben sollte. Loaysa nahm die Salbe und bat seine Freunde, ein wenig zu warten, er wolle ihnen den Wachsabdruck für den Schlüssel bringen. Dann kehrte er an das Drehfenster zurück und sagte der Kammerfrau, die offenbar am meisten darauf brannte, ihn hereinzuholen, sie solle ihrer Herrin Leonora das Büchschen bringen und ihr von der Wirkungskraft der Salbe erzählen. Leonora müsse versuchen, ihren Gemahl so vorsichtig einzusalben, daß er nichts davon merke, dann werde sie ihr Wunder erleben. Die Kammerfrau lief hinauf, und als sie an die Schlafzimmertür kam, merkte sie, daß Leonora bereits der Länge nach auf dem Boden lag und ihr Gesicht an das Katzenloch gepreßt hielt. Nun streckte die Alte sich auch auf dem Boden aus, näherte ihren Mund dem Ohr ihrer Herrin, sagte ihr leise, daß sie die Salbe habe, und erklärte ihr, wie sie anzuwenden sei. Leonora nahm das Büchschen und flüsterte ihrer Kammerfrau zu, sie könne beim besten Willen nicht an den Schlüssel ihres Mannes heran, denn er habe ihn heute nicht wie gewöhnlich unter sein Kopfkissen gelegt, sondern zwischen zwei Matratzen und fast genau mitten unter seinen Leib. Sie möge aber dem Herrn Musikus sagen, wenn die Salbe so .wirke, wie er versprochen habe, könne sie ja den Schlüssel mit Leichtigkeit jederzeit herausziehen, wenn sie ihn brauche, und es sei gar nicht nötig, einen Wachsabdruck zu machen. Sie bat die Alte, diese Botschaft sogleich auszurichten und dann wiederzukommen, um zu sehen, ob die Salbe ihre Wirkung täte, denn sie gedächte jetzt unverzüglich ihren Gatten damit einzureiben.

Die Kammerfrau lief hinunter und richtete Meister Loaysa ihren Auftrag aus, und dieser schickte daraufhin seine Freunde fort, die noch immer auf den Schlüsselabdruck warteten. Zitternd und só behutsam, daß sie fast. nicht zu atmen wagte, trat Leonora nun zu ihrem eifersüchtigen Gemahl und begann, ihm den Puls mit der Salbe zu bestreichen. Dann salbte sie ihm auch die Nasenflügel. Als sie daran rührte, schrak der Alte kurz zusammen, und sie wurde totenbleich, denn sie glaubte schon, nun habe er sie auf frischer Tat ertappt. Schließlich aber hatte sie doch, so gut sie konnte, alle Stellen bestrichen, die man ihr als notwendig bezeichnet hatte — es war genau, als habe sie einen Leichnam einbalsamiert.

Bald schon konnte man die Wirkung der schlafbringenden Salbe deutlich spüren, denn der Alte begann plötzlich so laut und fest zu schnarchen, daß man es auf der Straße hören konnte. Diese Töne erschienen den Ohren seiner Gemahlin lieblicher als die schönste Musik, die der Lehrmeister des Negers hervorbringen konnte. Sie wollte ihren Augen immer noch nicht recht trauen, und so trat sie zu ihrem Gemahl und rüttelte ihn ein wenig, dann etwas heftiger und schließlich sogar recht kräftig, um zu sehen, ob er aufwache. Zuletzt wagte sie sogar, ihn von einer Seite auf die andere zu wälzen, ohne daß er dabei erwachte. Als sie sich nun überzeugt hatte, daß die Salbe wirkte, lief sie wieder zum Katzenloch der Tür und rief nun ganz laut nach ihrer Kammerfrau, die draußen schon auf der Lauer stand.

»Frohe Botschaft, Schwester!« jubelte sie, »Carrizales schläft wie ein Toter.«

»Und worauf wartet Ihr denn noch, Herrin, um den Schlüssel zu holen?« fragte die Alte. »Ihr wißt doch, daß der Herr Musikus schon über eine Stunde draußen steht.«

»Ja doch, meine Beste, ich hole ihn ja schon!« erwiderte Leonora.

Und damit wandte sie sich wieder dem Bett zu, fuhr mit der Hand zwischen die Matratzen und holte den Schlüssel hervor, ohne daß der Alte etwas davon merkte. Kaum hatte sie ihn in der Hand, da begann sie vor Freude im Zimmer umherzuspringen. Dann lief sie zur Tür, schloß auf und überreichte ihn der Kammerfrau, die ihn frohlockend in Empfang nahm. Leonora schickte sie fort, um dem Musikanten zu öffnen und ihn in ihre Zimmer heraufzubringen, denn sie selber wagte sich nicht von der Stelle zu rühren, aus Angst, es könne sich etwas Unvorhergesehenes ereignen. Doch schärfte sie ihr ein, daß der Fremde vor allen Dingen seinen Schwur noch einmal wiederholen und geloben müsse, nichts anderes zu tun, als was ihm befohlen werde. Falls er sich weigern sollte, seinen Schwur noch einmal zu bekräftigen, so dürfe er unter keinen Umständen hereinkommen.

»Schon gut«, meinte die Kammerfrau, »ich verbürge mich dafür, daß er die Schwelle nicht überschreitet, wenn er nicht zuvor schwört und abermals schwört und sechsmal das Kreuzeszeichen küßt.«

»So genau braucht Ihr es ihm nicht vorzuschreiben«, sagte Leonora. »Er soll das Kreuzeszeichen küssen, sooft er will. Doch achtet mir ja darauf, daß er beim Leben seiner Eltern und aller Menschen, die ihm teuer sind, schwört; denn dann können wir sicher sein und uns nach Herzenslust an seinem Spiel und Gesang ergötzen, die ja wirklich ganz vortrefflich sind. Und nun geht und haltet Euch nicht länger auf, sonst geht die ganze Nacht noch über unserem Geschwätz vorüber.«

Die gute Alte hob ihre Röcke, und schneller, als man es ihrer Behäbigkeit zugetraut hätte, war sie am Drehfenster, wo die ganze Hausgenossenschaft versammelt war und auf sie wartete. Als sie den Schlüssel vorzeigte, kannte die Begeisterung keine Grenzen mehr. Die Mädchen hoben sie auf ihre Schultern wie die Studenten einen neuernannten Professor und riefen: »Vivat! Sie lebe hoch!« Ganz außer sich vor Entzücken aber waren sie, als die Kammerfrau ihnen versicherte, man brauche den Schlüssel gar nicht nachzumachen, denn die Schlafsalbe wirke bei dem Alten so gut, daß sie den Hausschlüssel unbesorgt benutzen könnten, sooft sie nur wollten.

»Nun aber zu, Beste«, rief eines der Mädchen, »öffnet die Tür, damit der Herr hereinkommen kann, denn er hat schon lange genug gewartet. Und dann wollen wir einmal in Musik schwelgen, als ob es nichts anderes auf der Welt gäbe.«

»Es gibt aber doch noch etwas anderes auf der Welt«, erwiderte die Kammerfrau. »Wir müssen dem Herrn zuerst noch einen Schwur abnehmen, genau wie vorige Nacht.«

»Ach, das ist ein so braver Mensch«, meinte eines der Mädchen, »dem wird es auf einen Schwur nicht ankommen.«

Nun öffnete die Alte die Tür um einen Spalt und rief Loaysa herbei, der durch das Loch im Drehfenster alles mit angehört hatte. Er kam herzu und wollte sich flugs hereindrängen, doch die Kammerfrau stemmte eine Hand gegen seine Brust und sagte: »Mein Herr, laßt Euch zuvor bei Gott und meinem Gewissen versichern, daß alle weiblichen Wesen hinter dieser Türe so jungfräulich sind, wie ihre Mütter sie zur Welt gebracht haben, meine Herrin ausgenommen. Und wenn ich auch schon wie eine Vierzigerin aussehe, obgleich ich kaum dreißig bin und sogar noch zwei Monate daran fehlen, so bin doch auch ich eine Jungfrau, Gott sei's geklagt. Ich erscheine wohl alt, doch es ist nun einmal so, daß Arbeit, Sorgen und Verdruß den Jahren eine Null und zuweilen sogar zwei anhängen. Da es sich nun so verhält, wie ich Euch sage, wäre es nicht recht, wenn nur für das Anhören von zwei, drei oder vier Liedchen soviel Jungfräulichkeit verlorenginge, wie diese Mauern einschließen; denn selbst Guiomar, diese Negerin hier, ist noch Jungfrau. Und darum, mein bester Herr, müssen Euer Gnaden, bevor Ihr in unser Reich eindringt, noch einen feierlichen Schwur ablegen, daß Ihr nichts zu tun gedenkt, als was wir Euch befehlen. Scheint Euch das zuviel verlangt, so bedenkt, daß für uns noch viel mehr auf dem Spiele steht. Wenn Euer Gnaden wirklich mit der reinsten Absicht kommen, dann wird Euch auch der Schwur nichts ausmachen, denn einen guten Zahler drückt kein Pfand.«

»Das hat das Fräulein Marialonso aber großartig gesagt«, rief eines der Mädchen. »Wirklich, sie hat vernünftig gesprochen und ganz, wie sich's gehört. Und wenn der Herr nicht schwören will, dann kommt er nicht herein!«

Hier mischte sich Guiomar, die Negerin, die das Spanische nicht recht beherrschte, ins Gespräch und sagte: »Meinetwegen er schwören oder nicht schwören. Er herein soll mit alle Teufel. Wenn er auch schwören großen Schwur, er hier drinnen, alles vergessen.«

Loaysa hörte sich die ganze Ansprache des Fräulein Marialonso voller Seelenruhe an und erwiderte darauf höchst würdevoll und gesetzt: »Meine werten Schwestern und Gefährtinnen! Ihr könnt sicher sein, daß es niemals meine Absicht war, ist, oder sein wird,

Euch etwas anderes zuzufügen als Freude und Genuß, soviel in meinen Kräften steht. Und so kann mir auch der Eid, den Ihr von mir fordert, nicht schwerfallen. Es wäre mir allerdings lieber gewesen, Ihr trautet meinem Wort etwas; denn wenn ein Mann wie ich sein Wort gibt, so gilt das genausoviel wie eine gerichtliche Schuldverschreibung. Ihr müßt doch wissen, meine Damen, daß der Schein oft trügt und unter einem schlechten Mantel gar manches Mal ein guter Trinker steckt. Doch damit ihr alle hinsichtlich meiner redlichen Absichten beruhigt seid, will ich mich entschließen, als guter Christ und Ehrenmann einen Schwur zu leisten. So schwöre ich denn bei der unerschrockenen Wirkungskraft und dem Ort, an dem sie am besten und heiligsten enthalten ist, bei den Ein- und Ausgängen des heiligen Berges Libanon, bei allem, was in der Vorrede zu der wahrhaftigen Geschichte Karls des Großen enthalten ist, mitsamt dem Tode des Riesen Fierabras, meinen Schwur nicht zu brechen und die Befehle der geringsten und niedrigsten unter diesen Damen hier nicht zu übertreten, und wenn ich etwas anderes tue oder tun will, so soll es von heute bis ewiglich und von ewiglich bis heute null, nichtig und ungültig sein.«

So weit war unser guter Loaysa mit seinem Schwur gekommen, als eine der beiden Gespielinnen Leonoras, die ihm aufmerksam zugehört hatten, einen tiefen Seufzer ausstieß und rief: »Das ist einmal ein Schwur, der einen Stein erweichen kann! Meinetwegen brauchst du kein Wort weiter zu sagen, denn mit diesem Schwur könntest du selbst in der Cabra-Höhle Einlaß finden.«

Damit ergriff sie ihn an seinen Kniehosen und zog ihn herein, und kaum war er drinnen, da drängten sich alle Mädchen um ihn. Eine lief schnell mit der Nachricht zu ihrer Herrin, die noch immer den Schlaf ihres Gatten bewachte. Als die Botin ihr mitteilte, der Herr Musikus käme nun herauf, empfand Leonora Freude und Verwirrung zugleich und fragte, ob er auch geschworen habe. Das Mädchen sagte, ja, er habe geschworen und den seltsamsten und neuartigsten Eid abgelegt, den sie in ihrem Leben gehört habe.

»Nun, wenn er geschworen hat, dann haben wir ihn gefangen«, versetzte Leonora. »Oh, wie klug war es doch von mir, daß ich ihn schwören ließ!«

In diesem Augenblick kam der ganze Schwarm heran, der Musikus in der Mitte, und Guiomar und der Neger leuchteten ihnen. Als Loaysa Leonora erblickte, machte er Anstalten, ihr zu Füßen zu fallen und ihr die Hand zu küssen. Sie jedoch gab ihm schweigend ein Zeichen, sich zu erheben. Alle standen stumm dabei und wagten kein Wort zu sprechen, aus Furcht, der Herr könne sie hören. Als Loaysa das merkte, sagte er, sie könnten unbesorgt laut sprechen, denn die Salbe, mit der ihr Herr eingerieben sei, habe eine so starke Wirkung, daß sie einem Menschen zwar nicht das Leben raube, ihn aber doch wie tot hinstrecke.

»Ja, so scheint es mir wirklich«, versicherte Leonora. »Denn andernfalls wäre er sicher schon zwanzigmal erwacht, solch einen leichten Schlaf hat er bei seinen häufigen Unpäßlichkeiten. Aber seitdem ich ihn eingerieben habe, schnarcht er wie ein Bär.«

»Nun, wenn es so steht«, meinte die Kammerfrau, »dann können wir ja nach vorn in den Saal gehen, um dem Gesang des Herrn Musikus zu lauschen und uns ein wenig zu ergötzen.«

»Gut, gehen wir«, entschied Leonora. »Aber Guiomar muß als Wache hierbleiben und uns gleich Bescheid geben, wenn Carrizales sich rührt.«

»Ich, Schwarze, bleiben«, erwiderte Guiomar, »Weiße gehen. Gott uns allen vergebe!«

So blieb die Negerin also zurück, und die anderen begaben sich in den Saal, wo ein üppiger Diwan stand. Sie setzten sich und nahmen den Musiker in die Mitte. Die gute Marialonso ergriff nun eine Kerze und begann, Loaysa von oben bis unten zu beleuchten, wobei alle in Rufe des Entzückens ausbrachen. »Nein, dieses hübsche gekräuselte Haar!« rief die eine. »Und diese weißen Zähne!« begeisterte sich eine andere. »Selbst geschälte Pinienkerne können nicht weißer und blanker sein.« – »Ach, diese großen, schmalen Augen!« meinte eine dritte. »Beim Leben meiner Mutter! Sie sind wahrhaftig grün und sehen aus wie echte Smaragde!« Diese lobte den Mund, jene die Füße, und so zerlegten sie ihn in seine einzelnen Teile, als seien sie in der Anatomie. Nur Leonora blickte ihn schweigend an und meinte bei sich, daß er doch schöner sei als ihr Gemahl.

Nun nahm die Kammerfrau dem Neger die Gitarre weg und gab sie Loaysa in die Hand, indem sie ihn bat, das Liedchen: »Mutter, liebe Mutter« zu spielen, das man zur Zeit in Sevilla an jeder Straßenecke hören konnte, und Loaysa erfüllte diesen Wunsch. Alle Mädchen standen auf und begannen im Tanz umherzuspringen. Fräulein Marialonso kannte den Text des Liedes und sang ihn mit mehr Begeisterung als guter Stimme. Er lautete:

> Mutter, liebe Mutter,
> Sei nicht drauf erpicht:
> Hüt' ich mich nicht selber,
> Hütst auch du mich nicht!
>
> Wenn man so beschenkt wird,
> Und man darf's nicht nehmen,
> Soll man sich nicht grämen,
> Daß man so gekränkt wird?
> Liebe, die beschränkt wird,
> Ist als wie ein Fieber;
> Darum hänge lieber
> Nicht die Fenster dicht:
> Hüt' ich mich nicht selber,
> Hütst auch du mich nicht!
>
> Nützt mich zu bewachen
> Nicht mein Wille schon,

Wirst du auch durch Drohn
Mir nicht bange machen;
Denn in Liebessachen
Gilt nur die Erkenntnis,
Wenn dir das Verständnis,
Auch dafür gebricht:
Hüt' ich mich nicht selber,
Hütst auch du mich nicht!

Wer so voll Begehr
Liebt in meinem Alter,
Flattert wie ein Falter
Hinterm Lichte her.
Magst auch noch so sehr,
Mutter, mich behüten
Und im stillen wüten,
Daß mein Trotz nicht bricht.
Hüt' ich mich nicht selber,
Hütst auch du mich nicht!

Liebe ist kein Scherzchen;
Wen sie einmal packt,
Hei, wie sie ihn zwackt!
Unter tausend Schmerzchen
Schmilzt wie Wachs das Herzchen,
Loht die Lust wie Brände,
Sind wie Samt die Hände,
Glüht das Angesicht:
Hüt' ich mich nicht selber,
Hütst auch du mich nicht!

Der Gesang und der Reigentanz der Mädchen, den die
gute Alte anführte, hatten gerade ihr Ende gefunden,
als Guiomar, die Schildwache, ganz verstört hereinstürzte. Sie bebte an Händen und Füßen, als hätte sie
die Fallsucht, und flüsterte mit heiserer Stimme: »Aufgewacht, Herr, Herrin! Oh, Herrin, aufgewacht Herr!
Er aufstehen und kommen!«
Wer einmal einen Taubenschwarm gesehen hat, der
sorglos auf einem Felde aufpickt, was fremde Hände
säten, und der dann beim jähen Knall eines abgeschos-

senen Gewehrs aufschreckt, sich in die Lüfte erhebt und ohne noch einen Gedanken an die leckere Speise zu verschwenden, verstört durch die Lüfte schwirrt, der wird sich auch vorstellen können, wie es jetzt der Schar der Tänzerinnen erging. Sie waren einfach außer sich vor Entsetzen und Angst, als sie so unerwartet Guiomars Nachricht hörten. Jede legte sich schnell eine Entschuldigung zurecht und sann auf eine Ausflucht, und eine nach der anderen stahl sich fort, um sich in den Dachkammern und Winkeln des Hauses zu verbergen, so daß der Musiker fast allein zurückblieb. Er hatte seine Gitarre sinken lassen, der Ton blieb ihm in der Kehle stecken, und in seiner Verwirrung wußte er nicht, was er tun sollte. Leonora rang ihre schönen Hände, und das Fräulein Marialonso ohrfeigte sich selbst, wenn auch nur recht gelinde; kurzum, es war ein einziges Durcheinander, ein Schrecken und eine Angst. Schließlich gewann die Kammerfrau als die Schlauste und Erfahrenste ihre Fassung wieder, schickte Loaysa in ihr eigenes Zimmer und entschloß sich, mit ihrer Herrin allein im Saal zu bleiben. Wenn der Herr sie so fände, meinte sie, würde ihnen schon eine Ausrede einfallen. Loaysa verbarg sich also, und die Kammerfrau horchte nun gespannt, ob Carrizales wohl käme. Da sie aber keinerlei Geräusch vernahm, faßte sie wieder Mut, stand auf und schlich sich ganz langsam Schritt für Schritt zum Schlafgemach ihres Herrn. Vor der Tür angelangt, hörte sie genau wie zuvor die lauten Schnarchtöne, und als sie sich so vergewissert hatte, daß er schlief, hob sie ihre Röcke hoch und eilte spornstreichs, die gute Nachricht ihrer Herrin zu bringen, die denn auch von Herzen froh darüber war.

Die Alte wollte nun die Gelegenheit, die das Schicksal ihr bot, nicht ungenützt verstreichen lassen und als erste all die Freuden genießen, die der Musikus ihrer Ansicht nach zu vergeben hatte. So sagte sie denn zu Leonora, sie solle hier im Saale auf sie warten, während sie den Musikmeister rufen ginge, verließ sie und eilte in ihr Zimmer. Hier fand sie Loaysa vor, der verwirrt und sorgenvoll der Nachricht harrte, wie es mit dem Alten stände. Er fluchte über die schlechte Salbe, verwünschte die Leichtgläubigkeit seiner Freunde und seine eigene Unbesonnenheit und fragte sich immer wieder, warum er nur das Mittel nicht an einer anderen Person erprobt hatte, bevor man es bei Carrizales anwandte. Als nun die Kammerfrau ins Zimmer trat und ihm berichtete, daß der Alte noch immer schliefe wie ein Toter, atmete er auf und lauschte nun verwundert den zärtlichen Worten Marialonsos, aus denen er ihre schlimmen Absichten entnehmen konnte. Sogleich nahm er sich vor, die Alte als Angel zu benutzen, an der er die Herrin fangen könnte. Während die zwei so miteinander plauderten, kamen die übrigen Dienerinnen, die sich in alle Winkel des Hauses verkrochen hatten, eine nach der anderen wieder hervor, um sich zu überzeugen, ob der Herr denn auch wirklich aufgewacht sei. Wie sie bemerkten, daß das ganze Haus in Grabesstille dalag, wagten sie sich in den Saal, wo sie ihre Herrin zurückgelassen hatten. Diese erzählte ihnen, daß der Herr noch schliefe, und als sie nach dem Musiker und der Alten fragten, sagte Leonora ihnen, wo sie seien. Nun schlichen alle ebenso heimlich und verstohlen, wie sie gekommen waren, vor die Tür jenes Gemachs, um zu hören, was die beiden wohl miteinander zu verhandeln hätten.

Auch Guiomar, die Negerin, war zur Stelle und nur der Neger fehlte. Der hatte vorhin, als er hörte, sein Herr sei erwacht, die Gitarre ergriffen und war damit auf seinen Heuboden entwischt. Dort saß er nun in seine dünne Bettdecke gehüllt und schwitzte vor Angst. Trotz alledem konnte er der Versuchung nicht widerstehen, ein wenig auf seiner Gitarre herumzuzupfen; so versessen war dieser Satanskerl auf die Musik. Als die Mädchen nun durch die Tür die Liebeserklärungen der Kammerfrau vernahmen, begannen sie gröblichst auf sie zu schimpfen, nannten sie eine alte bärtige Hexe, ein geiles Weib und belegten sie noch mit anderen Kosenamen, die ich hier lieber verschweigen möchte. Am drolligsten jedoch waren die Aussprüche der Negerin, die als Portugiesin die Landessprache nur mangelhaft beherrschte. Ein Zuhörer hätte sich gewiß ausgeschüttet vor Lachen, wenn er die seltsamen Bezeichnungen vernommen hätte, mit denen sie die Alte belegte.

Das Ergebnis des Zwiegesprächs da drinnen war, daß der Musiker sich bereit erklärte, die Wünsche der Alten zu erfüllen, wenn sie ihm zuvor ihre Herrin in die Arme führte. Es kam die Kammerfrau zwar recht hart an, dieses Versprechen abzugeben; doch die Leidenschaft hatte sich schon so ganz und gar ihres Herzens bemächtigt und sie so völlig durchdrungen, daß sie auch das Unmöglichste möglich gemacht hätte, um nur ans Ziel ihrer Wünsche zu gelangen. So ging sie denn hinaus, um mit ihrer Herrin zu sprechen, und wie sie sah, daß ihre Tür von dem Schwarm der Dienerinnen umlagert war, befahl sie diesen, sich in ihre Kammern zurückzuziehen; sie würden ein andermal schon noch Gelegenheit haben, den Herrn Musikus in aller Ruhe und ungestört anzuhören, für diesmal habe ihm der Schreck ja doch die Laune verdorben.

Die Mädchen merkten wohl, daß die Alte gern allein sein wollte, doch blieb ihnen nichts anderes übrig, als ihr zu gehorchen, da sie ja Befehlsgewalt über sie hatte. Sie entfernten sich also, und die Alte ging schnell in den Saal, um Leonora zu überreden, sich doch den Wünschen Loaysas zu fügen. Die Ansprache, die sie ihr hielt, war so lang und wohlgesetzt, daß man hätte meinen können, sie habe sich ihre Worte schon seit Tagen zurechtgelegt. Sie lobte die Liebenswürdigkeit Loaysas, seine guten Eigenschaften, seine Schönheit und all seine vielen Reize; sie malte ihr aus, wieviel

angenehmer die Umarmungen dieses jungen Liebhabers
sein würden als die ihres alten Gatten; sie versicherte
ihr, daß alles geheim bleiben werde und sie ihr noch oft
diesen Genuß verschaffen werde, und sagte ihr tausend
andere Dinge, die ihr der Teufel selbst auf die Zunge
legte. Dabei sprach sie so feurig und schilderte alles so
lebhaft und eindringlich, daß sie mit ihren Worten
nicht nur das zarte, unerfahrene Herz der kleinen, arg-
losen Leonora betörte, sondern selbst die harte Brust
eines kalten Marmorbildes erweicht hätte. Oh, ihr Kammerfrauen, die ihr wohl nur in diese Welt gesetzt seid,
um tausend gute und keusche Vorsätze zuschanden zu
machen! Oh, ihr langen, gefältelten Hauben, die ihr den
Sälen und Gemächern der vornehmen Dame Würde
verleihen sollt, wie schlecht übt ihr das euch übertra-
gene Amt aus! Um es kurz zu machen: die Alte redete
so lange und beschwörend auf Leonora ein, bis diese
weich wurde, sich beschwatzen ließ und nachgab und damit all die klugen Vorsichtsmaßregeln des alten Carrizales, der da drüben den Todesschlaf seiner Ehre schlief,
zunichte wurden.

Nun nahm Marialonso ihre kleine Herrin, der die Tränen in den Augen standen, bei der Hand, führte sie in
das Zimmer, in dem Loaysa ihrer harrte, murmelte mit
einem teuflisch falschen Lächeln ein paar Segensworte,
schloß die Tür wieder hinter sich und ließ die beiden
allein. Sie selbst begab sich zu dem Diwan im Saal, um
hier zu schlafen oder, richtiger gesagt, um abzuwarten,
bis sie an die Reihe käme. Da sie aber die letzten Nächte
gewacht hatte, übermannte sie die Müdigkeit, und sie
schlief auf dem Diwan ein.

Wenn wir nicht wüßten, daß Carrizales zu dieser
Stunde im tiefsten Schlafe lag, so wäre es wohl angebracht, ihn jetzt einmal zu fragen, was seine kluge Vorsicht denn nun genützt habe, was seine Ängste, seine
Mahnungen und Bitten, die hohen Mauern seines Hauses, der Umstand, daß nie nur auch der Schatten eines

männlichen Wesens hier eingedrungen war, das feste Drehfenster, die dicken Wände, die zugemauerten Fenster, die strenge Verwahrung, die große Morgengabe, die er Leonora dargebracht, und die vielen Geschenke, die er ihr gemacht hatte, die gute Behandlung, die er ihren Dienerinnen und Sklavinnen zuteil werden ließ, und die Tatsache, daß er ihnen alles, aber auch alles verschafft hatte, was sie seines Erachtens brauchen und wünschen konnten. Doch, wie gesagt, es würde keinen Sinn haben, ihn zu fragen, denn er schlief tiefer, als nötig war. Und hätte er diese Fragen wirklich vernommen, so hätte er statt aller Antwort wohl nur die Achseln zucken, die Augenbrauen in die Höhe ziehen und sagen können: »Ja, all das ist, wie mir scheint, zunichte geworden durch die Schlauheit eines lästerlichen jungen Faulenzers, die Schlechtigkeit einer falschen Kammerfrau und die Unerfahrenheit eines Mädchens, das sich beschwatzen und überreden ließ.« Gott bewahre uns vor solchen Feinden, gegen die kein Schild der Klugheit uns beschützt und welche kein Schwert der Vorsicht uns vom Leibe hält!

Trotz alledem aber besaß Leonore doch so viel Kraft und Mut und wußte sie im entscheidenden Augenblick gegen die rohe Gewalt ihres schlauen Verführers anzuwenden, daß es diesem nicht gelang, sie zu besiegen. Vergebens mühte er sich ab, sie blieb Siegerin, und endlich versanken beide in Schlummer.

Jetzt aber fügte es der Himmel, daß Carrizales trotz der Salbe plötzlich erwachte und, wie es seine Gewohnheit war, das Bett nach allen Richtungen abtastete. Als er jedoch seine geliebte Leonora nirgends fand, sprang er ganz entsetzt und verstört aus dem Bette, so schnell und gewandt, wie man es ihm bei seinem hohen Alter gar nicht zugetraut hätte. Als er aber bemerkte, daß seine Gattin sich nicht im Zimmer befand, die Tür offenstand und der Schlüssel zwischen den Matratzen verschwunden war, meinte er, der Verstand müsse ihm stille stehen. Nachdem er sich wieder ein wenig gefaßt hatte, trat er auf den Gang hinaus und schlich sich ganz langsam und vorsichtig, um nicht gehört zu werden, bis zu dem Saal, wo die Kammerfrau schlief. Da Leonora auch hier nicht war, wandte er sich zu dem Zimmer der Alten, öffnete leise die Tür und sah nun etwas, was er nie hätte sehen mögen, ein Bild, um dessentwillen er gern sein Augenlicht hergegeben hätte, nur um es nicht erblicken zu müssen: er sah Leonora, die in Loaysas Armen schlief, so fest und tief, als ob an ihnen beiden und nicht an dem eifersüchtigen Gatten die Salbe ihre Wirkung täte.

Das Herz stand Carrizales still bei dem furchtbaren Anblick, der sich ihm darbot, jeder Ton erstarb ihm in der Kehle, und seine Arme fielen kraftlos herab, so daß er dastand wie ein kaltes Marmorbild. Und obgleich die Wut bald ihre natürliche Wirkung tat und die erstorbenen Lebensgeister wieder weckte, preßte ihm der Schmerz doch die Brust zusammen, daß er kaum Atem holen konnte. Trotz alledem hätte er wohl die Rache geübt, die solch große Schandtat verdiente, wenn er nur Waffen zur Hand gehabt hätte. So beschloß er denn, in sein Gemach zurückzukehren und einen Dolch zu holen, um mit dem Blute seiner beiden Feinde und all der Insassinnen des Hauses die Flecken von seiner Ehre zu waschen. Mit diesem notwendigen und ehrenwerten Vorsatz wandte er sich um und ging ebenso leise und vorsichtig, wie er gekommen war, in sein Zimmer zurück. Dort aber übermannten Schmerz und Verzweiflung sein Herz plötzlich so sehr, daß er keiner Bewegung mehr fähig war und ohnmächtig auf sein Lager sank.

Bald darauf brach der Morgen an und überraschte die jungen Ehebrecher, die mit verschlungenen Händen dalagen. Marialonso erwachte und wollte sich nun schnell holen, was ihr ihrer Ansicht nach zustand; doch als sie bemerkte, daß es schon so spät war, beschloß sie, die Ausführung ihres Vorsatzes auf die nächste Nacht zu verschieben. Leonora erschrak heftig, als sie sah, daß es schon heller Tag war. Sie verfluchte ihren Leichtsinn und den ihrer schlimmen Kammerfrau, und ängstlich eilten die beiden zum Schlafgemach des Hausherrn, indem sie Stoßgebete zum Himmel sandten, daß sie ihn noch schnarchend antreffen möchten. Als sie ihn reglos auf seinem Bett erblickten, glaubten sie natürlich, die Salbe wirke noch immer fort, und fielen einander voller Freude in die Arme. Dann trat Leonora zu ihrem Gatten, ergriff ihn an einem Arm und drehte ihn auf die andere Seite, um zu sehen, ob sie ihn vielleicht so erwecken könne, ohne die Abwaschung mit Essig vorzunehmen, die man ihr ja als erforderlich genannt hatte. Bei dieser Bewegung erwachte Carrizales aus seiner Ohnmacht, tat einen tiefen Seufzer und sagte mit schwacher, kläglicher Stimme: »Ach, ich Unseliger, welch schlimmes Ende hat es mit meinem Glück genommen!«

Leonora verstand nicht recht, was ihr Gatte sagte, doch als sie sah, daß er wach war und redete, wunderte sie sich, daß die Salbe doch nicht so lange wirkte, wie man ihr erzählt hatte. Sie beugte sich zu ihm herab, legte ihr Gesicht an seine Wange, umfing ihn zärtlich mit ihren Armen und sagte: »Was habt Ihr denn, mein Herr Gemahl? Mir scheint fast, Ihr beklagt Euch?«

Der unglückliche Alte vernahm die Stimme seiner süßen Feindin, öffnete die Augen weit und heftete sie starr und wie gebannt auf ihr Antlitz. Eine ganze Weile blickte er sie eindringlich an, ohne mit der Wimper zu zucken, und schließlich sagte er: »Tut mir einen Gefallen, Leonora, und laßt so schnell wie möglich in meinem Namen Eure Eltern herberufen. Ich habe etwas auf dem Herzen, das mich schwer bedrückt und das mir, wie ich fürchte, wohl bald das Leben rauben wird. Bevor ich aber sterbe, möchte ich sie gern noch einmal sehen.«

Leonora war sofort überzeugt, daß ihr Gemahl die Wahrheit sprach, doch glaubte sie, sein Zustand rühre von der Salbe her und nicht von dem, was er etwa gesehen haben könnte. So erwiderte sie ihm, sie wolle sogleich tun, was er befehle, und schickte den Neger weg, damit er schnell ihre Eltern herbeirufe. Dann umarmte sie ihren Gatten, streichelte ihn so liebevoll wie nie zuvor und fragte ihn mit so zärtlichen und einschmeichelnden Worten nach seinem Befinden, als sei er ihr das Liebste auf der Welt. Er blickte sie immer noch starr an, und jedes Wort und jede Liebkosung von ihr war ihm wie eine Lanze, die sich durch sein Herz bohrte.

Die Kammerfrau hatte bereits alle Dienerinnen und Loaysa von der Erkrankung ihres Herrn in Kenntnis gesetzt und hinzugefügt, es müsse wirklich ernst um ihn stehen; denn als der Neger fortgegangen sei, um Leonoras Eltern zu holen, habe er vergessen, den Befehl zu geben, die Türen nach der Straße zu schließen. Auch über diesen Auftrag selbst war man höchst überrascht, denn die Eltern Leonoras hatten seit der Heirat ihrer Tochter niemals deren Haus betreten. Kurzum, keiner wußte, was er dazu sagen sollte, und niemand kam auf den wahren Grund der Erkrankung des Hausherrn. Dieser seufzte von Zeit zu Zeit so tief und schmerzvoll auf, daß es schien, als wolle jeder Seufzer ihm das Herz zerreißen. Leonora vergoß bittere Tränen, als sie ihn so leiden sah, worauf er zu lachen begann wie ein Mensch, der außer sich ist, da er die Falschheit ihrer Tränen bedachte.

Unterdessen kamen die Eltern Leonoras, und als sie die Tür zur Straße und die Zwischentür, die in den Hof führte, offen fanden und das ganze Haus so still und verödet, waren sie überrascht und nicht wenig erschrocken. Sie gingen zum Schlafgemach ihres Schwiegersohns und fanden ihn so daliegen, wie wir es beschrieben haben: er hielt seine Gemahlin an den Händen und hatte die Augen unverwandt auf sie gerichtet. Die beiden Ehegatten vergossen heiße Tränen, sie, weil sie ihren Gemahl weinen sah, und er, weil alle Tränen, die aus ihren Augen flossen, ihm erheuchelt vorkamen.

Als die Eltern eintraten, begann Carrizales zu sprechen und sagte: »Ich bitte Euch, meine Eltern, setzt Euch nieder. Alle anderen aber mögen das Zimmer verlassen, und nur Marialonso soll noch hierbleiben.«

Es geschah nach seinem Wunsch, und als die fünf nun allein waren, trocknete Carrizales sich die Augen und begann mit ruhiger Stimme zu reden, noch bevor irgendein anderer ein Wort geäußert hatte.

»Ich bin sicher, meine Eltern und Gebieter«, so sagte er, »daß ich keine Zeugen herbeizurufen brauche, damit Ihr mir glaubt, was ich Euch jetzt sagen will. Ihr werdet wohl noch wissen — denn es kann unmöglich Eurem Gedächtnis entschwunden sein — mit wieviel Liebe und guten Wünschen Ihr mir heute vor einem Jahr, einem Monat, fünf Tagen und neun Stunden Eure Tochter als meine rechtmäßige Gemahlin übergabt. Ihr wißt auch noch, wie großzügig ich sie ausgestattet hatte; denn die Mitgift, die ich ihr gab, genügte wohl, um mehr als drei junge Mädchen ihres Standes zu einer guten Partie zu machen. Ebenso wird Euch noch der Eifer erinnerlich sein, den ich an den Tag legte, um Eurer Tochter alle die Kleider und Schmuckstücke zu schenken, die sie sich nur wünschen konnte oder von denen ich meinte, daß sie ihr gefallen würden. Und schließlich habt Ihr auch bemerkt, daß ich das menschenmögliche getan habe, um das Kleinod, das ich mir erwählte und das Ihr mir gabt, gut zu behüten. Ich ließ mich dabei von meiner natürlichen Vorsicht und der Einsicht leiten, daß eine Enttäuschung mir zweifellos den Tod bringen werde, und baute auf die Erfahrung, die ich in den langen Jahren meines Lebens beim Anblick so vieler seltsamer Ereignisse in der Welt gesammelt hatte. So erhöhte ich die Mauern dieses Hauses, nahm den Fenstern jeden Ausblick auf die Straße, verdoppelte die Schlösser an den Türen und setzte wie in einem Kloster ein Drehfenster ein. Für alle Zeiten verbannte ich alles aus diesem Hause, was nur im entferntesten etwas mit dem männlichen Geschlecht zu tun haben konnte: ich umgab meine Gemahlin mit Mägden und Sklavinnen zu ihrer Bedienung und schlug ihnen und ihr niemals eine Bitte ab. Ich behandelte sie ganz wie meinesgleichen, teilte ihr meine geheimsten Gedanken mit und vertraute ihr mein Hab und Gut an. All dies geschah, wenn ich es recht bedenke, nur, damit ich sicher und furchtlos den Besitz genießen konnte, den ich mir so viel hatte kosten lassen, und Leonora hätte sich hiernach wohl bemühen müssen, mir keinerlei Gelegenheit zu eifersüchtigen Gedanken zu geben. Doch da bekanntlich keine menschliche Klugheit die Strafe abwenden kann, die der Wille des Himmels über diejenigen verhängt, welche nicht all ihre Wünsche und Hoffnungen auf ihn richten, ist es auch nicht zu verwundern, daß ich mit meinen Plänen Schiffbruch erleiden mußte und mir selbst das Gift bereitet habe, das mir nun das Leben raubt. Aber ich sehe, wie Ihr alle gespannt und ängstlich an meinen Lippen hängt, und will daher diese lange Vorrede kurz abschließen und in wenigen Worten andeuten, was ich auch mit tausend Worten nicht erschöpfend auszudrücken vermöchte. So gestehe ich Euch denn, meine Eltern, daß alles, was ich gesagt und getan habe, sinnlos war: heute morgen fand ich diese Frau, die nur zur Welt gekommen ist, um mir die Ruhe zu rauben und meinen Tod zu beschleunigen« — und damit wies er auf seine Gattin — »in den Armen eines schmucken Jünglings, der jetzt im Gemach dieser nichtswürdigen Kammerfrau eingeschlossen ist.«

Kaum hatte Carrizales die letzten Worte ausgesprochen, als Leonora das Herz stockte und sie ohnmächtig über ihrem Gemahl zusammenbrach. Marialonso erbleichte, und Leonoras Eltern war die Kehle wie zugeschnürt, so daß sie kein Wort hervorbringen konnten. Doch Carrizales sprach weiter und sagte: »Die Rache, die ich für diese Beleidigung zu nehmen gedenke, wird und kann nicht von der Art sein, wie man sie bei solchen Gelegenheiten erwartet. So außergewöhnlich, wie ich stets in meinen Handlungen war, soll auch meine Rache sein, und ich werde sie an mir selbst vollziehen, denn ich bin der Hauptschuldige an diesem Verbrechen. Ich hätte bedenken müssen, wie schlecht die fünfzehn Lebensjahre dieses Mädchens zu meinen achtzig paßten. So habe ich mir wie die Seidenraupe meinen eigenen Sarg gebaut. Nein, ich gebe dir keine Schuld, du schlecht beratenes Kind« — und bei diesen Worten neigte er sich über das Gesicht der ohnmächtig daliegenden Leonora und küßte es; — »dir gebe ich keine Schuld, sage ich, denn die schmeichelnden Worte einer durchtriebenen Alten und die verführerischen Reden eines verliebten Mannes tragen nur allzuleicht den Sieg über die Einfalt der unerfahrenen Jugend davon. Doch damit alle Welt erfahre, wie innig und treu ich dich geliebt habe, will ich es am Ende meines Lebens noch einmal dartun, auf daß es für alle Zeiten ein Beispiel sein möge — nicht ein Beispiel meiner Güte, sondern wohl eher ein Beispiel unerhörter Herzenseinfalt. Darum schafft mir schnell einen Notar herbei, denn ich möchte ein neues Testament errichten. Ich will Leonoras Mitgift verdoppeln und meine Gemahlin bitten, nach Ablauf meiner Tage, die ja schon gezählt sind, einen Entschluß fassen, der ihr nicht schwerfallen wird. Sie soll jenen jungen Mann heiraten, den die weißen Haare eines unglücklichen alten Mannes nie beleidigt haben. So wird sie sehen, daß ich im Tode wie im Leben nur darauf bedacht war, alles zu tun, was ihr irgend Freude bereiten konnte. Ich möchte, daß sie glücklich sei mit jenem Mann, den sie ja offenbar von ganzem Herzen lieben muß. Mein übriges Vermögen bestimme ich für wohltätige Zwecke, und Euch, meinen Eltern, hinterlasse ich genug, auf daß Ihr für den Rest Eurer Tage ein sorgenfreies und standesgemäßes Leben führen könnt. Nun eilt nur, daß der Notar bald kommt; denn der Schmerz preßt mir das Herz immer mehr zusammen und wird meinem Leben wohl bald ein Ende setzen.«

Als er soweit gekommen war, wandelte ihn eine schwere Ohnmacht an. Er sank zurück und fiel so dicht neben Leonora in die Kissen, daß ihre Gesichter sich berührten. Das war ein seltsamer und schmerzlicher Anblick für die Eltern, deren Augen auf ihrer geliebten Tochter und ihrem teuren Schwiegersohn ruhten. Die arglistige Kammerfrau wollte nicht erst die Vorwürfe abwarten, die sie von den Eltern ihrer Herrin befürchten mußte, und so stahl sie sich aus dem Zimmer und lief zu Loaysa, um ihm den ganzen Vorfall zu berichten. Sie riet ihm, schleunigst aus dem Hause zu verschwinden; sie wolle es schon übernehmen, ihn mit Hilfe des Negers auf dem laufenden zu halten, denn jetzt gäbe es ja keine Türen und Schlösser mehr, die sie daran hindern könnten. Loaysa war höchst verwundert über diese Neuigkeiten. Er folgte ihrem Rat, legte sein Bettlergewand wieder an und begab sich zu seinen Freunden, denen er den seltsamen und unerhörten Verlauf seines Liebesabenteuers in allen Einzelheiten erzählte.

Während nun Carrizales und seine Gemahlin ohnmächtig dalagen, schickte Leonoras Vater zu einem ihm befreundeten Notar, der denn auch anlangte, als die Ehegatten wieder zu sich gekommen waren. Carrizales machte sein Testament so, wie er es vorher gesagt hatte. Leonoras Verirrung tat er mit keinem Wort Erwähnung, nur hieß es in dem Schriftstück, daß er sie bäte, sich im Falle seines Todes mit dem jungen Mann zu verheiraten, den er ihr insgeheim bezeichnet habe.

Als Leonora das hörte, warf sie sich ihrem Gatten zu Füßen und sagte: »Mein Herr, mein Ein und Alles, noch viele Jahre müßt Ihr leben! Es kann Euch zwar niemand zwingen, mir auch nur ein Wort von dem, was ich sage, zu glauben; aber ich versichere Euch, ich habe Euch nicht tätlich beleidigt, sondern nur in Gedanken!«

Doch als sie nun beginnen wollte, ihre Entschuldigungen vorzubringen und die wahren Zusammenhänge der Angelegenheit ausführlich zu erzählen, versagte die Zunge ihren Dienst, und sie fiel wieder in Ohnmacht. Der unglückliche Gatte nahm sie in seine Arme, und auch die Eltern eilten bestürzt hinzu. Alle weinten so bitterlich, daß selbst der Notar, der das Testament geschrieben hatte, seine Tränen nicht mehr zurückhalten konnte und zu schluchzen begann.

In dem Testament vermachte Carrizales allen Dienerinnen des Hauses eine Lebensrente und schenkte den Sklavinnen und dem Neger die Freiheit. Der falschen Marialonso jedoch hinterließ er nur, was sie an Lohn zu fordern hatte. Der furchtbare Schmerz aber hatte ihm so zugesetzt, daß man ihn sieben Tage später zu Grabe tragen mußte.

Leonora blieb zurück als eine reiche Witwe, die ihren Mann herzlich beweinte. Doch als Loaysa schon hoffte, nun werde sie die auch ihm bekannte Bitte ihres Gatten aus dem Testament erfüllen, mußte er es erleben, daß sie binnen einer Woche in eines der strengsten Klöster der Stadt als Nonne eintrat. Enttäuscht und fast verzweifelt über diesen Entschluß ging er daraufhin nach Westindien. Leonoras Eltern waren tiefbetrübt, trösteten sich jedoch mit dem Vermächtnis, das ihnen laut Testament ihres Schwiegersohnes zuteil geworden war. Auch die Dienerinnen trösteten sich mit ihrem Anteil, die Sklaven und Sklavinnen freuten sich ihrer Freiheit, und nur die böse Alte war nun arm und mußte sehen, wie all ihre schlimmen Pläne zu Wasser wurden.

Mir aber bleibt nur noch der Wunsch, den Schlußpunkt hinter diese Geschichte zu setzen, aus der man klar wie aus einem Spiegel ersehen kann, wie wenig Schlüssel, Drehfenster und Wände nützen, solange der Wille frei ist, und wie wenig Vertrauen man in einen jungen, unerfahrenen Menschen setzen darf, sobald die falschen Ratschläge jener alten Weiber an ihr Ohr klingen, die in steifen, schwarzen Gewändern und langen weißen Hauben einherstolzieren. Nur eines weiß ich nicht: warum nämlich nicht Leonora eifriger darauf bedacht war, sich reinzuwaschen und ihrem eifersüchtigen Gemahl verständlich zu machen, daß sie bei dieser ganzen Angelegenheit unbescholten geblieben war. Doch dem Schrecken, der ihre Zunge lähmte, und der großen Eile, mit der ihr Gemahl aus dem Leben schied, mag man es wohl zuschreiben, daß es nicht zu einer ausführlichen Entschuldigung kam.

DIE VORNEHME KÜCHENMAGD

Es ist noch nicht allzulange her, da lebten in der schönen und berühmten Stadt Burgos zwei vornehme, reiche Edelleute: der eine hieß Don Diego de Carriazo, der andere Don Juan de Avendaño. Don Diego hatte einen Sohn, der den Namen des Vaters trug, und auch Don Juan hatte einen, den er Tomas genannt hatte. Diese beiden jungen Herren nun, welche die Hauptpersonen dieser Erzählung sein werden, wollen wir, um Raum und Zeit zu sparen, schlichthin Carriazo und Advendaño nennen.

Dreizehn Jahre oder auch ein wenig mehr mochte Carriazo zählen, als er einer Neigung zum Landstreicherleben nachgab und, ohne daß eine allzu strenge Behandlung seitens seiner Eltern ihn dazu genötigt hätte, aus purer Lust und Laune »durchbrannte«, wie die jungen Leute sagen. So wanderte er denn aus dem Hause seiner Eltern fort in die weite Welt hinein und fühlte sich so wohl bei diesem ungebundenen Leben, daß er trotz aller Unbequemlichkeiten und Entbehrungen, die es mit sich brachte, niemals den Überfluß des Vaterhauses entbehrte. Kein Fußmarsch konnte ihn ermüden, kein Frost ihn schmerzen und keine Hitze ihm die gute Laune rauben. Für ihn war jede Jahreszeit ein süßer, milder Frühling; er schlief auf einer harten Tenne genau so gut wie in einem weichen Federbett und verkroch sich im Strohschober eines Wirtshauses mit dem gleichen Behagen, als schlüpfe er zwischen zwei Bettlaken aus feinstem holländischem Linnen. Kurzum, er erlernte das Gaunerhandwerk so gut, daß er selbst dem berühmten Guzmán de Alfarache, dem Musterbild aller Landstreicher, noch eine Vorlesung in seinem Fach hätte halten können.

In den drei Jahren, die verstrichen, bevor er sich wieder in seinem elterlichen Hause blicken ließ, lernte er in Madrid das Knöchelspiel, in den Schenken Toledos das Pharo und bei den Soldaten in Sevilla das »Nimm und gib«. Doch obgleich Elend und Bedürftigkeit mit einer solchen Lebensführung eng verbunden sind, erwies sich Carriazo doch in allem, was er anfaßte, als ein wahrer Edelmann. Auf Büchsenschußweite schon erkannte man an tausend Einzelheiten seine vornehme Herkunft, denn er war stets großzügig und freigebig gegen seine Kameraden. Nur selten besuchte er die Klausen des Bacchus; er trank zwar Wein, doch nur so wenig, daß man ihn niemals unter die Zahl jener unglückseligen Tröpfe rechnen konnte, denen beim ersten Schluck über den Durst die Hitze so zu Kopf steigt, daß sie aussehen, als hätten sie ihre Gesichter mit Zinnober und Rötel bestrichen. Kurzum, in Carriazo erstand der Welt ein tüchtiger, sauberer, wohlerzogener und über den Durchschnitt begabter Landstreicher. Er durchlief alle Grade des Gaunertums, bis er schließlich in den Thunfischereien von Zahara, dem Non plus ultra allen Gaunerwesens, seine Meisterprüfung ablegte.

Oh, ihr schmutzigen, fettglänzenden, dicken Küchenjungen, ihr betrügerischen Armen und falschen Krüppel, ihr Taschendiebe vom Zocodover, vom großen Platz in Madrid, ihr großartigen Aufschneider, die ihr vor den Haustüren eure Gebete herleiert, ihr Lastträger von Sevilla, ihr Hurendiener und all das zahllose Gesindel, das sich unter der Bezeichnung »Gauner« verbirgt! Laßt eure Hoffart fahren, dämpft euren Stolz und wagt es nicht, euch Gauner zu nennen, solange ihr nicht mindestens zwei Kurse auf der Hohen Schule der Thunfischerei durchlaufen habt! Hier, nur hier ist der

Fleiß mit der Faulheit vereint! Hier ist der Schmutz unverfälscht, hier strotzt das Fett, hier wütet der Hunger, und wer hier satt wird, der hat die Hülle und Fülle. Hier geht das Laster ohne Maske, täglich wird gespielt, stündlich gibt es Zank und Streit und jeden Augenblick Mord und Totschlag. Auf Schritt und Tritt hörst du Zoten, überall wird getanzt wie auf einer Hochzeit, und wo du hinkommst, vernimmst du prächtige Seguidillen wie aus einem Liederbuch, hochtrabende Romanzen und allerlei feurige Gedichte. Hier singt man, dort streitet man, hier kreischt man, dort spielt man, und gestohlen wird überall. Hier hat die Freiheit ihr Lager aufgeschlagen, und jede Mühe findet ihren Lohn. Hierher schließlich kommt oder schickt gar mancher vornehme Vater, um seinen Sohn zu suchen, und hier findet er ihn; wenn man die jungen Leute aber aus diesem Leben herausholt, so geht es ihnen so nahe, als würden sie zum Tode geführt.

Und doch enthält der Honigbecher, den wir soeben beschrieben haben, einen Tropfen Wermut, der ihn bitter macht: man kann hier nämlich nicht ruhig schlafen, sondern muß stets in der Angst leben, von heut auf morgen aus Zahara in die Berberei verschleppt zu werden. Darum zieht sich die ganze Gesellschaft des Nachts in den Schutz einiger Küstentürme zurück, stellt Kundschafter und Wachtposten aus, und im Vertrauen darauf, daß die ihre Augen offenhalten, schließt man die seinen. Gleichwohl ist es schon manchmal vorgekommen, daß Kundschafter, Wachtposten, alte und junge Gauner, Boote und Netze und der ganze Schwarm, der hier sein Wesen treibt, die Sonne in Spanien untergehen und sie am nächsten Morgen in Tetuan aufgehen sahen. Die Furcht vor diesem Schicksal konnte Carriazo jedoch nicht abhalten, drei Sommer lang hierherzukommen und sich's gut gehen zu lassen. Im letzten Sommer wollte das Glück ihm so wohl, daß er im Kartenspiel gegen siebenhundert Realen gewann, so daß er beschloß, sich mit diesem Geld neu auszustaffieren, nach Burgos zurückzukehren und vor die Augen seiner Mutter zu treten, aus denen um seinetwegen schon so viele Tränen geflossen waren. So nahm er Abschied von seinen vielen guten Freunden und versprach ihnen, im kommenden Sommer wieder zur Stelle zu sein, falls nicht Krankheit oder Tod ihn daran hindern sollten. Es war ihm, als ließe er sein halbes Herz bei ihnen zurück, und alle Glück- und Segenswünsche widmete er beim Scheiden dieser dürren Sandküste, die ihn frischer und grüner dünkte als die Elysäischen Felder.

Da er an Fußwanderungen gewöhnt war, schritt er auf seinen Hanfschuhen rüstig aus und gelangte, das Liedchen von den drei Enten auf den Lippen, gar bald von Zahara nach Valladolid. Hier blieb er vierzehn Tage, um sein Gesicht ein wenig blasser werden zu lassen, aus einem Mulatten wieder zu einem Christenmenschen zu werden und sein Äußeres sozusagen aus dem Entwurf eines Gauners in die Reinschrift eines Edelmannes zu übersetzen. Bei alledem kamen ihm die fünfhundert Realen, die er bei seiner Ankunft in Valladolid noch besaß, gut zustatten, und es blieben ihm sogar noch hundert, um sich einen Maulesel und einen Treiber zu mieten, mit denen er sich wohlgemut und wie es sich ziemte bei seinen Eltern einfand. Diese empfingen ihn mit großer Freude, und alle Freunde und Verwandten eilten herbei, um ihnen zur Heimkehr ihres Sohnes, des Herrn Diego de Carriazo, ihre Glückwünsche auszusprechen. Wir müssen hier einfügen, daß Don Diego während seiner Wanderjahre den Namen Carriazo gegen Urdiales vertauscht hatte und sich von allen, die seinen wahren Namen nicht kannten, so nennen ließ.

Zu den Freunden, die kamen, um den Ankömmling zu begrüßen, gehörten auch Don Juan de Avendaño und sein Sohn Tomas, mit dem Carriazo sich bald aufs engste befreundete, da die beiden jungen Leute im gleichen Alter standen und die Häuser ihrer Eltern nebeneinander lagen. Carriazo erzählte seinen Eltern und allen, die es hören wollten, tausend Wunderdinge und lange Lügenmärchen über die Abenteuer, die er in den drei Jahren seiner Abwesenheit bestanden haben wollte, niemals jedoch erwähnte er auch nur mit einem Wort die Thunfischereien, obgleich seine Gedanken ständig dort weilten, vor allem, als die Zeit heranrückte, für die er seinen Freunden seine Rückkehr in Aussicht gestellt hatte. Die Jagdausflüge, die sein Vater für ihn veranstaltete, konnten ihn nicht mehr unterhalten, und auch den vielen fröhlichen und reichhaltigen Schmausereien, wie sie in jener Stadt üblich sind, gewann er keinen Reiz ab. Jeder Zeitvertreib langweilte ihn, und selbst den ausgewähltesten Vergnügungen, die man ihm bot, zog er die Freuden vor, die er in den Thunfischereien genossen hatte.

Als Avendaño, sein Freund, ihn oft so trübsinnig und nachdenklich sah, wagte er ihn im Vertrauen auf ihre Freundschaft nach dem Grund zu fragen und erbot sich, ihm zu helfen, wenn er irgend könne, ja, wenn es sein müsse, mit dem Einsatz seines eigenen Lebens. Carriazo wollte die große Anhänglichkeit, die aus den Worten Avendaños sprach, nicht enttäuschen und nun nicht länger hinter dem Berge halten. So berichtete er ihm denn in allen Einzelheiten von dem Leben in den Thunfischereien und gestand ihm, daß sein Kummer und all seine trüben Gedanken nur von der Sehnsucht herrührten, dorthin zurückzukehren. Er malte seinem Freunde alles so lebhaft aus, daß dieser, als er es gehört hatte, seinen Geschmack eher lobte als tadelte. Das Ergebnis dieser Unterhaltung war, daß Avendaño sich in seiner Begeisterung entschloß, seinen Freund zu begleiten und auch einen Sommer lang jenes herrliche Leben auszukosten, das dieser ihm beschrieben hatte. Carriazo war hierüber sehr erfreut, denn nun hatte er ja seiner Meinung nach einen Zeugen und Bürgen, der seinen Hang zum Landstreicherleben gewissermaßen rechtfertigte. Die beiden kamen überein, daß sie versuchen wollten, möglichst viel Geld für ihr Unternehmen zusammenzubekommen, und die beste Gelegenheit hierzu schien ihnen in zwei Monaten zu winken. Dann nämlich sollte Avendaño wieder nach Salamanca gehen, wo er bereits drei Jahre lang zu seinem Vergnügen die lateinische und griechische Sprache studiert hatte. Sein Vater wünschte, daß er seine Studien wieder aufnehmen und sich in jenen Fächern ausbilden solle, die ihn am meisten zusagten. Das Geld, das er ihm mitgeben wollte, würde ihrer Meinung nach für ihre Zwecke vollauf genügen.

Carriazo erklärte nun seinem Vater, er habe Lust, zusammen mit Avendaño die Unversität Salamanca zu beziehen. Dem Vater gefiel dieser Entschluß so sehr, daß er unverzüglich mit Avendaños Vater sprach, und die beiden kamen überein, den jungen Leuten in Salamanca eine standesgemäße Wohnung einzurichten und sie mit allem Erforderlichen auszustatten. Als der Abschiedstag gekommen war, versahen sie ihre Söhne mit Geld und gaben ihnen einen Hofmeister mit, der sie ein wenig beaufsichtigen sollte, einen rechtschaffenen Menschen, der allerdings das Pulver nicht gerade erfunden hatte. Die Väter gaben ihren Söhnen genaue Verhaltungsmaßregeln, was sie tun und wie sie es einrichten sollten, um tüchtige und kluge Männer zu werden, denn das, so sagten sie, sei das Ziel, das jeder Student, vor allem wenn er edler Herkunft sei, als Frucht seiner Mühen und durchwachten Nächte erreichen müsse. Die Söhne zeigten sich demütig und gehorsam, und die Mütter vergossen Tränen der Wehmut. Unter den Glück- und Segenswünschen aller machten die beiden sich schließlich auf den Weg. Sie ritten auf ihren eigenen Maultieren und führten zwei Diener mit und dazu noch den Hofmeister, der sich den Bart hatte wachsen lassen, um seiner Person ein wenig mehr Würde zu verleihen.

Als sie in Valladolid angelangt waren, erklärten sie ihrem Hofmeister, sie wollten gern zwei Tage hier verweilen, um die Stadt zu besichtigen, in der sie noch niemals gewesen seien. Der Hofmeister wies sie scharf zurück und schlug ihnen mit strengen Worten diesen Wunsch ab. Junge Leute, so meinte er, die es so eilig hätten, mit dem Studium zu beginnen, dürften sich durch solche Kindereien auch nicht eine Stunde aufhalten lassen, geschweige denn zwei ganze Tage. Er müßte sich die schwersten Gewissensbisse machen, wenn er sie auch nur einen Augenblick rasten ließe; sie hätten sofort aufzubrechen, sonst sollten sie ihn einmal kennenlernen.

So weit erstreckte sich also die Geschicklichkeit des Herrn Hofmeisters oder Schulmeisters, wie wir ihn lieber nennen wollen. Die jungen Leute jedoch hatten bereits ihr Schäfchen ins trockene gebracht, indem sie ihrem Aufseher vierhundert Golddukaten, die er mit sich führte, entwendet hatten. Nun baten sie ihn, er solle sie doch nur einen einzigen Tag dalassen, damit sie wenigstens die Argales-Quelle sehen könnten, deren Wasser man soeben durch große, mächtige Aquädukte in die Stadt zu leiten begann. Schließlich gab der Hofmeister seine Erlaubnis, obgleich es ihm in der Seele weh tat, denn er wollte gern die Übernachtungskosten in jener Stadt sparen und lieber in Valdeastillas zur Nacht bleiben. Die achtzehn Meilen von Valdeastillas bis Salamanca gedachte er dann in zwei Tagereisen zurückzulegen, und diese Einteilung erschien ihm günstiger, als wenn er von Valladolid aus noch zweiundzwanzig Meilen vor sich gehabt hätte. Doch, der Braune denkt, wie man so sagt, was anderes als der, der ihn sattelt; kurzum, die Dinge entwickelten sich ganz im Gegensatz zu den Plänen des guten Mannes.

Die jungen Leute ritten nun in Begleitung eines Dieners auf ihren guten, zahmen Maultieren hinaus zur Argales-Quelle, die durch ihr gutes Wasser und ihr Alter einen wohl ebenso hohen Ruf genießt wie der Goldene Brunnen und die ehrwürdige Priora-Quelle oder auch die Leganitos-Quelle und die wunderbaren Kastilischen Quellen, neben denen die Corpa-Quelle und die Pizarra aus der Mancha sich verstecken müssen. Man gelangte ans Ziel des Ausflugs, und als der Diener meinte, Avendaño zöge einen Becher aus den Taschen seines Mantelsacks, um ein wenig zu trinken, mußte er sehen, daß es ein verschlossener Brief war. Der junge Mann erklärte dem Diener, er müsse sofort in die Stadt zurückkehren und diesen Brief dem Hofmeister überbeben. Dann möge er sie am Campo-Tor erwarten. Der Diener tat, wie ihm geheißen, und flugs wendeten die beiden ihre Tiere und trabten davon. In der folgenden Nacht schliefen sie in Mojados, und nach zwei weiteren Tagen waren sie bereits in Madrid. Vier Tage später stellten sie ihre Maultiere auf dem öffentlichen Markt zum Verkauf und fanden einen Mann, der ihnen sechs Dukaten gegen sichere Bürgschaft versprach und einen anderen, der ihnen das Geld für ihre Reittiere in baren Goldmünzen auszahlte. Nun sahen sie sich nach anderen Gewändern um und suchten nach kurzen Überwürfen mit herunterhängenden Ärmeln, Schutzoder Pluderhosen und Strümpfen aus graubraunem Tuch, wie die Bauern sie tragen. Es fand sich auch ein Trödler, der ihnen am Morgen ihre Kleider abkaufte und sie bereits am Abend so maskiert hatte, daß ihre eigene Mutter sie nicht wiedererkannt hätte. Als sie nun allen unnötigen Ballast von sich geworfen hatten und so ausstaffiert waren, wie Avendaño es wollte und für richtig hielt, machten sie sich auf Schusters Rappen auf den Weg nach Toledo. Einen Degen hatten sie auch nicht mehr, denn der Trödler hatte ihnen auch diesen abgekauft, obgleich er eigentlich nicht mit Waffen handelte.

So lassen wir sie denn fürs erste zufrieden und fröhlich ihres Weges ziehen und kehren zu dem Herrn Hofmeister zurück, um zu berichten, was sich zutrug, als er den Brief, den ihm der Diener übergab, gelesen hatte. Der Inhalt dieses Briefes aber lautete folgendermaßen: »Euer Gnaden, Herr Pedro Alonso, mögen die Güte haben, geduldig nach Burgos zurückzukehren und dort unseren Vätern kundzutun, daß wir, ihre Söhne, nach reiflicher Überlegung zu der Überzeugung gekommen sind, daß einem Edelmann der Degen besser ansteht als die Feder, und uns deshalb entschlossen haben, Salamanca gegen Brüssel und Spanien gegen Flandern einzutauschen. Die vierhundert Dukaten nehmen wir mit, die Maulesel gedenken wir zu verkaufen. Unser ritterlicher Entschluß und der weite Weg sind wohl eine ausreichende Entschuldigung für unser Vergehen — wenngleich kein Mensch, es sei denn ein elender Feigling, unsere Tat als Vergehen bezeichnen kann. Wir brechen ohne Verzug auf und werden zurückkehren, wann es Gott beliebt, der Euer Gnaden beschützen möge, wie wir, dero unwürdige Schüler, es Euch wünschen. Gegeben an der Argales-Quelle mit dem Fuß im Steigbügel, um nach Flandern zu reisen. Carriazo und Avendaño.«

Herr Pedro Alonso war einfach erschüttert, als er den Brief gelesen hatte. Er stürzte zu seinem Mantelsack, und als er ihn leer fand, erfaßte er erst richtig, daß der Brief die Wahrheit enthielt. Ohne eine Minute zu verlieren, machte er sich auf dem Maultier, das ihm verblieben war, auf den Rückweg nach Burgos. Er wollte seinen Brotgebern schleunigst die schlimme Nachricht überbringen, damit sie Maßnahmen ergreifen und alles in die Wege leiten könnten, um die jungen Herren noch rechtzeitig einzuholen. Von alledem wird der Verfasser dieser Novelle jedoch nichts erzählen: wir setzen Herrn Pedro Alonso auf sein Reittier und verlassen ihn dann, um zu Carriazo und Avendaño zurückzukehren und zu erzählen, was ihnen bei ihrer Ankunft in Illescas zustieß. Als sie nämlich durch das Tor dieser Stadt traten, trafen sie mit zwei Eseltreibern zusammen, allem Anschein nach Andalusiern, die weite Leinenhosen trugen, geschlitzte Wämser aus französischer Leinwand, Jacken aus Sämischleder, kurze Dolche und Degen ohne Wehrgehenk. Der eine kam offenbar aus Sevilla, während der andere auf dem Wege dorthin war. Der letztere sprach zu seinem Freund: »Wenn meine Herren nicht schon so weit voraus wären, würde ich mich noch ein wenig aufhalten, um dich tausend Dinge zu fragen, die ich gern wissen möchte; denn was du mir da erzählt hast, nimmt mich doch sehr wunder. Ist es denn wahr, daß der Graf den Alonso Genis und den Ribera hat hängen lassen, ohne einer Berufung Raum zu geben?«

»Ja, bei meiner sündigen Seele«, erwiderte der Sevillaner. »Der Graf hat ihnen ein Bein gestellt und sie unter seine Gerichtsbarkeit gebracht, obgleich sie Soldaten waren. Durch eine List hat er sich ihrer bemächtigt, ohne daß der Obergerichtshof sie ihm wieder entreißen konnte. Glaub mir, mein Freund, dieser Graf von Puñorostro, der uns so gern mit der Faust nach der Gurgel fährt, hat den Teufel im Leibe. Ganz Sevilla ist auf zehn Meilen in der Runde von Spitzbuben frei. Kein Dieb wagt sich mehr in jenen Bezirk, denn sie fürchten ihn alle wie das höllische Feuer. Man spricht allerdings davon, daß er bald seinen Posten als Stadtrichter aufgeben wird, weil es ihm nicht paßt, sich auf Schritt und Tritt mit den Herren vom Obergerichtshof in die Haare zu geraten.«

»Gott schenke ihnen ein langes Leben!« meinte der andere. »Sie sind die Väter der Armen und die Schutzherren der Unglücklichen! Wie viele arme Kerle haben nicht schon ins Gras beißen müssen, nur weil irgend so ein tyrannischer Richter oder ein schlecht informierter oder hitziger Amtmann übler Laune war! Viele Augen sehen mehr als zwei, und das Gift der Ungerechtigkeit bemächtigt sich nicht so schnell vieler Herzen als eines einzigen.«

»Du bist ja ein reiner Wanderprediger geworden!« spottete der zweite. »Wenn du in deiner Litanei so fortfährst, wirst du nicht so bald ein Ende finden; ich habe aber keine Zeit. Doch nun hör zu: geh heute abend nicht in die Herberge, die du sonst gewöhnlich aufsuchst, sondern in das Wirtshaus des Sevillaners, denn da findest du die schönste Küchenmagd, die je gelebt hat. Die Marinilla aus der Ziegel-Schenke ist im Vergleich zu ihr direkt ein Scheusal. Ich kann dir nur sagen, der Sohn des Amtmanns verzehrt sich einfach in Liebe zu ihr. Einer von meinen Herren da vorne hat geschworen, daß er bei seiner Rückkehr aus Andalusien zwei Monate in Toledo bleiben will und die ganze Zeit über in jenem Wirtshaus wohnen wird, nur um sich einmal an ihr satt zu sehen. Ich habe sie beim Abschied ein wenig gezwickt und zum Dank dafür eine kräftige Maulschelle einstecken müssen. Sie ist hart wie Marmor, spröde wie eine Bäuerin aus Sayago und stachlig wie eine Brennessel; aber dabei hat sie ein wahres Engelsgesichtchen. Auf einer Wange trägt sie die Sonne und auf der anderen den Mond, die eine ist aus Rosenblättern gemacht und die andere aus Nelken, und auf beiden blühen zugleich Lilien und Jasmin. Mehr will ich nicht sagen — sieh dir das Mädchen an, dann wirst du wissen, daß all meine Worte armselig sind im Vergleich mit ihrer Schönheit. Ich würde ihr gern mein ganzes Eigentum, meine beiden grauschimmeligen Maultiere, geben, wenn ich sie dafür zur Frau bekäme. Aber ich weiß schon, ich bekomme sie doch nicht; sie ist ein Juwel, das nur für einen Bischof oder für einen Grafen da ist. Ich sage dir noch einmal: geh hin und sieh sie dir an! Und nun leb wohl, ich habe es eilig!«

Damit schieden die beiden Maultiertreiber voneinander. Unsere beiden Freunde hatten die Unterhaltung mit angehört und wanderten stumm weiter. Vor allem Avendaño war nachdenklich, denn die einfache Schilderung, die der Maultiertreiber von der Schönheit der Küchenmagd entworfen hatte, erweckte in ihm den brennenden Wunsch, das Mädchen zu sehen. Auch in Carriazo erwachte dieser Wunsch; doch ihm lag noch immer mehr daran, seine Thunfischereien wiederzusehen, als sich aufzuhalten, um die ägyptischen Pyramiden oder ein anderes der sieben Weltwunder oder selbst alle zusammen zu betrachten.

Auf ihrem Weg nach Toledo unterhielten die beiden sich damit, die Worte der beiden Eseltreiber zu wiederholen und den Ton ihrer Stimmen und ihre Gesten nachzuahmen. Als sie in der Stadt angekommen waren, wanderten sie unter Führung Carriazos, der schon einmal hier gewesen war, die Blut-Christi-Straße hinunter bis zum Gasthaus des Sevillaners. Sie wagten jedoch nicht, hier um ein Nachtlager zu bitten, da ihr Äußeres dem Hause nicht angemessen war. Die Nacht brach bereits herein; doch obgleich Carriazo seinen Freund drängte, doch nun mit ihm zu kommen und eine andere Herberge zu suchen, konnte er ihn nicht von der Tür des Sevillaners losreißen, weil er immer noch auf das Erscheinen der berühmten Küchenmagd wartete. Es wurde vollends Nacht, aber die Küchenmagd ließ sich nicht blicken. Carriazo war schon ganz verzweifelt, Avendaño jedoch blieb ungerührt. Schließlich ging er, um seine Absicht zu erreichen, in den Hof des Wirtshauses; als Ausrede hatte er sich ausgedacht, daß er nach einer Gesellschaft von Edelleuten aus Burgos fragen wollte, die auf dem Wege nach Sevilla sei. Kaum war er eingetreten, als aus einem Zimmer, das auf den Hof ging, ein Mädchen kam, das etwa fünfzehn Jahre zählen mochte. Sie trug einfache Arbeitskleidung und hielt einen Leuchter mit einer brennenden Kerze in der Hand.

Avendaño achtete gar nicht auf die Kleidung des Mädchens, sondern sah nur ihr Gesicht, das ihm vorkam wie eines der Engelsgesichter, die die Maler darzustellen pflegen. So geblendet und betäubt war er von dieser Schönheit, daß er in seiner Benommenheit und Verzückung gar nicht wagte, sie anzureden. Als das Mädchen den jungen Mann vor sich erblickte, sagte sie: »Was sucht Ihr, Gevatter? Seid Ihr vielleicht ein Diener von einem der Herren, die hier zu Gaste sind?«

»Ich bin keines Herrn Diener, sondern nur der Eure«, erwiderte Avendaño völlig verwirrt und verlegen.

Das Mädchen wunderte sich über diese sonderbare Antwort und erwiderte: »Ach, geht mir doch, Gevatter, wir Mädchen brauchen keine Diener.«

Dann rief sie ihren Herrn herbei und sagte: »Seht doch einmal zu, Herr, was dieser junge Mann da will.«

Der Wirt kam heraus und fragte ihn, was er wünsche. Er erwiderte, er sei auf der Suche nach seinem Herrn, einem Edelmann aus Burgos, der mit einigen Freunden auf dem Wege nach Sevilla sei. Sein Herr habe ihn nach Alcalá de Henares vorausgeschickt, um dort ein Geschäft abzuwickeln, das ihm sehr am Herzen läge. Dabei habe er ihn geheißen, nach Toledo weiterzugehen und im Gasthaus des Sevillaners auf ihn zu warten, da er dort abzusteigen gedenke. Er meine nun, sein Herr müsse wohl noch diesen Abend oder spätestens am nächsten Tage eintreffen. Avendaño brachte sein Lügenmärchen so geschickt vor, daß es dem Wirt ganz glaubwürdig erschien und er daher sagte: »Bleibt nur hier im Hause, mein Freund, da könnt Ihr auf Euren Herrn warten.«

»Ergebensten Dank, Herr Wirt«, erwiderte Avendaño. »Dann laßt mir doch bitte für mich und einen Kameraden, der mit mir gekommen ist und draußen wartet, eine Schlafkammer anweisen. Was das Geld betrifft, so haben wir genug bei uns, um Euch zu bezahlen wie jeder andere.«

»Mir soll's recht sein«, entgegnete der Wirt, wandte sich an das Mädchen und sagte: »Costanza, geh und sag der Argüello, sie soll den beiden jungen Leuten die Schlafkammer im Winkel hinten anweisen und die Betten frisch beziehen.«

»Jawohl, Herr«, erwiderte Costanza — denn so hieß das schöne Mädchen —, und mit einem Knicks vor ihrem Herrn verschwand sie.

Bei ihrem Weggang war es Avendaño wie dem Wanderer, vor dessen Augen die Sonne sinkt und die düstere schwarze Nacht heraufzieht. Doch faßte er sich soweit, um hinauszugehen und Carriazo zu berichten, was er gesehen und abgemacht hatte. Jener erkannte an tausend Zeichen, daß sein Freund von der Liebeskrankheit befallen war, doch wollte er fürs erste nichts sagen, bis er gesehen hätte, ob die Schönheit Costanzas, die Avendaño so in alle Himmel hob, diese unerhörten Lobsprüche und begeisterten Schilderungen auch rechtfertigte.

So traten sie denn schließlich in das Gasthaus, und die Argüello, eine Frau von ungefähr fünfundvierzig Jahren, die hier die Beschließerin war und die Verantwortung für die Gastzimmer hatte, führte sie in eine Kammer, die für Edelleute zu einfach, für Diener aber zu fein war und wohl für Leute paßte, die zwischen jenen beiden Rangstufen standen. Sie baten, man möchte ihnen zu essen bringen, doch die Argüello erwiderte, hier im Hause werde kein Essen verabreicht, sondern man koche und bereite nur Speisen zu, welche die Gäste auf dem Markte kauften und mitbrächten. Es gäbe aber nahebei Garküchen und Speisehäuser, die sie ohne Bedenken besuchen könnten und in denen sie ein gutes Essen vorgesetzt bekämen. Die beiden folgten dem Rat der Argüello und begaben sich in eine Garküche, wo Carriazo sich alles schmecken ließ, was man ihm vorsetzte, während Avendaño hauptsächlich von dem zehrte, was er mitgebracht hatte, nämlich von seinen Gedanken und Träumen.

Carriazo wunderte sich, daß sein Freund nichts oder doch beinahe nichts zu sich nahm. Um zu erfahren, wie es um ihn stand, meinte er daher auf dem Rückweg ins Gasthaus: »Morgen müssen wir früh aufstehen, denn bevor die Hitze kommt, wollen wir in Orgaz sein.«

»Nein, damit bin ich nicht einverstanden«, entgegnete Avendaño. »Bevor ich diese Stadt verlasse, möchte ich noch all die Berühmtheiten besichtigen, die sie enthält: die Reliquienkammer, die Wasserkunst, den Ausblick von San Agustin, die Gärten des Königs und die Auen am Fluß.«

»Na schön«, versetzte Carriazo, »in zwei Tagen kann man das alles gesehen haben.«

»Aber ich will mir Zeit dazu nehmen; wir wollen ja nicht nach Rom, um dort eine Freistelle zu erjagen.«

»Na na, mein Freund«, meinte Carriazo, »ich sollte mich doch sehr täuschen, wenn du nicht mehr Lust hast, in Toledo zu bleiben, als unsere begonnene Pilgerfahrt fortzusetzen.«

»Da hast du recht«, versetzte Avendaño. »Es ist mir genau so unmöglich, mich von dem Anblick dieses Mädchens loszureißen, wie es unmöglich ist, ohne gute Werke in den Himmel zu kommen.«

»Ein feiner Vergleich!« lobte Carriazo, »und ein Entschluß, der eines so edlen Herzens würdig ist! Das ist mir was Rechtes: Don Tomas de Avendaño, der Sohn des Don Juan de Avendaño, ein junger Mann aus vornehmem Geschlecht, der ein ganz hübsches Vermögen besitzt, dabei so jung, daß es eine Freude ist, und mit Geistesgaben gesegnet, daß man nur staunen kann, hat sich Hals über Kopf in eine Küchenmagd verliebt, die im Gasthaus des Sevillaners dient!«

»Ja, und ist es nicht auch seltsam«, fiel hier Avendaño ein, »wenn man bedenkt, daß ein Don Diego de Carriazo, der Sohn und Majoratserbe des Alcantara-Ritters gleichen Namens, wohlgebildet an Körper und Geist und mit allen vortrefflichen Eigenschaften ausgestattet, daß er, sage ich, verliebt ist... In wen denkt ihr wohl? Vielleicht in die Königin Ginevra? Aber nein — in die Thunfischerei von Zahara, die nach meiner Meinung häßlicher sein muß als die Mißgestalten, die den heiligen Antonius versuchten.«

»Wurst wider Wurst, mein Freund!« lachte Carriazo. »Du hast mir mit gleicher Münze heimgezahlt, und nun wollen wir unseren Streit beilegen und schlafen gehen. Morgen schickt Gott uns einen neuen Tag, dann wollen wir weitersehen.«

»Aber Carriazo, bis jetzt hast du Costanza ja noch gar nicht gesehen! Wenn du sie gesehen und irgend etwas Tadelnswertes an ihr entdeckt hast, dann magst du mich meinetwegen nach Herzenslust verspotten und beschimpfen.«

»Ach, ich weiß schon, wie das enden wird«, meinte Carriazo.

»Wie denn?«

»Damit, daß ich zu meiner Thunfischerei gehe und du bei deiner Küchenmagd bleibst.«

»So glücklich werde ich wohl nicht sein«, seufzte Avendaño.

»Und ich nicht so dumm, daß ich um deines schlechten Geschmacks willen meinen schönen Plan aufgebe«, versetzte Carriazo.

Unter diesen Reden waren sie beim Gasthof angelangt, wo sie ihren Streit fortsetzten und die halbe Nacht damit zubrachten. Als sie dann endlich eingeschlummert waren und nach ihrer Meinung etwa eine Stunde geschlafen haben mochten, wurden sie von dem Ton vieler Blasinstrumente aufgeweckt, die auf der Straße ertönten. Sie setzten sich im Bett auf und lauschten gespannt.

»Weißt du«, meinte Carriazo, »ich möchte wetten, es ist schon Tag, und sie feiern da drüben im Kloster Unserer Lieben Frau ein Fest und blasen deshalb auf den Flügelhörnern.«

»Das ist doch gar nicht möglich«, widersprach Avendaño, »wir schlafen noch nicht so lange, daß es schon
Tag sein könnte.«

In diesem Augenblick klopfte es an die Tür, und als
sie fragten, wer da sei, antwortete eine Stimme von
draußen: »Ihr Burschen, wenn ihr eine schöne Musik
hören wollt, dann steht auf und kommt nach vorn in
den Saal zu dem Gitter, das auf die Straße führt. Es ist
noch niemand dort.«

Die beiden erhoben sich, und als sie die Tür öffneten,
fanden sie niemanden im Flur, so daß sie nicht wußten, wer sie gerufen hatte. Da sie jetzt aber den Ton
einer Harfe vernahmen, meinten sie, daß es mit der
schönen Musik schon seine Richtigkeit habe, und liefen
im Hemd, wie sie waren, in den Saal, wo schon drei
oder vier andere Gäste des Hauses am Fenstergitter
standen. Sie fanden auch noch Platz, und bald darauf
ertönte von unten zum Klange einer Harfe und einer
Leier eine wunderbar schöne Stimme, die ein Sonett
sang, dessen Worte Avendaño nie mehr aus dem Gedächtnis schwinden sollten. Diese Worte aber lauteten:

> Liebreizendes Geschöpf, wie herrlich brachtest
> Du deiner Schönheit Wunder zur Entfaltung
> Und übertrafst den Schöpfer an Gestaltung,
> Da du den Himmel überflüssig machtest!
>
> Gleich ob du sprachest, sangest oder lachtest,
> Ob Wärme von dir ausging, ob Erkaltung
> (Wie es die Zucht gebot und edle Haltung):
> Wir schauern vor der Glut, die du entfachtest!
>
> Auf daß die Menschen in Verehrung knieten
> Vor jenem Licht, das deine Züge spenden,
> Und deine Sittsamkeit sich dir belohne,
>
> Hör auf zu dienen, denn dir Dienst zu *bieten*
> Geziemte sich für manchen, der in Händen
> Ein Zepter trägt und auf dem Haupt die Krone.

Man brauchte den beiden nicht erst zu sagen, daß diese Musik Costanza galt; das ging schon klar genug aus dem Sonett hervor, welches Avendaño so schmerzlich in den Ohren klang, daß er, nur um es nicht hören zu müssen, gern taub gewesen und zeitlebens geblieben wäre; denn von diesem Augenblick an war ihm so schlimm zumute, wie nur einem Menschen sein kann, dessen Herz von der scharfen Lanze der Eifersucht durchbohrt wird. Und das Schlimmste dabei war, daß er nicht einmal ahnte, auf wen er eifersüchtig sein mußte oder konnte. Doch glücklicherweise lösten sich seine Zweifel bald; er hörte, wie einer der Leute, die mit am Gitter standen, sagte: »Dieser Sohn des Amtmanns ist doch ein Dummkopf, daß er einer Küchenmagd Ständchen bringt!... Sie ist zwar wirklich das schönste Mädchen, das ich je gesehen habe, und mir sind schon eine Menge vor Augen gekommen! Aber deshalb braucht man sie doch nicht so in aller Öffentlichkeit zu umwerben!«

»Ja«, fiel ein anderer ein, der dabei stand, »und dabei habe ich aus sicherer Quelle gehört, daß sie sich überhaupt nichts daraus macht! Ich wette, sie schläft jetzt sanft und selig hinter dem Bett ihrer Herrin, wo sie ihre Lagerstatt haben soll, und denkt nicht im entferntesten an Musik und Ständchen.«

»Ja, bestimmt«, versicherte der erste, »denn sie ist das sittsamste Mädchen weit und breit. Und man muß sich wirklich wundern: sie dient hier in diesem Hause, wo doch ein ständiges Kommen und Gehen ist und jeden Tag neue Gäste eintreffen; sie hat in allen Zimmern zu tun, und doch kann man ihr nicht das geringste nachsagen.«

Als Avendaño das hörte, belebte sich sein bekümmertes Gemüt wieder, und er hörte mit Aufmerksamkeit den folgenden Liedern zu, welche die Musikanten zum Klange ihrer verschiedenen Instrumente vortrugen. Alle waren sie an Costanza gerichtet, die, wie der andere Gast behauptete, zu dieser Stunde ahnungslos in ihrem Bette schlief. Als der Morgen nahte, wandten sich die Musikanten zum Gehen und bliesen zum Abschied noch eine Weise auf ihren Flügelhörnern. Avendaño und Carriazo kehrten in ihre Kammer zurück, wo sie, so gut sie konnten, noch bis zum Tagesanbruch schliefen. Als sie sich am Morgen erhoben, hatten beide nur den einen Wunsch, Costanza zu sehen; bei Carriazo war es jedoch nur Neugierde, während Avendaño vor Verliebtheit brannte. Schon bald wurde ihr Wunsch erfüllt: das Mädchen trat aus dem Zimmer ihrer Herrin, so schön und lieblich, daß beide der Ansicht waren, alle Lobsprüche, die der Eseltreiber ihr gezollt hatte, seien nichtig und plump gewesen. Costanza trug einen Rock und ein Mieder aus grünem Tuch mit einer Verzierung aus dem gleichen Stoff. Das Mieder war niedrig, das Hemd jedoch hoch geschlossen, am Halse fein gefältelt und am Rande mit einer Stickerei aus schwarzer Seide geschmückt, so daß es aussah, als läge eine Schnur aus schwarzem Gagat um eine Alabastersäule, denn ebenso weiß schimmerte ihr Hals. Um ihre Hüften schlang sich ein Strickgürtel, von welchem rechts ein Band mit einem großen Schlüsselbund herabhing. An den Füßen trug sie keine Pantoffeln, sondern rote Schuhe mit doppelten Sohlen und rote Strümpfe, von denen man nur ab und zu einen schmalen Rand hervorleuchten sah. In die langen Zöpfe, die ihr im Rücken bis unter den Gürtel herabhingen, waren weiße Florettbänder geflochten; die Farbe des Haares war bräunlich, beinahe blond; sie waren so sauber, gleichmäßig und ordentlich gekämmt, daß auch die feinsten Goldflechten mit ihnen nicht wetteifern konnten. An den Ohren des Mädchens hingen zwei kleine Glaskugeln, die aussahen wie Perlen; auf dem Kopf trug sie nichts, das eigene Haar diente ihr als Netz und Haube.

Nachdem sie aus dem Zimmer getreten war, bekreuzigte sie sich andächtig und verbeugte sich tief vor einem Muttergottesbild, das an einer Wand des Hofes hing. Dann hob sie die Augen und gewahrte die beiden jungen Leute, die in ihren Anblick versunken waren. Sofort wandte sie sich um und kehrte in das Zimmer zurück, von wo aus sie Argüello zurief, sie solle nun aufstehen.

Wir müssen nun noch berichten, welchen Eindruck Costanzas Schönheit auf Carriazo machte, denn wie bezaubert Avendaño war, als er sie zum ersten Male gesehen hatte, haben wir bereits geschildert. So wollen wir denn nur sagen, daß Carriazo Costanza zwar außerordentlich liebreizend fand, sich aber nicht etwa heftig in sie verliebte. Ja, so wenig berührt war er von ihrer Schönheit, daß er sich entschloß, nicht noch eine weitere Nacht in dem Gasthaus zu verbringen, sondern so bald wie möglich nach seinen Thunfischereien aufzubrechen.

Unterdessen war auf Costanzas Rufen die Argüello auf die Galerie herausgetreten. Mit ihr erschienen noch zwei andere galicische Mägde, die ebenfalls im Hause dienten. Man benötigte nämlich im Gasthaus des Sevillaners soviel Dienstpersonal, da es stets viel Gäste zu beherbergen hatte und zu den besten und besuchtesten Toledos gehörte. Nun kamen auch die Bediensteten der Gäste heraus, um sich die Gerste für die Reittiere geben zu lassen. Der Wirt trat in den Hof, verteilte die Gerste und schalt dabei mit den Mägden, weil ihretwegen ein Bursche aus dem Hause gelaufen war, der die Austeilung sonst so gut und gewissenhaft besorgt hatte, daß, wie ihm, dem Wirte, schien, kein Körnchen verlorengegangen war. Als Avendaño das hörte, sagte er: »Laßt's Euch nicht verdrießen, Herr Wirt, sondern gebt mir das Rechnungsbuch! Solange ich bleibe, will ich gern die Gerste und das Stroh herausgeben, die hier verlangt werden, und das Geschäft so gut verwalten, daß Ihr dem Burschen nicht mehr nachzutrauern braucht, der Euch weggelaufen ist, wie Ihr sagt.«

»Wahrlich, da weiß ich Euch Dank dafür, Bursche!« erwiderte der Wirt. »Ich kann nicht alles selbst machen und habe noch eine Menge Geschäfte außerhalb des Hauses zu besorgen. Kommt nur herunter, ich will Euch gleich das Buch geben! Aber, nehmt Euch in acht, diese Maultiertreiber sind ganz verteufelte Kerle, sie zaubern Euch ein paar Liter Gerste unter der Hand weg und machen sich ebensowenig ein Gewissen daraus, als ob es Stroh wäre.«

Avendaño stieg in den Hof hinunter, vertiefte sich kurz in das Rechnungsbuch und begann dann flink die Gerste auszuteilen und so ordentlich einzutragen, daß der Wirt, der ihm dabei zuschaute, nichts einzuwenden hatte. Ja, er war so zufrieden, daß er sagte: »Gebe Gott, daß Euer Herr nicht käme und Ihr Lust daran fändet, hier im Hause zu bleiben. Meiner Treu, Ihr solltet es gut haben! Denkt nur, der Bursche, der mir weggelaufen ist, kam vor acht Monaten ganz zerlumpt und ausgehungert hier an, und als er fortging, hatte er zwei schöne Gewänder und war fett wie ein Frettchen. Ihr müßt wissen, mein Sohn, hier im Hause gibt es allerlei zu verdienen, ganz abgesehen vom Lohn.«

»Wenn ich bleiben würde«, meinte Avendaño, »käme es mir auf den Verdienst nicht so an. Ich wäre mit allem zufrieden, wenn ich dafür nur hier in dieser Stadt bleiben könnte; denn man sagt überall, sie sei die schönste Stadt von Spanien.«

»Nun«, meinte der Wirt, »auf jeden Fall ist sie eine der schönsten und reichsten dieses Landes. Aber uns fehlt hier noch eine Arbeitskraft, und zwar ein Bursche, der uns das Wasser vom Fluß holt. Mir ist nämlich noch einer fortgelaufen. Der zog immer mit meinem Esel hinunter zum Fluß und schleppte die vollen Krüge herauf, so daß wir stets Wasser in Hülle und Fülle

hatten. Denn wißt, einer der Gründe, warum die Eseltreiber so gern ihre Herren in mein Gasthaus führen,
liegt darin, daß wir hier immer so reichlich Wasser
haben. Da brauchen sie ihre Tiere nicht an den Fluß
zu treiben, sondern können sie im Hause selbst aus großen Kübeln tränken.«

Carriazo hatte das alles mit angehört, und als er sah,
daß Avendaño schon alles geregelt und sich eine Anstellung im Hause verschafft hatte, wollte er auch nicht
zurückstehen. Vor allem bedachte er dabei, welche
Freude er seinem Freund bereiten würde, wenn er seinem Beispiel folgte. So wandte er sich denn an den
Wirt und sagte: »Nur her mit dem Esel, Herr Wirt!
Ich kann ihn ebenso sauber aufzäumen und beladen
wie mein Kamerad hier die Waren ins Buch einzutragen versteht.«

»Ja«, fiel Avendaño ein, »mein Freund Lope, der Asturier, wird Euch den Wasserträger machen, daß es eine
Pracht ist! Ich stehe für ihn gut.«

Hier mischte sich die Argüello ins Gespräch. Sie hatte
von der Galerie aus zugehört, und wie sie vernahm,
daß Avendaño für seinen Kameraden gutstehen wollte,
rief sie: »Dann sagt mir doch, mein feiner junger Herr,
wer für Euch gutsteht? Ich meine, es täte Euch mehr
not, einen Bürgen zu beschaffen als selbst den Bürgen
zu spielen.«

»Nun halt den Mund, Argüello«, versetzte der Wirt,
»und rede nur, wenn du gefragt wirst. Ich selbst bürge
für die beiden Burschen, und wenn dir dein Leben lieb
ist, dann fang nicht wieder Händel an mit den beiden;
denn nur du und die anderen Mägde, ihr seid daran
schuld, daß mir alle aus dem Hause laufen.«

»Ach nein«, fiel eine der anderen Mägde ein, »die beiden bleiben also hier im Hause? So wahr mir Gott
helfe, wenn ich mit denen unterwegs wäre, die bekämen
den Weinschlauch nicht in die Finger.«

»Jetzt laß die Narrenpossen, Jungfer Galicierin!« erwiderte der Wirt. »Geh an deine Arbeit und fang mir nichts mit diesen Burschen an, sonst prügle ich dich windelweich.«

»Großartig!« spöttelte die Galicierin. »Das sind mir auch Prachtstücke, nach denen man sich die Finger lecken kann! Aber ich weiß wirklich nicht, was Ihr wollt, Herr! Ihr habt mich noch nie dabei ertappt, daß ich mit den Burschen im Hause oder außerhalb herumschäkerte, und braucht deshalb keine so schlechte Meinung von mir zu haben. Diese Spitzbuben laufen doch davon, sobald es ihnen paßt, ohne daß wir ihnen dazu Veranlassung geben. Nein, diese Sorte braucht man nicht erst auf den Gedanken zu bringen, ihrem Herrn unversehens einen Schabernack zu spielen!«

»Was soll dieses Geschwätz, Mädchen!« versetzte der Wirt. »Ruhe jetzt! Und kümmere dich um deine Arbeit!«

Carriazo hatte unterdessen schon den Esel gesattelt, sich hinaufgeschwungen und den Weg zum Flusse eingeschlagen, während Avendaño voller Freude über den beherzten Entschluß seines Kameraden zurückblieb.

Und so war denn nun mit Gottes Hilfe aus Avendaño der Hausknecht Tomas Pedro geworden und aus Carriazo der Wasserträger Lope der Asturier — zwei Verwandlungen, die sich den Metamorphosen Ovids, des langnasigen Poeten, würdig an die Seite stellen. Kaum hatte die Argüello begriffen, daß die beiden nun im Hause bleiben würden, als sie sich schon den Asturier aufs Korn nahm, im stillen beschloß, ihn für sich zu kapern und ihm ein so gutes Leben zu bereiten, daß er weich und geschmeidig werden mußte wie ein Handschuh, und wenn er von Natur aus noch so spröde und scheu wäre. Die gleichen Absichten faßte die galicische Spottdrossel in bezug auf Avendaño, und da die beiden Mägde sich schon lange kannten, zusammen schliefen und somit die vertrautesten Freundinnen geworden waren, teilten sie einander auf der Stelle ihre verliebten Pläne mit. Sie beschlossen, schon in der folgenden Nacht den Eroberungszug gegen die Herzen ihrer kühlen Liebhaber zu beginnen; doch wollten sie ihnen von vornherein erklären, daß sie niemals eifersüchtig werden dürften um irgendwelcher Dinge und Handlungen willen, die sie etwa an ihren Freundinnen bemerkten; denn eine Magd, die ihrem Burschen im Hause recht etwas zustecken will, muß eben zusehen, daß sie draußen Verehrer findet, von denen sie Tribute erheben kann. »Seid ruhig, ihr beiden«, so sagten sie, als stünden die Burschen vor ihnen und wären schon ihre Buhlen, »schweigt und drückt ein Auge zu, und laßt den das Tamburin schlagen, der es versteht, und den den Tanz anführen, der es gelernt hat. Tut ihr das, so wird es keinen Domherrn in der Stadt geben, der besser gepflegt und verhätschelt wird als ihr von euren ergebenen Dienerinnen.«

Während die Galicierin und die Argüello so oder ähnlich miteinander redeten, ritt unser guter Lope den Karmeliterhügel hinunter zum Fluß und dachte dabei an seine Thunfischerei und an seinen plötzlichen Standeswechsel. Kam es nun von seiner Versunkenheit oder war es eine Fügung des Schicksals, genug, er traf, wie er so herabkam, an einer engen Stelle des Weges mit dem Esel eines anderen Wasserträgers zusammen, der mit vollgefüllten Krügen herauftrottete. Da er nun bergab ritt und sein Esel zudem ein feuriges, wohlgenährtes und noch wenig abgearbeitetes Tier war, prallte dieser so heftig gegen das müde, magere Eselchen, das da heraufkam, daß er es umwarf. Die Krüge zerbrachen, das Wasser lief heraus, und der Treiber des gestürzten Tieres wandte sich wütend und zornentbrannt gegen unseren frischgebackenen Wasserträger. Der saß noch immer auf seinem Tier, und bevor er sich bereitmachen und absteigen konnte, hatte der andere ihm schon ein Dutzend so kräftiger Hiebe verabreicht, daß ihm die Wut zu Kopfe stieg. Endlich stand er wieder auf seinen Füßen, aber nun war er so aufgebracht, daß er auf seinen Gegner losging, ihn mit beiden Händen bei der Gurgel faßte und zu Boden warf; der andere prallte beim Hinstürzen mit dem Kopf gegen einen Stein und fing sofort aus zwei Wunden so heftig zu bluten an, daß Lope glaubte, er habe ihn getötet.

Inzwischen waren eine Menge anderer Wasserträger herangekommen, und als sie sahen, wie übel ihr Kamerad zugerichtet war, stürzten sie auf Lope zu, packten ihn und schrien durcheinander: »Polizei! Polizei! Der Bursche hat einen Menschen erschlagen!«

Unter Rufen und Schreien bearbeiteten die einen ihn mit ihren Fäusten und Knüppeln, während andere zu dem Gestürzten eilten und feststellten, daß er eine tiefe Kopfwunde hatte und offenbar in den letzten Zügen lag. Die Nachricht von dem Vorfall pflanzte sich von Mund zu Mund hügelaufwärts fort und kam auf dem Karmeliterplatz auch einem Polizeidiener zu Ohren, der mit zwei Häschern in Windeseile hinunterstürzte und an dem Tatort erschien, gerade, als man den Verletzten quer auf seinen Esel gelegt hatte, während Lope von mehr als zwanzig Wasserträgern umringt war, die ihn fest gepackt hielten und nicht von der Stelle wichen. Sie setzten ihm so zu, daß man für sein Leben beinahe noch mehr fürchten mußte als für das des Verwundeten, denn die Fäuste und Knüppel dieser Rächer fremder Unbill hagelten nur so auf ihn herab.

Der Gerichtsdiener trat hinzu, trieb die Menge auseinander, überlieferte den Asturier den Händen seiner beiden Gefährten, trieb dessen Esel vor sich her, ließ den Verletzten auf dem Rücken seines Esels fortführen und machte sich auf den Weg zum Gefängnis. Es hatte sich so viel Volks um ihn gesammelt, und so viele junge Burschen und Kinder hatten sich herzugedrängt, daß der Zug nur mit Mühe durch die engen Straßen kam.

Neugierig gemacht durch den Lärm, traten auch Tomas

Pedro und sein Herr vor die Haustür, um zu sehen, was da los sei. Plötzlich entdeckten sie Lope mit blutverschmiertem Gesicht zwischen den Fäusten der Häscher. Der Wirt blickte sich nun nach seinem Esel um und mußte sehen, wie ein anderer Büttel, der inzwischen hinzugekommen war, ihn vor sich hertrieb. Er erkundigte sich, was das zu bedeuten habe, und hörte nun den Bericht über den Zwischenfall. Es tat ihm leid um seinen Esel, denn er mußte wohl fürchten, daß er für ihn verloren war oder doch mehr Lösegeld kosten würde, als er wert war. Tomas Pedro lief schnell hinter seinem Kameraden her; doch ließ man ihn nicht heran, so daß er kein Wort mit ihm sprechen konnte; zu viele Leute drängten sich immer wieder dazwischen, und die Häscher und der Polizeidiener, die ihn gefaßt hatten, waren viel zu vorsichtig. Tomas jedoch folgte der Menge bis zum Gefängnis hin, wo er mit ansehen mußte, wie sein Freund mit zwei Fußeisen gefesselt und in ein Verlies geworfen wurde, während man den Verletzten ins Spital brachte. Tomas lief auch dorthin, um zuzusehen, wie der Bursche verbunden wurde. Die Wunde schien recht gefährlich, und auch der Arzt war dieser Ansicht. Der Gerichtsdiener trieb die beiden Esel zu sich nach Hause — auch die fünf größeren Geldstücke, welche die Häscher dem Lope abgenommen hatten, hatte er eingesteckt.

Ganz verwirrt und betrübt kam Tomas ins Gasthaus zu seinem neuen Herrn zurück, der seinerseits nicht weniger bedrückt war, und berichtete ihm, wie es mit seinem Kameraden stehe, daß der Verletzte in Lebensgefahr schwebe und was aus dem Esel geworden sei. Außerdem aber habe sich, so erzählte er weiter, zu diesem Mißgeschick noch ein neues gesellt, das ihm recht zu schaffen mache. Er sei nämlich unterwegs einem der besten Freunde seines Herrn begegnet, und dieser habe ihm gesagt, sein Herr habe es sehr eilig gehabt und habe, um zwei Meilen Weges zu sparen, von Madrid aus das Fährboot bei Aceca benutzt, so daß er heute in Orgaz Nachtlager nähme. Ihm, dem Freund, habe er zwölf Taler für seinen Diener gegeben und ihm sagen lassen, er solle nach Sevilla weiterziehen, wo sein Herr auf ihn warte.

»Aber das kann ich doch nicht«, fuhr Tomas fort, »ich kann doch nicht meinen besten Freund und Kameraden im Gefängnis und in dieser gefährlichen Lage zurücklassen! Mein Herr wird mir für diesmal verzeihen müssen, und das wird er auch tun, denn er ist so gut und edel, daß er mir jeden Ungehorsam ihm gegenüber verzeiht, wenn ich mir nur gegen meinen Kameraden nichts zuschulden kommen lasse. Darum seid doch bitte so gut, Herr Wirt, und nehmt dieses Geld und verwendet es für unsere Zwecke. Ich will inzwischen meinem Herrn schreiben, was hier vorgefallen ist, und er wird uns sicherlich genügend Geld schicken, um uns aus jeder Gefahr herauszuhelfen.«

Der Wirt riß die Augen auf vor Freude darüber, daß er nun für den Verlust seines Esels wenigstens zum Teil entschädigt war. Er nahm das Geld und tröstete Tomas, indem er ihm sagte, er kenne verschiedene Persönlichkeiten in Toledo, die bei der Polizei viel ausrichten könnten. Vor allem denke er da an eine Nonne, eine Verwandte des Amtmanns, die diesen ganz unter dem Pantoffel habe. Eine Waschfrau des Klosters, in dem besagte Nonne lebe, habe eine Tochter, die mit dem Bruder eines Mönchs eng befreundet sei, und dieser Mönch wiederum stünde auf sehr vertrautem Fuß mit dem Beichtvater jener Nonne – die Wäscherin aber arbeite auch in seinem Hause...

»Und wenn die nun ihre Tochter bittet«, fuhr der Wirt fort, »– und das wird sie sicher tun –, die Schwester des Mönchs zu bitten, mit ihrem Bruder zu sprechen, damit er seinerseits mit dem Beichtvater der Nonne und dieser mit der Nonne selbst spricht, und wenn die Nonne sich bereit erklärt, ein Briefchen an

den Amtmann zu schicken — das ist für sie eine Kleinigkeit! — und ihm darin eindringlich ans Herz zu
legen, daß er sich um Lope und seine Angelegenheit
kümmern möge, dann können wir uns zweifellos auf
einen guten Ausgang der Sache gefaßt machen. Natürlich darf der Wasserträger nicht vorher sterben, und
es darf auch nicht an Schmiergeldern für alle Diener
der Gerechtigkeit fehlen, denn wenn die nicht gut ge-
schmiert sind, knarren sie schlimmer als ein Ochsen-
karren.«

Unserem Tomas kamen diese Angebote seines neuen
Herrn und die unendlichen, gewundenen Wege, die
seiner Ansicht nach zum Ziele führen sollten, recht
spaßig vor, und er merkte wohl, daß hinter seinen
Worten mehr Schelmerei als ehrlicher Wille steckte;
doch dankte er ihm trotzdem für seine guten Absichten
und übergab ihm das Geld. Dabei versprach er ihm,
es werde noch viel mehr kommen, da er ja, wie gesagt,
in dieser Hinsicht auf seinen Herrn bauen könne.

Die Argüello war sogleich, als sie hörte, der Erwählte
ihres Herzens läge in Fesseln, ins Gefängnis geeilt, um
ihm zu essen zu bringen; aber man ließ sie nicht zu
Lope, und so mußte sie verärgert wieder umkehren.
Deshalb gab sie aber ihre Pläne noch längst nicht
auf.

Nach vierzehn Tagen war der Verletzte endlich außer
Gefahr, und zwanzig Tage nach dem Vorfall erklärte
der Wundarzt ihn für völlig genesen. In der Zwischenzeit hatte Tomas seinem Herrn vorgespiegelt, er habe
fünfzig Taler aus Sevilla bekommen, hatte das Geld
aus seinem Beutel geholt und dem Wirt eingehändigt
mitsamt einem gefälschten Brief und einer Bescheinigung seines angeblichen früheren Herrn. Da dem
Wirt nicht das geringste daran lag, die Echtheit des
Dokuments nachzuprüfen, nahm er das Geld und
freute sich sehr, als er sah, daß es alles gute, vollwertige Goldmünzen waren.

Für sechs Dukaten nahm der Verletzte Abstand von seiner Klage. Der Asturier wurde zu einer Geldbuße von zehn Dukaten, zur Einlösung des Esels und zur Bezahlung der Gerichtskosten verurteilt. Dann wurde er aus dem Gefängnis entlassen. Aber er wollte jetzt nicht mehr mit seinem Kameraden unter einem Dach bleiben und führte als Entschuldigung an, in den Tagen, die er im Gefängnis zugebracht habe, sei die Argüello zu ihm gekommen und habe ihm mit ihren Liebesbeteuerungen in den Ohren gelegen. Das aber sei ihm so lästig und ärgerlich, daß er sich eher hängen lassen wolle, als den Wünschen eines so schlimmen Weibstücks nachzugeben. Da Tomas ja entschlossen sei, seinen Plan weiterzuverfolgen und durchzuführen, habe er sich vorgenommen, einen Esel zu kaufen und, solange sie sich in Toledo aufhielten, den Beruf eines Wasserträgers auszuüben. Unter diesem Deckmantel liefe er keine Gefahr, als Vagabund von der Polizei geschnappt zu werden, und könne mit einer einzigen Wasserlast den ganzen Tag in der Stadt umherstreifen und Maulaffen feilhalten.

»Na, in der Hauptsache wirst du dich wohl nach den hübschen Mädchen umgucken«, meinte Tomas, »denn Toledo steht in dem Ruf, die klügsten Frauen in seinen Mauern zu beherbergen; ihre Klugheit aber soll ihrer Schönheit ebenbürtig sein. Glaubst du das nicht, so sieh dir Costanza an: die ist so schön, daß sie nicht nur allen Mädchen Spaniens, sondern der ganzen Welt von ihrem Überfluß an Schönheit abgeben könnte.«

»Sachte, sachte, Tomas!« versetzte Lope. »Nun reiß mir den Mund nur nicht allzuweit auf bei deinen Lobliedern auf dieses Fräulein Küchenmagd, sonst muß ich dich am Ende noch für einen Ketzer halten — ein Narr bist du in meinen Augen ohnehin schon.«

»Eine Küchenmagd hast du Costanza genannt, Bruder Lope?« fragte Tomas. »Gott verzeihe dir und belehre dich über deinen Irrtum.«

»Was? Ist sie denn keine Küchenmagd?« fragte der Asturier zurück.

»Bis jetzt habe ich sie noch nicht einen einzigen Teller abwaschen sehen.«

»Darauf kommt es nicht an«, meinte Lope, »ob du sie einen Teller hast abwaschen sehen oder zwei oder meinetwegen hundert.«

»Aber ich sage dir doch, Bruder«, widersprach Tomas, »sie verrichtet überhaupt keine Küchenarbeit! Offenbar versteht sie sich auf nichts anderes als auf ihre Handarbeit und auf das viele feine Silberzeug im Hause, das sie in Verwahrung hat.«

»Ja, aber warum nennt man sie denn in der ganzen Stadt ›die vornehme Küchenmagd‹, wenn sie gar nicht in der Küche arbeitet?« fragte Lope. »Wahrscheinlich wäscht sie eben das Silber ab und nicht das Tongeschirr, und darum heißt sie eben die ›vornehme‹. Doch lassen wir das jetzt! Sag mir lieber, wie steht's mit deinen Hoffnungen?«

»Schlecht, zum Verzweifeln schlecht!« erwiderte Tomas. »Solange du im Gefängnis warst, habe ich nicht ein einziges Wort mit ihr gesprochen. Auf alle Reden, die die Gäste hier an sie richten, schlägt sie nur die Augen nieder, aber die Lippen bringt sie nicht auseinander. Sie ist so sittsam und schön, daß gerade ihre Zurückhaltung die Männer ebensosehr entflammt wie ihre Schönheit. Und außerdem ist da noch eine Sache, die meine Geduld auf eine harte Probe stellt: der Sohn des Amtmanns, ein feuriger und ziemlich dreister junger Mann, verzehrt sich nach ihr und bringt ihr ein Ständchen nach dem anderen, so daß kaum eine Nacht ohne Musik vor unseren Fenstern vergeht. Und er umwirbt sie so unverhüllt, daß er sie in seinen Liedern, die sie preisen und feiern, sogar beim Namen nennt. Sie hört aber nichts von alledem, denn sie kommt vom Abend bis zum Morgen nicht aus der Kammer ihre Herrin heraus. Das ist der einzige

Schild, der mein Herz noch vor den Pfeilen der Eifersucht schützt.«

»Nun, und wie gedenkst du nun das Hindernis zu nehmen, das sich dir bei der Eroberung dieser Porzia, dieser Minerva, dieser neuen Penelope entgegenstellt, die dich in Gestalt einer Küchenmagd in Liebesbande schlägt, deinen Willen lähmt und deine Sinne verwirrt?«

»Ja, treib du nur deinen Spott mit mir, Freund Lope! Ich weiß deshalb doch, daß ich in das schönste Antlitz verliebt bin, das die Natur zu bilden vermochte, und in, die unvergleichliche Sittsamkeit, die es auf der Welt nur geben kann. Costanza heißt meine Erwählte und nicht Porzia, Minerva oder Penelope, und in einem Gasthaus dient sie, das kann ich nicht leugnen. Doch was kann ich dabei machen, wenn ich doch fühle, daß das Schicksal mich mit geheimer Gewalt zu ihr hindrängt und selbst meine Vernunft mir mit klaren Worten sagt, daß ich sie anbeten muß? Schau, Freund«, fuhr er fort, »wie soll ich dir diesen Zustand nur schildern? Die Liebe hat die niedrige Gestalt dieser Küchenmagd, wie du sie nennst, in meinen Augen geadelt und so hoch emporgehoben, daß ich sie sehe und doch nicht sehe, sie kenne und doch nicht erkenne. Auch wenn ich es wollte, so könnte ich doch nicht einen Augenblick die sogenannte Niedrigkeit ihres Standes in Betracht ziehen. Ihre Schönheit, ihr Liebreiz, ihre erhabene Ruhe, ihre Keuschheit und Sittsamkeit machen diesen Gedanken sogleich zunichte und geben mir zu verstehen, daß unter dieser schlichten Schale ein Kleinod von größtem Wert und höchster Feinheit verschlossen und verborgen sein muß. Kurzum, sei es, wie es wolle, ich bin ihr von Herzen zugetan, und zwar nicht mit jenem gewöhnlichen Verlangen, das ich anderen Frauen gegenüber empfunden habe, sondern in einer so reinen Liebe, daß ich nichts will, als ihr dienen, und mein Streben einzig darauf gerichtet ist, von ihr wiedergeliebt zu werden, auf daß sie mir in Ehrbarkeit gestatte, was meine sittsamen Wünsche von ihr erflehen.«

Als Tomas soweit gekommen war, seufzte der Asturier und rief aus tiefster Seele: »O platonische Liebe! O vornehme Küchenmagd! O glückselige Zeiten, in denen wir es erleben, daß die Schönheit ohne Falsch die Herzen gewinnt, daß die Keuschheit zündet, ohne zu versengen, der Liebreiz Wohlgefallen erregt und kein Verlangen und die Niedrigkeit des einfachen Standes uns zwingt und veranlaßt, ihn auf das Rad der Göttin Fortuna zu erheben! O ihr meine armen Thunfische, ihr werdet dieses Jahr den Besuch eures glühenden und begeisterten Verehrers entbehren müssen! Im kommenden Jahre aber werde ich meinen Fehler wiedergutmachen, so daß die Aufseher meiner geliebten Thunfischereien sich nicht über mich zu beklagen haben werden!«

»Laß das, Asturier«, versetzte Tomas. »Ich sehe schon, daß du dich ganz offen über mich lustig machst. Meinetwegen geh doch zu deinem Fischfang, ich will hier weiter meiner Jagd obliegen, und wenn du zurückkommst, kannst du mich hier treffen. Willst du das Geld mitnehmen, das dir zusteht, so kann ich es dir gleich auszahlen, und dann geh in Frieden und laß uns jeder den Weg einschlagen, den sein Schicksal ihm vorgezeichnet hat.«

»Ich hätte dich für gescheiter gehalten«, erwiderte Lope. »Merkst du denn nicht, daß ich nur im Scherz rede? Aber nun, wo ich weiß, daß du es ernst meinst, will ich dir auch in allem, was dir Freude macht, behilflich sein. Zum Entgelt für alles, was ich für dich zu tun gedenke, bitte ich dich nur um eins: sieh zu, daß die Argüello nicht wieder Gelegenheit findet, mich mit ihren Liebeserklärungen zu belästigen; denn ich will eher aufhören, dein Freund zu sein, als in die Gefahr geraten, der ihre zu werden. Bei Gott, Tomas, diese Person schwatzt, als bekäme sie's bezahlt, und dabei riecht sie auf eine Meile weit nach Weinhefe aus dem Munde; alle Zähne in ihrem Kiefer sind falsch, und ich habe den Verdacht, daß sie auch noch eine Perücke trägt. Um diese Mängel zu beheben und zu verdecken, hat sie, seit sie mir ihre schlimmen Gelüste offenbart hat, angefangen, sich weiß zu schminken und ihr Gesicht so zu beschmieren, daß es aussieht wie eine Gipsmaske.«

»Ja, das mag wohl alles stimmen«, meinte Tomas. »Die Galicierin, die mir nachstellt, ist allerdings nicht ganz so schlimm. Wir könnten es schließlich so einrichten, daß du nur noch heute abend hier im Gasthaus bleibst und morgen gleich den Esel kaufst, von dem du gesprochen hast und dir eine andere Unterkunft suchst. Auf diese Weise vermeidest du ein Zusammentreffen mit der Argüello, während ich meinen Begegnungen mit der Galicierin und den versengenden Strahlen aus den Augen meiner Costanza weiterhin ausgesetzt bleibe.«

Nachdem die beiden Freunde so miteinander einig geworden waren, begaben sie sich zum Gasthaus, wo der Asturier von der Argüello mit allen Zeichen der Liebe willkommen geheißen wurde. Am gleichen Abend noch wurde vor der Tür des Gasthauses ein Tanzvergnügen veranstaltet, zu dem viele Maultiertreiber aus dem Hause und den umliegenden Gasthöfen zusammenkamen. Der Asturier spielte die Gitarre, und an Tänzerinnen waren außer den beiden Galicierinnen und der Argüello noch drei Mädchen aus einer anderen Herberge zur Stelle. Es fanden sich auch viele vermummte Zuschauer ein, die mehr um Costanzas willen als wegen des Tanzes gekommen waren. Costanza aber kam nicht heraus und ließ sich nirgends blicken, so daß sie sich in ihren Hoffnungen getäuscht sahen. Lope spielte die Gitarre so meisterlich, daß alle sagten, sie spreche förmlich unter seinen Händen. Die Mädchen und allen voran die Argüello bestürmten ihn, doch eine Romanze zu singen, und er erklärte darauf, wenn sie so tanzen wollten, wie man in den Komödien zum Gesang tanzt, dann wolle er wohl singen. Damit sie aber nichts falsch machten, sollten sie nur genau das tun, was er ihnen in seinem Lied vorschreibe.

Unter den Maultiertreibern waren ein paar recht gewandte Tänzer, und auch von den Mädchen verstanden sich einige nicht übel darauf. Nun räusperte sich Lope zweimal, um die Kehle freizubekommen, und überlegte inzwischen schnell, was er singen sollte. Da er eine rasche und gewandte Phantasie hatte und eine recht glückliche dichterische Ader, begann er aus dem Stegreif folgendermaßen zu singen:

> Ruft die reizende Argüello,
> Jungfer oder sonst etwas,
> Daß sie sich mit einem Kratzfuß
> Vor den Leuten sehen lass',
> Und es fordre sie zum Tanze
> Der bewußte Barrabas,
> Maultierknecht aus Andalusien,
> Ritter auch vom tiefen Baß.
> Von den zwei Galiciermädeln,
> Die die Wirtschaft führen, laßt
> Leichtgeschürzt die eine kommen,
> Die in keine Bluse paßt:
> Biete ihr den Arm, Torote,
> Und im Tanzschritt, merkt euch das,
> Wird jetzt paarweis angetreten
> Zur Quadrille face à face!

Alles, was der Asturier ihnen in seinem Gesang vorschrieb, befolgten die Burschen und Mädchen aufs Wort; aber als er sagte: »Angetreten zur Quadrille face à face!« meinte Barrabas — denn so nannten sie den Maultiertreiber —: »Bruder Fiedelmann, paß auf, was du den Leuten vorgeigst: von ›Faß an Faß‹ kann nicht die Rede sein, hier ist keiner, der aus dem Rahmen fällt, und im übrigen hat jeder soviel an Leib, als ihm Gott gegeben hat.«

Der Wirt hörte die Einfalt des Burschen und sagte zu

ihm: »Bruder Maultiertreiber, ›face à face‹ ist französisch und heißt: ›einander gegenüber‹. Es hat mit ›Faß‹
nichts zu tun.«

»Ach so«, meinte der Bursche, »na, dann brauchen wir
uns ja nicht aufzuregen. Spielt nur ruhig Eure Sarabanden, Chaconnen und Folien, wie Ihr wollt, und
lenkt den Tanz nach Eurem Gutdünken; hier sind ein
paar Tänzer, die Euren Anweisungen bis aufs I-Tüpfelchen nachkommen können.«

Der Asturier erwiderte hierauf kein Wort, sondern
fuhr in seinem Gesang folgendermaßen fort:

> Kommt zum Tanze, all ihr Nymphen
> Und ihr Nympheriche all,
> Denn ein Meer ist die Chaconne
> Und ein Brausen und ein Schwall!
> Holt von oben Kastagnetten,
> Reibt die Hände wie Kristall
> Euch mit Spülsand rein und trocknet
> Sie am Mülltrog vor dem Stall —
> Ja, so habt ihr's recht getroffen,
> Gern sieht man euch überall!
> Schlagt ein Kreuz, der Gottseibeiuns
> Sinnt auf Ränke und Krawall!
> Spuckt ihn an, in Ruhe lassen
> Soll er heute uns beim Ball.
> (Es gehört ja zur Chaconne
> Wie das Lied zur Nachtigall!) —
> Aber dich, Argüello, Muse,
> Schöner als der Sündenfall,
> Bitt' ich: Schenk in deinem Herzen
> Meinem Werben Widerhall!
>
> Sieh, der Rhythmus der Chaconne,
> Das ist Leben, das ist Wonne!
>
> Ihr vertraut man seine Glieder,
> Will man gründlich sich erholen;
> Ist man stumpf und träg geworden,
> Bleibt sie als Arznei empfohlen.
> Dem, der tanzt, und dem, der fiedelt,
> Schleicht ihr Takt ins Herz verstohlen,

Dem, der zuschaut und der aufhorcht
Auf den Zauber der Violen:
In den Füßen brennt's wie Feuer:
Und es packt uns unverhohlen —
Unterm Jubel des Besitzers
Lösen sich vom Schuh die Sohlen;
Selbst die ält'sten Mummelgreise
Schießen lust'ge Kapriolen,
Übermütig springt die Jugend
Mit den allerjüngsten Fohlen.

Denn der Rhythmus der Chaconne,
Das ist Leben, das ist Wonne!

Wievielmal in frommer Klöster
Wohlbehüteten Bereichen
Suchte mit der Sarabande,
Mohrentänzen und dergleichen
Keck sie zwischen Tür und Angel
Bei den Nönnchen einzuschleichen
Und der guten Frauenherzen
Harte Schale zu erweichen!
Wieviel sind's, die sie gescholten,
Um ihr dann die Hand zu reichen —
Läßt sie doch sich aus des Lüstlings,
Aus der Einfalt Sinn nicht streichen!

Denn der Rhythmus der Chaconne,
Das ist Leben, das ist Wonne!

Und zu Hause die behäbig
Watschelnde Mulattin endlich,
Die so lästerlich zu schimpfen
Und zu fluchen weiß so schändlich,
Die als Herrscherin der Jungfern
Und der Scheuerfraun, der ländlich
Drallen Mägde und der Diener
Und Lakaien weithin kenntlich:
Schwört, sie sei der Tänze Krone
Und ihr Ruf drum selbstverständlich
Abgesehn vom Zambapalo,
Wohlverbürgt und unabwendlich:

Nur der Rhythmus der Chaconne,
Das sei Leben, das sei Wonne!

Solange Lope sang, hüpfte der ganze Schwarm der Maultiertreiber und Mägde, der sich auf zwölf Tänzer belief, wie wild umher; als der Musiker jedoch dazu überging, nun einige andere Dinge mit mehr Gehalt und Gewicht als das erste Lied vorzutragen, begann eine der vermummten Gestalten, die dem Tanze zuschauten, in wüstes Schimpfen auszubrechen und rief, ohne die Maske vom Gesicht zu nehmen: »Ruhe, du Trunkenbold! Schweig, du Saufaus! Halt den Mund, du Weinschlauch, du altmodischer Reimschmied, du elender Klimperer.«

Auch andere stimmten in das Schimpfen ein und riefen Lope so viele Schmäh- und Spottworte zu, daß er es für geraten hielt, nun zu schweigen. Die Maultiertreiber nahmen das aber übel auf, und wenn der Wirt sich nicht ins Mittel gelegt und die Gemüter beruhigt hätte, so wäre es wohl zu einer Schlägerei gekommen. Ja, vielleicht wären sie sich trotzdem noch in die Haare geraten, wenn nicht just in diesem Augenblick die Polizei erschienen wäre und alle nach Hause geschickt hätte.

Kaum waren sie von der Straße verschwunden, als zu den Ohren aller, die in diesem Viertel noch wach waren, die Stimme eines Mannes drang, der sich auf einen Stein gegenüber dem Gasthaus des Sevillaners niedergelassen hatte. Er sang so wunderbar schön und wohllautend, daß alle wie gebannt dem Gesange bis zum Ende lauschten. Am aufmerksamsten aber horchte Tomas Pedro auf, denn ihn ging dies Lied am nächsten an, und zwar nicht nur die Töne, sondern auch die Worte desselben. Die aber bedrückten seine Seele so sehr, daß es ihm schien, als höre er nicht ein Lied, sondern als lese man ihm seinen eigenen Bannbrief vor. Der fremde Musikant sang nämlich folgende Romanze:

> Sprich, was hältst du dich im Dunkeln,
> Schönheit über Raum und Zeiten,
> Die dem Menschenblick sich dartut

Wie ein Bild aus Himmelsweiten?
Ort der Seligen, wo Liebe
Ihre höchste Zuflucht findet,
Urbeweggrund, dem sich jubelnd
Alles Glück der Welt verbindet,
Lichte Sphäre, wo die Wasser,
Wenn der Liebe Flammen brennen,
Mit kristallner Flut sie kühlen,
Schüren und von Schlacken trennen;
Neues Firmament der Schönheit,
Drin zwei Sterne sich vereinen,
Ohne fremdes Licht zu borgen,
Und auf Erd und Himmel scheinen;
Tiefste Freude, die die Trübnis
Des Saturn sogar bezwungen,
Der da rasenden Gemütes
Seine Kinder selbst verschlungen;
Demut, die im Widerspiele
Geht zu den erhabnen Sphären
Jupiters, dem ihre Güte
Und ihr Glanz die Stirn verklären;
Netz voll unsichtbarer Maschen,
Drin sich Mars verfängt, der Krieger,
Der im Ehebruch Erzeugte,
Wilder Schlachten wilder Sieger;
Vierter Himmel, zweite Sonne,
Die den Tag mit Dunkel blendet,
Wenn sie auf dem Plan erschienen
Und ihr Licht uns selig spendet;
Ernste Botin, deren Worte
So beredt zu uns gesprochen,
Daß dein Schweigen schon uns hinriß,
Noch bevor du es gebrochen;
Von dem zweiten Himmel nahmest
Du das feurige Geflimmer,
Und vom ersten blieb als Teil dir
Nur des Mondes milder Schimmer:
Dieses ist der Kreis, Costanza,
Dem dein Schicksal zugehörte,
Da des blinden Schicksals Walten
Deines Glückes Bahnen störte.

Fall dem Rad, zu deinem Besten,
In die Speichen drum und handle
So, daß Strenge sich in Nachsicht,
Sprödigkeit in Güte wandle.
Und erkennen wirst du, Herrin,
Wie nach deinem Ruhm gelüsten,
Die sich ihres alten Adels,
Die sich mit der Schönheit brüsten.
Willst du rasch ans Ziel gelangen,
Biet' ich dir das reinste Wollen
Und das beste Herz zum Pfande,
Drin der Liebe Ströme rollen.

Die letzten Verse waren eben verhallt, als zwei halbe
Ziegelsteine durch die Luft flogen. Sie fielen zu Füßen
des Musikanten nieder; hätten sie ihn am Kopf getroffen, so hätten sie wohl leicht alle Musik und Poesie
daraus vertrieben. Der arme Kerl erschrak fürchterlich
und rannte mit solch langen Schritten den Abhang hinauf, daß selbst ein Windhund ihn nicht mehr eingeholt
hätte. Doch es ist nun einmal das unselige Geschick der
Musikanten, der Fledermäuse und der Nachteulen, daß
sie stets solchen Hagelschauern und Unfällen ausgesetzt
sind. Alle, die die Stimme des armen Gesteinigten vernommen hatten, fanden sie schön; den tiefsten Eindruck aber hatte sie auf Tomas Pedro gemacht, der
sowohl den Text wie die Melodie aus ganzer Seele
bewunderte. Nur wäre es ihm lieber gewesen, ein anderes Mädchen hätte den Anlaß zu so vielen Kunst-
genüssen gegeben als Costanza, zu deren Ohren ja
ohnehin nie ein Ständchen drang.
Ganz anderer Meinung aber war Barrabas, der Maultiertreiber, der den Gesang ebenfalls angehört hatte.
Als er den Musikanten fliehen sah, rief er hinterher:
»Ja, lauf nur, du Dummkopf, du Judasdichter! Die
Flöhe sollen dich in den Augen zwicken! Wer zum
Teufel hat dich gelehrt, einer Küchenmagd von Sphären und Himmeln vorzusingen und sie Sonne oder
Mond oder Montag oder Dienstag oder ein Glücksrad

zu nennen? In Kuckucks Namen, so sag ihr oder wem dein Gedicht sonst gefallen mag, doch, daß sie spröde wie ein Spargel, aufgeplustert wie ein Federbusch, weiß wie Milch, zimperlich wie eine Klosternovize, launisch und störrisch wie ein Mietesel und härter als ein Stück Mauerkalk ist! Hättest du ihr das gesagt, so hätte sie es verstanden und sich darüber gefreut; aber wenn du eine Küchenmagd eine Botin, ein Netz, einen Beweggrund, eine Erhabenheit, eine Niedrigkeit oder auch sonstwas nennen willst, dann magst du ebensogut zu einem Schulkind sprechen. Es gibt doch wirklich Dichter in dieser Welt, deren Verse kein Teufel verstehen kann! Ich wenigstens kann, obwohl ich Barrabas heiße, von dem, was der Musikant da gesungen hat, nicht das geringste begreifen! Was soll da erst Costanza sagen! Aber die macht es richtig: die liegt jetzt im Bett, läßt den lieben Gott einen guten Mann sein und kümmert sich um nichts auf dieser Welt. Doch dieser Musikus gehört bestimmt nicht zu denen, die der Sohn des Amtmanns angeworben hat, denn das sind eine ganze Menge, und man kann sie wenigstens manchmal verstehen. Nein, so ein Kerl, die Galle kommt mir hoch, wenn ich nur an ihn denke!«

Alle, die das Geschimpfe des Maultiertreibers hörten, waren ganz damit einverstanden und fanden seine Ansicht und seine scharfe Kritik durchaus angebracht.

Nun aber ging man zur Ruhe, und kaum war es überall still geworden, als Lope ein leises Klopfen an der Tür seiner Schlafkammer vernahm. Er fragte, wer denn da sei. Mit Flüsterstimme kam die Antwort: »Wir sind es, die Argüello und die Galicierin! Laß uns doch ein, wir kommen hier um vor Kälte!«

»Nanu«, meinte Lope, »und dabei sind wir doch mitten in den Hundstagen.«

»Laß doch die Scherze, Lope«, erwiderte die Galicierin. »Steh auf und öffne uns deine Tür. Ich sage dir, wir sind herausgeputzt wie zwei Erzherzoginnen.«

»Erzherzoginnen zu dieser Stunde?« spottete Lope.
»Daran kann ich nicht glauben. Ich glaube eher, ihr
seid Hexen oder große Spitzbübinnen. Macht, daß ihr
fortkommt, oder ich schwöre euch einen heiligen Eid,
daß ich euch das Fell mit meiner eisernen Gürtel-
schnalle gerben will, bis euer Hinterteil so rot ist wie
eine Mohnblume.«

Als die Mädchen diese grobe Antwort vernahmen, die
so ganz anders klang, als sie sich erträumt hatten,
fürchteten sie sich vor der Wut des Asturiers, ließen
alle Hoffnung fahren, gaben ihre Pläne auf und schlichen niedergeschlagen und enttäuscht in ihr Bett zurück. Bevor sie jedoch gingen, legte die Argüello ihren
Mund ans Schlüsselloch und rief hinein:

»Honig ist eben nichts für eine Eselschnauze!«

Und stolz, als hätte sie damit eine große Weisheit von
sich gegeben und gerechte Rache genommen, wanderte
sie zu ihrem einsamen Lager zurück.

Als Lope merkte, daß die beiden gegangen waren, sagte
er zu Tomas Pedro, der auch noch wach war: »Siehst
du, Tomas, du kannst mich meinetwegen zwei wilden
Riesen gegenüberstellen oder mich zwingen, dir zu
Gefallen einem halben oder auch einem ganzen Dutzend Löwen die Kinnladen zu zerschmettern — es soll
für mich eine Kleinigkeit sein. Aber versuche nicht,
mich mit dieser Argüello zu verkuppeln; dazu lasse ich
mich nicht zwingen, und wenn man mit Pfeilen auf
mich schießt! Das sind ja ein paar feine Jungfrauen,
die uns das Schicksal heute nacht beschert hat! Na,
morgen ist auch ein Tag, und dann wollen wir weitersehen.«

»Ich habe dir ja schon gesagt, mein Lieber«, erwiderte
Tomas, »daß du es halten kannst, wie du willst. Setz
deine Pilgerfahrt fort oder kauf dir einen Esel und
werde Wasserträger — ganz wie du magst!«

»Ja, bei dem Wasserträger soll's bleiben«, versetzte
Tomas. »Aber jetzt wollen wir noch ein bißchen schla-

fen, bevor es Tag wird. Ich habe das Gefühl, als wäre mein Kopf ein leerer Eimer, und ich bin wirklich nicht dazu aufgelegt, mich mit dir herumzustreiten.«

So schliefen sie also noch bis zum Morgen, und als sie aufgestanden waren, ging Tomas hinunter, um die Gerste auszuteilen, und Lope wanderte auf den nahegelegenen Viehmarkt, um dort einen guten Esel zu erstehen.

Nun aber hatte Tomas sich in der Muße der einsamen Mittagsstunden von seinen Gedanken verführen lassen und ein Liebesgedicht verfaßt. Die Verse hatte er in das Buch geschrieben, in das er seine Eintragungen über die ausgegebene Gerste machte; er hatte die Absicht, sie später ins reine zu schreiben und dann jene Blätter auszureißen oder durchzustreichen. Bevor er jedoch dazu kam, mußte er ausgehen und ließ das Buch auf der Futterkiste liegen. Der Wirt nahm es an sich, schlug es auf, um nachzusehen, wie es mit der Abrechnung stand, und fand dabei die Verse. Als er sie gelesen hatte, wußte er gar nicht, was er sagen sollte, und lief in seiner Aufregung spornstreichs damit zu seiner Frau. Bevor er ihr jedoch das Gedicht vorlas, rief er Costanza herbei und beschwor sie unter Schmeichelworten und Drohungen, sie solle ihm sagen, ob Tomas Pedro, der Bursche, der die Gerste austeilte, ihr je eine Liebeserklärung gemacht, ein unziemliches Wort gesagt oder sonst durch irgendein Zeichen angedeutet habe, daß er für sie entflammt sei. Costanza beteuerte, daß sie und der Bursche weder in dieser noch in einer anderen Sache je ein Wort miteinander gewechselt hätten und daß er ihr niemals auch nur mit einem Blick eine derartige Andeutung gemacht hätte. Der Wirt und seine Frau glaubten den Worten des Mädchens, denn sie wußten, daß sie alle Fragen stets wahrheitsgetreu beantwortete. So schickten sie sie denn wieder fort, und der Wirt sagte zu seiner Frau: »Ich weiß wirklich nicht, was ich davon halten soll. Denk dir,

Tomas hat hier in das Rechnungsbuch für die Gerste
ein paar Verse geschrieben, die mir doch höchst verdächtig vorkommen. Ich möchte schwören, der Bursche
ist in Costanza verliebt.«
»Laß mal sehen«, erwiderte die Frau, »ich will dir
gleich sagen, was an der Sache dran ist.«
»Ja, das wirst du wohl«, meinte der Wirt, »du bist
ja selbst so eine Dichterin, da wirst du den Sinn wohl
gleich verstehen.«
»Ich bin keine Dichterin«, widersprach die Frau. »Aber
du weißt, daß ich einen guten Verstand habe und die
vier Hauptgebete auf lateinisch hersagen kann.«
»Du solltest lieber spanisch beten! Dein Onkel, der
Kleriker, sagt immer, daß dein lateinisches Beten ein
furchtbares Kauderwelsch ist und überhaupt kein richtiges Beten.«
»Ach, ich weiß schon, der Pfeil kommt aus dem Köcher
seiner Nichte! Die platzt vor Neid, wenn sie es mit ansehen muß, daß ich mein lateinisches Brevier zur Hand
nehme und darin lese, als wäre es gar nichts!«
»Lassen wir das jetzt lieber!« meinte der Wirt. »Nun
hör dir mal diese Verse hier an. Sie lauten:

> Was heißt wahre Liebe zeigen?
>   Sie verschweigen.
> Und was schützt sie vorm Erkalten?
>   Durchzuhalten.
> Was kann nie den Glücksrausch dämpfen?
>   Drum zu kämpfen!
> Das bedeutet, daß von Krämpfen
> Ich mich füglich lösen müßte,
> Wenn ich zu verschweigen wüßte,
> Durchzuhalten und zu kämpfen.
>
> Sag, wie sich die Liebe nährt?
>   Sie gewährt.
> Und was muß als Sünde gelten?
>   Sie zu schelten.
> Folgt dem Sprödtun die Bekehrung?
>   Nein: Entbehrung.

Oh, so dank' ich der Belehrung,
Daß die meine ewig sei:
Denn sie kennt, ich sag' es frei,
Weder Schelten noch Gewährung.

Doch, wenn mir die Hoffnung schwände?
    Wär's das Ende.
Gibt's ein Kraut, vom Tod zu heilen?
    Ja, ihn teilen.
Also bleibt es doch beim Tod?
    Nur zur Not.
Denn ein ehernes Gebot,
Das des Alters Weisheit hütet,
Lehrt, daß, wie der Sturm auch wütet,
Morgen schönes Wetter droht.

Sag' ich, wie's ums Herz mir steht?
    Ja, wenn's geht.
Doch, wenn sie von Trennung spricht?
    Tut sie nicht.
Ach, ich sterbe unterdessen!
    Unterdessen
Wird Costanza voller Lächeln
Schon mit Tröstung dich umfächeln,
Und die Tränen sind vergessen!«

»Geht's noch weiter?« fragte die Wirtin.

»Nein«, erwiderte ihr Mann. »Aber was hältst du von den Versen?«

»Zunächst«, meinte sie, »müssen wir einmal herausfinden, ob sie wirklich von Tomas sind.«

»Da gibt es keinen Zweifel«, versicherte der Wirt. »Die Handschrift der Gerstenabrechnung und die dieser Verse hier ist unleugbar ein und dieselbe.«

»Schau, Mann«, sagte die Wirtin, »ich denke nur so: In dem Gedicht wird zwar Costanzas Name genannt, und man könnte schon daraus schließen, es sei an sie gerichtet, aber deshalb dürfen wir das doch nicht so sicher behaupten, als ob wir selbst dabei gewesen wären, als es gedichtet wurde. Es gibt schließlich noch viele Costanzas auf der Welt. Doch selbst wenn sie gemeint ist, so finde ich kein Wort in den Versen, das gegen ihre Ehre ginge oder irgend etwas Unrechtes von ihr forderte. Wir wollen unsere Augen offenhalten und dem Mädchen einen Wink geben. Wenn er wirklich in sie verliebt ist, wird er bestimmt noch mehr Verse machen und versuchen, sie ihr zuzustecken.«

»Ist es nicht besser«, meinte der Wirt, »wenn wir uns diese Sorgen von vornherein ersparen und den Burschen aus dem Hause weisen?«

»Das liegt bei dir«, versetzte die Frau. »Aber du hast doch immer gesagt, daß er so gut in der Arbeit ist. Dann wäre es doch nicht recht, ihn um eines so nichtigen Grundes willen vor die Türe zu setzen.«

»Na schön«, sagte der Mann. »Wir wollen also auf dem Posten sein, wie du sagst, und mit der Zeit werden wir schon sehen, was dabei zu machen ist.«

Dabei blieb es, und der Wirt legte das Buch wieder dorthin, wo er es gefunden hatte. Als Tomas zurückkam, suchte er sogleich voller Angst nach seinem Buch. Um nicht noch einmal solch einen Schrecken ausstehen zu müssen, schrieb er die Verse, als er das Buch gefunden hatte, sofort ab und riß die Seiten heraus. Nun nahm er sich vor, sein Glück zu wagen und Costanza bei der ersten sich bietenden Gelegenheit seine Wünsche zu offenbaren. Doch das Mädchen hielt sich so zurück und war so sehr auf ihre Sittsamkeit bedacht, daß sie keinem Manne Gelegenheit gab, sie genauer zu betrachten, geschweige denn, ein Gespräch mit ihr anzuknüpfen. Der Umstand, daß es gewöhnlich so viele Menschen und aufmerksame Augen im Gasthaus gab, erhöhte die Schwierigkeit, Costanza einmal allein zu sprechen, noch mehr, so daß der arme verliebte Bursche schon am Rande der Verzweiflung war.

Doch gerade an diesem Tage war Costanza mit einem Tuch um die Wangen erschienen, und als man sie fragte, warum sie denn den Kopf verbunden habe, erklärte sie, sie habe so starke Zahnschmerzen. Tomas, dem die Liebe Scharfsinn verlieh, überlegte im Augenblick, was hier wohl zu tun sei, und sagte: »Fräulein Costanza, ich werde Euch ein Gebet aufschreiben. Wenn man das zweimal betet, ist der Schmerz wie weggeblasen.«

»Meinetwegen«, erwiderte Costanza, »ich will es wohl beten, denn ich kann ja lesen.«

»Aber eine Bedingung ist dabei«, sagte Tomas. »Ihr dürft es niemandem zeigen; denn das Gebet ist mir teuer und heilig, und ich möchte nicht, daß es in aller Leute Mund kommt und schließlich mißachtet wird.«

»Das will ich versprechen, Tomas«, meinte Costanza.

»Kein Mensch soll es zu sehen bekommen. Aber gebt es mir nur bald, denn diese Schmerzen sind wirklich fürchterlich.«

»Ich werde es nach dem Gedächtnis aufschreiben«, versprach Tomas, »und dann bringe ich es Euch gleich.«

Das war in den ganzen vierundzwanzig Tagen, die Tomas bisher im Hause verbracht hatte, das erste Gespräch zwischen ihm und Costanza. Er zog sich sogleich zurück, um das Gebet aufzuschreiben, und fand dann Gelegenheit, es Costanza zuzustecken, ohne daß jemand es gewahr wurde. Sie nahm es freudig an sich und zog sich voll Andacht in ihr Zimmer zurück, wo sie es öffnete und die folgenden Zeilen las:

»Herrin meines Herzens! Ich bin ein Edelmann aus Burgos, und wenn ich meinen Vater überleben sollte, habe ich ein Erbgut zu erwarten, das mir sechstausend Dukaten jährliche Rente bringt. Der Ruf Eurer Schönheit, der meilenweit von Mund zu Mund geht, veranlaßte mich, meine Heimat zu verlassen, meine Kleidung zu wechseln und in dem Gewande, das Ihr an mir seht, bei Eurem Herrn in Dienste zu treten. Ist es Euch genehm, auf die Weise, die Eurer Sittsamkeit am besten ansteht, die Herrschaft über mein Herz zu übernehmen, so laßt mich wissen, welche Beweise ich Euch liefern soll, um Euch von der Wahrheit meiner Worte zu überzeugen. Dann aber will ich, wenn es Euch recht ist, Euer Gemahl werden und mich für den glücklichsten Menschen auf dieser Welt halten. Für heute bitte ich Euch, mit niemandem von meinen zärtlichen und lauteren Absichten zu sprechen; denn wenn unser Herr davon erführe und meinen Worten nicht glaubte, so würde er mich aus Eurer Gegenwart verbannen, und das wäre ein Todesurteil für mich. Laßt mich Euren Anblick genießen, meine Herrin, bis Ihr mir Glauben schenkt, und bedenkt, daß ein Mensch, dessen einzige Schuld es ist, Euch anzubeten, nicht die harte Strafe verdient, Euch nicht mehr sehen zu dürfen. Mit einem flüchtigen Blick könnt Ihr mir Antwort geben, ohne daß die vielen Augen, die stets auf Euch gerichtet sind, es gewahr werden; denn Eure Blicke können töten, wenn Ihr zürnt; seid Ihr jedoch milde gestimmt, so können sie Tote auferwecken.«

Als Tomas merkte, daß Costanza fortgegangen war, um den Brief zu lesen, klopfte ihm das Herz bis zum Halse, und er schwebte zwischen Furcht und Hoffnung, ob er wohl sein Todesurteil erwarten müsse oder das Leben ihm neu geschenkt werde. Bald darauf kam Costanza wieder zum Vorschein. Auch der Schleier, den sie vor ihr Gesicht gezogen hatte, konnte ihre Schönheit nicht verdecken. Hätte diese Schönheit durch irgendeinen Zufall überhaupt noch erhöht werden können, so hätte man wohl glauben mögen, der Schreck habe dieses Wunder bewirkt — der Schreck nämlich, der sie erfaßte, als sie in Tomas' Brief etwas ganz anderes fand, als sie erwartet hatte. Sie hatte das Papier in winzige Stückchen zerrissen, die sie in der Hand hielt. Damit trat sie zu Tomas und sagte: »Bruder Tomas, dein Gebet scheint mir eher Zauberei und Betrug zu sein als fromme, tröstliche Worte. So will ich ihm lieber keinen Glauben schenken und keinen Gebrauch davon machen, und deshalb habe ich es auch zerrissen;

sonst findet es vielleicht noch ein Mädchen, das leichtgläubiger ist als ich. Lerne du lieber einfachere Gebete, denn dieses kann dir unmöglich von Nutzen sein.«

Nach diesen Worten trat sie wieder in das Zimmer ihrer Herrin und ließ Tomas in seiner Verwirrung stehen. Doch war er sogleich wieder getröstet, denn er bedachte schnell, daß das Geheimnis seiner Sehnsucht nun wenigstens in Costanzas Brust bewahrt bleiben würde. Da sie ihrem Herrn nichts davon gesagt hatte, so kam er wenigstens nicht in die Gefahr, aus dem Hause gewiesen zu werden. Mit diesem ersten Schritt, den er in seiner Sache getan hatte, meinte er tausend himmelhohe Hindernisse überwunden zu haben, da ja bei allen großen und gefährlichen Unternehmungen der Anfang immer das schwerste ist.

Während dies sich alles in dem Gasthaus ereignete, wanderte der Asturier auf dem Viehmarkt umher, um sich einen Esel zu kaufen. Es waren viele da, doch keiner war ihm recht. Ein Zigeuner bemühte sich eifrigst, ihm ein Tier aufzuschwatzen, das recht gut zu Fuß war, allerdings mehr infolge des Quecksilbers, das man ihm in die Ohren geträufelt hatte, als aus angeborener Behendigkeit. Wenn Lope auch die Schnelligkeit des Esels zusagte, so gefiel ihm doch der äußere Bau des Tieres nicht recht. Es war sehr klein und hatte bei weitem nicht die Höhe und Breite, die Lope wünschte; denn er suchte einen Esel, der kräftig genug wäre, auch ihn selbst noch zu tragen, ganz gleich, ob die Wasserkrüge leer oder gefüllt waren.

Wie er so dastand, trat ein Bursche zu ihm und sagte ihm leise ins Ohr: »Junger Herr, wenn Ihr ein Tier sucht, das für einen Wasserträger geeignet ist, so hätte ich hier in der Nähe auf einer Weide einen Esel, wie man in der ganzen Stadt keinen besseren findet. Ich gebe Euch nur den guten Rat, kauft kein Tier von einem Zigeuner! Wenn die noch so schön und gesund aussehen, so sitzen sie doch immer voll geheimer Mängel und Fehler. Wollt Ihr einen Esel haben, wie er für Euch paßt, so kommt mit mir und haltet den Mund.«

Der Asturier schenkte den Worten des Burschen Glauben und sagte, er solle ihn nur zu dem Esel führen, den er ihm so anpreise. Seite an Seite wanderten die beiden durch die Straßen, bis sie zu den Gärten des Königs kamen, wo im Schatten einer Wasserkunst eine Menge Wasserträger beisammensaßen, während ihre Tiere auf einer nahen Weide grasten. Der Verkäufer zeigte ihm nun seinen Esel, ein so prächtiges Tier, daß dem Asturier bei seinem Anblick die Augen übergingen. Alle Anwesenden lobten den Esel und bestätigten, wie kräftig er sei, wie gut er laufen könne und was für ein tüchtiger Fresser er sei. Die beiden wurden handelseinig, die übrigen Wasserträger spielten die Vermittler und Agenten, und Lope zahlte dem Burschen, ohne weitere Erkundigungen einzuziehen oder Sicherheiten zu verlangen, bare sechzehn Dukaten in guten Goldstücken für den Esel und alle zur Ausübung des Handwerks nötigen Geräte.

Alle beglückwünschten ihn zu diesem Kauf und zu seinem Eintritt in die Zunft und versicherten ihm, er habe da einen ganz vorzüglichen Esel erworben. Sein bisheriger Herr habe sich wirklich nicht zuschanden gearbeitet und sich doch in knapp einem Jahr zweimal von Kopf bis Fuß neu einkleiden können. Dabei habe er sich und den Esel gut ernährt und noch obendrein sechzehn Dukaten eingenommen. Damit wolle er nun in seine Heimat zurückwandern, wo seine Eltern ihn mit einer entfernten Verwandten zu verheiraten wünschten.

Außer den Vermittlern beim Eselkauf waren noch vier andere Wasserträger anwesend, die auf dem Boden lagen und in ein Spiel vertieft waren. Als Spieltisch diente ihnen die blanke Erde und als Tischdecke ihre ausgebreiteten Mäntel. Der Asturier stellte sich neben sie, um zuzuschauen, und bemerkte bald, daß sie nicht wie arme Wasserträger, sondern wie Dompfründner spielten; denn das Spielgeld jedes einzelnen betrug nicht weniger als hundert Realen in Silber- und Kupfermünzen. Bei einem Spiel verloren alle ihren Einsatz, und wenn der Gewinner nicht mit einem anderen Mitspieler Halbpart gemacht hätte, wäre es aus gewesen. Schließlich ging den beiden aber das Geld aus, und sie erhoben sich. Als der Verkäufer des Esels das sah, sagte er, er wolle einspringen und sich am Spiel beteiligen, falls noch ein Vierter mithalten wollte, denn er spiele nicht gern zu dritt. Der Asturier, der ein weiches Herz hatte und niemandem die Suppe versalzen mochte, wie die Italiener sagen, erklärte sich bereit, der vierte zu sein. Sie setzten sich, und das Spiel begann. Da es ihnen aber mehr auf das Geld als auf die Zeit ankam, verlor Lope binnen kurzem die sechs Dukaten, die er noch bei sich hatte. Als er keinen blanken Heller mehr in seiner Tasche fand, schlug er vor, nun um den Esel zu spielen, wenn es allen anderen recht sei. Sie waren einverstanden, und Lope setzte ein Viertel des Esels, indem er erklärte, er wolle ihn viertelweise ausspielen. Doch das Glück stand so gegen ihn, daß er in vier aufeinanderfolgenden Spielen alle vier Viertel des Esels verlor, und zwar hatte gerade der Bursche, der ihm den Esel verkauft hatte, ihm denselben auch wieder abgewonnen. Als dieser aber aufstand, um sich seinen Esel zu holen, erklärte der Asturier, sie dürften nicht vergessen, daß er ja nur die vier Viertel des Tieres verspielt habe; den Schwanz jedoch müßten sie ihm herausgeben, dann könnten sie in Gottes Namen mit dem Esel abziehen.

Bei diesen Worten brachen alle in schallendes Gelächter aus, und es waren auch ein paar gesetzeskundige Burschen darunter, die behaupteten, Lope habe nicht das Recht, eine derartige Forderung zu stellen, denn wenn ein Hammel oder ein anderes Stück Vieh verkauft werde, so trenne man auch nicht den Schwanz besonders ab, sondern gäbe ihn selbstverständlich bei einem der beiden Hinterviertel zu. Lope hingegen versicherte hierauf, in der Berberei hätten die Hämmel gewöhnlich fünf Viertel, und das fünfte Viertel sei der Schwanz. Wenn solch ein Hammel geteilt werde, so gälte der Schwanz genausoviel wie jedes der anderen Viertel. Er wolle allerdings nicht leugnen, daß bei einem Stück, das man lebend verkaufte und nicht in seine Viertel zerlege, der Schwanz mit in den Kauf einbegriffen sei; seinen Esel aber habe er nicht verkauft, sondern verspielt, und es sei niemals seine Absicht gewesen, auch den Schwanz zu verspielen. Sie sollten ihm den Schwanz unverzüglich herausgeben mit allem, was dazugehöre; das aber sei das gesamte Rückgrat von den Nackenwirbeln hinterm Kopf an bis zu den letzten Haaren des Schwanzbüschels.

»Gesetzt nun den Fall, Ihr hättet recht«, meinte einer, »und man gäbe Euch, was Ihr verlangt, was hätten die anderen dann noch von dem restlichen Esel?«

»Das ist mir ganz gleich«, erwiderte Lope. »Her mit meinem Schwanz, oder, bei Gott, sämtliche Wasserträger der ganzen Welt werden mir den Esel nicht entreißen. Ihr braucht nicht zu glauben, Ihr könntet mich zum besten haben, bloß weil Ihr in der Überzahl seid! Ich kann es noch mit jedem aufnehmen und einem Menschen mein Messer zwei Zoll tief in die Eingeweide rennen, ohne daß er merkt, von wem, woher und wie der Stich gekommen ist. Ich bin auch nicht damit einverstanden, mir den Schwanz anteilig auszahlen zu lassen, sondern ich verlange den richtigen Schwanz, und Ihr müßt ihn mir aus dem Esel herausschneiden, so wie ich es verlange.«

Dem Gewinner und den übrigen Burschen stand der Sinn nicht danach, um dieser Sache willen einen Streit vom Zaune zu brechen, denn der Asturier stand so hitzig und unerschrocken da, daß sie wohl merkten, sie würden nicht so leicht mit ihm fertig werden. Er aber war das Leben in den Thunfischereien gewöhnt, wo es immer darauf ankommt, jede Sache, die man betreiben will, mit recht viel Geschrei und großen Gesten ins Werk zu setzen; so warf er denn seinen Hut in die Luft, packte seinen Dolch, den er unter dem kurzen Umhang trug, und stellte sich so in Positur, daß er der ganzen Gesellschaft der Wasserträger Angst und Respekt einflößte. Schließlich schlug einer der Burschen, der offenbar der vernünftigste und besonnenste war, vor, Lope solle bei einem Quinolaspiel oder einer anderen Partie den Schwanz des Esels gegen ein Viertel desselben setzen. Alle waren einverstanden, und Lope gewann. Sein Gegner war nun gereizt und setzte ein zweites Viertel, und nach drei weiteren Spielen hatte er den ganzen Esel wieder verloren. Jetzt wollte er um Geld spielen; Lope lehnte ab, doch alle drangen so sehr in ihn, daß er nachgeben mußte und nun dem Bräutigam sein ganzes Reisegeld abgewann, so daß dieser schließlich keinen roten Heller mehr in der Tasche hatte. Der Verlierer war darob so verzweifelt, daß er sich zu Boden warf und den Kopf auf die Erde schlug. Lope, der schon durch seine vornehme Geburt eine großzügige Natur und ein mitleidiges Herz mitbekommen hatte, richtete ihn wieder auf und gab ihm das ganze Geld zurück, das er ihm abgewonnen hatte, und obendrein noch die sechzehn Dukaten für den Esel. Von dem Geld, das er noch übrig hatte, verteilte er eine Summe an die Umstehenden, die über diese unerhörte Freigebigkeit geradezu sprachlos waren. Lebten wir noch in der Zeit Tamerlans, so wäre Lope an diesem Tage zweifellos zum König der Wasserträger erhoben worden.

Mit einer zahlreichen Gefolgschaft kehrte Lope in die Stadt zurück, wo er Tomas von dem Vorfall berichtete, während Tomas ihm seinerseits erzählte, wie gut es ihm in seiner Sache bisher ergangen war. An diesem Abend gab es in der ganzen Stadt keine Schenke, keine

Garküche und keine Versammlung von Gaunern und Spitzbuben, in der man nicht lang und breit über das Spiel mit dem Esel, den Streit um den Schwanz, die Kühnheit und die Großzügigkeit des Asturiers gesprochen hätte. Doch da die niederen Stände zumeist ein schlimmes, verleumderisches und böswilliges Volk sind, schwanden ihnen die Freigebigkeit, der Mut und die anderen guten Eigenschaften des großen Lope gar bald aus dem Gedächtnis, und übrig blieb nur die Erinnerung an den Schwanz. Der Asturier war daher kaum zwei Tage mit seinen Wasserkrügen durch die Stadt gezogen, als die Leute schon allenthalben mit den Fingern auf ihn wiesen und riefen: »Seht, da kommt der Wasserträger mit dem Schwanz!« Die Gassenbuben horchten auf und bekamen den Zusammenhang gar bald zu wissen. Und damit war es um Lope geschehen: sobald er nur am Ende einer Straße auftauchte, erklang es von rechts und links und aus allen Ecken: »Asturier, her mit dem Schwanz! Her mit dem Schwanz, Asturier!« Als er sich so den spitzen Zungen und den vielen spöttischen Zurufen ausgesetzt sah, schwieg er zunächst, denn er meinte, wenn er nur ganz stillhielte, würden seine Plagegeister wohl bald von selbst verstummen. Doch damit hatte er sich verrechnet, denn je mehr er sich gefallen ließ, um so lauter schrieen die Buben. Nun versuchte er es einmal anstatt mit Geduld mit Gewalt, sprang von seinem Esel und fiel mit einem Knüppel über die Kinder her. Aber damit goß er Öl ins Feuer und machte die Sache nur noch schlimmer. Es war wie mit den Köpfen der Lernäischen Schlange, nur daß für jeden Buben, den er verprügelt hatte, im gleichen Augenblick nicht sieben, sondern siebenhundert andere erstanden, die mit immer wilderem Geschrei den Eselsschwanz von ihm forderten. Schließlich blieb ihm nichts anderes übrig, als sich in die Herberge zurückzuziehen, wo er fern von seinem Kameraden Quartier genommen hatte, um vor der

Argüello zu flüchten. Hier wollte er warten, bis der Einfluß seines Unglückssterns vorüber und jene üble Sache mit dem Eselsschwanz dem Gedächtnis der Gassenbuben entschwunden wäre.

Sechs Tage gingen so dahin, ohne daß er sich aus dem Hause wagte. Nur des Nachts schlich er zu Tomas, um zu hören, wie dessen Angelegenheit stände. Dieser erzählte ihm, seitdem er Costanza jenes Papier gegeben habe, sei es ihm nicht ein einziges Mal mehr gelungen, ein Wort mit ihr zu wechseln. Sie scheine sich jetzt noch viel mehr zurückzuhalten als vordem, denn einmal, als die Gelegenheit günstig gewesen sei, habe sie, bevor er noch den Mund aufgemacht habe, zu ihm gesagt: »Nein, Tomas, mir tut gar nichts mehr weh! Ich brauche also weder deine Ratschläge noch deine Gebete. Sei du nur zufrieden, daß ich dich nicht bei der Inquisition anzeige, und gib dir keine vergebliche Mühe!« Doch hätten bei diesen Worten ihre Augen durchaus nicht zornig oder ärgerlich geblickt, und er habe aus ihrem Verhalten nicht entnehmen können, daß sie böse auf ihn sei. Lope erzählte nun seinem Freund, wie sehr ihm die Gassenbuben zu schaffen machten und wie sie immer den Schwanz von ihm verlangten, nur weil er seinerzeit den Eselsschwanz gefordert und dabei den ganzen Esel zurückgewonnen habe. Tomas riet ihm, überhaupt nicht mehr aus dem Hause zu gehen oder sich wenigstens nicht mehr mit dem Esel sehen zu lassen. Müsse er aber doch einmal ausgehen, so solle er nur abgelegene und einsame Straßen benutzen, und wenn das nicht helfe, so müsse er eben seinen Beruf aufgeben; denn das sei das einzige Mittel, um dieser anrüchigen Forderung ein Ende zu machen. Lope fragte noch, ob die Galicierin sich ihm denn noch einmal aufgedrängt habe, und Tomas sagte, das habe sie zwar nicht getan, doch versuche sie ihn unausgesetzt mit Geschenken und Leckerbissen zu ködern, die sie aus der Gästeküche entwende. Nach diesem Gespräch wanderte Lope in seine

Herberge zurück, fest entschlossen, sich in den nächsten sechs Tagen nicht auf der Straße blicken zu lassen, zumindest nicht mit seinem Esel.

Es mochte etwa elf Uhr abends sein, als plötzlich und unvermutet ein ganzer Schwarm von Gerichtsdienern und an ihrer Spitze der Oberrichter das Gasthaus des Sevillaners betraten. Der Wirt erschrak zu Tode und die Gäste nicht minder, denn so wie das Auftauchen eines Kometen stets Unheil und Schrecken verkündet, pflegt auch die hohe Polizei, wenn sie unversehens und in großer Zahl in einem Hause erscheint, selbst dem reinsten Gewissen Unruhe und Aufregung zu bringen. Der Oberrichter trat in ein Zimmer und rief nach dem Wirt, der zitternd herbeieilte, um zu hören, was der Herr Oberrichter befehle. Kaum hatte dieser ihn erblickt, als er mit strenger Stimme fragte: »Ist Er der Wirt?«

»Der bin ich«, erwiderte dieser, »Euer Gnaden ganz gehorsamst zu dienen.« Nun hieß der Oberrichter alle Anwesenden den Raum verlassen, damit er mit dem Wirt allein bliebe. Alles folgte seinem Befehl, und als die beiden sich nun unter vier Augen gegenüberstanden, fragte der Oberrichter: »Wieviel Dienstpersonal hat Er in Seinem Hause?« »Ja, Herr«, sagte dieser, »ich habe da zwei galicische Mägde, eine Beschließerin und einen Burschen, der die Gerste und das Stroh verwaltet und abrechnet.«

»Mehr nicht?« fragte der Oberrichter.

»Nein, Herr«, entgegnete der Wirt.

»So, Wirt«, meinte der Oberrichter, »dann sag Er mir doch, wo ist denn jenes Mädchen, das in Seinem Hause dienen soll und das so schön sein soll, daß man es in der ganzen Stadt nur die ›vornehme Küchenmagd‹ nennt? Es ist mir sogar zu Ohren gekommen, daß mein Sohn Don Periquito in sie verliebt sei und ihr Nacht für Nacht ein Ständchen bringen lasse.«

»Herr«, versetzte der Wirt, »die sogenannte ›vornehme

Küchenmagd‹ ist allerdings in meinem Hause, aber sie gehört nicht zu meinem Dienstpersonal und gehört doch auch wieder dazu.«

»Das verstehe ich nicht, was Er da sagt, Wirt! Wieso ist das Mädchen seine Küchenmagd und doch auch wieder nicht?«

»Ja, ja, es stimmt schon«, beteuerte der Wirt. »Wenn Euer Gnaden erlauben, so will ich Euch sagen, wie es sich damit verhält, obgleich ich bisher noch zu niemandem davon gesprochen habe.«

»Bevor ich mir das anhöre, will ich mir diese Küchenmagd erst einmal ansehen«, erklärte der Oberrichter. »Ruf Er sie hierher.«

Der Wirt ging an die Tür und rief hinaus: »Frau, schick mir doch die Costanza einmal her.«

Als die Wirtin hörte, daß der Oberrichter nach Costanza verlangte, erschrak sie furchtbar, rang die Hände und sagte: »Ach, ich unglückliche Frau! Der Oberrichter will Costanza sprechen und dazu noch allein! Da ist sicher etwas Furchtbares geschehen. Dieses Mädchen ist ja so schön, daß alle Männer um ihretwillen den Kopf verlieren!«

Costanza hörte das und sagte: »Regt Euch nicht auf, Herrin, ich will gleich einmal sehen, was der Herr Oberrichter will. Wenn wirklich etwas Schlimmes geschehen sein sollte, so könnt Ihr sicher sein, daß ich keine Schuld daran habe.«

Und ohne abzuwarten, ob man noch ein zweites Mal nach ihr riefe, ergriff sie einen silbernen Leuchter mit einer brennenden Kerze und trat mit züchtig niedergeschlagenen Augen, doch ohne Furcht, in das Zimmer, wo der Oberrichter war.

Als dieser das Mädchen erblickte, befahl er dem Wirt, die Türe des Gemachs zu schließen. Dann erhob er sich, nahm Costanza die Kerze aus der Hand, leuchtete ihr ins Gesicht und betrachtete sie von Kopf bis Fuß. Verwirrt stand das Mädchen da, und ihr Gesicht war mit einer flammenden Röte übergossen, die sie nur noch schöner und sittsamer erscheinen ließ, so daß es dem Oberrichter vorkam, als habe er einen Engel in Menschengestalt vor sich. Nachdem er sie genau betrachtet hatte, sagte er schließlich: »Wahrlich, Wirt, das ist ein Edelstein, für den ein Gasthaus eine viel zu schlechte Fassung ist. Jetzt weiß ich, daß mein Sohn Periquito ein kluger Mensch ist, weil er seinen Gedanken und Wünschen solch gutes Ziel gab. Jungfer, Euch kann und soll man nicht nur vornehm nennen, sondern erlaucht, nur müßten diese Worte nicht mit dem Titel einer Küchenmagd, sondern mit dem einer Herzogin verbunden sein.«

»Sie ist auch keine Küchenmagd, Herr«, versicherte der Wirt. »Sie hat hier nichts anderes zu tun, als die Schlüssel für das Silberzeug zu verwahren, von dem ich durch Gottes Gnade einiges besitze und aus dem den vornehmen Gästen aufgetragen wird, die in meinem Hause absteigen.«

»Und trotz alledem«, erklärte der Oberrichter, »muß ich noch einmal betonen, Wirt, daß ein Gasthaus für diese Jungfer kein schicklicher und passender Aufenthalt ist. Ist sie vielleicht eine Verwandte von Ihm?«

»Nein, sie ist weder meine Verwandte noch meine Magd. Wenn Euer Gnaden gern wissen wollen, wer sie ist, so könnt Ihr, sobald sie das Zimmer verlassen hat, Dinge zu hören bekommen, die Euch erfreuen und zugleich in Erstaunen versetzen werden.«

»Ja, das möchte ich wohl«, sagte der Oberrichter. »Geht nun hinaus, kleine Costanza, und laßt Euch von mir sagen, was Euer eigener Vater Euch sagen dürfte: daß Eure Sittsamkeit und Schönheit jeden Menschen, der Euch erblickt, unwiderstehlich dazu treiben, Euch zu Diensten zu sein.«

Costanza erwiderte kein Wort, sondern machte nur voller Ehrerbietung einen tiefen Knicks vor dem Herrn Oberrichter und verließ das Zimmer. Ihre Herrin wartete draußen schon sehnsuchtsvoll auf sie und wollte sofort hören, was der Herr Oberrichter denn von ihr gewollt habe. Sie erzählte, was vorgefallen war und daß der Wirt nun mit dem Oberrichter allein geblieben sei, um ihm irgendwelche Dinge zu erzählen, die sie nicht hören sollte. Die Wirtin beruhigte sich bei dieser Nachricht noch immer nicht, sondern betete unaufhörlich vor sich hin, bis der Oberrichter das Haus verließ und sie ihren Mann heil und gesund aus dem Zimmer treten sah. Dieser aber hatte, als er sich mit dem Oberrichter allein sah, folgendermaßen begonnen:

»Es muß nach meiner Rechnung heute fünfzehn Jahre, einen Monat und vier Tage her sein, daß eine Dame im Pilgergewand in unser Gasthaus kam. Sie ließ sich in einer Sänfte tragen und hatte vier berittene Diener, zwei Kammerfrauen und eine Jungfer bei sich, die in einem Wagen nachfolgten. Außerdem führte sie noch zwei Packtiere mit sich, die kostbare Wappendecken trugen und mit einem prächtigen Bett und verschiedenen Küchengeräten beladen waren. Kurz und gut, die ganze Aufmachung war äußerst vornehm, und man sah wohl, daß die Pilgerin eine große Dame sein mußte. Obwohl sie schon etwa vierzig Jahre oder noch etwas mehr zählen mochte, war sie doch noch eine wunderschöne Frau. Bei ihrer Ankunft in unserem Hause war sie krank und bleich und so erschöpft, daß sie ihren Dienern sogleich befahl, ihr Bett aufzuschlagen, das denn auch in dieses Zimmer gestellt wurde. Die Dienerschaft der Dame fragte mich, wer der beste Arzt hier in der Stadt sei, und ich nannte ihnen den Doktor de la Fuente. Sofort lief einer zu ihm hin und holte ihn. Die Dame teilte ihm unter vier Augen die Art ihrer Erkrankung mit, und das Ergebnis dieser Unterredung war, daß der Arzt Befehl gab, das Bett in einem anderen Raum aufzuschlagen, in dem die Kranke von keinerlei Lärm behelligt würde. Unverzüglich schafften wir das Lager in ein Zimmer, das droben im ersten Stock etwas abseits gelegen ist und somit der Verordnung des Arztes entsprach. Keiner der Diener betrat das Zimmer der Dame, die sich nur von den beiden Kammerfrauen und der Jungfer aufwarten ließ. Ich und meine Frau fragten die Diener, wer ihre Herrin denn sei, wie sie heiße, woher sie komme und wohin sie wolle, ob sie verheiratet, verwitwet oder ledig sei und warum sie ein Pilgergewand angelegt habe. Auf alle diese Fragen, die wir ein ums andere Mal stellten, erhielten wir jedoch nur die Antwort, die Pilgerin sei eine sehr vornehme und reiche Dame aus Altkastilien, die verwitwet sei und keine Kinder und Erben habe. Vor einigen Monaten sei sie an der Wassersucht erkrankt und habe das Gelübde getan, zur Muttergottes nach Guadalupe zu wallfahrten, und darum trage sie nun auch ein Pilgergewand. Was ihren Namen betreffe, so hätten sie Befehl, sie nur die Frau Pilgerin zu nennen. Das war alles, was wir zunächst in Erfahrung bringen konnten. Nachdem die Frau Pilgerin jedoch drei Tage in unserem Hause krank gelegen hatte, ließ sie mich und meine Frau durch eine ihrer Kammerfrauen zu sich rufen. Wir gingen hin, um zu hören, was sie wünschte, und als wir in ihrem Zimmer standen und die Tür hinter uns geschlossen hatten, richtete sie mit Tränen in den Augen und in Gegenwart ihrer Dienerinnen etwa die folgenden Worte an uns: ›Meine Lieben! Der Himmel ist mein Zeuge, daß ich schuldlos in die furchtbare Lage geraten bin, die ich euch nunmehr entdecken will. Ich bin schwanger, und meine Entbindung steht so nahe bevor, daß die Wehen sich bereits eingestellt haben. Keiner der Diener, die mit mir gekommen sind, weiß um mein Unglück und meine Not — diesen Frauen hier jedoch konnte und wollte ich es nicht verbergen. Um mich den böswilligen Blicken der Leute in meiner Heimat zu entziehen und zu vermeiden, daß mich meine schwere Stunde dort überraschte, tat ich das Gelübde, eine

Wallfahrt zur Muttergottes von Guadalupe zu machen. Ihr Wille ist es, daß ich nun in eurem Hause meine schwere Stunde erleben soll, und so ist es denn an euch, mir zu helfen und beizustehen in aller Verschwiegenheit, die eine Frau verdient, welche ihre Ehre in eure Hände gelegt hat. Wenn der Lohn für die große Gunst, die ihr mir erweisen sollt — denn in meinen Augen ist es eine Gunst! —, nicht ganz der Wohltat entsprechen kann, die ihr mir damit antut, so wird er doch zum mindesten ein Zeichen meiner unendlichen Dankbarkeit sein. Als ersten Beweis meiner Erkenntlichkeit nehmt die zweihundert Goldtaler, die dieser Beutel hier enthält.‹ Damit zog sie unter ihrem Kopfkissen eine gestickte Börse in Gold und Grün hervor und reichte sie meiner Frau, die, einfältig, wie sie nun einmal ist, gar nicht wußte, was sie tat, in ihrer Verwirrung nur immer die Pilgerin anstarrte und dabei die Börse an sich nahm, ohne ein Wort des Dankes oder wenigstens ein paar höfliche Redensarten hervorzubringen. Ich erinnere mich, daß ich schnell sagte, das sei doch gar nicht nötig und wir seien Menschen, die nicht den Gewinn, sondern nur die barmherzige Nächstenliebe im Auge hätten, wenn sich uns die Gelegenheit böte, Gutes zu tun. Die Fremde sprach daraufhin weiter und sagte: ›Ihr müßt nun auf der Stelle jemanden ausfindig machen, meine Freunde, dem ihr das Kind sofort nach der Geburt übergeben könnt, und euch auch eine Ausrede für diese betreffende Person ausdenken. Fürs erste soll das Kind hier in der Stadt bleiben, später möchte ich es dann aufs Land geben. Wenn ich von Guadalupe zurückkomme, werde ich euch sagen, was weiterhin geschehen soll, sofern es Gottes Wille ist, mich zu erleuchten und mir die Gnade zu gewähren, mein Gelübde erfüllen zu können. Dann werde ich auch Zeit gehabt haben, darüber nachzudenken und zu überlegen, was am besten zu tun sei. — Eine Wehmutter brauche und will ich nicht. Ich habe schon andere, ehrenvollere Entbindungen hinter mir und daraus Erfahrungen gesammelt, so daß ich mit Hilfe meiner Dienerinnen hier wohl alles allein überstehen und mir einen weiteren Zeugen meines Unglücks ersparen kann.‹

Als die fremde Pilgerin so geendet hatte, brach sie in bittere Tränen aus, die schließlich durch den guten, tröstlichen Zuspruch meiner Frau, welche nun wieder mehr zur Besinnung gekommen war, etwas gelindert wurden. Ich eilte sogleich fort, um jemanden ausfindig zu machen, der das Neugeborene zu jeder Stunde aufnehmen würde. In der gleichen Nacht noch, zwischen zwölf und eins, als das ganze Haus im tiefsten Schlafe lag, brachte die gute Frau ein Mädchen zur Welt, das lieblichste Geschöpfchen, das meine Augen je erblickt haben — Euer Gnaden haben es soeben in diesem Zimmer hier gesehen. Die Mutter ließ während der ganzen Entbindung keinen einzigen Klagelaut hören, und auch das Kind schrie nicht, als es das Licht der Welt erblickte; alles vollzog sich mit solch wunderbarer Stille und Ruhe, wie es für die Geheimhaltung dieses seltsamen Vorfalls angemessen war. Sechs Tage hütete die Mutter noch das Bett und empfing täglich den Besuch des Arztes; doch hatte sie diesem die Ursache ihres Leidens keineswegs entdeckt und nahm auch niemals die Medikamente, die er ihr verordnete, sondern ließ den Arzt nur kommen, um ihre Dienerschaft irrezuführen. All das sagte sie mir später, als sie außer Gefahr war. Am achten Tage nach der Entbindung stand sie wieder auf und täuschte nun durch allerlei Kunstgriffe den gleichen Leibesumfang vor, den sie vor ihrer Bettlägerigkeit gehabt hatte.

Sie begab sich dann auf ihre Pilgerfahrt und kehrte zwanzig Tage später davon zurück. Jetzt war sie beinahe völlig genesen, denn sie hatte nach und nach die Polster entfernt, mit denen sie nach ihrer Entbindung einen durch Wassersucht aufgetriebenen Leib vorgetäuscht hatte. Kurz vor ihrer Rückkehr war das Kind auf meine Anordnung hin zur Pflege in ein zwei Meilen von hier entferntes Dorf gegeben worden — ich hatte den Pflegeeltern gesagt, es handle sich um eine Nichte von mir. Bei der Taufe hatte die Kleine den Namen Costanza erhalten, wie ihre Mutter es bestimmt hatte. Diese war sehr zufrieden mit allem, was ich getan hatte, und gab mir beim Abschied eine goldene Kette, die ich heute noch aufbewahre. Sechs Glieder davon trennte sie ab und sagte dabei, die Person, die das Mädchen einmal abholen würde, werde diese Glieder vorzeigen. Dann schnitt sie noch ein beschriebenes weißes Pergamentblatt in wellenförmigen Linien auseinander. Stellt Euch vor, das ist, wie man die Hände faltet und auf die einzelnen Finger je einen Buchstaben schreibt. Solange die Finger ineinander verschränkt sind, kann man die Schrift lesen, werden sie jedoch auseinandergezogen, so sind die Buchstaben und somit auch der Sinn des Satzes auseinandergerissen, bis die Finger wieder richtig zusammengefügt werden und die Buchstaben fortlaufend erscheinen. So ist es auch mit dem Pergament: die eine Hälfte dient der anderen zur Ergänzung. Werden diese beiden Hälften aneinandergehalten, so kann man die Schrift lesen, was hingegen nicht möglich ist, wenn man nur eine derselben vor Augen hat — es sei denn, man könnte die fehlenden Buchstaben erraten. Die eine Hälfte des Blattes und beinahe die ganze Kette blieben in meinen Händen, und ich habe alles bis zum heutigen Tage aufbewahrt und warte noch immer auf die Person, die mir die Ergänzungsteile dazu bringen soll. Die Dame sagte mir nämlich damals, daß sie ihre Tochter binnen zwei Jahren holen lassen würde, und trug mir auf, sie unterdessen nicht dem Stande ihrer Geburt entsprechend zu erziehen, sondern so, wie ein einfaches Bauernmädchen erzogen wird. Für den Fall, daß es ihr aus besonderen Gründen nicht möglich sein würde, Costanza so bald holen zu lassen, legte sie mir ans Herz, ihr niemals die näheren Umstände ihrer Geburt zu enthüllen, auch nicht, wenn sie herangewachsen und zu Verstand gekommen wäre. Endlich bat sie mich, sie zu entschuldigen, wenn sie mir ihren Namen und Stand nicht nenne — sie wolle sich das für eine wichtigere Gelegenheit aufsparen. Zum Schluß gab sie mir noch vierhundert Goldtaler und umarmte meine Frau zum Abschied unter heißen Tränen, so daß wir ganz benommen waren von soviel Feinheit, Würde, Schönheit und Klugheit. Costanza verbrachte die ersten zwei Jahre ihres Lebens auf dem Dorfe, dann nahm ich sie zu mir ins Haus. Sie hat stets nur einfache Arbeitsgewänder getragen, so wie es ihre Mutter angeordnet hat. Fünfzehn Jahre, einen Monat und vier Tage habe ich nun schon darauf gewartet, daß jemand komme, um sie abzuholen, und diese lange Verzögerung läßt mich vermuten, daß wohl niemand mehr kommen wird. Wird Costanza auch in diesem Jahr nicht abgeholt, so will ich sie an Kindes Statt annehmen und ihr all mein Hab und Gut verschreiben, das durch Gottes Gnade mehr als sechstausend Dukaten beträgt.

Und jetzt, Herr Oberrichter, bleibt mir nur noch übrig, Euer Gnaden all die Vorzüge und Tugenden meiner kleinen Costanza zu nennen, sofern es mir überhaupt möglich ist, sie ganz zu würdigen. Eins vor allem: sie ist eine fromme Christin, betet eifrig zur Heiligen Jungfrau und geht jeden Monat zur Beichte und zum Abendmahl; sie kann schreiben und lesen, und in ganz Toledo gibt es keine bessere Spitzenstrickerin. Sie singt bei ihrer Näharbeit wie ein Engelchen und ist dabei so sittsam und brav wie keine weit und breit. Was ihre Schönheit betrifft, so können Euer Gnaden ja selbst urteilen. Der junge Herr Pedro, Euer Gnaden Sohn, hat in seinem ganzen Leben noch kein Wort mit ihr gesprochen, obgleich ich zugeben muß, daß er ihr ab und zu ein Ständchen bringt, das sie jedoch niemals zu hören bekommt. Viele vornehme Herren sind schon in meinem Gasthaus abgestiegen und haben ihre Weiterreise bestimmt nur um viele Tage verschoben, um sich an ihr satt sehen zu können. Ich verbürge mich aber dafür, daß keiner Grund hat, sich zu rühmen, Costanza habe ihm Gelegenheit gegeben, auch nur ein Wort unter vier Augen oder vor Zeugen mit ihr zu sprechen. Dies, mein Herr, ist die Geschichte der ›vornehmen Küchenmagd‹, die noch nie in der Küche gearbeitet hat, und ich versichere Euch, daß ich alles wahrheitsgemäß berichtet habe.«

Damit schwieg der Wirt, und es war still im Raum. Lange dauerte es, bis der Oberrichter zu sprechen anhob, so sehr beschäftigte ihn die Geschichte, die der Wirt ihm erzählt hatte. Endlich bat er ihn, er möge ihm doch einmal die Kette und das Pergament zeigen. Der Wirt holte die Gegenstände herbei, und der Oberrichter fand alles bestätigt, was der andere ihm erzählt hatte: die Kette bestand aus kunstvoll geschmiedeten Gliedern, und auf dem Pergament sah man die Buchstaben DEITAWHEECE, die jeweils auf den Abschnitten standen, welche in die Lücken der anderen Hälfte hineinpaßten. Er ersah daraus, daß das Blatt tatsächlich mit der anderen Hälfte zusammengefügt werden mußte, damit die Buchstaben einen Sinn ergaben. Dieses Erkennungszeichen erschien ihm klug erdacht, und er war überzeugt, daß die Pilgerin eine sehr reiche Dame sein müsse, da sie dem Wirt eine solch kostbare Kette dagelassen hatte. Nach alledem war er entschlossen, das schöne Mädchen aus dem Gasthause fortzuholen, sobald er ein Kloster ausfindig gemacht hätte, in dem er sie unterbringen könnte. Fürs erste begnügte er sich jedoch damit, das Pergament mitzunehmen und dem Wirt aufzutragen, er möge ihn sofort benachrichtigen, falls jemand nach Costanza fragen sollte, und ihn auch wissen lassen, wer diese Person sei, bevor er die Kette, die er in seinen Händen ließ, vorzeige. Damit ging er nachdenklich fort: die Geschichte der »vornehmen Küchenmagd« hatte einen ebenso tiefen Eindruck auf ihn gemacht wie ihre Schönheit.

Die ganze Zeit hindurch, die der Wirt mit dem Oberrichter verbrachte, war Tomas vor Angst wie von Sinnen, vor allem, als auch Costanza hineingerufen wurde. Tausend verschiedene Gedanken stürmten auf ihn ein, doch keiner konnte ihm Beruhigung gewähren. Als er jedoch sah, daß der Oberrichter wieder ging und Costanza nicht mitnahm, kehrten seine Lebensgeister zurück, und sein Herz, das schon beinahe stillgestanden hatte, begann wieder regelmäßiger zu schlagen. Er wagte indessen nicht, den Wirt zu fragen, was der Oberrichter gewollt habe, und der Wirt sprach auch mit niemandem als mit seiner Frau darüber, die bei dieser Nachricht ebenfalls aufatmete und Gott dankte, daß er sie von solch großem Schrecken befreit hatte.

Am nächsten Tag erschienen etwa gegen ein Uhr zwei ältere Edelleute mit vier berittenen Begleitern vor der Tür. Nachdem einer der beiden Diener, die zu Fuß mitgekommen waren, sich erkundigt hatte, ob dies das Gasthaus des Sevillaners sei, und eine bejahende Antwort erhalten hatte, ritten die Fremden in den Hof. Die vier Männer stiegen ab und halfen den beiden älteren Edelleuten aus dem Sattel, woraus man ersehen konnte, daß diese wohl die Herren der übrigen sechs waren. Costanza trat, so lieblich wie stets, aus der Tür, um die neuen Gäste zu sehen, und kaum hatte der eine der beiden älteren Herren sie erblickt, als er zu dem anderen sagte: »Mir scheint, Don Juan, wir haben schon alles gefunden, was wir hier suchten.«

Tomas, der herzueilte, um für die Pferde zu sorgen, erkannte plötzlich zwei Diener seines Vaters und sah gleich darauf seinen eigenen Vater und den Carriazos vor sich, denn dies waren die beiden älteren Edelleute, denen die anderen soviel Ehrfurcht erwiesen. Obgleich er im ersten Augenblick höchst verwundert war, kam ihm doch gleich der Gedanke, daß die beiden sicherlich auf dem Wege nach den Thunfischereien wären, um ihn und seinen Freund zu suchen, denn höchstwahrscheinlich — so sagte er sich — hatte sie schon jemand darüber aufgeklärt, daß die jungen Herren dort und nicht in Flandern zu finden seien. Er wagte jedoch nicht, sich in seiner einfachen Kleidung zu erkennen zu geben. So stellte er denn alles dem Zufall anheim, hielt eine Hand vors Gesicht und lief an den Herren vorbei, um Costanza zu suchen. Das Glück wollte es, daß er sie allein antraf; schnell und stotternd vor Angst, sie würde ihn nicht zu Worte kommen lassen, sagte er: »Costanza, einer der beiden älteren Herren, die soeben gekommen sind, ist mein Vater, und zwar derjenige, den die anderen Don Juan de Avendaño nennen. Frag nur einmal seine Diener, ob er einen Sohn namens Tomas hat, denn das bin ich. Daraus kannst du dann folgern und erkennen, daß ich dir die Wahrheit über meine Person gesagt habe, und glaubst mir vielleicht dann, daß auch alle Anerbietungen, die ich dir machen will, auf Wahrheit beruhen. Und nun leb wohl, denn solange die beiden im Hause sind, lasse ich mich nicht mehr blicken.«

Costanza erwiderte hierauf keine Silbe, und er wartete auch keine Antwort ab, sondern wandte sich um, schlich sich ebenso heimlich, wie er gekommen war, wieder hinaus und lief zu Carriazo, um ihm zu berichten, daß ihre Väter im Gasthaus eingekehrt seien. Dort rief der Wirt inzwischen nach Tomas, er solle die Gerste herausgeben, da aber der Bursche nirgends auftauchte, mußte er es selbst besorgen. Einer der beiden älteren Herren rief eine der galicischen Mägde beiseite und fragte sie, wie denn das schöne Mädchen heiße, das sie soeben gesehen hätten, und ob sie eine Tochter oder Verwandte des Wirts oder der Wirtin sei.

»Das Mädchen heißt Costanza«, erwiderte die Galicierin. »Sie ist weder mit dem Wirt noch mit seiner Frau verwandt, und ich weiß auch nicht, wer sie ist. Ich kann

Euch nur eins sagen: meinetwegen mag die Pest sie holen! Ich weiß nicht, warum, aber neben ihr kann keine der anderen Mädchen hier im Hause hochkommen. Schließlich haben wir doch auch unsere Gesichter, wie Gott sie uns gegeben hat! Aber es kommt doch kein Gast hier herein, der nicht sofort fragt, wer das schöne Mädchen sei. ›Wie ist sie reizend!‹ heißt es dann. ›Ein hübsches Ding! Meiner Treu, die ist nicht übel! Neben der kann sich nicht so leicht eine sehen lassen! Schlechter wünsch' ich mir's nie in meinem Leben!‹ Und bei uns heißt es höchstens: was habt ihr denn da, ihr Teufel oder Weibsbilder oder was ihr sonst seid?«

»Nun«, meinte der alte Herr, »wenn es sich so verhält, dann läßt das Mädchen sich wohl auch gern von den Gästen schöntun und streicheln?«

»Was?« lachte die Galicierin. »Versucht's nur einmal! Da kämt Ihr vor die rechte Schmiede! Mein Gott, gnädiger Herr, wenn die sich auch nur angucken ließe, könnte sie in Gold schwimmen. Aber sie ist stachliger als ein Igel und dazu eine Betschwester! Den ganzen Tag nichts als Beten und Arbeiten! Ich möchte so sicher eine Million haben, wie die eines Tages anfängt, Wunder zu tun. Die Wirtin sagt, der sei das Mundhalten direkt angeboren. Beim Leben meines Vaters, das ist mir eine!«

Der Edelmann war höchst befriedigt von den Worten der Galicierin. Er rief unverzüglich den Wirt und wartete gar nicht einmal, bis man ihm die Sporen abgenommen hatte, sondern zog sich sofort mit ihm in den entferntesten Winkel eines Saales zurück und sagte: »Ich bin gekommen, Herr Wirt, um Euch ein Pfand abzufordern, das seit mehreren Jahren in Eurem Besitz ist. Als Lösegeld bringe ich Euch tausend Goldtaler, diese Kettenglieder und das Pergament hier.«

Bei diesen Worten zog er die sechs Kettenglieder hervor, die zu der Kette des Wirtes gehörten und als Erkennungszeichen dienen sollten. Der Wirt erkannte auch das Pergament und erwiderte höchst erfreut über die tausend Taler, die ihm in Aussicht gestellt waren: »Gnädigster Herr, das Pfand, das Ihr einlösen wollt, befindet sich hier im Hause. Die Kette und das Pergament hingegen, durch welche die Wahrheit der betreffenden Angelegenheit erwiesen werden muß, sind nicht hier. Daher bitte ich Euer Gnaden um Geduld — ich bin gleich wieder da.«

Flugs eilte er zum Oberrichter, um ihm zu melden, was vorgefallen war und daß zwei Edelleute in seinem Gasthaus abgestiegen seien, um Costanza abzuholen.

Der Oberrichter hatte gerade seine Mahlzeit beendet, und da er begierig war, den Ausgang jener Geschichte mitzuerleben, stieg er sofort zu Pferde und ritt zum Gasthaus des Sevillaners. Das Pergament für den Beweis nahm er mit. Kaum aber hatte er die beiden Edelleute erblickt, als er auf einen derselben mit ausgebreiteten Armen zulief und rief: »Gott steh mir bei! Was sehen meine Augen! Don Juan de Avendaño, mein lieber Vetter!«

Der Angeredete umarmte den Oberrichter herzlich und sagte: »Ja, lieber Vetter, das nenne ich wirklich einen glücklichen Zufall, Euch hier zu treffen! Und so wohl und gesund seht Ihr aus! Umarmt auch diesen Herrn hier, er ist mein lieber Freund, Don Diego de Carriazo.«

»Oh, Don Diego kenne ich auch schon«, meinte der Amtmann, »ergebenster Diener!«

Nachdem die beiden Herren einander herzlich und höflich begrüßt hatten, gingen sie Arm in Arm in ein großes Zimmer, wo sie mit dem Wirt allein blieben. Dieser hatte die Kette schon bei sich und sagte: »Don Diego de Carriazo, der Herr Oberrichter weiß bereits, warum Euer Gnaden gekommen sind. Seid darum so gut und zeigt die Glieder vor, die an dieser Kette fehlen, und der Herr Oberrichter wird das Pergament vorweisen, das er in Verwahrung hat. Dann wollen wir die Probe machen, auf die ich nun schon so viele Jahre warte.«

»Nun«, meinte Don Diego, »dann brauchen wir ja dem Herrn Oberrichter nicht erst die ganze Geschichte zu erzählen, welche die Veranlassung unseres Kommens ist. Es wird sich gleich herausstellen, daß wir aus dem Grund gekommen sind, von dem Ihr ihm berichtet habt, Herr Wirt.«

»Einiges hat er mir wohl gesagt, aber vieles möchte ich doch noch wissen«, meinte der Oberrichter. »Hier ist das Pergament.«

Don Diego holte die andere Hälfte hervor, und die beiden Teile wurden aneinandergehalten. Die Buchstaben auf dem Blatt des Wirts lauteten, wie schon gesagt, DEITAWHEECE, die entsprechenden der anderen Hälfte ISSDSARZIHN, und alle zusamemn ergaben die Worte: »DIES IST DAS WAHRE ZEICHEN«. Dann wurden noch die Kettenglieder miteinander verglichen, und man stellte fest, daß sie übereinstimmten.

»Das wäre erledigt«, sagte der Amtmann. »Jetzt möchten wir aber, falls dies möglich ist, noch erfahren, wer die Eltern dieses wunderlieblichen Pfandes sind.«

»Der Vater bin ich«, erwiderte Don Diego. »Die Mutter ist nicht mehr am Leben. Es muß Euch genügen, wenn ich sage, sie war eine so vornehme Dame, daß ich ihr Diener hätte sein können. Doch möchte ich nicht, daß ein unverdientes Dunkel ihren Ruf ebenso wie ihren Namen überschatte und man ihr als Schuld auslege, was auf den ersten Blick wohl als Fehltritt und offenkundiger Makel erscheinen muß. So sollt Ihr denn wissen, daß die Mutter dieses Mädchens die Witwe eines vornehmen Edelmannes war, die sich nach dem Tode ihres Gatten auf einen Landsitz zurückgezogen hatte, wo sie im Kreise ihrer Diener und Lehensleute in höchster Ehrbarkeit und Würde ein ruhiges und stilles Leben führte. Nun wollte es das Schicksal eines Tages, daß ich auf der Jagd in die Nähe dieses Dorfes kam und beschloß, ihr einen Besuch abzustatten. Zur Stunde der Mittagsruhe traf ich bei dem großen, schloßähnlichen Hause ein. Ich überließ mein Pferd meinem Stallknecht, stieg hinauf und gelangte, ohne einer einzigen Menschenseele zu begegnen, in ein Gemach, wo die Herrin des Hauses schlafend auf einem schwarzen Diwan lag. Sie war wunderbar schön, und die Stille, die Einsamkeit und die Gelegenheit erregten in mir einen verwegenen Wunsch, der die Grenzen der Ehrbarkeit überschritt. Ohne einer vernünftigen Überlegung Raum zu geben, schloß ich hinter mir die Tür, trat auf sie zu, packte sie fest in meine Arme, so daß sie erwachte, und sagte: ›Nun schreit nicht, schönste Frau, denn jeder Schrei, den Ihr ausstoßt, wird ein Herold Eurer Schande sein. Kein Mensch hat mich in Euer Gemach treten sehen; denn mein guter Stern, der mir diesen Genuß verschaffen wollte, hat Schlaf in die Augen Eurer Diener geträufelt. Wenn sie nun auf Eure Rufe herbeieilen, so können sie mir wohl das Leben rauben, doch werden sie mich in Euren Armen finden, und auch mein Tod wird Euren Ruf nicht retten können.‹ Nun, das Ende war, daß ich sie gegen ihren Willen und nur durch meine rohe Gewalt in Besitz nahm. Sie war so ermattet, erschöpft und verängstigt, daß sie kein Wort erwidern konnte noch wollte, sondern ganz verstört liegenblieb. Ich eilte auf dem gleichen Wege, auf dem ich gekommen war, zurück und begab mich nach dem Landsitz eines Freundes, der zwei Meilen von dem ihrigen entfernt war. Die Dame zog bald darauf in einen anderen Ort. Ich sah sie nie wieder und versuchte auch nicht, ein Wiedersehen herbeizuführen, bis ich dann zwei Jahre später hörte, sie sei gestorben.

Vor drei Wochen etwa erhielt ich nun plötzlich einen Brief von einem Haushofmeister dieser Dame, in welchem dieser mich inständig bat, ihn aufzusuchen, und mir versicherte, es handle sich um eine Sache, bei der mein Glück und meine Ehre auf dem Spiel ständen. Ich

ging hin, um zu erfahren, was er wollte, erwartete aber
nicht im entferntesten das, was ich zu hören bekommen sollte. Ich traf ihn auf dem Sterbebette an, und,
um es kurz zu machen, er erzählte mir mit wenigen
Worten, daß seine Herrin ihm kurz vor ihrem Tode
alles berichtet habe, was ihr mit mir widerfahren
war, und ihm weiterhin anvertraut habe, daß sie
seinerzeit infolge jener unseligen Tat schwanger geworden sei, daß sie, um ihren Zustand zu verbergen,
eine Wallfahrt zur Muttergottes von Guadalupe unter-
nommen, in diesem Hause hier eine Tochter zur Welt
gebracht und dieser den Namen Costanza gegeben
habe. Der Alte übergab mir die Kennzeichen, mit
deren Hilfe ich das Mädchen finden würde – die Kettenglieder und das Pergament, daß Ihr soeben gesehen
habt – und dazu dreißigtausend Goldtaler, welche die
Dame zur Mitgift für ihre Tochter bestimmt hatte. Er
gestand mir auch, daß es nur die Habgier gewesen sei,
die ihn daran gehindert habe, mir gleich nach dem
Tode seiner Herrin das alles zu übergeben und mir
zu berichten, was sie ihm im geheimen und im Vertrauen auf seine Redlichkeit erzählt hatte. Er habe das
Geld für sich behalten wollen; nun aber, wo er bald
vor Gott Rechenschaft ablegen müsse, wolle er sein
Gewissen entlasten, indem er mir die Summe über-
gäbe und mir sage, wo und wie ich meine Tochter
finden könne. Ich nahm das Geld und die Erkennungszeichen in Empfang, erzählte alles meinem Freund
Don Juan de Avendaño, und bald darauf machten wir
uns auf den Weg hierher.«
So weit war Don Diego gekommen, als sich an der Tür
zur Straße ein großes Geschrei erhob.
»Sagt doch dem Futterknecht Tomas Pedro«, rief eine
Stimme, »daß sie seinen Freund, den Asturier, verhaftet haben. Er soll ins Gefängnis kommen, sein Freund
erwartet ihn dort.«
Bei den Worten »verhaftet« und »Gefängnis« horchte

der Oberrichter auf und befahl, den Verhafteten und den Polizeidiener, der ihn gefaßt hatte, doch einmal hereinzubringen. Man sagte dem Polizeidiener, der Herr Oberrichter sei drinnen und wolle ihn und den Häftling sehen, und dieser mußte dem Befehl nachkommen.

So trat er denn mit dem Asturier ein, den er fest am Kragen gepackt hielt und der übel zugerichtet war und ein ganz blutverschmiertes Gesicht hatte. Kaum war dieser im Zimmer, als er zu seinem Schrecken seinen Vater und den seines Freundes Avendaño erkannte. Um nicht seinerseits erkannt zu werden, zog er ein Tuch hervor und hielt es vor sein Gesicht, als ob er sich das Blut abwischen wollte. Der Oberrichter fragte, was der Bursche, den man in diesem schlimmen Zustand vor ihn brachte, denn angestellt habe, und der Polizeidiener erwiderte, er sei ein Wasserträger, der überall der Asturier heiße und dem die Buben auf der Straße immer nachriefen: »Her mit dem Schwanz, Asturier, her mit dem Schwanz!« Dann erzählte er in kurzen Worten die Ursache dieser seltsamen Forderung, worauf alle in herzliches Lachen ausbrachen. Weiterhin berichtete er, der Asturier sei heute über die Alcántara-Brücke gekommen, und da hätten ihm die Buben mit ihrem Spottruf so zugesetzt, daß er von seinem Esel gesprungen sei und sich auf sie gestürzt habe. Einen habe er erwischt und halbtot geprügelt, und als man ihn dann greifen wollte, habe er sich zur Wehr gesetzt. Deshalb sei er jetzt so übel zugerichtet.

Der Oberrichter befahl dem Burschen nun, er solle einmal sein Gesicht zeigen, aber dieser weigerte sich hartnäckig, bis der Polizeidiener zu ihm trat und ihm das Tuch herunterzog. Sofort erkannte ihn sein Vater und rief ganz entsetzt: »Diego, mein Sohn, was soll das? Was ist das für ein Aufzug? Kannst du denn deine Streiche immer noch nicht lassen?«

Carriazo lief auf seinen Vater zu und fiel vor ihm auf

die Knie, und dieser schloß seinen Sohn, vor Freude weinend, in die Arme und hielt ihn eine lange Weile eng umschlungen. Don Juan de Avendaño, der ja wußte, daß Diego zusammen mit seinem Sohn Tomas ausgezogen war, fragte nun nach diesem und erfuhr, daß Don Tomas de Avendaño der Bursche sei, der hier im Hause die Gerste und das Stroh austeilte. Bei diesen Worten des Asturiers erreichte das Staunen aller Anwesenden seinen Höhepunkt, und der Oberrichter hieß den Wirt, diesen Burschen herbeizuschaffen.

»Ich glaube, er ist gar nicht da«, meinte der Wirt, »aber ich will ihn gleich einmal suchen.«

Damit ging er hinaus.

Don Diego fragte Carriazo nun, was dieser Mummenschanz denn zu bedeuten habe und wie sie darauf gekommen seien, sich in einen Wasserträger und einen Futterknecht zu verwandeln. Carriazo erwiderte, diese Fragen könne er nicht so in aller Öffentlichkeit beantworten, aber er wolle es ihm unter vier Augen sagen.

Tomas Pedro hatte sich in seine Kammer verkrochen, um von da aus ungesehen beobachten zu können, was sein Vater und der Carriazos tun würden. Die Ankunft des Oberrichters und die Aufregung, die im ganzen Hause herrschte, hatten ihm einen mächtigen Schrecken eingejagt. Dem Wirt wurde bald zugetragen, wo der Bursche sich verborgen hielt. So stieg er hinauf, und da Tomas nicht gutwillig mitkommen wollte, versuchte er ihn mit Gewalt herunterzuholen. Das aber wäre ihm wohl kaum gelungen, wenn der Oberrichter nicht auf den Hof hinausgetreten wäre und hinaufgerufen hätte: »Kommt nur herunter, Herr Vetter, hier warten keine Bären und Löwen auf Euch!«

Schließlich stieg Tomas herunter, trat mit niedergeschlagenen Augen ins Zimmer und warf sich seinem Vater demütig zu Füßen. Der umarmte ihn freudig bewegt, so wie einst der Vater den verlorenen Sohn, der zu ihm heimgekehrt war.

Unterdessen war auch der Wagen des Oberrichters gekommen, in dem er nach Hause zurückkehren wollte, da die Feierlichkeit des Anlasses ihm nicht gestattete zurückzureiten. Jetzt ließ er Costanza rufen, faßte sie bei der Hand, führte sie vor ihren Vater und sagte: »Hier, Don Diego, nehmt das Pfand und erblickt darin das kostbarste Kleinod, das Ihr Euch nur wünschen könnt. Und Ihr, schönes Fräulein, küßt Eurem Vater die Hand und dankt Gott, daß er Euch durch solch glücklichen Zufall der Niedrigkeit Eures Standes enthoben und erhöht hat.«

Costanza, die weder ahnte noch wußte, was geschehen war, trat ganz verwirrt und zitternd näher, sank vor ihrem Vater auf die Knie, küßte seine Hände und benetzte sie mit zahllosen Tränen, die ihren schönen Augen entströmten.

Während dieser Szene hatte der Oberrichter seinen Vetter Don Juan immer wieder eingeladen, ihn doch mitsamt der ganzen Gesellschaft nach Hause zu begleiten; und obgleich Don Juan zunächst ablehnte, drang der Oberrichter so in ihn, daß er schließlich nachgeben mußte und alle zusammen in die Kutsche stiegen. Als der Amtmann jedoch sagte, Costanza solle auch mit einsteigen, wurde ihr schwer ums Herz. Die Wirtin und sie fielen einander in die Arme und begannen so bitterlich zu weinen, daß alle, die es hörten, von Mitleid bewegt wurden.

»Ach, mein Herzenstöchterchen«, schluchzte die Wirtin, »wie kannst du mich nur verlassen! Bringst du es denn wirklich übers Herz, von deiner Mutter fortzugehen, die dich mit soviel Liebe erzogen hat?«

Costanza weinte und erwiderte ihr mit den zärtlichsten Worten. Der Oberrichter jedoch befahl gerührt, daß auch die Wirtin mit in die Kutsche steigen und bei dem Mädchen, das sie wie eine eigene Tochter liebte, bleiben solle, bis diese Toledo verlassen würde. So stieg denn nun die Wirtin zu den übrigen in den

Wagen, und alle fuhren zum Hause des Oberrichters, wo sie von seiner Gattin, einer sehr vornehmen Dame, herzlich willkommen geheißen wurden. Sie setzten sich zu Tisch und nahmen eine reichliche und köstliche Mahlzeit zu sich, und nach dem Essen erzählte Carriazo seinem Vater, wie Tomas sich aus Liebe zu Costanza entschlossen habe, eine Stellung in dem Gasthause anzunehmen. Er beteuerte, sein Freund liebe das Mädchen so sehr, daß er auch die Küchenmagd Costanza zu seiner Frau gemacht hätte, selbst wenn es nie an den Tag gekommen wäre, daß sie so vornehmer Abstammung und Don Diegos Tochter war. Die Gattin des Oberrichters kleidete Costanza nun in ein Gewand ihrer Tochter, welche im gleichen Alter wie Costanza war und dieselbe Gestalt hatte, und wenn das Mädchen schon in ihrem einfachen Arbeitskleid schön gewesen war, so sah sie jetzt im Staatsgewande aus wie ein Geschöpf des Himmels. Die feinen Stoffe paßten so gut zu ihr, daß man meinen konnte, sie sei schon vom Augenblick ihrer Geburt an ein Edelfräulein gewesen und habe als solches stets die erlesensten Kleider getragen.

Zwischen all den fröhlichen Menschen saß jedoch auch ein trauriger: Don Pedro, der Sohn des Oberrichters, der nun mit gutem Recht befürchten mußte, Costanza werde nie sein eigen sein. Der Oberrichter, Don Diego de Carriazo und Don Juan de Avendaño machten denn auch untereinander aus, daß Tomas Costanza heiraten solle und ihr Vater ihr die dreißigtausend Taler mitgeben würde, welche ihre Mutter ihr hinterlassen hatte. Dem Wasserträger Don Diego de Carriazo wurde die Tochter des Oberrichters zur Frau bestimmt, und der Sohn des Oberrichters wurde mit einer Tochter Juan de Avendaños verlobt. Der Oberrichter erbot sich auch gleich, den nötigen Ehedispens zu besorgen, da es sich ja hier um eine Heirat zwischen Verwandten handelte.

So waren denn alle froh, zufrieden und glücklich. Die Nachricht von den Verlobungen und von dem Glück, das der »vornehmen Küchenmagd« widerfahren war, verbreitete sich durch die ganze Stadt, und eine Menge Menschen strömten herzu, um Costanza in ihren neuen Kleidern anzustaunen, in denen sie, wie wir schon sagten, so vornehm und edel aussah. Da sahen die Leute denn auch den Futterknecht Tomas Pedro, der jetzt wieder Don Tomas geworden und wie ein Edelmann gekleidet war, und Lope, den Asturier, der sich nun auch in einen feinen jungen Herrn verwandelt hatte, nachdem er sein Gewand gewechselt und den Esel und die Wasserkrüge beiseite gestellt hatte. Doch selbst jetzt, wenn er in seinem prunkvollen Aufzuge durch die Straßen ging, tönten ihm noch hier und da die bekannten Spottworte entgegen.

Einen Monat blieben sie alle in Toledo, und nach Verlauf dieser Frist kehrte Don Diego de Carriazo mit seiner Gattin und seinem Vater und Costanza mit Don Tomas, ihrem Gatten, nach Burgos zurück. Auch der Sohn des Amtmanns reiste mit ihnen, da er seine Verwandte und künftige Gattin kennenlernen wollte. Der Sevillaner blieb zurück und freute sich an den tausend Talern und den vielen Kleinodien, die Costanza ihrer Herrin geschenkt hatte – denn sie nannte die Frau, die sie großgezogen hatte, noch immer mit diesem Namen.

Die Geschichte von der »vornehmen Küchenmagd« gab den Dichtern am goldenen Tajofluß Gelegenheit, ihre Kunst zum Lob und Preis der unvergleichlichen Schönheit Costanzas zu zeigen, die noch heute an der Seite ihres guten Futterknechtes lebt. Und auch Carriazo ist noch am Leben nebst seinen drei Söhnen, welche die Jugendtorheiten ihres Vaters nicht nachahmen und nicht einmal wissen, daß es Thunfischereien in dieser Welt gibt, sondern ihren Studien in Salamanca obliegen. Jedesmal aber, wenn ihr Vater den Esel eines

Wasserträgers erblickt, muß er an den denken, den er in Toledo besaß, und stets überkommt ihn eine geheime Furcht, daß der Ruf »Her mit dem Schwanz, Asturier! Asturier, her mit dem Schwanz!« eines Tages unversehens in irgendeiner Satire wieder auftauchen könne.

DIE BEIDEN MÄDCHEN

Fünf Meilen vor der Stadt Sevilla liegt ein Ort namens Castilblanco. Vor einer der vielen Herbergen dieses Ortes hielt eines Abends bei Einbruch der Dunkelheit ein Reisender auf einem schönen, ausländischen Reitpferd. Er hatte keinen Reitknecht bei sich, und ohne abzuwarten, bis jemand den Steigbügel hielt, schwang er sich behende aus dem Sattel.

Der Wirt, ein dienstfertiger und höflicher Mann, lief herzu, aber sosehr er sich auch eilte, fand er den Fremden doch bereits auf einer Steinbank neben der Haustür sitzen. Der junge Mann knöpfte sich rasch das Wams auf und ließ dann seine Arme schlaff zu beiden Seiten herunterhängen. Er war offensichtlich im Begriff, ohnmächtig zu werden. Besorgt stürzte die Wirtin herbei, sprengte ihm Wasser ins Gesicht und brachte ihn so wieder zum Bewußtsein. Der Fremde schien beschämt, daß man ihn in diesem Zustand gesehen hatte. Er knöpfte das Wams wieder zu und bat dann, man möge ihm sogleich ein Zimmer zuweisen, in dem er sich etwas erholen könne. Wenn irgend möglich, wolle er dort allein bleiben.

Die Wirtin erwiderte, im ganzen Hause sei nur ein einziges Gastzimmer vorhanden, in diesem aber stünden zwei Betten. Wenn nun noch ein Gast käme, so müsse man ihm wohl oder übel das andere Bett geben. Der Reisende erklärte hierauf, er wolle für die beiden Betten bezahlen, ganz gleich, ob noch ein Gast käme oder nicht. Dabei zog er einen Goldtaler hervor und reichte ihn der Wirtin, knüpfte aber die Bedingung daran, daß sie das leere Bett keinem anderen gäbe.

Die Wirtin war nicht unzufrieden mit diesem Handel; im Gegenteil, sie versprach, alles zu tun, was der Fremde verlangte, und wenn der Dechant von Sevilla selbst diese Nacht in ihrem Hause absteigen wolle. Die Frage, ob er noch etwas zu speisen wünsche, verneinte der Fremde; er bat nur, man möge sein Pferd recht gut versorgen, ließ sich dann den Zimmerschlüssel geben, ergriff einen großen ledernen Mantelsack und zog sich in sein Gemach zurück. Die Tür verschloß er von drinnen und stellte, wie sich später zeigte, obendrein noch zwei Stühle dagegen.

Als der junge Mann verschwunden war, steckten der Wirt, der Futterknecht und zwei Nachbarn, die zufällig anwesend waren, die Köpfe zusammen und ergingen sich in langen Reden über die Anmut und das vornehme Auftreten des neuen Gastes. Sie waren sich einig, daß sie noch nie einen so schönen jungen Mann gesehen hätten. Dann mutmaßten sie, wie alt er wohl sein könne, und schätzten, er müsse wohl sechzehn bis siebzehn Jahre zählen. Alle möglichen und unmöglichen Erklärungen brachten sie für den Grund der Ohnmacht vor, die ihn befallen hatte; da sie sich hierüber jedoch nicht recht schlüssig werden konnten, kamen sie wieder auf seine Schönheit zurück, die sie in alle Himmel hoben. Schließlich gingen die Nachbarn nach Hause, der Wirt schüttete dem Pferd Futter vor, und die Wirtin machte sich daran, ein Essen vorzubereiten, für den Fall, daß noch späte Gäste kommen sollten.

Es dauerte auch nicht lange, da kam ein junger Mann angeritten, der nur wenig älter sein mochte als der erste und ebenso frisch und stattlich aussah.

»Du lieber Gott, was ist das!« rief die Wirtin, als sie ihn erblickte. »Kommen denn heute abend lauter Engel in meine Herberge?«

»Was wollt Ihr damit sagen, Frau Wirtin?« fragte
der Fremde.

»Ach, gar nichts, junger Herr«, antwortete sie. »Nur
eins kann ich Euer Gnaden sagen: steigt nicht erst ab,
denn ich kann Euch doch kein Bett anbieten. Die zwei
Betten, die ich habe, hat ein junger Edelmann gemietet, der schon droben im Zimmer ist, und er hat sie mir
auch beide bezahlt, obgleich er doch eigentlich nur eins
braucht. Aber er muß wohl ein Freund der Einsamkeit
sein, denn er will das Zimmer mit niemandem teilen.
Bei Gott und meiner Seele, ich weiß wahrhaftig nicht
warum; denn er braucht sein Gesicht und seine Figur
wirklich nicht zu verstecken. Jedermann, der ihn nur
sieht, muß ihn schon segnen und preisen!«

»Ist er denn so schön, Frau Wirtin?« fragte der junge
Mann.

»Und ob er schön ist!« versetzte sie. »Einfach wunderschön!«

»Heda, Junge!« rief der Fremde hierauf. »Und wenn
ich auf dem Fußboden schlafen soll – ein so hochge-
priesenes Menschenkind muß ich mir ansehen.«
Damit streckte er dem Maultiertreiber, der mit ihm
gekommen war, seinen Steigbügel hin und saß ab. Er
bat, man möge ihm gleich etwas zu essen bringen, und
die Wirtin kam dieser Bitte nach. Als er nun so saß
und aß, trat, wie das in kleineren Ortschaften üblich
ist, der Polizeidiener in die Gaststube, setzte sich zu
dem Fremden und fing ein Gespräch mit ihm an. Unter
eifrigem Geplauder goß er sich drei Becher hinter die
Binde, nagte die Brust und das Hinterviertel eines Reb-
huhns, die der junge Herr ihm reichte, sauber ab und
überfiel ihn zum Dank dafür noch mit tausend Fragen
nach Neuigkeiten vom Hofe, aus den flandrischen Kriegen, über den Türkeneinfall und über die Ereignisse in
dem guten Siebenbürgen, das Gott beschützen möge.
Der Fremde aß und schwieg, denn er kam nicht so
weit her, daß er die Neugier seines Gesprächspartners

hätte befriedigen können. Unterdessen hatte der Wirt das Pferd besorgt und setzte sich nun auch dazu, um an der Unterhaltung teilzunehmen und seinem eigenen Wein ebenso kräftig zuzusprechen wie der Polizeidiener. Bei jedem Schluck, der durch seine Gurgel rollte, legte er den Kopf verzückt auf die linke Schulter und hob den Wein in den Himmel, doch wagte er nicht, ihn lange dort oben zwischen den Wolken zu lassen, weil er wohl fürchtete, er möchte sonst vollends zu Wasser werden. Immer wieder kam das Gespräch auf den Gast oben in der Kammer, und der Wirt berichtete von seiner Ohnmacht, wie er sich in sein Zimmer eingeschlossen habe, und daß er keinen Bissen habe essen wollen. Man erging sich läng und breit über die gute Beschaffenheit seines Mantelsacks, über das prächtige Pferd und die prunkvolle Kleidung des Fremden und meinte, es sei doch seltsam, daß er ohne Bedienten reise. Alle diese Reden machten den zweiten Gast nur noch begieriger auf den Anblick des ersten, und so bat er den Herbergswirt, er solle ihn doch in dem anderen Bett schlafen lassen, er wolle ihm auch einen Goldtaler dafür geben. Die Aussicht auf das Geld bestimmte den Wirt vollends, ihm nachzugeben, nur stellte sich der Ausführung dieses Planes ein unüberwindliches Hindernis entgegen. Die Tür war von innen verschlossen, und der Wirt wagte denn doch nicht, den Fremden zu wecken, der da drinnen schlief und für die beiden Betten bezahlt hatte. Der Polizeidiener jedoch räumte auch diese Schwierigkeit beiseite.

»Da hätte ich einen Vorschlag«, sagte er. »Ich will an die Tür klopfen und sagen, ich sei die Obrigkeit und hätte Befehl vom Herrn Bürgermeister, diesem jungen Herrn ein Nachtlager in der Herberge hier zu verschaffen, und da kein anderes Bett vorhanden sei, so müsse er eben das zweite Bett in der Kammer hergeben. Der Wirt muß dann einwenden, das sei unrecht gegen seinen Gast; das Zimmer sei vermietet, und niemand habe das Recht, es dem Besitzer wegzunehmen. Auf diese Weise ist der Wirt jedenfalls entschuldigt, und Ihr, junger Herr, habt durchgesetzt, was Ihr wollt.« Der Plan des Polizeidieners leuchtete allen ein, der junge Herr gab ihm gleich vier Realen, und dann schritt man ans Werk. Das Ende vom Liede war, daß der erste Gast zwar sehr verärgert war, aber schließlich doch seine Tür öffnete. Der zweite bat höflich um Entschuldigung für die Unbill, die jenem zugefügt worden war, und begab sich darauf zu dem leeren Bett. Der erste Gast erwiderte jedoch kein Wort und ließ auch sein Gesicht nicht sehen, sondern legte sich, sofort nachdem er die Tür geöffnet hatte, wieder zu Bett, drehte den Kopf zur Wand und tat, als schliefe er, um nicht Rede und Antwort stehen zu müssen. Der andere legte sich auch ins Bett und hoffte auf den Morgen, der ihm wohl beim Aufstehen die Erfüllung seines Wunsches bringen würde.

Es war die Zeit der langen, träge dahinschleichenden Dezembernächte, in denen die Kälte und die beschwerlichen Wege den Reisenden zwingen, der Ruhe zu pflegen. Der erste Gast jedoch konnte keine Ruhe finden: bald nach Mitternacht begann er so bitterlich zu seufzen, daß es schien, als wolle er bei jedem Seufzer seine Seele aushauchen. So laut und schmerzvoll klang dies Stöhnen durch den Raum, daß der zweite Gast aus seinem Schlummer aufgeschreckt wurde. Erstaunt hörte er ein Schluchzen, das die Seufzer begleitete, und lauschte nun gespannt auf das, was der andere vor sich hinzumurmeln schien. Das Gemach war völlig dunkel, und die Betten standen ziemlich weit auseinander; trotzdem konnte der zweite Gast seinen bekümmerten Zimmergenossen ganz gut verstehen.

»Solch ein Unglück!« flüsterte dieser matt. »Wohin wird mich die unwiderstehliche Gewalt meines Schicksals noch führen? Wie geht mein Weg, und wo ist der Ausgang aus diesem verschlungenen Labyrinth, in das ich geraten bin? Weh über dich, unerfahrene Jugend, die du nicht imstande bist, vernünftige Gedanken und Entschlüsse zu fassen! Welches Ende wird diese Pilgerfahrt ins Unbekannte nehmen? Weh über die mißachtete Ehre! Weh über die Liebe, der mit Undank gelohnt wurde! Weh über die Eltern und Verwandten! Ach, die Ehrfurcht vor ihnen wurde mit Füßen getreten! Und wehe, tausendmal wehe über mich, weil ich mich so hemmungslos meinen Wünschen überließ! O ihr falschen Worte, die ihr mir so wahr ins Ohr töntet und mich zwangt, euch mit Taten zu entsprechen! Doch worüber beklage ich Unglückliche mich noch? Habe ich mich nicht selbst betrügen wollen? Habe ich nicht selbst das Messer in die Hand genommen, um meine Ehre abzuschneiden und den Glauben zu vernichten, den meine alten Eltern in meine Tugend setzten? Verruchter Marco Antonio! Wie ist es nur möglich, daß in die süßen Worte, die du mir sagtest, die Galle deiner Verräterei und Falschheit gemischt war! Wo bist du, Undankbarer? Wohin hast du dich gewendet? So antworte mir doch, ich rufe dich! Warte auf mich, ich folge dir! Halte mich, ich breche zusammen! Gib mir, was du mir schuldest, und hilf mir, denn tausend Gründe verpflichten dich dazu!«

Damit schwieg die Stimme, und Schluchzen und Seufzer verrieten, daß aus den Augen der fremden Gestalt in dem Bette drüben jetzt die bittersten Tränen strömten. Der zweite Gast hatte alles schweigend mit angehört. Aus dem, was er vernommen hatte, schloß er, daß es zweifellos eine Frau war, die hier ihr Schicksal bejammerte. Dieser Umstand entfachte seinen Wunsch nach einer näheren Bekanntschaft noch viel mehr, und immer wieder fragte er sich, ob er nicht an das andere Bett zu der Frau hinübergehen solle. Eben war er im Begriffe, es zu tun, als er hörte, wie die Fremde sich erhob, die Tür öffnete und dem Wirt zurief, er solle ihr das Pferd satteln, denn sie wolle aufbrechen. Der Herbergswirt ließ sich erst eine ganze Weile rufen und erwiderte schließlich, sie solle doch ruhig sein, die halbe Nacht sei ja noch gar nicht vorüber und draußen herrsche eine solche Finsternis, daß es geradezu tollkühn wäre, sich jetzt auf den Weg zu machen. Die Fremde gab sich zufrieden, schloß die Tür wieder und warf sich mit einem tiefen Seufzer auf ihr Bett.

Der Lauscher meinte nun, jetzt sei es wohl an der Zeit, seine Zimmergenossin anzureden und ihr alle Hilfe und Unterstützung anzubieten, die er zu geben vermochte. Damit wollte er sie bewegen, ihm ihr Herz zu öffnen und ihre traurige Geschichte zu erzählen. So sagte er denn: »Wahrlich, mein edler Herr, wenn Eure Seufzer und Klagen mich nicht zum Mitleid mit Eurem Unglück gerührt hätten, so müßte ich wohl jeder natürlichen Regung bar sein und hätte ein Herz von Stein und eine Brust von hartem Erz. Ja, ich fühle Erbarmen mit Euch und hege den festen Vorsatz, mein Leben für Eure Rettung einzusetzen, sofern es überhaupt eine Rettung für Euch gibt. Ist dieser Entschluß eines Dankes wert, so erstattet ihn mir, indem Ihr mir den Grund Eures Schmerzes enthüllt, ohne etwas zu verbergen.«

»Wenn dieser Schmerz mich nicht meiner Sinne beraubt hätte«, erwiderte die unglückliche Fremde, »so hätte ich mich wohl erinnert, daß ich nicht allein in diesem Gemach bin, und hätte meine Zunge gezügelt und meinen Seufzern Einhalt geboten. Doch nun will ich zur Strafe dafür, daß meine Besonnenheit versagte, wo ich sie am nötigsten hatte, tun, um was Ihr mich bittet. Es kann ja sein, daß der Kummer meinem Leben ein Ende macht, wenn ich jetzt die bittere Geschichte meiner Leiden noch einmal heraufbeschwöre. Soll ich aber Eurer Bitte willfahren, so müßt Ihr mir eins versprechen: bei dem ehrlichen Willen, den Ihr mir mit Eurem Angebot bezeugt habt, und bei Eurem edlen Stande, der sich in Euren Worten offenbart, beschwöre ich Euch, laßt Euch durch das, was Ihr von mir hören werdet, nicht bewegen, von Eurem Bette aufzustehen und zu dem meinen herüberzukommen, und versucht auch nicht, mehr von mir zu erfahren, als ich Euch offenbaren will. Wenn Ihr meiner Bitte zuwiderhandelt, so werde ich mir im gleichen Augenblick, in dem ich höre, daß Ihr Euch bewegt, den Degen, der mir zu Häupten liegt, in die Brust stoßen.«

Der andere, der noch tausend unmöglichere Dinge versprochen hätte, nur um zu erfahren, was er so sehr zu wissen wünschte, beteuerte, daß er sich haargenau an ihr Gebot halten werde, und bekräftigte sein Versprechen mit vielen heiligen Eiden.

»Auf diese Sicherheit hin«, hob die Fremde nun wieder an, »will ich tun, was ich bisher noch nie getan habe, und Euch die Geschichte meines Lebens erzählen. So hört denn! Man hat Euch zweifellos gesagt, daß ich in Männerkleidern in diese Herberge gekommen sei, doch sollt Ihr wissen, mein Herr, daß ich eine unglückliche Jungfrau bin oder doch bis vor acht Tagen noch war. Ich bin es nur deshalb nicht mehr, weil ich achtlos und töricht war und den wohlgesetzten, schmeichlerischen Worten eines verräterischen Mannes Glauben schenkte. Mein Name ist Teodosia und meine Heimat eine bedeutende Stadt Andalusiens, deren Namen ich verschweigen möchte – denn Euch kann nicht soviel daran liegen, ihn zu erfahren, wie mir, ihn zu verbergen. Meine Eltern sind Edelleute und besitzen ein beträchtliches Vermögen. Sie hatten einen Sohn und eine Tochter; der erstere hat ihnen nur Freude und Ehre gemacht, die letztere jedoch nur Kummer und Schande. Den Sohn sandten sie nach Salamanca auf die Universität, mich hingegen behielten sie im Hause und erzogen mich mit all der Sorgfalt, die ihrem Stande und ihrem Ansehen entsprach. Stets war ich ihnen freudig gehorsam, ihr Wille war der meine, und nie wünschte ich mir etwas anderes, bis mein unseliges Geschick oder auch mein ausgelassenes Wesen es fügte, daß ich dem Sohn eines Nachbarn in die Augen stach, der noch begüterter war als meine Eltern und sich einer ebenso edlen Abstammung rühmen konnte wie sie. Das erstemal, als ich ihn sah, empfand ich nur ein gewisses Wohlgefallen über seinen Anblick, und das war auch nicht verwunderlich; denn seine Art, sich zu kleiden, seine Liebenswürdigkeit, sein hübsches Gesicht, seine gewandten Manieren und dazu seine außergewöhnliche Klugheit und weltmännische Lebensart wurden in der ganzen Stadt gelobt und gepriesen. Doch was nützt es mir, meinen Feind zu loben, und warum halte ich mich so lange bei diesen unseligen Tatsachen auf, die der Anlaß meiner Verirrung waren? Kurz und gut, er stand bald Tag für Tag an einem Fenster, das dem meinem gegenüberlag, und blickte zu mir herüber. Mir kam es vor, als lege er sein ganzes Herz in seine Augen, und die Freude, die ich empfand, wenn ich ihn jetzt sah, war schon von ganz anderer Art als die, welche ich bei seinem ersten Anblick verspürt hatte. Ich glaubte hoch und heilig, daß alles, was ich aus seinen Gesten und Mienen lesen konnte, die reine Wahrheit sei. So wurden die Blicke zu Vermittlern der Worte, die Worte aber zu Vermittlern der Wünsche. Seine Wünsche entfachten gar bald die meinen und bewogen mich, ihm Glauben zu schenken. Und dann kamen die Versprechungen, die Schwüre, die Tränen, die Seufzer und all das, was so ein treuer Bewerber wohl anbringen muß, um die Lauterkeit seines Willens und die Beständigkeit seines Herzens zu beweisen. Für mich Unselige, die ich noch nie zuvor in eine solch gefährliche Lage gekommen war, bedeutete jedes Wort eine wohlgezielte Geschützsalve gegen das Bollwerk meiner Ehre, jede Träne einen Feuerbrand, der meine Sittsamkeit versengte, jeder Seufzer einen Sturmwind, der die Glut immer höher schürte, bis sie schließlich auch meine Tugend verzehrte, die bis dahin noch unberührt geblieben war. Als er mir schließlich versprach, mich auch gegen den Willen seiner Eltern, die ihm eine andere Braut erkoren hatten, zur Gattin zu nehmen, war es mit meiner Zurückhaltung aus. Wie es geschah, weiß ich heute nicht mehr – ich hinterging meine Eltern und gab mich ihm hin. Der einzige Zeuge meiner Verirrung war ein Edelknabe Marco Antonios – denn dies ist der Name jenes Mannes, der mir die Ruhe geraubt hat. Doch schon zwei Tage, nachdem er von mir erlangt hatte, was er erstrebte, verschwand er aus der Stadt, wohin, das wußten oder ahnten weder seine Eltern noch sonst jemand. Wie mir zumute war, das mag der sagen, der es auszudrücken vermag, ich konnte und kann es nur fühlen. Ich raufte mir die Haare, als seien sie schuld an meinem Fehltritt; ich zerkratzte mir das Gesicht, weil ich meinte, es allein sei der ganze Anlaß zu meinem Unglück gewesen; ich verwünschte mein Geschick, ich verfluchte meine allzu rasche Nachgiebigkeit und vergoß viele, ach so unendlich viele Tränen, daß ich unter ihnen und unter den Seufzern, die sich meiner gequälten Brust entrangen, fast erstickte. Ich vertraute dem Himmel mein Leid an und grübelte rastlos hin und her, ob sich nicht ein Weg oder ein Pfad zu meiner Rettung fände. Der einzige Ausweg, den ich sah, bestand darin, Männerkleidung anzulegen, mich aus dem Hause meiner Eltern zu entfernen und auf die Suche nach diesem zweiten Äneas zu gehen, nach diesem grausamen, treulosen Virenus, der all meine guten Absichten und meine ehrlichen, wohlbegründeten Hoffnungen so bitter enttäuscht hatte. Als mir daher der Zufall ein Reisegewand meines Bruders in die Hände spielte, überlegte ich nicht mehr lange, sondern sattelte ein Pferd aus dem Stall meines Vaters und ritt in einer stockfinsteren Nacht davon. Meine Absicht war, nach Salamanca zu gehen, wohin sich Marco Antonio, wie es allgemein hieß, vielleicht gewandt haben konnte; denn auch er ist Student und ein Studienkamerad meines Bruders, von dem ich Euch schon berichtete. Ich versäumte auch nicht, eine Anzahl Goldmünzen zu mir zu stecken, um jedem Zufall, der mir auf meiner unvorhergesehenen Reise widerfahren könnte, gewachsen zu sein. Meine größte Sorge ist nun, daß meine Eltern mir folgen und mich an dem Gewand und an dem Pferd, das ich mit mir führe, erkennen könnten. Sodann aber fürchte ich mich vor meinem Bruder in Salamanca; denn wenn der mich erkennt, so könnt Ihr Euch wohl vorstellen, in welcher Gefahr mein Leben schwebt. Selbst wenn er meine Entschuldigungen anhören sollte, so steht ihm doch seine Ehre weit höher als alles, was ich zu meiner Rechtfertigung vorbringen könnte. Trotz alledem ist es mein fester Entschluß, auch unter Einsatz meines Lebens meinen treulosen Verlobten zu suchen. Daß er es ist, wird er nicht leugnen können – das Pfand, das er in meinen Händen zurückließ, würde ihn Lügen strafen: es ist ein Diamantring mit der Inschrift ›Marco Antonio ist Teodosias Verlobter‹. Entdecke ich ihn, so werde ich wohl von ihm erfahren, was er an mir fand, das ihn bewog, mich so plötzlich zu verlassen. Entweder ich setze es durch, daß er sein Wort und sein Versprechen erfüllt, oder ich töte ihn. Wenn ich es ihm auch leicht machte, mir diesen Schimpf anzutun, so werde ich doch unbedenklich zur Rache schreiten; denn das edle Blut meiner Eltern hat ein Feuer in meinen Adern entfacht, und das gibt mir Gewähr dafür, daß meine Schande getilgt oder gerächt werden wird. Dies, mein Herr, ist der Inhalt der unglücklichen Geschichte, die Ihr zu erfahren wünschtet, und Ihr werdet darin eine ausreichende Erklärung für die Seufzer und die Klagen gefunden haben, die Euch vorhin aus dem Schlaf weckten. Hilfe könnt Ihr mir nicht leisten, aber ich bitte und flehe Euch an: ratet mir, wie ich den Gefahren entrinnen kann, die mich bedrohen, wie ich die Furcht, man könne mich finden, zum Schweigen bringe und wie ich es anstellen soll, um das zu erreichen, was ich so dringend ersehne und benötige.«

Lange sprach der junge Mann, welcher dem Bericht der armen, verliebten Teodosia gelauscht hatte, kein Wort, so lange, daß das Mädchen schon meinte, er sei eingeschlafen und habe zuletzt gar nichts mehr gehört. Um sich zu vergewissern, ob ihre Vermutung zutraf, sagte sie daher: »Schlaft Ihr, mein Herr? Das wäre schon zu verstehen, denn wenn ein leidenschaftlich bewegter Mensch einem anderen, der es gar nicht nachfühlen kann, sein Unglück erzählt, so erregt er damit wohl eher Müdigkeit als Mitleid.«

»Ich schlafe nicht«, erwiderte der junge Edelmann, »ich bin so hell wach und empfinde Euer Unglück so tief, daß ich wohl behaupten kann, es schmerze und quäle mich ebenso wie Euch selbst. Ich will es daher nicht bei dem Rat bewenden lassen, um den Ihr mich bittet, sondern Euch beistehen, soweit meine Kräfte reichen. An der Art, wie Ihr mir Eure Geschichte erzählt habt, ist zu erkennen, daß Ihr mit seltenen Verstandesgaben gesegnet seid. Deshalb war es auch wohl mehr Euer eigener leidenschaftlicher Wille als die verführerischen Reden Marco Antonios, der Euer Verderben heraufbeschworen hat. Aber ich will eure große Jugend als Entschuldigung für Eure Verirrung gelten lassen, denn in Eurem Alter hat ein Mädchen noch nicht genug Erfahrung, um all die Listen der Männer zu durchschauen. Darum beruhigt Euch jetzt, mein Fräulein, und wenn es Euch möglich ist, verschlaft noch die wenigen Stunden der Nacht, die uns geblieben sind. Wenn es dann Tag ist, wollen wir beide miteinander beraten und zusehen, wie Euch in Eurem Unglück zu helfen ist.«

Teodosia dankte ihm, so gut sie konnte, und versuchte nun, noch ein wenig zu ruhen, um auch dem Fremden etwas Schlaf zu gönnen. Doch dieser konnte nicht einen Augenblick Ruhe finden, sondern begann, sich auf seinem Lager herumzuwälzen und so schmerzlich zu seufzen, daß Teodosia ihn notgedrungen fragen mußte, was er denn habe. Wenn ihn etwa irgendein großer Kummer quäle, dem sie vielleicht abhelfen könne, setzte sie hinzu, so sei sie mit der gleichen Bereitwilligkeit dazu erbötig, die er auch ihr erwiesen habe. Der Fremde erwiderte: »Da Ihr, mein Fräulein, selbst die Ursache dieser Unruhe seid, die Ihr an mir bemerkt, ist es Euch auch nicht möglich, sie zu beheben; denn könntet Ihr es, so wäre mein Kummer gar nicht vorhanden.«

Teodosia konnte nicht verstehen, worauf diese wirren Reden abzielten; sie vermutete jedoch, daß er von einer Liebesleidenschaft gepeinigt werde, und meinte, sogar selbst der Gegenstand dieser Gefühle zu sein. Der Gedanke lag auch nahe genug, denn der gemeinsame Schlafraum, die Einsamkeit und Dunkelheit und dazu das Bewußtsein, daß sie eine Frau war, stellten genügend Gründe dar, um schlimme Begierden in ihm erwecken zu können. Voller Furcht kleidete sie sich daher eiligst und stillschweigend an, schnallte Degen und Dolch um und setzte sich auf das Bett, um den Morgen zu erwarten. Der sandte denn auch bald seine ersten Boten durch all die Löcher und Risse herein, welche die Zimmer in den Wirtshäusern und Herbergen meist aufzuweisen haben. Nun zeigte sich, daß der junge Edelmann es ebenso gemacht hatte wie Teodosia; denn kaum fiel das erste Licht des Tages in den Raum, als er sich von seinem Bett erhob und sagte: »Nun steht auf, Fräulein Teodosia; denn ich will Euer Begleiter auf dieser Reise sein und nicht eher von Eurer Seite weichen, als bis Marco Antonio Euer rechtmäßiger Gemahl ist oder einer von uns beiden das Leben gelassen hat. Jetzt aber sollt Ihr sehen, warum Euer Unglück mir diese Verpflichtung auferlegt.«

Bei diesen Worten öffnete er die Fenster und Türen des Gemachs.

Teodosia sehnte die Helligkeit herbei, denn sie wollte gern einmal bei Licht Antlitz und Gestalt des Mannes sehen, mit dem sie die ganze Nacht gesprochen hatte. Als sie ihn jedoch sah und erkannte, wünschte sie, es wäre für sie nie Morgen geworden, sondern ihre Augen hätten sich hier zu ewiger Nacht geschlossen; denn kaum hatte der junge Mann – der seinerseits auch neugierig war, sie zu sehen –, ihr sein Gesicht zugewandt, als sie in ihm ihren Bruder erkennen mußte, den sie so sehr fürchtete. Bei diesem Anblick wurde ihr schwarz vor den Augen, alle Farbe wich aus ihrem Gesicht, sprachlos und entsetzt stand sie da. Dann aber erwuchs ihr aus der Furcht neue Kraft und Überlegung: sie ergriff ihren Dolch, faßte ihn an der Spitze, kniete vor ihrem Bruder nieder und sagte mit angstvoll bebender Stimme: »Da nimm, mein Herr und geliebter Bruder, und vollziehe mit diesem Eisen an mir die Strafe für mein Verbrechen. Laß deinem Zorn freien Lauf; denn für solch großes Vergehen wie das meine gibt es kein Erbarmen. Ich bekenne meine Sünde, und auch die Reue soll für mich keine Entschuldigung sein. Nur eins bitte ich dich: richte deine Strafe so ein, daß du mir damit zwar das Leben, aber nicht die Ehre nimmst; denn wenn ich meine Ehre auch aufs Spiel setzte, als ich aus unserem Elternhause fortging, so wird mein Ruf doch unangetastet bleiben, wenn du die Strafe im geheimen vollziehst.«

Der Bruder schaute auf sie herab, und obgleich die Größe ihrer Verirrung ihn zur Rache reizte, besänftigten die von Herzen kommenden beredten Worte, mit denen sie ihre Schuld eingestand, sein Gemüt derart, daß er ihr mit freundlichem, beruhigendem Lächeln aufhalf und versuchte, sie zu trösten, so gut er konnte. Unter anderem sagte er ihr, er wolle die Strafe fürs erste aufschieben, denn er könne im Augenblick keine finden, die ihrer Torheit angemessen sei. Aus diesem Grunde und weil er glaubte, daß das Schicksal ihr noch nicht alle Wege zur Rettung versperrt habe, wolle er lieber zuvor alles Mögliche unternehmen, ehe er daran ginge, den Schimpf zu rächen, der durch ihre große Leichtfertigkeit auf ihn gefallen sei.

Bei diesen Worten schöpfte Teodosia wieder Mut. Die Farbe kehrte in ihre Wangen zurück, und ihre fast erstorbenen Hoffnungen regten sich wieder. Don Rafael – denn so lautete der Name des Bruders – wollte jetzt nicht weiter über die Sache reden. Er sagte ihr nur, sie solle sich von jetzt ab Teodoro anstatt Teodosia nennen und mit ihm zusammen nach Salamanca ziehen, um dort Marco Antonio zu suchen. Allerdings glaubte er kaum, ihn dort zu finden, denn da er ja sein Studiengenosse war, hätte er ihn schon sehen müssen. Doch könne es ja sein, daß der Schimpf, den Marco Antonio ihm angetan, diesem die Lust genommen habe, ihn aufzusuchen. Teodosia, vielmehr Teodoro, war mit allem einverstanden, was der Bruder anordnete.

Als bald darauf der Wirt erschien, befahlen sie ihm, ein Frühstück zu richten, da sie sogleich aufzubrechen gedächten. Während unten der Pferdeknecht ihre Tiere sattelte und das Frühstück bereitet wurde, kam ein Landedelmann zum Tore herein, der offenbar auf Reisen war und den Rafael sogleich erkannte. Auch Teodoro erkannte den Fremden und wagte sich nun nicht mehr aus dem Schlafgemach herunter. Die beiden Herren begrüßten sich herzlich, und Rafael fragte den Ankömmling, was es denn Neues in seiner Heimat gebe. Dieser erwiderte, er käme soeben vom Hafen von Santa Maria, wo vier Galeeren zur Abfahrt nach Neapel bereit lägen. Auf einer derselben habe er Marco Antonio Adorno, den Sohn des Leonardo Adorno, gesehen.

Don Rafael freute sich über diese Nachricht, denn es

schien ihm ein günstiges Vorzeichen für den guten Ausgang ihres Unternehmens zu sein, daß er so unverhofft schnell solch wichtige Neuigkeit erfuhr. Er bat nun seinen Freund, doch anstelle des Maulesels, mit dem er gekommen war, das Pferd seines Vaters, das jener recht gut kannte, zu nehmen, und behauptete, er käme nicht von Salamanca, sondern sei auf dem Wege dorthin und wolle auf dieser langen Reise nicht gern das gute Pferd reiten. Der andere, der ein gefälliger Mann und zudem ein Freund des Hauses war, erklärte sich mit dem Tausch einverstanden und versprach, das Pferd wieder bei Rafaels Vater abzuliefern. Dann frühstückten die beiden zusammen, während Teodoro das Morgenmahl oben in ihrem Zimmer einnahm. Bald war der Freund zum Aufbruch fertig und schlug den Weg nach Cazalla ein, wo er einen großen Meierhof besaß. Rafael ritt nicht mit ihm, sondern schützte vor, er müsse heute noch nach Sevilla zurückkehren. Sowie der andere fort war, ließen die beiden sich vom Wirt die Rechnung geben, bezahlten sie, bestiegen ihre gesattelten Maultiere, nahmen Abschied und verließen die Herberge. Die Zurückbleibenden waren noch immer ganz benommen von dem Anblick dieser schönen, liebenswürdigen Menschen, denn Rafael besaß für einen Mann nicht weniger Anmut, Kraft und edle Haltung als seine Schwester Schönheit und Liebreiz.

Wie sie so dahinritten, berichtete Don Rafael seiner Schwester von den Neuigkeiten, die er über Marco Antonio erhalten hatte. Er hielt es nun für das richtigste, daß sie so schnell wie möglich nach Barcelona reisten, weil dort die Galeeren, die nach Italien abgehen oder nach Spanien kommen, gewöhnlich ein paar Tage vor Anker gehen. Falls die Schiffe noch nicht eingetroffen seien, so meinte er, könnten sie sie erwarten und würden dann zweifellos Marco Antonio auf einem derselben finden. Seine Schwester sagte, er solle nur tun, was er für gut befände, denn sie habe keinen eigenen Willen neben dem seinen. Nun sprach Don Rafael mit dem Maultiertreiber, den er gemietet hatte, und sagte ihm, er solle ein wenig Geduld haben, denn sie müßten nun noch über Barcelona reisen, doch sichere er ihm gute Bezahlung für die ganze Zeit zu, die er bei ihnen bleiben werde. Der Treiber, der ein fröhlicher Bursche war und die großzügige Art Don Rafaels zu schätzen wußte, erwiderte, er wolle bis zum Ende der Welt mit ihnen gehen und ihnen stets zu Diensten sein.

Rafael fragte nun seine Schwester, wieviel Geld sie denn bei sich habe, und diese meinte, sie habe es nicht gezählt, sondern könne nur sagen, daß sie etwa sieben- oder achtmal in die Geldlade ihres Vaters gegriffen und jedesmal eine Handvoll Goldstücke hervorgeholt habe. Rafael schloß daraus, daß sie etwa fünfhundert Taler genommen haben müsse, und meinte, daß sie mit dieser Summe, den zweihundert Talern, die er selbst hatte, und einer goldenen Kette, die er bei sich trug, gut auskommen würden, zumal sie mit Sicherheit darauf rechneten, in Barcelona den Marco Antonio zu treffen.

Sie reisten nun so schnell wie möglich, legten keinen einzigen Rasttag ein und gelangten ohne Hindernisse und Unfälle zu einer Stelle, die noch zwei Meilen von Igualada, einem neun Meilen vor Barcelona gelegenen Ort, entfernt war. Unterwegs hatten sie erfahren, daß ein Edelmann, der als Gesandter nach Rom reiste, sich bereits in Barcelona befände und dort die Galeeren erwarte, die jedoch noch nicht eingetroffen seien, und diese Nachricht hatte sie sehr beruhigt. In dieser fröhlichen Stimmung ritten sie bis zum Rande eines kleinen Wäldchens, das neben dem Wege lag. Plötzlich sahen sie aus diesem Wäldchen einen Mann herausstürzen, der immer wieder mit allen Zeichen des Schreckens hinter sich blickte. Rafael ritt auf ihn zu und rief: »Wovor flieht Ihr denn, guter Mann? Was ist Euch zugestoßen, daß Ihr so erschreckt tut und das Hasenpanier ergreift?«

»Ja, soll ich vielleicht keine Angst haben und rennen, was meine Beine hergeben«, erwiderte der Mann, »wenn ich nur wie durch ein Wunder einer Räuberbande entkommen bin, die da drinnen im Walde ihr Wesen treibt?«

»Verdammt«, sagte der Maultiertreiber, »das ist eine üble Sache! Räuber zu dieser Tageszeit? Bei allen Heiligen, die werden uns splitternackt ausziehen.«

»Da braucht Ihr keine Sorge zu haben, Gevatter«, versetzte der Mann, »die Räuber sind jetzt schon auf und davon. Über dreißig Reisende haben sie ausgeplündert und an den Bäumen festgebunden, und nur einen einzigen Mann haben sie freigelassen, damit er die anderen wieder losbinden kann, sobald sie eine bestimmte Anhöhe passiert haben, die sie ihm zuvor bezeichnet haben.«

»Wenn es so steht«, sagte Calvete, der Maultiertreiber, »dann können wir getrost weiterreiten, denn dort, wo die Räuber einmal Beute gemacht haben, lassen sie sich in den nächsten Tagen nicht wieder blicken. Ich weiß da Bescheid, denn ich bin schon zweimal in ihren Händen gewesen und kenne ihre Bräuche und Gepflogenheiten von Grund auf.«

»Ja, da habt Ihr recht«, versicherte der Mann.

Als Don Rafael das hörte, beschloß er weiterzureiten. Nach wenigen Minuten schon sahen sie etwa vierzig Menschen, die an Baumstämmen festgebunden waren, und einen Mann, der sich bemühte, sie wieder loszubinden. Ein seltsames Schauspiel war es, das sich ihnen da bot: die einen waren völlig nackt, andere wieder trugen die zerlumpten Kleider der Räuber auf dem Leibe; die einen weinten über ihren Verlust, andere lachten, als sie ihre Reisegefährten in ihrer wunderlichen Aufmachung erblickten; dieser zählte alles einzeln auf, was man ihm fortgenommen hatte, jener erklärte, mehr als um all die unzähligen Dinge, die er mit sich geführt habe, täte es ihm leid um eine Schachtel Agnus Dei, die er sich aus Rom mitgebracht habe. Kurzum, man hörte allenthalben das Jammern und Klagen der armen Ausgeplünderten. Die beiden Geschwister sahen das alles, und das Herz krampfte sich ihnen vor Mitleid zusammen, obwohl sie zugleich dem Himmel dankten, daß er sie vor dieser großen, nahen Gefahr bewahrt hatte. Am meisten gerührt aber wurden sie und vor allem Teodosia durch den Anblick eines jungen Menschen von etwa sechzehn Jahren, der an den Stamm einer Eiche gebunden war. Er war nur mit einem Hemd und leinenen Hosen bekleidet, doch die Züge seines Gesichts waren so schön, daß er aller Augen auf sich zog. Teodosia stieg ab, um ihn loszubinden, und der Jüngling dankte ihr mit höflichen Worten für diese Wohltat. Um das Maß ihrer Güte vollzumachen, bat sie den Maultiertreiber Calvete, dem schönen Fremden seinen Umhang zu leihen, bis man ihm im nächsten Ort einen neuen kaufen könne. Calvete reichte seinen Umhang hin, und während Rafael danebenstand, breitete Teodoro ihn über die Schultern des jungen Mannes. Dabei fragte sie ihn, woher er stamme, von wo er komme und wohin er wolle. Der Fremde erwiderte, er sei aus Andalusien, und nannte einen Ort, der, wie die Geschwister sich sogleich erinnerten, nur zwei Meilen von ihrer Heimatstadt entfernt lag. Er erzählte weiter, er käme jetzt aus Sevilla und habe die Absicht, nach Italien zu gehen, um dort, wie so viele Spanier, sein Glück im Waffenhandwerk zu versuchen. Nun habe ihn aber durch die Begegnung mit den Räubern ein schlimmer Schicksalsschlag ereilt; denn diese hätten ihm eine beträchtliche Summe und dazu seine schönen Gewänder weggenommen, die gut und gern ihre dreihundert Taler wert gewesen seien. Trotzdem aber wolle er seinen Weg fortsetzen, denn er gehöre nicht zu den

Menschen, denen beim ersten Mißgeschick gleich das Feuer der Begeisterung zu Eis erstarre.

Als die beiden Geschwister die vernünftigen Reden des jungen Mannes hörten, aus denen sie entnahmen, daß er so nahe ihrer eigenen Geburtsstadt beheimatet war, und als sie seine Schönheit sahen, die den besten Empfehlungsbrief für ihn ausstellte, beschlossen sie, ihm zu helfen, so gut sie konnten. So verteilten sie denn eine Summe Geldes an diejenigen Mitglieder der Reisegesellschaft, die ihnen am bedürftigsten erschienen, vornehmlich an die acht Mönche und Geistlichen, die auch darunter waren, hießen dann den fremden Jüngling auf Calvetes Maultier steigen und setzten nun ohne weiteren Aufenthalt ihren Weg nach Igualada fort. Hier erfuhren sie, daß die Galeeren bereits am Vortage nach Barcelona gekommen seien und in zwei Tagen wieder weitersegeln wollten, sofern sie nicht durch die Unsicherheit der Reede zu einer früheren Abfahrt gezwungen würden.

Diese Nachricht bewirkte, daß sie am nächsten Morgen schon vor Tagesanbruch aufstanden, obgleich die Nacht ihnen keinen ruhigen Schlaf, sondern den beiden Geschwistern sogar eine unvorhergesehene Aufregung gebracht hatte. Der Grund hierzu aber war folgender gewesen:

Als sie mit dem jungen Mann, den sie befreit hatten, am Tische saßen, blickte Teodoro diesem aufmerksam ins Gesicht, und wie sie ein wenig schärfer hinsah, kam es ihr doch vor, als habe der Fremde durchlöcherte Ohrläppchen. Dieser Umstand und ein gewisser verschämter Blick, den der Jüngling an sich hatte, brachte sie auf die Vermutung, daß sie eine Frau vor sich habe. Nun wünschte sie sehnlichst das Ende der Mahlzeit herbei, um sich unter vier Augen hinsichtlich ihres Verdachtes Gewißheit zu verschaffen.

Don Rafael fragte den Fremden beim Essen, wessen Sohn er denn sei, denn er kenne fast alle angesehenen

Einwohner seines Heimatortes, sofern es sich wirklich um diesen Ort handele. Der junge Mann erwiderte, er sei ein Sohn des Don Enrique de Cárdenas, eines wohlbekannten Edelmannes. Verwundert meinte Rafael, er kenne den Don Enrique de Cárdenas recht gut, wisse aber ganz sicher, daß dieser keinen Sohn habe. Doch falls der junge Mann ihn nur genannt habe, um den Namen seiner wirklichen Eltern zu verbergen, so mache das auch nichts aus, und er wolle ihn nie wieder danach fragen.

»Ja, Ihr habt recht«, erwiderte der Fremde. »Don Enrique hat keine Söhne; wohl aber sein Bruder Don Sancho.«

»Nein«, versetzte Don Rafael. »Der hat auch keine Söhne, sondern nur eine Tochter, die eines der schönsten Mädchen Andalusiens sein soll. Ich weiß das allerdings nur vom Hörensagen, denn obgleich ich schon oft in jenem Ort war, habe ich sie doch noch nie zu Gesicht bekommen.«

»Es ist alles richtig, was Ihr da sagt«, gab der Fremde zu. »Don Sancho hat wirklich nur eine Tochter, die jedoch wohl nicht ganz so schön ist, wie das Gerücht sie macht. Wenn ich vorhin sagte, ich sei ein Sohn des Don Enrique, so geschah das, um mir in Euren Augen ein gewisses Ansehen zu geben. In Wirklichkeit aber ist nicht er mein Vater, sondern einer der Gutsverwalter des Don Sancho, der seit langen Jahren in seinen Diensten steht, so daß ich schon in Don Sanchos Hause geboren bin. Vor kurzem nun hatte ich meinem Vater viel Verdruß bereitet, weil ich ihm eine beträchtliche Summe Geldes entwendet hatte. Daraufhin verließ ich das Haus, um, wie ich schon sagte, nach Italien zu gehen; denn dort, so habe ich gehört, kann man sich einen Namen machen, auch wenn man einfacher Herkunft ist.«

Teodoro hatte diesen Worten aufmerksam gelauscht und dabei die Art, wie der Fremde sie vorbrachte, genau beobachtet. Alles, was sie gehört hatte und sah, bestärkte sie in ihrem Verdacht. Als daher die Mahlzeit beendet und der Tisch abgedeckt war, teilte sie ihrem Bruder insgeheim ihre Vermutung mit und trat dann, während dieser sich auszog, mit seiner Zustimmung in Gesellschaft des fremden Jünglings auf den Balkon hinaus, der vor einem breiten Fenster auf die Straße ging. Während die beiden auf die Brüstung gelehnt dastanden, hob Teodoro zu sprechen an und sagte zu dem jungen Mann: »Herr Francisco« – denn so hatte jener sich genannt –, »ich wollte, ich hätte Euch schon so viel Gutes getan, daß Ihr dadurch verpflichtet wäret, mir keine Bitte abzuschlagen; doch da wir uns erst so kurze Zeit kennen, war dies ja leider nicht möglich. Später werdet Ihr vielleicht einmal einsehen, daß mein Wunsch Erfüllung verdient; beliebt es Euch jedoch nicht, mir jetzt gefällig zu sein und meiner Bitte zu entsprechen, so bleibe ich deshalb doch Euer ergebener Diener genau wie zuvor. Ich bin zwar ebenso jung wie Ihr, doch müßt Ihr wissen, daß ich in den Dingen dieser Welt erfahrener bin, als es den Anschein hat. Auf Grund meiner Erfahrungen nun bin ich zu dem Verdacht gekommen, daß Ihr kein Mann seid, wie Euer Äußeres andeuten soll, sondern eine Frau, und zwar sagt mir Eure Schönheit, daß Ihr aus edlem Stande sein müßt. Ich muß wohl auch fürchten, daß Ihr so unglücklich seid, wie Eure Verkleidung erraten läßt; denn so etwas tut man gewöhnlich nicht, wenn es einem gut geht. Habe ich mit meiner Vermutung das Rechte getroffen, so sagt es mir. Ich schwöre Euch bei meiner Ritterehre, daß ich Euch beistehen und helfen will, soviel in meinen Kräften steht. Daß Ihr ein Mädchen seid, könnt Ihr nicht mehr leugnen, denn die Wahrheit schaut hell durch die Fensterchen in Euren Ohrläppchen. Es war recht unvorsichtig von Euch, diese Löchlein nicht mit etwas fleischfarbenem Wachs zu verkleben, denn gar leicht hätte ein anderer, der nicht so ehrenhafte Absichten hat wie ich, ebenso neugierig sein und dem Geheimnis auf die Spur kommen können, das Ihr so schlecht zu verbergen wußtet. Ich bitte Euch, sagt mir nur gerade heraus, wer Ihr seid, denn Ihr könnt auf meine Hilfe bauen und sicher sein, daß ich gegen jedermann schweigen werde, sofern Ihr es verlangt.« Der fremde Jüngling hatte Teodoros Worten aufmerksam gelauscht. Als diese nun schwieg, brachte er zunächst kein Wort hervor, sondern ergriff ihre Hände, führte sie an seinen Mund und preßte seine Lippen darauf. Dabei flossen ganze Ströme von Tränen aus seinen schönen Augen. Der Schmerz des anderen bewegte Teodora derart, daß auch sie ihre Tränen nicht mehr zurückhalten konnte; denn es ist nun einmal edler Frauen Art, daß sie sich von der Not und dem Kummer anderer im tiefsten Herzen rühren lassen. Mit Mühe zog sie ihre Hände von dem Munde des Jünglings fort und wartete nun, was er wohl sagen werde. Unter Seufzern und Schluchzen begann dieser schließlich zu sprechen und sagte: »Ja, Herr, ich kann es nicht leugnen, daß Euer Verdacht zu Recht besteht: ich bin eine Frau, und zwar die unglücklichste, die je von einer Mutter geboren wurde. Die Güte, die Ihr mir erwiesen, und das Anerbieten, das Ihr mir gemacht habt, verpflichten mich, in allem Eurem Willen zu folgen. So hört denn zu: ich will Euch sagen, wer ich bin, sofern es Euch nicht lästig ist, der Erzählung fremden Unglücks zu lauschen.«

»Ich will selbst ewiglich im Unglück leben«, erwiderte Teodoro, »wenn nicht der Wunsch, das Eure zu erfahren, dem Schmerz gleichkommt, den ich darob empfinde, eben weil es das Eure ist. Ja, ich fühle es schon, als wäre es mein eigenes.«

Und damit umarmte sie das Mädchen wieder und versicherte sie von neuem aufs herzlichste und ehrlichste ihrer Hilfe. Als die Fremde sich nun ein wenig beruhigt hatte, begann sie mit ihrer Erzählung:

»Was meine Heimat betrifft«, so fing sie an, »habe ich
Euch die Wahrheit gesagt, nicht jedoch, was meine
Eltern angeht. Don Enrique nämlich ist nicht mein Vater, sondern mein Oheim. Ich bin die unglückliche
Tochter seines Bruders Don Sancho, deren Schönheit
Euer Bruder so gerühmt hat. Wie unbegründet aber
dieser Ruhm ist, könnt Ihr aus meinem Mangel an Reizen ersehen. Mein Name ist Leocadia, und warum ich
mich verkleidet habe, sollt Ihr nunmehr erfahren. Zwei
Meilen von meinem Heimatort liegt eine der reichsten
und vornehmsten Städte Andalusiens, und dort lebt ein
edler Herr, der seine Abstammung von dem alten Geschlecht der Adornos aus Genua herleitet. Dieser Edelmann nun hat einen Sohn, und wenn das Gerücht seine
Vorzüge nicht ebenso übertreibt wie die meinen, so ist
er ein junger Kavalier, wie man sich ihn nur wünschen
kann. Da unsere Orte so nahe beieinanderliegen und
der junge Mann ebenso wie mein Vater ein Jagdlieb-
haber ist, kam er öfter in unser Haus und blieb gewöhnlich fünf bis sechs Tage da. All diese Tage und
auch einen Teil der Nächte pflegten er und mein Vater
im Freien zu verbringen. Das Schicksal, die Liebe oder
auch meine Unbedachtsamkeit machten sich nun diese
Gelegenheit zunutze, um mich aus der Höhe meines
sittsamen Lebenswandels in die Tiefe meines jetzigen
Zustandes hinabzustürzen. Meine Augen nämlich hingen öfter an der stattlichen Gestalt Marco Antonios,
und meine Freude an seinem scharfen Geist war leb-
hafter, als einem wohlerzogenen Mädchen geziemt. Als
ich dann noch bei mir die Vornehmheit seiner Abstammung und die Größe seines Reichtums in Erwägung
zog, kam ich zu der Überzeugung, daß es das höchste
für mich nur erdenkliche Glück sein müsse, wenn ich
diesen jungen Mann zum Gatten gewänne. Nach diesen
Überlegungen betrachtete ich ihn noch eindringlicher
und auch wohl zudringlicher; denn er spürte gar bald
meine Blicke. Mehr aber hatte der Verräter gar nicht

nötig, um in das Geheimnis meines Herzens einzudringen und mir das teuerste Kleinod meiner Seele zu rauben. Aber ich weiß gar nicht, mein Herr, warum ich Euch hier Punkt für Punkt alle Einzelheiten meiner Liebesgeschichte erzähle, die doch für das Endergebnis so wenig besagen. Ich will es kurz machen und nur noch berichten, was er mit vielen beharrlichen Bitten schließlich von mir erlangte. Nachdem er mir nämlich sein heiliges Ehrenwort gegeben und die scheinbar bindendsten Schwüre unverbrüchlichster Treue geleistet hatte, daß er mich zur Frau nehmen wolle, entschloß ich mich, ihm in allem zu Willen zu sein. Da ich jedoch seinen Worten und Schwüren immer noch nicht ganz traute und befürchtete, der Wind könne sie verwehen, bestimmte ich ihn, mir all seine Gelöbnisse und Versicherungen noch einmal schriftlich zu geben. Er gab mir daraufhin ein mit seinem Namen unterzeichnetes Dokument, das so ausführlich und verpflichtend gehalten war, daß ich mich damit zufriedengab. Nun sagte ich ihm, er solle in einer bestimmten Nacht in unseren Ort kommen, über eine Gartenmauer klettern und so in mein Zimmer gelangen, um dort, ohne Furcht vor Überraschungen, die Frucht zu pflücken, die nur für ihn allein bestimmt sei. Endlich kam die Nacht, die ich so brennend herbeigesehnt hatte.«

Bis zu diesem Satz hatte Teodosia schweigend dem Bericht zugehört. Ihr ganzes Herz hing an Leocadias Lippen, und jedes ihrer Worte durchbohrte ihre Brust – vor allem als sie den Namen Marco Antonios vernahm, die ungewöhnliche Schönheit des Mädchens betrachtete und all ihre Vorzüge und die seltene Klugheit bedachte, die sich in der Art, wie sie ihre Geschichte erzählte, deutlich kundtat. Als Leocadia nun jedoch sagte: »Endlich kam die Nacht, die ich so brennend herbeisehnte«, riß Teodosia die Geduld. Sie konnte sich nicht mehr beherrschen, sondern fiel ihr ins Wort und sagte: »Nun ja, und was geschah denn nun, als diese glückseligste aller

Nächte herangekommen war? Drang er in Euer Zimmer ein? Lagt Ihr in seinen Armen? Hat er Euch den Inhalt seines Briefes noch einmal bestätigt? War er nun zufrieden, als er von Euch bekommen hatte, was ihm ja ohnehin schon gehörte, wie Ihr sagt? Erfuhr Euer Vater von der Sache oder was wurde daraus nach diesem schönen und ehrenhaften Anfang?«

»Was daraus wurde?« sagte Leocadia. »Nun, ich wurde so unglücklich, wie Ihr mich hier seht; denn ich habe nicht in seinen Armen gelegen, noch er in den meinen. Er erschien gar nicht zur vereinbarten Stunde.«

Teodosia atmete bei diesen Worten auf. Die wütende Pest der Eifersucht, die sich schon all ihrer Sinne bemächtigt hatte und drohte, ihr innerstes Wesen zu vergiften, ließ etwas nach, und die Lebensgeister, die sie bereits verlassen wollten, kehrten zurück. Doch war ihr Herz noch immer nicht frei, so daß sie nur mit größter Bangigkeit hören konnte, was Leocadia nun weiter sagte.

»Doch daß er nicht kam, ist noch nicht alles«, fuhr diese fort. »Acht Tage später erfuhr ich aus sicherer Quelle, daß er fortgegangen sei und die Tochter eines vornehmen Edelmannes seiner Heimatstadt aus ihrem Elternhause entführt habe. Das Mädchen heißt Teodosia und soll ein Wunder an Schönheit und Klugheit sein. Da sie so vornehmer Abkunft ist, erfuhr man auch in meinem Ort von der Entführung, und bald gelangte die Kunde auch zu meinen Ohren. Nun bekam ich die furchtbare und todbringende Qual der Eifersucht zu spüren, die meine Brust durchtobte und in meinem Herzen einen solchen Feuerbrand entfachte, daß all meine Sittsamkeit zu Asche wurde, mein Ruf sich verzehrte, meine Geduld verdorrte und meine Besonnenheit ihr Ende fand. Wie unglücklich war ich plötzlich! Ich glaubte Teodosia vor mir zu sehen: schöner als Venus, klüger als die Klugheit selbst und vor allem glücklich, viel glücklicher als ich Unselige! Las ich dann wieder die Worte jener Urkunde, so kamen sie mir so sicher und glaubwürdig vor, daß ich nicht an ihnen zweifeln konnte. Doch obgleich sich meine Hoffnung an sie klammerte wie an ein Heiligtum, verlor ich wieder allen Mut, wenn ich an die gefährliche Begleiterin Marco Antonios dachte. Ich zerkratzte mein Gesicht, raufte meine Haare und verwünschte mein Geschick. Das schlimmste für mich war, daß ich mich meinem Jammer nicht unablässig hingeben konnte, da ich meinem Vater häufig Gesellschaft leisten mußte. Um endlich einmal meinen Kummer hemmungslos auszuweinen und vielleicht, ja wahrscheinlich mein Leben auf diese Weise zu beenden, entschloß ich mich, das Haus meines Vaters zu verlassen. Und es war wie stets, wenn man einen schlimmen Entschluß gefaßt hat: bald bot sich mir eine Gelegenheit, die alle Hindernisse erleichterte oder aus dem Wege räumte. Ohne Furcht vor Entdeckung konnte ich einem Edelknaben meines Vaters die Kleider entwenden und meinem Vater selbst eine beträchtliche Summe Geldes. Im Schutze der Dunkelheit entwich ich dann eines Nachts aus meinem Elternhause und legte zu Fuß einige Meilen zurück, bis ich zu einem Ort namens Osuna kam. Dort ließ ich mich von einem Wagen mitnehmen, der mich binnen zwei Tagen nach Sevilla brachte, wo ich mich nun allem menschlichen Ermessen nach in Sicherheit befand, so eifrig man mich auch suchen würde. In Sevilla besorgte ich mir andere Kleider und einen Maulesel und schloß mich dann einigen Edelleuten an, die nach Barcelona reisten. Meine Begleiter hatten es sehr eilig, da sie die Gelegenheit wahrnehmen wollten, mit den dort liegenden Galeeren nach Italien zu segeln. So reisten wir bis zum gestrigen Tage, wo wir von der Räuberbande überfallen wurden, die mir alles wegnahm, was ich bei mir trug – unter anderem auch mein höchstes Kleinod, an dem mein ganzes Heil hing und das mir immer wieder die Kraft verlieh, alle Strapazen zu ertragen:

die Urkunde Marco Antonios. Ich wollte sie mit nach Italien nehmen, und sobald ich Marco Antonio gefunden hätte, wollte ich ihm das Dokument vorweisen als Zeichen seiner Wortbrüchigkeit und Bürgen meiner unerschütterlichen Beständigkeit. Dadurch gedachte ich ihn zu zwingen, sein Versprechen einzulösen. Freilich habe ich dabei auch immer wieder erwogen, daß ein Mann, der sich von Verpflichtungen lossagt, die tief in sein Herz gegraben sein müßten, wohl auch bedenkenlos alle Worte ableugnet, die er auf ein Stück Papier geschrieben hat. Denn wenn er die unvergleichlich schöne Teodosia an seiner Seite hat, wird er die unglückselige Leocadia wohl kaum eines Blickes würdigen. Trotz alledem will ich entweder sterben oder vor die beiden hintreten, um mit meinem Anblick ihr ruhiges Glück zu stören. Die Feindin meines Seelenfriedens soll nicht glauben, daß sie so leichten Kaufs davonkommen wird, wenn sie sich aneignen will, was mir gehört. Ich werde sie suchen und finden, und wenn es mir irgend möglich ist, werde ich sie töten.«

»Aber welche Schuld trifft denn Teodosia?« fragte Teodoro. »Vielleicht wurde sie ja genau so betrogen von Marco Antonio wie Ihr, Fräulein Leocadia.«

»Wie ist das möglich«, fiel Leocadia ein, »wenn er sie doch mitgenommen hat? Wenn zwei Menschen, die sich lieben, beisammen sind, wie kann da von Betrug die Rede sein? Nein, das ist ausgeschlossen! Die zwei sind glücklich, denn sie sind beisammen; mögen sie nun, wie man zu sagen pflegt, in den glutheißen Wüsten des fernen Libyen oder in den abgelegenen und öden Steppen des eisigen Skythenlandes weilen. Sie liegt in seinen Armen, wo es auch immer sei, und nur sie soll mir bezahlen, was ich gelitten habe, bis ich sie fand.«

»Mir scheint aber doch, Ihr täuscht Euch«, erwiderte Teodosia. »Ich kenne nämlich das Mädchen, das Ihr Eure Feindin nennt, sehr gut und weiß genau, wie tugendhaft und sittsam sie ist. Sie würde es niemals wagen, das Haus ihrer Eltern zu verlassen und Marco Antonio zu Willen zu sein, und selbst, wenn sie es getan hätte, so hätte sie doch nichts von Euren Beziehungen zu dem jungen Edelmann gewußt oder geahnt, so daß sie Euch folglich auch nicht betrogen haben kann. Wo aber keine Kränkung ist, ziemt sich auch keine Rache.«

»Was die Sittsamkeit anbelangt, so wollen wir darüber gar nicht reden«, meinte Leocadia. »Ich war so sittsam und tugendhaft, wie ein Mädchen nur sein kann, und doch habe ich all das getan, was ich Euch erzählte. Daß er sie entführt hat, darüber besteht kein Zweifel. Daß sie mich nicht beleidigt hat, muß ich allerdings bei nüchterner Betrachtung zugeben; doch angesichts der Schmerzen, welche die Eifersucht mir bereitet, kommt Teodosia mir vor wie ein Schwert, das mir in den Leib gedrungen ist. Kann es dann wunder nehmen, wenn ich versuche, dieses Schwert, das mir soviel Pein verursacht, herauszuziehen und in Stücke zu brechen? Die Klugheit gebietet uns, alles, was uns schadet, zu vernichten, und es ist nur natürlich, daß wir ein Ding, das uns Übles zufügt und unser Wohlbefinden stört, verabscheuen.«

»Wir wollen das gut sein lassen, Fräulein Leocadia«, entgegnete Teodosia. »Die Leidenschaft, die Euch beherrscht, läßt Euch nicht zum ruhigen Denken kommen, und ich sehe ein, daß Ihr jetzt nicht in der Lage seid, einen vernünftigen Rat anzunehmen. Was mich betrifft, so kann ich Euch nur wiederholen, was ich schon vorhin gesagt habe: ich will Euch helfen und unterstützen, soweit es gerechtfertigt und mir möglich ist. Das gleiche kann ich Euch im Namen meines Bruders versprechen, denn seine edle Wesensart könnte ihn gar nicht anders handeln lassen. Auch wir sind auf dem Wege nach Italien; wenn es Euch daher gefällt, so kommt mit uns; Ihr wißt ja schon so ungefähr, mit was für Menschen Ihr es zu tun habt. Nun bitte ich

Euch nur noch um die Erlaubnis, meinem Bruder alles zu erzählen, was ich von Euch erfahren habe, damit er Euch mit der Höflichkeit und der Achtung behandelt, die Euch zukommt, und sich verpflichtet fühlt, sich Eurer anzunehmen, wie es recht und billig ist. Es scheint mir allerdings nicht ratsam, daß Ihr Eure Verkleidung wieder aufgebt. Wenn sich hier im Ort Gelegenheit dazu findet, so will ich Euch morgen den besten und passendsten Anzug kaufen, der sich auftreiben läßt. Was aber Eure anderen Sorgen anbetrifft, so überlaßt das nur ruhig der Zeit; die ist ein großer Meister darin, auch für die verzweifeltsten Fälle ein Heilmittel zu finden und zu verabreichen.«

Leocadia dankte Teodosia, die ja ihrer Meinung nach ein junger Edelmann namens Teodoro war, für die versprochene Hilfe und gab ihr gern die Erlaubnis, ihrem Bruder alles mitzuteilen, was sie für richtig hielt. Sie flehte ihren neuen Beschützer an, sie nicht zu verlassen, denn sie habe eingesehen, wie vielen Gefahren sie ausgesetzt sei, falls sie als Frau erkannt werde.

Nun wünschten sie einander gute Nacht und begaben sich zur Ruhe. Teodosia ging in das Zimmer ihres Bruders und Leocadia in ein anderes danebenliegendes Gemach. Don Rafael war noch nicht eingeschlafen, sondern wartete auf seine Schwester, weil er gern wissen wollte, wie das Gespräch mit dem Fremden, den Teodosia für eine Frau hielt, verlaufen sei. Seine Schwester kam herein, und noch bevor sie Anstalten machte, zu Bett zu gehen, fragte er sie nach dem Ergebnis ihres Gespräches, worauf sie ihm in allen Einzelheiten die Geschichte erzählte, die Leocadia ihr berichtet hatte: wessen Tochter sie war, wie ihre Liebesgeschichte sich gestaltet hatte, was für eine Urkunde Marco Antonio ihr ausgestellt und welche Absichten sie nun hatte. Don Rafael war höchst überrascht und sagte zu seiner Schwester: »Wenn sie wirklich die ist, für die sie sich ausgibt, dann kann ich dir nur sagen, Teodosia, daß sie einer der bedeutendsten Familien ihrer Heimatstadt angehört und eine der vornehmsten Damen Andalusiens ist. Ihr Vater ist mit dem unseren gut bekannt, und wenn man überall erzählt, sie sei ein wunderschönes Mädchen, so haben wir die Bestätigung dieses Ruhms ja auf ihrem Gesicht gelesen. Vor allem kommt es jetzt darauf an, in dieser Sache sehr vorsichtig zu Werke zu gehen. Wir müssen vermeiden, daß sie früher als wir Gelegenheit findet, mit Marco Antonio zu sprechen. Die Urkunde, die er ihr ausgestellt haben soll, macht mir doch einige Sorge, obgleich sie sie verloren hat. Doch jetzt beruhige dich erst einmal und geh zu Bett, Schwesterchen – es wird sich schon noch für alles ein Rat finden lassen.«

Teodosia tat, wie ihr Bruder befahl, das heißt, sie ging zu Bett. Beruhigen konnte sie sich allerdings nicht so schnell, denn die wütendste Eifersucht hatte bereits von ihrem Herzen Besitz ergriffen. In ihrer Einbildung nahm alles ungeheuerliche Ausmaße an: Leocadia war die Verkörperung der Schönheit und Marco Antonio die Falschheit in Person. Wie oft vermeinte sie die Urkunde vor sich zu sehen, die er ihr ausgestellt hatte, und sie dachte sich Worte und Redewendungen aus, die sie noch bindender und verpflichtender machten. Dann wieder meinte sie, das Papier sei gar nicht verloren, oder sie glaubte, auch ohne dasselbe werde Marco Antonio sein Versprechen erfüllen und sich nicht mehr daran erinnern, was er ihr, seiner Teodosia, schuldig war.

So verstrich der größte Teil der Nacht, und sie konnte keinen Schlaf finden. Aber auch Don Rafael, ihr Bruder, verbrachte die Stunden voller Unruhe; denn kaum hate er gehört, wer Leocadia war, so entbrannte sein Herz in Liebe zu ihr so lichterloh, als kenne er sie schon längst und die Leidenschaft habe genügend Zeit gehabt, sich seiner Seele zu bemächtigen. Doch darin liegt nun einmal die Kraft der Schönheit: unversehens, in einem einzigen Augenblick, kann sie die Begierde des Menschen entfachen, der sie sieht und erkennt; und wenn sich von ferne nur irgendein Weg zeigt, auf dem sie vielleicht zu erobern oder zu genießen wäre, setzt sie mit mächtiger Gewalt die Seele des Betrachters in Flammen, gleichwie das gut getrocknete feine Pulver sich im Nu entzündet, sobald ein Funke es berührt. In Rafaels Vorstellung war Leocadia nicht an den Baum gefesselt und trug auch nicht die zerlumpte Männerkleidung – nein, er sah sie als ein reiches und vornehmes Fräulein im Hause ihrer Eltern. An die Ursache ihrer Begegnung mochte er keinen Gedanken verschwenden; er sehnte den Morgen herbei, um die Reise fortsetzen zu können und Marco Antonio zu suchen. Doch brannte er nicht so sehr darauf, ihn zu seinem Schwager zu machen, als die Vermählung mit Leocadia zu hintertreiben. Liebe und Eifersucht hatten ihn bereits so gepackt, daß es ihm nichts ausgemacht hätte, wenn Marco Antonio nicht mehr am Leben gewesen und somit seiner Schwester die Rettung versagt gewesen wäre, die er ihr doch verschaffen wollte, sofern nur ihm selbst die Hoffnung nicht genommen wurde, Leocadia zu erringen. Diese Hoffnung aber schien ihm schon einen glücklichen Erfolg zu verheißen. Ja, er wollte Leocadia erobern, sei es mit Gewalt, sei es mit Geschenken und Diensten, für alles würde sich wohl Gelegenheit finden.

Als er sich das gelobt hatte, beruhigte er sich ein wenig. Bald darauf brach der Morgen an, und die drei standen auf. Don Rafael rief den Wirt herbei und fragte ihn, ob man im Ort wohl Kleider für einen jungen Edelknaben bekommen könne, den die Räuber ausgeplündert hätten. Der Wirt sagte, er habe selbst ein recht hübsches Gewand zu verkaufen, und brachte es herbei. Es stand Leocadia gut, Don Rafael bezahlte die geforderte Summe, und das Mädchen kleidete sich an. Nachdem sie noch einen Degen und einen Dolch umgeschnallt hatte, trat sie zu den Geschwistern, so lieblich und anmutig anzuschauen, daß sie in diesem Aufzug

Don Rafaels Sinne erst recht verwirrte und die Eifersucht Teodosias verdoppelte. Calvete sattelte nun die Tiere, und um acht Uhr morgens machte sich unsere Reisegesellschaft auf den Weg nach Barcelona. Nach dem berühmten Kloster Montserrat wollten sie für diesmal nicht hinaufsteigen und schoben diesen Besuch für den Tag auf, an dem sie mit Gottes Hilfe ruhig und glücklich wieder in ihre Heimat würden zurückkehren können.

Es ist kaum möglich, die Gedanken zu beschreiben, welche die beiden Geschwister hegten. Mit leidenschaftlichen, eifersüchtigen Gefühlen blickten sie auf Leocadia: doch Teodosia wünschte ihr den Tod, Don Rafael aber das Leben. Teodosia suchte nach Mängeln an ihr, nur um ihre Hoffnung nicht ganz aufgeben zu müssen; Don Rafael hingegen fand nichts als Vorzüge, die ihn zwangen, sie stündlich nur immer mehr zu lieben. Bei alledem jedoch waren sie bestrebt, recht schnell voranzukommen, so daß sie schon kurz vor Sonnenuntergang in Barcelona anlangten.

Als sie die Stadt vor sich sahen, waren sie ganz begeistert von ihrer herrlichen Lage und überzeugt, die schönste Stadt der Welt zu erblicken. Ist sie doch ein Ehrenschild Spaniens, ein Schrecken für alle Feinde fern und nah, der Inbegriff des Glücks für ihre Bewohner, ein Hort der Fremden, eine Hochschule der Ritterlichkeit, ein Muster der Treue. Kurz alles, was man von einer großen, berühmten, reichen und wohlgegründeten Stadt nur wünschen und verlangen kann, das erfüllt sie.

Als unsere Reisenden durchs Tor ritten, vernahmen sie ein großes Getöse und sahen eine Menge Menschen aufgeregt die Straße hinabrennen. Sie erkundigten sich, was dieser Lärm und dieses Durcheinander zu bedeuten hätten, und erhielten den Bescheid, daß die Besatzung der Galeeren, die auf der Reede lagen, meutere und mit der Hafenwache handgemein geworden sei.

Als Don Rafael das hörte, wollte er sofort hin, um zu sehen, was es gäbe; doch Calvete riet ihm ab und meinte, es sei unklug, sich in eine so offenkundige Gefahr zu begeben. Er wisse genau, wie schlecht es denen erginge, die sich in dergleichen Streitigkeiten mischten, welche hier an der Tagesordnung seien, wenn fremde Galeeren einträfen. Doch alle guten Ratschläge Calvetes konnten Don Rafael nicht von seinem Vorsatz abbringen; er wandte sein Reittier zum Hafen hin, und alle folgten ihm. Als sie näher kamen, sahen sie viele Schwerter durch die Luft blitzen und erblickten eine Menge Menschen, die einander erbarmungslos niedermetzelten. Ohne von ihren Tieren abzusteigen, ritten sie trotzdem immer näher heran, bis sie die Gesichter der Kämpfenden im hellen Abendlicht erkennen konnten. Unübersehbare Menschenmengen strömten aus der Stadt herbei, und unaufhörlich quoll es aus den Schiffen in die Beiboote, obgleich der Befehlshaber der Galeeren, ein valencianischer Edelmann namens Pedro Vique, vom Heck seines Schiffes aus seine Leute bedrohte, die in die Beiboote drängten, um ihren Genossen zu Hilfe zu eilen. Als der Kapitän sah, daß all seine Rufe und Drohungen nichts nützten, ließ er die Galeeren wenden, daß ihr Bug zur Stadt schaute, und einen blinden Kanonenschuß abfeuern. Das war für die Leute ein Zeichen, daß der nächste Schuß nicht so harmlos sein würde, wenn sie sich nicht zurückzögen.

Don Rafael beobachtete aufmerksam diesen grausamen Kampf, der wild hin und her wogte. Dabei fiel ihm ein junger Mann von etwa zweiundzwanzig Jahren auf, der offenbar der gewandteste und tapferste Kämpfer der Schiffsbesatzung war. Er trug ein grünes Gewand und einen Hut von derselben Farbe, der mit einer kostbaren, anscheinend mit Diamanten besetzten Schnur geschmückt war. Die Geschicklichkeit, die der junge Mann beim Kämpfen an den Tag legte, und die Pracht seiner Kleidung zogen die Blicke aller Zuschauer auf ihn. Auch Teodosias und Leocadias Augen wandten sich ihm zu, und kaum hatten sie etwas genauer hingesehen, als sie beide wie aus einem Munde riefen: »Gott steh mir bei! Entweder ich habe keine Augen im Kopfe, oder der Grüne da drüben ist Marco Antonio!«

Und schon sprangen sie schnell und gewandt aus dem Sattel, zückten ihre Dolche und Degen und stürzten sich unerschrocken mitten ins Getümmel, bis sie bei Marco Antonio angelangt waren — denn er war wirklich der junge Mann in dem grünen Gewand. Dann stellten sie sich zu seinen beiden Seiten auf.

»Fürchtet nichts, Herr Marco Antonio«, sagte Leocadia, als sie neben ihm angekommen war, »denn Ihr habt jemanden an Eurer Seite, der sein eigenes Leben als Schild vorhalten wird, um das Eure zu schützen.«

»Wer kann daran zweifeln«, versetzte Teodosia, »da ich bei Euch bin?«

Als Don Rafael sah und hörte, was hier vorging, folgte er den beiden Mädchen und gelangte auch glücklich zu ihnen. Marco Antonio war so beschäftigt, sich seiner Gegner zu erwehren, daß er gar nicht darauf achtete, was die beiden zu ihm sagten. Er war ganz verbissen in den Kampf und vollbrachte wahre Wunderdinge. Da jedoch der Zustrom der Kämpfer aus der Stadt beständig wuchs, waren die Leute von den Galeeren schließlich gezwungen, sich bis zum Wasser zurückzuziehen. Marco Antonio ging nur äußerst ungern zurück, und die beiden tapferen Amazonen neben ihm wichen nicht von seiner Seite. Es war, als seien Bradamante und Marfisa oder Hippolyta und Penthesilea wieder zum Leben erwacht.

Nun aber kam auf einem prächtigen Pferde ein katalanischer Edelmann aus der berühmten Familie der Cardonas heran. Er sprengte mitten zwischen die Kämpfenden und rief seinen Landsleuten zu, sie sollten in die Stadt zurückkehren. Als diese ihn erkannten, folgten sie achtungsvoll seinem Befehl. Einige von ihnen schleuderten jedoch noch aus der Ferne Steine gegen ihre Feinde, die bereits im Wasser wateten, und das Unglück wollte es, daß eines dieser Geschosse den Marco Antonio so heftig an der Schläfe traf, daß er in die Wellen stürzte, die ihm schon bis zum Knie gingen. Kaum sah Leocadia ihn sinken, als sie ihn mit ihren Armen umfing und hielt, während Teodosia ihn von der anderen Seite stützte. Don Rafael war ein wenig von ihnen abgedrängt worden und hatte vollauf damit zu tun, sich gegen den Steinhagel zu schützen, der auf ihn herabprasselte. Als er nun dem Mädchen seines Herzens, seiner Schwester und seinem Schwager zu Hilfe eilen wollte, versuchte der katalanische Edelmann ihn zurückzuhalten und rief: »Beruhigt Euch doch, Herr, und verhaltet Euch, wie es einem guten Soldaten geziemt. Ich bitte Euch, bleibt an meiner Seite, damit ich Euch gegen die Wut dieses entfesselten Pöbels beschützen kann.«

»Nein, Herr, laßt mich!« rief Don Rafael. »Die Menschen, die meinem Herzen am teuersten sind, schweben in Gefahr!«

Der fremde Edelmann ließ ihn los, doch Don Rafael kam nicht mehr rechtzeitig an Ort und Stelle, denn man hatte den Marco Antonio und Leocadia, die sich an ihn klammerte, bereits in das Beiboot des Befehlshaberschiffes gezogen. Teodosia wollte auch mit in das Boot klettern, doch war sie wohl schon so ermattet, oder der Schmerz, Marco Antonio verwundet zu sehen, oder vielleicht auch der Schrecken darüber, daß ihre schlimmste Rivalin bei ihm war, hatten ihr so zugesetzt, daß sie nicht mehr dazu imstande war und ohnmächtig ins Wasser gesunken wäre, wenn ihr Bruder sie nicht noch rechtzeitig aufgefangen hätte. Sein Schmerz, Leocadia an der Seite Marco Antonios zu sehen, war nicht geringer als der seiner Schwester – denn auch er hatte den grüngekleideten Edelmann inzwischen erkannt. Der katalanische Edelmann, dem die anmutigen Erscheinungen Don Rafaels und seiner Schwester — die er eben-falls für einen Jüngling hielt —, aufgefallen waren, rief ihnen vom Ufer aus zu und bat sie, doch mit ihm zu kommen. Da sie keine andere Möglichkeit sahen und auch fürchten mußten, das Volk aus der Stadt, das noch immer nicht ganz zur Ruhe gekommen war, könnte ihnen ein Leid antun, mußten sie das Angebot des Fremden annehmen.

Der Edelmann stieg vom Pferd, holte die beiden zu sich und bahnte sich mit entblößtem Schwert einen Weg durch die aufgeregten Menschenmassen, denen er immer wieder zurief, sie sollten sich doch nun in die Stadt zurückbegeben, was sie denn schließlich auch taten. Don Rafael schaute sich nach allen Seiten um, ob er nicht irgendwo Calvete mit den Maultieren erblicken könne. Er sah ihn jedoch nicht, denn der Bursche hatte sofort, nachdem seine Herren abgesessen waren, die Tiere vor sich her zu einer Herberge getrieben, wo er schon ver-schiedentlich abgestiegen war.

Als die beiden mit dem Edelmann in dessen Haus, einem der schönsten und vornehmsten der Stadt, angelangt waren, fragte dieser Don Rafael, mit welcher Galeere er denn gekommen sei. Dieser erwiderte, er sei über-haupt nicht zu Schiff gekommen, sondern eben in dem Augenblick, als der Streit ausbrach, in der Stadt an-gelangt. Zunächst habe er nur zugesehen und sich erst in Gefahr begeben, als er den Edelmann erkannt habe, der dann durch den Steinwurf verwundet und in das Beiboot aufgenommen worden sei. Nun bäte er, doch zu veranlassen, daß man den Verwundeten an Land bringe, denn davon hinge sein eigenes Leben und seine Seligkeit ab.

»Ja, das will ich gern tun«, versicherte der fremde Edel-mann. »Der Befehlshaber wird ihn mir bestimmt her-ausgeben, denn er ist ein vornehmer, edeldenkender Mensch und obendrein ein Verwandter von mir.«

Und unverzüglich kehrte er zu der Galeere zurück, wo

er gerade ankam, als Marco Antonio verbunden wurde. Der Wundarzt erklärte die Verletzung für sehr gefährlich, da sie sich an der linken Schläfe befinde. Der Edelmann erwirkte von dem Befehlshaber die Erlaubnis, den Verwundeten zur weiteren Behandlung an Land zu bringen, und nun wurde Marco Antonio mit größter Vorsicht in das Beiboot getragen. Auch Leocadia stieg mit in das Boot, denn sie war nicht von seiner Seite loszureißen und folgte ihm wie dem Magnetpol all ihrer Hoffnungen. Als sie an Land gekommen waren, ließ der Edelmann aus seinem Hause eine Sänfte holen, in der der Kranke fortgeschafft werden konnte.

Während dies alles vorging, hatte Don Rafael einen Boten ausgeschickt, um Calvete zu suchen, der in der Herberge saß und sich um das Schicksal seiner Herrschaft Sorgen machte. Als er erfuhr, daß alle gesund und wohlbehalten seien, freute er sich über die Maßen und eilte sogleich zu Don Rafael.

Unterdessen trafen auch Marco Antonio, Leocadia und der Hausherr ein, und der letztere bemühte sich um seine Gäste und wies ihnen prächtige Zimmer an. Dann schickte er nach dem besten Wundarzt der Stadt, damit dieser Marco Antonio noch einmal untersuche. Der Arzt kam, aber er wollte den Verband nicht erneuern und sagte, die Wundärzte beim Heer und bei der Flotte seien meist sehr erfahrene Leute, weil sie ständig die verschiedensten Verletzungen zu behandeln hätten. Darum wollte er die Untersuchung lieber auf den nächsten Tag verschieben. Vorerst ordnete er nur an, den Verwundeten in ein abgelegenes Zimmer zu bringen, damit er genügend Ruhe habe. In diesem Augenblick kam auch der Wundarzt von den Galeeren und sagte seinem Amtsbruder aus der Stadt Näheres über die Art der Verletzung. Er erklärte, wie er den Patienten verbunden habe und daß er seiner Ansicht nach in Lebensgefahr schwebe. Der städtische Wundarzt war sich nun klar darüber, daß der Verletzte die richtige Behandlung genossen hatte, und meinte, nach allem, was er gehört habe, bestehe für den Kranken tatsächlich größte Lebensgefahr.

Als Leocadia und Teodosia das hörten, war es ihnen, als läse man ihnen ihr eigenes Todesurteil vor. Sie wollten ihren Schmerz jedoch nicht zeigen, sondern versuchten, ihn zu unterdrücken, und schwiegen. Leocadia faßte sofort den Entschluß, nun alles zu unternehmen, was ihr zur Wiederherstellung ihrer Ehre notwendig erschien. Sobald die beiden Wundärzte gegangen waren, betrat sie das Krankenzimmer Marco Antonios, wo der Hausherr, Don Rafael, Teodosia und verschiedene andere Personen versammelt waren, trat an das Bett, erfaßte die Hand des Verletzten und sagte: »Herr Marco Antonio Cadorno, Ihr seid jetzt nicht in dem Zustand, in dem man lange Gespräche mit Euch führen dürfte. Darum will ich auch nur ein paar kurze Worte sagen, die vielleicht nicht zu Eures Leibes Wohl beitragen werden, um so mehr aber zu Eurer Seele Heil. Bevor ich jedoch spreche, müßt Ihr mir die Erlaubnis dazu geben und mir sagen, ob Ihr imstande seid, meinen Worten zu folgen; denn seit ich Euch kenne, war es stets mein Bestreben, nur zu tun, was Euch lieb ist, und es wäre nicht recht von mir, wenn ich Euch jetzt in diesen Minuten, die Eure letzten sein können, noch einen Verdruß zufügen wollte.«

Bei diesen Worten schlug Marco Antonio die Augen auf und richtete sie aufmerksam auf Leocadia. Als er sie, mehr an dem Klang ihrer Stimme als mit den Augen, erkannt hatte, flüsterte er mühsam: »Sagt nur, was Ihr zu sagen habt, mein Herr. Ich bin noch nicht so am Ende meiner Kräfte, daß ich Euch nicht zuhören könnte, und Eure Stimme ist mir lieb genug, daß es mir keinen Verdruß bereitet, sie zu vernehmen.«

Teodosia hatte diesem Zwiegespräch mit gespannter Aufmerksamkeit gelauscht, und jedes Wort, das Leocadia sagte, war ihr wie ein scharfer Pfeil ins Herz gedrungen, ebenso wie ihrem Bruder Rafael, der gleichfalls zugehört hatte. Leocadia fuhr nun fort und sagte: »Wenn der Stein, der Euren Kopf oder, richtiger gesagt, mein Herz traf, aus Eurem Gedächtnis, Herr Marco Antonio, nicht jenes Bild gelöscht hat, das Euch vor kurzer Zeit noch, wie Ihr sagtet, alles Glück und alle Seligkeit bedeutete, so müßt Ihr Euch wohl noch erinnern, wer Leocadia war und wie die Worte jener Urkunde lauteten, die Ihr mit eigener Hand geschrieben und unterzeichnet habt. Ihr könnt auch nicht vergessen haben, wer ihre Eltern sind, wie sittsam und wohlerzogen das Mädchen war und wie sehr Ihr ihr verpflichtet seid, weil sie alle Wünsche, die Ihr an sie gestellt habt, erfüllte. Wißt Ihr das alles noch, so kann Euch diese Verkleidung nicht irremachen, und Ihr werdet leicht erkennen, daß ich Leocadia bin. Sowie ich nämlich erfahren hatte, daß Ihr aus Eurer Stadt fortgegangen wäret, packte mich die Furcht, daß irgendwelche Zufälle und neue Gelegenheiten mir das entreißen könnten, was ich mit vollem Recht als mein eigen betrachten muß. Darum überwand ich all die unendlichen Hindernisse, die sich mir in den Weg stellten, legte dieses Gewand an und machte mich auf den Weg, um Euch in allen Ländern der Erde zu suchen, bis ich Euch fände. Das kann Euch nicht wunder nehmen, sofern Ihr einmal erfahren habt, was wahre Liebe vermag und wie groß die Verzweiflung einer enttäuschten Frau ist. Manche Mühen und Strapazen habe ich auf meiner Wanderschaft erdulden müssen; doch die sind alle vergessen, denn sie haben mir das Glück eingebracht, Euch wiederzusehen. Ihr seid in Lebensgefahr; sollte es Gott gefallen, Euch aus dieser Welt in eine bessere abzuberufen, so werde ich mich trotz alledem glücklich schätzen, wenn Ihr nur zuvor tut, was Ihr Euch und Eurem Stande schuldig seid. Ich will Euch auch versprechen, mein Leben nach Eurem Tode so einzurichten, daß es nicht mehr lange währen wird, bis ich Euch auf dieser letzten, unvermeidlichen Reise folge. Darum bitte ich Euch jetzt bei Gott, auf den all meine Wünsche und Hoffnungen gerichtet sind, bei Eurem vornehmen Stande, dem Ihr soviel schuldet, und schließlich um meinetwegen, der Ihr mehr verpflichtet seid als sonst irgendeinem Menschen auf dieser Welt: erkennt mich als Eure rechtmäßige Gattin an und wartet nicht erst, bis Ihr von Gerichts wegen gezwungen werdet, zu tun, was Eure Vernunft Euch eindringlich genug raten muß.«

Damit war Leocadia zu Ende. Während sie sprach, hatten alle Anwesenden Stillschweigen bewahrt, und ebenso stumm erwarteten sie nun die Antwort Marco Antonios, der folgendermaßen begann: »Mein Fräulein, ich kann nicht leugnen, daß ich Euch kenne – Eure Stimme und Euer Gesicht haben mir gleich verraten, wer Ihr seid. Ebensowenig kann ich leugnen, daß ich Euch sehr verpflichtet bin, daß Eure Eltern vornehme, achtbare Leute sind und Ihr selbst stets ein Muster an Sittsamkeit und Zurückhaltung wart. Auch würde es mir nie einfallen, Euch nun geringer zu schätzen, weil Ihr Eure Mädchenkleider ausgezogen und dieses Gewand angelegt habt, um mich zu suchen; im Gegenteil, ich achte Euch darum nur um so höher. Doch da das Unglück mir nun einmal diesen Tag beschert hat, der, wie auch Ihr meint, wohl der letzte meines Lebens ist, und da man in solcher Lage gezwungen ist, die Wahrheit zu bekennen, so muß ich Euch jetzt etwas gestehen. Wenn Euch mein Bekenntnis im Augenblick schmerzlich sein mag, so wird es Euch für später nur nützlich sein. So bekenne ich denn, schöne Leocadia, daß ich Euch liebte wie Ihr mich, zugleich aber muß ich gestehen, daß ich die erwähnte Urkunde nur ausstellte und unterzeichnete, um Euren Wünschen zu entsprechen, nicht aber den meinen. Denn schon viele Tage zuvor hatte ich mein Herz und meine Seele einem jungen Mädchen aus meiner Stadt geschenkt, das auch

Ihr kennen müßt. Sie heißt Teodosia und ist von ebenso vornehmer Abkunft wie Ihr. Und wenn ich Euch die Urkunde gab, die ich mit eigener Hand unterzeichnete, so gab ich ihr diese Hand selbst und bekräftigte meine Worte so unverbrüchlich und bindend, daß es mir unmöglich ist, mein Herz noch einer anderen Frau in dieser Welt zu schenken. Meine Leidenschaft zu Euch war ein flüchtiges Getändel, und der Preis, den ich dabei errang, nur ein paar vergängliche Blüten, deren Verlust Eurer Ehre in keiner Weise Abbruch tut. Teodosia jedoch schenkte mir das höchste Gut, das sie mir darbringen und ich von ihr erbitten konnte, und sie schenkte es mir nur auf mein heiliges Versprechen hin, ihr Gatte zu werden. An dieses Versprechen aber muß ich mich halten. Wenn ich Euch beide zugleich verließ und Euch, Leocadia, dadurch Aufregung und Kummer bereitete, sie aber in Verzweiflung stürzte und ihrer Meinung nach ehrlos machte, so muß ich die Schuld an dieser Handlungsweise der Unbesonnenheit meiner jungen Jahre zuschieben. Ich meinte, das alles seien Dinge ohne Belang, die ich mir bedenkenlos erlauben dürfe; und da sich noch manch andere Gedanken und Wünsche in mir regten, beschloß ich, nach Italien zu gehen, dort ein paar Jahre zuzubringen und dann zurückzukehren, um zu sehen, wie Gott es mit Euch und meiner wahren Braut gefügt haben würde. Der Himmel aber erbarmte sich meines Leichtsinns, und ich zweifle nicht daran, daß er mich nur deshalb in diese ernste Lage gebracht hat, damit ich die Wahrheit über meine große Schuld eingestehe und noch bei Lebzeiten meinen Verpflichtungen nachkomme und damit Ihr, Leocadia, Euch weiterhin keinen Täuschungen hingebt, sondern frei über Euch verfügen könnt. Wenn Teodosia je einmal von meinem Tod erfährt, dann wird sie von Euch und von allen, die hier versammelt sind, auch hören, wie ich im Tode das Wort eingelöst habe, das ich ihr im Leben gab. Kann ich Euch, Fräulein Leocadia, in der kurzen Frist, die mir noch zugemessen ist, irgendeinen Gefallen erweisen, so sagt es mir; ich werde Euch zuliebe alles tun, nur Euer Gatte kann ich nicht werden.«

Während Marco Antonio sprach, hatte er den Kopf aufgestützt, nun aber sank seine Hand herab, und die Anwesenden merkten, daß er einer Ohnmacht nahe war. Da aber stürzte Don Rafael herzu, schlang seine Arme um ihn und rief: »Kommt wieder zu Euch, lieber Herr, und umarmt Euren Freund und den Mann, den Ihr zum Bruder erkoren habt! Erkennt Ihr denn nicht Don Rafael, Euren Kameraden? Nun bin ich Zeuge für Euren guten Vorsatz und für die Ehre, die Ihr meiner Schwester erweisen wollt, indem Ihr sie zur Gemahlin nehmt.«

Bei diesen Worten schlug Don Marco Antonio die Augen wieder auf. Er erkannte Don Rafael auf den ersten Blick, küßte ihn auf die Wangen und sagte: »Ach, mein Bruder und Freund, jetzt, wo ich die unendliche Freude erleben durfte, Euch zu sehen, muß wohl hinterdrein ein schwerer Schicksalsschlag kommen; denn auf Freude folgt Trauer, wie man sagt. Doch jeder Schmerz soll mir willkommen sein, da mir dafür das Glück zuteil wurde, Euch zu erblicken.«

»Und ich will Euer Glück noch vollkommener machen«, fiel Don Rafael ein, »indem ich Euch dieses Kleinod hier, Eure geliebte Gattin, zuführe.«

Damit wandte er sich nach Teodosia um, die sich hinter den Rücken der Anwesenden verborgen hatte und bittere Tränen weinte. Was sie soeben gesehen und gehört, hatte ihr die Sinne dermaßen verwirrt, daß sie nicht mehr wußte, ob sie glücklich oder unglücklich sein sollte. Ihr Bruder faßte sie nun bei der Hand, und sie ließ sich widerstandslos vor Marco Antonio führen, der sie sogleich erkannte und unter Tränen in seine Arme schloß. Alle anderen, die sich im Zimmer befanden, waren aufs höchste überrascht von diesem seltsamen

Zusammentreffen. Sie sahen einander wortlos an und warteten, wie sich die Dinge nun weiter gestalten würden.

Die unglückliche, enttäuschte Leocadia aber hatte schweigend Marco Antonios Worten gelauscht und mußte nun plötzlich den Jüngling, den sie für den Bruder Don Rafaels gehalten hatte, in den Armen des geliebten Mannes erblicken. Als sie so merkte, wie all ihre Wünsche und Hoffnungen zuschanden wurden, stahl sie sich heimlich fort und verließ das Zimmer, während die Augen aller Anwesenden an dem Kranken hingen, der den Edelknaben umarmt hielt. Schnell eilte sie auf die Straße, fest entschlossen, in ihrer Verzweiflung in die weite Welt hinauszuwandern, dorthin, wo kein Mensch sie mehr kennen würde. Kaum war sie jedoch auf der Straße angelangt, als Don Rafael sie auch schon vermißte, so wie man sein eigenes Herz entbehren würde, wenn es plötzlich nicht mehr da wäre. Er fragte alle, doch keiner konnte ihm Auskunft geben, wohin sie gegangen sei. Nun hielt es ihn nicht länger, und ganz verzweifelt lief er hinaus, um sie zu suchen. Zunächst fragte er sich nach Calvetes Herberge durch, weil er meinte, sie könne vielleicht dorthin gegangen sein, um sich ein Reittier zur Flucht zu holen. Als er sie jedoch auch hier nicht entdeckte, irrte er wie blind und toll vor Angst durch die Straßen und suchte sie bald hier, bald dort. Schließlich kam ihm der Gedanke, sie könne vielleicht zu den Galeeren zurückgekehrt sein, und schnell wandte er seine Schritte nach dem Hafen. Als er beinahe dort angelangt war, hörte er, wie jemand vom Ufer aus laut nach dem Beiboot der Kapitänsgaleere rief, und gleich darauf erkannte er in dem Rufenden die schöne Leocadia. Als diese Schritte hinter sich hörte, fürchtete sie, man wolle sie überfallen, zog ihren Degen und erwartete den Herankommenden. Wie jedoch Don Rafael nähertrat, erkannte sie ihn, und es war ihr unbehaglich, daß er sie gefunden hatte, vor allem an einem so einsamen Ort; – denn sie hatte schon aus manchem Zeichen, durch das Don Rafael sich verraten hatte, entnommen, daß er ihr keineswegs übel gesonnen war; im Gegenteil, sie hatte eine solch feurige Neigung aus seinen Blicken gelesen, daß sie glücklich gewesen wäre, wenn sie Marco Antonios Liebe in gleichem Maße besessen hätte.

Mit welchen Worten soll ich nun schildern, was Don Rafael zu Leocadia sagte und wie er ihr sein Herz offenbarte? Er sprach so beredt und eindringlich, daß ich kaum wage, seine Sätze niederzuschreiben. Doch ich muß wohl einiges davon andeuten, und so will ich es denn versuchen.

»Schönste Leocadia«, sagte er unter anderem. »Würde es mir jetzt ebenso an Mut gebrechen, Euch die Geheimnisse meines Herzens zu enthüllen, wie es mir an Glück mangelt, dann müßten die zärtlichsten und ehrenhaftesten Absichten, die jemals in der Brust eines liebenden Menschen erwuchsen, in ewigem Vergessen ruhen. Doch ich darf meinem gerechten Verlangen nicht solche Kränkung antun, komme auch, was da wolle. Darum sollt Ihr nur eins wissen, meine Herrin, sofern Euer verwirrter Gemütszustand Euch überhaupt gestattet, meine Worte anzuhören: Marco Antonio kann sich keines Vorteils über mich rühmen als nur des einzigen, daß er Eure Liebe besitzt. Meine Abstammung ist ebenso vornehm wie die seinige, und was die irdischen Güter, den Reichtum, betrifft, so ist er mir darin kaum überlegen. Was die Gaben angeht, die die Natur uns verleiht, so kommt es mir nicht zu, mich selbst zu loben, vor allem, da diese Gaben in Euren Augen nichts bedeuten. Alles das sage ich Euch nur, meine unglückliche Leocadia, damit Ihr das Heilmittel annehmt, das das Schicksal Euch in Eurem tiefsten Elend anbietet. Ihr werdet eingesehen haben, daß Marco Antonio nicht der Eure sein kann, weil der Himmel ihn für meine Schwester bestimmt hat. Doch die gleiche Macht, die

Euch Marco Antonio genommen hat, bietet Euch in mir eine Entschädigung; denn ich erstrebe kein höheres Glück in dieser Welt, als Euer Gatte zu sein. Bedenkt, daß das Schicksal jetzt an Eure Pforte klopft und das, was Ihr als ein Unglück ansaht, sich nun doch noch zu Eurem Guten wenden kann. Ihr seid zwar recht kühn gewesen, als Ihr es unternahmt, den Marco Antonio zu suchen, aber glaubt nicht, daß ich Euch deshalb nicht ebenso achte und schätze, wie Ihr es verdientet, bevor Ihr auf diesen Gedanken verfallen seid. Zur gleichen Stunde, in der ich mich entschließe, Euch an meine Seite zu fesseln und Euch zu meiner Herrin auf Lebensdauer zu erwählen, wird alles vergessen sein, was ich von dieser Sache gesehen und gehört habe, ja, es ist schon vergessen. Ich weiß es wohl, die gleichen Kräfte, die mich zwangen, Euch unbedenklich und rückhaltlos mein Herz und mein ganzes Sein zu überantworten, haben Euch in den Zustand versetzt, in dem Ihr Euch jetzt befindet, und so bedarf es da, wo kein Vergehen ist, auch keiner Entschuldigung.«

Schweigend hatte Leocadia den Worten Don Rafaels gelauscht und nur ab und zu einen Seufzer ausgestoßen, der aus den tiefsten Tiefen ihres Herzens kam. Nun wagte Don Rafael ihre Hand zu ergreifen. Sie hatte nicht die Kraft, ihn daran zu hindern, und er führte sie an seine Lippen, bedeckte sie mit Küssen und sagte: »Herrin meines Herzens, so entschließt Euch doch, es auf ewig zu sein! Gelobt es mir im Anblick des gestirnten Himmels über uns und des ruhigen Meeres, das uns lauscht und den Sand zu unseren Füßen bespült! Gebt Euer Ja und glaubt mir, es wird Eurer Ehre ebenso zuträglich sein wie meinem Glücke. Ich wiederhole Euch: ich bin ein Edelmann, besitze, wie Ihr wißt, ein beträchtliches Vermögen, und — was Euch das wichtigste sein muß — ich liebe Euch. Ich finde Euch hier allein in einem Gewande, das Eurer Ehre nur Abbruch tun kann, weit entfernt vom Hause Eurer Eltern und

Verwandten, ohne einen einzigen Menschen, der Euch in Eurer Not beistehen könnte, und ohne Hoffnung, zu erreichen, was Ihr erstrebt – und was biete ich Euch dafür? Die Möglichkeit, die sittsamen Mädchenkleider, die Euch zukommen, wieder anzulegen und in Begleitung eines ebenso ehrenwerten Gatten, wie der war, den Ihr Euch zuerst erwähltet, in die Heimat zurückzukehren, reich, zufrieden, verehrt, umsorgt und gepriesen von allen, zu deren Ohren die Kunde von Euren Erlebnissen dringen wird. So liegen die Dinge, das werdet Ihr einsehen, und ich verstehe nicht, warum Ihr noch zögert. Noch einmal: entschließt Euch und erhebt mich aus der Tiefe meines Elends in den Himmel eines Lebens an Eurer Seite. Ihr tut es Euch selbst zuliebe und erfüllt damit die Gebote der Höflichkeit und der Vernunft, indem Ihr Euch gleichzeitig dankbar und klug erweist.«

»Nun, wohlan denn«, sagte jetzt Leocadia, die ihn mit wechselnden Gefühlen angehört hatte, »da der Himmel es so gefügt hat und es weder mir noch sonst einem Sterblichen gegeben ist, sich den Beschlüssen des Höchsten zu widersetzen, so soll denn sein Wille und der Eure, mein Herr, geschehen. Der Himmel weiß, welche Überwindung es mich kostet, mich Eurem Willen zu fügen – ich verstehe zwar wohl, wieviel ich dabei gewinne; aber muß ich nicht fürchten, daß Ihr mich nun, sobald Euer Verlangen gestillt ist, mit anderen Augen ansehen werdet als zuvor und daß Euch bewußt wird, wie sehr Ihr Euch in mir getäuscht habt? Doch das mag nun sein, wie es wolle, den Titel einer rechtmäßigen Gattin des Don Rafael de Villavicencio kann ich dann nicht mehr verlieren, und damit will ich mich zufriedengeben. Ich will die Eure sein, und wenn dann mein Betragen mir noch Eure Achtung und Zuneigung erringt, so will ich dem Himmel dafür danken, daß er mir nach solch seltsamen Irrwegen und soviel Ungemach das Glück schenkte, Euch anzugehören. Darauf gebt mir nun die Hand, Don Rafael, hier ist die meine! Die Zeugen unseres Bundes aber habt Ihr schon genannt: es sind der Himmel, das Meer, das sandige Ufer und die Stille ringsumher, die nur von meinen Seufzern und Euren Bitten unterbrochen wurde.«

Damit sank sie an seine Brust und reichte ihm die Hand, die er ergriff. Die Freudentränen, die dabei trotz des ausgestandenen Kummers aus ihren Augen flossen, besiegelten das nächtliche Bündnis.

Nun kehrten Don Rafael und Leocadia in das Haus des Edelmannes zurück, der sich schon die größten Sorgen um ihren Verbleib gemacht hatte, ebenso wie Marco Antonio und Teodosia. Die letzteren waren bereits durch die Hand des Priesters getraut, denn Teodosia, die fürchtete, ein unseliger Zufall könne ihr nun doch noch das Glück entreißen, das sie endlich gefunden, hatte den Hausherrn gebeten, doch nach einem Geistlichen zu schicken, der die Vermählung vollziehen könne. Als nun Don Rafael und Leocadia ins Zimmer traten und Rafael berichtete, was sich zwischen ihnen zugetragen hatte, freute der Edelmann sich so herzlich mit ihnen, als ob sie seine nächsten Verwandten wären; denn es ist eine Eigenschaft des katalanischen Adels, daß seine Angehörigen echte Freundschaft halten können und den Fremden hilfreich zur Seite stehen, wenn sie ihrer Unterstützung bedürfen. Der Priester, der noch anwesend war, sagte zu Leocadia, sie solle nun ihre Verkleidung ablegen und wieder weibliche Gewänder anziehen. Der Edelmann kam diesem Geheiß eiligst nach und verschaffte den beiden Mädchen zwei prächtige Kleider seiner Gattin, einer sehr vornehmen Dame aus dem alten, berühmten katalanischen Geschlecht der Granolleques.

Da der Verletzte viel sprach und keinen Augenblick allein war, machte der Hausherr sich Sorgen um seinen Zustand und ließ den Arzt wieder kommen, der denn auch sogleich anordnete, man solle ihm völlige Ruhe gönnen. Doch wenn Gott vor unseren Augen ein Wunder vollbringen will, dann wählt er zum Werkzeug seiner Taten oft gerade das, was der Natur zuwiderläuft. So geschah es auch hier: der Herr fügte es, daß Marco Antonios Zustand sich gerade infolge der Freude und der mangelnden Ruhe besserte, so daß er am nächsten Tag beim Verbinden bereits außer Gefahr war. Vierzehn Tage später konnte er wieder aufstehen und fühlte sich so frisch, daß man sich ohne Bedenken auf den Weg machen konnte.

Wir müssen hier nachholen, daß Marco Antonio, als er auf seinem Schmerzenslager ruhte, gelobt hatte, wenn Gott ihm Heilung schenken werde, so wolle er zu Fuß nach Santiago in Galicien pilgern. Auch Don Rafael, Leocadia und Teodosia hatten sich diesem Gelübde angeschlossen, und sogar Calvete, der Maultiertreiber. Ein solcher Entschluß ist bei einem Burschen seines Zeichens gewiß eine Seltenheit; doch die·Güte und Freundlichkeit, die er von Don Rafael erfahren hatte, bewogen den jungen Mann, bei ihm zu bleiben, bis sie wieder in der Heimat angelangt wären. Da man nach Pilgerart zu Fuß reisen wollte, machte Calvete einen Mann ausfindig, der sich bereit erklärte, die Maulesel sowie das Tier Don Rafaels nach Salamanca mitzunehmen. Die Gesellschaft besorgte sich nun Pilgermäntel und alles Nötige, und als der festgesetzte Tag gekommen war, verabschiedeten sie sich von dem großzügigen Edelmann, der ihnen soviel Hilfe und Freundschaft hatte zuteil werden lassen. Sein Name lautete, wie wir nun noch nachträglich berichten wollen, Don Sancho de Cardona; er stammte aus einer vornehmen Familie und hatte sich auch schon durch seine eigenen Taten großen Ruhm erworben. Die Abreisenden gelobten, die Erinnerung an das edelmütige Verhalten Don Sanchos ewig zu bewahren und dereinst auch ihren Nachkommen davon zu erzählen, wenngleich es wohl nicht möglich sein würde, Gleiches mit Gleichem zu vergelten. Don Sancho umarmte alle und versicherte immer wieder, es sei ihm ein natürliches Bedürfnis, allen kastilischen Edelleuten, die er nur kannte, Gutes zu tun. Noch ein letztes Mal schloß man sich in die Arme und ging dann fröhlich auseinander, wenngleich sich in die Fröhlichkeit auch eine leichte Wehmut mischte.

Mit aller Gemächlichkeit, wie sie die Zartheit der beiden jungen Pilgerinnen erforderte, machte man sich auf den Weg und gelangte nach drei Tagen zum Kloster Montserrat. Hier blieben unsere Pilger weitere drei Tage und verrichteten die vorgeschriebenen Bußübungen, wie es sich ihnen als guten Christen geziemte. Dann ging es weiter, bis sie schließlich, ohne daß ihnen unterwegs etwas Schlimmes zugestoßen wäre, Santiago erreichten. In tiefster Andacht erfüllten sie hier ihr Gelübde und beschlossen, das Pilgergewand nicht abzulegen, bis sie zu Hause angelangt wären.

Mit fröhlichem Herzen und heiterem Gemüt kamen sie der Heimat immer näher. Den Ort, aus dem Leocadia stammte und der, wie wir bereits sagten, etwa zwei Meilen von Teodosias Vaterstadt entfernt lag, hatten sie bereits aus der Ferne erblicken können, und als sie zuletzt einen Hügel erklommen und beide Orte vor ihren Augen lagen, konnten sie in ihrer Freude die Tränen nicht zurückhalten. Besonders gerührt waren die beiden jungen Frauen, in deren Herzen sich bei diesem Anblick die Erinnerung an alles Erlebte wieder regte.

Von der Stelle aus, auf der sie standen, überblickten sie ein weites Tal, das die beiden Ortschaften voneinander trennte, und gewahrten im Schatten eines Olivenbaums einen stattlichen Mann, der auf einem prächtigen Pferd saß. Mit dem linken Arm hielt er einen hellblinkenden Schild, in der Rechten eine lange, starke Lanze. Wie sie nun genauer hinschauten, sahen sie aus einem Olivenhain zwei weitere Ritter mit Lanze und Schild hervorreiten, die mit ebenso vollendetem Anstand zu Pferde saßen wie der erstere. Kurz darauf trafen die drei zusammen, und nachdem sie sich offenbar eine Weile besprochen hatten, trennten sie sich wieder. Einer der beiden zuletzt Gekommenen ritt mit dem, der anfangs unter dem Olivenbaum gehalten hatte, etwas abseits. Nun gaben die beiden ihren Pferden die Sporen, rannten heftig gegeneinander an, und jeder versuchte, den anderen mit seiner Lanze zu durchbohren. An ihrem Verhalten sah man, daß sie Todfeinde sein mußten, zugleich aber merkte man auch, daß sie Meister in der Turnierkunst waren, so geschickt wichen sie den Lanzenstößen aus oder fingen sie mit ihrem Schild auf. Der Dritte beobachtete den Kampf, ohne sich von seinem Platz zu rühren.

Als Don Rafael diesen erbitterten Kampf sah, hielt er es nicht mehr aus, nur von ferne zuzusehen; gefolgt von seiner Schwester und seiner Gattin, lief er, so schnell er konnte, den Abhang hinunter, und nach kurzer Zeit schon war er bei den Kämpfern angelangt, die beide schon leichtere Verwundungen davongetragen hatten. Dem einen war der Hut und mit ihm die stählerne Sturmhaube heruntergefallen, und als er nun den Kopf wandte, erkannte Don Rafael seinen Vater, während Marco Antonio in dem anderen Ritter den seinen erkannte. Wie Leocadia aber den dritten Ritter, der dem Kampf untätig zugeschaut hatte, näher in Augenschein nahm, wurde sie gewahr, daß es ihr Vater war. Bei dieser Entdeckung waren alle vier aufs höchste überrascht und konnten zunächst vor Aufregung kein Wort hervorbringen. Als aber dann ihr Schrecken etwas wich und der Überlegung Platz machte, warfen sich die beiden Schwäger unverzüglich zwischen die Kämpfenden und riefen: »Halt, halt, Ihr Herren, nicht weiter! Seht uns doch an, wir sind Eure beiden Söhne, die Euch anflehen, diesen Streit zu beenden!«

»Ja, mein Vater und Herr«, fuhr Antonio fort, »ich bin Marco Antonio, um dessentwillen Ihr, wie ich fürchte, Euer ehrwürdiges weißes Haupt solch furchtbarer Gefahr aussetzen mußtet! Nun aber mäßigt Euren Grimm und werft Eure Lanze fort oder richtet sie gegen einen anderen Feind; denn in dem Mann vor Euch dürft Ihr von heute ab nur noch Euren Bruder sehen.«

Auch Don Rafael bat seinen Vater fast mit den gleichen Worten, doch von dem Kampf abzulassen. Die beiden Ritter hielten ihre Pferde an und begannen die jungen Menschen, die sich ihnen da entgegenwarfen, eingehend zu mustern. Als sie sich umwandten, sahen sie Don Sancho, Leocadias Vater, der abgestiegen war und eine Gestalt umarmt hielt, in der sie einen Pilger zu erkennen glaubten. Der vermeintliche Pilger aber war Leocadia, die zu ihm hingelaufen war und sich ihm zu erkennen gegeben hatte. In kurzen Worten hatte sie ihm berichtet, daß Don Rafael ihr Gatte sei und Marco Antonio der Gemahl Teodosias, und hatte ihn angefleht, doch Frieden zwischen den beiden Kämpfern zu stiften.

Als Don Sancho das vernommen hatte, stieg er vom Pferde und schloß, wie wir schon berichteten, sein Kind in die Arme. Dann aber wandte er sich um und eilte zu den anderen, um ihren Kampf zu beenden. Doch das war gar nicht mehr nötig, denn die beiden hatten ihre Söhne erkannt, waren abgestiegen und hatten sie in ihre Arme gerissen, während heiße Tränen der Freude über ihre Wangen rollten. Wie nun auch noch Don Sancho und seine Tochter dazukamen, schauten die Väter immer wieder ihre Kinder an, als könnten sie ihren Augen nicht trauen. Sie betasteten sie von allen Seiten, um sich zu überzeugen, daß sie auch keine Gespenster vor sich hatten, denn ihr unverhofftes Auftauchen mochte ihnen wohl zu solchen und ähnlichen Gedanken Anlaß geben. Als sie jedoch die glückliche Wahrheit schließlich ganz erfaßt hatten, brachen sie wieder in Tränen aus und drückten ihre Kinder an die Brust.

In diesem Augenblick aber erschien am Ende des Tals eine ansehnliche Schar bewaffneter Leute zu Fuß und zu Pferde, die gekommen waren, ihrem Herrn im Kampfe beizustehen. Als sie jedoch näher kamen und sahen, wie die Ritter mit Tränen in den Augen ein paar junge Pilger umarmt hielten, stiegen sie verwundert ab und wußten nicht, was sie denken sollten, bis Don Sancho ihnen in kurzen Worten mitteilte, was Leocadia, seine Tochter, ihm berichtet hatte. Nun liefen sie alle auf die Pilger zu und umdrängten sie mit solcher Freude und Begeisterung, daß es kaum zu beschreiben ist. Don Rafael erzählte noch einmal in aller Kürze, wie der Augenblick es erforderte, die seltsame Liebesgeschichte der vier und berichtete, wie es gekommen war, daß er Leocadia zur Gattin genommen hatte, Marco Antonio aber seine Schwester Teodosia. Der Bericht löste bei allen Umstehenden größte Freude aus. Die Pilger nahmen nun vier von den Pferden, mit denen der Hilfstrupp gekommen war, und man beschloß, gemeinsam nach dem Heimatort Marco Antonios zu reiten, wo sein Vater das Hochzeitsfest für sie alle ausrichten wollte. So brach man denn gemächlich auf, während einige von den Anwesenden ihre Tiere spornten und vorausritten, um den Verwandten und Freunden des jungen Paares die Freudenbotschaft zu bringen.

Auf dem Wege erfuhren Don Rafael und Marco Antonio nun auch den Anlaß zu dem Kampfe. Teodosias und Leocadias Vater nämlich hatten den Vater Marco Antonios herausgefordert, weil sie meinten, er müsse von dem Betrug seines Sohnes gewußt haben. Wie sie nun beide gekommen waren und ihn allein angetroffen hatten, wollten sie nicht einen so ungleichen Kampf beginnen, sondern machten aus, einzeln, wie ehrenhafte Ritter, gegen ihn anzutreten und zu kämpfen, bis er oder auch sie beide tot auf dem Platze bleiben würden. Und so wäre es auch gekommen, wenn nicht plötzlich ihre Kinder aufgetaucht wären. Die vier Pilger dankten Gott für diese glückliche Wendung. Schließlich langte man am Ziel der Reise an, und am nächste Tage bereitete Marco Antonios Vater für seinen Sohn und Teodosia und Don Rafael und Leocadia mit allem nur erdenklichen Pomp und Prunk das Hochzeitsfest.

Die Ehepaare erlebten noch viele glückliche Jahre miteinander und hinterließen eine zahlreiche Nachkommenschaft, die wir noch heute in den beiden Ortschaften, den schönsten Andalusiens, finden können. Wenn wir die Namen dieser Orte nicht nennen, so geschieht das nur, um die Ehre der beiden Mädchen zu bewahren, über die sich sonst vielleicht die bösen Zungen und die überempfindlichen Gemüter hermachen würden, weil sie einst so schrankenlos ihrer verliebten Sehnsucht nachgaben und sich Hals über Kopf entschlossen, Männertracht anzulegen. Ich möchte jedoch diese Art von Leuten nur bitten, ihre Schmähworte zurückzuhalten, bis sie an sich selbst einmal erfahren haben, wie die sogenannten Pfeile Cupidos verwunden können; sie werden dann einsehen, daß die Liebe eine Macht ist, die der Vernunft unweigerlich Gewalt antut.

Calvete, der Maultiertreiber, durfte das Tier Don Rafaels, das er nach Salamanca geschickt hatte, behalten und erhielt obendrein noch viele andere Geschenke von den jungen Ehegatten. Die Dichter jener Zeit aber fanden wieder einmal Gelegenheit, ihre Federn in Bewegung zu setzen, und die Schönheit und die abenteuerlichen Erlebnisse der beiden ebenso kühnen wie sittsamen Mädchen zu besingen, die die Hauptpersonen dieser seltsamen Geschehnisse waren.

CORNELIA

In salamanca studierten einmal zwei kluge und vornehme junge Edelleute namens Don Antonio de Isunza und Don Juan de Gamboa, die im gleichen Alter standen und eng miteinander befreundet waren. Eines Tages wurde ihr junges Blut und der Wunsch, die Welt zu sehen, wie man so zu sagen pflegt, übermächtig in ihnen. Sie waren der Meinung, daß das Waffenhandwerk, das ja jedem Manne gut ansteht, vor allen anderen einem Edelmann aus vornehmem Geschlechte zieme, und beschlossen daher, ihre Studien aufzugeben und nach Flandern zu gehen.

So machten sie sich denn dorthin auf den Weg, langten jedoch erst an, als Frieden im Lande herrschte oder doch Verhandlungen im Gange waren, die einen baldigen Friedensschluß erwarten ließen. In Antwerpen fanden sie zwei Briefe ihrer Eltern vor, in denen diese ihnen schrieben, es wäre ihnen sehr ärgerlich, daß ihre Söhne ihre Studien unterbrochen hätten, ohne sie zuvor zu benachrichtigen, und daß sie ohne die nötigen Gelder und die Ausrüstung, die ihrem Stande gebührte, so unbedenklich losgezogen seien. Die beiden sahen wohl ein, daß der Ärger ihrer Eltern berechtigt war, und so entschlossen sie sich denn, nach Spanien zurückzukehren, da es in Flandern ohnehin nichts für sie zu tun gab. Zuvor jedoch wollten sie sich noch die berühmtesten Städte Italiens ansehen. Sie reisten also durch Italien und gelangten schließlich nach Bologna, wo der Lehrbetrieb der großen Universität einen solchen Eindruck auf sie machte, daß in ihnen der Wunsch erwachte, hier ihre Studien fortzusetzen. Nun benachrichtigten sie ihre Väter von der Absicht, und diese freuten sich ungemein darüber und statteten sie zum Beweis ihrer Zustimmung so großzügig aus, daß man an ihrem Auftreten sofort erkennen konnte, wer sie waren und aus welch vornehmen Familien sie stammten.

Gleich von dem ersten Tage an, da sie die Lehrsäle betraten, war sich jedermann darüber klar, daß sie zwei edle, gewandte, kluge und wohlerzogene junge Leute waren. Don Antonio war etwa vierundzwanzig Jahre alt, Don Juan zählte nicht mehr als sechsundzwanzig. Der Reiz ihrer blühenden Jugend wurde noch erhöht durch ihre Schönheit, ihre musikalischen und dichterischen Talente, ihre Gewandtheit und Beherztheit. Alle diese Eigenschaften bewirkten, daß jeder, der mit den beiden zusammenkam, sie liebte und schätzte. Bald hatten sie zahlreiche Freunde, sowohl unter den spanischen Studenten der Universität wie unter den Einheimischen und den Fremden. Gegen alle zeigten sie sich höflich und zuvorkommend und kehrten nie jenen anmaßenden Stolz heraus, der den Spaniern häufig nachgesagt wird.

Da sie jung und lebenslustig waren, hielten sie auch nach den schönen Mädchen der Stadt Ausschau. Es gab hier eine Menge verheirateter und unverheirateter Damen, die im Rufe standen, sehr sittsam und schön zu sein — keine von ihnen aber konnte sich mit Cornelia Bentibolli messen. Diese stammte aus der alten, vornehmen Familie der Bentibolli, die einst die Herren Bolognas gewesen waren. Die wunderschöne Cornelia stand unter dem Schutz und der Obhut ihres Bruders Lorenzo Bentibolli, eines sehr tapferen und ehrenhaften Mannes. Vater und Mutter der beiden Geschwister waren gestorben und hatten sie allein zurückgelassen; doch hatten sie ein beträchtliches Vermögen von ihnen geerbt, und wenn man reich ist, läßt sich die Elternlosigkeit bekanntlich viel leichter ertragen. Cornelia nun war so tugendhaft und ihr Bruder so darauf bedacht, sie wohl zu hüten, daß sie sich niemals vor den Leuten sehen ließ — auch hätte ihr Bruder dies um keinen Preis erlaubt. Dieser Ruf, der ihr vorausging, erweckte in Don Juan und Don Antonio den glühenden Wunsch, sie einmal zu sehen, und sei es auch nur in der Kirche; doch alle Mühe, die sie sich gaben, war umsonst, und da die Unmöglichkeit ihnen jede Hoffnung abschnitt, erlahmte auch ihr Verlangen. So widmeten sie sich denn nur noch ihren geliebten Studien und den unschuldigen Vergnügungen, die ihrem Alter angemessen waren und führten ein ebenso fröhliches wie ehrsames Leben. Nur selten gingen sie des Abends aus, und wenn sie das Haus verließen, so gingen sie gemeinsam und trugen stets Waffen bei sich.

Eines Abends nun, als sie wieder beschlossen hatten auszugehen, sagte Don Antonio, er wolle noch ein paar Gebete sprechen; Don Juan möge nur immer gehen, er werde dann schon nachkommen.

»Das ist doch gar nicht nötig«, meinte Don Juan, »ich warte hier auf Euch, und wenn wir heute abend nicht ausgehen, so macht das auch nichts.«

»Aber nein, ich bitte Euch«, erwiderte Don Antonio. »Geht nur immer und schöpft ein wenig Luft! Wenn Ihr denselben Weg macht, den wir sonst auch immer gehen, werde ich Euch dann schon treffen.«

»Schön, wie Ihr wollt«, sagte Don Juan. »Dann bleibt nur hier, und wenn Ihr doch noch ausgehen solltet, so könnt Ihr mich an denselben Orten treffen, die wir gewöhnlich besuchen.«

Damit ging Don Juan, und Don Antonio blieb zurück. Es war etwa elf Uhr, und dichte Finsternis herrschte auf den Straßen. Als Don Juan zwei oder drei Straßen weit gegangen war, fühlte er sich einsam und hatte das Bedürfnis, mit einem Menschen zu sprechen. Daher beschloß er, nach Hause zurückzugehen, und kehrte um. Wie er nun durch eine Straße mit marmornen Bogengängen kam, hörte er, daß man ihm von einer Tür her leise etwas zurief. Die Dunkelheit der Nacht, die durch die Bogengänge noch verstärkt wurde, ließen ihn nicht erkennen, woher das Flüstern kam. Er blieb stehen und lauschte, und jetzt gewahrte er, daß eine Tür einen Spalt breit geöffnet wurde. Er ging hin und hörte nun eine leise Stimme, die ihn fragte: »Seid Ihr der Fabio?«

Don Juan wußte nicht recht, was er antworten sollte und sagte aufs Geratewohl: »Ja.«

»Dann nehmt das hier«, erklang es wieder von drinnen. »Bringt es in Sicherheit und kommt gleich wieder. Es ist wichtig.«

Don Juan streckte die Hand aus und berührte einen eingewickelten Gegenstand. Als er ihn nehmen wollte, merkte er, daß er ihn nicht mit einer Hand halten konnte, und griff mit beiden zu. Kaum hatte er den Gegenstand gepackt, da wurde die Tür wieder geschlossen, und er stand mit dem Bündel auf der Straße, ohne zu ahnen, was es enthielt. Im nächsten Augenblick aber begann ein kleines Kind, offenbar ein Neugeborenes, zu greinen, und bei diesem Wimmern wurde Don Juan erst völlig verwirrt und erschrocken. Er wußte nicht, was er tun und was er von dieser ganzen Sache halten sollte. Wieder an die Tür klopfen wollte er nicht, denn er fürchtete, damit die Person, der das Kind gehörte, in Gefahr zu bringen; ließ er das Kind aber einfach da, so würde das für das Kleine wiederum zu gefährlich sein. Wenn er es jedoch mit sich nach Hause nähme, so hatte er niemanden, der für es sorgen konnte, und er kannte auch in der ganzen Stadt keinen einzigen Menschen, dem er es hätte anvertrauen können. Indessen fiel ihm ein, daß man ihm gesagt hatte, er solle das Kind in Sicherheit bringen und gleich wiederkommen, und so beschloß er endlich, es nach

Hause zu tragen und dort einer älteren Frau zu übergeben, die ihm und seinem Freunde den Haushalt besorgte. Dann wollte er gleich wieder umkehren und sehen, ob er noch irgendwie von Nutzen sein könne, obgleich er natürlich gemerkt hatte, daß man ihn für einen anderen gehalten und ihm das Kind nur irrtümlicherweise gegeben hatte.

Ohne noch länger zu überlegen, ging er nach Hause und kam dort an, als Don Antonio bereits fortgegangen war. Er trat in ein Zimmer und rief die Haushälterin herbei. Dann schlug er die Hüllen von dem Kind zurück und erblickte das lieblichste Geschöpfchen, das er in seinem Leben gesehen hatte. Nach den Tüchern zu urteilen, in das es eingeschlagen war, mußte es von reichen Eltern stammen. Die alte Dienerin wickelte es vollends aus und stellte fest, daß es ein Knabe war.

»Vor allem«, meinte Don Juan, »muß das Kind etwas zu trinken bekommen, und zwar werden wir das folgendermaßen machen: Ihr nehmt jetzt diese kostbaren Tücher fort und wickelt das Kleine in einfache Windeln, und dann bringt Ihr es zu einer Hebamme, denn diese Frauen wissen in solchen Fällen immer Rat und Hilfe. Ihr dürft aber nicht sagen, daß ich es hergebracht habe, und genug Geld müßt Ihr auch mitnehmen, damit die Frau zufrieden ist. Nennt irgendwelche Eltern, deren Namen Ihr Euch ausdenken könnt: es darf nur niemand wissen, daß ich mit dem Kind hergekommen bin.«

Die Haushälterin versprach, alles getreulich zu besorgen, und Don Juan eilte so schnell wie möglich zurück, um zu sehen, ob man ihm zum zweitenmal etwas zuflüstern werde. Kurz bevor er jedoch bei dem Hause angekommen war, aus dem man ihn vorhin gerufen hatte, hörte er lautes Waffenklirren, und es kam ihm vor, als ob hier eine Menge Leute aneinandergeraten seien. Er lauschte aufmerksam, konnte jedoch kein

Wort vernehmen, denn der Kampf ging stillschweigend vor sich. Im Licht der Funken, die von den Steinen aufsprühten, wenn die Degen dagegen schlugen, konnte er undeutlich erkennen, daß eine Anzahl Leute gegen einen einzelnen zu kämpfen schienen, und diese Vermutung wurde bestätigt, als eine Stimme rief: »Pfui, Ihr Verräter, Ihr seid Eurer viele, und ich bin allein! Aber trotzdem wird Eure Hinterlist Euch nichts nützen!«

Als Don Juan das sah und hörte, empörte sich sein tapferes Herz; mit zwei Sprüngen war er an der Seite jenes Mannes, faßte seinen Degen und den leichten Schild, den er stets bei sich trug, und sagte, um sich nicht als Spanier kenntlich zu machen, in italienischer Sprache zu dem, den er verteidigen wollte: »Fürchtet Euch nicht! Ich will Euch helfen und an Eurer Seite bleiben, bis ich mein Leben einbüße. Nun haltet Euch wacker — Verräter vermögen wenig, und wenn es ihrer noch so viele sind.«

»Du lügst!« versetzte daraufhin einer der Gegner. »Unter uns ist kein Verräter! Wenn es darauf ankommt, die verlorene Ehre wiederzugewinnen, ist alles erlaubt.«

Und nun rannten die Feinde, die sich nach Don Juans Dafürhalten auf etwa sechs Mann belaufen mochten, so erbittert gegen sie an, daß er nicht mehr Gelegenheit fand, etwas auf diese Worte zu erwidern. Vor allem bedrängten sie seinen Gefährten und versetzten ihm gleichzeitig zwei heftige Degenstöße gegen die Brust, so daß er zu Boden stürzte. Don Juan glaubte, er sei tot, und stellte sich seinen Feinden mit solch erstaunlicher Gewandtheit und Tapferkeit allein entgegen, daß er sie mit einem ganzen Hagel von Hieben und Stichen zurücktrieb. Doch so eifrig er sich im Angriff und in der Verteidigung auch zeigte, er hätte es wohl doch nicht schaffen können, wenn ihm nicht das Glück zu Hilfe gekommen wäre. Denn jetzt öffneten sich überall die Fenster, die Bewohner der Straße brachten Licht herbei und riefen laut nach der Polizei. Als die Feinde das bemerkten, wandten sie sich um und verschwanden eiligst aus der Straße.

Unterdessen hatte der Gestürzte sich schon wieder erhoben, denn die Degenstöße waren an seinem diamantharten Brustharnisch abgeprallt. Don Juan war während des Kampfes der Hut vom Kopfe gefallen, und als er ihn nun suchte, fand er einen, den er aufsetzte, ohne nachzusehen, ob es auch sein eigener sei. Der Gestürzte trat zu ihm und sagte: »Edler Herr, wer Ihr auch sein mögt, ich bekenne, daß ich Euch mein Leben verdanke, das nun mit allem, was ich kann und vermag, zu Euren Diensten steht. Tut mir die Ehre und nennt mir Euren Namen und Stand, damit ich weiß, wem ich mich dankbar erweisen muß.«

»Ich will nicht unhöflich sein«, entgegnete Don Juan, »obgleich ich gewiß nicht ehrsüchtig bin. Um daher Eure Bitte zu erfüllen, will ich Euch sagen, daß ich ein spanischer Edelmann bin und an der hiesigen Universität meinen Studien obliege. Wenn mein Name etwas zur Sache täte, so würde ich ihn Euch nennen; — aber nein, es könnte ja sein, daß Ihr meine Dienste noch einmal zu anderer Gelegenheit brauchen könntet. So wißt denn, daß ich Don Juan de Gamboa heiße.«

»Ihr habt mir einen großen Gefallen erwiesen«, erwiderte jener. »Ich aber, Herr Don Juan de Gamboa, will Euch meinen Namen und Stand nicht nennen. Es wird mir eine besondere Freude sein, wenn ein anderer ihn Euch sagt, und ich will Sorge tragen, daß Ihr ihn erfahrt.«

Don Juan hatte seinen Gefährten schon vorher gefragt, ob er denn nicht verwundet sei, da er ja die beiden heftigen Degenstöße mit angesehen hatte; doch der andere hatte erklärt, daß nächst Gott ihn ein vortrefflicher Brustharnisch beschützt habe, den er unter seinem Wams trüge. »Trotzdem aber«, so fügte er hinzu,

»hätten meine Gegner mir wohl den Garaus gemacht, wenn Ihr mir nicht zur Seite gestanden hättet.«

Als sie so sprachen, sahen sie einen Trupp von Leuten auf sich zukommen, und Don Juan sagte: »Wenn das etwa unsere Feinde sein sollten, die wieder umgekehrt sind, so macht Euch zu einem neuen Kampf bereit und zeigt, wer Ihr seid!«

»Nein, mir scheint, das sind keine Feinde, sondern Freunde, die da kommen«, sagte der andere.

Und er hatte recht mit seiner Vermutung, denn die Ankömmlinge waren acht Männer, die sich alsbald um den Fremden drängten und einige kurze Worte mit ihm wechselten; doch sprachen sie so leise und vorsichtig, daß Don Juan keines ihrer Worte verstehen konnte. Der Mann, den Don Juan verteidigt hatte, wandte sich nun wieder an ihn und sagte: »Wenn diese Freunde jetzt nicht gekommen wären, so hätte ich Euch nicht von meiner Seite gelassen, Herr Don Juan, bis Ihr mich ganz in Sicherheit gebracht hättet. Nun aber muß ich Euch herzlich bitten, zu gehen und mich mit diesen Männern allein zu lassen; es hängt viel für mich davon ab.«

Während er das sagte, faßte er nach seinem Kopf und merkte, daß er ohne Hut war. Nun wandte er sich an jene Männer und bat sie, ihm doch einen Hut zu geben, da er den seinen verloren habe. Kaum hatte er das gesagt, als Don Juan ihm den Hut hinreichte, den er auf der Straße gefunden hatte. Der andere befühlte ihn und gab ihn dann Don Juan zurück, indem er sagte: »Dieser Hut gehört mir; aber ich bitte Euch, Herr Don Juan, nehmt ihn als Siegeszeichen aus diesem Kampfe mit und bewahrt ihn auf, denn ich glaube, man wird ihn kennen.«

Man reichte ihm einen anderen Hut, und Don Juan, der seiner Bitte nachkommen wollte, verabschiedete sich mit einigen kurzen, höflichen Worten von ihm und wandte sich zum Heimweg, ohne zu wissen, mit wem er es zu tun gehabt hatte. Er wollte auch nicht mehr an die Tür klopfen, aus der man ihm das Kind gereicht hatte, denn es schien ihm, als sei das ganze Stadtviertel wach geworden und über den Kampf in Erregung geraten.

Als er nun nach Hause wanderte, traf er auf der Hälfte des Weges seinen Gefährten Don Antonio de Isunza. Sowie sie sich erkannt hatten, sagte dieser: »Kommt doch noch einmal mit mir hier herauf, Don Juan! Unterwegs will ich Euch eine seltsame Geschichte erzählen, die mir zugestoßen ist. Ich sage Euch, so etwas habt Ihr in Eurem ganzen Leben noch nicht gehört!«

»Mit solchen Geschichten könnte ich auch dienen«, versetzte Don Juan. »Aber mir soll's recht sein. Gehen wir da hinauf, und Ihr erzählt mir, was Ihr erlebt habt.«

Don Antonio übernahm die Führung und begann folgendermaßen:

»Es war wohl etwas über eine Stunde seit Eurem Weggang verstrichen, als ich auch ausging, um Euch zu suchen. Keine dreißig Schritt von hier sah ich plötzlich eine dunkle Gestalt auf mich zukommen, die offenbar in höchster Eile war, und als sie nahe genug heran war, erkannte ich eine Frau in einem langen Gewand. Mit einer Stimme, die von Schluchzen und Seufzern immer wieder unterbrochen wurde, sagte sie zu mir: ›Ach, mein Herr, seid Ihr ein Fremder oder ein Einheimischer?‹ – ›Ich bin ein Fremder, und zwar ein Spanier!‹ erwiderte ich. ›Dem Himmel sei Dank!‹ rief sie darauf. ›Er will nicht, daß ich ohne die heiligen Sakramente sterbe.‹ — ›Seid Ihr denn verwundet, meine Dame‹, fragte ich, ›oder leidet Ihr an einer todbringenden Krankheit?‹ — ›Es mag wohl sein, daß die Krankheit, an der ich leide, mir den Tod bringt, wenn mir nicht bald Hilfe wird. Bei dem Edelmut, den die Angehörigen Eurer Nation stets beweisen, bitte ich Euch, Herr Spanier, bringt mich aus diesen Straßen fort und geleitet mich, so schnell Ihr könnt, in Euer Haus. Dort will ich Euch, wenn Ihr es wünscht, die Art meines Leidens und meinen Namen und Stand entdecken, sei es auch auf Kosten meines guten Rufs.‹ Als ich dies hörte, war mir klar, daß sie meiner Hilfe sehr dringend bedurfte. Ohne ein weiteres Wort zu verlieren, faßte ich sie daher bei der Hand und führte sie durch wenig begangene Straßen zu unserer Wohnung. Santiesteban, unser Page, öffnete mir. Ich schickte ihn fort und brachte die Dame, ohne daß er sie gesehen hatte, in mein Zimmer. Kaum war sie hier eingetreten, als sie ohnmächtig auf mein Bett sank. Ich trat zu ihr, zog den Schleier zurück, mit dem sie ihr Gesicht verhüllt hatte, und erblickte das schönste Antlitz, das menschliche Augen je geschaut haben. Das Mädchen mag etwa achtzehn Jahre alt sein, vielleicht auch noch etwas jünger. Ich war zuerst ganz fassungslos über diese ungewöhnliche Schönheit, dann sprengte ich ihr ein wenig Wasser ins Gesicht, worauf sie einen schmerzlichen Seufzer ausstieß und wieder zu sich kam. ›Kennt Ihr mich, mein Herr?‹ lauteten die ersten Worte, die sie sagte. ›Nein‹, erwiderte ich, ›und es wäre wohl kaum gut für mich gewesen, solch große Schönheit zu kennen.‹ — ›Unglücklich die Frau‹, entgegnete sie, ›der der Himmel die Schönheit nur verleiht, um ihr Unglück noch größer zu machen. Doch jetzt, mein Herr, ist es nicht an der Zeit, die Schönheit zu loben, sondern dem Unglück vorzubeugen. Bei Eurem edlen Stande flehe ich Euch an, schließt mich hier in dieses Zimmer ein und sorgt dafür, daß niemand mich erblickt. Dann aber kehrt sogleich an die Stelle zurück, wo Ihr mich getroffen habt, und seht zu, ob dort nicht ein Handgemenge tobt. Steht keiner der beiden Parteien bei, sondern versucht, Frieden zu stiften; denn jedes Unheil, das einer derselben zustößt, muß mein Unglück vergrößern.‹ Ich schloß sie also in mein Zimmer ein und komme nun, um diesen Streit zu schlichten.«

»Habt Ihr sonst etwas zu sagen, Don Antonio?« fragte Don Juan.

»Scheint Euch das noch nicht genug?« meinte Don Antonio. »Ist das nichts, wenn in meinem Zimmer das schönste Mädchen eingeschlossen ist, das menschliche Augen je erblickten?«

»Der Fall ist zweifellos seltsam«, meinte Don Juan, »doch nun hört einmal meine Geschichte.«

Und nun erzählte er ihm alles, was er erlebt hatte: daß das Kind, welches man ihm übergeben hatte, jetzt zu Haus in der Obhut der alten Dienerin sei und daß er Befehl gegeben habe, die kostbaren Windeln gegen einfache zu vertauschen und das Kind zu einer Person zu bringen, die es nähren oder zum mindesten seinen augenblicklichen Bedürfnissen abhelfen könnte. Weiterhin berichtete er, daß der Streit, nach dem Don Antonio sich umhören sollte, bereits beendet und beigelegt sei, daß er selbst dabei eingegriffen habe und daß alle Teilnehmer daran seiner Ansicht nach Leute von Rang und Bedeutung sein müßten.

Jeder wunderte sich über die Erlebnisse des anderen, und nun kehrten die beiden eilig nach Hause zurück, um zu sehen, ob das eingeschlossene Fräulein vielleicht ihrer Hilfe bedürfe. Unterwegs erzählte Don Antonio seinem Freund, daß er der Dame versprochen habe, daß niemand sie sehen und nur er allein ihr Gemach betreten würde, solange sie selbst nichts anderes wünsche.

»Das macht nichts«, meinte Don Juan, »ich werde es schon irgendwie einrichten, daß ich sie sehe; denn nach allem, was Ihr mir über ihre Schönheit gesagt habt, brenne ich darauf.«

Unterdessen waren sie zu Hause angekommen, und bei dem Lichte, das einer der drei Pagen, die sie zu ihrer Bedienung hielten, herbeischaffte, hob Don Antonio seine Blicke zu dem Hut, den Don Juan trug, und gewahrte dort ein blendendes Flimmern wie von

Diamanten. Er nahm ihm den Hut ab und stellte fest, daß das Flimmern von den zahlreichen Diamanten herrührte, die das Hutband zierten. Staunend betrachteten beide den Hut von allen Seiten und kamen zu dem Schluß, daß er mehr als zwölftausend Dukaten wert sein müsse, falls die Steine so kostbar waren, wie sie aussahen. Nun war ihnen auch vollends klar, daß die Teilnehmer an dem Streit sehr vornehme Leute gewesen sein mußten, vor allem der Mann, dem Don Juan beigestanden hatte; denn er erinnerte sich, daß jener gesagt hatte, er solle den Hut nur mit nach Hause nehmen und aufbewahren, da man ihn wohl erkennen werde.

Sie schickten die Pagen wieder fort, und Don Antonio öffnete jetzt die Tür seines Zimmers und fand das Fräulein auf seinem Bett sitzend vor. Sie hatte den Kopf in die Hand gestützt und weinte bitterlich. Don Juan, der es gar nicht erwarten konnte, sie zu sehen, trat so nahe an die Tür heran, daß er den Kopf durch den Spalt zwängen konnte. Das Flimmern der Diamanten traf in die Augen der Weinenden, die plötzlich aufblickte und rief: »Kommt doch herein, Herr Herzog, kommt doch herein! Warum wollt Ihr mir das Glück Eures Anblicks nicht gönnen?«

»Nein, Fräulein«, erwiderte Antonio hierauf, »hier ist kein Herzog, der sich Euren Augen entziehen möchte.«

»Kein Herzog?« versetzte sie. »Aber der Mann, der eben hier hereingeschaut hat, ist doch der Herzog von Ferrara! Sein kostbarer Hut muß den Träger sogleich verraten.«

»Wirklich, mein Fräulein«, versetzte Don Antonio, »den Hut, den Ihr soeben gesehen habt, trägt kein Herzog! Wollt Ihr Euch überzeugen, so erlaubt, daß der Träger des Hutes einmal hereinkommt.«

»Meinetwegen, er mag hereinkommen«, sagte sie. »Wenn es freilich nicht der Herzog ist, wird mein Unglück dadurch noch größer.«

Don Juan hatte das ganze Gespräch mit angehört, und als er nun vernahm, daß es ihm erlaubt war, das Zimmer zu betreten, nahm er den Hut in die Hand und ging hinein. Als er vor die Dame hintrat, mußte sie sich wohl überzeugen, daß er nicht der Eigentümer des kostbaren Hutes war, den sie erwartet hatte.

»Ach, weh mir Unglücklichen!« rief sie mit zitternder Stimme. »Spannt mich doch nicht länger auf die Folter, mein Herr, sondern sagt mir: kennt Ihr den Eigentümer dieses Hutes? Wo habt Ihr ihn verlassen und wie kam der Hut in Euren Besitz? Lebt er noch, oder soll mir der Hut die Nachricht von seinem Tode bringen? O mein Liebster, was muß ich erleben! Ich sehe hier deine Kleinodien vor mir, und ich selbst bin in diesem Zimmer eingeschlossen. Wüßte ich nicht, daß es spanische Edelleute sind, in deren Obhut ich mich befinde, so hätte mir die Angst, meine Ehre zu verlieren, schon längst das Leben geraubt.«

»Aber nun beruhigt Euch doch, mein Fräulein«, sprach Don Juan zu ihr. »Der Eigentümer dieses Hutes ist nicht tot, und Ihr braucht hier, wo Ihr seid, keinerlei Unbill zu befürchten. Im Gegenteil, wir wollen Euch zu Diensten sein, soweit es in unseren Kräften steht und gern unser Leben einsetzen, um Euch zu verteidigen und zu beschützen. Ihr sollt nicht umsonst auf die Ritterlichkeit der Spanier vertraut haben. Ja, wir sind spanische Edelleute — hier ist unser viel geschmähter Stolz einmal am Platze! — und deshalb könnt Ihr sicher sein, daß Ihr mit all der Ehrerbietung behandelt werden sollt, die Euch gebührt.«

»Ja, das glaube ich Euch«, erwiderte sie. »Aber nun sagt mir doch, mein Herr, wie kam der kostbare Hut in Euren Besitz und wo ist sein Eigentümer? Denn das ist kein anderer als Alfonso d'Este, der Herzog von Ferrara.«

Nun wollte Don Juan sie nicht länger im Ungewissen lassen und erzählte ihr, wie er den Hut während eines

Gefechts gefunden und daß er dabei einem Edelmann beigestanden und geholfen habe, der nach allem, was sie sagte, zweifellos der Herzog von Ferrara gewesen sein müsse. In der Hitze des Kampfes habe er seinen Hut verloren und diesen hier dafür gefunden; der fremde Edelmann aber habe ihm gesagt, er solle den Hut nur behalten, er sei überall bekannt. Sodann berichtete er, daß der Streit zu Ende gegangen sei, ohne daß er oder der fremde Edelmann eine Verletzung davongetragen hätten. Nachher seien eine Anzahl Leute gekommen, allem Anschein nach Freunde oder Bediente jenes Mannes, den er nunmehr für den Herzog halte, und dieser habe ihn gebeten, ihn nun allein zu lassen und zu gehen, und sich aufs herzlichste bedankt für die Hilfe, die er ihm erwiesen hatte. »Und auf diese Weise, meine Dame«, beendete er seinen Bericht, »kam der kostbare Hut in meinen Besitz; wenn sein Eigentümer aber, wie Ihr sagt, der Herzog ist, so habe ich ihn vor kaum einer Stunde unversehrt, gesund und wohlbehalten verlassen. Sollte Euer Glück von dem Wohlbefinden des Herzogs abhängen, so dürften meine Worte wohl ein Trost für Euch sein.«

»Damit Ihr selbst urteilen könnt, meine Herren, ob ich Grund und Recht habe, nach ihm zu fragen, leiht mir Eure Aufmerksamkeit und hört die Geschichte, von der ich heute noch nicht weiß, ob sie die Geschichte meines Unglücks ist.«

Während dies alles geschah, beschäftigte sich die Haushälterin damit, den Gaumen des Säuglings mit Honig zu bestreichen und die kostbaren Tücher, in die er gewickelt war, gegen einfache zu vertauschen. Nun war sie damit fertig und schickte sich an, das kleine Wesen zu einer Hebamme zu bringen, wie Don Juan es ihr befohlen hatte. Wie sie aber mit dem Kind an dem Zimmer vorüberkam, in dem die fremde Dame gerade mit ihrer Geschichte beginnen wollte, begann das Kleine so laut zu schreien, daß man es in dem Gemach hören konnte. Das Fräulein richtete sich bei diesem Ton auf, lauschte gespannt und vernahm nun noch deutlicher das Weinen des Kindes.

»Was ist das, Ihr Herren?« rief sie. »Weint da nicht ein neugeborenes Kind?«

»Ja«, erwiderte Don Juan, »es ist ein Kind, das man uns heute nacht vor die Haustür gelegt hat. Unsere Haushälterin will jetzt eine Frau suchen, die es nähren kann.«

»Bringt es mir her, in Gottes Namen, bringt es«, sagte die Dame. »Wie gern will ich einem fremden Kind diese Barmherzigkeit erweisen, da der Himmel es nicht zuläßt, daß ich sie einem eigenen erweise.«

Don Juan rief nun die Dienerin zurück und nahm ihr das Kind ab. Dann trat er wieder in das Zimmer und legte es in die Arme der Dame, die danach verlangt hatte.

»Hier, mein Fräulein«, sagte er dabei, »seht Ihr das Geschenk, das man uns heute nacht gemacht hat. Und es ist nicht etwa das erste dieser Art; nein, es vergeht kaum ein Monat, ohne daß wir auf der Schwelle unserer Tür einen solchen Fund machen.«

Die Dame nahm das Kind in ihre Arme und betrachtete aufmerksam das Gesichtchen sowie die ärmlichen, aber sauberen Windeln, in die es gewickelt war. Dann nahm sie mit Tränen in den Augen ihren Schleier vom Kopf und breitete ihn um das Kind und sich, um das Kleine mit Anstand nähren zu können. So legte sie den Säugling an ihre Brust, drückte ihren Kopf an seine Wange und badete sein Gesichtchen mit ihren Tränen, während sie mit ihrer Milch seinen Hunger zu stillen suchte. Eine Weile saß sie so und hob ihr Antlitz nicht, solange das Kind ihre Brust nicht loslassen wollte. Die ganze Zeit über beobachteten die vier Personen im Zimmer tiefstes Schweigen. Das Kleine versuchte zu trinken, doch gelang es ihm nicht, da eine Frau ja kurz nach der Entbindung noch keine Milch hat. Als die

Dame, die dem Kleinen die Brust reichte, dies merkte, wandte sie sich wieder an Don Juan und sagte: »Ich habe mich vergebens barmherzig gezeigt; man sieht wohl, ich bin ein Neuling in solchen Dingen. Ich bitte Euch, mein Herr, veranlaßt doch, daß man dem Kind den Gaumen noch ein wenig mit Honig bestreicht, aber erlaubt nicht, daß es zu dieser Nachtzeit auf die Straße hinausgebracht wird. Wartet, bis der Morgen kommt, und ehe Ihr es wegschaffen laßt, bringt es mir noch einmal her. Es ist mir ein Trost, es zu sehen.«

Don Juan brachte also der Haushälterin das Kind wieder und befahl ihr, es bis zum Morgen zu versorgen und es wieder in die kostbaren Windeln, in die es zuerst gewickelt war, zu hüllen; doch solle sie es nicht fortschaffen, ohne ihm vorher Bescheid zu sagen. Dann trat er wieder ins Zimmer, wo die drei nun allein blieben.

»Wenn Ihr wollt, daß ich spreche«, begann die Dame, »dann gebt mir zuvor etwas zu essen, denn ich fühle mich einer Ohnmacht nahe und habe auch alle Ursache dazu.«

Don Antonio lief rasch an seinen Schrank, aus dem er allerlei eingemachte Früchte hervorholte. Die Kranke aß einige davon und trank ein Glas kaltes Wasser. Dadurch kam sie wieder ein wenig zu Kräften, und nachdem sie sich noch etwas ausgeruht hatte, sagte sie: »Nun setzt Euch, Ihr Herren und hört mir zu.«

Die beiden folgten ihrem Befehl, während sie sich im Bett zurücklehnte und sich mit der Schleppe ihres Gewandes sorgfältig zudeckte. Den Schleier, den sie auf dem Kopf trug, ließ sie über den Rücken herabwallen, so daß ihr Gesicht frei und unbedeckt blieb. Das aber strahlte so mild und schön wie der Mond, oder besser noch wie die Sonne, wenn sie herrlich und klar am Himmel emporsteigt. Flüssige Perlen tropften aus ihren Augen, und sie trocknete sie mit einem schneeweißen Tüchlein und ihren Händen, die so rein und fein waren, daß man kaum entscheiden konnte, was weißer war, das linnene Tuch oder die Hände. Nachdem sie noch oftmals geseufzt und versucht hatte, sich ein wenig zu beruhigen, begann sie stockend, mit schmerzlicher Stimme ihren Bericht:

»Meinen Namen, Ihr Herren, habt Ihr zweifellos schon häufig nennen hören, denn nur wenige Zungen gibt es in dieser Stadt, die den Ruhm meiner Schönheit nicht verkünden, so wenig daran auch wahr sein mag. Ja, ich bin Cornelia Bentibolli, die Schwester des Lorenzo Bentibolli. Damit aber habe ich Euch zwei Tatsachen verkündet: die meiner edlen Abkunft und die meiner Schönheit. Mein Vater und meine Mutter starben, als ich noch ein Kind war, und ich blieb in der Obhut meines Bruders, der die Tugend selbst zu meiner Wächterin bestellte und noch mehr Vertrauen in meine sittsame Veranlagung setzte als in die Sorgfalt, mit der er mich behütete. So wuchs ich denn in meinen vier Wänden heran und hatte kaum eine andere Gesellschaft als meine Dienerinnen. Mit mir wuchs aber auch der Ruhm meiner Schönheit, den die Dienerschaft und alle, mit denen ich im Schutze unseres Hauses zusammenkam, verkündeten. Auch ein Bild sprach davon, das mein Bruder von einem berühmten Künstler malen ließ, damit, wie er sagte, diese Welt nicht ohne mich sei, falls es dem Himmel gefallen sollte, mich in eine bessere zu entführen. Doch all das wäre mir niemals zum Unglück geworden, hätte es sich nicht gefügt, daß der Herzog von Ferrara als Brautführer auf der Hochzeit einer meiner Basen erschien, in der guten Absicht, meine Verwandte zu ehren. Dort sah ich viele Menschen und wurde selbst gesehen. Dort brach ich wohl gar manches Herz und machte mir den Willen manches Mannes untertan. Dort fühlte ich zum ersten Male, wie süß die Lobesworte klingen, auch wenn sie aus dem Munde der Schmeichler kommen, und, um es kurz zu sagen, dort sah ich den Herzog und er mich. Daraus aber erwuchs das Unheil, in das ich nun geraten bin. Es würde zu weit führen, meine Herren, wollte ich Euch die unzähligen Listen, Pläne und Ränke aufzählen, durch die der Herzog und ich schließlich nach zwei Jahren zur Erfüllung jener Wünsche gelangten, die damals auf der Hochzeit in unseren Herzen erwacht waren. Die sorgfältigste Hut, die schärfste Bewachung, die ehrsamsten Ermahnungen, alle menschliche Klugheit konnten uns nicht daran hindern zusammenzukommen. Schließlich gab ich mich ihm hin, nachdem er mir hoch und heilig versprochen hatte, mich zur Gattin zu nehmen — ohne dieses Versprechen wäre es ihm unmöglich gewesen, den Felsen meines Stolzes und meiner Sittsamkeit ins Wanken zu bringen. Tausendmal habe ich ihm gesagt, er solle doch offen bei meinem Bruder um meine Hand anhalten, dieser werde ihm seine Bitte sicherlich nicht abschlagen, und er brauche sich auch nicht vor der Öffentlichkeit zu entschuldigen, falls man ihm die Unebenbürtigkeit dieser Ehe vorwerfen solle, denn das Geschlecht der Bentibolli sei ebenso alt und vornehm wie das der Este. Er antwortete darauf mit Entschuldigungen, die mir ausreichend und berechtigt vorkamen. Ich war ebenso vertrauensselig wie vernarrt, mein verliebtes Herz glaubte seinen Worten, und so überantwortete ich mich ganz seinem Willen. Die Vermittlerin unserer Zusammenkünfte aber war eine meiner Dienerinnen, die sich den Geschenken und Versprechungen des Herzogs gegenüber gefügiger zeigte, als mein Bruder, der auf ihre Zuverlässigkeit vertraute, es verdient hätte. Nach kurzer Zeit jedoch fühlte ich mich schwanger, und bevor meine Kleider meine Unbesonnenheit — um keinen schärferen Ausdruck zu gebrauchen — der Welt verkünden konnten, stellte ich mich krank und schwermütig und setzte es durch, daß mein Bruder mich in das Haus jener Base brachte, bei deren Hochzeit der Herzog Brautführer gewesen war. Von dort aus setzte ich den Herzog von meinem Zustand in Kenntnis und ließ ihn wissen, in welcher Gefahr ich mich befand und wie sehr ich für mein Leben fürchten mußte, da ich vermutete, daß mein Bruder hinsichtlich meines Fehltritts Verdacht geschöpft hatte. Wir verabredeten nun miteinander, daß ich ihn benachrichtigen würde, sobald ich in den letzten Monat meiner Schwangerschaft gekommen sei. Dann wollte er mit ein paar Freunden herüberkommen und mich nach Ferrara bringen, um sich an dem Zeitpunkt, der ihm angemessen erschien, in aller Öffentlichkeit mit mir zu vermählen. Für die heutige Nacht nun hatten wir sein Kommen vereinbart. Als ich am Abend dasaß und auf ihn wartete, hörte ich draußen meinen Bruder mit einer ganzen Schar Männer vorbeikommen. Am Klirren ihrer Degen merkte ich, daß sie bewaffnet waren. Auf diesen Schrecken hin kam ich unversehens nieder und brachte einen schönen Knaben zur Welt. Die Dienerin, von der ich vorhin sprach und die die Mitwisserin und Zwischenträgerin meiner Liebe gewesen war, hatte für diesen Fall schon alles vorbereitet. Sie wickelte das Kind in Windeln; doch waren es ganz andere, als das Kleine trug, das man Euch vor die Tür gelegt hat. Dann ging sie an die Haustür und übergab mein Söhnchen dort, wie sie mir sagte, einem Bedienten des Herzogs. Kurz darauf raffte ich mich auf, so gut ich es bei den obwaltenden Umständen vermochte, und ging aus dem Hause, da ich meinte, der Herzog müsse auf der Straße sein. Ich hätte zwar besser warten sollen, bis er an unsere Tür gekommen wäre, doch die bewaffnete Begleitung meines Bruders hatte mir einen solchen Schrecken eingejagt, daß ich schon sein Schwert über meinem Nacken schweben fühlte, und so wußte ich mir keinen besseren Rat. Blind und toll vor Angst lief ich auf die Straße, wo ich Euch begegnete. Wenn ich nun auch mein Kind und meinen Gatten verloren habe und vielleicht noch Schlimmeres befürchten muß, danke ich doch dem

Himmel, der mich in Eure Hand gegeben hat. Von Euch verspreche ich mir alles, was man sich von der spanischen Ritterlichkeit versprechen kann, und das um so mehr, als Euer Spaniertum noch durch die edle Abkunft erhöht wird, die Euch ins Gesicht geschrieben ist.«

Nach diesen Worten ließ sich die Dame ganz auf das Bett zurücksinken, und als die beiden herzueilten, um zu sehen, ob sie ohnmächtig geworden sei, merkten sie, daß sie bei Bewußtsein war, aber bitterlich weinte.

»Mein schönes Fräulein«, sagte Don Juan, »wenn ich und Don Antonio, mein Kamerad, bisher Mitleid und Erbarmen für Euch gefühlt haben, weil Ihr eine Frau seid, so ist jetzt, wo wir Euren Namen und Rang kennen, aus diesem Mitleid und Erbarmen die unbedingte Verpflichtung geworden, Euch beizustehen. Darum faßt nur Mut und laßt Euch nicht von Eurem Kummer überwältigen! Wenn Ihr auch noch nie in einer solch schlimmen Lage gewesen seid, so könnt Ihr Eure Abstammung nur noch mehr durch die Standhaftigkeit beweisen, mit der Ihr sie zu ertragen wißt. Glaubt mir, mein Fräulein, ich bin sicher, daß diese seltsame Begebenheit schließlich ein glückliches Ende finden wird; der Himmel wird es schon nicht zulassen, daß so viel Schönheit in Trauer versenkt wird und so viele ehrsame Absichten zuschanden werden. Nun legt Euch wieder hin, edle Frau, und sorgt ein wenig für Eure Gesundheit, Ihr habt es wirklich nötig. Wir schicken Euch eine Dienerin herein, die Euch zur Hand gehen kann und der Ihr ebenso vertrauen könnt wie uns selbst. Sie wird das Geheimnis Eures Unglücks ebensogut zu bewahren wissen, wie sie Euch jede Hilfe gewähren wird, deren Ihr bedürft.«

»Ach ja, ich bedarf der Hilfe so sehr, daß ich dafür noch schwerere Dinge auf mich nehmen würde«, erwiderte sie. »Schickt nur immer herein, wen Ihr wollt, mein Herr; wer von Euch kommt, wird wohl alles

Nötige gut und recht versehen. Aber ich bitte Euch doch noch einmal, sorgt dafür, daß niemand als Eure Dienerin mich zu sehen bekommt!«

»Das verspreche ich Euch«, entgegnete Antonio.

Damit gingen die beiden aus dem Zimmer und ließen sie allein. Don Juan sagte der Haushälterin, sie solle nun mit dem Säugling hineingehen, falls sie diesem schon wieder die feinen Windeln umgetan habe. Die Dienerin versicherte, daß dies bereits geschehen sei und das Kind nun wieder genauso aussähe, wie vorhin, als er es gebracht habe. Nachdem die Alte noch unterrichtet worden war, was sie der Dame in dem Zimmer antworten solle, wenn diese sie über das Kind ausfragte, ging sie hinein.

Sowie Cornelia sie erblickte, rief sie: »Willkommen, gute Freundin! Gebt mir das Kindchen und leuchtet mir einmal mit der Kerze da!«

Die Dienerin tat, wie ihr geheißen, und Cornelia nahm das Kind in ihre Arme. Plötzlich aber wurde sie ganz verwirrt, blickte das Kleine immer wieder forschend an und sagte schließlich zu der Dienerin: »Sagt mir doch, meine Beste, ist das Kind, das Ihr mir soeben gegeben habt, wirklich dasselbe, das ich heute nacht hier hatte?«

»Ja, gnädige Frau«, erwiderte die Haushälterin.

»Aber wie kommt es denn, daß es jetzt in andere Tücher gehüllt ist?« fragte Cornelia wieder. »Wirklich, meine Liebe, ich bin ganz sicher; entweder sind dies andere Windeln, oder es ist nicht dasselbe Kind.«

»Das ist wohl alles möglich«, versetzte die Alte.

»Um Gottes willen, was soll das heißen?« rief Cornelia. »Wieso ist alles möglich? Was soll das nur bedeuten, Liebe? Mein Herz sprengt mir noch die Brust, wenn ich nicht bald erfahre, was hinter dieser Sache steckt. Sagt es mir, gute Frau, bei allem, was Euch lieb und wert ist! Ich bitte Euch, sagt mir, wo Ihr diese kostbaren Tücher her habt; denn Ihr müßt wissen, daß sie mir gehören, wenn meine Augen mich nicht trügen und ich mich recht erinnere. In diese Windeln oder doch in ganz ähnliche war das geliebte Kind meines Herzens gewickelt, als ich es meiner Zofe übergab. Wer hat sie ihm weggenommen? O ich Unglückliche! Und wie kamen sie nur hierher? Wie furchtbar ist dies alles!«

Don Juan und Don Antonio, die all diese verzweifelten Klagen mit angehört hatten, wollten ihnen nun ein Ende machen und Cornelia mit der Ungewißheit wegen der vertauschten Tücher nicht länger martern. So traten sie ins Zimmer, und Don Juan sagte zu ihr: »Diese Windeln und dieses Kind gehören Euch, Fräulein Cornelia.«

Und nun erzählte er ihr in allen Einzelheiten, wie die Zofe ihm das Kind gegeben habe, wie er es nach Hause gebracht und der Dienerin befohlen habe, die Windeln zu vertauschen, und warum er dies getan. Als er von Cornelia die Geschichte ihrer Entbindung gehört habe, sei es ihm allerdings klargeworden, daß der Kleine ihr Sohn sein müsse, er habe es nur nicht gleich sagen wollen; denn er habe ihr nach dem Schrecken und dem Zweifel, ob sie ihren Augen trauen könne, die Freude bereiten wollen, ihr Kind wiederzufinden.

Zahllos waren die Freudentränen, die nun aus Cornelias Augen strömten, zahllos die Küsse, mit denen sie das Gesicht des Kindes bedeckte, und zahllos die Dankesworte, die sie ihren Wohltätern spendete. Sie nannte sie ihre menschlichen Schutzengel und gab ihnen noch andere Namen, in denen ihre überströmende Dankbarkeit zum Ausdruck kam.

Nun trugen die beiden Herren ihrer Dienerin auf, sich um Cornelia zu kümmern und ihr in jeder Weise behilflich zu sein. Sie teilten ihr auch mit, in welchem Zustand das Fräulein sich befand, damit sie als Frau, die ja in solcherlei Dingen besser Bescheid wissen mußte als sie beide, sie richtig pflegen könne. Dann ließen sie die Frauen allein. Sie nahmen sich vor, das Gemach Cornelias nicht wieder zu betreten, falls sie sie nicht eigens rufen ließe oder sonst eine dringende Notwendigkeit vorläge, und begaben sich nun für den Rest der Nacht zur Ruhe.

Als der Morgen kam, brachte die alte Dienerin eine Frau ins Haus, die das Kind im geheimen und ohne daß jemand etwas davon erfuhr, nähren konnte. Die Herren fragten nach Cornelia, und die Haushälterin erwiderte, daß sie ein wenig schlafen wolle. Daraufhin begaben sich Don Juan und Don Antonio zur Universität und nahmen dabei ihren Weg durch die Straße, in der der Kampf stattgefunden hatte, und vorbei an dem Hause, aus dem Cornelia gekommen war; denn sie wollten einmal hören, ob Cornelias Verschwinden schon ruchbar geworden war oder gar der Stadtklatsch sich bereits dieser Sache bemächtigt hatte. Nirgends jedoch fiel ein Wort über den Streit oder über Cornelia, so daß sie beruhigt ihre Vorlesungen besuchten und sich wieder nach Hause begaben.

Als sie dort angekommen waren, ließ Cornelia sie durch die Dienerin zu sich bitten; doch sie erwiderten, sie hätten sich vorgenommen, keinen Fuß mehr in ihr Gemach zu setzen, damit die Ehrfurcht, die ihr gebühre, aufs strengste gewahrt bleibe. Cornelia brach bei dieser Antwort in Tränen aus und ließ sie inständig bitten, doch hereinzukommen; denn ihre Anwesenheit könne ihrer Ehre nur zuträglich sein, und wenn sie auch keine Hilfe davon erwarten könne, so doch wenigstens Trost. Nun folgten sie ihrer Bitte, und Cornelia empfing sie mit freundlichem Lächeln und höflichen Worten. Sie wolle sie um einen Gefallen bitten, sagte sie, und zwar sollten sie doch einmal in die Stadt gehen, um zu hören, ob man schon über ihre unbesonnene Tat spräche. Sie erwiderten, dies Geschäft hätten sie bereits mit aller Sorgfalt erledigt, aber man höre nirgends ein Wort über die Sache.

In diesem Augenblick kam einer der drei Edelknaben ihrer Bedienung vor die Tür und rief von draußen: »Unten an der Haustür steht ein Edelmann mit zwei Dienern. Er sagt, er heiße Lorenzo Bentibolli, und er wolle meinen Herrn, Don Juan de Gamboa, sprechen.«

Auf diese Nachricht hin preßte Cornelia vor Schreck die geballten Fäuste an den Mund und flüsterte ängstlich hinter ihren Händen hervor:

»Ach, Ihr Herren, mein Bruder, das ist mein Bruder! Sicher hat er schon erfahren, daß ich hier bin, und ist nun gekommen, um mich zu töten. Helft mir doch, ihr Herren, beschützt mich!«

»Aber so beruhigt Euch doch, mein Fräulein«, sprach Don Antonio ihr zu. »Ihr steht hier unter unserem Schutz, und wir werden nicht zulassen, daß Euch auch nur ein Haar gekrümmt wird. Geht Ihr nur hin, Don Juan, und seht zu, was der Herr will. Ich bleibe hier, um Fräulein Cornelia zu verteidigen, falls es nötig sein sollte.«

Don Juan stieg mit unbewegtem Gesicht hinunter, während Don Antonio sofort zwei geladene Pistolen herbeischaffen ließ und die Edelknaben anwies, ihre Degen zur Hand zu nehmen und sich bereit zu halten.

Als die Haushälterin diese Vorbereitungen sah, begann sie zu zittern, und auch Cornelia fürchtete, daß etwas Schlimmes geschehen werde. Nur Don Juan und Don Antonio blieben völlig ruhig und wußten genau, was sie zu tun hatten. Don Juan traf an der Haustür mit Lorenzo zusammen, und dieser sagte, sowie er Don Juan erblickt hatte: »Ich bitte Euer Exzellenz« — denn dies ist in Italien die übliche Anrede —, »mir den Gefallen zu erweisen, mit in die Kirche hier gegenüber zu kommen. Ich habe eine Angelegenheit mit Euer Exzellenz zu bereden, von der mein Leben und meine Ehre abhängen.«

»Sehr gern«, erwiderte Don Juan, »führt mich nur, wohin Ihr wollt, mein Herr.«

Die beiden gingen nebeneinander zur Kirche hinüber und setzten sich dort auf eine Bank in einem Winkel, wo sie nicht gehört werden konnten. Lorenzo begann als erster zu sprechen und sagte: »Ich, Herr Spanier, bin Lorenzo Bentibolli und gehöre zwar nicht zu den reichsten, aber doch zu den vornehmsten Einwohnern dieser Stadt. Das ist eine allbekannte Wahrheit, und sie wird mich vor dem Vorwurf schützen, daß ich mein eigenes Lob singe. Vor etlichen Jahren verlor ich meine Eltern und wurde so zum Beschützer meiner Schwester. Sie ist ein wunderbar schönes Mädchen, und wenn ich nicht ihr Bruder wäre, so wäre ich wohl versucht, sie so zu rühmen, daß mir die Worte fehlten; denn kein einziges gibt es, das ihre Lieblichkeit ganz auszudrücken vermöchte. Ich bin ein Mann von Ehre, und sie war jung und schön; diese Tatsachen ließen mich um ihre Hut ganz besonders besorgt sein. Doch all meine Vorsicht und all meine Mühe wurden zuschanden gemacht durch die kühne unternehmende Wesensart meiner Schwester Cornelia — denn dies ist ihr Name. Um es kurz zu machen und Euch nicht durch eine Erzählung zu ermüden, die ich noch lang ausspinnen könnte, laßt Euch sagen, daß Alfonso von Este, der Herzog von Ferrara, mit seinen Luchsaugen noch schärfer sah als ich mit meinen Argusaugen, daß er all meine Kunst zunichte machte und meine Schwester zu Fall brachte. Heute nacht hat er sie mir geraubt und aus dem Hause einer meiner Verwandten entführt, und obendrein heißt es noch, es sei dies kurz nach ihrer Entbindung geschehen. Ich erfuhr es sofort und machte mich unverzüglich auf, um den Herzog zu suchen. Ich glaube auch, ich habe ihn gefunden und getroffen, doch stand ihm wohl ein Engel bei, der es nicht zuließ, daß ich mit seinem Blut den Flecken von meiner Ehre abwaschen durfte. Meine Base, von der ich den ganzen Hergang erfahren habe, sagt, der Herzog habe meine Schwester gewonnen, indem er ihr sein Wort gab, sie als Gattin heimzuführen. Ich kann das nicht glauben: es wäre, was den Reichtum anbetrifft, eine ungleiche Ehe, wenn auch nicht im Hinblick auf die Vornehmheit der Abkunft, denn alle Welt kennt das alte Geschlecht der Bentibolli aus Bologna. Ich meine, er griff wohl zu dem Mittel, zu dem alle Großen dieser Welt greifen, wenn sie sich ein scheues und züchtiges Mädchen gefügig machen wollen: er umschmeichelte sie mit der süßen Hoffnung, ihn als Gatten zu gewinnen, und ließ sie glauben, daß er sich nur bestimmter Rücksichten halber nicht sofort mit ihr vermählen könne. Das sind Lügen, die ehrlich klingen und doch so falsch und hinterlistig sind. Doch das sei nun, wie es wolle; ich habe meine Schwester und meine Ehre verloren, auch wenn ich meinerseits bisher tiefstes Stillschweigen über die ganze Angelegenheit gewahrt habe. Ich wollte niemandem von diesem Schimpf erzählen, bevor ich nicht ein Mittel sähe, um ihn zu tilgen und Genugtuung dafür zu erlangen; denn es ist immer besser, wenn die Welt unsere Schande nur ahnt und vermutet, als daß sie Sicheres und Bestimmtes darüber weiß. Solange die öffentliche Meinung noch zwischen dem Ja und dem Nein schwankt, kann jeder sich auf die Seite schlagen, die ihm gefällt, und jede Partei wird ihre Verteidiger finden. Nun aber habe ich mich entschlossen, nach Ferrara zu gehen und vom Herzog selber die Wiederherstellung meiner Ehre zu verlangen. Verweigert er sie mir, so muß ich ihn zum Kampfe herausfordern. Diesen Kampf aber kann ich nicht mit einer bewaffneten Mannschaft ausfechten, denn ich wäre gar nicht imstande, sie aufzutreiben und zu unterhalten; nein, Mann gegen Mann müssen wir antreten. Darum möchte ich Euch jetzt um Eure Hilfe angehen und Euch bitten, mich auf diesem Wege zu begleiten. Ich weiß, daß ich auf Euch als auf einen Spanier und

Edelmann volles Vertrauen setzen kann. Einen meiner Verwandten oder Freunde möchte ich in die Sache nicht einweihen, denn die würden mir doch nur davon abreden wollen, von Euch aber erwarte ich nur gute und ehrenhafte Ratschläge, selbst wenn ihre Ausführung mit Gefahr verbunden ist. Ihr, mein Herr, sollt mir die Gunst erweisen, mit mir zu kommen, denn wenn ich einen Spanier an meiner Seite weiß, und gar einen solchen, wie Ihr zu sein scheint, so wird es mir vorkommen, als hätte ich alle Heere des Xerxes zu meinem Schutz bei mir. Ich verlange viel von Euch, doch der Ruf Eurer Nation verpflichtet Euch noch zu mehr.«

»Still, Herr Lorenzo«, fiel hier Don Juan ein, der bisher zugehört hatte, ohne den anderen auch nur mit einem Wort zu unterbrechen. »Ihr braucht nichts weiter zu sagen. Von diesem Augenblick an fühle ich mich als Euer Verteidiger und Ratgeber und mache Eure Genugtuung oder die Rache für Euren Schimpf zu meiner eigenen Sache. Ich tue das nicht nur, weil ich ein Spanier, sondern weil ich ein Edelmann bin und Ihr, wie Ihr selbst sagtet und ich und alle Welt wohl weiß, zu den Vornehmsten Eures Standes gehört. Sagt nur, wann wir losziehen wollen! Am liebsten wäre es mir, wir brächen sogleich auf; denn man muß das Eisen schmieden, solange es heiß ist. Die Hitze des Zorns erhöht den Mut, und frischer Schimpf schreit nach Rache.«

Lorenzo erhob sich, preßte Don Juan fest in seine Arme und sagte: »Solch edelmütigem Herzen wie dem Euren, Herr Don Juan, braucht man keinen anderen Beweggrund zu geben als die Ehre, die es mit einer Tat gewinnen kann. Ich verspreche Euch: alle Ehre soll Euch gebühren, wenn wir glücklich aus dieser Sache herauskommen. Überdies aber steht alles, was ich bin, kann und vermag, zu Euren Diensten. Morgen wollen wir aufbrechen, und heute noch will ich alles Nötige für unser Unternehmen vorbereiten.«

»So ist es recht!« meinte Don Juan. »Doch nun erlaubt mir noch, Herr Lorenzo, einem Edelmann, der mein Kamerad ist, von dieser Angelegenheit zu berichten. Auf seinen Mut und seine Verschwiegenheit könnt Ihr Euch noch fester verlassen als auf mich selbst.«

»Ihr habt ja selbst gesagt, Don Juan, daß Ihr meine Ehre zu Eurer eigenen gemacht habt. So verfügt denn auch darüber, wie Ihr wollt, und teilt von unserer Sache mit, was und wem Euch beliebt – und gar ein Kamerad von Euch kann nur ein guter und trefflicher Mann sein.«

Damit umarmten sie einander und verabschiedeten sich, nachdem sie noch ausgemacht hatten, daß Lorenzo am folgenden Morgen jemanden schicken würde, um Don Juan abzuholen. Sie wollten erst draußen vor der Stadt zu Pferde steigen und verkleidet ihre Fahrt antreten.

Don Juan kehrte nun nach Hause zurück, wo er Don Antonio und Cornelia berichtete, was er mit Lorenzo besprochen und verabredet hatte.

»Gott steh mir bei!« rief Cornelia. »Groß ist Eure Ritterlichkeit, mein Herr, und groß Euer Vertrauen! Habe ich recht gehört? So schnell habt Ihr Euch in ein Unternehmen gestürzt, aus dem Euch so viele Gefahren erwachsen können? Und wißt Ihr denn, mein Herr, ob mein Bruder Euch nach Ferrara oder sonst wohin führen wird? Doch wohin er Euch auch führen mag, Ihr könnt sicher sein, daß die Treue selbst an Eurer Seite reitet, auch wenn ich unglückliches Mädchen vor jedem Sonnenstäubchen erzittere und vor jedem Schatten bebe. Aber wie soll ich mich nicht fürchten, wo doch Leben und Tod für mich von der Antwort des Herzogs abhängen? Und weiß ich denn, ob diese Antwort so überlegt und besonnen sein wird, daß meines Bruders Zorn sich in den Schranken der Vernunft hält? Wenn er jedoch diese Grenzen überschreiten sollte, glaubt Ihr vielleicht, er hätte einen schwächlichen Geg-

ner vor sich? Und versteht Ihr nicht, daß ich all die
Tage, bis Ihr zurück seid, in banger, angstvoller Spannung verbringen werde, da ich nicht weiß, ob mir eine
gute oder eine bittere Nachricht zuteil wird? Liebe ich
etwa den Herzog oder meinen Bruder so wenig, daß
ich nicht jeden Zufall fürchten müßte und es mich in
tiefster Seele kränken würde, wenn einem von beiden
ein Leid geschähe?«

»Ihr denkt und befürchtet zuviel, Fräulein Cornelia«,
meinte Don Juan. »Laßt doch auch der Hoffnung ein
wenig Raum zwischen all Euren Ängsten, vertraut auf
Gott, auf meine Geschicklichkeit und meine guten Absichten und glaubt, daß all Eure Wünsche eine glückselige Erfüllung finden werden. Die Reise nach Ferrara
ist beschlossene Sache, und ich kann Eurem Bruder die
Hilfe, die ich ihm versprach, nicht mehr versagen. Bis
jetzt kennen wir ja die Absichten des Herzogs noch
gar nicht und ahnen nicht, ob er von Eurem Verschwinden überhaupt weiß. All das werden wir aus seinem
eigenen Munde erfahren, und keiner ist wohl geeig-
neter als ich, ihn darum zu fragen. Glaubt mir nur,
Fräulein Cornelia, daß ich um das Leben und den See-
lenfrieden Eures Bruders und des Herzogs besorgt sein
werde wie um meinen eigenen Augapfel. Ich werde
alles für ihn tun, was ich für mich selbst tun würde.«

»Ach, Don Juan, wenn der Himmel Euch die Kraft,
den Streit zu schlichten, ebenso verliehen hat wie die
Gnade, mir Trost zu spenden, dann will ich mich inmitten all meiner Leiden und Sorgen glücklich preisen«, sagte Cornelia. »Ja, ich brenne schon darauf,
Euch fortziehen und wiederkehren zu sehen, auch wenn
Angst und Hoffnung mich peinigen und quälen werden, solange Ihr abwesend seid.«

Don Antonio billigte Don Juans Entschluß und sprach
seine Freude darüber aus, daß das Vertrauen Lorenzo
Bentibollis bei seinem Freund auf so guten Boden gefallen war. Ja, er ging sogar noch weiter und erklärte,

er wolle mitziehen und ihn begleiten, um für alle Fälle zur Hand zu sein.

»Nein, das geht nicht«, widersprach Don Juan. »Fräulein Cornelia darf hier nicht allein bleiben, und Herr Lorenzo soll auch nicht denken, ich wollte mich hinter einem anderen verstecken.«

»Mein Arm ist der Eure«, entgegnete Don Antonio. »Ich will Euch folgen, und sei es auch nur unerkannt und von weitem. Fräulein Cornelia wird sicherlich damit einverstanden sein, und sie bleibt ja auch nicht ganz allein zurück, sondern hat jemanden bei sich, der ihr zu Diensten ist, sie beschützt und ihr Gesellschaft leistet.«

»Es wäre mir ein großer Trost, meine Herren«, sagte Cornelia nun, »wenn ich wüßte, daß Ihr zusammen geht oder Euch wenigstens so nahe bleibt, daß einer dem andern beistehen kann, falls es nötig sein sollte. Da es mir aber scheinen will, als ginget Ihr einer großen Gefahr entgegen, so erweist mir den Gefallen, Ihr Herren, und nehmt diese Reliquien hier mit Euch.«

Bei diesen Worten zog sie aus ihrem Busen ein Diamantkreuz von unschätzbarem Wert und ein goldenes Lamm, das ebenso kostbar sein mochte. Die beiden betrachteten die Kleinodien und meinten übereinstimmend, daß sie wohl noch wertvoller seien als das Hutband; doch dann gaben sie ihr die Gegenstände zurück und wollten sie auf keinen Fall annehmen, sondern sagten, daß sie auch Reliquien mitnehmen würden, die zwar nicht so schön gefaßt, aber ebenso wirksam seien wie diese. Es tat Cornelia leid, daß die beiden ihre Kleinodien nicht nehmen wollten, doch mußte sie sich schließlich ihrem Willen fügen.

Don Juan und Don Antonio teilten nun der Haushälterin ihre bevorstehende Abreise mit, doch sagten sie ihr nicht, was sie vorhatten und wohin die Fahrt gehen sollte. Die Alte, die sich um Cornelia sehr besorgt zeigte, versprach, die Dame, deren Namen sie noch nicht kannte, inzwischen so gut zu bedienen, daß sie die Anwesenheit der beiden Herren gar nicht vermissen sollte.

Am anderen Morgen in aller Frühe war Lorenzo bereits vor der Haustür. Auch Don Juan war reisefertig und trug den kostbaren Hut, den er mit schwarzen und gelben Federn verziert hatte, während das Hutband mit einem schwarzen Flor verdeckt war. Nun sagten die beiden Freunde Cornelia Lebewohl, die bei dem Gedanken, daß ihr Bruder ihr so nahe war, vor Furcht zitterte und kein Wort zum Abschied herausbrachte. Don Juan verließ als erster das Haus und begab sich mit Lorenzo vor die Stadtmauer, wo sie in einem abgelegenen Garten zwei schöne Pferde vorfanden, die zwei Reitknechte am Zügel hielten. Sie stiegen auf, ließen die Diener vorausreiten und schlugen über wenig begangene Wege die Richtung nach Ferrara ein. Aus der Ferne folgte ihnen Don Antonio in Verkleidung auf seinem eigenen kleinen Pferde. Bald kam es ihm jedoch vor, als hätten die beiden und namentlich Lorenzo ihn bemerkt, und darum entschloß er sich, die Hauptstraße nach Ferrara zu nehmen, da er dort die anderen ja ohnehin treffen mußte.

Kaum waren unsere Reisenden aus der Stadt heraus, als Cornelia der Haushälterin ihre Geschichte entdeckte und sagte, daß sie und der Herzog von Ferrara die Eltern jenes Kindes seien. In allen Einzelheiten erzählte sie ihr alles, was bisher von uns berichtet wurde, und verbarg ihr auch nicht, daß die beiden jungen Spanier jetzt gemeinsam mit ihrem Bruder auf der Reise nach Ferrara seien, wo Lorenzo den Herzog Alfonso zum Zweikampf herausfordern wolle. Als die Dienerin das hörte, war es doch, als hätte der Teufel ihr befohlen, Cornelias Glück zu stören, zu verzögern und von neuem in Frage zu stellen.

»Ach meine liebste Herrin!« rief sie entsetzt. »Das alles ist geschehen, und Ihr liegt hier so sorglos und ruhig im Bette? Ja, habt Ihr denn kein Herz im Leibe, oder ist es von Stein, daß Ihr nichts empfindet? Glaubt Ihr denn wirklich, daß Euer Bruder nach Ferrara reitet? Schlagt Euch doch den Gedanken aus dem Kopf! Er hat bestimmt meine Herren nur von unserem Haus hier weglocken wollen, um dann zurückzukommen und Euch umzubringen — und das wird ihm ebensowenig Schwierigkeiten machen, wie wenn er ein Glas Wasser austrinken wollte. Bedenkt doch, wer unser Schutz und Schirm ist: drei Pagen, die gerade genug damit zu tun haben, sich die Krätze zu jucken, mit der sie bedeckt sind, und die um uns keinen Finger rühren werden! Was mich betrifft, so kann ich nur eins sagen: ich habe nicht den Mut, all die schrecklichen Dinge abzuwarten, die diesem Hause drohen. Der Herr Lorenzo ist ein Italiener — und der sollte sich zwei Spaniern anvertrauen und sie um Hilfe und Unterstützung bitten? Ich müßte närrisch sein, wenn ich das glauben sollte« —, und damit schlug sie sich mit der Faust vor die Stirn. »Wenn Ihr meinen Rat annehmen wolltet, mein Töchterchen, so würde ich Euch schon ein Licht aufstecken.«

Ganz entsetzt, betäubt und verwirrt hörte Cornelia die Worte der Dienerin an, die so eifrig auf sie einsprach und ein so ängstliches Gesicht schnitt, daß ihr alles, was sie sagte, als die reinste Wahrheit vorkam. Ja, vielleicht waren Don Juan und Don Antonio jetzt schon tot, und ihr Bruder würde im nächsten Augenblick zur Tür hereinkommen und ihr mit seinem Dolch zu Leibe gehen!

»Was für einen Rat könnt Ihr mir denn geben, meine Freundin?« fragte sie ängstlich. »Wie können wir uns nur retten und dem bevorstehenden Unheil ausweichen?«

»Ich weiß schon einen Ausweg, Fräulein, den besten, den es nur gibt!« versicherte die Alte. »Ich habe früher einmal in einem Dorf zwei Meilen vor Ferrara bei einem Pfäfflein gedient — bei einem Priester, meine ich. Das ist ein guter, frommer Mann, der mir jeden Wunsch erfüllen wird, denn er ist mir mehr verpflichtet als sonst ein Herr. Dorthin wollen wir gehen, und ich werde schon jemanden finden, der uns schnellstens hinbringt. Die Frau, die das Kind nährt, ist ein armes Weib und wird uns gewiß gern bis ans Ende der Welt begleiten. Und setzen wir selbst den Fall, daß Ihr gefunden werdet, mein Fräulein, so ist es doch immer noch besser, man findet Euch im Hause eines alten, ehrwürdigen Messepriesters als hier, bei zwei jungen spanischen Studenten, die gewiß keine Kostverächter sind, wie ich selbst bezeugen kann. Jetzt, wo Ihr krank seid, haben sie Euch wohl mit aller Ehrfurcht behandelt, doch wenn Ihr in diesem Hause erst einmal wieder gesund werdet und zu Kräften kommt, so mag Gott Euch beistehen. Glaubt mir nur, wenn meine Zurückhaltung, meine Sprödigkeit und meine Standhaftigkeit mich nicht stets geschützt hätten, so hätten sie mir schon längst meine Ehre geraubt; denn auch hier ist nicht alles Gold, was glänzt, und Reden und Denken sind bei ihnen zweierlei Dinge. Aber bei mir sind sie gerade an die Rechte gekommen; ich habe es faustdick hinter den Ohren und weiß genau, wo mich der Schuh drückt. Vor allem aber bin ich von guter Herkunft, denn ich stamme von den Crivelos aus Mailand, und meine Ehre steht für mich hoch über allen Sternen. Aus alledem könnt Ihr wohl ersehen, meine Dame, wie übel mir das Schicksal mitgespielt hat; trotz meiner vornehmen Abkunft muß ich jetzt die Haushälterin von zwei Spaniern sein und mich von ihnen Dienerin heißen lassen! Freilich, um der Wahrheit die Ehre zu geben, ich kann mich über meine Herren nicht beklagen. Es sind zwei gute Kerle, wenn sie nicht gerade in Zorn geraten. In dieser Hinsicht merkt man schon, daß sie Biskayer sind, wie sie auch selbst sagen. Gegen Euch allerdings werden sie sich vielleicht wie Galicier betragen — das ist nämlich eine andere Nation, die in dem Ruf steht, nicht ganz so höflich und genau zu sein.«

Schließlich hatte die Alte Cornelia mit ihren Reden so zugesetzt, daß diese sich entschloß, ihren Rat zu befolgen. Mit ihrer Zustimmung bereitete die Haushälterin schnell alles vor, und knapp vier Stunden später schon saßen die beiden mit der Amme in einem Wagen, ohne daß die Pagen von alledem etwas gemerkt hätten, und befanden sich auf dem Wege nach dem Dorf des Pfarrers. Alles war eingeleitet, wie die Haushälterin es wollte, und sie hatte auch alle Ausgaben bestritten, denn ihre Herren hatten ihr erst vor kurzem den Jahreslohn ausgezahlt, so daß es gar nicht nötig gewesen war, das Schmuckstück zu verpfänden, das Cornelia ihr zu diesem Zweck gegeben hatte. Da Cornelia von Don Juan gehört hatte, daß er und ihr Bruder nicht den geraden Weg nach Ferrara einschlagen, sondern Seitenwege nehmen wollten, wählten sie die Hauptstraße und beschlossen, recht langsam zu fahren, um jenen nicht zu begegnen. Der Besitzer des Wagens fügte sich ganz ihren Wünschen, denn sie hatten ihn sehr zu seiner Zufriedenheit bezahlt.

So lassen wir die beiden unternehmenden Frauen denn ruhig ihres Weges ziehen und kehren wieder zu Don Juan de Gamboa und Herrn Lorenzo Bentibolli zurück, um zu hören, wie es ihnen erging. Diese hatten unterwegs erfahren, daß der Herzog sich nicht in Ferrara befand, sondern in Bologna, und daher verließen sie ihren Seitenweg und wandten sich zur Hauptstraße, der »Strada maestra«, wie man in Italien sagt, da sie meinten, der Herzog müsse sicherlich hier vorbeikommen, wenn er von Bologna zurückkehrte. Wie sie so auf der Straße hielten und ihre Blicke in der Richtung gegen Bologna gewendet hatten, um zu sehen, ob wohl jemand käme, bemerkten sie einen Reitertrupp. Don Juan meinte daraufhin zu Lorenzo, er solle doch lieber ein wenig zur Seite reiten, denn falls der Herzog sich bei jener Reisegesellschaft befände, wolle er am besten gleich mit ihm sprechen, bevor er hinter den Mauern von Ferrara verschwunden sei, die nicht mehr weit waren. Lorenzo billigte diesen Plan Don Juans und erfüllte seine Bitte. Sowie Lorenzo sich entfernt hatte, nahm Don Juan den Flor ab, mit dem er das kostbare Hutband verhüllt hatte — allerdings keine sehr geschickte Maßnahme, wie er später selbst zugab.

Inzwischen war die Reiterschar näher gekommen, und Don Juan bemerkte unter ihnen eine Frau in Reisekleidern, die auf einem Schecken saß. Vor dem Gesicht trug sie eine Halbmaske, wohl um nicht erkannt zu werden oder um sich gegen Sonne und Luft zu schützen. Don Juan hielt sein Pferd mitten auf der Straße an und erwartete mit unbedecktem Gesicht die Reiter. Als diese herankamen, wurden ihre Blicke von der stattlichen Gestalt, der stolzen Haltung, dem prächtigen Pferd, der prunkvollen Kleidung und den flimmernden Diamanten gefesselt. Vor allem aber wurde der Herzog von Ferrara, der sich unter den Ankommenden befand, auf Don Juan aufmerksam, und wie er seine Augen auf die Hutschnur richtete, wußte er gleich, daß der Träger des Hutes Don Juan de Gamboa sein mußte, der ihm damals im Kampfe das Leben gerettet hatte. Er war seiner Sache so sicher, daß er, ohne weiter zu überlegen, auf Don Juan zusprengte und rief: »Ich glaube mich nicht zu täuschen, Herr Edelmann, wenn ich Euch Don Juan de Gamboa nenne. Eure stolze Haltung und diese Hutschnur haben es mir verraten.«

»Ja, Ihr habt recht«, erwiderte Don Juan. »Ich habe meinen Namen noch nie verbergen wollen. Doch nun sagt mir auch, wer Ihr seid, mein Herr, damit ich mir keine Unhöflichkeit zuschulden kommen lasse.«

»Das wäre ganz ausgeschlossen«, versetzte der Herzog. »Ich bin überzeugt, daß Ihr niemals unhöflich sein könntet. Gleichwohl will ich Euch sagen, Herr Don Juan, daß ich der Herzog von Ferrara bin, der sich verpflichtet fühlt, Euch sein Leben lang zu Diensten zu sein; denn es ist noch keine vier Nächte her, daß Ihr ihm dieses Leben gerettet habt.«

Kaum hatte der Herzog diese Worte ausgesprochen, als Don Juan mit erstaunlicher Behendigkeit aus dem Sattel sprang und herbeilief, um ihm die Füße zu küssen. Allein, sosehr er sich auch beeilte, der Herzog hatte sich doch schon vom Pferde geschwungen, so daß er Don Juan geradewegs in die Arme fiel.

Herr Lorenzo, der aus einer gewissen Entfernung die Bewegungen der beiden beobachtete, glaubte schon, dies sei nicht ein Ausdruck der Höflichkeit, sondern die beiden Herren seien aneinandergeraten. Er spornte darum sein Pferd und wollte herzureiten, doch mitten im Anlauf hielt er es wieder zurück, denn nun sah er, daß Don Juan und der Herzog, den er mittlerweile auch erkannt hatte, sich fest umschlungen hielten. Über Don Juans Schultern hinweg erblickte der Herzog Herrn Lorenzo und erkannte ihn sogleich. Bei diesem Anblick schrak er ein wenig zusammen und fragte Don Juan, den er immer noch in seinen Armen hielt, ob Lorenzo Bentibolli, der dort drüben auf seinem Pferde hielt, wohl mit ihm gekommen sei.

»Wir wollen ein wenig beiseite gehen«, sagte Don Juan hierauf, »denn ich habe Eurer Hoheit wichtige Dinge zu sagen.«

Der Herzog fügte sich diesem Wunsch, und Don Juan sagte: »Herr Herzog, Lorenzo Bentibolli, den Ihr dort drüben seht, hat eine schwere Beschuldigung gegen Euch vorzubringen. Er behauptet, Ihr hättet seine Schwester, Fräulein Cornelia, betrogen und entehrt und sie vor vier Nächten aus dem Hause einer ihrer Basen entführt. Nun will er erfahren, welche Genugtuung Ihr ihm dafür zu geben gedenkt, um dann zu sehen, was für Maßnahmen er ergreifen soll. Er hat mich gebeten, sein

Beistand und Vermittler zu sein, und ich war gern dazu erbötig, da ich nach gewissen Andeutungen, die er mir über den Kampf von neulich nacht machte, wohl vermutete, daß Ihr der Eigentümer dieses kostbaren Hutes sein müßtet, den Ihr mir in Eurer Großzügigkeit und Höflichkeit schenktet. Weil ich nun der Meinung war, daß keiner in dieser Sache besser vermitteln könnte als ich, bot ich ihm, wie gesagt, meine Hilfe an. Jetzt aber, mein Herr, müßt Ihr mir sagen, was Ihr von dieser Sache wißt und ob Lorenzo die Wahrheit spricht.«

»Ach, mein Freund«, erwiderte der Herzog, »es ist wahr, so wahr, daß ich es nicht ableugnen könnte, selbst wenn ich wollte. Aber ich habe Cornelia nicht betrogen und auch nicht entführt, obgleich ich weiß, daß sie aus dem fraglichen Hause verschwunden ist. Ich habe sie nicht betrogen, denn in meinen Augen ist sie meine rechtmäßige Gattin, und ich habe sie nicht entführt, denn ich weiß gar nicht, wo sie geblieben ist. Wenn ich meine Vermählung noch nicht öffentlich kundgab, so hatte das seinen Grund: ich wollte erst warten, bis meine Mutter, die auf dem Sterbebett liegt, aus dieser Welt in eine bessere hinübergegangen wäre, denn es ist nun einmal ihr Wunsch, daß Livia, die Tochter des Herzogs von Mantua, meine Gattin werden soll. Auch sind da noch einige andere und wichtigere Hindernisse, die sich der Ausführung meines Entschlusses bisher entgegengestellt haben und die ich Euch im Augenblick nicht nennen kann. In jener Nacht nun, in der Ihr mir beigestanden habt, wollte ich Cornelia nach Ferrara bringen, da bereits der Monat herangekommen war, in dem sie das Pfand der Liebe, das sie durch die Fügung des Himmels von mir unter dem Herzen trug, zur Welt bringen sollte. Ob nun der Kampf oder eine Nachlässigkeit von mir schuld an allem Folgenden sind, weiß ich nicht zu sagen; doch als ich zu Cornelias Haus kam, fand ich dort die Vermittlerin unserer Zusammenkünfte, die gerade aus der Tür trat. Ich fragte sie nach Cornelia, und sie antwortete mir, ihre Herrin habe vor wenigen Stunden einem wunderschönen Knaben das Leben geschenkt und sei nun bereits fortgegangen. Das Kind aber habe sie selbst meinem Diener Fabio übergeben. Cornelias Zofe ist das Mädchen dort hinten, und auch Fabio ist hier; das Kind und Cornelia aber sind nicht wieder aufgetaucht. Ich bin jetzt zwei Tage in Bologna gewesen, habe gewartet und überall herumgehorcht, ob ich etwas über Cornelias Verbleib erfahren könnte, doch alles war vergebens.«

»Wenn nun aber Cornelia und das Kind wieder zum Vorschein kommen sollten«, sagte Don Juan, »dann würdet Ihr, Herr Herzog, also nicht abstreiten, daß sie Eure Gattin ist und das Kind Euer Sohn?«

»Nein, wahrhaftig nicht!« rief der Herzog. »Denn wenn ich auch stolz bin auf meinen Adel, so bin ich doch noch stolzer auf meine christliche Gesinnung, und erst gar, wenn es sich um Cornelia handelt, die wert wäre, die Herrscherin eines Königreiches zu sein. Wenn sie wiederkommt, soll es mich nicht mehr kümmern, ob meine Mutter am Leben ist oder tot. Alle Welt soll wissen, daß ich ein treuer Liebhaber war und mein Wort, das ich im geheimen gab, in aller Öffentlichkeit einzulösen verstehe.«

»So«, meinte Don Juan, »und würdet Ihr nun das, was Ihr mir soeben gesagt habt, auch Eurem Schwager, Herrn Lorenzo, sagen?«

»Natürlich«, versicherte der Herzog. »Es tut mir nur leid, daß er es jetzt erst erfahren soll.«

Nun gab Don Juan Lorenzo ein Zeichen, daß er absteigen und kommen solle, und dieser folgte dem Wink, ohne zu ahnen, welch gute Nachricht ihn erwartete. Der Herzog ging ihm mit ausgebreiteten Armen entgegen und rief: »Kommt, mein Bruder.«

Lorenzo wußte kaum, was er auf diese liebevolle Begrüßung und den höflichen Empfang antworten sollte.

So stand er zweifelnd da, doch bevor er noch ein Wort geäußert hatte, sagte Don Juan: »Herr Lorenzo, der Herzog bekennt, daß er geheime Beziehungen zu Eurer Schwester, Fräulein Cornelia, gehabt hat. Zugleich aber erklärt er, daß sie seine rechtmäßige Gattin ist, und wird, was er soeben gesagt hat, vor aller Öffentlichkeit wiederholen, sobald sich die Gelegenheit dazu bietet. Er gesteht fernerhin, daß er sie vor vier Nächten aus dem Hause ihrer Base nach Ferrara entführen wollte, um dort die Hochzeit abzuwarten, die er bisher aus triftigen Gründen, die er mir genannt hat, noch verschieben mußte. Er hat mir auch von dem Kampf erzählt, den er mit Euch ausgefochten hat, und behauptet, danach nur Sulpicia, die Zofe, in Cornelias Haus angetroffen zu haben. Von ihr hat er erfahren, daß Cornelia in jener Nacht ein Kind zur Welt gebracht hat, das dann einem Diener des Herzogs übergeben worden sei. Cornelia aber, die glaubte, der Herzog sei auf der Straße, habe voller Angst das Haus verlassen, weil sie meinte, daß Ihr, Herr Lorenzo, schon von der Sache wüßtet. Sulpicia hat das Kind jedoch versehentlich nicht dem Diener des Herzogs übergeben, sondern einem anderen Mann. Cornelia ist seitdem verschwunden, und der Herzog nimmt alle Schuld auf sich und erklärt, daß er sie als seine rechtmäßige Gattin anerkennen wird, wann und wo immer sie wieder auftauchen mag. Nun überlegt selbst, Herr Lorenzo, ob hier noch etwas zu sagen oder zu wünschen bleibt, es sei denn, daß wir den Wunsch aussprechen, diese beiden kostbaren und unglückseligen Menschenkinder wiederzufinden.«

Statt aller Antwort warf sich Lorenzo zu Füßen des Herzogs, der ihn liebevoll hieß, sich wieder zu erheben.

»Von Eurer christlichen Gesinnung und Eurer Großmut, mein durchlauchtigster Herr und Bruder«, sagte Lorenzo nun, »konnten meine Schwester und ich uns nichts Geringeres erhoffen als die Gnade, die Ihr uns beiden erweist. Nehmt meinen Dank dafür, daß Ihr sie an Eure Seite erheben und mich unter die Zahl Eurer ergebensten Diener rechnen wollt.«

Bei diesen Worten traten Tränen in seine Augen, und auch die des Herzogs schimmerten feucht. Der eine war betrübt über den Verlust seiner Gattin, der andere gerührt, weil er solch edlen Schwager gefunden hatte. Da sie es jedoch beide als eine unmännliche Schwäche ansahen, ihren Gefühlen so sichtbar Ausdruck zu geben, drängten sie die Tränen wieder zurück. Don Juans Augen jedoch strahlten voller Freude, und es schien, als wollten sie die frohe Botschaft verkünden, daß Cornelia und ihr Sohn gefunden waren und sich in seinem Hause befanden.

Wie sie so dastanden, tauchte aus einiger Entfernung Don Antonio de Isunza auf, den Don Juan sogleich an seinem kleinen Pferd erkannte. Als Don Antonio jedoch näher kam, erblickte er etwas abseits vom Wege die Tiere Don Juans und Lorenzos, welche die Reitknechte am Zügel hielten, und nun hielt auch er an. Don Juan und Lorenzo konnte er erkennen, nicht jedoch den Herzog, und so wußte er nicht, was er tun sollte und ob es richtig wäre, zu Don Juan hinzureiten. Schließlich ritt er auf die Diener des Herzogs zu und fragte sie, indem er auf den Herzog wies, ob sie wüßten, wer der Edelmann sei, der dort bei den beiden anderen stünde. Auf die Antwort, das sei der Herzog von Ferrara, wurde er nur noch verwirrter und wußte immer weniger, was er tun sollte, bis Don Juan ihn aus allen Zweifeln riß, indem er ihn beim Namen rief. Da Don Antonio sah, daß die anderen abgestiegen waren, schwang auch er sich aus dem Sattel und ging hinüber. Der Herzog empfing ihn mit der größten Höflichkeit, denn Don Juan hatte ihm schon gesagt, Antonio sei sein Kamerad. Schließlich erzählte Don Juan seinem Freund alles, was sie bisher mit dem Herzog besprochen hatten, und Don Antonio freute sich über die Maßen und sagte zu Don Juan: »Aber warum setzt Ihr der Freude und Zufriedenheit dieser Herren nicht noch die Krone auf, Don Juan, und verkündet ihnen die frohe Botschaft, daß Fräulein Cornelia und ihr Sohn gefunden sind?«

»Wenn Ihr jetzt nicht gekommen wäret, Don Antonio«, versetzte Don Juan, »hätte ich es wohl getan. Doch jetzt fordert Ihr Euch nur den Botenlohn für die gute Nachricht ein, ich verspreche Euch, er wird Euch von Herzen gern gespendet.«

Als der Herzog und Lorenzo hörten, wie die beiden von Cornelias Wiederauffinden und einem Botenlohn sprachen, fragten sie, was das zu bedeuten habe.

»Was soll es wohl bedeuten?« erwiderte Don Antonio. »Nichts, als daß auch ich eine Rolle in dieser Tragikomödie spielen will. Ich möchte mir einen Botenlohn erbitten für die Nachricht, daß Fräulein Cornelia und ihr Sohn gefunden sind und sich in unserem Hause befinden.«

Und nun erzählte er ihnen in allen Einzelheiten die ganze Geschichte, die uns bereits bekannt ist. Der Herzog und Herr Lorenzo waren darob so froh und glücklich, daß Don Lorenzo Don Juan umarmte und der Herzog Don Antonio; der Herzog versprach ihm sein ganzes Reich als Botenlohn und Herr Lorenzo sein gesamtes Vermögen, sein Leben und seine Seele. Nun riefen sie die Jungfer herbei, die Don Juan das Kind übergeben hatte und die, als sie Herrn Lorenzo erkannte, vor Angst zu zittern begann. Sie fragten sie, ob sie den Mann, dem sie das Kind gegeben hätte, wohl wiedererkennen würde; doch sie verneinte diese Frage und erklärte, sie habe ihn nur gefragt, ob er Fabio sei; er habe dies bejaht, und dann habe sie ihm im Vertrauen darauf das Kind gegeben.

»Jawohl, so war es, Jungfer«, bestätigte Don Juan. »Und dann habt Ihr mir noch gesagt, ich solle das Kind in Sicherheit bringen und sogleich zurückkehren, und daraufhin habt Ihr die Tür geschlossen.«

»Genauso war es, Herr,« versicherte das Mädchen schluchzend.

»Nun aber genug mit den Tränen!« rief der Herzog. »Hier darf nur noch Jubel und Fröhlichkeit herrschen! Ich reite jetzt nicht erst nach Ferrara, sondern kehre sogleich nach Bologna zurück, denn all unser Glück ist nur ein Schatten, solange es nicht durch den Anblick Cornelias strahlende Wirklichkeit wird.«

Und ohne ein weiteres Wort wandten sich alle einmütig um und ritten nach Bologna zurück.

Don Antonio ritt voraus, um Cornelia vorzubereiten, damit die unverhoffte Ankunft des Herzogs und ihres Bruders sie nicht zu sehr erschreckte. Wie er sie jedoch nicht vorfand und auch die Pagen keine Auskunft über ihren Verbleib geben konnten, war er ganz verzweifelt und geriet völlig aus der Fassung. Als er dann sah, daß auch die Dienerin nicht mehr im Hause war, konnte er sich wohl denken, daß sie die Schuld an Cornelias Verschwinden trug. Die Edelknaben erzählten, daß die Haushälterin noch am gleichen Tage, an dem sie weggeritten seien, das Haus verlassen habe; das Fräulein Cornelia aber, nach dem er fragte, hätten sie überhaupt nicht zu Gesicht bekommen. Don Antonio war ganz außer sich über diesen unvorhergesehenen Schrecken und fürchtete schon, der Herzog möchte sie vielleicht für Lügner und Betrüger halten oder gar noch Schlimmeres von ihnen denken, Dinge, die ihrer Ehre und Cornelias gutem Ruf nur schaden konnten. Wie er noch so in Gedanken versunken war, traten der Herzog, Don Juan und Lorenzo ein, die ihr Gefolge draußen vor der Stadt zurückgelassen hatten und nun durch wenig begangene, abgelegene Gäßchen ins Haus gelangt waren. Sie fanden Don Antonio totenbleich, das Gesicht in die Hand gestützt, auf einem Stuhl sitzen.

Don Juan fragte ihn, was ihm denn widerfahren sei und wo Cornelia wäre.

»Was mir widerfahren ist?« rief Don Antonio. »Cornelia ist fort! Zusammen mit der Haushälterin, deren Obhut wir sie anvertraut hatten, ist sie am selben Tage, an dem wir fortgeritten sind, aus dem Hause verschwunden.«

Der Herzog wäre bei dieser Nachricht beinahe entseelt zu Boden gesunken, und Lorenzo war der Verzweiflung nahe. Kurzum, alle waren ganz verstört und entsetzt und wußten nicht, was sie von der Sache halten sollten. In diesem Augenblick trat ein Page zu Don Antonio und flüsterte ihm ins Ohr: »Gnädiger Herr, Santiesteban, der Edelknabe des Herrn Don Juan, hat sich seit dem Tage, an dem Euer Gnaden fortgereist sind, mit einer hübschen Frau in seinem Zimmer eingeschlossen. Ich glaube, sie heißt Cornelia, wenigstens habe ich sie so rufen hören.«

Don Antonio regte sich bei dieser Nachricht von neuem auf, denn er meinte selbstverständlich, daß Cornelia die Frau sein müsse, die der Page versteckt halte, und es wäre ihm lieber gewesen, sie wäre überhaupt nicht wieder aufgetaucht, als daß man sie an solchem Orte fand. Trotzdem sagte er kein Wort, sondern ging schweigend nach dem Zimmer des Pagen. Dort fand er die Tür verschlossen, der Page aber war ausgegangen. Nun trat er dicht an die Tür heran und sagte mit leiser Stimme: »Macht auf, Fräulein Cornelia, und kommt heraus, um Euren Bruder und den Herzog, Euren Gatten, zu empfangen. Sie sind gekommen, um Euch zu holen.«

»Wollt Ihr Euch etwa einen Scherz mit mir erlauben?« erklang eine Stimme von drinnen. »So häßlich und abgenutzt bin ich wirklich noch nicht, daß nicht Herzöge und Grafen nach mir fragen könnten. Aber das hat man eben davon, wenn man sich mit einem Pagen abgibt!«

Don Antonio merkte an diesen Worten, daß es nicht Fräulein Cornelia sein konnte, die ihm da antwortete. Wie er noch so dastand, kam der Page Santiesteban nach Hause und eilte sogleich nach seinem Zimmer. Dort aber traf er Don Antonio, der soeben verlangt hatte, man solle ihm alle Schlüssel des Hauses herbeischaffen, damit er sehen könne, ob einer derselben zum Schloß der Türe paßte. Mit dem Schlüssel in der Hand fiel der Page vor ihm auf die Knie und rief: »Die Abwesenheit von Euer Gnaden oder, besser gesagt, meine Niederträchtigkeit hat mir den Gedanken eingegeben, eine Frau ins Haus zu bringen und drei Nächte bei mir zu behalten. Ach, Herr Don Antonio de Isunza, ich flehe Euch an, so wahr Ihr nur gute Nachrichten aus Spanien erhalten möget, sagt meinem Herrn, Don Juan de Gamboa, nichts von der Sache, falls er es nicht schon weiß! Ich will sie auch gleich fortschicken.«

»Und wie heißt die Frau?« fragte Don Antonio.

»Cornelia heißt sie«, erwiderte der Page.

Der andere Edelknabe aber, der das Versteck verraten hatte, war nicht gut Freund mit Santiesteban. Mochte er nun aus Dummheit oder aus böser Absicht handeln, jedenfalls ging er hinunter in das Zimmer, wo der Herzog, Don Juan und Lorenzo waren, und sagte: »Bei Gott, den Pagen hat's nun aber erwischt! Jetzt hat er das Fräulein Cornelia wieder herausrücken müssen! Und er hatte sie doch so schön versteckt! Dem wäre es auch lieber gewesen, wenn die Herren noch nicht gekommen wären; dann hätte er doch noch drei oder vier Tage länger mit ihr seine Feste feiern können.«

Als Lorenzo das hörte, sagte er: »Was redet Ihr da, junger Mann? Wo ist Cornelia?«

»Oben«, erwiderte der Page.

Kaum hatte der Herzog das vernommen, als er wie der Blitz die Treppe hinaufstürzte, um Cornelia zu suchen, denn er meinte nicht anders, als sie wäre wieder aufgetaucht. Er lief in das Zimmer, in dem Don Antonio stand, und rief schon beim Eintreten: »Wo ist Cornelia? Wo ist mein geliebtes Herz?«

»Hier ist Cornelia!« rief eine Frau, die in ein Bettuch gewickelt dastand und ihr Gesicht verhüllte. »Gott steh mir bei, was soll das?« fuhr sie fort. »Ist Euch vielleicht ein Ochse gestohlen worden? Oder ist es etwa noch nie vorgekommen, daß eine Frau bei einem Pagen schläft, weil Ihr so ein Aufhebens davon macht?«

Voller Ärger und Zorn riß jetzt Lorenzo, der dabeistand, einen Zipfel des Bettuchs weg und enthüllte eine junge, nicht übel aussehende Frau, die vor Scham die Hände vors Gesicht schlug und dann schnell nach ihren Kleidern griff, die ihr als Kopfkissen gedient hatten, weil im Bett keins vorhanden war. Auch die anderen sahen nun an diesem Benehmen, daß sie eine Straßendirne sein mußte.

Der Herzog fragte sie, ob es denn wahr sei, daß sie Cornelia heiße, und sie erwiderte, das treffe allerdings zu, ihre Eltern seien sehr ehrenwerte Leute in dieser Stadt und keiner brauche zu sagen »Von diesem Wasser trink' ich nicht«. Der Herzog war so niedergeschmettert, daß er nahe daran war zu glauben, die Spanier wollten ihn zum Narren halten. Um jedoch solch häßlichen Verdacht nicht erst aufkommen zu lassen, wandte er kurz entschlossen den Rücken, ging, gefolgt von Lorenzo, aus dem Hause, stieg auf sein Pferd und ritt davon. Don Juan und Don Antonio aber, die zurückblieben, waren beinahe noch verzweifelter als die beiden anderen. Sie beschlossen, alles Mögliche und Unmögliche zu unternehmen, um Cornelia zu suchen und den Herzog von der Wahrheit ihrer Worte und ihren guten Absichten zu überzeugen. Sie entließen Santiesteban um seines schlimmen Streiches willen und jagten die Dirne Cornelia fort. In diesem Augenblick kam ihnen der Gedanke, daß sie ja vergessen hatten, dem Herzog von dem goldenen Lamm und dem Diamantkreuz zu erzählen, die Cornelia ihnen hatte mitgeben wollen. Auf diese Kennzeichen hin, so meinten sie, hätte der Herzog ihnen sicher geglaubt, daß Cornelia in ihrem Hause gewesen war und daß sie keinerlei Schuld an ihrem Verschwinden traf. Sofort machten sie sich auf, um es ihm zu sagen, trafen ihn aber in Lorenzos Hause, wo sie ihn vermuteten, nicht an. Lorenzo aber war da und sagte ihnen, der Herzog habe sich nicht eine Minute länger aufhalten wollen, sondern sei sofort nach Ferrara zurückgekehrt, nachdem er ihn beauftragt hatte, nach seiner Schwester zu forschen.

Sie sagten Lorenzo nun, was sie auf dem Herzen hatten, doch dieser erklärte ihnen, der Herzog habe an ihrem Verhalten nicht das geringste auszusetzen, und sie beide hätten Cornelias Verschwinden nur ihrer großen Angst zugeschrieben. »Gott gebe, daß wir sie wiederfinden«, sagte er. »Es ist doch unmöglich, daß sie, die Haushälterin und das Kind einfach vom Erdboden verschluckt sind!«

Mit diesem Gedanken trösteten sie sich ein wenig und beschlossen nun, ihre Nachforschungen nach Cornelias Verbleib nicht in aller Öffentlichkeit, sondern unter der Hand anzustellen, da ja außer ihrer Base noch niemand um ihr Verschwinden wußte. Wenn man aber die Sache öffentlich ausposaune, so meinte Lorenzo, liefe der gute Ruf seiner Schwester Gefahr, da die Absicht des Herzogs ja noch niemandem bekannt sei, und es dann viele Mühe kosten werde, all die Vermutungen zu widerlegen, die aus solch einem plötzlichen Vorurteil erwachsen würden.

Den Herzog nun, der sich, wie gesagt, auf der Reise nach Ferrara befand, führte sein glücklicher Stern in das Dorf jenes Priesters, bei dem Cornelia, das Kind, die Amme und die Anstifterin ihrer Flucht inzwischen eingetroffen waren. Sie hatten dem Geistlichen ihre Geschichte erzählt und ihn um Rat gebeten, was sie nun tun sollten. Der Pfarrer aber war mit dem Herzog sehr befreundet, und dieser pflegte, wenn er von Ferrara kam, oft in seinem Hause, das entsprechend den künstlerischen Neigungen seines Besitzers aufs beste und geschmackvollste eingerichtet war, einzukehren, um von hier aus auf die Jagd zu gehen. Das Interesse, das der Pfarrer für alles zeigte, und seine geistreiche Art in allem, was er sagte und tat, gefielen dem Herzog ungemein. So war der Pfarrer denn auch nicht erstaunt, den Herzog in seinem Hause zu sehen, da es, wie gesagt, nicht das erstemal war; nur bekümmerte es ihn, daß er so traurig aussah. Er merkte sogleich, daß der Herzog eine große Aufregung erlebt haben mußte.

Als Cornelia hörte, daß der Herzog von Ferrara im Hause sei, erschrak sie furchtbar, da sie nicht wußte, mit welcher Absicht er gekommen war. Sie rang die Hände und lief wie von Sinnen im Zimmer auf und nieder. Am liebsten hätte sie sofort mit dem Pfarrer gesprochen, doch dieser unterhielt sich mit dem Herzog und hatte keine Zeit, zu ihr zu kommen.

»Ich bin heute sehr traurig, mein Vater«, sagte der Herzog zu dem Pfarrer, »und möchte nicht mehr nach Ferrara reiten, sondern hier bei Euch bleiben. Sagt doch meinen Leuten, sie sollten nach Ferrara weiterziehen, und nur Fabio mag dableiben.«

Der gute Pfarrer kam diesem Wunsch nach, ging hinaus und erteilte sogleich seine Befehle für die Unterbringung und Bewirtung des Herzogs. Jetzt hatte Cornelia endlich Gelegenheit, ihn zu sprechen. Sie ergriff seine Hände und sagte: »Ach, mein Vater und Herr! Sagt mir doch, was will der Herzog? Ich flehe Euch bei allen Heiligen an, fragt ihn in meiner Sache ein wenig aus und versucht herauszubekommen, was er im Sinne hat. Aber macht es nur, wie es Euch am besten erscheint, Eure Klugheit wird Euch schon den richtigen Weg zeigen.«

»Der Herzog ist traurig«, erwiderte der Pfarrer. »Bisher hat er mir jedoch den Grund seines Kummers noch nicht genannt. Ich kann Euch fürs erste nur den einen Rat geben, mein Fräulein: putzt das Kindchen schön heraus und hängt ihm alle Schmuckstücke um, die Ihr besitzt, vor allem diejenigen, die der Herzog Euch geschenkt hat. Und dann laßt mich nur machen; ich hoffe, daß der Himmel uns noch ein glückliches Ende dieses Tages bescheren wird.«

Cornelia umarmte ihn vor Freude und küßte ihm die Hand. Dann ging sie, um das Kind zurechtzumachen und zu schmücken. Der Pfarrer ging wieder zum Herzog hinein, um mit ihm bis zur Essensstunde zu plaudern. Im Verlauf ihres Gesprächs fragte er den Herzog, ob er wohl den Grund seiner Schwermut erfahren dürfe, denn man könne es ihm ja schon von weitem ansehen, daß er bekümmert sei.

»Ja, mein Vater«, erwiderte der Herzog, »es ist nur natürlich, daß die Traurigkeit des Herzens sich im Gesicht widerspiegelt und daß man in den Augen eines Menschen liest, was seine Seele bewegt. Das schlimmste daran ist nur, daß ich den Grund meines Kummers fürs erste noch niemandem mitteilen kann.«

»Nun, gnädiger Herr«, versetzte der Pfarrer, »wenn Ihr zur Erheiterung etwas Hübsches sehen möchtet, so könnte ich Euch etwas zeigen, was ich hier habe. Es wird Euch sicher große Freude machen.«

»Das wäre ein törichter Mensch«, versetzte der Herzog, »der ein Heilmittel für seine Leiden, das man ihm anbietet, nicht nehmen wollte. Zeigt mir den Gegenstand, von dem Ihr sprecht, Vater; sicher ist es wieder eine von Euren Seltenheiten, die mir stets so gut gefallen.«

Der Pfarrer erhob sich und ging zu Cornelia hinaus, die das Kind bereits zurechtgemacht und ihm das Diamantkreuz, das goldene Lamm und noch drei andere kostbare Schmuckstücke umgehängt hatte, die sämtlich

Geschenke des Herzogs waren. Der Pfarrer nahm das Kind auf den Arm, ging wieder zum Herzog hinein und bat ihn, doch einmal aufzustehen und ans Fenster zu treten, wo das Licht noch hell hereinschien. Dort legte er das Kind aus seinen Armen in die des Herzogs. Dieser schaute auf den Säugling, und wie er die Schmuckstücke sah und erkannte, daß es die nämlichen waren, die er Cornelia geschenkt hatte, war er sprachlos vor Staunen. Nun betrachtete er das Gesichtchen des Kindes näher, forschte in seinen Zügen, und es war ihm, als sähe er sein eigenes Bildnis. Voller Verwunderung fragte er den Pfarrer, wem dieses Kind gehöre, das nach Schmuck und Anzug der Sohn eines Fürsten sein müsse.

»Ich weiß es nicht«, erwiderte der Pfarrer. »Ich kann Euch nur berichten, daß es mir vor einigen Nächten von einem Edelmann aus Bologna ins Haus gebracht wurde. Der Herr bat mich, für das Kind zu sorgen und es aufzuziehen, und sagte, ein sehr tapferer Mann und eine wunderschöne Frau seien seine Eltern. Es kam auch eine Frau mit dem Edelmann, die das Kind nähren sollte und die ich gefragt habe, ob sie mir über die Eltern des Kleinen Auskunft geben könne. Doch sie sagte, sie wisse kein Wort darüber. Ich versichere Euch, wenn die Mutter so schön ist wie die Amme, dann muß sie die schönste Frau Italiens sein.«

»Könnte ich sie nicht einmal sehen?« fragte der Herzog.

»Warum nicht?« erwiderte der Pfarrer. »Kommt nur mit mir, Herr. Mir scheint, der Schmuck und die Schönheit dieses Kindes haben Euch in Erstaunen gesetzt; wenn Ihr aber die Amme seht, werdet Ihr ebenso entzückt sein.«

Damit wollte er das Kind wieder an sich nehmen, doch der Herzog gab es nicht her, sondern drückte es an seine Brust und bedeckte sein Gesichtchen mit Küssen. Der Pfarrer ging voraus und sagte zu Cornelia, sie solle kommen und den Herzog empfangen, und sie brauche sich keineswegs zu beunruhigen. Cornelia kam; die Aufregung hatte ihr Gesicht mit solch lieblicher Röte übergossen, daß ihre Schönheit beinahe überirdisch erschien. Als der Herzog sie ins Zimmer treten sah, blieb ihm fast das Herz stehen, sie aber warf sich zu seinen Füßen nieder und versuchte, sie zu küssen. Ohne ein Wort reichte der Herzog dem Pfarrer das Kind, wandte sich um und eilte, so rasch er konnte, aus dem Zimmer. Als Cornelia das sah, blickte sie auf den Pfarrer und rief: »O Gott, was soll das bedeuten, mein Vater? Ist der Herzog so erschrocken über meinen Anblick? Verabscheut er mich etwa? Komme ich ihm so häßlich vor? Hat er denn ganz vergessen, was er mir schuldig ist? Ist ihm sein Kind etwa zuwider, daß er es so schnell wieder aus den Armen läßt?«

Der Pfarrer erwiderte kein Wort, so verwundert war er über die Flucht des Herzogs — denn als eine Flucht mußte ihm dieses Benehmen erscheinen. Der Herzog war jedoch nur hinausgelaufen, hatte Fabio herbeigerufen und gesagt: »Reite zu, mein Freund Fabio, und mach, daß du so schnell wie möglich nach Bologna kommst. Dort richtest du Herrn Lorenzo Bentibolli und den beiden spanischen Herren Don Juan de Gamboa und Don Antonio de Isunza aus, sie sollten unverzüglich in dieses Dorf kommen. Sieh zu, mein Freund, daß du schnellstens wieder da bist, und komm nicht ohne die drei Herren, ich muß sie dringend sprechen.«

Fabio war nicht faul und schwang sich ohne Zögern in den Sattel, um dem Befehl seines Herrn nachzukommen. Der Herzog kehrte nun ins Zimmer zurück, wo er Cornelia in Tränen aufgelöst vorfand. Während auch ihm die Tränen über die Wangen strömten, nahm er sie in die Arme. Immer wieder, tausendmal, trank er den Atem von ihrem Mund. Die Freude hatte dem glücklichen Paar die Zunge gelähmt, schweigend genoß es die selige Stunde des Wiedersehens. Die Amme des

Kindes und die Alte, die sich rühmte, aus dem Geschlecht der Crivelos zu stammen, hatten durch die halboffene Tür eines Nebenzimmers die Szene zwischen dem Herzog und Cornelia mit angesehen. Nun rannten sie vor lauter Freude die Köpfe gegen die Wand, daß es aussah, als hätten sie den Verstand verloren. Der Pfarrer bedeckte das Gesicht des Kindes, das er im linken Arm hielt, mit Küssen, während er mit der freien Rechten Cornelia und dem Herzog, die einander umschlungen hielten, seinen Segen spendete. Die Haushälterin des Pfarrers hatte als einzige das rührende Wiedersehen nicht miterlebt, weil sie mit der Zubereitung der Abendmahlzeit beschäftigt war. Als sie das Essen fertig hatte, trat sie ein und bat die Anwesenden, sich zu Tisch zu setzen. Nun erst ließen die beiden Liebenden voneinander, und der Herzog nahm dem Pfarrer das Kind wieder ab und behielt es während der ganzen Dauer der zwar nicht üppigen, aber gut und geschmackvoll zubereiteten Mahlzeit im Arme. Beim Essen erzählte Cornelia alles, was sie bis zu dem Zeitpunkt erlebt hatte, da sie auf den Rat der Haushälterin der beiden Edelleute in dieses Haus gekommen war. Sie hob dabei besonders hervor, mit welch vollendeter Ritterlichkeit und Rücksichtnahme die Spanier stets bemüht gewesen waren, ihr zu dienen, sie zu schützen und zu behüten. Auch der Herzog berichtete, wie es ihm bis zu diesem Augenblick ergangen war. Der Haushälterin und der Amme, die mit am Tische saßen, drückte er seinen Dank aus und versprach ihnen reiche Geschenke. Kurz, alle waren hochbefriedigt über den guten Ausgang der Sache, und nur eines fehlte ihnen noch zur Krönung und Vollendung ihres Glücks: die Ankunft von Lorenzo, Don Juan und Don Antonio. Drei Tage später trafen diese drei auch ein, voll ungeduldiger Erwartung, ob der Herzog wohl Nachricht von Cornelia habe; denn Fabio, der nach ihnen ausgeschickt worden war, hatte ihnen ja von dem

Wiederfinden nichts berichten können, da er kein Wort darüber wußte.

Der Herzog empfing die Herren in einem Zimmer, das vor dem Gemach Cornelias gelegen war, und setzte bei der Begrüßung eine so ernste Miene auf, daß den Angekommenen sogleich der Mut sank. Nun setzte sich der Herzog, bat auch die anderen, Platz zu nehmen, und begann dann, zu Lorenzo gewendet, folgendermaßen zu sprechen: »Ihr wißt genau, Herr Lorenzo Bentibolli, daß ich Eure Schwester niemals betrogen habe; der Himmel und mein reines Gewissen sind meine Zeugen dafür. Ihr wißt weiterhin, wie eifrig ich nach ihr geforscht und wie sehnlich ich gewünscht habe, sie wiederzufinden, um mich meinem Versprechen gemäß mit ihr zu vermählen. Doch sie ist nicht wieder aufgetaucht, und mein Wort kann nicht für alle Ewigkeit gelten. Ich bin ein junger Mensch und noch nicht so erfahren in den Dingen dieser Welt, daß ich mich nicht einmal von den Freuden verlocken ließe, die sich mir auf Schritt und Tritt bieten. Die gleiche Leidenschaft, die mich dazu bewog, Cornelia die Ehe zu versprechen, hatte mich schon vorher einmal veranlaßt, einem Bauernmädchen aus diesem Orte mein Wort zu geben. Sie wollte ich dann um Cornelias willen verlassen, obgleich ich dadurch mit meinem Gewissen in Konflikt kam — es ist dies nur ein Zeichen, wie groß meine Liebe zu Eurer Schwester war. Doch niemand kann sich mit einer Frau vermählen, die nicht da ist, und es widerspricht auch der Vernunft, daß ein Mann einer Frau nachläuft, die ihn verlassen hat; er würde nur ein Liebchen finden, das ihn verschmäht. Darum sollt Ihr mir jetzt sagen, Herr Lorenzo, welche Genugtuung Ihr für die Kränkung fordert, die ich Euch gar nicht antat, da ich sie niemals beabsichtigt hatte. Dann aber bitte ich Euch um die Erlaubnis, mein zuerst gegebenes Wort einzulösen und mich mit dem Bauernmädchen zu vermählen, das sich bereits hier im Hause befindet.«

Während der Herzog so sprach, wurde Lorenzo abwechselnd rot und blaß. Er konnte nicht mehr ruhig auf seinem Stuhl sitzen, und man merkte deutlich, wie der Zorn ihn übermannte. Ebenso erging es Don Juan und Don Antonio, die sich vornahmen, um keinen Preis zuzulassen, daß der Herzog seine Absicht ausführte, und wenn sie ihm das Leben nehmen sollten. Dieser aber, der an ihren Gesichtern wohl sehen konnte, was sie dachten, fuhr fort und sagte: »Beruhigt Euch doch bitte, Herr Lorenzo! Bevor Ihr mir antwortet, möchte ich Euch erst das Mädchen zeigen, das ich zu meiner Gattin machen will. Ihre Schönheit wird Euch sicherlich veranlassen, mir die erbetene Erlaubnis zu erteilen; denn sie ist so außergewöhnlich, daß sie auch noch größere Verirrungen entschuldigen würde.«

Bei diesen Worten erhob er sich und ging zu Cornelia hinein, die sich unterdessen mit den Kleinodien, die das Kind getragen hatte, und noch vielen anderen dazu geschmückt hatte. Als der Herzog den Rücken wandte, stand Don Juan auf, stützte sich mit den Händen auf die Armlehnen des Sessels, in dem Herr Lorenzo saß, und sagte ihm ins Ohr: »Beim heiligen Jakob von Galicien, Herr Lorenzo, und bei meinem christlichen Glauben und meiner Ritterehre! Eher will ich zum Mauren werden als zulassen, daß der Herzog seinen Vorsatz ausführt! Hier, hier unter diesen Händen soll er sein Leben lassen, oder er soll das Wort einlösen, das er Eurer Schwester, Fräulein Cornelia, gegeben hat. Zum mindesten muß er uns Zeit lassen, sie zu suchen; bevor wir nicht mit Sicherheit wissen, daß sie tot ist, darf er sich nicht verheiraten.«

»Genauso denke ich!« erwiderte Lorenzo.

»Und mein Kamerad, Don Antonio, sicherlich auch«, sagte Don Juan.

In diesem Augenblick trat Cornelia zwischen dem Pfarrer und dem Herzog, der sie an der Hand führte, in das vordere Zimmer. Hinter ihnen kamen Sulpicia,

Cornelias Zofe, die der Herzog aus Ferrara hatte holen lassen, die Amme des Kindes und die Haushälterin der beiden Spanier. Als Lorenzo seine Schwester erblickte, dauerte es eine geraume Weile, bis er sich überzeugt hatte, daß sie es wirklich war. Ihr Erscheinen in diesem Raum kam ihm so unwahrscheinlich vor, daß er die Wahrheit zunächst gar nicht fassen konnte. Strauchelnd erhob er sich und fiel dem Herzog zu Füßen, der ihn aufhob und seiner Schwester zuführte, welche ihn mit allen Zeichen der Freude in die Arme schloß. Don Juan und Don Antonio versicherten dem Herzog, dies sei der hübscheste und gelungenste Scherz der Welt gewesen. Nun nahm der Herzog das Kind, das Sulpicia trug, legte es Lorenzo in die Arme und sagte: »Hier, mein Bruder, nehmt Euren Neffen, meinen Sohn. Und jetzt überlegt, ob Ihr mir die Erlaubnis geben wollt, mich mit diesem Bauernmädchen zu vermählen. Sie ist die erste, der ich mein Wort gab, ihr Gatte zu sein.«

Es würde zu weit führen, wenn wir nun noch berichten wollten, was Lorenzo erwiderte, Don Juan antwortete und Don Antonio empfand, und wenn wir die Freude des Pfarrers, die Begeisterung Sulpicias, das Frohlokken der Haushälterin, den Jubel der Amme und die Verwunderung Fabios, kurz, die allgemeine Seligkeit beschreiben wollten. Nun segnete der Pfarrer das junge Paar ein, und Don Juan de Gamboa diente ihnen als Trauzeuge. Es wurde ausgemacht, daß die Vermählung vorerst geheim bleiben sollte, bis man wüßte, wie die schwere Erkrankung der alten Herzogin enden werde. Cornelia aber sollte unterdessen wieder mit ihrem Bruder nach Bologna ziehen.

So geschah es denn auch. Bald darauf starb die Herzogin, und als Cornelia nun in Ferrara einzog, eine Augenweide für alle, die sie erblickten, verwandelte sich die Trauer in Freude. Die Haushälterin und die Amme erhielten reiche Belohnungen, Sulpicia wurde

Fabios Frau, und Don Antonio und Don Juan waren hochbefriedigt, dem Herzog einen Dienst erwiesen zu haben, der ihnen seinerseits zwei seiner Basen, die eine reiche Mitgift hatten, als Gemahlinnen anbot. Sie erklärten jedoch, daß die biskayischen Edelleute sich gewöhnlich nur mit Frauen aus ihrer Heimat zu vermählen pflegten. Der Herzog möge daher entschuldigen, wenn sie ein so glänzendes Anerbieten nicht annähmen, es sei dies kein Zeichen von Geringschätzung, wovon ja auch keine Rede sein könne, sondern sie wollten nur den alten, löblichen Brauch befolgen und den Wünschen ihrer Eltern nachkommen, die sicherlich schon Gemahlinnen für sie ausgesucht hätten.

Der Herzog ließ ihre Entschuldigungen gelten und sandte ihnen viele Geschenke nach Bologna. Er ging dabei mit solcher Feinfühligkeit zu Werke und suchte so passende, ehrenvolle Gelegenheiten aus, daß es ihnen unmöglich war, die Gaben auszuschlagen. Einige davon waren so kostbar, daß sie sie eigentlich kaum annehmen mochten, da es beinahe wie eine Bezahlung ihrer Dienste ausgesehen hätte; die Gelegenheit jedoch, bei der sie sie erhielten, erleichterte ihnen die Annahme. Dies galt vor allem für die Geschenke, die der Herzog ihnen bei ihrer Abreise nach Spanien übersandte, und für diejenigen, die er ihnen überreichte, als sie nach Ferrara kamen, um sich von ihm zu verabschieden. Hier fanden sie Cornelia bereits als Mutter zweier Töchterchen und den Herzog zärtlicher verliebt denn je in seine Gattin. Cornelia schenkte Don Juan das Diamantkreuz und Don Antonio das goldene Lamm, und es blieb ihnen nichts anderes übrig, als auch diese Gaben anzunehmen. Als sie schließlich wieder nach Spanien und in ihre Heimat kamen, vermählten sie sich mit vornehmen, schönen und reichen Frauen. Stets aber blieben sie zur allseitigen Freude in Verbindung mit dem Herzog, der Herzogin und Herrn Lorenzo Bentibolli.

DIE BETRÜGERISCHE HEIRAT

AUS DEM AUFERSTEHUNGS-HOSPITAL, DAS AUSSERHALB Valladolids vor dem Campo-Tore liegt, trat eines Tages ein Soldat. Man sah ihm deutlich an, daß er, obgleich es draußen durchaus nicht heiß war, binnen zwanzig Tagen all die Säfte ausgeschwitzt haben mußte, die er sonst vielleicht in einer einzigen Stunde in sich aufzunehmen pflegte; denn er stützte sich auf sein Schwert wie auf einen Stock, seine Beine waren schwach und sein Gesicht gelblich blaß — mit einem Wort, er stolperte einher wie ein Mensch, der eine schwere Krankheit durchgemacht hat.

Wie er durchs Stadttor kam, begegnete ihm ein Freund, den er seit mehr als sechs Monaten nicht gesehen hatte. Als der ihn erblickte, bekreuzigte er sich, als hätte er ein Gespenst vor sich, trat auf ihn zu und rief: »Sehe ich richtig? Herr Fähnrich Campuzano? Ja, ist es denn möglich, daß Ihr hier im Lande seid? Und ich hätte geschworen, Ihr wäret in Flandern und stürmtet mit eingelegter Lanze gegen den Feind, statt hier den Degen hinter Euch herzuschleppen. Aber was seid Ihr blaß und dünn geworden!«

»Die Frage, ob ich im Lande bin oder nicht, Herr Lizentiat Peralta«, entgegnete Campuzano, »haben Eure Augen schon beantwortet. Was die übrigen Fragen betrifft, so bleibt nur zu sagen, daß ich soeben aus dem Hospital komme, wo ich vierzehn Beulen ausgeschwitzt und mich von einer Seuche auskuriert habe, die mir eine Frau aufgehalst hat. Ich habe mir das

Weib ja selbst ausgesucht, aber ich hätte es nie tun sollen.«

»So seid Ihr also verheiratet?« fragte Peralta.

»Das bin ich, mein Herr«, erwiderte Campuzano.

»Dann wird es wohl eine Liebesheirat gewesen sein«, meinte der andere. »So etwas bereut man später immer.«

»Ob es eine Liebesheirat war, weiß ich jetzt nicht mehr«, murrte der Fähnrich. »Auf jeden Fall kann ich Euch versichern, daß eine Schmerzensheirat daraus wurde; denn aus dieser Ehe oder, besser gesagt, diesem Wehe, habe ich unendliche Schmerzen an Leib und Seele davongetragen. Um die Schmerzen des Leibes wieder loszuwerden, habe ich vierzig Schwitzbäder nehmen müssen, gegen die seelischen aber habe ich noch kein Heilmittel gefunden, das sie mir leichter machte. Aber ich fühle mich jetzt nicht kräftig genug, auf der Straße herumzustehen und zu schwätzen, darum entschuldigt mich bitte. Ein andermal, wenn wir es behaglicher treffen, will ich Euch meine Erlebnisse erzählen. Es sind so seltsame und erstaunliche Dinge, wie Ihr sie gewiß in Eurem Leben noch nicht gehört habt.«

»Nein, das gibt es nicht«, widersprach der Lizentiat, »Ihr müßt jetzt gleich mit mir in meine Herberge kommen, und dort wollen wir zusammen Buße tun. Es gibt da eine kräftige Krankensuppe, und wenn sie auch nur für zwei bestimmt ist, so soll mein Bedienter als Ersatz eine Pastete haben. Wenn Euer Gesundheitszustand es erlaubt, sollt Ihr Euch zum Abschluß noch ein paar Scheiben Schinken aus Rute schmecken lassen. Vor allem aber müßt Ihr mit meinem guten Willen vorlieb nehmen, mit dem ich Euch heute wie alle Tage gern alles anbiete, was ich habe.«

Campuzano bedankte sich und nahm die Einladung und das Angebot an. Nun gingen sie zuerst noch in die Lorenzo-Kirche und hörten die Messe, und dann führte Peralta den Freund in seine Herberge, wo er ihm das versprochene Mahl vorsetzte und ihn auch für die nächsten Tage einlud. Nachdem sie fertig waren, bat er Campuzano, ihm doch nun jene Erlebnisse zu berichten, auf die er ihn schon so neugierig gemacht habe. Campuzano ließ sich nicht lange bitten, sondern begann: »Ihr werdet Euch sicherlich noch erinnern, Herr Lizentiat Peralta, daß ich früher hier in der Stadt mit meinem Kameraden, dem Hauptmann Pedro de Herrera, zusammenlebte, der jetzt in Flandern ist.«

»Natürlich«, versicherte Peralta.

»Schön«, fuhr Campuzano fort. »Als wir nun eines Tages im Gasthaus zum Söller, wo wir auch wohnten, gerade unsere Mahlzeit beendet hatten, traten zwei hübsch gekleidete Frauen mit ihren Dienerinnen in die Gaststube. Die eine wandte sich an den Hauptmann, trat mit ihm an ein Fenster und fing ein Gespräch mit ihm an; die andere setzte sich neben mich auf einen Stuhl und ließ ihren Schleier bis zum Kinn herunter, so daß ich von ihrem Gesicht nur soviel sehen konnte, wie durch den dünnen Schleier schimmerte. Obgleich ich sie nun höflich bat, sie möchte mir doch die Ehre erweisen, mir ihr Gesicht zu zeigen, konnte ich sie doch nicht dazu bewegen. Ob es Berechnung oder Zufall war, weiß ich nicht, jedenfalls ließ die Dame, um meine Neugier noch mehr anzustacheln, eine schneeweiße Hand mit sehr schönen Ringen sehen. Ich war damals aufs prächtigste ausstaffiert, trug die große Kette, die Ihr sicher schon an mir gesehen habt, einen Hut mit Federn und einer schönen Agraffe und ein buntes Gewand, wie es Soldatenbrauch ist. In meinen Augen war ich Narr ein solch stattlicher Mann, daß ich mich für einen wahren Schwerenöter hielt. Als ich die Dame nun immer wieder bat, sich zu entschleiern, erwiderte sie schließlich: ›Drängt mich doch nicht so sehr! Ich habe ein Haus, und wollt Ihr wissen, wo ich wohne, so könnt Ihr mir ja einen Edelknaben nachschicken. Wenn ich auch tugendhafter bin, als diese Antwort vermuten läßt, so sollt Ihr mich doch gern zu sehen bekommen, damit ich erfahren kann, ob Eure Klugheit Eurem stattlichen Äußeren entspricht.‹

Ich küßte ihr die Hände zum Dank für die große Gunst, die sie mir erwies, und versprach ihr goldene Berge dafür. Inzwischen hatte der Hauptmann seine Unterhaltung beendet, die beiden Damen verließen das Haus, und einer meiner Bedienten folgte ihnen. Der Hauptmann erzählte mir, die Dame habe ihn gebeten, Briefe für einen anderen Hauptmann nach Flandern mitzunehmen. Sie habe zwar gesagt, der Betreffende sei ihr Vetter, er wisse aber recht gut, daß er ihr Liebhaber sei. Ich verzehrte mich in Erinnerung an die schneeweißen Hände, die ich erblickt hatte, und brannte vor Verlangen, das Gesicht meiner Dame zu sehen.

Am folgenden Tage ließ ich mich von meinem Diener zu ihrem Hause führen und wurde eingelassen. Ich fand eine hübsch eingerichtete Wohnung und eine Frau von etwa dreißig Jahren, die ich an ihren Händen sofort wiedererkannte. Sie war zwar nicht außergewöhnlich schön, hatte aber doch ein gewisses Etwas, das einem Mann schon den Kopf verdrehen konnte, wenn er längere Zeit mit ihr zusammen war, vor allem einen sanften Ton in der Stimme, der einem durch die Ohren direkt ins Herz drang. Ich hielt lange verliebte Zwiesprachen mit ihr, ich prahlte, schnitt auf, neckte sie, bot meine Dienste an, machte Versprechungen und vollführte alle die kleinen Kunststückchen, die mir nötig erschienen, um mich bei ihr beliebt zu machen. Da sie jedoch offenbar gewöhnt war, solche und noch deutlichere Schmeicheleien zu hören, schien sie meinen Worten zwar aufmerksam zu lauschen, mir aber keinen Glauben zu schenken. Vier Tage hintereinander besuchte ich sie und plauderte mit ihr, unsere Freundschaft blühte, doch gelang es mir niemals, die ersehnte Frucht zu pflücken.

Sooft ich sie auch besuchte, immer fand ich das Haus

leer, und nirgends sah ich eine Spur angeblicher Verwandter oder wirklicher Freunde. Sie wurde von einem Mädchen bedient, das zu verschmitzt aussah, um ehrlich zu sein. Doch ich führte meine Sache wie ein Soldat, der jeden Augenblick auf den Abmarschbefehl gefaßt sein muß, und bedrängte Doña Estefania de Caicedo — denn dies ist der Name der Frau, die mich eingefangen hat — so sehr, daß sie mir schließlich antwortete: ›Herr Fähnrich Campuzano‹, sagte sie, ›es wäre töricht von mir, wenn ich mich Euch gegenüber als eine Heilige ausgeben wollte. Ich bin eine Sünderin gewesen und bin es noch heute; doch habe ich mich nie so betragen, daß die Nachbarn über mich tuscheln und die Fernerstehenden mir etwas nachsagen könnten. Weder von meinen Eltern noch von sonstigen Verwandten habe ich einen Heller geerbt; trotzdem ist die Einrichtung meines Hauses heute gut und gern ihre zweitausendfünfhundert Taler wert, und zwar besteht sie aus lauter Dingen, die sich sofort zu Geld machen lassen, wenn man sie zum Verkauf stellt. Gestützt auf dieses Vermögen nun suche ich einen Mann, dem ich mich ganz und gar zu eigen geben kann. Ihm zuliebe will ich mein Leben von Grund auf ändern, und er wird sehen, wie beflissen ich sein werde, ihn zu umsorgen und ihm zu dienen. Denn kein Fürst hat einen Koch mit einer feineren Zunge, keiner kann alle Gerichte so vollendet zubereiten wie ich, wenn ich mich erst einmal damit befasse. Ich kann im Hause den Verwalter spielen, in der Küche den Küchenjungen und im Salon die Dame. Ich verstehe zu befehlen und mir Gehorsam zu verschaffen. Ich verschwende nichts und weiß wohl zu sparen. Wenn ein Geldstück durch meine Hand geht, dann ist es nicht weniger wert, sondern viel mehr. Ich besitze eine Menge gutes Weißzeug, das nicht bei Trödlern oder Leinwandhändlern gekauft ist; nein, diese Finger und die meiner Dienerinnen haben alles selbst gesponnen, und wenn es möglich wäre, im

Hause zu weben, so hätten wir auch das getan. Ich wage es, mich selbst so zu loben, denn man darf es ja ungestraft, wenn die Notwendigkeit dazu vorliegt. Mit einem Wort, ich suche einen Gatten, der mich beschützt, mir befiehlt und mir Ehre macht, nicht aber einen Liebhaber, der mich umschmeichelt, um mich später zu schmähen. Wollt Ihr dies Angebot annehmen, so sollt Ihr mich haben mit Haut und Haar, und jedem Eurer Winke will ich gern gehorchen. So brauche ich mich nicht feilzubieten; denn das tut man, wenn man sich den Zungen der Heiratsvermittler anvertraut. Keiner dieser Leute aber kann eine Ehe so gut zustande bringen wie die Beteiligten selbst.‹

Mein Verstand saß zu jener Stunde wohl nicht im Kopfe, sondern in meinen Fersen, und so erschienen mir die Freuden der Liebe noch herrlicher, als die kühnste Phantasie sie sich ausmalen konnte. Der schöne Hausrat, den ich mir sogleich in Bargeld umgewandelt vorstellte, stach mir derartig ins Auge, daß ich nichts mehr im Sinn hatte als das vermeintliche Glück, das meinen Verstand in Fesseln geschlagen hatte. So erklärte ich ihr denn, ich schätzte mich glücklich und selig, daß der Himmel mir wie durch ein Wunder eine solche Gefährtin beschert hätte, um sie zur Herrin meines Herzens und meines Vermögens zu machen. Das letztere aber sei gar nicht so gering; wenn man die Kette, die ich um den Hals trüge, ein paar andere Schmuckstücke, die ich im Hause hätte, und meine prächtigen Uniformen zu Geld machte, dann kämen wohl zweitausend Taler zusammen, die uns mit ihren zweitausendfünfhundert genügen würden, um damit in meinen Heimatort zu ziehen, wo ich noch einige Grundstücke besäße. Unser Geld könnten wir dann in das Land stecken, die Erträgnisse unserer Äcker verkaufen und uns auf diese Weise ein schönes, behagliches Leben bereiten.

Kurzum, bei dieser Unterredung wurde unsere Verlobung beschlossen, und wir gingen sogleich daran, uns die nötigen Papiere zu besorgen. An den drei Feiertagen, die in einer Festwoche aufeinanderfolgten, wurde unser Aufgebot verkündet, und am vierten wurden wir getraut. Gäste auf unserer Hochzeit waren zwei meiner Freunde und ein junger Mann, den meine Frau mir als ihren Vetter vorstellte und den ich als neuen Verwandten mit den höflichsten Worten begrüßte. Auch meiner Frau war ich bisher stets aufs allerhöflichste entgegengekommen, obgleich sich hinter meinen Worten falsche und nichtswürdige Absichten verbargen, die ich lieber verschweigen will; denn wenn ich Euch auch die wahre Geschichte meines Lebens erzähle, so sitze ich hier doch nicht im Beichtstuhl, wo man kein Wort unterschlagen darf.

Mein Diener schaffte meinen Koffer aus der Herberge in das Haus meiner Frau, und ich legte in ihrem Beisein meine prächtige Kette hinein. Auch zeigte ich ihr noch drei oder vier andere Ketten, die zwar nicht so groß, dafür aber feiner gearbeitet waren, einige hübsche Schnallen und Agraffen, meine Prachtgewänder und Federn und übergab ihr zur Führung des Haushalts meine Barschaft, die etwa vierhundert Realen betrug. Sechs Tage genoß ich so die Freuden des Ehelebens und führte mich in ihrem Hause auf wie der verschwenderische Eidam eines reichen Schwiegervaters. Ich ging auf kostbaren Teppichen umher, rekelte mich auf Betttüchern von feinstem holländischen Linnen, und die Kerzen mußten für mich auf silbernen Leuchtern stehen. Ich frühstückte im Bett, stand um elf Uhr auf, aß um zwölf Uhr zu Mittag, und um zwei Uhr hielt ich bereits wieder auf dem Diwan meinen Mittagsschlaf. Doña Estefania und ihr Mädchen taten alles, was sie mir von den Augen ablesen konnten, und selbst mein Diener, den ich sonst nur faul und träge gekannt hatte, war plötzlich flink geworden wie eine Gemse. Wenn Doña Estefania nicht an meiner Seite war, dann war sie bestimmt in der Küche zu finden, wo sie ganz darin aufging, Gerichte zusammenzustellen, die meinen Appetit reizen und meinen Geschmack befriedigen sollten. Über meine Hemden, Kragen und Taschentücher sprengte sie soviel Engelwurz und Orangenblütenwasser, daß sie dufteten wie die Gärten von Aranjuez.

So vergingen die Tage wie im Fluge, genau wie die Jahre, die unter der gestrengen Herrschaft der Zeit stehen, und ich sah mich so gut versorgt und eifrig bedient, daß meine schlimmen Hintergedanken, mit denen ich den Handel begonnen hatte, sich allmählich wandelten. Am Morgen des siebenten Tages jedoch, als Doña Estefania und ich noch im Bett lagen, wurde kräftig an unsere Haustür gepocht. Unser Mädchen ging ans Fenster, doch sowie sie einen Blick hinausgeworfen hatte, trat sie zurück und rief: ›Na, die kommt uns gerade recht! Wie ist das möglich? Die ist ja viel früher gekommen, als sie neulich geschrieben hat!‹

›Wer ist denn gekommen, Mädchen?‹ fragte ich sie.

›Wer sollte es wohl sein?‹ erwiderte sie. ›Doña Clementa Bueso natürlich und mit ihr Don Lope Meléndez de Almendárez, zwei Diener und Hortigosa, die Kammerfrau.‹

›Nun beeil dich aber, Mädchen, lauf und mach ihnen auf!‹ rief jetzt Doña Estefania. ›Und Ihr, mein Gemahl‹, fuhr sie zu mir gewandt fort, ›regt Euch nicht auf und sagt mir zuliebe kein Wort, auch wenn Ihr hören solltet, daß man mich beschimpft.‹

›Wer sollte es wohl wagen, Euch zu beschimpfen, und noch dazu, wenn ich dabei bin? Aber nun sagt mir doch, wer sind diese Leute? Mir scheint, ihre Ankunft hat Euch ganz aus der Fassung gebracht.‹

›Ich habe jetzt keine Zeit, Euch zu antworten‹, erwiderte Doña Estefania. ›Nur eins müßt Ihr wissen: alles, was jetzt hier vor sich geht, ist eine Komödie,

die einen bestimmten Sinn und Zweck hat, den Ihr
später erfahren sollt.‹

Ich wollte noch etwas sagen, fand aber keine Zeit dazu,
denn in diesem Augenblick trat Doña Clementa Bueso
ins Zimmer. Sie trug ein Kleid aus gepreßtem grünem
Atlas mit goldenen Tressen, einen kurzen Mantel aus
demselben Stoff mit demselben Besatz und einen Hut,
der mit grünen, weißen und roten Federn und einer
kostbaren goldenen Schnur geziert war. Die obere
Hälfte ihres Gesichts war durch einen leichten Schleier
verhüllt. Mit ihr kam Don Lope Meléndez de Almendárez, der einen ebenso kostbaren wie prächtigen Reise-
anzug trug. Die Kammerfrau Hortigosa brach als erste
das Schweigen.

›Du lieber Gott, was hat das zu bedeuten?‹ rief sie.
›Das Bett meiner gnädigen Herrin Doña Clementa ist
besetzt, und noch dazu von einem Mannsbild! Ja, ist
denn das Haus toll geworden? Da hat Doña Estefania
im Vertrauen auf die Freundschaft meiner Herrin wohl
statt des kleinen Fingers die ganze Hand genommen!‹
›Du hast recht, Hortigosa‹, versetzte Doña Clementa,
›aber ich bin ja selbst schuld daran. In Zukunft werde
ich mich wohl hüten, eine Frau zur Freundin zu nehmen, die nur Freundschaft halten kann, wenn es zu
ihrem Vorteil ist.‹

›Aber meine liebe Doña Clementa‹, fiel Estefania hier
ein, ›seid doch nicht so aufgebracht! Glaubt mir doch,
alles, was Ihr hier im Hause seht, hat seinen geheimen
Grund. Sobald Ihr ihn erfahren habt, werdet Ihr mich
sicherlich entschuldigen und Euch nicht mehr beschweren.‹

Ich hatte inzwischen Hosen und Wams angezogen, und
nun nahm Doña Estefania mich an der Hand und führte
mich in ein anderes Zimmer. Dort erklärte sie mir,
daß ihre Freundin diesem Don Lope, der mit ihr gekommen war und den sie gern heiraten wollte, einen
Streich zu spielen gedenke. Sie wolle ihm nämlich vor-

spiegeln, daß das ganze Haus und alles, was darin sei, ihr gehöre, und ihm dadurch eine Mitgift vortäuschen. Sobald sie erst einmal verheiratet sei, mache es ihr wenig aus, wenn der Betrug entdeckt werde, denn sie vertraue auf die Liebe Don Lopes.

›Dann aber‹, so schloß Doña Estefania ihre Rede, ›bekomme ich mein Eigentum wieder. Man darf es weder ihr noch einer anderen Frau übelnehmen, wenn sie versucht, einen ehrenwerten Gatten zu bekommen, auch wenn sie eine kleine List dabei zu Hilfe nimmt.‹

Ich erwiderte ihr, das heiße doch eigentlich, die Freundschaft etwas zu weit treiben. Sie solle es sich doch lieber noch einmal genau überlegen, sonst müsse sie schließlich noch die Polizei bemühen, um ihr Eigentum wiederzuerlangen. Sie jedoch hatte so viel dagegen einzuwenden und versicherte mir immer wieder, sie sei Doña Clementa in vieler Hinsicht verpflichtet und würde ihr zuliebe noch ganz andere Dinge tun, daß ich schließlich sehr gegen meine Überzeugung in ihre Laune einwilligte. Doña Estefania versprach mir, die ganze Sache würde nur acht Tage dauern, und wir würden inzwischen zu einer anderen Freundin ziehen. Nun kleideten wir uns fertig an, und Estefania ging hinüber, um sich von Doña Clementa Bueso und Don Lope Meléndez de Almendárez zu verabschieden. Dann hieß sie meinen Diener, meinen Koffer aufnehmen und ihr folgen. Auch ich verließ das Haus, jedoch ohne jemandem Lebewohl zu sagen.

Doña Estefania machte vor dem Hause einer Freundin halt, und während wir draußen warteten, ging sie hinein und besprach sich eine ganze Weile mit ihr. Schließlich kam ein Mädchen und forderte mich und meinen Diener auf, hereinzukommen. Sie führte uns in ein kleines Zimmerchen, in dem zwei Betten so eng nebeneinander standen, daß die Bettücher sich berührten und es aussah, als stünde nur ein einziges Bett da — es war nämlich kein Platz in dem Raum, sie weiter auseinanderzustellen. Hier blieben wir sechs Tage, und die ganze Zeit über gab es stündlich Zank und Streit zwischen uns. Ich warf ihr immer wieder vor, wie töricht es von ihr gewesen sei, einfach ihr Haus und ihr Hab und Gut anderen zu überlassen, und erklärte ihr, so etwas hätte sie nicht einmal für ihre eigene Mutter tun dürfen. Jeden Augenblick fing ich wieder damit an, bis schließlich auch die Besitzerin des Hauses darauf aufmerksam wurde. Als daher Doña Estefania eines Tages ausgegangen war, um sich, wie sie sagte, nach dem Stand ihrer Sache zu erkundigen, wollte die Dame von mir wissen, warum ich denn immer soviel mit meiner Frau zu zanken habe, und was sie denn angestellt habe, daß ich ihr immer wieder vorhalte, es sei kein Freundschaftsbeweis gewesen, sondern eine Dummheit. Ich erzählte ihr daraufhin die ganze Sache, wie ich Doña Estefania geheiratet und welche Mitgift sie mitgebracht hätte und wie sie schließlich die Dummheit besessen hätte, ihr Haus mitsamt dem ganzen Inhalt Doña Clementa zu überlassen, obgleich es mit der guten Absicht geschehen sei, ihrer Freundin einen so vornehmen Mann wie Don Lope als Gemahl zu verschaffen. Als ich soweit gekommen war, begann die Dame sich einmal übers andere zu bekreuzigen und rief immer wieder: ›Mein Gott, mein Gott, so ein schlechtes Frauenzimmer!‹, so daß ich sie ganz verwundert ansah.

›Herr Fähnrich‹, sagte sie schließlich, ›ich weiß nicht, ob ich gegen mein Gewissen handle, wenn ich Euch etwas entdecke, es würde mich jedoch zu sehr belasten, wenn ich die Sache verheimlichen wollte. Also sei's drum, hoch die Wahrheit und nieder mit der Lüge! Die Wahrheit aber lautet dahin, daß Doña Clementa Bueso die wirkliche Besitzerin des Hauses und all der Dinge ist, die man Euch als Mitgift gab. Lüge aber ist alles, was Doña Estefania Euch gesagt hat: sie besitzt kein Haus, kein Vermögen und kein anderes Gewand als das, das sie auf dem Leibe trägt. Die Möglichkeit und genügend Zeit, um den Schwindel einzufädeln, hatte sie, weil Doña Clementa nach Plasencia gegangen war, um Verwandte zu besuchen, und von da aus noch eine Pilgerfahrt nach Guadalupe zur Muttergottes unternahm, wo sie eine neuntägige Andachtsübung verrichten wollte. Für die Zwischenzeit hatte sie Doña Estefania, mit der sie in der Tat eng befreundet ist, ihr Haus übergeben und sie gebeten, dort nach dem Rechten zu sehen. Bei Licht betrachtet, kann man Eurer armen Frau eigentlich keinen Vorwurf machen, denn sie hat es ja auf diese Weise fertiggebracht, einen so stattlichen Mann wie den Herrn Fähnrich zum Gemahl zu bekommen.‹

Damit war sie am Ende ihrer Rede, ich aber am Anfang meiner Verzweiflung. Sicherlich wäre ich ihr ganz und gar anheimgefallen, wenn mein Schutzengel ein wenig nachlässiger gewesen wäre. So aber eilte er mir alsbald zu Hilfe und erhob seine Stimme in meinem Herzen, um mir zu sagen, ich solle doch bedenken, daß ich ein Christ sei — die größte Sünde eines Christenmenschen aber sei die Verzweiflung, denn es sei eine teuflische Sünde. Diese Betrachtung oder, besser gesagt, diese gute Eingebung stärkte mich ein wenig. Immerhin aber griff ich zu Mantel und Degen und lief aus dem Hause, um Doña Estefania zu suchen, weil ich ihr eine exemplarische Strafe erteilen wollte. Das Schicksal jedoch meinte es schlecht oder vielleicht auch gut mit mir — das weiß ich heute nicht zu sagen —, und fügte es, daß ich Doña Estefania an keinem der Orte fand, an denen ich sie suchte. Daraufhin ging ich zur San-Llorente-Kirche, befahl mich der Heiligen Jungfrau und ließ mich auf einer Kirchenbank nieder. Dort übermannte mich nach all den Aufregungen ein solch tiefer Schlummer, daß ich wohl noch lange nicht aufgewacht wäre, wenn man mich nicht geweckt hätte. Tief bekümmert und voll düsterer Gedanken ging ich zum Hause Doña Clementas und sah sie dort in aller Gemütsruhe als Hausfrau schalten und walten. Ich wagte jedoch kein Wort zu sagen, da Don Lope dabei war, und kehrte in unser gegenwärtiges Quartier zurück. Wie ich dort von unserer Gastgeberin erfuhr, hatte sie Doña Estefania inzwischen berichtet, daß ich von ihrem Lug und Trug Kenntnis hatte. Meine Frau hatte sie gefragt, was für eine Miene ich zu dieser Nachricht aufgesetzt habe, und auf die Antwort hin, ich habe sehr grimmig dreingeschaut und das Haus mit offensichtlich bösen Absichten und finsteren Vorsätzen verlassen, um sie zu suchen, sei auch sie auf und davon gegangen und habe den ganzen Inhalt meines Koffers mitgehen heißen. Nur ein einziges Reisekleid habe sie mir gelassen.

Nun aber war es um meine Fassung geschehen, und wieder war es nur Gottes Hand, die mich aufrecht erhielt! Ich stürzte zu meinem Koffer und fand ihn gähnend offenstehen wie ein ausgehobenes Grab, das einen Leichnam erwartet. Und fürwahr, es hätte mein eigener Leichnam sein müssen, wenn ich damals genug Verstand besessen hätte, die ganze Größe meines Unglücks zu erfassen und auszumessen.«

»Und ob das ein Unglück war!« fiel der Lizentiat Peralta hier ein. »Da hatte Doña Estefania ja all Eure Ketten und Schnallen mitgenommen! Ja, ja, wie das Sprichwort sagt: ›Alle Schmerzen... usw.‹«

»Ach was, das war weiter kein Verlust für mich!« versetzte der Fähnrich. »Denn in dieser Hinsicht kann ich auch ein Sprichwort anführen und sagen: ›Don Simueque hat ja gemeint, er könne mich mit seiner schielenden Tochter anschmieren, aber Gott sei Dank bin ich auf einem Bein lahm!‹«

»Ja, ich verstehe aber nicht, was Ihr damit sagen wollt«, meinte Peralta.

»Was ich damit sagen will?« versetzte der Fähnrich. »Nun, weiter nichts, als daß der ganze Kram und

Plunder von Ketten, Schnallen und Spangen insgesamt zwölf Taler wert sein mochte.«

»Ausgeschlossen!« rief der Lizentiat. »Allein der Kette, die der Herr Fähnrich immer um den Hals trug, konnte man es ansehen, daß sie mehr als zweihundert Dukaten wert war.«

»Das wäre sie wohl gewesen, wenn die Wahrheit immer dem Schein entspräche. Doch bekanntlich ist nicht alles Gold, was glänzt, und daher mußten meine Kette, Schnallen, Bänder und Spangen sich damit begnügen, einfache Nachahmungen zu sein. Sie waren jedoch so gut gemacht, daß der Betrug nur durch eine Untersuchung mit dem Probierstein oder durch die Feuerprobe herausgekommen wäre.«

»Auf diese Weise«, meinte der Lizentiat, »seid Ihr und Doña Estefania also miteinander quitt?«

»Und so quitt«, erwiderte der Fähnrich, »daß wir das Spiel ruhig von neuem beginnen könnten. Nur ein Nachteil ist für mich dabei, Herr Lizentiat, nämlich, daß sie sich meiner Ketten leicht wieder entledigen kann, aber ich mich nicht des drückenden Gefühls, hintergangen zu sein. Denn ein Ärger, der mich plagt, bleibt doch immer mein Eigentum!«

»Dankt doch nur Gott, Herr Campuzano«, meinte der Lizentiat, »daß Euer Eigentum Füße hat und Euch davongelaufen ist und daß Ihr nicht verpflichtet seid, es zurückzuholen.«

»Da habt Ihr recht«, bestätigte der Fähnrich. »Doch wenn ich sie auch nicht suche, so finde ich sie trotz allem immer wieder in meinen Gedanken, und wo ich auch sein mag, immer steht mir dieser Schimpf vor Augen.«

»Ja, ich weiß auch nicht, was ich Euch da sagen soll«, meinte Peralta. »Ich kann Euch höchstens an die Verse Petrarcas erinnern, in denen es heißt:

> Che chi prende diletto di far frode,
> Non s'ha de lamentar s'altro l'inganna.

Das heißt: ›Wenn einer Lust und Neigung hat, andere zu betrügen, dann darf er sich nicht beklagen, wenn er selbst einmal betrogen wird.‹«

»Ich beklage mich ja auch gar nicht«, versetzte der Fähnrich, »sondern ich bejammere nur mein Schicksal. Wenn der Angeklagte seine eigene Schuld erkennt, muß er doch deshalb die Pein der Strafe spüren. Ich sehe schon ein, daß ich betrügen wollte und selbst betrogen wurde und somit in meine eigene Falle gegangen bin, aber ich kann meinen Gefühlen doch nicht soviel Zwang auferlegen, daß ich darüber nicht bekümmert sein sollte. Kurz und gut, um nun wieder auf meine Geschichte selbst zurückzukommen — denn so kann ich den Bericht über meine Erlebnisse wohl nennen —, so ist noch zu sagen, daß ich erfuhr, Estefania habe zusammen mit jenem Vetter das Weite gesucht, der, wie ich berichtete, bei unserer Hochzeitsfeier zugegen gewesen war und der schon seit langem durch dick und dünn ihr Freund war. Ich hatte keine Lust, sie zu suchen, denn ich wollte mir das Übel, das ich gerade losgeworden war, nicht noch einmal aufhalsen. So wechselte ich denn meine Wohnung und bald darauf auch mein Haar, denn plötzlich begannen mir die Wimpern und Brauen auszufallen, und nach und nach verlor ich alle meine Haare, so daß ich vor der Zeit zum Kahlkopf wurde. Ich hatte mir da eine Krankheit aufgelesen, die die Gelehrten als ›Alopecia‹ bezeichnen und die man mit einem klareren Ausdruck einfach ›Haarschwund‹ nennen kann. Ja, ich war nun kahl und blank im wahrsten Sinne des Wortes, denn gar bald besaß ich kein Barthaar mehr zum Kämmen und keinen Groschen zum Ausgeben. Ebenso wie mein Kopf wurde auch mein Säckel immer mehr gerupft. Da nun die Armut der Ehre des Menschen stets Abbruch tut, den einen an den Galgen, den anderen ins Hospital und den dritten mit demütigen Bitten vor die Türen seiner Freunde bringt, bedachte ich, daß das letztere Elend wohl das größte ist, das einem unglücklichen Menschen zustoßen kann. Um nun nicht für eine teure Behandlung meine Kleider verkaufen zu müssen, die mich, wenn ich erst wieder gesund wäre, bedecken und mir Ehre machen sollten, ging ich ins Auferstehungs-Hospital, als dort die kostenlosen Schweißkuren veranstaltet wurden, und nahm vierzig Schwitzbäder. Man hat mir gesagt, daß ich jetzt gesund bleiben würde, wenn ich mich ein wenig in acht nähme. Nun, meinen Degen habe ich ja noch, und für alles andere wird Gott schon sorgen.«

Der Lizentiat bot nun von neuem dem Fähnrich seine Hilfe an und sprach seine Verwunderung aus über das, was er gehört hatte.

»Ach, darüber braucht Ihr noch gar nicht so zu staunen, Herr Peralta«, meinte der Fähnrich. »Ich hätte Euch noch ganz andere Dinge zu berichten, die aller Phantasie spotten, weil sie die Grenzen der Natur zu sprengen scheinen. Eins kann ich Euch versichern: all das Unglück, das mich traf, soll mir nachträglich willkommen sein, denn es war der Anlaß, daß ich ins Hospital kam, wo ich das sah, was ich Euch nun erzählen will. Es ist so seltsam, daß Ihr es weder heute noch je glauben werdet und es wohl keinen Menschen in dieser Welt gibt, der es mir glaubt.«

All diese Vorreden, die der Fähnrich mit soviel geheimnisvollem Nachdruck vom Stapel ließ, bevor er mit dem Bericht von seinem Erlebnis begann, steigerten die Neugier Peraltas dermaßen, daß er seinen Freund inständig bat, ihm doch auf der Stelle von den Wunderdingen zu erzählen, die er noch auf dem Herzen hatte.

»Ihr werdet«, so begann der Fähnrich, »sicherlich schon einmal die beiden Hunde gesehen haben, die mit einer Laterne des Nachts neben den Barmherzigen Brüdern hertraben, um ihnen zu leuchten, wenn sie um Almosen bitten.«

»Ja, die habe ich schon gesehen«, versicherte Peralta.
»Und Ihr werdet wohl auch schon gesehen oder vielmehr gehört haben, was man sich von ihnen erzählt«, fuhr der Fähnrich fort. »Wenn nämlich aus einem Fenster ein Almosen auf die Straße heruntergeworfen wird, dann laufen sie hin, um den Fußboden zu beleuchten und die herabgefallenen Münzen zu suchen, und vor den Fenstern, aus denen gewöhnlich ein Almosen fällt, bleiben sie von selbst stehen. Obgleich sie aber auf der Straße so zahm sind, daß sie eher Lämmer denn Hunde scheinen, so werden sie im Hospital zu wahren Löwen und hüten das Haus mit größter Sorgfalt und Wachsamkeit.«
»Das habe ich alles gehört«, meinte Peralta, »aber das ist doch noch kein Grund, daß ich darüber so staunen müßte.«
»Nun, was ich Euch jetzt erzählen werde, wird Euch schon zum Staunen bringen. Ihr werdet es mir jedoch wohl oder übel glauben müssen, ohne Euch zu bekreuzigen und es für ganz und gar unmöglich zu erklären; denn ich habe es gehört und mit meinen eigenen Augen gesehen. Also stellt Euch vor: eines Nachts, in der vorletzten, ehe ich meine Schwitzkur beendet hatte, lagen diese beiden Hunde, von denen der eine Cipion, der andere Berganza heißt, hinter meinem Bett auf zwei alten Binsenmatten. Um Mitternacht etwa, als ich noch immer schlaflos im Dunkeln lag und meine vergangenen Erlebnisse sowie mein gegenwärtiges Übel noch einmal überdachte, hörte ich in der Nähe sprechen. Aufmerksam spitzte ich meine Ohren, denn ich wollte gern herausbekommen, wer da sprach und um was es sich handelte. Nach kurzer Zeit schon war ich mir über beides klar: die Sprecher nämlich waren die beiden Hunde Cipion und Berganza.«
Kaum hatte Campuzano das gesagt, als der Lizentiat aufsprang und rief: »So, nun ist es aber genug, Herr Campuzano! Bisher war ich immer noch im Zweifel,

ob ich die Geschichte mit Eurer Heirat glauben sollte oder nicht; aber nach dieser Sache mit den Hunden, die Ihr soeben verzapft habt, weiß ich, daß man Euch überhaupt nichts mehr glauben kann! Erzählt diesen Unsinn um Gottes willen nur niemand anderem, Herr Fähnrich — höchstens einem Mann, der es ebenso gut mit Euch meint wie ich.«

»Ihr müßt mich nicht für dumm halten«, entgegnete Campuzano. »Ich weiß ganz genau, daß Tiere nicht sprechen können — es müßte denn ein Wunder vorliegen. Und ich weiß auch, daß die sogenannten sprechenden Drosseln, Elstern und Papageien nur einzelne Wörter lernen und im Gedächtnis behalten können, weil ihre Zunge eben geeignet ist, sie auszusprechen. Deshalb können sie aber noch lange nicht ein vernünftiges Gespräch führen, so wie die beiden Hunde es taten. Hinterher, nachdem ich sie gehört hatte, habe ich selbst oft genug meinen Ohren nicht trauen wollen und habe mir immer wieder einreden wollen, ich hätte geträumt, während ich doch tatsächlich wach war und alle fünf Sinne beieinander hatte, die mir der Herrgott gegeben hat. Nein, ich habe sie wirklich gehört, ihnen gelauscht, sie verstanden und schließlich ihr Gespräch Wort für Wort aufgeschrieben. Das aber ist wohl ein ausreichender Beweis, um Euch zu überzeugen, daß ich die Wahrheit spreche. Die Dinge, die in dieser Unterhaltung zur Sprache kamen, waren so wichtig und mannigfaltig, daß sie eher in den Mund weiser Männer gepaßt hätten als in die Mäuler von zwei Hunden. Da ich aber diese Dinge beim besten Willen nicht selbst hätte erfinden können, mußte ich wohl oder übel und gegen meine Überzeugung schließlich glauben, daß ich nicht geträumt habe und die Hunde tatsächlich miteinander gesprochen haben.«

»Schockschwerenot!« rief der Lizentiat. »Wir leben doch nicht mehr in Olims Zeiten, als die Kürbisse reden konnten, oder in denen des alten Äsop, wo sich der

Hahn mit dem Fuchs und ein Tier mit dem anderen unterhielt!«

»Jawohl, ein unverständiges Tier will ich sein, das allerdümmste sogar«, versicherte der Fähnrich, »wenn ich glauben wollte, daß diese Zeiten wiedergekehrt sind. Aber ebenso töricht wäre ich, wenn ich nicht glauben wollte, was ich gehört und gesehen habe. Ich getraue mich, diese Wahrheit mit einem so heiligen Eid zu bekräftigen, daß die Ungläubigkeit selbst sich verpflichtet, ja, gezwungen sieht, sich zu bekehren. Aber gesetzt den Fall, ich hätte mich getäuscht, meine Wahrnehmung wäre nur ein Traumbild, und es wäre ein Unsinn von mir, sie als wirklich auszugeben — würde es Euch nicht trotzdem Freude machen, Herr Peralta, wenn Ihr einmal lesen könntet, was die beiden Hunde oder wer es sonst gewesen sein mag, miteinander zu verhandeln hatten?«

»Nun«, meinte der Lizentiat, »falls Ihr Euch nicht darauf versteifen wollt, immer wieder zu versichern, daß Ihr die Hunde habt sprechen hören, dann möchte ich mir schon recht gern dieses Zwiegespräch einmal anhören. Da es aus dem klugen Hirn des Herrn Fähnrich stammt und von seiner Hand niedergeschrieben ist, bin ich von vornherein überzeugt, daß es recht geistreich sein muß.«

»Ich muß aber zuvor noch etwas anderes dazu bemerken«, sagte der Fähnrich. »Ich lauschte so gespannt und hatte — dank den vielen Rosinen und Mandeln, die ich zuvor gegessen — einen so klaren, feinen und aufnahmefähigen Geist und ein so unbeschwertes Gedächtnis, daß ich alles behalten habe und es am nächsten Tage fast Wort für Wort niederschreiben konnte, genau wie ich es gehört hatte. Ich brauchte keinerlei rhetorische Floskeln zu suchen, um meinen Bericht auszuschmücken, und kein Wort hinzuzufügen oder zu streichen, um ihn schmackhaft zu machen. Das Gespräch dauerte übrigens nicht nur eine Nacht, sondern zog sich durch zwei aufeinanderfolgende Nächte hin. Bisher habe ich nur das Gespräch der ersten Nacht, in der Berganza sein Leben erzählte, aufgezeichnet; die Erlebnisse seines Freundes Cipion, der in der zweiten Nacht an der Reihe war, gedenke ich später noch niederzuschreiben, wenn ich gesehen habe, daß Ihr meinem Bericht Glauben schenkt oder ihn doch zum mindesten nicht verschmäht. Ich habe das Heftchen bei mir und habe alles in der Form eines Zwiegesprächs belassen, um mir das ständige ›sagte Cipion‹ und ›erwiderte Berganza‹ zu ersparen, das doch nur unnötige Schreibarbeit erfordert hätte.«

Bei diesen Worten zog er ein Heft aus seinem Wams hervor, legte es in die Hände des Lizentiaten, der es lachend in Empfang nahm, so, als wolle er sich über alles, was er gehört und was er nun zu lesen gedachte, lustig machen.

»Ich werde jetzt hier in meinem Sessel einen kleinen Mittagsschlaf halten«, sagte der Fähnrich, »und Ihr könnt unterdessen, wenn Ihr wollt, diese Träumereien und Ungereimtheiten lesen, an denen nichts Gutes ist außer der Tatsache, daß man sie beiseite legen kann, sobald sie langweilen.«

»Tut Ihr nur ganz, was Euch beliebt«, meinte Peralta. »Ich werde mit dieser Lektüre hier wohl bald fertig sein.«

Der Fähnrich lehnte sich also in seinen Sessel zurück, und der Lizentiat schlug das Heftchen auf und las auf der ersten Seite den Titel:

ZWISCHEN CIPION UND BERGANZA,

den Hunden des Auferstehungshospitals,

das da liegt in der Stadt Valladolid

vor dem Campo-Tore

CIPION: Freund Berganza, heute nacht wollen wir einmal das Vertrauen der Menschen zum Wächter des Hospitals bestellen und hier auf unseren Strohmatten bleiben, wo wir, ohne daß jemand uns hört, die unerhörte Gnade genießen können, die der Himmel uns beiden plötzlich verliehen hat.

BERGANZA: Bruder Cipion, ich höre dich sprechen und weiß, daß ich zu dir spreche, aber ich kann es noch immer nicht glauben; denn daß wir reden sollten, scheint mir doch die Grenzen der Natur zu überschreiten.

CIPION: Du hast recht, Berganza, und das Wunder wird noch größer dadurch, daß wir nicht allein sprechen, sondern daß sogar Sinn in unserer Rede ist, als seien wir mit Vernunft begabt. Dabei besteht der Unterschied zwischen Mensch und Tier doch gerade darin, daß der Mensch ein vernunftbegabtes Lebewesen ist, das Tier aber nicht.

BERGANZA: Ich verstehe alles, was du sagst, Cipion, und die Tatsache, daß du es sagst und ich es verstehe, reißt mich immer wieder zu Staunen und Verwunderung hin. Allerdings habe ich im Verlaufe meines Lebens schon oft und bei den verschiedensten Gelegenheiten gehört, daß man uns Hunden große Vorzüge zuschreibt. Ja, manche behaupten sogar, wir hätten eine so klare, lebhafte und scharfe Auffassungsgabe für viele Dinge, daß man deutlich daraus entnehmen könne, uns fehle nur wenig daran, um eine Art logischer Denkfähigkeit zu besitzen.

CIPION: Ich habe immer gehört, daß man vor allem unser gutes Gedächtnis, unsere Dankbarkeit und unsere große Treue rühmt und preist. Oft werden wir ja sogar zum Sinnbild der Freundschaft erwählt! Falls du darauf geachtet hast, dann wirst du sicher schon jene Alabastergrabmäler gesehen haben, auf denen die Gestalten derer, die darunter ruhen, dargestellt sind. Wie oft findest du da zu Füßen eines Ehepaares die Gestalt eines Hundes eingemeißelt, zum Zeichen dafür, daß die beiden einander zu Lebzeiten unverbrüchlich Freundschaft und Treue bewahrt haben!

BERGANZA: Ich habe auch schon von Hunden gehört, die aus Dankbarkeit hinter dem Sarg ihres Herrn her ins offene Grab gesprungen sind, oder von anderen, die sich auf das Grab ihres Herrn setzten, nicht mehr wegzulocken waren und keine Nahrung anrührten, bis es auch mit ihrem Leben zu Ende war. Man sagt ja auch, daß, was Klugheit und Verstand betrifft, der Hund nächst dem Elefanten an erster Stelle steht; dann kommt das Pferd und dann der Affe.

CIPION: Ja, so ist es; aber trotzdem wirst du wohl zugeben, daß du noch nie gesehen oder gehört hast, daß ein Elefant, ein Hund, ein Pferd oder ein Affe gesprochen hätte. Daraus jedoch muß ich folgern, daß die Gabe der Rede, die uns so unverhofft zuteil wurde, unter die sogenannten Wunderzeichen zu rechnen ist, deren Auftauchen und Erscheinen erfahrungsgemäß eine unheilvolle Drohung für die Menschheit bedeutet.

BERGANZA: Nun, so ist das, was ich neulich in Alacalá de Henares aus dem Munde eines Studenten gehört habe, sicherlich auch solch ein Wunderzeichen!

CIPION: Was hast du denn da gehört?

BERGANZA: Daß von den fünftausend Studenten, die dieses Jahr auf der Universität eingeschrieben waren, zweitausend Medizin studierten.

CIPION: Und was folgerst du aus dieser Tatsache?

BERGANZA: Ich folgere daraus, daß diese zweitausend Ärzte entweder genug Patienten haben werden — und das würde schwere Seuchen und schlimmes Unglück bedeuten! —, oder daß sie Hungers sterben müssen.

CIPION: Lassen wir das ruhig dahingestellt sein; wir reden, mag es nun ein Wunderzeichen sein oder nicht. Gegen die Bestimmungen des Himmels kann ja doch keine Vorsicht und keine Weisheit des Menschen etwas ausrichten; darum brauchen wir auch nicht darüber zu streiten, wie und warum wir sprechen können. Wir wollen uns vielmehr diesen glücklichen Zufall recht zunutze machen; und da wir uns hier auf unseren Binsenmatten so wohl befinden und nicht wissen, wie lange unser Glück dauern wird, wollen wir es nur ja bis zur Neige auskosten und die ganze Nacht miteinander verplaudern. Auch die Müdigkeit darf uns nicht an diesem Genuß hindern, den ich mir schon so lange ersehnt habe.

BERGANZA: Und ich auch! Seit ich genügend Kraft besitze, einen Knochen abzunagen, habe ich stets den Wunsch gehabt, reden zu können, um einmal all die Dinge auszusprechen, die ich nach und nach in meinem Gedächtnis aufspeichern mußte und die dort durch ihr Alter und ihre Fülle schließlich moderten oder in Vergessenheit gerieten. Jetzt aber, wo ich mich so unverhofft mit der göttlichen Gabe der Rede beglückt sehe, gedenke ich diese Fügung auch zu genießen und auszunutzen, so gut ich kann. Ich will mich beeilen, mir alles von der Seele zu reden, was mir nur einfallen will, auch wenn es ein wenig wirr und bunt durcheinandergeht. Was weiß ich denn, wie bald man mir dieses Gut wieder abfordern wird, das mir doch nur geliehen ist?

CIPION: Paß auf, Freund Berganza, wir wollen es so halten: heute nacht erzählst du mir dein Leben und berichtest mir, was du alles durchgemacht hast, bis du schließlich deine jetzige Stellung erlangtest, und wenn wir morgen abend noch der Sprache mächtig sind, will ich dir meine Schicksale erzählen. Auf jeden Fall wenden wir unsere Zeit besser an, wenn wir uns die Wechselfälle unseres eigenen Lebens anvertrauen, als wenn wir versuchen, die Schicksale anderer zu erfahren.

BERGANZA: Cipion, ich habe dich immer für einen klugen Kopf und treuen Freund gehalten, nun aber mehr denn je! Wie ein echter Freund willst du mir von deinen Erlebnissen berichten und die meinen hören, und klug und weise hast du die Zeit eingeteilt, die uns dafür zur Verfügung steht. Doch sieh erst einmal nach, ob uns keiner hört.

CIPION: Nein, das glaube ich nicht. Hier in der Nähe liegt ein Soldat, der eine Schwitzkur macht, aber um diese Stunde wird er bestimmt lieber schlafen als jemandem zuhören wollen.

BERGANZA: Nun, wenn du meinst, ich könnte ruhig sprechen, dann höre. Sollte ich dich jedoch mit meiner Erzählung ermüden, dann tadle mich oder heiß mich schweigen.

CIPION: Sprich du nur ruhig, bis es Morgen ist oder bis einer uns hört! Ich will dir gern zuhören und dich nur unterbrechen, wenn es mir dringend nötig erscheint.

BERGANZA: Das Licht dieser Welt erblickte ich, soviel ich glaube, in Sevilla, und zwar im Schlachthof dieser Stadt, der draußen vor dem Fleischtor liegt. Wenn das, was ich später noch zu erzählen habe, dieser Annahme nicht widerspräche, müßte ich aus dem Ort meiner Geburt wohl folgern, daß meine Eltern vermutlich Hetzhunde waren und jener Rasse angehörten, welche die Metzgerknechte züchten, die da draußen ihr schmutziges Gewerbe ausüben. Mein erster Herr, dessen ich mich erinnere, hieß Nicolas Stumpfnase und war ein derber, untersetzter und jähzorniger Bursche wie alle seines Zeichens. Dieser Nicolas lehrte mich und die anderen Welpen zusammen mit den alten Hetzhunden die Ochsen anzufallen und an den Ohren zu zausen. Ich lernte schnell und war bald ein Meister in dieser Kunst.

CIPION: Das wundert mich nicht, Berganza; da alles Schlechte aus sich selber keimt, ist es auch leicht zu erlernen.

BERGANZA: Ach, Bruder Cipion, wie soll ich es anfangen, dir von all den unerhörten Dingen zu erzählen, die sich dort auf dem Schlachthof zutrugen und deren Zeuge ich war? Eins mußt du voraussetzen: alle Leute, die dort zu tun haben, vom ersten bis zum letzten, sind wüste Kerle mit einem weiten Gewissen, die weder den König noch seine Obrigkeit fürchten. Die meisten dieser fleischfressenden Raubvögel leben zudem in wilder Ehe und müssen sich selbst und ihre Buhldirnen von ihrem Raub ernähren. An jedem Fleischtage finden sich daher schon in aller Morgenfrühe eine Unmenge Weiber und junger Burschen auf dem Schlachthof ein. Sie kommen mit leeren Säcken, doch wenn sie gehen, sind ihre Säcke voller Fleischstücke, und die Mägde bekommen die Hoden und manchmal einen halben Lendenbraten. Kein Stück Vieh wird geschlachtet, von dem diese Gesellschaft nicht ihre Steuern und Zehnten erhöbe und die besten und saftigsten Stücke schnappte. Da es in Sevilla keine städtischen Fleischlieferanten gibt, kann jeder bringen, was er will. Zuerst wird immer das Beste oder das Wohlfeilste geschlachtet, und bei dieser Einteilung ist stets ein Überfluß an Fleisch vorhanden. Die Besitzer des Schlachtviehs bemühen sich auch noch mit größter Höflichkeit um dieses Metzgervolk. Damit wollen sie sie nicht etwa am Stehlen hindern – denn das wäre ein hoffnungsloses Unterfangen –, sondern nur erreichen, daß sie sich ein wenig mäßigen und den geschlachteten Tieren mit ihren Messern nicht so zu·Leibe gehen, als seien es Weidenbüsche oder Rebstöcke, die beschnitten oder ausgeholzt werden müssen. Die erstaunlichste und schlimmste Erfahrung für mich jedoch war es, daß ich mit ansehen mußte, wie diese Leute einen Menschen ebenso bedenkenlos töten wie eine Kuh. Um einer lächerlichen Kleinigkeit willen sind sie eins, zwei, drei mit ihrem Metzgermesser zur Hand und rennen es ihrem Nächsten in den Bauch, als stächen sie ein Stück Vieh ab. Wenn einmal ein Tag vergeht, ohne daß es Händel, Blutvergießen oder auch Totschlag gegeben hat, so ist das schon ein Wunder. Alle prahlen sie mit ihrer Tapferkeit und verstehen sich dabei nicht schlecht aufs Hehlen und Bestechen; denn keiner ist unter ihnen, der nicht im Polizeigebäude auf dem San-Francisco-Platz einen Schutzengel sitzen hätte, den er mit Lendenbraten und Ochsenzungen fütterte. Ich habe einmal einen klugen Mann sagen hören, in Sevilla hätte der König noch dreierlei zu erobern: die Jagdstraße, die Costanilla und den Schlachthof.

CIPION: Wenn du dich jedesmal so lange damit aufhalten willst, die Eigenschaften deiner Herren und die Schattenseiten ihres Handwerks zu beschreiben, Freund Berganza, so müssen wir den Himmel wohl bitten, uns mindestens auf ein Jahr hinaus die Sprache zu verleihen; aber ich fürchte, daß du bei dem Schritt, den du anschlägst, selbst dann noch nicht bis zur Mitte deiner Geschichte gekommen bist. Auf eins will ich dich aufmerksam machen, und du wirst sehen, daß ich recht habe, wenn du morgen die Geschichte meines Lebens hörst: daß nämlich bei manchen Geschichten der Reiz in ihnen selbst liegt, bei anderen jedoch in der Art, wie man sie erzählt. Das soll heißen, daß es Geschichten gibt, die ohne lange Vorreden und Ausschmückungen erzählt werden und doch befriedigen, während es bei anderen nötig ist, sie mit schönen Redensarten zu verbrämen, mit Mienen und Gesten zu begleiten und die Stimme dabei kunstvoll zu heben und zu senken, damit aus nichts etwas wird und unbedeutende

Dinge ohne Saft und Kraft witzig und geschmackvoll erscheinen. Vergiß diesen Hinweis nicht, und richte dich danach bei dem, was du noch zu erzählen hast!

BERGANZA: Das will ich gern tun, sofern meine große Lust am Sprechen mir Zeit dazu läßt. Aber ich glaube, es wird mir doch sehr schwerfallen, mich zu mäßigen.

CIPION: Mäßige vor allem deine Zunge, denn von ihr kommt das meiste Unheil im menschlichen Leben.

BERGANZA: Nun höre weiter! Mein Herr lehrte mich einen Korb im Maule tragen und ihn gegen jedermann verteidigen, der ihn mir wegnehmen wollte. Dann lehrte er mich auch das Haus seiner Freundin finden, und auf diese Weise ersparte sich ihre Dienerin den Weg zum Schlachthof, denn ich brachte ihr jeden Morgen das, was er nachts zuvor gestohlen hatte. Als ich nun eines Tages in der Morgendämmerung beflissen dahintrabte, um der Dirne ihre Fleischportion zu bringen, hörte ich, wie man mich von einem Fenster aus beim Namen rief. Ich hob den Kopf und erblickte ein wunderschönes Mädchen. Nun blieb ich stehen, und sie kam an die Haustür herunter und rief mich noch einmal. Ich ging zu ihr hin, um zu sehen, was sie von mir wollte. Und was war es? Sie nahm mir aus dem Korbe, was ich darin trug, und legte mir statt dessen einen alten Pantoffel hinein. »Na ja, Fleisch wollte zu Fleisch!« meinte ich bei mir. Als mir das Mädchen den Braten weggenommen hatte, sagte sie: »Nun geh, Gavilan, oder wie du sonst heißt, und sag dem Nicolas Stumpfnase, deinem Herrn, er solle sich nicht auf Tiere verlassen. Du weißt ja, vom Wolf nimmt man das Fell und aus deinem Korb das hier.« Ich hätte ihr nun leicht ihren Raub wieder entreißen können, aber ich mochte mit meinem schmutzigen Metzgermaul ihre weißen, reinen Hände nicht berühren.

CIPION: Und daran hast du recht getan; denn die

Schönheit hat nun einmal das Vorrecht, daß man ihr stets mit Achtung begegnen muß.

BERGANZA: Danach richtete ich mich auch und kehrte nun ohne Fleisch und mit dem alten Pantoffel zu meinem Herrn zurück. Es fiel ihm auf, daß ich so schnell wieder da war, und als er den Pantoffel sah, konnte er sich wohl vorstellen, was für einen Streich man mir gespielt hatte. Sofort zog er sein Metzgermesser und stach damit nach mir. Wäre ich damals dem Stich nicht ausgewichen, so könntest du jetzt weder diese noch all die anderen Geschichten hören, die ich dir noch zu erzählen gedenke. Ich machte mich schleunigst aus dem Staube und lief, was das Zeug hielt, hinter der Sankt-Bernhards-Kirche aus der Stadt und dann immer der Nase nach querfeldein, wohin mein Geschick mich führen wollte. Die folgende Nacht schlief ich unter freiem Himmel, und am nächsten Tage führte mich das Schicksal einer großen Schaf- und Hammelherde in den Weg. Sowie ich sie erblickt hatte, glaubte ich, nunmehr den Inhalt meines Lebens gefunden zu haben; denn es erschien mir als das angemessenste und natürlichste Amt eines Hundes, eine Herde zu bewachen. Das Geschäft erheischt eine schöne Tugend: man muß die Schwachen und Unvermögenden gegen die Übergriffe der großen und übermütigen Herren beschützen und verteidigen. Kaum hatte mich einer der Hirten erblickt, die bei der Herde waren, als er mit der Zunge schnalzte und mich an sich zu locken suchte. Ich wünschte mir ja nichts Besseres und kam mit gesenktem Kopf schweifwedelnd näher. Der Schäfer kraulte mir den Rücken, sperrte mir das Maul auf und spuckte hinein, untersuchte meine Schneidezähne, schätzte mein Alter ab und erklärte schließlich den beiden anderen Schäfern, ich müsse allem Anschein nach ein Hund von guter Rasse sein. In diesem Augenblick kam der Besitzer der Herde angeritten. Er saß mit kurzgeschnallten Steigbügeln auf einer Grauschimmelstute und war mit Lanze und

Schild gewappnet, so daß er eher wie ein Küstenwächter denn wie ein Herdenbesitzer aussah. »Was für ein Hund ist das da?« fragte er den Schäfer. »Er sieht recht gut aus.« »Das können Euer Gnaden wohl glauben«, erwiderte der Gefragte. »Ich habe ihn untersucht; alles deutet darauf hin, daß er ein ausgezeichneter Hund wird. Er ist uns eben erst zugelaufen; wem er gehört, weiß ich nicht, aber ich bin sicher, daß er zu keiner der Herden hier in der Nähe gehört.« — »Schön«, meinte der Herr, »dann leg ihm das Halsband von Leoncillo um, der neulich eingegangen ist, füttere ihn wie die anderen Hunde und behandle ihn gut, damit er sich an die Herde gewöhnt und bei uns bleibt.«

Damit ritt er wieder fort, und nachdem mir der Hirte einen großen Kübel Milchsuppe vorgesetzt hatte, legte er mir ein Stachelhalsband um. Auch einen neuen Namen gab er mir und taufte mich Barcino. Ich war hochbefriedigt von meinem zweiten Herrn und meinem neuen Beruf. Eifrig und beflissen wachte ich über die Herde, wich keinen Augenblick von ihr außer zur Stunde der Mittagsruhe, die ich am Ufer eines der vielen Bäche, die hier durch die Wiesen flossen, im Schatten eines Baumes, eines kleinen Hügels, eines Felsens oder unter einem Busch verbrachte. Doch auch in diesen Ruhestunden war ich nicht müßig, sondern beschäftigte mich damit, mir viele Dinge ins Gedächtnis zu rufen. So dachte ich an die Tage, die ich im Schlachthof zugebracht hatte, und an das Leben, das mein früherer Herr und die Leute seinesgleichen führten. Immer hatten sie alle Hände voll zu tun, die unverschämten Wünsche ihrer Buhldirnen zu erfüllen! Oh, wenn ich dir erzählen wollte, was ich alles bei der Freundin meines Herrn gelernt und erfahren habe! Aber ich will lieber davon schweigen, denn es würde zu weit führen, und du sollst nicht sagen, ich sei ein Lästermaul.

CIPION: Ein großer Dichter der Antike hat, soviel ich weiß, einmal gesagt, es sei sehr schwierig, keine Satiren zu schreiben. Es soll mir daher recht sein, wenn du ein wenig lästerst, doch darfst du nicht zu scharf sein und deine Erzählung nur ein wenig ausschmücken. Ich will damit sagen, daß du wohl gewisse Hinweise geben sollst, aber niemanden damit verletzen oder ganz und gar unmöglich machen darfst. Denn wenn die Leute auch darüber lachen, so ist es doch nicht recht, so zu lästern, daß der Ruf eines Menschen dabei ganz zuschanden wird. Wenn du gut zu erzählen weißt, ohne in diese Fehler zu verfallen, so werde ich dich für einen klugen Kopf halten.

BERGANZA: Ich will mir deinen Rat zu Herzen nehmen und bin schon sehr gespannt darauf, den Bericht über deine Erlebnisse zu hören. Denn von einem, der die Fehler meiner Erzählung so gut herauszufinden und zu verbessern versteht, kann ich wohl mit Recht erwarten, er werde seine Geschichte so vortragen, daß sie gleichzeitig belehrt und erfreut. Doch nun will ich den Faden meiner Geschichte wieder aufnehmen. In der Stille und Einsamkeit meiner Mittagsstunden also kam ich unter anderem zu dem Schluß, daß alles, was ich bisher über das Leben der Hirten und Schäfer gehört hatte, nicht auf Wahrheit beruhen könne. Die Freundin meines ersten Herrn hatte nämlich, wenn ich sie in ihrem Hause besuchte, immer in Büchern gelesen, die alle von Schäfern und Schäferinnen handelten. Darin aber stand, daß sie ihre Tage mit Gesang verbrächten und sich dazu mit Querpfeifen, Schalmeien, Geigen, Hirtenflöten und andern seltsamen Instrumenten begleiteten. Ich blieb zuweilen ein wenig sitzen, um der Dame zuzuhören, und sie las mir vor, wie wunderbar und göttlich schön der Schäfer Anfriso sang, wenn er den Ruhm der unvergleichlich schönen Belisarda verkündete. In allen Wäldern Arkadiens war kein Baumstamm, auf dem er nicht gesessen hätte, um zu singen, von der Stunde an, da die Sonne aus den Armen Auroras emporstieg, bis zu dem Augenblick, wo sie in die der Thetis hinabsank. Und selbst, wenn die schwarze Nacht ihre düsteren Flügel über das Antlitz der Erde gebreitet hatte, hielt er nicht inne mit seinen wohltönenden Klagen, die er so herzbewegend vorzutragen verstand. Und der Schäfer Elicio stand ihm darin nicht nach: er war kein Held, aber dafür hatte er ein zärtliches Herz, und es hieß von ihm, daß er seine eigene Liebe und seine Herden vergessen konnte, um in die Seufzer der anderen einzustimmen. Dann las sie mir auch von dem großen Schäfer Filidas vor, der ein einziges Mal in seinem Leben ein Bild gemalt hatte und der bei all seinem Unglück nie die Hoffnung verlor. Ich hörte von den Ohnmachten Sirenos und von der Reue Dianas, und meine Herrin dankte Gott und der weisen Felicia, weil sie mit ihrem Zaubertrank jenes Lügengespinst zerrissen und das Labyrinth der Schwierigkeiten entwirrt hatte. Ich erinnere mich noch vieler anderer Bücher dieser Art, aus denen ich habe vorlesen hören; aber es lohnt sich nicht, von ihnen zu sprechen.

CIPION: Siehst du, Berganza, nun hast du meinen Rat beherzigt! Lästere ein wenig, stichele und geh dann leicht über die Sache hinweg. Deine Absicht sei rein, auch wenn die Zunge es nicht zu sein scheint.

BERGANZA: In dieser Beziehung wird die Zunge wohl nie einen Fehler begehen, wenn die Absicht ihn nicht zuvor begangen hat. Sollte ich jedoch einmal unabsichtlich oder auch böswillig ins Lästern verfallen, und es wollte mich einer darum tadeln, so würde ich ihm die gleiche Antwort geben wie der Narrendichter Mauleon, jenes fröhliche Mitglied der Akademie der Nachahmer. Als der nämlich einmal gefragt wurde, was der Satz »Deum de Deo« bedeute, erwiderte er: »Nun, das heißt: ›Der Donner da!‹«

CIPION: Das war so recht die Antwort eines Narren.

Du aber bist klug oder willst es wenigstens sein und darfst darum niemals etwas sagen, was einer Entschuldigung bedarf. So, und nun sprich weiter!

BERGANZA: Ja, diese Überlegungen, die ich anstellte, und noch viele andere dazu, ließen mich erkennen, wie ganz anders meine Schäfer und alle, die ich dort in jenem Küstenstreifen kennenlernte, sich gebärdeten als die Schäfer aus den Büchern, von denen ich gehört hatte. Wenn meine Schäfer nämlich sangen, tönten von ihren Lippen keine wohlklingenden, kunstvollen Strophen, sondern ein: »Gib acht, Juanica, da läuft der Wolf«, und andere Lieder dieses Schlages. Sie begleiteten sich auch nicht mit Flöten, Geigen und Schalmeien, sondern höchstens mit ihren Hirtenstäben, die sie gegeneinanderschlugen oder mit ein paar klappernden Scherben, die sie zwischen die Finger nahmen. Ihre Stimmen klangen nicht wunderbar süß und voll, sondern rauh, und wenn einer allein oder alle zusammen solch ein Lied sangen, so hatte man eher den Eindruck, daß sie schrien oder grunzten. Die meiste Zeit des Tages brachten sie damit zu, sich die Flöhe abzusuchen oder ihre Holzschuhe auszubessern. Ihre Mädchen nannten sie nicht Amaryllis, Filidas, Galatea oder Diana, und sie selbst hießen nicht Lisardo, Lauso, Jacinto oder Riselo, sondern Anton, Domingo, Pablo oder Llorente. So wurde mir denn schließlich klar, was wohl jedem einleuchten muß: alle jene Bücher sind nur ausgedacht und niedergeschrieben zum Zeitvertreib der Müßiggänger, aber sie enthalten kein Quentchen Wahrheit. Wäre es anders, so hätte man bei meinen Schäfern doch wenigstens einen schwachen Anklang jenes glückseligen Lebens finden müssen, irgendeine Erinnerung an jene lieblichen Auen, dichten Wälder, geheiligten Berge, herrlichen Gärten, klaren Bäche und kristallhellen Quellen, an jene tugendhaften, wohlgesetzten Liebeserklärungen, und ich hätte es wenigstens einmal erleben müssen, daß hier ein Schäfer, dort eine Schäferin in Ohnmacht fiel und daß aus diesem Gebüsch eine Schalmei und aus jenem eine Hirtenflöte ertönte.

CIPION: So, nun ist es genug, Berganza! Komm zu deinem Thema zurück und erzähle weiter!

BERGANZA: Ich danke dir, mein Freund Cipion! Wärst du mir jetzt nicht ins Wort gefallen, so hätte ich mir wohl den Mund heiß geredet und nicht eher aufgehört, als bis ich dir von Anfang bis Ende eines dieser Bücher beschrieben hätte, die mir den Kopf verdreht haben. Aber es wird schon einmal eine Zeit kommen, wo ich dir alles vernünftiger und zusammenhängender erklären kann als jetzt.

CIPION: Schau auf deine Füße, Berganza, und du wirst dein Pfauenrad bald zusammenlegen! Damit aber will ich sagen, denke daran, daß du ein vernunftloses Tier bist! Wenn du jetzt etwas Vernunft zu besitzen scheinst, so sind wir uns ja alle beide klar darüber, daß dies eine übernatürliche und unerhörte Sache ist.

BERGANZA: Übernatürlich und unerhört wäre es, wenn ich mich noch in meinem früheren Zustand der Unwissenheit befände; jetzt aber ist mir etwas eingefallen, was ich dir eigentlich schon zu Beginn unserer Unterhaltung hätte mitteilen müssen, und darum wundere ich mich gar nicht mehr, daß ich sprechen kann, sondern viel eher darüber, daß ich es zuweilen nicht vermag.

CIPION: Nun, und kannst du mir jetzt wohl sagen, was dir eingefallen ist?

BERGANZA: Ach, das ist eine seltsame Geschichte, die mir einmal mit einer großen Hexenmeisterin, einer Schülerin der Camacha aus Montilla, begegnet ist.

CIPION: Dann erzähl sie mir doch gleich, bevor du in deinem Bericht fortfährst.

BERGANZA: Nein, das tue ich nun erst, wenn die Geschichte an der Reihe ist! Hab du nur Geduld und höre meine Erzählung an, wie ich sie dir vortrage, dann wirst du auch mehr Freude daran haben, falls du nicht zu ungeduldig bist und unbedingt zuerst das Ende und dann den Anfang erfahren willst.

CIPION: Faß dich kurz und erzähle, was und wie du willst.

BERGANZA: Nun also, ich fühlte mich ganz wohl in meinem Hüteamt, denn ich verdiente mir ja schließlich mein Brot mit Mühe und Schweiß und bedachte dabei, daß der Müßiggang, der bekanntlich aller Laster Anfang ist, mir nicht gefährlich werden konnte. Wenn ich auch tagsüber manchmal etwas Zeit zum Ausruhen hatte, so fand ich dafür nachts keinen Schlaf, da die Wölfe häufig in unsere Herde einbrachen und man uns stets zur Verteidigung aufrief. Kaum riefen die Hirten: »Faß den Wolf, Barcino!«, als ich auch schon vor allen anderen Hunden herbeieilte und in der Richtung fortstürzte, die sie mir wiesen. Ich raste durch die Täler, erklomm die Berge, durchschnüffelte die Wälder, sprang über die Schluchten, überkreuzte die Straßen und kehrte erst am Morgen keuchend und erschöpft wieder zur Herde zurück, ohne den Wolf oder eine Spur von ihm gefunden zu haben. Und wenn ich dann völlig aufgelöst von Müdigkeit, mit zerrissenen, zerschundenen Pfoten ankam, dann fand ich bei der Herde ein totes Schaf oder einen Hammel, dem die Gurgel durchgebissen oder der von den Wölfen halb aufgefressen war. Ich war der Verzweiflung nahe, wenn ich sah, wie wenig all meine Wachsamkeit und mein Eifer nützten. Kam dann der Besitzer der Herde, so gingen die Hirten ihm mit dem Fell des toten Tieres entgegen; er schalt daraufhin die Hirten, nannte sie nachlässige Burschen und befahl, uns Hunde für unsere Faulheit zu strafen. Auf uns regnete es Schläge herab und auf unsere Herren Schimpfworte. Als ich so eines Tages wieder schuldlos eine Tracht Prügel hatte einstecken müssen und merkte, daß ich trotz all meiner Achtsamkeit, meiner Behendigkeit und meinem Mut den Wolf nicht packen konnte, beschloß ich, es nun einmal anders anzufangen. Ich wollte nicht wie gewöhnlich von der Herde weglaufen, um den Wolf zu suchen, sondern in der Nähe bleiben: da der Wolf doch hierherkam, war mir ja auf diese Weise die Beute sicher.

Jede Woche wurde bei uns die Sturmglocke geläutet; in einer stockfinsteren Nacht jedoch bekam ich endlich einmal die Wölfe zu Gesicht, vor denen wir die Herde nicht schützen konnten. Ich verbarg mich also hinter einem Strauch und ließ meine Gefährten, die anderen Hunde, an mir vorbeilaufen. Wie ich nun so auf meinem Posten lag und hinüberspähte, gewahrte ich, wie zwei Hirten einen der besten Hammel aus dem Pferch ergriffen, ihn schlachteten und so zurichteten, daß es am nächsten Morgen aussehen mußte, als ob tatsächlich der Wolf der Räuber gewesen wäre. Ich war zutiefst erschrocken und sah ganz entsetzt zu, wie die Hirten hier die Stelle des Wolfes vertraten und in die Herde einfielen, die ihrer Obhut anvertraut war. Am folgenden Morgen erzählten sie ihrem Herrn wieder von der Untat des Wolfes und übergaben ihm das Fell und einen Teil des Fleisches, während sie selbst das meiste und beste davon verzehrten. Der Herr schalt sie natürlich wieder aus, und wir wurden abermals verprügelt. Es waren also gar keine Wölfe da, und doch wurde der Bestand der Herde dauernd vermindert. Ich wollte den Verrat anzeigen, aber ich war stumm und konnte nicht sprechen. Nun verfiel ich in ratlosen Kummer. »Gott steh mir bei«, so sagte ich zu mir selbst. »Wer kann solcher Schlechtigkeit steuern? Wer hat die Macht, den Menschen die Augen zu öffnen und ihnen zu zeigen, daß die Verteidiger angreifen, die Wachen schlafen, daß der, dem man vertraut, raubt und der Beschützer mordet?«

CIPION: Da hast du völlig recht, Berganza, denn kein Dieb ist gefährlicher und geschickter als der, der im Hause seines Herrn stiehlt, und es werden viel öfter Leute ermordet, die den anderen vertrauen als solche, die stets auf der Hut sind. Das Schlimme dabei ist nur, daß die Menschen in dieser Welt unmöglich leben können, ohne zu trauen und zu vertrauen. Doch lassen wir das jetzt, wir wollen nicht noch zu Predigern werden. Erzähl weiter!

BERGANZA: Gut. Ich entschloß mich also, diesen Beruf aufzugeben, obgleich er mir so gut gefiel, und mir einen anderen zu suchen, in dem ich für meine guten Dienste wenigstens nicht bestraft wurde, wenn sie mir auch keine Belohnung eintrugen. So kehrte ich nach Sevilla zurück und trat dort in die Dienste eines sehr reichen Kaufmanns.

CIPION: Wie hast du es denn angefangen, so einen Herrn zu bekommen? Denn heutzutage ist es doch für einen anständigen Menschen mit den größten Schwierigkeiten verbunden, einen ordentlichen Herrn zu finden. Die Herren dieser Welt sind ganz anders als der Herr des Himmels. Ehe sie einen Diener annehmen, untersuchen sie zuerst seine Abkunft, prüfen seine Geschicklichkeit, begutachten sein Äußeres und wollen obendrein noch wissen, was für Kleider er hat. In Gottes Diensten jedoch ist der ärmste Mann der allerreichste, und der demütigste gilt als der vornehmste. Wenn ein Mensch nur aus reinem Herzen entschlossen ist, ihm zu dienen, so läßt Gott seinen Namen sogleich in sein Soldbuch eintragen und setzt ihm solch herrlichen, hohen Lohn aus, wie er nie zu hoffen gewagt hat.

BERGANZA: All das ist aber eine Predigt, Freund Cipion.

CIPION: Ja, so kommt es mir auch vor, und deshalb will ich lieber schweigen.

BERGANZA: Du fragtest mich, wie ich es angestellt hätte, einen neuen Herrn zu finden. Nun, du weißt ja selbst, daß die Demut die Vorbedingung und Grundlage aller Tugenden ist und daß ohne sie keine einzige bestehen kann. Sie räumt die Hindernisse beiseite, sie besiegt alle

Schwierigkeiten und führt uns stets zu ruhmreichen Zielen. Aus Feinden macht sie Freunde, sie dämpft die Wut der Erzürnten und mindert den Hochmut der Stolzen; sie ist die Mutter der Bescheidenheit und die Schwester der Mäßigung; kurzum, wo sie ist, da kann das Laster keinen dauerhaften Sieg davontragen, denn an ihrer Güte und Sanftmut stumpfen die Pfeile der Sünde ab und verlieren ihre Schärfe. Dieser Tugend nun pflegte ich mich zu bedienen, wenn ich irgendwo in Dienst treten wollte. Zuerst sah ich mir das Haus genau an und überlegte, ob hier auch ein großer Hund sein Auskommen finden würde. Dann stellte ich mich an der Tür auf, und wenn einer kam, der hier fremd zu sein schien, bellte ich ihn an, kam aber der Herr des Hauses, so ging ich mit gesenktem Kopf schweifwedelnd auf ihn zu und leckte ihm die Schuhe. Trieb er mich mit Prügeln fort, so ertrug ich sie und begann mit der gleichen Sanftmut wie zuvor, dem, der mich geschlagen hatte, von neuem zu schmeicheln. Wenn der Hausherr so meine Beharrlichkeit und Gutmütigkeit bemerkte, schlug er mich bestimmt nicht ein zweites Mal. Auf diese Weise gelangte ich meist schon nach zwei Versuchen ins Haus. Dort diente ich redlich und machte mich beliebt, so daß mir keiner den Abschied gab, wenn ich ihn nicht selbst nahm oder, richtiger gesagt, heimlich davonging. Manchen Herrn habe ich so gefunden, bei dem ich wohl noch heutigentags wäre, wenn mein widriges Schicksal mich nicht immer wieder verfolgt hätte.

CIPION: Genau wie du erzählst, bin auch ich immer zu meinen Herren gekommen. Es ist doch beinahe, als hätten wir gegenseitig unsere Gedanken gelesen!

BERGANZA: Ja, und wenn ich mich nicht täusche, sind wir uns auch schon in anderen Dingen begegnet. Darüber aber will ich dir, wie ich es versprochen habe, zu gegebener Zeit noch Näheres erzählen. Nun höre, wie es mir erging, nachdem ich die Herde und jene Spitzbuben von Hirten verlassen hatte. Ich kehrte also, wie gesagt, wieder nach der Stadt Sevilla zurück, die ja von jeher die Schutzstätte der Armen und ein Zufluchtsort der Verlassenen gewesen ist. In ihrer Größe tauchen nicht nur die Kleinen unter, nein, auch die Mächtigen können sich hier verkriechen. Dort stellte ich mich an die Tür eines großen Hauses, das einem Kaufmann gehörte, machte meine üblichen Kunststückchen — und fand bald Einlaß. Ich durfte bleiben und wurde tagsüber hinter der Tür angebunden und des Nachts freigelassen. Meinen Dienst versah ich mit großer Sorgfalt und Beflissenheit: ich bellte die Fremden an, und wenn Leute kamen, die mir nur flüchtig bekannt waren, so knurrte ich. In der Nacht tat ich kein Auge zu, sondern streifte durch alle Höfe, stieg auf die flachen Dächer hinauf und bewachte das Haus meines Herrn sowie die gesamte Nachbarschaft aufs beste. Mein Herr war so erfreut über meine Anstelligkeit, daß er Befehl gab, mich gut zu behandeln und mir stets genügend Brot und alle Knochen, die von den Mahlzeiten übrigblieben, sowie alle Reste aus der Küche zu geben. Ich zeigte mich dankbar dafür und sprang vor Freude in die Höhe, sobald ich meinen Herrn erblickte, vor allem, wenn er von seinen Gängen aus der Stadt zurückkehrte. Meine Freudenbezeugungen und Sprünge waren so stürmisch, daß mein Herr mich endlich losbinden ließ und ich nun Tag und Nacht frei herumlaufen konnte. Sowie ich von der Kette los war, lief ich auf ihn zu und tanzte um ihn herum, jedoch wagte ich nicht, ihm mit den Pfoten zu nahe zu kommen; denn ich dachte an jene Fabel Äsops, der von einem Esel erzählt, welcher in seiner Dummheit seinen Herrn genauso liebkosen wollte wie das verhätschelte Schoßhündchen und dem dieses Wagnis eine Tracht Prügel eintrug. In dieser Fabel wird uns meiner Ansicht nach gezeigt, daß sich für den einen noch lange nicht schickt, was den anderen possierlich und anmutig erscheinen läßt. Der Narr mag seine Possen treiben, der Gaukler seine Taschenspielerkünste und Purzelbäume machen, der Hanswurst iah schreien wie ein Esel und der Tagedieb, der sich diese Beschäftigung erwählt hat, mag nur immer die Stimmen der Vögel und die verschiedenen Bewegungen und Gesten der Tiere und Menschen nachahmen — nicht aber der ernste und würdige Mann; denn keine dieser Fertigkeiten kann seinen Ruf erhöhen und seinem Namen Ehre machen.

CIPION: So, das genügt, Berganza, ich habe dich schon verstanden. Erzähl weiter!

BERGANZA: Ja, du hast mich wohl verstanden! Ach, wenn mich doch diejenigen, die es angeht, ebensogut verstünden! Es liegt nun einmal in meiner gutmütigen Natur, daß ich einen unsäglichen Schmerz empfinde, wenn ich mitansehen muß, wie ein Edelmann sich zum Possenreißer erniedrigt und sich gar noch rühmt, er könne mit dem Würfelbecher umgehen, er verstehe alle möglichen Taschenspielereien, und keiner wisse so gut eine Chaconne zu tanzen wie er. So kannte ich einmal einen vornehmen Herrn, der überall verkündete, er habe auf Bitten eines Sakristans zweiunddreißig Blumengirlanden aus Papier geschnitten, die dann auf schwarzen Tüchern um ein Grabmonument dekoriert worden seien. Er machte ein ungeheures Aufhebens von seinen Schnippeleien und schleppte alle seine Freunde hin, damit sie sie anstaunen sollten, so daß man den Eindruck hatte, er zeige ihnen die vom Feinde erbeuteten Fahnen und Trophäen, die er auf den Gräbern seiner Eltern und Ahnen niedergelegt hatte. Der Kaufmann nun, von dem ich dir erzähle, hatte zwei Söhne von zwölf und vierzehn Jahren, welche die Lateinschule der Jesuitenväter besuchten. Sie traten auf, daß es ein wahrer Staat war, denn stets sah man in ihrer Begleitung einen Hofmeister und zwei Pagen, die ihnen die Bücher und das sogenannte Vademecum nachtrugen. Bei Sonnenschein ließen sie sich in einer Sänfte tragen, und bei Regenwetter fuhren sie in einer Kutsche. Wenn ich so den Aufwand der jungen Burschen betrachtete, fiel es mir auf, wie sehr die Einfachheit ihres Vaters dagegen abstach; denn wenn der zur Börse ging, um seine Geschäfte abzuwickeln, ließ er sich nur von einem Negersklaven begleiten, und wenn es hoch kam, ritt er auf einem kleinen, schlecht gesattelten Maulesel.

CIPION: Ja, Berganza, du mußt wissen, daß es bei den Kaufleuten in Sevilla und anderswo Sitte ist, ihre Vornehmheit und ihren Reichtum nicht an sich selbst zur Schau zu stellen, sondern an ihren Kindern. Bei diesen Leuten ist ihr Schatten größer als sie selbst. Sie haben nur in den seltensten Fällen etwas anderes im Kopfe als ihre Geschäfte und Kaufverträge, und darum legen sie auf ihr Äußeres wenig Wert. Da aber Ehrgeiz und Reichtum nun einmal den natürlichen Drang haben, sich der Welt zu zeigen, kommen sie bei den Kindern zum Vorschein. Die werden von ihren Eltern mit soviel Prunk und Aufwand ausgestattet, als seien sie Fürstenkinder, ja, manchmal verschaffen ihnen die Eltern sogar Würden und Adelstitel und jenes Ordenszeichen auf der Brust, das den vornehmen Mann vom gemeinen Volk unterscheidet.

BERGANZA: Ehrgeiz, aber doch ein edler Ehrgeiz, denn diese Leute streben danach, ihren Stand zu erhöhen, ohne daß ein Dritter davon Schaden hätte.

CIPION: Ja, und dabei kann man doch selten oder nie seinen Ehrgeiz befriedigen, ohne einem anderen Schaden zuzufügen!

BERGANZA: Wir haben uns doch vorgenommen, nicht zu lästern!

CIPION: Aber ich habe doch über niemanden gelästert!

BERGANZA: Jetzt sehe ich ein, wie wahr das ist, was ich so oft gehört habe. Sagt man doch, wenn ein boshafter Lästerer gerade zehn Familien um Ehre und Reputation gebracht und zwanzig rechtschaffene Leute verleumdet hat, und es stellt ihn einer darum zur Rede, so erklärt er immer, er habe nichts gesagt; sollte er aber doch etwas gesagt haben, so sei es bestimmt nicht in übler Absicht geschehen, und wenn er geahnt hätte, daß einer sich beleidigt fühlen würde, so hätte er bestimmt geschwiegen. Glaub mir, Cipion, ein Mann, der sich anheischig macht, ein zweistündiges Gespräch zu führen, ohne dabei auch nur im geringsten ins Lästern zu geraten, der muß schon sehr beschlagen und mächtig auf der Hut sein. Das sehe ich an mir selbst, obgleich ich nur ein Tier bin: ich kann kaum vier Sätze sagen, da fliegen mir schon die Worte auf die Zunge wie die Fliegen zum Weinglas, und alle sind sie boshaft und verleumderisch. Darum muß ich noch einmal wiederholen, was ich schon vorhin sagte: Unrecht tun und Übles reden haben wir von den Stammvätern unseres Geschlechts ererbt, und mit der Muttermilch schon nehmen wir diese Eigenschaften in uns auf. Das kann man ja ganz klar und deutlich an einem Säugling sehen. Kaum streckt er seine Ärmchen aus den Windeln hervor, da fuchtelt er auch schon damit herum, als wolle er sich an den Menschen rächen, die ihm seiner Meinung nach Unrecht getan haben, und kaum ringt sich ein verständlicher Laut von seiner Zunge, so nennt er auch seine Mutter oder seine Amme schon eine Hure.

CIPION: Ja, du hast recht, ich sehe meinen Fehler ein. Darum vergib mir, ich habe dir ja auch schon soviel vergeben. Werfen wir den Zankapfel fort, wie man zu sagen pflegt und nehmen wir uns vor, nun nicht mehr zu lästern. Und du erzähle jetzt weiter. Du warst vorhin bei dem Pomp und Aufwand stehengeblieben, mit dem die Söhne deines Herrn zur Schule der Gesellschaft Jesu gingen.

BERGANZA: Ihm befehle ich meine Seele zu jeder Zeit! Es scheint mir zwar recht schwierig, das Lästern zu unterlassen, doch ich will ein Hilfsmittel anwenden, von dem ich einmal gehört habe. Da war nämlich ein Mann, der häufig fluchte und diese schlechte Angewohnheit gern aufgeben wollte. Jedesmal, wenn er sich nach seinem Vorsatz wieder auf einem Fluch ertappte, kniff er sich zur Strafe in den Arm oder küßte die Erde; trotz alledem aber konnte er sich's nicht abgewöhnen. Du hast mir nun verboten zu lästern, und ich selbst will es auch gern unterlassen; darum werde ich mich jedesmal, wenn ich gegen diesen Vorsatz verstoße, in die Zunge beißen. Es soll mir weh tun, damit ich an mein Vergehen erinnert werde und nicht wieder in den gleichen Fehler verfalle.

CIPION: Das ist mir ein schlechtes Hilfsmittel! Wenn du es wirklich anwendest, wirst du dich so oft beißen müssen, bis du schließlich überhaupt keine Zunge mehr hast; dann kannst du allerdings auch nicht mehr lästern.

BERGANZA: Nun, jedenfalls will ich mich bemühen, sosehr ich kann, und der Himmel wird ein übriges tun. Die Söhne meines Herrn ließen eines Tages eine Mappe im Hof liegen, wo ich mich gerade befand. Da ich ja bei dem Metzger, meinem ersten Herrn, gelernt hatte, einen Korb im Maul zu tragen, ergriff ich das Vademecum und lief hinter ihnen her, mit der Absicht, die Mappe erst in der Schule wieder herzugeben. Alles ging nach Wunsch: wie meine jungen Herren mich mit dem Vademecum antraben sahen, das ich säuberlich am Riemen hielt, befahlen sie einem Pagen, es mir abzunehmen; aber ich ließ das nicht zu und gab es nicht her, sondern trat damit zum größten Gelächter aller Schüler in den Lehrsaal. Dort ging ich zu dem älteren der jungen Herren, legte meines Erachtens die Mappe sehr manierlich in seine Hände, hockte mich dann neben der Tür nieder und blickte aufmerksam zu dem Lehrer hin, der vom Katheder aus den Unterricht erteilte. Es muß doch etwas eigenes um die Tugend sein! Ich konnte ja schließlich nur wenig oder nichts von solch einer menschlichen Eigenschaft kennen, aber es war mir doch sofort eine innere Freude, als ich sah, mit wieviel Liebe, Eifer, Sorgsamkeit und Fleiß jene frommen Väter und Lehrer die Knaben unterrichteten, wie sie den schwachen jungen Stämmchen Halt gaben, damit sie sich nicht verbogen und auf dem Wege zur Tugend, den sie ihren Schülern neben der Wissenschaft weisen wollten, eine falsche Richtung einschlugen. Ich bemerkte, mit welcher Sanftmut sie ihre Zöglinge ausschalten, mit wieviel Milde sie sie bestraften, wie sie sie durch ihr Beispiel ermunterten, mit Belohnungen anspornten, mit Klugheit unterstützten und wie sie ihnen schließlich die Häßlichkeit und Abscheulichkeit der Laster schilderten und die Schönheit der Tugend in leuchtenden Farben ausmalten, auf daß die Kinder jene verabscheuen und diese erstreben lernten und das hohe Ziel erreichten, für das sie erschaffen waren.

CIPION: Das hast du schön gesagt, Berganza! Auch ich habe sagen hören, daß jene frommen Väter die achtbarsten und klügsten Bürger dieser Welt sind und zugleich wie sonst kaum einer als Wegweiser und Führer zum Himmel dienen können. Sie sind wie Spiegel, in denen man die Ehrsamkeit, die reine katholische Lehre, die höchste Weisheit und schließlich die tiefste Demut erblicken kann. Diese aber ist das Fundament, auf dem das ganze Gebäude unserer Glückseligkeit errichtet ist.

BERGANZA: Ja, so ist es, genau wie du sagst! Doch nun will ich in meiner Geschichte fortfahren. Meine jungen Herren fanden Gefallen daran, sich ihr Vademecum von mir nachtragen zu lassen, und ich erfüllte ihren Wunsch nur zu gern. So führte ich ein Leben wie ein König oder eigentlich ein noch besseres, denn das meine war viel bequemer. Die Schulknaben hatten ihren Spaß an mir, und ich wurde so zahm und freundete mich so mit ihnen an, daß sie mir die Hand ins Maul legen und die Kleinsten sogar auf meinem Rücken reiten durften.

Wenn sie ihre Mützen und Hüte fortschleuderten, so brachte ich sie ihnen fein säuberlich unter den größten Freudenbezeugungen wieder zurück. Sie gaben mir zu fressen, soviel sie konnten, und ganz besonderen Spaß bereitete es ihnen, daß ich die Walnüsse und Haselnüsse wie ein Äffchen aufknackte, die Schalen liegenließ und den Kern verzehrte. Einer der Knaben brachte mir einmal, um meine Geschicklichkeit auf die Probe zu stellen, eine große Portion Salat mit, den er in ein Tuch gewickelt hatte, und ich aß alles auf, als wäre ich ein Mensch. Es war zur Winterszeit, wo es in Sevilla die kleinen mürben Weißbrote und die Butterbrezeln gibt, und ich wurde so reichlich damit traktiert, daß wohl manches Buch verkauft oder versetzt wurde, um mir ein Frühstück zu erstehen. Kurz und gut, ich führte ein Leben wie ein Student, der keinen Hunger und keine Krätze hat — und ein höheres Lob kann man einer Lebensweise wohl nicht spenden! Denn wenn Hunger und Krätze die Studenten nicht so sehr verfolgten, so ließe sich kein Dasein denken, das schöner und kurzweiliger wäre. Das Angenehme verbindet sich hier mit dem Nützlichen, und die Jugendjahre gehen mit Lernen und Vergnügungen hin. Aus diesem köstlichen, beschaulichen Dasein riß mich plötzlich eine Dame, die meines Erachtens hierzulande Frau Staatsraison genannt wird. Wenn man ihren Befehlen gehorcht, so muß man dafür gar oft die Gebote seiner Neigungen mißachten. Den Herren Lehrern schien es nämlich, daß ihre Schüler die halbe Stunde zwischen den einzelnen Lehrstunden nicht mehr damit verbrachten, ihre Lektionen zu wiederholen, sondern daß sie sich statt dessen mit mir ergötzten. Darum verboten sie meinen Herren, mich noch länger in die Schule mitzunehmen. Diese gehorchten und brachten mich nach Hause zurück, und nun mußte ich wieder meinen Hüteposten hinter der Tür beziehen. Der Vater der jungen Herren erinnerte sich plötzlich nicht mehr daran, daß er mir das Vorrecht gewährt hatte, Tag und Nacht frei herumzulaufen; mein Hals mußte sich wieder an die Kette gewöhnen und mein Körper an die Binsenmatte, die man mir hinter der Tür hinlegte. Ach, mein Freund Cipion, wenn du wüßtest, wie bitter es ist, aus einem glücklichen Leben in ein unglückliches hinüberzuwechseln! Siehst du, wenn Unglück und Elend dauernd und unablässig aufeinander folgen, so finden sie entweder ein rasches Ende durch den Tod, oder ihre Beständigkeit macht dem Menschen das Leiden zur Gewohnheit, und darin liegt schon eine gewisse Erleichterung der größten Härten. Wenn man jedoch aus einem unglückseligen, elenden Zustand unverhofft und unvermutet in einen anderen versetzt wird, der einem Genuß, Vergnügen und Freude bringt, und kurz darauf wieder in den ersten und damit zu den früheren Mühen und Sorgen zurückkehren muß, so ist der Schmerz darüber so furchtbar, daß, wenn er einem nicht den Tod bringt, das Weiterleben eine Qual ist. Nun mußte ich mich wieder in mein elendes Hundeleben von früher fügen und mit den Knochen vorlieb nehmen, die mir eine Negersklavin zuwarf. Und selbst diese Portionen wurden mir noch streitig gemacht von zwei römischen Katzen, die, flink und geschickt wie sie waren, mir mit Leichtigkeit alles wegschnappten, was nicht im Bereich meiner Kette lag. Ach, Bruder Cipion, so wahr ich hoffe, daß der Himmel dir all deine Wünsche erfüllen möge, erfüll mir nun auch einen Wunsch und laß mich ein wenig philosophieren! Denn wenn ich jetzt nicht aussprächе, was mir bei der Erinnerung an meine damaligen Erlebnisse in den Sinn gekommen ist, dann wäre meine Geschichte nicht vollständig, und keiner könnte einen Nutzen daraus ziehen.

CIPION: Nimm dich in acht, Berganza! Diese Lust zu philosophieren, die dich da plötzlich angewandelt hat, kann gar leicht eine Versuchung des Teufels sein! Denn wenn die Lästersucht ihre zügellose Bosheit einmal recht schön bemänteln und verdecken will, dann gibt der Lästerer vor, alles, was er sagt, seien philosophische Sentenzen, seine üble Nachrede sei nichts als ein gerechter Verweis und sein Aufdecken fremder Mängel löblicher Eifer. Betrachtest und erforschst du aber einmal genau das Leben eines Lästerers, so wirst du stets finden, daß es voller Untugenden und Fehler ist. So, und jetzt, wo ich dir dies gesagt habe, philosophiere, soviel du magst.

BERGANZA: Du kannst dich darauf verlassen, Cipion, daß ich nicht mehr lästern werde, denn ich habe es mir ja vorgenommen. Doch Beschäftigungslosigkeit erzeugt bekanntlich Gedanken, und wie ich damals so den ganzen Tag über müßig herumlag, kamen mir manche der vielen lateinischen Sprüche wieder in den Sinn, die ich in jener Zeit gehört hatte, als ich mit meinen jungen Herren zur Schule ging. Mein Verstand hatte meiner Meinung nach durch sie gewonnen, und ich beschloß, als könnte ich reden, mich ihrer zu bedienen, wenn sich die Gelegenheit dazu bieten sollte. Aber ich wollte es nicht so machen wie manche Dummköpfe. Es gibt nämlich Spanier, die in ihren Gesprächen ab und zu einen kurzen lateinischen Satz einstreuen, um damit denen, die nichts davon verstehen, anzudeuten, daß sie große Lateiner sind, während sie in Wirklichkeit kaum ein Substantiv deklinieren oder ein Verbum konjugieren können.

CIPION: Das ist nicht einmal so schlimm; aber unter denen, die nun wirklich Latein verstehen, sind solche Narren, daß ihnen selbst, wenn sie mit einem Schuster oder Schneider reden, das Latein vom Munde strömt wie Wasser.

BERGANZA: Daraus können wir also schließen, daß einer, der mit Ungebildeten Latein spricht, einen ebenso großen Fehler begeht wie einer, der diese Sprache nicht versteht und sich doch damit brüstet.

CIPION: Und noch etwas kannst du daraus entnehmen:

daß es nämlich Esel gibt, die stets Esel bleiben, auch wenn sie Latein reden.

BERGANZA: Wer kann daran zweifeln? Und der Grund dafür liegt klar auf der Hand; denn in jener Zeit, da alle Römer Latein als ihre Muttersprache redeten, war sicherlich auch mancher Einfaltspinsel unter ihnen, bei dem selbst die lateinische Sprache die Dummheit nicht verbergen konnte.

CIPION: Um auf spanisch zu schweigen und auf lateinisch zu reden, ist eben Klugheit vonnöten, Bruder Berganza.

BERGANZA: So ist es. Denn eine Dummheit kann man ebensogut auf lateinisch wie auf spanisch von sich geben, und ich habe schon manchen törichten Gelehrten und manchen beschränkten Grammatiker gesehen und gar viele Spanier, die ihre Sprache so mit lateinischen Brokken durchsetzten, daß sie die ganze Welt in Verzweiflung bringen konnten, sobald sie nur den Mund auftaten.

CIPION: Nun wollen wir dieses Thema aber ruhen lassen! Fang an mit deiner Philosophie!

BERGANZA: Ich bin ja schon fertig damit. Ich habe meine Sentenzen soeben ausgesprochen!

CIPION: Welche denn?

BERGANZA: Nun, diese Betrachtungen über die Lateiner und die Spanier, mit denen ich begann und die du vollendet hast.

CIPION: Lästerung war das, und du nennst es Philosophie? Da haben wir's! Sprich sie nur immer heilig, Berganza, sprich sie heilig, die verwünschte Plage der Lästersucht, und gib ihr jeden Namen, der dir gefällt! Sie aber wird auch einen für uns finden und uns Zyniker nennen, denn das bedeutet lästernde Hunde. Jetzt aber beschwöre ich dich, schweig und fahre in deiner Erzählung fort!

BERGANZA: Wie kann ich denn fortfahren, wenn ich schweigen soll?

CIPION: Ich wollte damit sagen, daß du nun schnur-
stracks weiterreden und nicht einen Seestern aus deiner
Erzählung machen sollst, indem du ihr immer mehr
Schwänze anhängst.
BERGANZA: Bitte sprich du, wie sich's gehört; ein Seestern hat keine Schwänze!
CIPION: Ja, da liegt eben der Irrtum jenes Mannes, der
einmal behauptet hat, es wäre keineswegs falsch und
ungehörig, die Dinge bei ihrem Namen zu nennen! Als
ob es nicht viel besser wäre, wenn man sie schon einmal nennen muß, Umschreibungen und bildliche Ausdrücke zu gebrauchen und so den unangenehmen Eindruck zu mildern, den ihre Erwähnung beim Hörer
hervorruft! Anständige Wörter aber zeugen von der
Anständigkeit dessen, der sie ausspricht oder schreibt.
BERGANZA: Nun, ich will dir glauben und fortfahren.
Dem Schicksal genügte es offenbar noch nicht, daß mir
meine Studien und das fröhliche, behagliche Leben dabei genommen waren, daß ich nun wieder angekettet
hinter der Tür lag und statt der Freigebigkeit der
Schüler die Knauserigkeit der Negersklavin zu spüren
bekam; nein, ich sollte selbst aus diesem unseligen Zustand wieder aufgeschreckt werden, kaum daß ich ein
wenig zur Ruhe gekommen war. Du kannst es mir
glauben, Cipion, denn es ist eine ausgemachte Wahrheit, die ich selbst erprobt habe: den Unglücklichen
sucht und findet das Unglück noch immer, auch wenn er
sich im äußersten Winkel der Erde verkröche. So geschah es auch mir. Die Negersklavin nämlich war verliebt in einen Neger, der ebenfalls ein Sklave meines
Herrn war und in dem Hausflur zwischen der Tür zur
Straße und der mittleren Tür schlief, hinter welcher ich
meine Lagerstatt hatte. Die beiden konnten nur des
Nachts zusammenkommen und hatten zu diesem Zweck
die Schlüssel gestohlen oder nachgemacht. So kam
denn meistens, wenn alles schlief, die Negerin herunter,
stopfte mir den Mund mit einem Stück Fleisch oder

Käse und schloß dem Neger auf. Die beiden ergötzten sich miteinander nach Herzenslust und ließen sich die Leckereien schmecken, welche die Negerin entwendet hatte. Mein Schweigen aber ermöglichte diese Zusammenkünfte. Ein paar Tage ließ ich mir die Gaben dieses Weibes gefallen, obgleich ich ein schlechtes Gewissen dabei hatte; aber die Not zwang mich dazu, denn sonst wäre ich ganz von Kräften gekommen, und aus einem Schlächterhund ein Windhund geworden. Schließlich aber siegte mein redliches Gemüt, und ich nahm mir vor, meine Pflichten gegen meinen Herrn zu erfüllen, bei dem ich doch in Lohn und Brot stand. So sollten aber nicht nur alle anständigen Hunde handeln, die als dankbar gelten wollen, sondern jeder, der einen Dienst versieht.

CIPION: Siehst du, Berganza, das will ich gern als Philosophie gelten lassen, denn solche Betrachtungen enthalten heilsame Wahrheiten und zeugen von einem guten Verständnis. Doch nun erzähl weiter und häng mir nicht ein endloses Seil an deinen Bericht — von Schwänzen will ich hier lieber nicht mehr sprechen.

BERGANZA: Nein, zuerst möchte ich dich noch etwas fragen: sag mir doch bitte, falls du es weißt, was das Wort Philosophie eigentlich bedeutet. Ich gebrauche es und weiß doch nicht genau, was es heißen soll; ich bin mir nur darüber klar, daß es etwas Gutes sein muß.

CIPION: Das will ich dir in kurzen Worten erklären. Das Wort setzt sich aus zwei griechischen Wörtern zusammen, aus φίλος und σοφία φίλος. bedeutet Liebe und σοφία Wissenschaft. Philosophie heißt also Liebe zur Wissenschaft, und ein Philosoph ist ein Liebhaber der Wissenschaft.

BERGANZA: Was du nicht alles weißt, Cipion! Wer zum Teufel hat dich denn Griechisch gelehrt?

CIPION: Wirklich, Berganza, du bist ein einfältiger Narr, daß du ein solches Aufhebens davon machst! Das sind doch Dinge, die jedes Schulkind weiß! Aber es gibt natürlich auch Leute, die nur vorgeben, Griechisch zu können, ebenso wie jene angeblichen Lateiner, von denen wir vorhin sprachen.

BERGANZA: Ja, weißt du, ich finde immer, man müßte solche Leute unter eine Presse legen und ihnen mit aller Macht den kärglichen Saft ihres Wissens auspressen, damit sie nicht weiter so herumlaufen und alle Welt mit dem Flittergold ihres falschen Griechisch und ihres schlechten Latein betrügen. Man müßte es genau so machen, wie die Portugiesen mit den Negern in Guinea.

CIPION: So, Berganza, jetzt kannst du dir aber die Zunge mittendurch beißen, und auch ich sollte es tun! Alles, was wir eben gesagt haben, war pure Lästerung.

BERGANZA: Wo denkst du hin, ich bin doch nicht verpflichtet, dem Beispiel jenes Tyrers namens Corondas zu folgen, von dem ich einmal gehört habe! Der erließ nämlich ein Gesetz, laut dem bei Todesstrafe keiner bewaffnet zur Ratsversammlung seiner Vaterstadt kommen durfte. Am nächsten Tage dachte er nicht mehr daran und erschien mit gegürtetem Schwert in der Versammlung. Man machte ihn darauf aufmerksam und erinnerte ihn an die Strafe, die er selber darauf gesetzt hatte. Augenblicklich zog er sein Schwert und stieß es sich in die Brust; denn da er selbst das Gesetz erlassen und als erster übertreten hatte, mußte auch an ihm als erstem die Strafe vollzogen werden. Ich habe aber kein Gesetz verkündet, sondern nur versprochen, ich würde mir auf die Zunge beißen, falls ich lästern sollte. Wir leben nicht in jenen harten und strengen Zeiten, die früher einmal waren; heute macht man ein Gesetz, und morgen bricht man es wieder, und vielleicht ist es ganz gut so. In diesem Augenblick verspricht einer, seine Fehler abzulegen, und im nächsten verfällt er schon in viel schlimmere. Es ist etwas ganz Verschiedenes, ob man Zucht und Ordnung lobt oder sich ihnen unter-

wirft, und vom Wort zur Tat ist noch guter Rat. Der
Teufel mag sich auf die Zunge beißen! Ich tue es nicht
und habe keine Lust, den Spitzfindigen zu spielen hier
auf meiner Strohmatte, wo mich doch niemand sieht,
der meinen tugendsamen Entschluß loben könnte.

CIPION: Wenn du ein Mensch wärst, Berganza, so wärst
du nach allem, was du eben gesagt hast, ein Heuchler,
und alle deine Taten wären nur scheinbar, erlogen und
falsch; denn du würdest ihnen, genau wie die Heuchler
es machen, ein schönes, tugendhaftes Mäntelchen um-
hängen, nur damit die Leute sie loben.

BERGANZA: Was ich täte, wenn ich ein Mensch wäre,
weiß ich nicht, ich weiß nur, was ich als Hund tue. Ich
beiße mir bestimmt nicht auf die Zunge, wo ich doch
noch so viel sagen möchte, daß ich gar nicht weiß, wie
ich damit fertig werden soll; — vor allem da ich fürchte,
wir werden bei Sonnenaufgang wieder im Dunklen
sitzen und die Sprache verlieren.

CIPION: So schlimm wird der Himmel es wohl nicht
mit uns vorhaben. Jetzt aber fahr fort mit deiner Geschichte, bleib mir schön auf dem geraden Wege und
mach keine vorwitzigen Seitensprünge! Dann wirst du
schon zur rechten Zeit damit zu Ende kommen, und
wenn sie noch so lang ist.

BERGANZA: Nun schön. Wie ich mir also die Unverschämtheit, Unredlichkeit und Zuchtlosigkeit der beiden Neger betrachtete, beschloß ich, wie ein guter Diener meines Herrn zu handeln und ihrem Treiben Einhalt zu tun, so gut ich konnte. Und wirklich, es gelang
mir ganz nach Wunsch. Die Negerin kam also, wie du
gehört hast, immer herunter, um sich mit dem Neger
gütlich zu tun, und verließ sich darauf, daß die Fleisch-,
Brot- oder Käsestückchen, die sie mir hinwarf, mich
schon zum Schweigen bringen würden. Geschenke vermögen gar viel!

CIPION: Sehr viel! Doch nun schweife nicht ab, sondern
erzähle weiter!

BERGANZA: Ich erinnere mich, als ich noch zur Schule ging, erwähnte der Lehrer einmal einen lateinischen Satz, ein Sprichwort, wie sie es nennen: »Habet bovem in lingua.«

CIPION: Herrgott, mußt du mir ausgerechnet jetzt mit lateinischen Sprichwörtern kommen? Hast du denn so schnell vergessen, was wir eben erst über die Leute gesagt haben, die in ihre spanischen Unterhaltungen lateinische Brocken einstreuen?

BERGANZA: Nein, nein, hier ist der lateinische Satz einmal ganz am Platze. Du mußt nämlich wissen, daß die alten Athener unter anderem eine Münze hatten, auf der ein Ochsenkopf abgebildet war. Wenn nun irgendein Richter nicht nach Recht und Gerechtigkeit urteilte und handelte, weil er bestochen war, dann sagte man von ihm: »Der hat den Ochsen auf der Zunge!«

CIPION: Aber die Anwendung fehlt!

BERGANZA: Liegt die nicht auf der Hand, wenn die Geschenke der Negerin mich tagelang stumm machten, so daß ich nicht einmal zu bellen wagte, wenn sie herunterkam, um ihren Geliebten zu treffen? Und darum wiederhole ich noch einmal, daß Geschenke gar viel vermögen.

CIPION: Und ich habe dir geantwortet, daß du recht hast, und wenn ich mich nicht vor weitläufigen Abschweifungen hüten wollte, würde ich dir jetzt an tausend Beispielen zeigen, wieviel Geschenke vermögen. Aber vielleicht kann ich dir ja das alles noch einmal berichten, wenn der Himmel mir Zeit, Gelegenheit und die Gabe der Rede schenkt, um dir die Geschichte meines Lebens zu erzählen.

BERGANZA: Gott erfülle dir deinen Wunsch! Doch nun höre, wie meine Natur schließlich stärker war als die Gier nach den Bestechungsgeschenken der Negerin. Als diese nämlich in einer stockfinsteren Nacht herunterkam, um sich ihren gewohnten Zeitvertreib zu verschaffen, stürzte ich mich auf sie — jedoch lautlos und ohne Bellen, damit die Leute im Hause nicht aufwachten! —, zerfetzte ihr im Handumdrehen das ganze Hemd und biß ihr ein Stück aus dem Oberschenkel heraus. Das war ein Spaß, der sie länger als acht Tage ans Bett fesselte, wobei sie ihrer Herrschaft gegenüber weiß Gott was für eine Krankheit vorschützen mußte. Schließlich wurde sie wieder gesund, und als sie in der folgenden Nacht herunterkam, nahm ich wieder meinen Kampf gegen das Weibsstück auf. Diesmal biß ich sie nicht, sondern zerkratzte ihr den ganzen Körper derartig, daß er aufgerauht war wie eine Pferdedecke. Unsere Kämpfe wurden schweigend ausgefochten, und ich ging stets als Sieger daraus hervor; die Negerin aber war hernach immer schlimm zugerichtet und voller Wut. Ihr Zorn wirkte sich jedoch recht übel auf mein Fell und meine Gesundheit aus; denn sie entzog mir meine Brotration und die Knochen, so daß die meinen schließlich so hervorstanden, daß man alle Wirbel meines Rückgrats zählen konnte. Aber wenn man mir auch die Nahrung nahm, das Bellen konnte man mir nicht verwehren. Nun versuchte die Negerin, sich meiner ein für allemal zu entledigen: sie setzte mir einen in Butter gebratenen Schwamm vor. Ich aber erkannte ihre schlimmen Absichten und merkte wohl, daß ich lieber Rattengift hätte fressen können; weil nämlich ein Schwamm im Magen desjenigen, der ihn verzehrt hat, anschwillt und sich ausdehnt und den Körper nur verläßt, wenn er das Leben selbst hinter sich herzieht. Da es mir nun unmöglich schien, auf die Dauer den Nachstellungen meiner erbitterten Feinde zu entgehen, beschloß ich, das Weite zu suchen und mich aus ihrem Gesichtskreis zu entfernen. Als ich daher eines Tages losgebunden war, machte ich mich davon und verließ, ohne einem Menschen Lebewohl zu sagen, das Haus. Ich war noch keine hundert Schritt auf der Straße gegangen, als mir das Schicksal jenen Polizeidiener entgegensandte, von dem ich schon zu Beginn meiner Erzählung sagte, daß er ein guter Freund meines früheren Herrn, des Nicolas Stumpfnase, war. Kaum hatte der mich erblickt, als er mich schon erkannte und beim Namen rief. Auch ich erkannte ihn, lief schweifwedelnd auf ihn zu und schmeichelte und liebkoste ihn nach bewährtem Muster, worauf er mich am Halse packte und zu seinen Häschern sagte: »Das ist ein großartiger Hetzhund, der einmal einem guten Freund von mir gehört hat. Wir wollen ihn mitnehmen!« Die Häscher freuten sich und meinten, wenn ich ein guter Hetzhund wäre, so würden wohl alle ihren Nutzen davon haben. Sie wollten mich packen und mitnehmen, ihr Herr jedoch erklärte, das sei gar nicht nötig, ich würde schon von selbst mitkommen, da ich ihn ja kenne. Ich vergaß zu sagen, daß mir ein Zigeuner in einer Schenke das Stachelhalsband abgenommen hatte, das ich seinerzeit trug, als ich von der Schafherde ausgerissen und fortgelaufen war, und daß ich nun in Sevilla mit bloßem Hals herumlief. Der Polizeidiener jedoch legte mir ein neues Halsband an, das ganz und gar mit Messingnägeln beschlagen war. Da kannst du nun selbst einmal sehen, Cipion, wie das Rad der Fortuna mit mir herumging: gestern noch war ich ein Student und heute schon ein Büttel!

CIPION: Ja, so ist nun einmal der Lauf der Welt! Ich finde aber, du brauchst das Auf und Ab deines Schicksals gar nicht so besonders hervorzuheben, denn schließlich ist es kein allzu großer Unterschied, ob man der Knecht eines Metzgers oder eines Polizeidieners ist. Ich finde es unausstehlich und habe einfach nicht die Geduld, die Klagen anzuhören, die manche Leute über die launische Fortuna anstimmen, während sie doch nach ihren Kenntnissen und Anlagen als Höchstes erhoffen können, einst ein Stallknecht zu werden. Und wie fluchen sie über das Schicksal! Mit was für Schimpfwörtern belegen sie es! Und alles nur, damit die anderen, die es hören, glauben sollen, sie seien früher einmal vornehm, reich und glücklich gewesen und erst seit kurzem so unselig und arm, wie jeder sehen kann.

BERGANZA: Da hast du recht! Du mußt nun wissen, daß dieser Polizeidiener mit einem Gerichtsschreiber befreundet war und häufig mit ihm zu tun hatte. Die beiden lebten in wilder Ehe mit zwei Frauenzimmern, deren Ruf schon nicht mehr zweideutig, sondern völlig eindeutig war. Sie hatten zwar ein paar ganz hübsche Lärvchen, aber es lag doch zuviel Frechheit und dirnenhafte Verschmitztheit darin. Diese Mädchen nun dienten den Männern als Netz und Angel, um im trüben zu fischen, und zwar geschah dies auf folgende Weise: sie zogen sich so an, daß man den Vogel an den Federn erkannte und auf Büchsenschußweite sah, daß sie zwei leichtlebige Dämchen waren. Stets waren sie auf der Jagd nach Fremden, und wenn die Zeit der Fruchtmesse in Cádiz und Sevilla kam, dann blühte auch ihr Weizen, denn dann gab es keinen Bretonen, dem sie nicht auf den Leib rückten. Hatte sich aber so ein fetter Bursche mit diesen sauberen Dirnen eingelassen, so benachrichtigten sie schnell den Polizeidiener und den Schreiber, in welches Gasthaus sie gehen würden, und sobald sie dort waren, tauchte auch schon die hohe Polizei auf und verhaftete sie wegen Unzucht. Doch kam es niemals so weit, daß sie ins Gefängnis abgeführt wurden, denn die Fremden boten stets freiwillig genügend Geld, um sich loszukaufen.

Eines schönen Tages nun hatte sich die Colindres — so hieß die Freundin des Polizeidieners —, einen dicken, wohlhabenden Bretonen geangelt. Sie vereinbarte mit ihm, daß sie in seinem Gasthaus zusammen speisen und die Nacht verbringen würden, und steckte dann sogleich diese Neuigkeit ihrem Freund. Kaum hatten die beiden sich ausgezogen, als schon der Polizeidiener, der Schreiber, zwei Häscher und ich ins Zimmer eindrangen. Das Pärchen wurde aufgeschreckt, und der

Polizeidiener schrie Zeter und Mordio und befahl ihnen, sich schleunigst anzukleiden, weil er sie ins Gefängnis bringen müsse. Dem Bretonen war nicht wohl zumute dabei, und der Schreiber ließ sich schließlich erweichen und wandelte auf seine Bitten die Gefängnisstrafe in eine Geldstrafe von hundert Realen um. Der Bretone verlangte nun nach seinen Pluderhosen aus Sämischleder, die er auf einen Stuhl zu Füßen des Bettes gelegt hatte, denn er hatte darin genug Geld, um sich loszukaufen. Die Hosen aber waren nicht da und konnten auch gar nicht da sein. In dem Augenblick nämlich, als ich ins Zimmer kam, war mir ein köstlicher, verheißungsvoller Speckduft in die Nase gestiegen, und als ich ihm nachging und herumstöberte, merkte ich, daß er aus einer Tasche dieser Hose kam, in der ein prächtiges Stück Schinken steckte. Um es ohne Aufsehen herausholen und verspeisen zu können, nahm ich die Hose und lief damit auf die Straße, wo ich mir den Schinken nach Herzenslust schmecken ließ. Wie ich nun in das Gemach zurückkehrte, fand ich den Bretonen, der herumschrie und in seinem seltsamen, kaum verständlichen Kauderwelsch immer wieder verlangte, man solle ihm seine Hose herbeischaffen, da er fünfzig Scudi in gutem Golde darin habe. Der Schreiber glaubte, die Colindres oder die Häscher hätten das Geld gestohlen, und auch der Polizeidiener war dieser Meinung. Er nahm sie beiseite und befragte sie, doch keiner gestand, sondern alle verschworen sich dem Teufel. Wie ich sah, was hier vorging, lief ich auf die Straße, wo ich die Hosen gelassen hatte, um sie zurückzubringen, denn mit dem Geld konnte ich ja ohnehin nichts anfangen; doch die Hosen waren nicht mehr da; irgendein Glückspilz, der vorbeigekommen war, hatte sie wohl gefunden und mitgenommen. Als nun der Polizeidiener sah, daß der Bretone kein Geld für die Bestechung hatte, wurde er wütend und wollte sich nun an der Besitzerin des Hauses für das, was der Bretone nicht besaß, schadlos halten. Er ließ sie rufen, und sie kam halb angezogen herbei. Wie sie das Geschrei und Geschimpfe des Bretonen hörte, die Colindres sah, die nackt und schluchzend dastand, wie sie den wütenden Polizeidiener, den verärgerten Schreiber und die beiden Häscher erblickte, die alle Winkel des Zimmers durchstöberten, war sie keineswegs erbaut. Der Polizeidiener befahl ihr, sich fertig anzuziehen und mit ins Gefängnis zu kommen, da sie in ihrem Hause Männer und Frauen von zweifelhaftem Ruf geduldet habe. Doch da war er gerade an die rechte gekommen! Nun wurde das Geschrei und die allgemeine Verwirrung erst vollständig, denn jetzt fing die Wirtin an zu keifen. »Herr Polizeidiener und Herr Schreiber«, schrie sie, »mir macht man kein X für ein U vor, ich rieche den Braten schon! Fangt mir bloß nicht an und versucht, mich übers Ohr zu hauen, sondern haltet den Mund und macht, daß ihr fortkommt, sonst, bei allen Heiligen, kenne ich mich nicht mehr in meiner Wut! Sonst decke ich den ganzen Schwindel hier auf! Ich kenne die Jungfer Colindres recht gut und weiß genau, daß der Herr Polizeidiener schon seit Monaten seine Hand über sie hält. Nun wartet nicht erst, bis ich noch deutlicher werde, sondern gebt dem Herrn sein Geld zurück, dann wollen wir die Geschichte begraben sein lassen. Denn ich bin eine anständige Frau, und mein Mann hat seinen Adelsbrief mit allen lateinischen Floskeln und seinen Bleisiegeln daran. Jawohl, Gott sei Dank, und ich betreibe mein Gewerbe, wie sich's gehört, ohne mit dem Gesetz in Konflikt zu kommen. Meine Preistabelle hängt offen da, daß alle Welt sie sehen kann! Darum rate ich Euch nur, macht mir hier keine Geschichten, sonst packe ich einmal aus! Was? Ich soll zugelassen haben, daß solche Frauenzimmer mit meinen Gästen ins Haus kommen? Die Herren haben selbst die Schlüssel zu ihren Zimmern, und ich bin kein Luchs, daß ich durch sieben Wände sehen könnte!«

Meine Herren waren nach diesem Wortschwall der Frau, die ihnen den Zusammenhang so auf den Kopf zugesagt hatte, zunächst wie vom Donner gerührt. Als sie aber sahen, daß hier nirgends Geld herauszuschlagen war außer von ihr, bestanden sie darauf, sie ins Gefängnis mitzunehmen. Sie rief den Himmel zum Zeugen an für das Unrecht und den Schimpf, der ihr da angetan werde, und das gerade jetzt, wo ihr Gemahl, der ein so vornehmer Edelmann sei, nicht anwesend wäre. Der Bretone tobte wegen seiner fünfzig Scudi, und die Häscher beteuerten bei Gott und allen Heiligen, daß sie die Hosen nicht gesehen hätten. Der Schreiber gab dem Polizeidiener einen heimlichen Wink, doch einmal die Kleider der Colindres zu untersuchen, denn er hatte noch immer den Verdacht, daß sie die fünfzig Taler genommen haben könnte, weil sie ohnehin die Angewohnheit hatte, alle Kleiderfalten und Taschen der Männer, die sich mit ihr einließen, zu durchstöbern. Sie erklärte jedoch, der Bretone sei betrunken und seine Angabe über das Geld müsse erlogen sein. Kurzum, es war ein Durcheinander, ein Schreien und ein Fluchen, und es wäre wohl auch so bald nicht Ruhe geworden, wenn nicht in diesem Augenblick der Amtsverweser des Stadtrichters ins Zimmer getreten wäre. Der hatte die Herberge einmal visitieren wollen und war nun von den lauten Stimmen herbeigelockt worden. Er fragte, was das Geschrei zu bedeuten habe, und nun begann die Wirtin alles vor ihm auszubreiten: sie erzählte, was das Püppchen Colindres, das sich inzwischen angezogen hatte, für eine Person sei, sprach von ihrer stadtbekannten Freundschaft mit dem Polizeidiener und brachte all seine Kniffe und seine Art, die Leute zu betrügen, ans Licht. Sich selbst suchte sie aus der Schlinge zu ziehen, indem sie hoch und heilig versicherte, daß mit ihrem Einverständnis niemals eine Frauensperson von zweifelhaftem Ruf ihr Haus betreten habe. Sie stellte sich als eine Heilige hin und ihren Mann als einen herzensguten Menschen und rief einer Magd zu, sie solle auf der Stelle den Adelsbrief ihres Mannes aus der Truhe herbeischaffen, damit der Herr Amtsverweser ihn sehen könne. Daraus, so meinte sie, müsse er ja auch entnehmen, daß die Frau eines so ehrenhaften Mannes nicht imstande sei, etwas Schlechtes zu tun. Wenn es jetzt ihr Gewerbe sei, Betten in ihrem Hause zu vermieten, so habe nur die Not sie dazu gezwungen. Gott sei ihr Zeuge, daß sie schwer darunter litte und viel lieber eine kleine Rente oder sonstwie ihr tägliches Auskommen hätte als diesen Beruf. Der Amtsverweser, dem ihre Zungenfertigkeit und ihre Prahlereien mit dem Adelsbrief zuwider waren, sagte zu ihr: »Schwester Bettenvermieterin, ich will gern glauben, daß Euer Mann einen Adelsbrief besitzt, sofern Ihr mir gesteht, daß er ein Ritter von der Schenke ist.« — »Und in allen Ehren«, erwiderte die Wirtin. »Welches Geschlecht gäbe es wohl in der Welt, so vornehm es auch sein mag, über das nicht irgendein Gerede im Umlauf ist?« — »Wir wollen das gut sein lassen, Gevatterin«, meinte der Amtsverweser. »Nun zieht Euch endlich an und kommt mit ins Gefängnis.« Auf diese Eröffnung hin war es mit der Fassung der guten Frau vorbei; sie schrie gellend auf und zerkratzte sich das Gesicht, aber es nützte alles nichts. Der Herr Amtsverweser kehrte seine ganze Strenge heraus und ließ alle ins Gefängnis bringen: den Bretonen, die Colindres und die Wirtin. Später erfuhr ich dann, daß der Bretone seine fünfzig Scudi einbüßte und noch zehn obendrein, zu deren Zahlung man ihn verurteilte. Die Wirtin hatte die gleiche Geldbuße zu bezahlen, während die Colindres frei ausging. Sie angelte sich noch am gleichen Tage einen Seemann, der ihr nach Anwendung des üblichen Kunstgriffs einbrachte, was ihr der Bretone schuldig geblieben war. Da siehst du einmal, Cipion, wieviel Unheil aus meiner Naschhaftigkeit erwachsen war!

CIPION: Richtiger wäre es, du sagtest, aus der Schänd-
lichkeit deines Herrn!

BERGANZA: Und nun höre, wie weit sie die Sache noch
trieben. Ich muß es dir erzählen, obgleich es mir schwer-
fällt, von Gerichtsdienern und Notaren schlecht zu
reden.

CIPION: Aber wenn du von einem einzelnen Schlechtes
redest, so triffst du damit noch lange nicht den ganzen
Stand. Es gibt viele, unendlich viele Notare und Schreiber, die anständige, treue und ehrenhafte Leute sind
und gern Gutes tun, ohne einem anderen dabei zu
schaden. Nein, nein, nicht alle ziehen die Prozesse in
die Länge und stecken mit beiden Parteien unter einer
Decke, nicht alle erheben mehr Gebühren, als ihnen
zukommt, nicht alle schnüffeln und spionieren im Leben ihrer Mitmenschen herum, um die Dinge dann an
die große Glocke zu hängen, nicht alle machen mit
dem Richter gemeinsame Sache und sagen: »Eine Hand
wäscht die andere.« Und nicht alle Polizeidiener verbünden sich mit den Gaunern und Strolchen oder halten sich Freundinnen wie dein Herr, um mit ihnen ihre
Streiche auszuhecken. Es gibt viele, viele unter ihnen,
die von Natur und Veranlagung Ehrenmänner sind,
und es sind längst nicht alle so hochfahrend, unverschämt, schlecht erzogen und niederträchtig wie diejenigen, die in die Gasthäuser gehen und dort den
Fremden ihren Degen abfordern, und die, wenn er
auch nur ein Haarbreit länger ist, als die Vorschrift
erlaubt, den Besitzer unbarmherzig schröpfen. Nein,
nicht alle verhaften die Menschen, lassen sie wieder
laufen und spielen den Richter und Verteidiger, je
nachdem, wie es ihnen beliebt.

BERGANZA: Mein Herr wollte noch höher hinaus und
schlug einen anderen Weg ein. Er wollte gern als ein
Held gefeiert werden und aufsehenerregende Verhaf-
tungen vornehmen. Und er ließ sich sein Heldentum
auch eine Menge kosten; seine Person kam zwar nicht

in Gefahr dabei, um so mehr aber sein Beutel. Eines Tages nahm er am Jereztor ganz allein den Kampf gegen sechs berühmte Raufbolde auf, und ich konnte ihm nicht im geringsten beistehen, da mein Maul mit einem Beißkorb zugeschnürt war, den ich tagsüber trug und der mir nachts abgenommen wurde. Ich war einfach außer mir vor Staunen, als ich seinen Mut, sein Feuer und seine Verwegenheit sah; er sprang zwischen den sechs blitzenden Degen der Raufbolde hin und her, als seien es Weidenruten. Es war ein wunderbarer Anblick, wie er blitzschnell angriff und seine Stöße führte, wie er die Hiebe der anderen parierte, wie er aufmerksam auf jede Wendung bedacht war und achtgab, daß sie ihn nicht von hinten angreifen konnten. Kurz und gut, ich und alle, die den Kampf gesehen oder von ihm gehört hatten, hielten ihn für einen neuen Rodomonte: hatte er doch seine Gegner mehr als hundert Schritt weit, vom Jereztor bis zu den Marmorstufen der Schule des Meisters Rodrigo, getrieben. Dort ließ er sie einschließen und eilte zurück, um die Trophäen seines Kampfes aufzusammeln. Es waren drei Degenscheiden, die er sogleich dem Stadtrichter vorlegte; — das war damals, wenn ich mich recht erinnere, der Lizentiat Sarmiento de Valladares, der sich durch die Zerstörung der Sauceda einen Namen gemacht hatte. Auf der Straße drehten sich die Leute nach meinem Herrn um, wiesen mit den Fingern auf ihn und sagten: »Seht, das ist der Held, der es gewagt hat, allein gegen die verwegensten Burschen Andalusiens anzutreten!« Den Rest des Tages stolzierte mein Herr die Straßen auf und ab, um sich anstaunen zu lassen, und die Nacht fand uns in Triana, in einer Gasse in der Nähe der Pulvermühle. Nachdem mein Herr gehörig visiert hatte, wie es in der Gaunersprache heißt, ob niemand uns bemerkte, trat er in ein Haus. Ich folgte ihm, und wir gelangten in einen Hof, wo wir die herkulischen Gestalten aller unserer Gegner vom Vormittag bemerkten, die jetzt nicht mehr Mantel und Degen trugen, sondern ihr Wams aufgeknöpft hatten. Ein Mann, der hier der Hausherr schien, hielt einen mächtigen Weinkrug in der einen Hand und einen Wirtshausbecher in der anderen. Er füllte ihn bis zum Rande mit edlem, schäumendem Wein und trank der ganzen Gesellschaft zu. Kaum hatten die Burschen meinen Herrn erblickt, als sie mit ausgebreiteten Armen auf ihn zukamen. Alle tranken auf sein Wohl, und er tat ihnen allen Bescheid und hätte, wenn es nötig gewesen wäre, noch doppelt so vielen zugetrunken, denn er war ein friedfertiger Charakter und geriet nicht gern um einer Kleinigkeit willen mit den Leuten in Streit. Ich würde mich in ein undurchdringliches Labyrinth begeben, aus dem ich auch beim besten Willen nicht wieder herausfände, wennn ich dir jetzt ausführlich erzählen wollte, was nun in jenem Hof geschah. So kann ich dir nicht die Mahlzeit dieser Leute beschreiben und nicht die Kämpfe, von denen dabei berichtet, und die Diebstähle, die hier offenbart wurden; ich nenne dir nicht die Namen all der Frauen, die sie für ihre Geschäfte als geeignet ansahen oder verwarfen, und all der verwegenen Spitzbuben, von denen sie erzählten und die an diesem Abend nicht dabei waren, und ich zähle dir nicht die Lobsprüche auf, die sie einander zollten. Auch die erstaunliche Geschicklichkeit, die sie an den Tag legten, kann ich dir nicht schildern. Mitten während der Mahlzeit standen sie auf und fuchtelten mit den Händen herum, um den anderen praktisch die Kunstgriffe vorzuführen, deren sie sich rühmten. Ich kann dir die seltsamen Ausdrücke nicht wiedergeben, die sie gebrauchten, und muß es mir endlich auch ersparen, dir eine Beschreibung von der Gestalt und der Persönlichkeit des Hausherrn zu geben, den sie alle wie ihren Herrn und Vater respektierten. Aus allem, was ich sah und hörte, wurde mir klar, daß der Besitzer des Hauses, den die anderen

Monipodio nannten, ein Schutzherr aller Diebe und ein Gönner und Förderer aller Kuppler und Raufbolde war und daß der große Kampf, den mein Herr bestanden hatte, zuvor in allen Einzelheiten abgemacht worden war. Es war festgelegt worden, daß die anderen zurückweichen und die Degenscheiden auf dem Kampfplatz lassen sollten, und mein Herr bezahlte sie sofort in bar mitsamt der Summe, die Monipodio für die Mahlzeit berechnete, welche erst bei Morgengrauen unter der größten Fröhlichkeit aller Anwesenden zu Ende ging. Sozusagen als Nachtisch verpfiffen sie meinem Herrn einen von auswärts gekommenen fremden Zuhälter, der ganz neu in der Stadt war; er mochte wohl tüchtiger sein als sie, und sie verrieten ihn wahrscheinlich aus Neid! Mein Herr überraschte ihn in der folgenden Nacht im Bett und verhaftete ihn; an seiner Gestalt sah ich, daß er sich bestimmt nicht so widerstandslos ergeben hätte, wenn er angezogen gewesen wäre. Durch diese Gefangennahme, die auf den Kampf vom Vortag folgte, wuchs der Ruhm meines Herrn, der doch im Grunde ein rechter Hasenfuß war und seinen Ruhm als Held nur aufrechterhalten konnte, indem er den Spitzbuben Schmausereien und Gelage gab. Alles Geld, das ihm sein Amt und seine Beziehungen einbrachten, floß ihm wieder aus dem Säckel, nur zur Erhaltung seines Ruhms.

Doch nun fasse dich in Geduld und höre noch eine Geschichte, die ihm zustieß. Ich will sie haargenau erzählen und nicht ein Tüpfelchen hinzufügen oder weglassen. Zwei Diebe stahlen einmal in Antequera ein besonders schönes Pferd. Um es ohne Gefahr wieder zu verkaufen, wandten sie eine List an, die meiner Ansicht nach wirklich schlau und witzig war. Sie stiegen zunächst in verschiedenen Herbergen ab, und dann begab sich der eine zur Polizei und bat um einen Pfändungsbefehl gegen einen gewissen Pedro de Losada, der ihm vierhundert Realen schuldete. Als Beweis legte

er einen mit diesem Namen unterzeichneten Schein
vor. Der Amtsverweser befahl, man solle diesem Herrn
von Losada den Schein vorlegen, und wenn er ihn anerkennen würde, sollte man ihn in Höhe der Schuldsumme pfänden oder in den Schuldturm werfen. Mein
Herr und der Schreiber, sein Freund, wurden mit diesem Auftrag betraut. Der Dieb führte sie in die Herberge seines Genossen, der seine Unterschrift und die
Schuld sofort anerkannte und als Pfandobjekt das
Pferd bezeichnete. Meinem Herrn stach das Tier sofort
in die Augen, und er beschloß bei sich, es zu erwerben,
falls es zum Verkauf kommen sollte. Der Dieb ver-
zichtete auf die gesetzliche Frist, das Pferd wurde zum
Verkauf ausgeboten und für fünfhundert Realen von
einem dritten ersteigert, den mein Herr als Strohmann
vorgeschickt hatte. Das Pferd war anderthalbmal soviel wert, als dafür bezahlt wurde; doch dem Verkäufer kam es darauf an, es möglichst schnell loszuwerden,
und deshalb gab er schon beim ersten Angebot den Zu-
schlag. So strich der eine Dieb denn die Schuldsumme
ein, die ihm gar nicht zukam, und der andere erhielt
den Kaufbrief, den er gar nicht benötigte. Mein Herr
aber hatte das Pferd, das für ihn ein verhängnisvolle-
rer Besitz werden sollte als das Pferd des Sejanus für
seine Eigentümer. Die Diebe suchten schleunigst das
Weite, mein Herr aber ließ das Sattelzeug des Pferdes
ausbessern und es auch sonst ein wenig herrichten, und
zwei Tage später erschien er damit auf dem San-Francisco-Platz, eitler und aufgeblasener als ein Bauer in
seinem Festtagsgewand. Alle beglückwünschten ihn zu
seinem guten Kauf und versicherten, das Pferd sei so
gut seine hundertfünfzig Dukaten wert wie ein Ei
einen Maravedi. Er aber ließ es tänzeln und springen
und führte so seine Tragödie auf der Bühne jenes Plat-
zes vor. Wie er noch so beim Tummeln und Wenden
war, kamen zwei stattliche, gutgekleidete Männer vorbei. »Du lieber Gott!« sagte plötzlich der eine zum

anderen. »Das ist doch mein Gaul Eisenfuß, den man mir vor ein paar Tagen in Antequera gestohlen hat!« Die vier Diener, die er bei sich hatte, bestätigten einstimmig seine Worte und versicherten, es sei bestimmt Eisenfuß, das gestohlene Pferd. Mein Herr war baß erstaunt, es kam zu einer gerichtlichen Klage, und der Besitzer brachte so überzeugende Beweise vor, daß der Urteilsspruch zu seinen Gunsten ausfiel und mein Herr sein Pferd wieder abtreten mußte. Jedermann erfuhr von dem geschickten Streich der beiden Diebe, die mit Hilfe der Polizei selbst ihren Raub weiterverkauft hatten, und alle freuten sich, daß mein Herr sich einmal mit seiner Habgier selbst ein Loch in den Beutel gerissen hatte.

Damit aber war das Maß seines Unglücks noch nicht voll. In der folgenden Nacht nämlich machte der Herr Stadtrichter selbst einmal die Runde, da er gehört hatte, in der Gegend der Sankt-Julians-Kirche trieben Diebe ihr Wesen. Wie er nun eine Straßenkreuzung überquerte, kam ein Mann in vollem Lauf an ihm vorbeigerannt. Der Stadtrichter ergriff mich am Halsband und rief mir zu: »Pack den Dieb, Gavilan! Los, Gavilan, pack den Dieb, pack den Dieb!« Ich war der üblen Machenschaften meines Herrn allmählich überdrüssig und zögerte daher nicht, den Befehlen des Herrn Stadtrichters aufs Wort nachzukommen. So stürzte ich mich denn auf meinen eigenen Herrn, und bevor er sich noch zur Wehr setzen konnte, warf ich ihn um. Wenn man mich nicht zurückgerissen hätte, so hätte ich wohl jetzt mein Mütchen an ihm gekühlt, doch zu meinem großen Kummer zerrte man uns auseinander. Die Häscher wollten mich bestrafen und hätten mich mit ihren Knüppeln wohl totgeschlagen, wenn der Herr Stadtrichter nicht gesagt hätte: »Es rühre mir keiner den Hund an! Er hat nur getan, was ich ihm befohlen habe.« So war das schlimme Treiben meines Herrn nun offenkundig geworden, und ich entwich noch in der gleichen Nacht, ohne von jemandem Abschied zu nehmen, durch ein Loch in der Stadtmauer hinaus ins freie Feld und war vor Sonnenaufgang bereits in Mayrena, einem Ort, der vier Meilen vor Sevilla liegt. Mein Glücksstern wollte es, daß ich hier auf eine Kompanie Soldaten stieß, die sich, wie ich sagen hörte, in Cartagena einschiffen sollten. Es befanden sich vier Raufbolde unter ihnen, die zu den Freunden meines Herrn gehörten, und der Trommler, ein großer Possenreißer wie die meisten seines Zeichens, war früher ein Häscher gewesen. Sie erkannten mich alle, sprachen mit mir und fragten mich nach meinem Herrn, genauso, als ob ich Rede und Antwort stehen könnte. Am freundlichsten kam mir jedoch der Trommler entgegen, und daher nahm ich mir vor, mich ihm anzuschließen und ihn, wenn es ihm recht wäre, in diesem Feldzuge zu begleiten, selbst wenn er mich nach Italien oder Flandern führen sollte. Denn ich denke in dieser Hinsicht so wie du sicherlich auch; obgleich ein Sprichwort sagt: »Es geht ein Narr übers Meer und kommt als Narr wieder her«, glaube ich doch, daß das Reisen und der Umgang mit den verschiedensten Leuten den Menschen klug macht.

CIPION: Das ist vollkommen richtig! Ich erinnere mich, daß einer meiner Herren, ein sehr gescheiter Mann, einmal erzählte, ein berühmter Grieche namens Odysseus habe den Beinamen »der Kluge« erhalten, nur weil er viele Länder bereist und mit mancherlei Leuten und den verschiedensten Völkern Umgang gehabt hatte. Darum kann ich deinen Entschluß, mitzugehen, wohin dein Herr dich auch führen mochte, nur loben.

BERGANZA: Der Trommler nun wollte seine Possenreißereien gern noch ein wenig mehr hervortreten lassen, und darum lehrte er mich, zum Takt seiner Trommel zu tanzen und noch eine Menge weiterer Kunststückchen, die kein anderer Hund als ich je gelernt haben würde. Du sollst sogleich noch mehr davon hören. Da unser Marsch sich seinem Ende näherte, nahmen wir uns gehörig Zeit. Kein Kommissar war da, der uns im Zaume hielt; der Hauptmann war noch jung, aber ein wackerer Edelmann und wahrer Christ; der Fähnrich hatte erst vor wenigen Monaten den Hof und die Vorzimmer des Palastes verlassen, und der Feldwebel war ein durchtriebener, schlauer Kerl, der langjährige Übung darin hatte, eine Kompanie vom Werbeort bis zum Hafen zu treiben, wo sie verladen werden sollte. Bei unserer Kompanie gab es viel loses Gesindel, das sich in den Orten, durch die wir kamen, ungebührlich aufführte, so daß die Einwohnerschaft uns verfluchte und ihre Verwünschungen auch die trafen, die es nicht verdienten. Aber so geht es auch manchem guten Fürsten: man schiebt ihm alle Vergehen seiner Untertanen in die Schuhe, obgleich diese doch einander viel Unrecht tun, ohne daß den Herrn die Schuld daran träfe. Aber wenn er auch die besten Absichten hat und sich noch so sehr bemüht, kann er dem Übel doch nicht steuern; denn der Krieg bringt stets Härten, Ungebühr und Ungemach mit sich. Kurz und gut, es waren noch keine vierzehn Tage um, da hatte ich dank meiner schnellen Auffassungsgabe und der Mühe, die sich mein neuer Herr mit mir gab, gelernt, zu Ehren des Königs von Frankreich durch den Reifen zu springen und den Schwanz einzuziehen, wenn man die schlechte Schankwirtin nannte. Er lehrte mich auch, Kapriolen zu machen wie ein neapolitanisches Schulpferd, im Kreise zu laufen wie ein Maulesel in der Roßmühle und eine Menge anderer Kunststücke. Wäre ich nicht darauf bedacht gewesen, mich nicht allzusehr hervorzutun, dann hätten die Leute wohl denken können, es sei ein Teufel in Hundegestalt, der ihnen all das vorführte. Mein Herr nannte mich »den klugen Hund«, und wenn wir ein neues Quartier bezogen, so rührte er seine Trommel, marschierte durch den ganzen Ort und lud alle Leute ein, zu kommen und die Künste und Fertigkeiten des »klugen Hundes« zu bestaunen, die um acht Uhr in dem und dem Haus oder Hospital gezeigt würden. Der Eintritt betrug vier oder acht Maravedis, je nach der Größe des Ortes. Auf diese Anpreisungen hin liefen natürlich alle Einwohner zusammen, um mich zu sehen, und keinen gab es, der die Vorstellung nicht voller Staunen und Befriedigung verlassen hätte. Der Beutel meines Herrn wurde fett und prall dabei, und sechs seiner Freunde lebten auf seine Kosten in Saus und Braus. Bei den Raufbolden der Kompanie regten sich Habgier und Neid und erweckten den Wunsch, mich zu stehlen, so daß sie stets auf eine Gelegenheit dazu lauerten; denn solch ein Broterwerb, bei dem man selbst keinen Finger zu rühren brauchte, hat stets eine Menge Liebhaber und Anhänger. Darum gibt es in Spanien auch so viele Puppenspieler, so viele Bänkelsänger und so viele Leute, die Stecknadeln oder Lieder verkaufen. Wenn man ihren gesamten Besitz zu Geld machen wollte, so würde doch nicht genug zusammenkommen, daß sie auch nur einen einzigen Tag davon leben könnten, und trotzdem liegen sie das ganze Jahr hindurch in den Garküchen und Schenken herum. Ich kann daraus nur schließen, daß sie noch eine andere Geldquelle haben müssen, aus der sie ihren täglichen Rausch bezahlen. Es sind alles Landstreicher und Herumtreiber, die der Welt keinerlei Nutzen bringen; sie saugen sich voll Wein wie die Schwämme und wühlen sich durchs Brot wie die Würmer.

CIPION: Schluß jetzt, Berganza; wir wollen nicht wieder in unsere alten Fehler zurückfallen! Erzähl weiter, denn die Nacht geht herum, und ich möchte nicht, daß bei Sonnenaufgang wieder der Schatten des Schweigens auf uns fällt.

BERGANZA: Halt den Mund und hör zu! Bekanntlich ist es sehr einfach, eine einmal gemachte Erfindung weiter auszubauen. Als mein Herr daher sah, wie hübsch ich ein neapolitanisches Schulpferd nachzuahmen verstand, ließ er mir eine Satteldecke aus gepreßtem Goldleder und einen kleinen Sattel machen, den er mir auf den Rücken schnallte. Dann setzte er eine leichte Puppe mit einer kleinen Lanze wie zum Ringelstechen darauf und lehrte mich, geradewegs auf einen Ring zuzulaufen, den er zwischen zwei Pfählen aufgehängt hatte. Am ersten Tag, an dem ich mein neues Kunststück vorführen sollte, verkündete er überall, daß der »kluge Hund« heute ein Ringelstechen veranstalten und noch andere nie gesehene Fertigkeiten zeigen werde. Um meinen Herrn nicht Lügen zu strafen, führte ich denn auch alles recht und schlecht durch, wie man so zu sagen pflegt.

Auf unserem langsamen Weitermarsch gelangten wir eines Tages auch nach Montilla, einem Ort, der dem berühmten, hochchristlichen Marquis von Priego, dem Haupte der Häuser von Aguilar und Montilla, gehört. Mein Herr verschaffte sich Quartier in einem Hospital und kündigte die Vorstellung sogleich in der üblichen Weise an. Da mein Ruhm mir vorausgeeilt war und alle Welt schon von den Künsten und Fertigkeiten des »klugen Hundes« gehört hatte, war der Hof des Spitals in knapp einer Stunde voller Menschen. Mein Herr freute sich über die gute Einnahme und vollführte an diesem Tage mehr Narrenspossen als je zuvor. Die Vorstellung begann damit, daß ich durch einen großen Siebreifen springen mußte, der wie ein Faßreifen aussah. Mein Herr forderte mich in den üblichen Redensarten dazu auf, und wenn er eine Weidengerte, die er in der Hand hielt, senkte, so war das das Zeichen, daß ich springen sollte; hielt er die Gerte jedoch hoch, so mußte ich sitzen bleiben. An diesem Tage nun, der mir unter allen Tagen meines Lebens ewiglich im Gedächtnis bleiben wird, begann er folgendermaßen: »Na, mein Freund Gavilan, nun spring doch einmal für den alten Wüstling, den du so gut kennst und der sich so hübsch den Bart färbt. Und wenn dir das nicht paßt, dann spring für all den Putz und Prunk der Doña Pimpinela von Plaphagonien, der Freundin unserer galicischen Dienstmagd in Valdeastillas. Was? Behagt dir mein Wunsch etwa nicht, mein Sohn Gavilan? Nun, so spring für den Bakkalaureus Pasillas, der sich als Lizentiat unterschreibt und dabei auf keinen Titel Anrecht hat. Oh, was bist du faul! Warum springst du nicht? Aha, jetzt versteh' ich dich! Jetzt weiß ich, wo du hinauswillst, du alter Schelm! Also dann spring für den Rebensaft von Esquivias, der ebenso köstlich ist wie der von Ciudad Real, von San Martin oder von Ribadavia.« Damit senkte er sein Stäbchen, und ich sprang und achtete wohl auf seine schelmischen Einfälle. Dann wandte er sich wieder an das Publikum und rief mit lauter Stimme: »Hochverehrte Versammlung! Euer Gnaden dürfen nicht glauben, daß dieser Hund etwa nur Narrenspossen verstünde. Vierundzwanzig Kunststücke habe ich ihn gelehrt, und nach dem einfachsten schon kann man sich die Finger lecken, und es lohnt eine Reise von dreißig Meilen, um es anzusehen. Er tanzt die Sarabande und Chaconne zierlicher als ihre Erfinderin selbst; er trinkt ein Maß Wein, ohne einen Tropfen darin zu lassen, und er singt seine Tonleiter so gut wie ein Küster. All das und noch vieles andere dazu, was ich hier nicht näher ausführen will, können Euer Gnaden zu sehen bekommen, solange die Kompanie hier im Ort liegt. Jetzt aber soll unser kluger Hund noch einen Sprung tun, und dann wollen wir zu den schwereren Dingen übergehen.« Mit diesen Worten versetzte er seine Zuhörer, denen er so geschickt zu schmeicheln wußte, in Spannung und erweckte in ihnen den Wunsch, alle meine Kunststücke zu sehen. Daraufhin wandte mein Herr sich wieder zu mir und sagte: »So, mein Sohn Gavilan, nun sei so gut und mach deine Sprünge von vorhin noch einmal recht flink und geschickt nach rückwärts; diesmal aber soll es zu

Ehren der berühmten Hexe geschehen, die hier im Ort gelebt haben soll.«

Kaum hatte mein Herr das gesagt, als die Spitalmutter, eine Alte von über siebzig Jahren, ihre Stimme erhob und loskreischte. »Schurke!« schrie sie, »Schwindler! Betrüger! Hurensohn! Hier gibt es keine Hexe! Wenn du vielleicht die Camacha meinen solltest – die hat ihre Sünden längst abgebüßt und ist nun Gott weiß wo. Hast du aber etwa mich aufs Korn genommen, du Hansnarr, dann laß dir gesagt sein, daß ich in meinem ganzen Leben keine Hexe gewesen bin, und wenn man das auch behauptet hat, so waren die falschen Zeugen, die Willkür der Gesetze und ein wankelmütiger, schlecht beratener Richter daran schuld. Jedermann weiß, was für ein christliches Leben ich führe, aber nicht etwa zur Buße für meine Hexereien, die ich nie begangen habe, sondern für viele andere Sünden, denen ich als sündiger Mensch verfallen war. Und jetzt mach, daß du hier fortkommst, du Halunke von einem Trommler, sonst, bei allen Heiligen, werde ich dir Beine machen!« Und nun begann sie so zu schreien und meinen Herrn so gröblich zu beschimpfen, daß er ganz entsetzt und sprachlos dastand. Kurz und gut, sie hatte die Vorstellung gestört und ließ es nicht zu, daß sie zu Ende geführt wurde. Mein Herr war über den ganzen Aufruhr nicht weiter ungehalten, denn er hatte ja sein Geld schon in der Kasse, und so verschob er die Vorführung auf einen anderen Tag und verlegte sie in ein anderes Spital. Die Leute aber gingen schimpfend auseinander und nannten die Alte eine Hexe, eine widerliche Vettel und einen bärtigen Teufelsbraten. Wir blieben trotz allem diese Nacht noch im gleichen Quartier. Als ich nun der Alten noch einmal im Hof begegnete, rief sie mich an und sagte: »Bist du es, mein Sohn Montiel? Bist du es wirklich?« Ich hob den Kopf und blickte sie lange an, worauf sie mit Tränen in den Augen auf mich zukam, die Arme um meinen Hals schlang und mich bestimmt auf die Schnauze geküßt hätte, wenn ich es zugelassen hätte. Ich ekelte mich jedoch vor ihr und drehte den Kopf weg.

CIPION: Da hast du recht getan! Es ist keine Annehmlichkeit, sondern eine Folterqual, ein altes Weib zu küssen oder sich von ihm küssen zu lassen.

BERGANZA: Und was ich dir jetzt erzählen will, hätte ich dir eigentlich schon zu Beginn meiner Geschichte erzählen sollen; denn dann hätten wir uns das Staunen über unsere plötzliche Redegabe ersparen können. Die Alte nämlich sagte zu mir: »Komm nun einmal hinter mir her, mein Sohn Montiel, damit ich dir mein Zimmer zeigen kann, und dann sieh zu, daß du heute nacht allein zu mir kommen kannst; ich will die Tür offenlassen. Du mußt wissen, daß ich dir viele Dinge über dein Leben mitzuteilen habe, die dir für deine Zukunft von großem Nutzen sein können.« Ich neigte den Kopf zum Zeichen meines Einverständnisses, und das überzeugte sie, wie sie mir später sagte, vollends davon, daß ich wirklich der Hund Montiel war, den sie suchte. Ganz benommen und aufgeregt über das Gehörte wartete ich auf den Anbruch der Nacht, denn ich war begierig zu erfahren, was für ein Geheimnis oder Wunder wohl hinter den Worten der Alten stecken mochte. Da ich gehört hatte, sie sei eine Hexe, versprach ich mir große Dinge von meinem Besuch und unserer Unterredung. Schließlich kam denn auch der ersehnte Augenblick heran, und ich trat in ihr Zimmer, einen engen, dunklen und niedrigen Raum, der von einer irdenen Lampe, die darin stand, nur schwach erleuchtet wurde. Die Alte putzte die Lampe und goß neues Öl auf; dann setzte sie sich auf eine kleine Truhe, zog mich zu sich heran und schlang mir wieder wortlos die Arme um den Hals und versuchte mich zu küssen, während ich wiederum bemüht war, mich dieser Liebkosung zu entziehen. Endlich aber tat sie den Mund auf und sagte: »Immer habe ich es vom Himmel erfleht, dich noch einmal wiederzusehen, mein Sohn, bevor meine Augen sich zum ewigen Schlummer schließen würden. Nun, wo mein Wunsch erfüllt ist, mag der Tod ruhig kommen und mich diesem mühevollen Dasein entrücken. Du mußt wissen, mein Sohn, daß hier in dieser Stadt die berühmteste Zauberin und Hexe gelebt hat, die die Welt je sah, die Camacha von Montilla. Sie stand so einzig in ihrer Kunst da, daß all die Erchithos, die Circen und Medeen, von denen die Geschichten voll sind, ihr nicht das Wasser reichen konnten. Sie zog die Wolken zusammen nach ihrem Willen und verhüllte mit ihnen das Antlitz der Sonne, und wenn sie gerade schönes Wetter brauchte, machte sie den düstersten Himmel klar und hell. Im Handumdrehen konnte sie Menschen aus den fernsten Ländern herbeischaffen; wenn ein Mädchen durch eine kleine Unachtsamkeit ihre Unschuld eingebüßt hatte, so verstand sie es wunderbar, sie wieder zur Jungfrau zu machen; sie verschaffte den Witwen die Möglichkeit, unter dem Anschein der Ehrbarkeit Unzucht zu treiben, sie zerstörte Ehen und stiftete neue, wie es ihr gerade einfiel. Im Dezember hatte sie frische Rosen in ihrem Garten, und im Januar erntete sie Weizen. Brunnenkresse in einem Backtrog wachsen zu lassen, war für sie eine Kleinigkeit, und ebenso leicht fiel es ihr, den Menschen, die sie darum baten, in einem Spiegel oder auf dem Nagel eines Kindes die Gestalten Lebender und Toter zu zeigen. Auch erzählte man von ihr, sie habe Menschen in Tiere verwandeln können und so zum Beispiel sechs Jahre lang einen Sakristan in ihren Diensten gehabt, den sie zu einem richtigen, leibhaften Esel gemacht hatte. Wie das möglich ist, habe ich allerdings nie herausfinden können; denn wenn man auch von den alten Zauberinnen berichtet, sie hätten Menschen in Tiere verwandeln können, so behaupten doch die Leute, die etwas mehr davon verstehen, es seien nur die übergroße Schönheit und die Liebkosungen dieser Frauen gewesen, die die Männer in Liebe zu ihnen entbrennen ließ und sie ihnen so hörig machte, daß sie wie Tiere jedem ihrer Winke folgten. An dir, mein Sohn, jedoch zeigt mir die Erfahrung das Gegenteil: ich weiß, daß du ein vernunftbegabtes Wesen bist, und sehe deine Hundegestalt — sofern hier nicht etwa die sogenannte ›Tropelia‹, die Wissenschaft der Verwandlungen, im Spiel ist, die ein Ding für ein anderes erscheinen läßt. Doch das sei nun, wie es wolle — mir tut es nur leid, daß weder ich noch deine Mutter, die wir Schülerinnen der guten Camacha waren, es jemals so weit gebracht haben wie sie. Das lag aber nicht daran, daß wir zu wenig Geist, Geschicklichkeit oder Mut gehabt hätten, nein, sie war nur so boshaft, daß sie uns niemals in ihre höheren Künste einführen wollte und diese für sich selbst behielt.

Deine Mutter, mein Sohn, hieß Montiela, und sie war beinahe ebenso berühmt wie die Camacha. Ich bin die Cañizares, und wenn ich auch vielleicht nicht soviel von der Kunst verstehe wie jene beiden, so habe ich doch mindestens ebensoviel Eifer an den Tag gelegt wie sie. Soviel Mut wie deine Mutter hatte allerdings nicht einmal die Camacha: eine ganze Legion Teufel bannte sie in einen Kreis und schloß sich mit ihnen ein. Ich war immer etwas bange und begnügte mich mit einer halben Legion; aber, unter uns gesagt, in der Herstellung der Salbe, mit denen wir Hexen uns bestreichen, war keine mir über, und auch unter den Jüngeren, die heute unsere Kunst ausüben, übertrifft mich keine in dieser Fertigkeit. Doch mußt du wissen, mein Sohn, daß ich mit den Jahren, als ich sah, wie mein Leben, das auf den flüchtigen Flügeln der Zeit dahineilt, sich seinem Ende zuneigte, all die Laster der Zauberkunst ablegen wollte, mit denen ich mich so lange abgegeben hatte. So ist mir nur noch aus Neugierde die Sucht geblieben, eine Hexe zu sein; dies Laster jedoch läßt sich nur schwer ablegen. Deine Mutter machte es ebenso: sie legte viele Laster ab und tat viel Gutes in ihrem Leben; schließlich aber starb sie doch als Hexe, und zwar nicht an irgendeiner Krankheit, sondern an einem Schmerz, den ihr die Camacha, ihre Lehrmeisterin, zugefügt hatte. Die war nämlich neidisch auf deine Mutter, weil sie ihr über den Kopf zu wachsen drohte und schon fast genausoviel wußte wie sie selbst. Ob ihre Tat nun diesem Neid entsprang oder die Folge einer anderen kleinen Eifersüchtelei war, habe ich nie herausfinden können, jedenfalls aber trug sich folgendes zu: Deine Mutter war schwanger, und als die Stunde ihrer Entbindung herannahte, übernahm die Camacha das Amt der Wehmutter. Sie nahm in ihren Händen auf, was deine Mutter geboren hatte, und wies ihr dann zwei junge Hündchen vor. ›Das ist eine Gemeinheit!‹ rief sie dabei. ›Da steckt irgendeine Schurkerei dahinter! Aber hab keine Angst, Montiela, ich bin deine Freundin und habe keinem Menschen etwas von dieser seltsamen Geburt gesagt. Jetzt sieh nur zu, daß du wieder zu Kräften kommst, und mach dir keine Sorgen; von deinem Unglück wird niemand erfahren. Gräm dich nicht zu sehr um die Sache; du weißt ja, ich bin genau darüber unterrichtet, daß du außer mit deinem Freund, dem Sackträger Rodríguez, schon seit langem mit niemandem Umgang gehabt hast. Darum müssen diese neugeborenen Hündlein dir entweder untergeschoben sein, oder es steckt irgendein Geheimnis dahinter.‹ Deine Mutter und ich, die ich bei dem ganzen Vorfall zugegen war, konnten vor Staunen über diese Begebenheit kein Wort hervorbringen. Dann ging die Camacha fort und nahm die jungen Hündchen mit, ich aber blieb bei deiner Mutter, um sie zu pflegen. Sie konnte es gar nicht fassen, was ihr da widerfahren war.

Als es nun mit der Camacha zu Ende ging, rief sie in ihrer Todesstunde deine Mutter zu sich und gestand ihr, daß sie um einer Streitigkeit willen, die sie vorher mit ihr gehabt hatte, ihre Söhne in junge Hunde verwandelt hatte. Sie brauche darüber jedoch nicht unglücklich zu sein, denn sie würden in Menschen zurückverwandelt werden, wenn sie es am wenigsten erwarteten. Dies könne aber nicht geschehen, bis sie mit eigenen Augen folgendes gesehen hätten:

> Zu der Gestalt, die ihnen angeboren,
> Kehrn sie zurück, wenn sie mit Blitzesschnelle
> Die Übermüt'gen, Stolzen stürzen sahn,
> Und wenn die Demut zitternd aus dem Staub
> Empor sich hob, gestützt von mächt'ger Hand.

Diese Worte sprach, wie ich dir eben sagte, die Camacha zu deiner Mutter in ihrer Todesstunde. Deine Mutter schrieb sie auf und lernte sie auswendig, und auch ich merkte sie mir für den Fall, daß ich einmal Gelegenheit hätte, sie einem von beiden mitzuteilen. Und wie habe ich nach euch gesucht! Jeden Hund deiner Farbe habe ich mit dem Namen deiner Mutter angerufen. Ich bildete mir zwar nicht ein, daß die Hunde diesen Namen kennen sollten, aber ich wollte doch sehen, ob einer auf ihn hören würde, obgleich es keiner der üblichen Hundenamen ist. Heute nachmittag nun, als ich sah, wie du als ›kluger Hund‹ auftratest und deine Kunststücke machtest, vor allem aber, als du im Hofe auf meinen Anruf hin den Kopf hobst und mich anblicktest, war ich überzeugt, daß du ein Sohn der Montiela sein müßtest. Ich bin glücklich, daß ich dir nun die Geschichte deiner Herkunft erzählen und dir sagen darf, wie du deine ursprüngliche Gestalt wiedererlangen kannst. Ich wünschte wohl, es wäre so einfach für dich wie für den ›goldenen Esel‹ des Apulejus, der zu diesem Zweck nur eine Rose zu fressen brauchte. Deine Rückverwandlung hängt jedoch nicht von deinen eigenen Bemühungen, sondern von fremden Taten ab. Alles, was du daher tun kannst, mein Sohn, besteht darin, daß du dich in deinem Herzen Gott anvertraust und darauf hoffst, daß diese Voraussagungen — denn Prophezeiungen möchte ich sie nicht nennen — recht bald und glücklich eintreffen mögen. Da die gute Camacha sie ausgesprochen hat, werden sie zweifellos eines Tages in Erfüllung gehen, und dann werdet ihr beide, du und auch dein Bruder, sofern er noch am Leben ist, alles erlangen, was ihr wünscht.

Mir tut es nur leid, daß ich mich meinem Ende so nahe fühle und es nicht mehr erleben werde. Oft schon habe ich meinen Bock fragen wollen, wie diese Dinge wohl ausgehen werden; aber ich habe es nicht gewagt, weil er unsere Fragen nie unumwunden beantwortet, sondern immer nur mit dunklen, vieldeutigen Redensarten. Darum ist es besser, unseren Herrn und Meister gar nichts zu fragen, denn er mischt dir tausend Lügen in eine Wahrheit. Soviel ich bisher aus seinen Antworten ersehen habe, weiß er auch nichts Genaues über die Zukunft, sondern kann nur Mutmaßungen darüber anstellen. Trotz alledem aber hat er uns Hexen doch so in seinem Bann, daß wir nicht von ihm lassen können, und wenn er uns tausend üble Streiche spielt. Von weither kommen wir herbei, um ihn zu besuchen, eine Unzahl von Hexenmeistern und Hexen, und treffen auf einem großen, freien Feld mit ihm zusammen. Dort setzt er uns die scheußlichsten Gerichte vor und treibt Dinge mit uns, die so schmutzig und unflätig sind, daß ich wirklich bei Gott und meiner Seele nicht wagen kann, sie dir zu berichten, denn ich will deine keuschen Ohren nicht beleidigen. Manche Leute glauben, wir bildeten uns nur ein, daß wir diese Gastmähler besuchen, und der Teufel spiegele uns die Bilder all jener Dinge vor, von denen wir später erzählen, daß sie uns widerfahren seien. Andere hingegen behaupten, das treffe nicht zu, sondern wir seien wirklich mit Leib und Seele dabei. Ich meinerseits bin der Meinung, daß an beiden Ansichten etwas Wahres ist; denn wir wissen selbst nicht, wieviel wir von diesen Dingen wirklich erleben.

Alles, was unsere Phantasie uns zeigt, ist so deutlich und eindringlich, daß man es von einem tatsächlichen Erlebnis nicht unterscheiden kann. Die Herren Inquisitoren, wenn sie eine der Unseren einmal schnappten, haben manche Erfahrung darüber gesammelt, und ich glaube, sie würden meine Worte bestätigen.

Gern, mein Sohn, würde ich dieses Laster ablegen und habe darum auch meine Vorkehrungen getroffen. Ich habe hier diese Stellung als Spitalmutter angenommen und pflege die Armen. Mein Auskommen finde ich schon dabei, denn manche hinterlassen mir etwas, wenn sie sterben, oder ich entdecke etwas in ihren Lumpen, die ich mit größter Sorgfalt untersuche. Ich bete wenig, doch stets in der Öffentlichkeit; ich lästere viel, doch stets im geheimen, und ich stehe mich besser dabei, eine Heuchlerin zu sein als eine offenkundige Sünderin. Der helle Schein meiner jetzigen guten Werke läßt im Gedächtnis meiner Mitmenschen die schlechten Taten aus meiner Vergangenheit verblassen. Und zudem schadet solch eine erheuchelte Heiligkeit ja keinem anderen, sondern nur dem Heuchler selbst. Beherzige darum meinen Rat, mein Sohn Montiel: sei gut, sosehr du kannst; wenn du aber schlecht sein mußt, so bemühe dich wenigstens nach Kräften, es nicht zu scheinen. Ich bin eine Hexe, das leugne ich nicht, und auch deine Mutter war eine Hexe und Zauberin — das läßt sich ebensowenig abstreiten; und doch haben wir stets solch anständigen Eindruck erweckt, daß wir uns überall sehen lassen konnten. Drei Tage vor dem Tode deiner Mutter waren wir beide noch auf einer großen Teufelsfeier in einem Tal der Pyrenäenberge, und trotzdem starb sie ruhig und friedlich. Ja, hätte sie nicht eine Viertelstunde, bevor sie ihren Geist aufgab, noch ein paar scheußliche Grimassen geschnitten, so hätte man behaupten können, sie läge auf ihrem Totenbett wie auf einem mit Blüten geschmückten Brautlager. Ihre beiden Söhne lagen ihr sehr am Herzen, und niemals, selbst nicht im Angesicht des Todes, wollte sie der Camacha vergeben: so fest und unwandelbar war sie in ihren Entschlüssen. Ich drückte ihr die Augen zu und geleitete sie zu Grabe. Seitdem habe ich sie nicht wieder erblickt, aber ich habe die Hoffnung nicht aufgegeben, sie vor meinem Tode noch einmal zu sehen, denn man sagt hier im Ort, daß sie schon manchen Leuten in verschiedener Gestalt auf den Friedhöfen oder an den Kreuzwegen erschienen sei. Vielleicht treffe ich ich sie ja auch noch einmal; dann will ich sie fragen, ob ich irgend etwas tun soll, um ihr Gewissen zu entlasten.«

Jedes Lob, das die Alte meiner angeblichen Mutter gespendet hatte, schnitt mir wie ein Lanzenstich durchs Herz. Am liebsten hätte ich mich auf sie gestürzt und sie zwischen meinen Zähnen zerrissen, und wenn ich es unterließ, so nur, damit sie nicht so unbußfertig ins Jenseits müsse. Schließlich sagte sie mir, daß sie sich noch in der nämlichen Nacht einzusalben gedenke, um eines der üblichen Gastmähler zu besuchen; dort wolle sie an ihren Meister einige Fragen richten über das, was mir noch begegnen würde. Ich hätte mich gern erkundigt, was für eine Salbe das sei, von der sie sprach, und sie schien mir meine Gedanken von der Stirn abgelesen zu haben, denn sie antwortete mir, als ob ich sie gefragt hätte, und sagte: »Diese Salbe, mit der wir Hexen uns einreiben, besteht aus dem eiskalten Saft verschiedener Kräuter und nicht, wie das Volk behauptet, aus dem Blute der Kinder, die wir erwürgen. Du könntest mich jetzt wohl auch fragen, welchen Genuß oder Vorteil der Teufel eigentlich daraus zieht, wenn er uns befiehlt, diese zarten Geschöpfchen zu töten. Er weiß doch, daß sie getauft sind und somit schuld- und sündenlos in den Himmel eingehen, während es ihm bekanntlich leid tut um jede christliche Seele, die ihm entwischt. Auf diese Frage aber wüßte ich nur mit einem Sprichwort zu erwidern: ›Es gibt Leute, die sich zwei Augen ausstechen, nur damit ihr Feind sich eins aussticht.‹ Er läßt uns die Kindlein wohl auch töten, um den Eltern einen Schmerz anzutun, den furchtbarsten Schmerz, den man sich nur vorstellen kann. Noch wichtiger ist es ihm aber wahrscheinlich, daß wir auf Schritt und Tritt die grausamsten und abscheulichsten Sünden begehen. Gott aber läßt das alles zu um unserer Sünden willen; denn ohne seine Erlaubnis, das weiß ich selbst aus Erfahrung, kann der Teufel nicht einer Ameise ein Leid zufügen. Ich habe Beweise dafür: als ich ihn einmal bat, den Weinberg eines meiner Feinde zu zerstören, gab er mir zur Antwort, daß er nicht einmal ein Blatt davon berühren könne, da Gott es nicht zuließe. Wenn du erst ein Mensch bist, wirst du daraus entnehmen können, daß alles Unglück, das über Völker, Königreiche, Städte und Dörfer kommt, als da sind plötzliche Todesfälle, Schiffbrüche, Niederlagen, kurzum, alles Übel, das uns äußeren Schaden bringt, aus der Hand des Allmächtigen kommt und mit seinem Willen geschieht. Das Unglück und Übel jedoch, das ›Schuld‹ genannt wird, kommt aus uns selbst. Gott ist ohne Fehl, und darum müssen wir selbst die Urheber der Sünde sein und sie mit Worten, Willen und Werken begehen. Gott aber läßt, wie ich schon sagte, alles zu um unserer Sünde willen. Nun wirst du, mein Sohn, falls du mich verstehst, dich fragen, wer mich denn Theologie gelehrt habe. Ja, vielleicht sagst du auch bei dir: ›Hol der Teufel diese alte Hure! Warum läßt sie denn ihr Hexenwesen nicht, wenn sie soviel weiß, und kehrt zu Gott zurück? Sie weiß doch, daß Er lieber Sünden vergibt als geschehen läßt!‹ Ich will dir antworten, als ob du diese Frage schon an mich gestellt hättest. Die Gewohnheit des Lasters nämlich wird zur zweiten Natur, und der Hexenberuf geht einem Menschen in Fleisch und Blut über. Inmitten der brennenden Hitze, die er erzeugt, versetzt er die Seele doch in solche Eiseskälte, daß sie selbst im Glauben abkühlt und erstarrt. Daraus aber entwickelt sich eine abgrundtiefe Selbstvergessenheit, so daß die Seele nicht einmal mehr der Schrecken gedenkt, mit denen Gott ihr droht, oder der Entzückungen, die er ihr verheißt. Und da es eine fleischliche Sünde ist, aus der sie Genuß schöpft, stirbt ihr Bewußtsein ab, so daß die Sinne verzaubert oder verzückt sind und nicht mehr handeln können, wie sie sollen. So wird die Seele unnütz, schlaff und matt und kann sich nicht einmal mehr zu einem guten Gedanken oder Vorsatz aufschwingen. Sie läßt sich in den tiefsten Abgrund ihres Elends hinabsinken und hat nicht mehr die Willenskraft, ihre Hand zu der des Allmächtigen zu erheben, der ihr aus reiner Barmherzigkeit seine Rechte hinstreckt, um sie wieder aufzurichten. Auch ich habe eine solche Seele, wie ich sie dir soeben beschrieben habe. Ich sehe und verstehe alles, doch da der Genuß meinen Willen in Fesseln geschlagen hat, bin ich schlecht und werde auch stets schlecht bleiben.

Aber lassen wir das jetzt und kehren wir zu den Salben zurück. Ich versichere dir, sie sind so kalt, daß uns die Sinne schwinden, wenn wir uns damit einreiben, und wir nackend auf dem Fußboden liegenbleiben. Dann aber, so behaupten die Leute, erleben wir in unserer Phantasie alles das, wovon wir meinen, es stieße uns wirklich zu. Manchmal kommt es uns auch vor, als veränderten wir nach dem Einreiben unsere Gestalt: wir verwandeln uns dann in Hähne, Eulen oder Raben und fliegen zu dem Ort hin, an dem unser Meister uns erwartet. Dort aber gewinnen wir unsere ursprüngliche Gestalt wieder und genießen jene Freuden, von denen ich dir nichts Näheres sagen kann; denn sie sind so, daß sich einem bei der Erinnerung daran die Haare sträuben und die Zunge sich weigert, von ihnen zu berichten. So bin ich denn eine Hexe und begehe unter dem Deckmantel der Heuchelei alle meine Sünden. Wenn manche Leute mich auch hochschätzen und ehren, weil sie mich für gut halten, so fehlt es doch auch nicht an solchen, die mir den Spottnamen in die Ohren flüstern, mit dem uns einstens einmal ein zorniger Richter in seiner Empörung belegt hat. Der wollte mir und deiner Mutter auf den Zahn fühlen und überlieferte uns den Händen des Folterknechts, welcher, weil er nicht bestochen war, seine ganze Macht und Grausamkeit auf unseren Rücken ausließ. Doch das ist nun vorüber, so wie alle Dinge einmal vorübergehen; die Erinnerung verblaßt; was gewesen ist, kehrt nicht wieder, die Zungen werden müde, und neue Ereignisse lassen uns die früheren vergessen. Heute bin ich eine Spitalmutter, und wer mich sieht, muß mein ehrsames Leben preisen, während meine Salbe mir doch die schönsten Stunden verschafft. Fünfundsiebzig Jahre zähle ich jetzt, bin also noch nicht so alt, daß ich nicht noch ein Jährchen leben könnte. Fasten kann ich nicht mehr, das verbietet mir meine Gebrechlichkeit; beten kann ich nicht mehr viel, weil ich leicht Schwindelanfälle bekomme; eine Wallfahrt kann ich nicht mehr unternehmen, dazu sind meine Beine zu schwach; Almosen kann ich nicht spenden, denn ich habe selbst nichts, und gut von meinem Nächsten denken kann ich auch nicht, denn ich lästere gar zu gern. Um aber Gutes zu tun, müßte ich zuerst gut denken; meine Gedanken jedoch sind stets böse und schlecht gewesen. Trotz alledem weiß ich, daß Gott gut und barmherzig ist. Er wird wissen, was mit mir geschehen soll, und das mag mir genügen. Aber nun will ich meine Rede beenden, sie macht mich nur traurig. Komm mit, mein Sohn, und sieh zu, wie ich mich salbe! Kein Schmerz ist schlimm, wenn man nur etwas zu beißen hat; einem guten Tag soll man Türen und Fenster öffnen, und solange man lacht, kann man nicht weinen. Verstehst du, was ich damit sagen will? Nun, wenn die Freuden, die der Teufel uns zu schenken hat, auch nur Schein und Blendwerk sind, so sind es für uns doch Freuden, und die Wollust ist in der Einbildung immer viel größer als in Wirklichkeit, obgleich bei den wahren Freuden gerade das Gegenteil der Fall sein soll.«

Nach dieser langen Rede stand sie auf, ergriff die Lampe und ging in einen anderen, noch kleineren Raum. Ich folgte ihr, während tausend Gedanken mein Hirn kreuzten und Staunen über alles, was ich gehört hatte und noch zu sehen erwartete, mich ganz erfüllte. Die Cañizares hängte die Lampe an die Wand, holte einen glasierten Topf aus dem Winkel hervor und entkleidete eilig sich bis aufs Hemd. Dann fuhr sie mit der Hand in den Topf und, während sie leise vor sich hinmurmelte, salbte sie sich von den Füßen bis zum Kopf, auf dem sie keine Haube trug, ein. Bevor sie noch damit fertig war, sagte sie mir, daß sie nun entweder besinnungslos auf dem Fußboden liegenbleiben oder auch plötzlich aus dem Zimmer verschwinden würde. Ich solle nur nicht erschrecken, sondern unbedingt bis zum Morgen warten; denn bis dahin hätte sie dann erfahren, was mir noch alles begegnen würde, ehe ich wieder menschliche Gestalt annehmen dürfe. Ich nickte mit dem Kopf zum Zeichen meines Einverständnisses, und nun rieb sie sich fertig ein, streckte sich auf dem Boden aus und blieb wie tot liegen. Ich näherte meinen Mund dem ihren und merkte, daß sie nicht mehr atmete. Wenn ich dir die Wahrheit gestehen soll, Cipion, dann muß ich dir sagen, daß mich doch ein großer Schrecken packte, als ich mich so in dem engen Gemach eingeschlossen fand und vor meinen Augen immer diese Gestalt hatte, die ich dir nun beschreiben will, so gut ich es vermag. Sie war mehr als sieben Fuß lang, ein wahres Knochengerüst, das mit einer schwarzen, runzeligen und mit Haaren bedeckten Haut überzogen war. Der Bauch hing ihr wie ein Beutel aus Schafleder über die Schamteile bis auf die Hälfte der Oberschenkel herab; die Brüste sahen aus wie zwei ausgetrocknete, verschrumpelte Ochsenblasen; die Lippen waren schwärzlich, die Zähne faulige

Stümpfe, die Nase krumm und eingedrückt, die Augen verdreht, die Haare zerzaust, die Wangen eingefallen, der Hals dürr und der Brustkorb flach, kurzum, es war eine hagere Teufelsgestalt. Ich betrachtete sie in aller Muße, und als ich so den grausigen Anblick ihres Körpers vor mir hatte und der noch grausigeren Beschäftigung gedachte, der ihre Seele jetzt oblag, überkam mich plötzlich lähmende Furcht. Ich wollte sie beißen, um zu sehen, ob sie wieder zum Bewußtsein käme, doch welche Stelle ihres Körpers ich mir auch aussuchen mochte, immer hinderte mich der Ekel daran, sie zu berühren. Trotzdem packte ich sie schließlich an einer Ferse und zerrte sie auf den Hof hinaus; sie gab jedoch durch keinerlei Zeichen zu verstehen, daß sie etwas davon spürte. Wie ich nun den Himmel wieder erblicken konnte und mich nicht mehr von den Wänden des kleinen Zimmers eingeengt sah, verließ mich auch die Furcht oder sank wenigstens so weit, daß ich wieder die Kraft hatte, zu warten, bis das schlimme Weibsbild von ihrer Teufelsfahrt zurück sein würde; denn ich wollte doch gern erfahren, was sie mir über meine Zukunft zu berichten hätte. »Wer hat diese böse Alte wohl so klug und schlecht gemacht?« fragte ich mich selber. »Woher kennt sie den Unterschied zwischen einem Unglück, das durch Schaden kommt, und einem, das durch unsere Schuld entsteht? Wie ist es möglich, daß sie soviel von Gott versteht und über ihn reden kann, während sie doch die Befehle des Teufels ausführt? Wie kann sie so boshaft und bewußt sündigen, obgleich sie doch nicht durch Unwissenheit entschuldigt ist?«

Mit solcherlei Betrachtungen verbrachte ich die Nacht, und als der Tag heraufkam, trafen uns die ersten Strahlen der Sonne mitten auf dem Hof. Sie lag noch immer bewußtlos da, und ich hockte neben ihr und betrachtete aufmerksam ihre abstoßende, häßliche Gestalt. Bei diesem Anblick liefen die Leute aus dem

Hospital zusammen, und einige von ihnen riefen: »Ach, nun ist die fromme Cañizares gestorben! Seht nur, wie schwach und mager sie bei ihrem Büßerleben geworden war!« Andere, die etwas bedächtiger waren, fühlten nach ihrem Puls, und als sie merkten, daß er noch schlug und sie also nicht tot war, meinten sie, die Alte wäre vor lauter Frömmigkeit in Verzückung und außer sich geraten. Doch es gab auch solche, die rundweg erklärten: »Die alte Hure ist bestimmt eine Hexe und wird sich eingesalbt haben! Eine Heilige gerät niemals in solch unanständige Verzückung, und bisher gilt sie bei allen, die sie kennen, immer noch eher als Hexe denn als Heilige.« Ein paar Neugierige bohrten ihr Nadeln ins Fleisch, ganz tief, von der Spitze bis zum Kopf; doch die Schläferin spürte auch das nicht und kam erst gegen sieben Uhr morgens wieder zu sich. Nun aber fühlte sie die Nadeln, mit denen sie förmlich gespickt war, die Bißwunde an ihrer Ferse brannte, und ihr Körper, der von dem Herausschleifen aus dem Zimmer ganz zerschunden war, begann überall zu schmerzen. Als sie die vielen Augen auf sich gerichtet sah, glaubte sie mit Recht, daß ich der Urheber ihrer Schande sein müsse. Wütend stürzte sie sich auf mich, packte mich mit beiden Händen an der Gurgel und versuchte mich zu erwürgen. »Du Schurke!« kreischte sie dabei. »Du undankbarer, boshafter Dummkopf! Ist das der Dank für all das Gute, was ich an deiner Mutter getan habe und an dir zu tun gedachte?« Als ich mich so in Gefahr sah, mein Leben unter den Krallen dieser zornigen Harpyie einzubüßen, schüttelte ich sie ab, packte sie an ihrer langen Bauchfalte und zerrte und schleifte sie kreuz und quer über den ganzen Hof, während sie schrie, man solle sie doch aus den Zähnen dieses bösen Geistes befreien.

Bei diesen Worten der Alten glaubten die meisten, ich sei bestimmt einer von jenen Dämonen, die von alters her einen Zorn auf alle guten Christen haben. Ein paar

Leute eilten herbei, um mich mit Weihwasser zu besprengen, andere wagten nicht, heranzukommen und mich von der Alten wegzuzerren, und wieder andere schrien, man müsse mich beschwören. Die Alte kreischte, ich schlug meine Zähne immer fester in sie, die allgemeine Verwirrung wuchs, und mein Herr, der auf den Lärm hin herbeieilte, war ganz verzweifelt, als er hörte, daß ich ein Teufel sein sollte. Andere, die von Teufelaustreibungen nichts verstanden, ergriffen ein paar feste Knüppel und begannen, meine Weichen damit zu bearbeiten. Schließlich wurde mir der Spaß zu bunt; ich ließ die Alte los, war mit drei Sätzen auf der Straße und eilte spornstreichs aus der Stadt, gefolgt von einer Unzahl von Gassenbuben, die aus vollem Halse schrien: »Vorsicht! Weg! Der kluge Hund ist toll geworden!« — »Nein, er ist nicht toll«, brüllten wieder andere, »es ist der Teufel in Hundegestalt!« Während so von allen Seiten Schläge und Schimpfworte auf mich herabregneten, gewann ich endlich das freie Feld. Noch immer liefen eine Menge Leute hinter mir her, die steif und fest glaubten, ich sei der Teufel, und zwar ebenso wegen meiner Kunststückchen, die sie bestaunt hatten, wie wegen der Worte, welche die Alte gesagt hatte, als sie aus ihrem Hexenschlaf erwachte. Ich rannte aber auch, was meine Beine hergaben, um mich ihren Blicken zu entziehen, so daß sie wirklich meinen konnten, ich sei plötzlich verschwunden wie der Teufel selbst. In sechs Stunden hatte ich zwölf Meilen zurückgelegt und gelangte schließlich zu einem Zigeunerlager auf einem Feld bei Granada. Hier erholte ich mich ein wenig, denn einige der Zigeuner erkannten mich als den »klugen Hund«, nahmen mich voller Freuden auf und verbargen mich in einer Höhle, damit meine Verfolger mich nicht fänden. Wie ich später merkte, hatten sie die Absicht, nun ihrerseits durch meine Künste das Geld zu verdienen, das vorher der Trommler eingenommen hatte.

Drei Wochen blieb ich bei ihnen und lernte in dieser Zeit viel von ihrem Leben und ihren Gebräuchen kennen. Sie sind wirklich so bemerkenswert, daß ich dir einiges davon berichten muß.

CIPION: Nein, Berganza, bevor du weitererzählst, wollen wir erst noch einmal alles überdenken, was dir die Hexe gesagt hat. Vielleicht können wir dann herausfinden, ob an dieser großen Schwindelei, die dir so' glaubwürdig erscheint, etwas Wahres sein kann. Siehst du, Berganza, es wäre eine riesige Dummheit, zu glauben, daß die Camacha Menschen in Tiere hätte verwandeln können und daß ein Sakristan ihr so lange Jahre in Eselsgestalt gedient hätte, wie man behauptet. Solche und ähnliche Dinge sind nichts als Schwindel, Lügen und Blendwerk des Teufels. Wenn es uns jetzt auch vorkommt, als besäßen wir Verstand und Vernunft, da wir reden können, während wir doch Hunde sind oder wenigstens Hundegestalt besitzen, so haben wir uns doch schon klargemacht, daß dies ein wunderbarer, unerhörter Fall ist. Aber selbst wenn wir das Wunder mit Händen greifen können, dürfen wir solchen Prophezeiungen doch keinen Glauben schenken, bis die Zukunft uns gelehrt hat, was wir davon zu halten haben. Soll ich noch deutlicher sein? Dann bedenke doch einmal, von was für ungewissen und törichten Bedingungen nach Aussage der Camacha unsere Rückverwandlung abhängig ist. Du mußt ihre Worte nicht als Prophezeiung nehmen, sondern als eine jener Fabeln oder Ammenmärchen wie die Geschichte vom Pferd ohne Kopf oder von der Wünschelrute, mit denen man sich in den langen Winternächten am Herdfeuer die Zeit vertreibt. Wären sie nämlich ernst zu nehmen, so wären sie auch schon in Erfüllung gegangen, falls man die Worte nicht im sogenannten allegorischen Sinn aufzufassen hat; dann allerdings würden sie nicht genau das besagen, was sie im alltäglichen Leben bedeuten, sondern etwas anderes, das zugleich ähnlich und doch verschieden ist. Die Alte hat gesagt:

> Zu der Gestalt, die ihnen angeboren,
> Kehrn sie zurück, wenn sie mit Blitzesschnelle
> Die Übermüt'gen, Stolzen stürzen sahn,
> Und wenn die Demut zitternd aus dem Staub
> Empor sich hob, gestützt von mächt'ger Hand.

Nehmen wir nun diese Worte im allegorischen Sinne, so würde der Spruch bedeuten, daß wir unsere Menschengestalt wiedergewinnen, wenn wir sehen, daß die, welche gestern noch oben auf Fortunas Rad thronten, nun heruntergestürzt sind in Elend und Unglück und von denen, die sie zuvor am höchsten schätzten, verachtet werden. Außerdem müßten wir gesehen haben, wie andere, die noch vor wenigen Stunden in dieser Welt nichts zu tun hatten, als die Zahl der namenlosen Massen zu vergrößern, heute hoch auf dem Gipfel des Glücks sitzen, so hoch, daß wir sie beinahe aus den Augen verlieren. Konnte man sie früher ihrer Kleinheit und Erbärmlichkeit wegen kaum bemerken, so sind sie uns jetzt unerreichbar geworden durch ihre Größe und Erhabenheit. Aber das kann nicht die Vorbedingung sein, durch die wir, wie du meinst, unsere frühere Gestalt wiedererlangen können, denn solche Dinge begegnen uns ja auf Schritt und Tritt. Die Verse der Camacha müßten demnach nicht im allegorischen, sondern im buchstäblichen Sinne aufzufassen sein. Doch auch von dieser Seite kann uns keine Rettung werden; wir haben oft genug gesehen, was die Verse besagen, und sind doch nach wie vor Hunde. Die Camacha war also nur eine elende Betrügerin, die Cañizares eine Lügnerin und die Montiela ein dummes, boshaftes und schurkisches Weib. Ich muß das aussprechen, auch wenn sie unsere Mutter sein sollte, oder vielmehr deine; denn ich lege keinen Wert darauf, eine solche Mutter zu haben. Der wahre Sinn dieser Verse bezieht sich meiner Meinung nach auf das Kegelspiel: dort werden diejenigen, die aufrecht stehen, blitzschnell umgeworfen und die Gefallenen wieder aufgerichtet, und all das von einer Hand, welche die Macht darüber hat. Nun überlege selbst, ob wir wohl im Verlauf unseres Lebens schon einmal einem Kegelspiel zugeschaut haben und ob wir durch diesen Anblick wieder zu Menschen geworden sind, sofern wir überhaupt einmal Menschen waren!

BERGANZA: Du hast recht, mein Bruder Cipion, und du bist klüger, als ich dachte. Wenn ich deine Worte recht bedenke, so muß ich wohl glauben, daß alles, was wir bisher erlebten und was wir noch erleben werden, ein Traum ist und daß wir doch Hunde sind. Dessenungeachtet wollen wir aber die Gabe der Rede, die uns zuteil wurde, und die große Auszeichnung des menschlichen Denkvermögens genießen, solange wir können. Darum laß dich's nicht verdrießen und höre, wie es mir bei den Zigeunern erging, die mich in der Höhle verborgen hatten.

CIPION: Gern will ich dir zuhören, denn ich möchte ja, daß auch du mir deine Aufmerksamkeit schenkst, wenn ich dir einmal, so Gott will, die Geschichte meines Lebens erzähle.

BERGANZA: Während der Zeit, die ich bei den Zigeunern verbrachte, hatte ich genügend Gelegenheit, all ihre Schurkereien, Gaukeleien, Betrügereien und Diebsstückchen kennenzulernen, in denen sich dort Männer und Frauen üben, kaum daß sie den Windeln entwachsen sind und ihre ersten Schritte tun. Bedenke nur einmal, was für eine Unzahl von ihnen über ganz Spanien verstreut ist! Aber alle kennen sie einander und stehen miteinander in Verbindung; was der eine gestohlen hat, das übernimmt der andere und verkauft es weiter und umgekehrt. Strikteren Gehorsam noch als dem König leisten sie einem der Ihren, den sie den »Grafen« nennen und der mit all seinen Nachfolgern den Namen Maldonado führt. Er stammt aber nicht etwa von jenem vornehmen Geschlecht ab, sondern die Sache hängt so zusammen: ein Edelknabe eines Ritters dieses Namens hatte sich einmal in eine Zigeunerin verliebt; sie wollte ihm jedoch ihre Liebe nur unter der Bedingung schenken, daß er selbst ein Zigeuner würde und sie zur Frau nähme. Der Edelknabe tat, was sie wünschte, und stand bei den übrigen Zigeunern bald in so hohem Ansehen, daß sie ihn zu ihrem Herrn erwählten und ihm Gehorsam leisteten. Zum Zeichen ihrer Unterwürfigkeit liefern sie dem »Grafen« von jeder bedeutenderen Diebsbeute einen Teil ab. Um ihre Faulheit zu bemänteln, befassen sich die Zigeuner damit, Gegenstände aus Eisen herzustellen, und verschaffen sich auf diese Weise auch gleich die besten Diebswerkzeuge. So wirst du stets sehen, daß sie durch die Straßen ziehen und Zangen, Bohrer und Hämmer feilbieten; die Weiber aber verkaufen eiserne Dreifüße und Feuerschaufeln. Sie verstehen auch alle etwas von der Hebammenkunst und haben dadurch unseren Frauen viel voraus, denn sie bringen ihre Kinder ohne alle Umstände und Kosten zur Welt und baden sie sofort nach der Geburt in kaltem Wasser. Vom ersten bis zum letzten Tage härten sie sich ab und beweisen, daß sie alle Unbilden der Witterung ertragen können. Du kannst auch bemerken, daß sie alle beherzte Leute sind, die ganz vortrefflich springen, laufen und tanzen können. Sie heiraten stets nur untereinander, damit ihre üblen Gewohnheiten nicht anderswo bekannt werden. Die Weiber halten sehr zu ihren Männern, und es kommt kaum einmal vor, daß eine ihren Mann mit einem anderen betrügt, der nicht aus ihrem Volke ist. Wenn sie um Almosen betteln, ziehen sie den Leuten mit ihren seltsamen Einfällen und Narrenspossen mehr Geld aus der Tasche als mit Bitten. Unter dem Vorwand, daß ihnen doch niemand traut, nehmen sie keinen Dienst an und führen ein Faulenzerleben. Ich bin zwar schon oft in einer Kirche gewesen, aber soviel ich mich erinnere, habe ich nur selten oder nie vor dem Altare eine Zigeunerin gesehen, die das Abendmahl genommen hätte. Ihr ganzes Sinnen und Trachten ist darauf gerichtet, wie und wo sie am besten stehlen und betrügen können. Sie erzählen sich gegenseitig auch von ihren Diebstählen und teilen einander mit, wie sie dabei zu Werke gegangen sind. So berichtete eines Tages in meiner Gegenwart ein Zigeuner seinem Gefährten, wie er einen Bauern betrogen und bestohlen hatte. Der Zigeuner besaß nämlich einen Esel ohne Schwanz, dem er an dem haarlosen Schwanzstummel einen künstlichen Schwanz befestigt hatte, welcher ganz natürlich wirkte. Er brachte das Tier auf den Markt, und ein Bauer kaufte es für zehn Dukaten. Als er den Esel verkauft und das Geld in der Tasche hatte, fragte er den Bauern, ob er Lust habe, noch einen anderen Esel zu kaufen; es sei ein Bruder von dem da und genauso gut, er wolle ihn aber noch billiger hergeben. Der Bauer meinte, er solle das Tier nur bringen, er wolle es schon nehmen; inzwischen wolle er den gekauften Esel in seine Herberge treiben. Damit ging der Bauer davon, und der Zigeuner folgte ihm. Wie er es anfing, weiß ich nicht, jedenfalls gelang es ihm, dem Bauern den Esel, den er ihm verkauft hatte, wieder zu stehlen. Schnell nahm er dem Tier den falschen Schwanz ab, so daß nur der haarlose Stummel blieb, legte ihm einen anderen Packsattel und ein anderes Halfter an und hatte die Frechheit, den Bauern aufzusuchen, um ihm den Esel noch einmal aufzuhängen. Der hatte noch gar nicht bemerkt, daß der erste Esel verschwunden war, und nach kurzem Handeln kaufte er den zweiten. Als er sich aber in seine Herberge begab, um ihn zu bezahlen, vermißte dort ein Esel den anderen. Obgleich er nicht zu den Schlausten gehörte, faßte er doch Verdacht gegen den Zigeuner und weigerte sich zu bezahlen. Der Zigeuner wollte nun Zeugen herbeiholen und schaffte die Männer zur Stelle, welche die Verkaufssteuer für den ersten Esel erhoben hatten. Die beschworen, daß der Zigeuner dem Bauern einen Esel mit einem langen Schwanz verkauft habe und daß das erste Tier auch sonst ganz anders ausgesehen habe als das zweite, das er jetzt zum Verkauf bot. Ein Polizeidiener, der bei dem Streit zugegen war, ergriff so energisch die Partei des Zigeuners, daß der Bauer doch tatsächlich den Esel zweimal bezahlen mußte.

Die Zigeuner erzählten noch mehr solcher Gaunerstückchen; in den meisten Fällen handelte es sich um Viehdiebstähle, denn darin sind sie Meister und kommen nie aus der Übung. Kurz und gut, es ist ein schlimmes Gesindel, und obgleich schon viele kluge Richter sich bemüht haben, ihrem Unwesen zu steuern, haben sie doch noch nichts erreichen können.

Nach drei Wochen etwa wollten sie mich nach Murcia mitnehmen. Wir kamen durch Granada, wo sich bereits der Hauptmann befand, unter dem mein früherer Herr als Trommler diente. Als die Zigeuner das erfuhren, sperrten sie mich in ihrer Herberge in ein Zimmer ein. Ich hörte, wie sie über den Grund dieser Maßnahme miteinander redeten, und da ich ohnehin keine Lust verspürte, mit ihnen weiterzureisen, beschloß ich, mich davonzumachen. Es gelang mir auch, zu entkommen. Als ich die Stadt Granada verließ, traf ich in einem Garten einen sogenannten Morisken, einen getauften Mauren, der mich freudig aufnahm. Ich blieb nur zu gern bei ihm, denn wie mir schien, wollte er mich nur haben, damit ich seinen Garten bewache, und dieses Amt war viel leichter als der Hüteposten bei der Schafherde. Da wir über die Höhe des Lohns nicht erst einig zu werden brauchten, hatte der Moriske schnell einen Diener gefunden und ich einen Herrn, dem ich gern gehorchen wollte. Mehr als einen Monat blieb ich bei ihm; doch nicht etwa, weil mir dieses Dasein besonders gut gefallen hätte, sondern weil ich seine Lebensweise und damit die aller Morisken in Spanien einmal kennenlernen wollte. Ach, mein Freund Cipion, was könnte ich dir alles erzählen von diesem Morisken-gesindel, wenn ich nicht fürchten müßte, daß ich selbst in vierzehn Tagen noch kein Ende damit finden würde! Wollte ich aber erst ins einzelne gehen, dann wäre ich bestimmt in zwei Monaten noch nicht fertig. Einiges davon muß ich aber doch berichten, und so sollst du denn in großen Zügen hören, was ich bei dieser saube-ren Gesellschaft alles sah und bemerkte. Es wäre schon ein Wunder, wenn man unter ihnen einen fände, der wirklich an die heilige christliche Religion glaubt. All ihr Bestreben ist darauf gerichtet, Schätze zu sammeln und anzuhäufen, und um dieses Zieles willen arbeiten sie unermüdlich und gönnen sich kaum einen Bissen. Gerät ihnen ein Geldstück in die Hände, dann verur-teilen sie es zu lebenslänglichem Gefängnis und ewiger Finsternis — oder es müßte schon eine ganz kleine Münze sein. Und da sie immer nur Geld einnehmen und nichts ausgeben, sammeln sich bei ihnen allmäh-lich die größten Vermögen an, die es in Spanien gibt. Sie sind der Spartopf, die Motten, die Elstern und die Wiesel dieses Landes: an alles kommen sie heran, alles verstecken sie, und alles schlingen sie hinunter. Man soll nur einmal recht bedenken, wie viele ihrer sind und daß sie täglich eine größere oder kleinere Summe ein-nehmen und in ihre Truhen legen! Ein schleichendes Fieber macht dem Leben aber ebensogut ein Ende wie ein hitziges Scharlachfieber, und da ihrer immer mehr werden, wird auch die Zahl der Sparer immer größer. Sie wächst und wächst ins Ungemessene, wie die Er-fahrung gelehrt hat. Bei ihnen gibt es kein Keuschheits-gelübde, und weder Männer noch Frauen treten in ein Kloster ein. Alle heiraten und vermehren sich, und ihre nüchterne Lebensweise erhöht noch ihre Fruchtbarkeit. Der Krieg verschlingt sie nicht, und keine übermäßige Arbeit reibt ihre Kräfte auf. In aller Ruhe rauben sie uns aus, und an den Früchten unseres Landes, die sie uns wiederverkaufen, werden sie reich. Diener halten sie nicht, weil sie alles selbst besorgen. Sie geben keinen Heller für die Ausbildung ihrer Kinder aus, denn ihre ganze Wissenschaft gipfelt darin, wie sie uns ausplündern können. Ich habe einmal gehört, daß aus den zwölf Söhnen Jakobs, die nach Ägypten zogen, sechshunderttausend Männer geworden waren, die Frauen und Kinder nicht mitgerechnet, als Moses sie wieder aus der Gefangenschaft zurückführte. Daraus kann man vielleicht schließen, zu welch unübersehbarer Menge das Moriskenvolk anschwellen muß, wo ihrer doch so unvergleichlich viel mehr sind.

CIPION: Gegen all die Übel, die du hier in großen Zügen dargelegt und angedeutet hast, hat man schon Maßnahmen gefunden. Ich weiß jedoch, daß diejenigen, die du verschweigst, noch größer und zahlreicher sind, und für sie kennt man noch keine Gegenmittel. Aber unser Staat hat gute Wächter; die werden schon bedenken, daß Spanien so viele Nattern an seinem Busen nährt, wie es Morisken beherbergt, und werden mit Gottes Hilfe gute, wirksame und schnelle Abhilfe schaffen können. Und nun fahr fort!

BERGANZA: Da mein Herr knauserig war wie alle seines Volkes, setzte er mir nur Maisbrot und ein paar Reste von dem Hirsebrei vor, der seine gewöhnliche Nahrung bildete. Der Himmel aber half mir mein Elend tragen, und zwar auf recht seltsame Weise, wie du sogleich hören wirst. Jeden Morgen nämlich kam gleich nach Tagesanbruch ein junger Mann und ließ sich am Fuße eines der vielen Granatbäume, die in dem Garten standen, nieder. Er sah aus wie ein Student und trug einen Flanellanzug, der nicht mehr schwarz, sondern fast grau erschien und dessen Haare abgewetzt waren, so daß man meinen konnte, er wäre geschoren. Der junge Mann schrieb die ganze Zeit über in einem Heft; ab und zu schlug er sich mit der flachen Hand vor die Stirn, biß sich auf die Nägel und blickte zum Himmel empor; dann wieder war er tief in seine Gedanken versunken und schien so verzückt, daß er kein Glied rührte und nicht einmal mit den Wimpern zuckte. Als ich einmal ganz nahe an ihn herankam, ohne daß er es gewahr wurde, hörte ich ihn leise etwas vor sich hinmurmeln. Nach einer ganzen Weile stieß er endlich einen tiefen Seufzer aus und rief: »Beim Himmel, das ist die beste Stanze, die ich in meinem ganzen Leben ersonnen habe!« Und wieder kritzelte er eilig mit allen Zeichen höchster Zufriedenheit etwas in sein Heft. Aus alledem entnahm ich, daß der Unglückliche wohl ein Dichter sein müßte. Ich begann nun, ihn auf meine gewöhnliche Art zu umschmeicheln, um ihn von meiner Zahmheit und Sanftmut zu überzeugen. Dann legte ich mich zu seinen Füßen nieder, und er nahm ganz beruhigt seine Tätigkeit wieder auf. Von neuem versank er in Grübeleien, kratzte sich den Kopf, geriet in Verzückung und schrieb nieder, was ihm eingefallen war. Wie wir so dasaßen, betrat ein anderer junger Herr den Garten. Er war schmuck und fein gekleidet und hielt einige Papierblätter in der Hand, in denen er von Zeit zu Zeit las. Als er bei uns angekommen war, fragte er den anderen: »Nun, seid Ihr mit dem ersten Akt fertig?« — »Gerade schreibe ich die letzten Zeilen«, versetzte der Dichter. »Es ist das Herrlichste, was man sich nur vorstellen kann.« — »Und wie ist der letzte Auftritt?« fragte der zweite. »Folgendermaßen«, sagte der Dichter. »Auf der Bühne erscheint Seine Heiligkeit der Papst in vollem Ornat mit zwölf Kardinälen in violetten Gewändern. Die Handlung meines Stücks fällt nämlich in die Zeit der sogenannten ›mutatio caparum‹, in der die Kardinäle nicht Rot, sondern Violett trugen. Um die Echtheit zu wahren, ist es daher unbedingt erforderlich, daß meine Kardinäle in violetten Gewändern auftreten. Das ist ein für mein Stück äußerst wichtiger Punkt! Manch einer hätte ihn bestimmt außer acht gelassen, und auf diese Weise kommt es dann zu Ungereimtheiten und Widersprüchen. Aber es ist ganz ausgeschlossen, daß ich in dieser Hinsicht fehlgehe, denn ich habe das ganze römische Zeremoniell studiert, nur um die Frage der Gewänder zu klären.« — »Aber«, meinte der andere, »woher in aller Welt soll mein Direktor violette Gewänder für zwölf Kardinäle hernehmen?« — »Also, wenn er mir nur einen einzigen streichen will«, empörte sich der Dichter, »dann kommt es gar nicht in Frage, daß er mein Stück aufführt! Wie kann man eine so großartige Wirkung verpfuschen wollen! Stellt Euch doch einmal vor, wie sich das ausnehmen wird, wenn auf der Bühne das Haupt der Christenheit, zwölf würdige Kardinäle und all die Begleitpersonen versammelt sind, die sie notwendigerweise bei sich haben müssen! Beim allmächtigen Gott, das wird eins der größten und erhabensten Schauspiele sein, die man je im Theater gesehen hat; selbst ›Darajas Blumenstrauß‹ kann da nicht mit!« Jetzt wußte ich ganz sicher, daß der eine der jungen Herren ein Dichter sein mußte, der andere aber ein Schauspieler. Der letztere riet nun dem Dichter, doch ein paar von den Kardinälen zu streichen, wenn er es dem Direktor nicht unmöglich machen wollte, sein Stück aufzuführen, jener aber erwiderte, man solle ihm dankbar sein, daß er nicht auch noch das ganze Konklave mit auf die Bühne gebracht habe; denn dieses sei bei dem denkwürdigen Ereignis, das er den Menschen mit seinem wohlgelungenen Stück in Erinnerung bringen wolle, gerade versammelt gewesen. Der Schauspieler lachte hierüber, überließ den anderen seiner Beschäftigung und ging wieder an die seine — er hatte nämlich noch eine Rolle aus einem neuen Stück auswendig zu lernen. Nachdem der Dichter noch ein paar Verse aus seinem großartigen Schauspiel niedergeschrieben hatte, zog er langsam und bedächtig einige Stücke Brot aus seiner Tasche und dazu etwa zwanzig getrocknete Weinbeeren. Ich habe sie ihm, glaube ich, nachgezählt, doch ich bin noch im Zweifel, ob es wirklich so viele waren, da sich ein paar Brotkrumen daruntergemengt hatten. Sorgfältig blies er die Krumen fort und aß dann die Beeren eine nach der anderen auf — offenbar mitsamt den Stielen, denn ich sah ihn nichts wegwerfen. Dazu versuchte er, das Brot hinunterzuwürgen, das von dem Futter seiner Tasche ganz dunkel geworden war und etwas schimmelig aussah. Die Stücke waren so hart, daß er sie beim besten Willen nicht beißen konnte, obgleich er sie immer wieder im Munde herumdrehte, um sie aufzuweichen. Das aber war mein Vorteil, denn er warf mir das Brot hin und sagte: »Da, komm! Nimm und laß dir's schmecken!« — »Mal sehen, was für Nektar und Ambrosia mir der Dichter da reicht!«, sagte ich zu mir selbst. »Man behauptet ja, das wäre die Speise, welche die Götter und auch sein Apoll im Himmel vorgesetzt bekommen.« So groß aber auch das Elend der Dichter ist, meine Not war noch größer; denn sie zwang mich, das zu fressen, was selbst er verschmähte. Solange er an seinem Stücke schrieb, kam er täglich in den Garten, und mir fehlte es nie an Brot, da er stets freigebig mit mir teilte. Wenn wir gegessen hatten, wanderten wir zusammen zu einem Brunnen, wo wir unseren Durst löschten wie die Fürsten. Ich legte mich dazu auf den Bauch, während er sich eines Brunneneimers bediente. Eines Tages aber blieb mein Dichter aus, und nun begann mich der Hunger zu quälen. Es wurde so schlimm, daß ich mich entschließen mußte, den Morisken zu verlassen und in die Stadt zu gehen, um dort mein Heil zu versuchen, das man ja auch zuweilen findet, wenn man sich auf die Wanderschaft begibt. Kaum war ich zum Stadttor hereingekommen, als ich auch schon meinen Dichter aus der Tür des berühmten Klosters des heiligen Hieronymus treten sah. Als er mich erblickte, kam er mit ausgebreiteten Armen auf mich zu, und ich sprang herbei und bezeugte ihm aufs lebhafteste meine Freude darüber, daß ich ihn gefunden hatte. Sofort zog er ein paar Stücke Brot aus seiner Tasche, die viel weicher waren als diejenigen, die er in den Garten mitzubringen pflegte. Auch biß er diesmal nicht erst selbst hinein, bevor er sie meinen Zähnen überlieferte, so daß ich auf die angenehmste Art meinen Hunger stillen konnte. Die weichen Brocken und die Tatsache, daß ich meinen Dichter aus der Tür des Klosters hatte kommen sehen, legten mir den Verdacht nahe, daß er wie so viele andere seiner Muse nur verschämt und im geheimen huldigte. Er machte sich nun auf den Weg ins Stadtinnere, und ich folgte ihm mit dem festen Entschluß, ihn zu meinem Herrn zu erwählen, wenn er mich nehmen wollte; denn ich meinte, was aus seinem Schlosse abfiele, könnte mich in meiner Hütte immer noch erhalten. Kein Beutel nämlich ist größer und voller als der der Barmherzigkeit. Freigebige Hände sind niemals arm, und ich bin durchaus nicht einverstanden mit dem Sprichwort, das da sagt: »Der Hartherzige gibt mehr als der Nackte.« Als ob der Hartherzige und Geizige jemals etwas abgeben würde! Der Arme dagegen schenkt wenigstens seinen guten Willen, wenn er auch sonst nichts übrig hat. Schließlich gelangten wir zu dem Haus eines Schauspieldirektors, der, wenn ich mich recht entsinne, Angulo der Böse hieß, zum Unterschied von einem anderen Angulo, der nicht Schauspieldirektor, sondern Schauspieler war, und zwar einer der begabtesten, welchen die Bühne damals besaß und noch heute besitzt. Hier versammelte sich die ganze Truppe, um das Stück des Dichters, den ich mir zum Herrn erwählt hatte, anzuhören. Er hatte den ersten Akt etwa zur Hälfte gelesen, als die Schauspieler einer nach dem anderen, zuerst einzeln, dann zu zweit den Raum verließen, bis nur noch der Direktor und ich als einzige Zuhörer übrigblieben. Ich bin nun zwar in allem, was die Poesie betrifft, ein rechter Esel, aber soviel verstand ich doch, daß dieses Stück wohl der Teufel selbst gedichtet haben mußte, um den Dichter vollends um Ehre und Reputation zu bringen. Der würgte und schluckte, als er sah, wie sein Auditorium ihn verlassen hatte, und es sollte mich nicht wundern, wenn er nicht im tiefsten Herzen von einer Ahnung beschlichen wurde, welches Unheil ihm drohte. Plötzlich waren nämlich die Schauspieler — es waren ihrer mehr als ein Dutzend — wieder da und fielen ohne ein Wort über den armen Dichter her, und wenn sich nicht der Direktor mit Bitten und Drohen und seiner ganzen Autorität ins Mittel gelegt hätte, so hätten sie ihn sicherlich geprellt. Ich war wie vom Donner gerührt, der Direktor war ärgerlich, die Schauspieler vergnügt und der Dichter innerlich aufgebracht. Doch beherrschte er sich, so gut er konnte, ergriff mit etwas verzerrtem Gesicht sein Stück, steckte es wieder zu sich und murmelte dabei halblaut vor sich hin: »Man soll eben seine Perlen nicht vor die Säue werfen!« Damit verließ er ruhigen Schrittes das Zimmer. Ich fühlte mich so beschämt, daß ich ihm nicht folgen mochte, und ich tat recht daran: denn der Direktor streichelte und liebkoste mich so freundlich, daß ich mich verpflichtet fühlte, bei ihm zu bleiben. In weniger als einem Monat war ich bereits ein ausgezeichneter Statist und trat auch häufig in den Zwischenspielen auf. Man legte mir einen Beißkorb aus Tuchenden an und lehrte mich, auf der Bühne die Leute anzufallen, wie es das Stück gerade erforderte. Während die Zwischenstücke sonst zumeist mit einer großen Prügelei endeten, pflegten jetzt die Schauspieler der Truppe mich zum Schluß immer auf ihre Gegner zu hetzen, worauf ich alle umwarf, was ein großes Gelächter bei den Dummköpfen im Zuschauerraum hervorrief, während dem Direktor das Geld nur so in die Kasse floß. Ach, Cipion, wenn ich dir doch erzählen könnte, was ich alles sah und kennenlernte bei dieser und den zwei anderen Komödiantentruppen, mit denen ich durch die Lande zog! Doch es ist nicht möglich, diese Erlebnisse in einen kurzen, gedrängten Bericht zusammenzufassen, und so muß ich alles auf ein andermal verschieben, sofern wir noch einmal Gelegenheit finden sollten, uns zu unterhalten. Siehst du nun, wie lang meine Erzählung geworden ist? Hast du gehört, wie viele und mannigfaltige Abenteuer ich bestanden habe? Bedenkst du auch, wie viele Wege ich gegangen bin und wie viele Herren ich gehabt habe? Aber das alles ist noch nichts, verglichen mit dem, was ich dir von den Schauspielern berichten könnte. Mit eigenen Augen habe ich diese Leute beobachtet und weiß nun Bescheid über sie. Ich könnte dir erzählen von ihrem Betragen, ihrer Lebensart, ihren Gebräuchen, ihren Übungsstunden, ihrer Arbeit und ihrem Müßiggang, ihrer Dummheit und ihrer Gerissenheit und tausend anderen Dingen mehr. Manches davon sollte man sich lieber nur ins Ohr flüstern, anderes wieder sollte man in aller Öffentlichkeit verkünden; alles zusammen aber ist wert, daß man sich daran erinnert und all den Leuten damit die Augen öffnet, welche solch erdachte Gestalten und solch künstliche, vergängliche Schönheit vergöttern.

CIPION: Ich merke schon, Berganza, daß sich dir da ein weites Feld auftut, um deine Rede in die Länge zu ziehen, aber ich meine auch, du solltest das lieber für eine andere Gelegenheit aufsparen, wo du alles in Ruhe berichten kannst.

BERGANZA: Ja, so wollen wir es halten und nun hör weiter! Eines Tages kam ich mit einer Schauspielertruppe hierher nach Valladolid. Bei einer Aufführung wurde ich so schwer verwundet, daß ich beinahe mein Leben einbüßte. Ich konnte mich damals nicht sofort rächen, da ich einen Maulkorb trug, und später, bei kühler Überlegung, mochte ich es nicht mehr tun; denn Rache mit Vorbedacht zeugt von Grausamkeit und niedriger Gesinnung. Doch war mir der Schauspielerberuf verleidet, nicht weil er mir etwa zuviel Mühe brachte, sondern weil ich hier Dinge erleben mußte, die zugleich Abhilfe und Bestrafung erforderten. Da ich das aber alles wohl empfinden, jedoch nicht ändern konnte, beschloß ich, meine Augen davon abzuwenden und mich der Frömmigkeit zu ergeben, so wie es die Leute machen, die ihren Lastern entsagen, wenn sie sie nicht mehr ausüben können; — aber man sagt ja immer: besser spät als nie! Eines Nachts nun sah ich dich mit deiner Laterne neben dem guten Bruder Mahudes dahintraben und bedachte, was für eine schöne, befriedigende und fromme Beschäftigung du doch hättest. Voller Neid wünschte ich, es dir gleich zu tun, und lief mit dieser lobenswerten Absicht immer vor dem Bruder Mahudes her, der mich auch gleich zu deinem Gefährten erkor und mich hierher ins Hospital mitnahm. Wenn ich nun noch erzählen wollte, was ich in diesem Hause erlebt habe, so würde auch das allerhand Zeit erfordern. Vor allem aber will ich dir von einem Gespräch berichten, das ich einst belauschte und das vier Kranke miteinander führten, welche widrige Schicksale und Not in dieses Spital gebracht hatten, wo sie nun in vier nebeneinanderstehenden Betten lagen. Verzeih mir, die Geschichte ist kurz und duldet keinen Aufschub, denn sie paßt vortrefflich hierher.

CIPION: Ja, ich verzeihe es gern. Doch sieh, daß du bald zum Schluß kommst, denn mir scheint, der Morgen kann nicht mehr weit sein.

BERGANZA: Diese Leute lagen in den vier Betten, die dort hinten ganz am Ende des Krankensaals stehen. Der eine war ein Alchimist, der zweite ein Dichter, der dritte ein Mathematiker und der vierte einer von denen, die man Projektenmacher nennt.

CIPION: Ja, ich erinnere mich jetzt auch, die vier gesehen zu haben.

BERGANZA: Es war an einem Nachmittag des vergangenen Sommers zur Stunde der Mittagsruhe. Die Fensterläden waren geschlossen, und ich lag unter einem jener Betten, um ein wenig die Kühle zu genießen.

Plötzlich begann der Dichter laut und kläglich zu jammern, und als der Mathematiker ihn fragte, was ihm denn solchen Kummer bereite, erwiderte er, sein Mißgeschick sei es. »Und habe ich vielleicht nicht allen Grund, mich zu beklagen?« fuhr er fort. »Ich habe genau die Vorschriften des Horaz aus seiner ›Poetik‹ beachtet, daß man ein Werk nicht veröffentlichen soll, bevor zehn Jahre herum sind, seitdem man den letzten Federstrich daran getan hat. Seit zwölf Jahren habe ich nun ein Werk fertig daliegen, an dem ich zwanzig Jahre gearbeitet habe. Der Gegenstand ist einfach großartig, die Ideen neu und bewunderungswürdig, das Versmaß edel, die Episoden unterhaltend und die Einteilung musterhaft; denn der Anfang entspricht der Mitte und dem Schluß, so daß das Ganze ein wirklich erhabenes, abgerundetes, heroisches, ergötzliches und gehaltvolles Dichtwerk darstellt. Und trotzdem finde ich keinen Fürsten, dem ich es widmen könnte! Einen Kenner, meine ich, der freigebig und großzügig zugleich ist. O elendes Zeitalter! O verkommenes Jahrhundert!« — »Wovon handelt das Buch denn?« fragte der Alchimist. »Es handelt«, erwiderte der Dichter, »von den Dingen, welche der Erzbischof Turpin über die Taten des König Artus von England zu berichten unterlassen hat, und enthält außerdem noch einen weiteren Zusatz zur Geschichte der Aufsuchung des heiligen Gral. Alles ist in heroischen Rhythmen gehalten, und zwar teils in Oktaven, teils in freien Versen; und jeder Vers schließt mit einem Daktylus, oder richtiger gesagt, mit einem daktylischen Substantiv, denn Verben sind nirgends aufgenommen.« — »Ich verstehe nur wenig von der Dichtkunst«, erwiderte der Alchimist, »und deshalb kann ich das Unglück, über das Ihr Euch so bitter beklagt, wohl nicht ganz würdigen. Aber selbst wenn es noch größer wäre, käme es dem meinen doch nicht gleich. Stellt Euch vor: nur weil mir die nötigen Hilfsmittel fehlen und weil kein Fürst mich unterstützt

und mir alles verschafft, was die Wissenschaft der Al-
chimie erfordert, schwimme ich heute nicht in Gold und
bin reicher als Midas, Krösus und Crassus zusammen.« — »Herr Alchimist«, fiel hier der Mathematiker
ein, »habt Ihr vielleicht gar entdeckt, wie man aus un-
edlen Metallen Silber machen kann?« — »Nein«, erwiderte der Gefragte, »Silber habe ich bisher noch nicht
gemacht, aber ich weiß wohl, daß es möglich ist. Nur
zwei Monate fehlen mir noch, um den Stein der Weisen
fertigzustellen, mit dessen Hilfe man selbst Steine in
Gold und Silber verwandeln kann.« — »Mir scheint,
Ihr habt alle beide Euer Unglück übertrieben«, meinte
jetzt der Mathematiker. »Der eine hat immerhin ein
Buch zu widmen, und der andere wird demnächst den
Stein der Weisen herstellen. Was soll ich aber zu meinem Unglück sagen? Es ist so einzigartig, daß es sich
mit nichts vergleichen läßt! Zweiundzwanzig Jahre
schon jage ich hinter dem festen Punkt her: ich wende
mich hierhin und dorthin, und wenn ich schon meine,
nun habe ich ihn so sicher, daß er mir nicht mehr ent-
schlüpfen kann, befinde ich mich unversehens wieder
so weit von ihm entfernt, daß es kaum zu fassen ist.
Und ebenso geht es mir mit der Quadratur des Kreises;
bin ich ihr doch schon so nahegekommen, daß ich gar
nicht verstehen kann, warum ich sie nicht schon sicher in
der Tasche habe. So leide ich die wahren Tantalusqua-
len: ich verhungere, während mir die schönsten Früchte
greifbar vor dem Munde hängen, und im Anblick des
Wassers verschmachte ich vor Durst. Für Augenblicke
glaube ich die Wahrheit entdeckt zu haben, und ein
paar Minuten später bin ich wieder meilenweit von
ihr entfernt und muß den Berg, den ich soeben hinab-
gestürzt bin, mühsam wieder hinaufsteigen, auf dem
Nacken den Felsblock meiner Arbeit — ein neuer Sisy-
phus.« Bis zu diesem Augenblick hatte der Projektenmacher Stillschweigen bewahrt, jetzt aber unterbrach
er den anderen und sagte: »Da hat die Armut einmal

hier im Spital vier Leute zusammengebracht, die soviel Grund haben zu klagen, als hätten sie sich über den Großtürken zu beschweren! Verflucht seien all die Berufe und Beschäftigungen, die ihren Mann nicht erhalten und ernähren! Ich, meine Herren, bin ein Projektenmacher und habe Seiner Majestät schon häufig die verschiedensten Pläne vorgelegt, die sämtlich zum Nutzen des Königs ausschlagen mußten und dem Reiche keinen Schaden zugefügt hätten. Jetzt habe ich eine Denkschrift ausgearbeitet, in der ich Seine Majestät bitte, mir eine Person zu bezeichnen, der ich ein neues Projekt unterbreiten kann, mit dessen Durchführung alle Geldsorgen des Königs mit einem Schlage behoben wären. Aber nach dem Erfolg meiner früheren Denkschriften zu urteilen, muß ich wohl annehmen, daß auch diese in den Winkel geworfen wird. Damit Ihr mich jedoch nicht für einen Dummkopf haltet, will ich Euch meinen Plan beschreiben, auch wenn ich ihn damit verrate. Man soll von der Ständeversammlung fordern, daß sämtliche Untertanen Seiner Majestät zwischen vierzehn und sechzig Jahren verpflichtet werden, einen Tag im Monat bei Wasser und Brot zu fasten, und zwar an einem bestimmten, besonders zu bezeichnenden Tag. Die Summe jedoch, die man an diesem Tage sonst für andere Nahrungsmittel, wie Obst, Fleisch, Fisch, Wein, Eier oder Gemüse, ausgegeben hätte, soll man in bar Seiner Majestät dem König abliefern, und jedermann soll eidlich verpflichtet werden, keinen Heller dabei zu unterschlagen. Auf diese Weise wird der Staat in zwanzig Jahren alle seine Schulden abgestoßen haben. Wenn man nämlich, wie ich es getan habe, einmal nachrechnet, so wird man zu dem Schluß kommen, daß in Spanien über drei Millionen Menschen leben dürften, abgesehen von den Kranken und denen, die älter oder jünger sind, und daß vermutlich jeder dieser Menschen wenigstens anderthalb Realen täglich für sein Essen ausgibt. Ich will nun sogar die Mindestgrenze auf einen Real setzen — weniger kann der einzelne nicht ausgeben, selbst wenn er Heu fräße. Glaubt Ihr vielleicht, es wäre ein Dreck, wenn plötzlich Monat für Monat wie durch ein Wunder drei Millionen Realen einkämen? Und den Zahlern selbst würde zudem auch mehr Vorteil als Nachteil erwachsen, denn mit ihrem Fasttag wären sie dem Himmel wohlgefällig und erwiesen ihrem König einen Dienst — ganz abgesehen davon, daß bei manch einem das Fasten auch seiner Gesundheit recht zuträglich wäre. Das ist mit wenigen Worten, kurz und schlicht, mein Projekt. Man könnte die Gelder nach Kirchspielen eintreiben und brauchte keine besonderen Kommissare dafür anzustellen, die den Staat doch nur zugrunde richten.« Alle lachten über das Projekt und den Projektenmacher, und auch er selbst lachte über seine Ungereimtheiten; ich aber war überrascht von dem, was ich soeben gehört hatte, und bedachte, wie schade es doch ist, daß solche Geister zumeist in einem Spital enden.

CIPION: Da hast du recht, Berganza. Nun überlege, ob du noch etwas zu sagen hast.

BERGANZA: Ja, noch zweierlei habe ich zu sagen, dann will ich meine Rede beschließen, denn mir scheint, der Tag bricht schon an. Eines Abends nämlich war ich mit meinem Herrn unterwegs, um Almosen einzusammeln. Bei dieser Gelegenheit kamen wir auch in das Haus des Stadtrichters, der ja ein sehr vornehmer und frommer Edelmann ist. Wir trafen ihn allein an, und dieser Umstand schien mir günstig, um diesem Herrn einmal gewisse Hinweise zu geben, die ich vor kurzem aus dem Munde eines alten Kranken hier im Hospital gehört hatte. Es handelte sich um die Notwendigkeit, dem unsittlichen Treiben der liederlichen Dirnen Einhalt zu tun, die, weil sie keinen Dienst annehmen wollen, sich allen Lastern ergeben, und zwar so gründlich, daß jeden Sommer die Spitäler voll sind von den Unglücklichen, die ihnen ins Netz gingen – eine unerträgliche Plage, die nach schneller und wirksamer Abhilfe verlangt! Darüber also wollte ich mit dem Stadtrichter sprechen, und in der falschen Annahme, ich könne reden, erhob ich meine Stimme. Doch anstatt vernünftiger Sätze kam aus meinem Maul ein solch schrilles und rasendes Gebell, daß der Stadtrichter wütend wurde und seinen Diener herbeirief, damit er mich mit Schlägen aus dem Hause treibe. Ein Lakai stürzte denn auch auf das Rufen seines Herrn ins Zimmer. Oh, wenn der Kerl doch taub gewesen wäre! Er ergriff einen großen kupfernen Wasserkessel, der gerade in der Nähe stand, und schlug ihn mir so gegen die Rippen, daß ich bis zum heutigen Tage einen Denkzettel daran habe.

CIPION: Und beklagst du dich etwa darüber, Berganza?

BERGANZA: Soll ich mich etwa nicht beklagen, wenn die Stelle mich heute noch schmerzt, wie ich dir schon sagte? Und außerdem hatte meine gute Absicht doch wohl nicht eine solche Strafe verdient.

CIPION: Siehst du, Berganza, es soll sich eben keiner in Dinge mischen, die ihn nichts angehen, und sich eine Stellung anmaßen, die ihm nicht zukommt. Auch mußt du bedenken, daß der Rat eines Armen, so gut er auch sein mag, noch nie gehört wurde. Ein Armer soll demütig sein und sich nicht vermessen, den Großen dieser Welt und denen, die alles besser zu wissen glauben, einen Rat zu erteilen. Die Weisheit des Armen ist stets wie von tiefen Schatten verhüllt; Elend und Not sind die Schatten und Wolken, die sie verdunkeln. Tritt sie aber einmal zufällig zutage, dann hält man sie für Dummheit und mißachtet sie.

BERGANZA: Du hast recht. Ich habe es am eigenen Leibe erfahren und will in Zukunft deine Worte beherzigen. Und nun höre noch meine letzte Geschichte: eines Abends kamen wir in das Haus einer vornehmen Dame, die eins dieser sogenannten Schoßhündchen im

Arm hatte, ein so winziges Tierchen, daß sie es in den Falten ihres Gewands hätte verstecken können. Wie das Würmchen mich sah, sprang es doch vom Arm seiner Herrin, begann mich wütend anzukläffen und kniff mich zum Schluß sogar ins Bein. Ich kehrte mich um, betrachtete es grimmig und geringschätzig und sagte bei mir: »Wenn ich dir auf der Straße begegnen würde, du elendes, kleines Vieh, dann würde ich dich überhaupt nicht beachten, oder ich würde dich in Stücke reißen.« Und ich bedachte, daß selbst die Kleinmütigen und Feigen frech und unverschämt werden und es wagen, Leute, die tüchtiger sind als sie, zu beleidigen, wenn sie die Gunst eines hohen Herrn genießen.

CIPION: Ein Beispiel für die Tatsache, die du da ausgesprochen hast, bieten uns gewisse Kreaturen, die sich im Schatten ihres Herrn alle möglichen Dreistigkeiten herausnehmen; wenn jedoch der Tod oder sonst ein Schicksalsschlag den Stamm fällt, an den sie sich klammern, dann kommt ihre ganze Jämmerlichkeit zum Vorschein, und jeder kann sehen, daß all ihr Wert und ihre Fähigkeiten nur in der Huld ihrer Beschützer und Gönner lagen. Ein Mann hingegen, der wirklich tüchtig und verständig ist, bleibt stets der gleiche, mag er reich oder arm sein, mag er allein stehen oder sich mit anderen vereinen. Im Munde der Leute kann sein Wert wohl schwanken, niemals aber in Wirklichkeit. Und damit wollen wir unser Gespräch beenden, denn das Licht, das durch die Ritzen da drüben hereinfällt, zeigt uns, daß die Sonne schon hoch am Himmel stehen muß. Wenn uns in der nächsten Nacht die köstliche Gabe der Rede geblieben ist, dann bin ich an der Reihe und will dir meine Lebensgeschichte erzählen.

BERGANZA: So soll es sein. Sieh du nur zu, daß du rechtzeitig zur Stelle bist.

Der Lizentiat hatte gerade die letzten Worte des »Zwiegesprächs« gelesen, als der Fähnrich aus seinem Schlummer erwachte.

»Nun«, meinte der Lizentiat, »obgleich dieses Gespräch erdacht ist und niemals stattgefunden hat, scheint es mir doch so hübsch und geistreich, daß der Herr Fähnrich ruhig eine Fortsetzung bringen sollte.«

»Wirklich?« versetzte der Fähnrich. »Auf dieses Urteil hin will ich mich aufraffen und bequemen, das zweite Gespräch niederzuschreiben. Ich will auch nicht mehr mit Euch darüber streiten, ob die Hunde nun tatsächlich gesprochen haben oder nicht.«

»Herr Fähnrich«, fiel der Lizentiat ein, »diese Frage wollen wir lieber ruhen lassen! Ich erkenne den Wert und die Bedeutung dieses ›Zwiegesprächs‹ an, und damit mag es genug sein. Und nun wollen wir noch ein wenig spazierengehen, um auch unseren leiblichen Augen etwas zu bieten, nachdem wir die Augen des Geistes erquickt haben.«

»Gehen wir«, meinte der Fähnrich.

Und sie gingen.

NACHWORT

In Heinrich Heines Einleitung zum ›Don Quijote‹ steht
der Satz: »In den Werken der Dichter muß man ihre
Geschichte suchen, und hier findet man ihre geheimsten
Bekenntnisse.« Kein anderes Leben und kein anderes
Werk als das von Miguel de Cervantes Saavedra scheinen besser dazu angetan zu sein, um diese Worte zu
illustrieren und allgemein gültig zu machen. Was der
Leser bei der Lektüre des ›Genialen Don Quijote von
der Mancha‹ immer wieder herausspüren konnte, daß
da nicht eine märchenhaft verwobene Fabel erzählt
wurde, aus Wolkenhöhe auf die Erde geholt, sondern
eine bitter wahre Geschichte sich abspielte, im Rahmen
eines genauen geographischen Milieus, diese Entdeckung
wird verstärkt noch beim Lesen der ›Beispielhaften
Novellen‹ dieser Sammlung zu machen sein. Hier wird
nicht länger wie bei Boccaccio um des reinen Vergnü-
gens am Erzählen erzählt; jede dieser Novellen öffnet
eine verborgene Tür zu irgendeinem Winkel aus dem
Leben ihres Autors Miguel de Cervantes. Diese Tatsache allein könnte freilich unser Interesse an einem
Buch nicht befriedigen, nicht einmal um den Preis,
eines der wechselvollsten Leben des *Siglo de Oro* — des
spanischen goldenen Zeitalters —, zu erfahren, das, für
sich erzählt, alle Abenteuerbücher wie verlegene Erfindungen ihrer Autoren hinstellen könnte. Weshalb die
›Beispielhaften Novellen‹ zu einem Bestandteil der
Weltliteratur wurden, so daß sie Ruhm genug für ihren

Autor hätten, auch wenn er nicht mit dem ›Don Quijote‹ in die Unsterblichkeit eingegangen wäre, das liegt außerhalb jeder individuellen Zufälligkeit.

Die gesammelten Novellen von Cervantes erscheinen 1613 in Madrid, acht Jahre nach der Publikation des ersten Teils des ›Don Quijote‹ und zwei Jahre vor der Veröffentlichung des zweiten Teils. Am 9. September des Jahres 1613 tritt Cervantes an den königlichen Buchhändler Francisco de Robles alle Rechte für seine ›Novelas ejemplares‹ ab, erhält als Gegenleistung die zweifellos bescheidene Summe von 1600 Realen und die Gabe von 24 Freiexemplaren. Francisco de Robles, der »Buchhändler des Königs, unsres Herrn«, wie ihn die Titelseite der ersten Ausgabe nennt, darf die Novellen in den nächsten zehn Jahren in Kastilien und Aragon, den beiden klassischen Landschaften der spanischen Geschichte, drucken und verbreiten. Allein bis zum Tode von Cervantes im Jahre 1616 erscheinen weitere sechs Drucke, darunter mehrere unbefugte Ausgaben; denn das Verlagsgeschäft war zu jener Zeit am einträglichsten für die Nachdrucker, die, unbeschwert von Lizenz und Gewissen, so viele Exemplare in die Welt setzten, wie sie zu verkaufen hofften.

Wir haben uns den fünfundsechzigjährigen Cervantes des Jahres 1613 etwa so vorzustellen, wie ihn das letzte Porträt wiedergibt, das wahrscheinlich auf den Sevillaner Maler und Dichter Juan de Jauregui zurückgeht. Wie er sich selbst sah, lesen wir im Vorwort zu seinen Novellen. Er ist alt geworden und arm geblieben, »erfahrener im Leid als im Lied«, wie er sich selbst im sechsten Kapitel des ›Don Quijote‹ durch den Pfarrer beschreiben läßt, als dieser zusammen mit dem Barbier die verhängnisvolle Bibliothek des närrischen Ritters inspiziert.

»Erfahrener im Leid«, weil er immer auf der Schattenseite im großen Reich Philipps II. gelebt hat, als Untertan jener Staatsmacht, die sich für die Welt ausgab und bis zum Untergang der Armada (1588) auch ein auf Waffengewalt fundiertes Recht hatte, sich dafür auszugeben. Seine Geburt fällt in das Jahr 1547, der Tag ist unbekannt, erhalten ist nur die Taufurkunde vom 9. Oktober. Miguel war das vierte Kind von Rodrigo de Cervantes und Leonor de Cortinas; geboren wurde er in dem nahe bei Madrid gelegenen Alcalá de Henares.

Nur einzelne Stufen seines Bildungsganges sind uns bekannt geworden, so der Unterricht in einem Jesuitenseminar von Sevilla (1564) und das einjährige Studium (1568–1569) bei dem humanistischen Professor López de Hoyos in Madrid. Welcher Kenntnisse sich Cervantes im einzelnen erfreute, kann nur vermutet werden. Von dauerndem Einfluß auf seine ästhetischen Ansichten waren zweifellos die Schriften des Aristoteles und auf seine moralischen die des Erasmus von Rotterdam.

Kaum zweiundzwanzigjährig, reist Cervantes 1569 als Kämmerer des italienischen Kardinals Acquaviva, der selbst nicht viel älter war als Miguel, nach Italien. In der Rückerinnerung sollten die italienischen Jahre für Cervantes nie den Glanz einer Illusion verlieren. Italien hatte auch unter der spanischen Vormachtstellung seine Bedeutung als geistiges und künstlerisches Vorbild gewahrt. In Italien erlernte man Formvollendung, eine Vollendung, die freilich oft genug im Manierismus erstarrte. Der italienische Erfahrungskreis hinterläßt im Werk des Cervantes überall inhaltliche oder stilistische Spuren. Treffsicher sind in den vorliegenden Novellen die kurzen charakteristischen Einschätzungen italienischer Städte. Neapel, »die lasterhafteste Stadt der Welt«, wie sie im ›Don Quijote‹ eingeordnet wird, bekommt in den Novellen das Primat der Schönheit zugesprochen. Tomás Rodaja, der gläserne Lizentiat, der sich gleich Cervantes nach seiner Studienzeit aufmacht, um den Weg nach Italien zu ziehen, bleibt nicht der einzige, der italienischen Boden erreicht. In der Novelle von der ›Macht des Blutes‹ ist es Rodolfo, der das Mittelmeer kreuzt, nachdem er die moralischen Spielregeln im häuslichen Toledo aufs gröbste verletzt hatte. Italienisches Milieu verbreitet auch die Novelle von den ›Beiden Mädchen‹. Ganz im italienischen Stil ist eine frühe Novelle von Cervantes gehalten, die im ›Don Quijote‹ als ›Novelle von der vorwitzigen Neugier‹ eingestreut wurde – und die, am Rande vermerkt, bereits 1630 in Deutschland durch englische Komödianten als ›Tragikomödie vom unzeitigen Fürwitz‹ Verbreitung fand.

1570 beginnt die Laufbahn des Soldaten Miguel de Cervantes. Der Weg zu den Waffen stand jedermann offen; für viele, die es zeit ihres Lebens weder in den Wissenschaften noch im Kirchendienst zu einer sichtbar erhöhten Stellung bringen konnten, war dies ein letzter Ausweg. An Kriegen war kein Mangel, in Flandern und Italien standen die Heere Philipps II. Der streitbare Katholizismus des obersten Königs griff über Grenzen und Meere, die Niederlande waren spanisch geworden, Italien wurde von Neapel aus spanisch regiert. Der neuentdeckte Kontinent jenseits des Meeres war zu einem schier unerschöpflichen Gold- und Silberreservoir geworden, aus dem mächtige Ströme in die immer leeren Staatskassen flossen. Spaniens Weltmacht stützte sich ideologisch auf den Glauben an das unantastbare katholische Dogma, als dessen irdischer Sachwalter sich Philipp II. auch nach der Niederlage der Armada noch immer fühlte.

Cervantes' kriegerischer Ruhm, der nie aufhörte, seine Gedanken zu beschäftigen, vermag doch nicht über die letzte Ursache seiner militärischen Laufbahn hinwegzutäuschen. Auch er war nur ein unvermögender Hidalgo aus der Mittelschicht des Volkes. Sein Vater, der sich mit der Heilkunde abgab und, dem Stand der medizinischen Forschung seiner Zeit angepaßt, nicht mehr als ein Quacksalber war, konnte seinem Sohn Miguel die Zukunft nicht sichern. So zieht Cervantes als Soldat durch Italien. Unter der Führung des legendären Don Juan d'Austria, dem gleichaltrigen Admiral und Helden vieler Schlachten, dem Inbegriff der spanischen Ritterlichkeit und Halbbruder Philipps II., zieht Cervantes am 7. Oktober 1571 in die Seeschlacht bei Lepanto. Kein größerer Ruhm sollte ihm zeit seines Lebens beschieden werden als dies: teilgenommen zu haben am »glorreichsten Begebnis, das die Gegenwart oder die Vergangenheit sah oder die Zukunft sehen wird.« Besiegt wurde bei Lepanto der ärgste Feind der Christenheit, die Türken, jämmerlich geschlagen von einer Mittelmeerliga, die unter spanischer Führung den Staat Venedig und den Vatikan umfaßte. Cervantes konnte für sich nicht nur den Stolz buchen, dabeigewesen zu sein, sondern er hatte, fieberkrank, wie er seit dem Vorabend der Schlacht war, selbst in das Kampfgemenge eingegriffen und seinen Mut mit der Verstümmelung der linken Hand bezahlen müssen.

Cervantes' militärische Tüchtigkeit wird von einem nie erträumten Erfolg gekrönt, der über Nacht alle Tore der Zukunft weit aufzureißen scheint. Kein geringerer als der Admiral Don Juan d'Austria schenkt ihm seine Beachtung, als er verwundet im Hospital von Messina liegt. In einem Empfehlungsschreiben an den König beglaubigt er die soldatischen Talente des Unteroffiziers Miguel de Cervantes Saavedra und schlägt seine Beförderung zum Hauptmann vor. Undenkbar, daß man mit einem besseren Einsatz am Wettlauf um ein ergiebiges Amt, um einen Posten in der Residenzstadt Madrid teilnehmen könnte. Und doch wird ihm dieses Papier zum Verhängnis, und seinen Zweck wird es in einer boshaften Umkehrung seiner ursprünglichen Absicht erreichen.

Achtundzwanzigjährig verläßt Cervantes 1575 Italien, zusammen mit seinem Bruder Rodrigo, der bis an sein

Lebensende auf einem flandrischen Schlachtfeld Soldat bleiben sollte.

In der Novelle von der ›Spanierin in England‹ gibt Ricaredo den staunenden Zuhörern einen ausführlichen Erlebnisbericht von einem Überfall durch türkische Schiffe vor der französischen Mittelmeerküste. Auch das Schiff ›El Sol‹, auf dem Cervantes zusammen mit seinem Bruder Rodrigo die Rückreise nach Spanien angetreten hatte, wird auf der Höhe der französischen Südküste die Beute islamitischer Korsaren.

Im 16. und 17. Jahrhundert waren die nordafrikanischen Küstengebiete ein Eldorado für eine Piratenorganisation dunkelster Prägung. Die Stadt Algier, Mittelpunkt und Umschlagplatz für ein geschäftliches Unternehmen im großen Stil, unterstand ebenso wie das Hinterland dem türkischen Sultan. Sogenannte Könige, Dais, Agas oder Paschas waren als Verwalter eingesetzt. Ihre Regentschaft beschränkte sich im wesentlichen auf zwei Aufgaben: Die Fangarme ihrer Raubkapitäne über das Mittelmeer zu verteilen, um Schiffe zu erbeuten und die heimgebrachten Gefangenen nach ihrem Wert zu taxieren. Gegen ein entsprechendes Lösegeld wurden sie wieder in Freiheit gesetzt.

In Algier strandeten alle Pläne und Hoffnungen von Cervantes. Eine hämische Ironie ließ es zu, daß der Gefangene Miguel de Cervantes Saavedra, kraft der Papiere des sagenhaften Don Juan d'Austria und des Vizekönigs von Sizilien, für eine Persönlichkeit gehalten wurde, die ganz Spanien vermissen würde, sobald man sie in Algier unter den Piraten wußte. Entsprechend hoch wurde das Lösegeld angesetzt. Die Hoffnung, befreit zu werden, versank ins Bodenlose.

Cervantes blieb über fünf Jahre in Algier. Keine andere Zeitspanne seines Lebens bietet dem Biographen so viel lückenloses Material wie die algerischen Jahre. Man verdankt diese Informationen einem 1616 in Valladolid erschienenen Buch des Paters Diego de Haedo,

›Topographie und Geschichte Algiers‹, das in Form eines Gesprächs ausführlich Bericht über das Schicksal der etwa 20000 christlichen Gefangenen gibt, die in Algier auf den Tag ihrer Auslösung harrten. Die meisten von ihnen sahen die Heimat nie wieder; wessen Angehörige das Lösegeld nicht aufbringen konnten, der ging elend zugrunde, starb als Opfer einer systematisch ausgeübten Grausamkeit, oder die Fron auf den Galeeren und die Zwangsarbeit in den Bagnos erschöpfte ihn zu Tode. Die Regenten dieses Gemeinwesens waren die verhaßtesten Figuren. Der König Dali Mami, der zur Zeit der Gefangennahme von Cervantes die Geschäfte führte, war europäischer Abkunft. Dali Mami war Grieche, der den mohammedanischen Glauben wie ein Handwerk praktizierte, das den größtmöglichen Lebenserfolg versprach. Ein anderer König und Herr des Sklaven Miguel de Cervantes, Hassan-Veneziano, stammte aus Venedig.

Bekannt ist ein Gedicht von Cervantes, das erst 1863 in den königlichen Archiven aufgefunden wurde, worin er in klangvollen Terzinen seine Not schildert und den König bittet, eine Flotte zur Barbarenküste zu schicken, um Leid und Ungerechtigkeit zu beenden. Aber die Sorgen des Königs galten einzig der europäischen Politik und dem Bemühen, die spanische Machtposition nicht an andere Länder zu verlieren. Seit man in einer vergangenen Zeit vereinzelte Forts entlang der afrikanischen Küste angelegt hatte, war diese Maßnahme schnell in Vergessenheit geraten, und die Besatzungen dieser Stützpunkte waren ihrem eigenen Schicksal überlassen worden.

Aus Diego de Haedos Buch entnimmt man die gleichen Tatsachen, die Cervantes in dichterischer Umschreibung wiederholt, nämlich: die milde Behandlung, die ihm zuteil wurde, während andere für geringste Vergehen gepfählt oder zu Tode geprügelt wurden, die Geschichte seiner vier mißglückten Fluchtversuche, seine

Betätigung in Algier, die sich darauf beschränkte, den Mitgefangenen bei der Abfassung ihrer verzweifelten Korrespondenz mit den Angehörigen zu helfen, da er seiner Verwundung wegen für schwere Arbeiten nicht zu gebrauchen war.

Der algerische Erfahrungskreis berührt Cervantes'Werk nicht weniger eindringlich als der italienische. Die maurischen Episoden in den Novellen, die Handlung eines seiner ersten Theaterstücke ›Die Händel von Algier‹ (›Los tratos de Argel‹), die Erzählung des Gefangenen, die innerhalb des ›Don Quijote‹ beinahe das Ausmaß einer selbständigen Novelle annimmt, dies alles sind Motive, die sich nicht nur von einer modisch bedingten Vorliebe für das Maurisch-Exotische ableiten, sondern sie gehen direkt auf das Erleben ihres Autors zurück. Seit Francisco Balbis Liebesgeschichte ›Abindarráez y Jarifa‹ (1595) und den granadinischen Romanen von Gines Pérez de Hita hatte man in Spanien Geschmack an einer Literatur gefunden, die sich im Vorland der jüngsten Geschichte des Landes bewegte. Zu den Merkmalen dieser maurisch-spanischen Sittengemälde gehörte nicht zuletzt eine romantische Verklärung des Feindes. Eine maurisch kolorierte Novelle war auch die in Alemáns Schelmenroman ›Guzmán de Alfarache‹ (1599) eingelegte Geschichte von den beiden Verliebten Ozmin und Daraxa.

Cervantes' Novelle ›Der großmütige Freier‹, die auf Zypern beginnt, zwei Jahre nachdem die Insel 1573 den Türken in die Hände gefallen war, steht am Anfang seiner novellistischen Kunst. Man darf annehmen, daß Handlung und Niederschrift einen gleichen Zeitraum haben. Die Entstehungszeit der einzelnen Novellen läßt sich meist nur vermuten; nicht immer vermag der biographische Hintergrund auf das Jahr ihrer Niederschrift hinzuweisen. Es gehört zu den Eigenheiten von Cervantes, daß keine Figur und keine Episode bei ihrer ersten literarischen Gestaltung schon ihre endgültige Bedeutung gewinnt. Italienische Reminiszenzen werden noch einmal in dem 1641 erschienenen Spätwerk ›Die Reise auf den Parnaß‹ wach, und die Zeit der algerischen Gefangenschaft wird noch einmal in einem der letzten Theaterstücke ›Die große Sultanin‹ dichterisch variiert.

Währenddessen haben die Eltern in Madrid ihr Äußerstes getan, um eine Summe zum Loskauf der beiden Brüder aufzubringen. Zeugenaussagen, die Miguels militärische Leistungen bei Lepanto dokumentieren und den bürokratischen Apparat zu einer Anleihe anregen sollen, wurden notarisch aufgenommen. Die Summe, die gewährt wird, reicht zusammen mit dem von den Eltern aufgebrachten Geld gerade aus, um Rodrigo freizukaufen.

Abermals versucht Cervantes zu entfliehen, und wieder scheitern seine Pläne am Verrat eines Eingeweihten. Die Einzelheiten des Fluchtplans werden später in eine seiner ersten *Comedias*, ›Die Händel von Algier‹, als spannendes Motiv aufgenommen. In der Komödie gelingt allen Beteiligten die Flucht auf ein rettendes Schiff; auch die Helden der Novelle vom ›Großmütigen Freier‹ haben nach einigen retardierenden Momenten das Glück, die Heimat wiederzusehen. Thematisch wiederholt die Novelle die Handlungsführung des Schauspiels ›Die Händel von Algier‹. Wie in der Novelle ergibt die Leidenschaft der Maurin Zara für den Gefangenen Aurelio, der aber in Silvia verliebt ist, nicht die problematische Verwicklung eines Dreieckstücks, sondern in einem harmonisch getönten Schlußakkord findet auch die Maurin, nun Christin geworden, das Glück der Ehe an der Seite eines bekehrten Mohammedaners.

Der Verräter der Fluchtpläne von Cervantes ist ein Mitgefangener, ein spanischer Dominikanermönch, der sich Cervantes bis zum Tage seiner Auslösung in häßlicher Feindschaft entgegenstellt. Aus Furcht vor Bekanntgabe seiner Missetaten zeigt er Cervantes bei der Inquisition an, so daß Cervantes, kaum spürt er das neue Gefühl der Freiheit, Gutachten über Gutachten zusammentragen muß, um seine Treue zum kirchlichen Dogma zu bekräftigen. Es war im Spanien des 16. Jahrhunderts kein harmloser Spaß, bei der Inquisition als Ketzer, Sodomit und Maurenfreund verdächtigt zu werden. Die Zeugnisse, die Cervantes ausgestellt werden, bestätigen nicht nur seinen – für einen Spanier des *Siglo de Oro* selbstverständlichen – einwandfreien Glauben, sondern bezeugen ebenso seine moralische Stärke, seine ritterlichen Tugenden und den hohen Grad an Achtung, den ihm seine Mitgefangenen entgegenbrachten.

Auch die Episode seiner endlichen Auslösung am 19. September 1580 geht stilgerecht im Sinne der Abenteuerbücher vor sich. Die Familie hat in Madrid, von allen Seiten unterstützt, Geld geliehen, die Schwester Andrea hat auf ihre Aussteuer verzichtet, Spenden und bei Kaufleuten geborgte Beträge haben eine Summe zusammengebracht, die Hassan-Veneziano befriedigen kann. Die Auslösung hängt vom Zufall einer Stunde ab. Hassan-Veneziano nämlich hat abgedankt, seine Reichtümer in eine Galeere verstaut, darunter befindet sich wie ein Talisman auch der Sklave Miguel de Cervantes, um mit seinem Herrn Algier zu verlassen. Nichts kann die Abfahrt aufhalten, als Fray Juan Gil, der Großprokurator des Trinitarierordens, eintrifft, um an Bord der Galeere die Verhandlungen aufzunehmen. (Die geschäftlichen Belange beim Loskauf vermittelten die Patres des Trinitarierordens, die ungehindert in Algier umhergehen konnten und die Immunität von gleichberechtigten Geschäftspartnern genossen.) Eine Restsumme von 500 Escudos muß noch zu den 3300 Realen hinzugeborgt werden, damit Hassan-Veneziano seinen Besitz freigibt.

Im Dezember des gleichen Jahres trifft Cervantes nach

zwölfjähriger Abwesenheit von Spanien in Madrid ein. Verschuldet, ein armer dreiunddreißigjähriger Hidalgo, den niemand beachtet. Wer besinnt sich noch auf die glorreiche Schlacht von Lepanto? Kriegshelden haben nicht viel Kredit, es gibt ihrer zu viele. Juan d'Austria zumal, der glanzvolle Herr, ist in Ungnade gefallen und in Flandern gestorben. Die Gerüchte sprechen von einer Vergiftung. Niemand in den Kanzleien Madrids, dem Zentrum der weltweiten bürokratischen Maschinerie des königlichen Reiches, hat Interesse für einen ausgedienten Soldaten, den die Ungläubigen fünf lange Jahre gefangenhielten.

Man schreibt 1580, acht Jahre trennen die spanische Politik von ihrer größten Fehlentscheidung: dem Feldzug gegen England. Die Ausrüstung der Armada — 150 Kampfgaleeren sollen es werden für 55000 Soldaten und 1600 Reiter — steht bevor und schafft auf Jahre hinaus den Schein einer wirtschaftlichen Konjunktur und belebt die flaue, von Wirtschaftskrisen heimgesuchte spanische Ökonomie. Diese erste Weltmacht war so arm wie ein Bettler. Die klassische Wende vom Feudalismus zum Kapitalismus, wie sie im gleichen Zeitraum England und Italien erlebten, war in Spanien ausgeblieben, da es nie zur völligen Ausbildung eines Feudalsystems gekommen war. Die Gründe dafür liegen im wesentlichen in der *Reconquista*, der Jahrhunderte andauernden Rückgewinnung der von den Mauren besetzten und kolonisierten Landgebiete. Die Grenzlinie zwischen dem maurischen und dem christlichen Spanien, die anfangs im hohen Norden lag, verschob sich im Verlaufe der Kämpfe immer weiter nach Süden. Die Bauern dieses sich ständig verlagernden Grenzlandes verfügten — da sie die Vorhut der spanischen Krone bei der Rückeroberung des Landes waren — über eine Reihe von Sonderrechten und Freiheiten, die ihre Tradition ausmachten und ihre Ehrbegriffe formten. Durch ihre Privilegien waren sie zu Hidalgos geworden, zu Angehörigen des Kleinadels, die nun, im 16. und 17. Jahrhundert, ihre einstige kriegerische Funktion verloren hatten und auf ihrem Stück Land saßen, das sie nicht selbst bewirtschafteten; denn Arbeiten war traditionsgemäß unvereinbar mit ihrer Vorzugsstellung. In der Illusion von überseeischen Reichtümern befangen, wanderten viele nach Amerika aus oder suchten ihr Heil als Beamte des königlichen Verwaltungsapparates, wenn sie nicht eine militärische oder kirchliche Laufbahn einschlugen. Sie wurden zur typischen Klasse der spanischen Gesellschaftsordnung; die Figur des armen, von Illusionen lebenden Hidalgos bestimmte die spanische Literatur des 16. und 17. Jahrhunderts; ihr profiliertester Vertreter hieß Don Quijote.

Auch die kapitalistischen Praktiken anderer Länder stellten sich in Spanien erst nach und nach und auf Umwegen ein. So fehlte die Klasse eines selbstbewußten Bürgertums, das, wie in England oder Italien, zum Träger einer neuen Gesinnung werden konnte. Kaum entstanden im eigenen Land Manufakturen; es kam zu keiner Akkumulation des Kapitals. Das überseeische Gold diente nur dazu, die militärischen und politischen Projekte Philipps II. am Leben zu erhalten.

Der Untergang der Armada 1588 war deshalb mehr als ein nur militärisches Unterliegen, herbeigeführt durch die barocke Schwerfälligkeit der spanischen Galeeren im Vergleich zu den wendigen englischen Schiffen, die ein so skrupelloser Geist wie Sir Francis Drake anführte. Der Untergang der Armada setzte die sichtbare Zäsur zwischen Mittelalter und Neuzeit; im gleichen Zeitraum leiteten in Italien Galileo Galileis Erkenntnisse das wissenschaftliche Zeitalter ein.

Als 1609, unter Philipp III., die letzten mohammedanisch gebliebenen Untertanen Granadas des Landes verwiesen wurden, rächte sich diese Maßnahme, ebenso wie die Vertreibung der Juden ein Jahrhundert zuvor, bitter an der spanischen Wirtschaft; denn die Andersgläubigen innerhalb Spaniens waren die einzigen gewesen, die eine handwerkliche Tradition gepflegt und die Wirtschaft des Landes in Schwung gehalten hatten. Cervantes kritisierte diese Maßnahme im zweiten Teil des ›Don Quijote‹ durch die Figur des spanischen Mauren Ricote.

Kritik an den gesellschaftlichen Mißständen findet sich auch in den ›Beispielhaften Novellen‹. Die Abschiedsworte des gläsernen Lizentiaten an die Residenzstadt Madrid, die seinen Wahrheiten nur so lange Beachtung schenkt, wie sie das Narrenkostüm tragen, sind eine solche Kritik. Die vermutlich erst um 1610 entstandene Novelle von der kleinen Zigeunerin zeigt, wie wenig Gastfreundschaft der Truppe Preciosas in Madrid zuteil wird, da das Auf und Ab der Wirtschaftskrisen und die Entwertung des Geldes durch den übergroßen Zufluß an überseeischen Edelmetallen den Madridern die traditionelle Großzügigkeit verbieten. Die letzte Bankrotterklärung der spanischen Staatskasse datierte vom Jahre 1607.

Mehr oder weniger unberührt vom äußeren Ablauf der Dinge war das Theater, das sich, als Cervantes von Algier nach Spanien kam, zu einer erstklassigen Belustigung ausgewachsen hatte und für wenig Geld die buntesten Stücke feilbot. »Das Publikum zahlt, also gilt sein Geschmack«, hatte Lope de Vega, das »Genie der Natur«, gesagt, und die Mehrzahl der Stückeschreiber faßte dies als programmatische Erklärung auf. Eine Quelle der Erheiterung bildete neben den Rüpelszenen und Prügeleien, die das Gefüge der *Comedias* auflockerten, das falsche Sprechen der Diener und Personen von wenig Rang, welche die mit Latinismen durchsetzte Rede ihrer Herren stets mißverstanden oder in komisch verstümmelter Form wiederholten. Proben dieses Versprechens finden sich auch in den ›Beispielhaften Novellen‹, so in ›Rinconete und Cortadillo‹, wo sie zum Bestandteil des Gassen-Slangs gehören.

1615 wurden in Madrid acht Schauspiele und acht Zwischenspiele veröffentlicht, für die Miguel de Cervantes als Autor zeichnete. Einige dieser Stücke hatten schon in den Jahren 1583—87 ihre Uraufführung erlebt und, wie Cervantes versichert, einen rechtschaffenen Erfolg, ohne Pfeifen, Zischen oder Tumult, gehabt. Einem Vergleich mit der Dramatik seines genialen Zeitgenossen Lope de Vega halten die Stücke des Cervantes in keiner Weise stand. Die Meinung, ob manche seiner *Comedias* nicht vielleicht Parodien auf das zeitgenössische Theater sein könnten, hat nie ganz aufgehört, die Kritik zu beschäftigen. Zwei dieser Stücke jedoch verdienen besondere Hervorhebung: ›Die Händel von Algier‹ und ›Numancia‹. Das erstere, weil es, vielleicht erstmalig in der Literaturgeschichte, das Schicksal eines Kollektivs, der Gefangenen in Algier, behandelt. Und ›Numancia‹ ist die dramatisierte Geschichte von der heroischen Verteidigung der spanischen Siedlung Numancia, die vierzehn Jahre von einer römischen Übermacht unter Scipio Africanus belagert worden war und bis auf den letzten Mann in den Tod ging, um sich nicht den Römern zu ergeben. Dieses Stück verlor zu keiner Zeit den Nimbus eines großen, die spanische Nation glorifizierenden Dramas. Zu einer denkwürdigen Aufführung von ›Numancia‹ kam es 1809, als die Franzosen Zaragoza belagerten.

Von den acht Zwischenspielen sei hier nur auf das ›Wundertheater‹ (›El retablo de las maravillas‹) hingewiesen wegen der großartigen Verspottung jenes Gedankens von der »Reinheit des Blutes«, mit dem die christlichen Spanier ihren Vorrang vor ihren maurischen und jüdischen Mitbürgern bekunden wollten.

Cervantes' gelegentliche Erfolge auf dem Theater, die seinen literarischen Ehrgeiz erweckt haben mochten, befreien ihn jedoch in keiner Weise von den Schulden, die seit seiner Auslösung auf ihm und seiner Familie lasteten. 1584 heiratet er Doña Catalina de Palacios y Vozmediano, die achtzehn Jahre jünger war als er. Ihre geringe Mitgift und der Erlös aus der Drucklegung seines ersten Buches reichen aus, um einen Hausstand zu gründen. Dieses erste Buch ist ›Die Galatea‹, seine erste größere Arbeit, die 1585 veröffentlicht wird. ›Die Galatea‹ ist ein episodenreicher Schäferroman, mit dem Cervantes dem Zeitgeschmack genügen wollte, der sich an amourösen Schäferidyllen nicht weniger als an Ritterbüchern erbaute. Wie wenig Cervantes selbst von der Gattung des Schäferromans hielt, erfahren wir in den ›Beispielhaften Novellen‹ aus dem Munde des klugen Hundes Berganza: »Alle diese Pastoralen sind eine Faselei, die zur Unterhaltung der Müßiggänger geschrieben worden ist, und durchaus keine Wahrheit.«

1585 ernennt man Cervantes, der seit seiner Rückkehr aus Algier noch immer arbeitslos ist, zum Requisitionskommissär der Großen Armada. Hinter dem imposanten Titel verbirgt sich eine armselige Anstellung. Für zwölf Realen am Tag reitet er über die staubigen Landstraßen Andalusiens und geht in die Dörfer, um Steuern einzutreiben und den notleidenden Bauern das letzte Getreide im Namen der heiligen Sache zu beschlagnahmen. In Ecija, einem kleinen Dorf, vergeht er sich, als die von den Abgaben ausgeplünderten Bauern nur noch leere Scheuern vorweisen können, am Eigentum des Klerus. Das konnte bei den Sonderrechten, die dieser weiterhin genoß, nicht ungestraft bleiben; von den Kanzeln verdammt man den Requisitionskommissär der Großen Armada, zitiert ihn vor ein Inquisitionsgericht und verhängt über ihn die Exkommunikation.

1808 wurde in den königlichen Archiven eine Bittschrift von der Hand des Cervantes aufgefunden, worin er sich um eine der 1590 zu vergebenden Anstellungen bewirbt. Er will auswandern, um entweder die Rechnungsführung für Neugranada, die Verwaltung der Landschaft Seconusco in Guatemala oder den Posten des Stadthauptmanns von La Paz zu übernehmen. Aber Amerika, »die Täuschung so vieler und das Heilmittel so weniger«, wie er den neuen Kontinent im ›Eifersüchtigen Extremadurer‹ einschätzt, bleibt für ihn unerreichbar. Der bürokratisch lakonische Vermerk auf dem Antrag lautet jedenfalls: »Busque acá en que se le haga merced«, was soviel bedeutet wie, er solle sich im eigenen Lande nach etwas umsehen, das ihm gnadenvoll zugestanden werden kann.

Viel Gnade lag nicht über den nächsten Jahren. Er lebt in Sevilla und ist weiterhin Steuerbeamter Seiner Majestät. 1596 beteiligt er sich an einem Dichterwettkampf zu Ehren des soeben kanonisierten heiligen Hyazinth und gewinnt dabei den ebenso praktischen wie profanen Preis von drei silbernen Löffeln. Ein anderes Mal schreibt er das Einleitungssonett zu einem medizinischen Handbuch über Nierenkrankheiten, das den Leibarzt des Königs zum Verfasser hat. Mehr Erfolg erntet er mit einem spöttischen Gedicht auf die Einwohner von Cádiz, die dem Landungsversuch der Engländer im Jahre 1596 wehrlos gegenüberstanden, weil alle Kanonen bei der ersten Benutzung auseinanderbrachen und keine Kugel normgerecht in die Kanonenrohre passen wollte. Dieser Überfall der Engländer auf Cádiz ergab den Ausgangspunkt für die Novelle von der ›Spanierin in England‹. Als 1598 Philipp II. stirbt, schreibt Cervantes ein Sonett voller satirischer Anspielungen auf das königliche Grabmal.

Angeklagt, Steuergelder veruntreut zu haben, wird er 1597 in Sevilla zu Schuldhaft verurteilt und ins Gefängnis geworfen. Die angeblich veruntreuten Gelder hatten in Wahrheit durch den Bankrott des Beamten, dem Cervantes seine Steuereinnahmen anvertraut hatte, ihr Ziel nur nicht erreicht. Im Schuldgefängnis von

Sevilla, so wird vermutet, schreibt er die ersten Kapitel der Geschichte vom ›Genialen Don Quijote von der Mancha‹.

Andalusien ist die farbigste Landschaft Spaniens, und für die Dichtung bleibt sie von Góngora bis zu Federico Garcia Lorca eine Quelle ständiger Erneuerung. In Andalusien schließt sich auch für Cervantes der dritte Erfahrungskreis, aus dem die zweifellos bedeutendsten Novellen dieser Sammlung hervorgingen. Nicht nur die Lebensnähe und atmosphärische Dichte, wie sie etwa in ›Rinconete und Cortadillo‹ eingefangen ist, gibt den Novellen der andalusischen Zeit den Vorrang vor allen andern. Ihre Gültigkeit beziehen sie vor allem aus dem besonderen Blickwinkel, aus dem sie geschrieben wurden. Cervantes' Tätigkeit als Steuerbeamter hatte ihn unmittelbar mit der untersten Stufe der Hierarchie des absolutistischen Staates in Berührung gebracht. In Andalusien hatte Cervantes das spanische Volk kennengelernt. Sein Alltag hatte eine ganz andere Dimension als das Leben in der Residenzstadt, wo die Irrealität des Scheins und der Illusion alle Handlungen bestimmte. Jeder Reflex aus dieser Höhe mußte auf der untersten Stufe der Hierarchie zwangsläufig zur Karikatur werden. Monipodios diebische Gesellschaft gibt auf ihre Art ein Abbild des nach strengen Normen und Regeln regierten Staatsapparates, aber sie karikiert eben diesen Apparat durch die unlautere Absicht, der sie dient.

Der Realismus der andalusischen Novellen findet sich im gleichen Zeitraum nur noch im Schelmenroman, der mit dem ›Lazarillo vom Tormes‹ (1554) das Vorbild dieser Gattung aufbrachte. Stellt man sich die spanische Gesellschaft des *Siglo de Oro* als ein Schachbrett vor, so wird der Schelm zum äußersten Gegenspieler des absolutistischen Königs. In der Novelle von der ›Betrügerischen Heirat‹ gelingt es Cervantes, mit den Gestalten seiner beiden klugen Hunde Cipion und Berganza diesen Kontrast auf einmalige Art zu verschärfen: die Hundeperspektive, die alles Zeitgeschehen umfaßt, macht aus dem Ständespiegel des Schelmenromans alles andere als einen Zerrspiegel. In der Verfremdung der gewohnten Optik wird es erst möglich, die Wahrheit zu erkennen. Die gleiche Verfremdungsmethode bestimmte auch den Aufbau der Novelle vom ›Gläsernen Lizentiaten‹, »dessen Wahn eine sublimierte Variante zu Don Quijotes stählerner Verrücktheit bildet« (Werner Krauss). Gerade die beiden letztgenanten Novellen lassen erkennen, wie sehr man in den ›Beispielhaften Novellen‹ Vorstufen zum ›Don Quijote‹ zu sehen hat.

In Valladolid, wo der Dialog der beiden sprachbegabten Hunde seinen Abschluß findet, hielt sich Cervantes von 1603–04 auf. In diese Zeit fällt die sogenannte Ezpeleta-Affäre. Gaspar de Ezpeleta war ein Edelmann aus Pamplona, der in der Nähe des Hauses von Cervantes überfallen und auf den Tod verwundet in Cervantes' Wohnung getragen wurde, wo er starb. Da die Polizei vermutete, daß Ezpeleta in Beziehung zu den beiden Schwestern des Cervantes gestanden habe, die zusammen mit seiner unehelich geborenen Tochter Isabel in Valladolid lebten, wurde die ganze Familie vorübergehend unter Mordverdacht gestellt.

Ein Jahr vor der Herausgabe des zweiten Teils des ›Don Quijote‹ erscheint 1614 ›Die Reise auf den Parnaß‹, wo Cervantes in Anlehnung an den ›Viaggio in Parnaso‹ (1582) des Italieners Cesare Caporali eine gereimte Aufzählung zeitgenössischer Dichter präsentiert. Die Nachwelt hat diesem Buch ebenso wie dem ein Jahr nach seinem Tode 1617 erschienenen Roman ›Persiles und Sigismunda‹ eine nur literaturhistorische Bedeutung zugesprochen. Cervantes allerdings hielt die abenteuerliche Geschichte von den Irrfahrten der beiden Liebenden Persiles und Sigismunda für den Höhepunkt seiner dichterischen Mühen. Er beendet den

Roman, der eine Nachbildung des griechisch-byzantinischen Romans in der Art Heliodors darstellt, vier Tage vor seinem Tode. Für das Vorwort schreibt Cervantes seine letzten Sätze, die dem Grafen von Lemos, seinem lebenslangen Gönner, gewidmet sind: »Gestern gaben sie mir die Letzte Ölung, und heute schreibe ich dies. Die Zeit ist kurz, die Angst wächst, die Hoffnung schwindet —.« Er starb an einem Sonntag, dem 23. April 1616, in Madrid im Alter von achtundsechzig Jahren.

Wollte man nach der Lektüre der ›Beispielhaften Novellen‹ das Gemeinsame ihrer Episoden auffinden, käme man bald zum Verständnis ihres exemplarischen Charakters. Die Handlung verfängt sich in einem Netz von Straßen und Wegen, dessen Knotenpunkte immer wechselnde Städte oder die Straßenschenken am Wege sind. Es ist, als ob das novellistische Geschehen seine Spannung einzig aus dieser Wanderbewegung nehme, aus der Unrast seiner Helden, die wie ihr Autor von Stadt zu Stadt, von Land zu Land getrieben werden, ständig im Aufbruch sind, das Mittelmeer in beiden Richtungen kreuzend, oder aus maurischer Gefangenschaft nach Spanien heimkehren. Diese Ruhelosigkeit ist nicht immer die Folge eines äußeren Zwangs, oft ist es einzig der Wunsch nach Verwandlung, der wie in der Novelle von der ›Vornehmen Küchenmagd‹ den Helden die elterliche Geborgenheit fliehen läßt, um das Abenteuer eines picaresken Daseins zu erfahren. Dieser besondere Zug im Wesen fast aller Helden der Novellen von Cervantes ist es, der seiner Novellenkunst das Einmalige und für ihre Zeit Exemplarische, d. h. Typische, verleiht. Boccaccio oder Bandello ließen ihre Novellen nicht nur innerhalb eines bestimmten Rahmens ablaufen, sondern sie beschränkten auch die Handlung auf einen bestimmten Ort, auf ein bestimmtes Haus. Cervantes versteht sich auch auf diese Kunst, so im ›Eifersüchtigen Extremadurer‹. Das Beispielhafte seiner Novellen wird sich aber nicht am Schluß jeder Novelle wie eine Nutzanwendung ablesen lassen, wenn man auch nach der Lektüre der ›Spanierin in England‹ die Lehre mitnimmt, wieviel Tugend und Schönheit vermögen, oder im ›Eifersüchtigen Extremadurer‹ erfahren kann, wie wenig ein Schlüssel einer freien Willensentscheidung den Weg versperren kann. Cervantes will auf belehrende Art unterhalten, aber seine Novellen laufen niemals auf einen didaktischen Sinnspruch hinaus wie etwa die frühen spanischen Rahmenerzählungen ›Der Graf Lucanor‹ des Infanten Juan Manuel (1282–1348), dessen Erzählungen aus arabischen, byzantinischen und indischen Quellen gespeist wurden.

Die Helden der ›Beispielhaften Novellen‹ leben ganz auf dem Boden ihrer Gegenwart. Der harmonische Ausklang der Novellen (Cervantes hielt eine tragisch endende Novelle für verfehlt) stand für den Optimismus einer neuen Klasse, die sich dem Umbruch der Zeiten nicht entziehen konnte. Das Lesepublikum der ersten Ausgaben der ›Beispielhaften Novellen‹ wird eine viel engere Identität mit Schicksal und Moral der Abgebildeten gefühlt haben, als wir es vielleicht heute vermögen. Wie in Italien die Novelle in erster Linie vom aufstrebenden Bürgertum bestimmt wurde und in ihm ihre Lesergemeinde fand, so wenden sich auch die ›Beispielhaften Novellen‹ an ein neues Publikum, für das die Phantasiewelt der Ritterromane und Schäfergeschichten ein ungenügender Lesestoff geworden war, weil es sich nicht länger mit Rittern und Schäfern identifizieren konnte. Der bürgerliche Akzent der Novellenkunst mag auch eine gewisse Tränenseligkeit erklären, die zur edlen Güte ihrer Helden hinzugehörte. Dies 150 Jahre vor Richardson oder Rousseau.

Das Beispielhafte der Novellen bedeutet in der Auslegung des Cervantes nicht zuletzt, der Nachwelt ein formales und stilistisches Vorbild geschaffen zu haben. Wenn sich Cervantes als erster ausgibt, der in spanischer Sprache Novellen geschrieben habe, so kann er diese Behauptung vor allem mit der dichterischen Gültigkeit seiner Prosa beweisen. Sein feinnerviger Stil, der unter dem Einfluß der italienischen humanistischen Prosa geformt worden war, läßt ihn für alle Zeiten zum Meister der spanischen Literatur werden. Keine andere Novellensammlung zu Lebzeiten des Cervantes konnte diese Verdienste aufweisen, weder die um 1566 verfaßten Novellen des ›Patrañuelo‹ von Juan de Timoneda noch die 1553 erschienenen ›Coloquios satíricos‹ von Torquemada, die beide die italienische Novellistik für ihren Bedarf ausbeuteten.

Der Einfluß der ›Beispielhaften Novellen‹ auf die europäische Literatur war bedeutend. Ihre Fülle an dramatischen Dialogen ließ sich mühelos für Bühnenbearbeitungen verwerten. So wurde die Novelle vom Zigeunermädchen Preciosa schon im Jahre 1623 ein kassenfüllendes Stück der englischen Theaterleute Middleton und Rowley. Englische Bekenntnisse zu Cervantes und seinen Novellen finden sich im 18. und 19. Jahrhundert bei Henry Fielding und Walter Scott. Die Figur der Preciosa fand eine Nachfahrin in der Zigeunerin Esmeralda aus Victor Hugos ›Notre Dame de Paris‹. Eine deutsche Version von ›Rinconete und Cortadillo‹ nannte sich: ›Historia von Isaac Winckelfeldern und Jobst von der Schneid, zweyer wunderlicher Gesellen, wie es ihnen in der weltberühmten Stadt Prag ergangen‹, verfaßt 1638 von Matthäus Drummer von Padenbach. Conradi besorgte 1752 die erste deutsche Gesamtübertragung. Der Preciosa-Stoff erfuhr eine Vertonung durch Carl Maria von Weber; uraufgeführt wurde die Oper, zu der P. A. Wolff das Libretto geschrieben hatte, 1812 in Leipzig.

In einem Brief an Schiller vom 17. Dezember 1795 gesteht Goethe, wie sehr er die Lektüre der ›Beispielhaften Novellen‹ genossen habe und wie sehr er in den spontanen Schöpfungen des spanischen Meisters seine eigene Auffassung von der Kunst bestätigt gefunden habe. Die deutsche Romantik schließlich berauschte sich an den exotischen Schauplätzen der ›Beispielhaften Novellen‹ und ließ sich zu eigenen Schöpfungen anregen, die den Einfluß von Cervantes nicht verleugnen können. Die kultische Verehrung der Romantik für Cervantes hat kommenden Zeiten jedoch nur ein Vermächtnis hinterlassen: Ludwig Tiecks geniale Übersetzung des ›Don Quijote‹ (1799—1801).

Es erübrigt sich, auf den immer gültigen Anspruch der Kunst von Miguel de Cervantes hinzuweisen; sie hat über Jahrhunderte hinweg keine Spur von Museumsstaub ansetzen können.

F. R. Fries

Übersetzung der lateinischen Zitate aus der Novelle
»Der gläserne Lizentiat«

Seite 306: »Filiae Hierosolymorum...« Ihr Töchter Jerusalems, weint über euch und über eure Söhne!

Seite 310: »Cura ducum...« Einst standen die Dichter unter der Obhut der Fürsten und Könige, und hohe Belohnungen trugen die Chorsänger davon. Geheiligt war das Ansehen und verehrungswürdig der Name der Seher, und großer Reichtum wurde ihnen oft verliehen.

Seite 310: »Est Deus...« Ein Gott ist in uns, unter seinem Anhauch erglühen wir.

Seite 310: »At sacri vates...« Und doch nennt man uns Sänger, geweiht und umsorgt von den Göttern.

Seite 315: »Honora medicum...« Ehre den Arzt, denn er ist notwendig, und auch ihn schuf der Höchste. Von Gott nämlich kommt alle Medizin, und vom König wird er (der Arzt) seinen Lohn empfangen. Die Kunst des Arztes wird ihm das Haupt erhöhen und im Kreise der Großen wird er gerühmt werden. Der Höchste erschuf aus der Erde die Medizin, und der kluge Mann wird sie nicht verabscheuen.

Seite 321: »Nemo novit patrem...« Niemand kennt den Vater. Niemand lebt ohne Schuld. Niemand ist mit seinem Los zufrieden. Niemand steigt in den Himmel empor.

Seite 323: »In manu Dei...« In der Hand des Herren steht des Menschen Macht, und der Schreiber legt ihm die Ehre hinzu. Im Ekklesiastikus 10,5 heißt die Stelle: In manu Dei prosperitas hominis et super faciem imponet honorem suum. (In der Hand Gottes steht des Menschen Wohlergehen, und des Schreibers Angesicht verleiht er seine Würde.)

Seite 325: »Noli tangere...« Rühre nicht meine Gesalbten an.

*

Anm. zu Seite 296: Garcilaso de la Vega (1503—1536), berühmter spanischer Dichter.